»Es kommt ja einem Mysterium gleich, wie da in der erstarrten Sowjetunion der achtziger Jahre ausgerechnet an der sklerotischen Spitze der Macht jemand auftauchen konnte, der sich im größten Land der Erde anschickte, eine 70-jährige Diktatur abzuschaffen, den Menschen Freiheit zu geben, schließlich gegen seinen Willen ein Imperium aufzulösen und den Kommunismus zu beerdigen – und das alles ohne Gewalt, innerhalb von nur sechs Jahren.« *Alexander Cammann, Die Zeit*

»Die Geschichte seines Lebens ist zugleich ein Denkmal für Raissa Gorbatschow – und liest sich in ihrer Intimität, ihrer präzisen Innensicht beinahe als Roman über die Liebe in Zeiten der Sowjetunion.« *Britta Weidemann, Westdeutsche Allgemeine Zeitung*

Michail Sergejewitsch Gorbatschow, geboren 1931 in Priwolnoje (Kaukasus), studierte in Moskau Jura und arbeitete als Agraringenieur in seiner Heimatregion Stawropol. Nach einer steilen Parteikarriere war er von 1985 bis 1991 Generalsekretär des Zentralkomitees der Kommunistischen Partei. 1986 begann er seine Kampagne für Perestrojka (»Umbau«) und Glasnost (»Offenheit«). 1990/91 war er Präsident der Sowjetunion und erhielt 1990 den Friedensnobelpreis. 1992 gründete er die Gorbatschow-Stiftung, 1993 die Umweltschutzorganisation »Internationales Grünes Kreuz«.

MICHAIL GORBATSCHOW

Alles zu seiner Zeit
Mein Leben

Mit 53 s/w-Abbildungen

Aus dem Russischen von Birgit Veit

Deutscher Taschenbuch Verlag

Dem Gedenken an meine Frau

**Ausführliche Informationen
über unsere Autoren und Bücher
finden Sie auf unserer Website
www.dtv.de**

Ungekürzte Taschenbuchausgabe
2014
Deutscher Taschenbuch Verlag GmbH & Co. KG,
München
© 2013 by President Mikhail Gorbachev
© 2013 für alle Ausgaben mit Ausnahme der GUS:
Hoffmann und Campe Verlag, Hamburg
Das Werk ist urheberrechtlich geschützt.
Sämtliche, auch auszugsweise Verwertungen bleiben vorbehalten.
Übersetzung des Personenverzeichnisses: Norbert Juraschitz
Umschlagkonzept: Balk & Brumshagen
Umschlagfoto: eastblockworld.com
Satz: Dörlemann Satz, Lemförde
Druck und Bindung: Druckerei C. H. Beck, Nördlingen
Gedruckt auf säurefreiem, chlorfrei gebleichtem Papier
Printed in Germany
ISBN 978-3-423-34816-4

Inhalt

Prolog

Aus dem Tagebuch

21. September 2000

Ein Jahr ohne Raissa. Wir, die Angehörigen und enge Freunde, haben uns heute versammelt, um den Grabstein zu enthüllen. Er stammt von dem Bildhauer Friedrich Sogojan. Eine farbige Marmorplatte – wie ein blühendes Feld. Große Steine. Die Inschrift:»Raissa Maximowna Gorbatschowa. 5. Januar 1932 – 20. September 1999«. Die Gestalt einer jungen Frau, die Raissa sehr ähnlich sieht. Sie bückt sich, um Feldblumen auf die Grabplatte zu legen.

Ein Jahr ist vergangen, das allerschwerste vielleicht. Mein Leben hatte seinen eigentlichen Sinn verloren. Ich brauchte Monate, um zu mir zu kommen. Was mich gerettet hat, ist die Nähe zu meiner Tochter Irina, meinen Enkelinnen Xenia und Anastasia sowie Freunde.

Nach Raissas Tod stellte ich für einige Monate meine Reisen und öffentlichen Auftritte ein. Ich verbrachte die ganze Zeit auf meiner Datscha. Nie zuvor habe ich mich so furchtbar einsam gefühlt. Fast fünfzig Jahre waren Raissa und ich zusammen, einer an der Seite des anderen, und nie haben wir das als Last empfunden, im Gegenteil: Es ging uns immer gut zu zweit. Wir liebten uns, obwohl wir auch unter vier Augen nicht groß darüber sprachen. Die Hauptsache war: Wir wollten all das bewahren, was uns in unserer Jugend zusammengebracht hatte. Wir verstanden uns und hüteten unsere Beziehung.

Ich werde das Gefühl nicht los, dass ich schuld bin an Raissas Tod. Ich rufe mir alles ins Gedächtnis zurück, um herauszufinden, wie es möglich war, dass ich sie nicht habe retten können. Ich habe gesehen, wie sehr ihr die Ereignisse der letzten Zeit zusetzten: Wie konnte es geschehen, dass unanständige, gewissen- und verantwortungslose Menschen in unserem Land die Oberhand gewonnen hatten? Raissa kam ständig auf dieses Thema zu sprechen, und wenn ich ihr vorhielt, man könne nicht die ganze Zeit an ein und dasselbe denken, zog sie sich in ihr Schneckenhaus zurück und schwieg. Sie tat mir leid. Es quälte mich, dass sie litt.

Immer wieder kommt mir die Erinnerung an die letzte Nacht, die sie lebte, die Nacht vom 19. auf den 20. September. Raissa starb am 20. September 1999, um 2 Uhr 57. Sie starb ohne Schmerzen, lag im Koma. Wir konnten einander nichts zum Abschied sagen. Sie starb zwei Tage vor der geplanten Stammzellentransplantation aus dem Knochenmark ihrer Schwester Ljudmila – fünf Tage vor dem 46. Jahrestag unserer standesamtlichen Trauung in Moskau.

Bis zum Ende glaubte ich an ihre Rettung und konnte das Geschehene lange nicht fassen. Hilflos und verstört standen Irina und ich an ihrem Bett:»Geh nicht fort, Sacharka.[1] Hörst du?« Ich ergriff ihre Hände in der Hoffnung, sie würde mir vielleicht mit einem Händedruck antworten. Raissa schwieg – sie war tot.

Vor der Krankheit hatten Raissa und ich wiederholt über unsere Zukunft gesprochen. Einmal hörte ich von ihr:»Ich möchte nicht ohne dich zurückbleiben. Das ist kein Leben für mich. Du, du heiratest dann eben und lebst weiter.« Ich war erschüttert darüber, was ihr durch den Kopf ging.»Was redest du?! Wie kommst du darauf? Wieso sprichst du vom Tod? Du bist jung, schau dich im Spiegel an. Hör, was die Leute sagen. Du bist einfach müde!«

»Ich will keine alte Frau sein«, sagte sie oft. Als dann die Enkel kamen, musste entschieden werden, wie sie uns beide anreden soll-

---

1 Kosename nach dem berühmten Porträt eines Bauernmädchens, gemalt 1825 von dem russischen Künstler Alexej Gawrilowitsch Wenezianow (Anm. d. Übers.)

ten. Sie wollte »Babulja« genannt werden. »Babuschka, das klingt so klapprig, aber Babulja, da steckt doch Energie drin!« So war sie eben …

Raissa mochte den Spruch vom Alter einer Frau: »Kind, Mädchen, junge Frau, junge Frau, junge Frau, junge Frau – eine alte Frau ist eine tote Frau.«

In den letzten Jahren unseres Zusammenlebens träumte sie oft davon, dass einer von uns stirbt. Immer häufiger merkte ich, dass sie Angst hatte. Manchmal sagte sie: »Lass uns weniger reisen.« Es fiel ihr zunehmend schwer, weite Reisen mit mir zu unternehmen. Doch wie ich an ihren traurigen Augen ablas, fiel es ihr noch schwerer, allein zurückzubleiben.

In jener Nacht standen Irina und ich an ihrem Bett. Wir weinten und konnten nichts mehr machen.

5. Januar 2001

Raissas Geburtstag. Sie wäre 69 Jahre alt geworden. In unseren Gesprächen über die Zukunft hat sie oft gesagt: »Wenn ich bis zum Anbruch des neuen Jahrhunderts und Jahrtausends leben würde, wäre das vollkommen ausreichend.« Sie hat dieses Ziel um drei Monate verfehlt. Dabei hatten wir einen Plan: Wir wollten das Jahr 2000 so begrüßen, dass wir es nie vergessen würden. Und da Irina und die Kinder noch nie in Paris waren, hatten wir vor, das Jahr 2000 auf den Champs-Élysées in dieser wunderbarsten Stadt der Welt zu begrüßen.

Darauf freuten wir uns, bis uns dieser schreckliche Verlust traf. Und trotzdem bin ich mit den Mädchen nach Paris gefahren, ihr Weihnachtsgeschenk von Raissa.

Heute waren wir auf dem Neujungfrauenfriedhof. Wir haben viele Blumen mitgebracht – Vorweihnachtszeit. In der Nacht ist Schnee gefallen. Ich habe Raissas Lieblingsblumen mitgebracht: rote Rosen. Ein unvergessliches Bild: die roten Rosen auf dem blütenweißen Schnee. Auf der Grabplatte.

13

Als wir zurückkamen, haben wir uns an den Tisch gesetzt. An der Wand ein großes Porträt von ihr, im Zimmer Blumen, brennende Kerzen, der geschmückte Weihnachtsbaum und der Duft von Nadelholz. Auf dem Tisch alles, womit sie uns immer verwöhnte. Kurz: eine russische Tafel mit sibirischem Anstrich in Gestalt von Pelmeni und der Torte namens »Avantgarde«, die in der Kreml-Konditorei zubereitet wurde und deren Name von Raissa stammt. Wir hoben die Gläser und standen schweigend da …

Nach dem Abendessen ging ich nach oben in mein Arbeitszimmer. Ich machte kein Licht und stand am Fenster. Das von Laternen beleuchtete Datschengrundstück, der dichte russische Wald und der unentwegt fallende Schnee – ich kam mir vor, als säße ich im Bolschoi-Theater, im *Nussknacker*. Wir hatten eine Familientradition, nach der wir jedes Jahr an Silvester ins Bolschoi-Theater gingen. Wir schauten uns den *Nussknacker* an, und wenn wir nach Hause kamen, feierten wir den Ausklang des alten Jahres und verteilten die Geschenke, die Väterchen Frost trotz der erhöhten Sicherheitsstufe in die Präsidentenvilla geschleust und uns unter den Weihnachtsbaum gelegt hatte. Musik, fröhliches Beisammensein …

All das sind nun Erinnerungen an ein vergangenes Leben, an die Zeit, da wir alle noch zusammen waren.

Raissa liebte den russischen Winter, besonders wenn es ordentlich stürmte und schneite. So war es schon, als wir noch in der Region Stawropol wohnten, wo wir uns sogar einmal bei einem Schneetreiben verirrt haben. Und so war es auch in Moskau. Raissa stammt aus dem Altai-Gebirge und wuchs in Sibirien auf. Ein paar Jahre lebte die Eisenbahnbauer-Familie auch im Nordural in der Taiga.

Oft erzählte sie von Schlittenfahrten, bei denen die drei Kinder Raissa, Shenja und Ljudotschka in Pelzmänteln eingepackt an einen neuen Wohnort gebracht wurden. An Winterabenden war es in den Familien Brauch, die berühmten Pelmeni zu kneten, sibirische Teigtaschen, die man einfror und in einem Sack an der eiskalten Luft aufbewahrte. Pelmeni, das war Raissas Leibgericht.

Wieder komme ich auf ihre letzten Tage zurück. Tapfer kämpfte

15

Mit Raissa, 1986

sie um ihr Leben und ertrug geduldig alles, was die Ärzte mit ihr anstellten. Es war eine Qual, das mit ansehen zu müssen. In Minuten der Verzweiflung suchte sie in meinen Augen und in denen ihrer

Tochter nach einer Antwort auf die Frage, wie es mit ihr weitergehen würde.

Als Raissa am 19. Juli nach der Diagnose ins Krankenzimmer gebracht wurde, ging ich zu ihr. Sie schaute mir in die Augen und fragte: »Was haben die Ärzte gesagt?«

Vorsichtig sagte ich: »Sie sagen, es handle sich um eine akute Blutkrankheit.«

»Ist das das Ende?«, fragte sie.

»Nein. Wir haben beschlossen, morgen mit dir nach Deutschland zu fliegen, wo man zusätzliche Untersuchungen vornehmen wird, um sich ein genaues Bild von der Krankheit zu verschaffen. Dort wird auch entschieden, wie sie zu heilen ist.«

Wir flogen nach Münster mit der Hoffnung auf Raissas Genesung. Am 21. September mussten wir mit der toten Raissa zurückkehren.

Ich beschloss, ein Buch über unser Leben zu schreiben. Das hatte ich schon lange vor, brachte es aber nicht fertig. Dieses Buch ist mir schwergefallen. Ich stand die ganze Zeit unter dem Eindruck des mit Rotstift geschriebenen Titels, den Raissa ihrem Buch geben wollte: *Was mir auf der Seele liegt.*

Meine Erinnerungen widme ich dem Andenken an Raissa.

Vorbemerkung

Dieses Buch ist anders als alle Bücher, die ich bisher verfasst habe. Es gibt keine feste Struktur, es handelt sich um keine Memoiren im eigentlichen Sinne, sondern einfach um meine Sicht unseres Lebens.

Diejenigen, die ich gebeten habe, dieses Buch zu lesen und zu beurteilen, haben gesagt, es gefalle ihnen. Wenn sie keinerlei Beanstandungen gehabt hätten, hätte ich das als Wunsch gewertet, mir nach dem Mund zu reden, um mich zu unterstützen. Aber neben der positiven Bewertung hat es durchaus auch sehr nützliche Kritik gegeben, die ich bei der Schlussredaktion nach Möglichkeit berücksichtigt habe.

Ich hoffe, es ist mir gelungen, eine umfassende Vorstellung von der Geschichte meines Lebens zu geben. Dieses Buch ist meine Antwort auf die Frage nach den Faktoren, die letztlich ausschlaggebend waren für meinen politischen Weg.

Teil I

MEINE UNIVERSITÄTEN

1. Kapitel

Wo ich herkomme

Von den etwas über achtzig Jahren meines Lebens habe ich zweiundvierzig in der Region Stawropol verbracht, die anderen in Moskau. Im Nordkaukasus treffen verschiedene Kulturen und Religionen aufeinander. Die facettenreiche Geschichte dieser Region hat mich immer lebhaft interessiert.

Mit der Erstarkung des Russischen Reiches suchten die Kaukasusvölker Schutz bei ihm vor allen möglichen Eroberern. Im August 1555 kehrte Andrej Schtschepetow, von Iwan dem Schrecklichen in den Nordkaukasus entsandt, mit einer Botschaft der Fürsten von Adygeja zurück. Der Zar erklärte das Reich von Pjatigorsk zu russischem Territorium. Die russische Seite legte Grenzbefestigungen an. Unter Katharina der Großen begann der Bau der Grenzlinie von Asow bis Mosdok mit sieben Festungen, darunter die Festung von Stawropol. Die ersten Grenzwächter waren Kosaken vom Fluss Chopjor (Gouvernement Woronesch) und Grenadiere des Wladimir-Regiments (Gouvernement Wladimir).

Und dann entstand eine Kosakensiedlung nach der anderen. Erst flüchteten die Bauern vor der Leibeigenschaft in den Süden. Später siedelte man sie zwangsweise dort an. Das Gouvernement Stawropol, ein Vorläufer der Region Stawropol, der ich später vorstehen sollte, ist eine relativ späte Verwaltungseinheit des Russischen Reiches. Den Status eines Gouvernements bekam es erst 1848, Hauptstadt ist das auf dem höchsten Punkt gelegene Stawropol, das von einem vorwiegend ebenen Steppengebiet von 400 Kilometern Länge und 200 Kilometern Breite umgeben ist. Vom eigentlichen Kaukasus trennten es die Ländereien der Terek-Kosaken sowie im Südwesten die Ländereien der Kuban-Kosaken, die Katharina die Große von der Ukraine in den Nordkaukasus umgesiedelt hatte. Im Nordwesten erstreckte sich das Territorium der Don-Kosaken, im Nordosten das Gouvernement Astrachan.

Die Region Stawropol gehört zum Nordkaukasus. Sie liegt an der Grenze zwischen Europa und Asien. Im Osten, an der Grenze zu Tschetschenien, gibt es 14 Prozent Sandboden und 31 Prozent Trockensteppe; die restliche Fläche bilden fruchtbare Kastanien- und Schwarzerdeböden.

Die Winter sind streng. Oft fällt die Temperatur auf minus 20 bis minus 30 Grad. Aber das Hauptproblem sind die heißen Winde, die Staubstürme regenarmer Jahre. Es ist statistisch belegt, dass diese in den letzten hundert Jahren stark zugenommen haben. Der Aprilsturm des Jahres 1898, der 200 000 Stück Vieh vernichtete, ist in die Geschichte eingegangen. Die Staubstürme des Frühlings 1948 fegten die oberste Schicht des Bodens weg, 1975/76 (als ich Erster Sekretär des Regionskomitees der KPdSU war) herrschte eine katastrophale Dürre.

Zu Beginn des 20. Jahrhunderts lebten ca. eine Million Menschen in der Region. Das waren im wesentlichen Russen (beziehungsweise »Großrussen«, wie sie damals offiziell hießen), ein Drittel waren Ukrainer (offiziell: »Kleinrussen«), dann Nogaier, Turkmenen, Kalmücken, Armenier, Grusinier, Griechen, Esten, Juden und Polen. Die Deutschen mit ihren großen, reichen Farmen lebten abgesondert von den anderen in der Steppe. Es gab auch reiche russische Höfe. Einer, der seinerzeit ziemlich bekannt war in der Region Stawropol, gehörte der Familie, aus der Solschenizyn stammt. 40 Prozent der Fläche des Gouvernements Stawropol war von Nomaden bevölkert: Nogaiern, Turkmenen und Kalmücken. Die eigentlichen Bergvölker des Kaukasus (Karatschaier, Tscherkessen und Abasinzen) kamen erst in der sowjetischen Zeit hinzu.

Im Gouvernement lagen zwei Städte (die Stadt Stawropol hatte vor der Revolution etwas mehr als 40 000 Einwohner) und 130 Dörfer, darunter zehn größere (das heißt mit einer Einwohnerzahl von bis zu 15 000). Es gab elf Bahnstationen, neun Telegrafenämter, 21 Postämter, 22 staatliche Ärzte in der Stadt, zu denen ebenso viele frei praktizierende hinzukamen, ein paar Krankenhäuser auf dem Land mit je fünf Betten, fünf Mittelschulen, 313 Schulen mit nur einer Klasse und drei Buchhandlungen, die alle in der Stadt Stawropol ansässig waren.

Vorherrschend war die Landwirtschaft: Ackerbau, Vieh- und Schafzucht. Die landwirtschaftlichen Erzeugnisse waren zum Export bestimmt: nach Petersburg, Moskau und Paris. An Industrie gab es: Müllerei- und Wachsbetriebe (die auch Kerzen herstellten), Buttereien, Schnapsbrennereien, Ledergerbereien, Ziegeleien, kurz: alles, was charakteristisch für ein ländliches Gouvernement ist.

Die soziale Schichtung war charakteristisch für die Provinz jener Zeit: eine recht große Zahl von Adligen, Großgrundbesitzer, Geistliche, Kaufleute und Händler, Kleinbürger (Angestellte, Beamte, Hausbesitzer); die Bauernschaft (mit Ländereien einer Ausdehnung von 2 bis 5 Desjatinen[2]) stellte 90 Prozent der Bevölkerung; hinzu kamen Arbeiter unterschiedlicher Art (darunter viele Tagelöhner) und arme Leute ohne bestimmte Beschäftigung. So sah das Gouvernement Stawropol vor dem Ersten Weltkrieg und der Revolution von 1917 aus.

Die Geschichte dieses Landstrichs ist reich an Ereignissen. Über einige sind bis heute Legenden im Umlauf. Mit der Zeit erfuhr ich, dass 25 der Offiziere, die 1825 am Dezemberaufstand gegen den Zaren teilgenommen hatten, hierhin verbannt worden waren. Das Leben vieler von ihnen endete während der Kaukasuskriege in den zahllosen Zusammenstößen mit den Bergbewohnern. Unter den Verbannten war auch der Dichter Alexander Odojewskij, der Verfasser einer in Versform gefassten Antwort auf Puschkins Sendschrei-

---

2 1 Desjatine = 1,09 Hektar (Anm. d. Übers.)

ben an die Dekabristen, das die berühmte Zeile enthält: »Der Funken wird zu einer Flamme.«

Im Lermontow-Museum in Pjatigorsk ist ein Tagebuch Odojewskijs ausgestellt. Auf den vergilbten Seiten begegnet man Namen, die einem aus der Schule bekannt sind. Hier freundete sich Odojewskij mit Lermontow an und traf Ogarjow, den Freund Alexander Herzens. Und als ich in einem Lehrbuch las, »die Dekabristen haben Herzen aufgerüttelt«, erschien mir das wie eine lebendige Verbindung zu den früheren mir bekannten und vertrauten Menschen meiner Heimat.

Wie der Fluss nach dem Frühjahrshochwasser große und kleine Seen an den Ufern zurücklässt, so haben auch die Umsiedlungen und Wanderungen verschiedener Völker in den Steppen und Vorgebirgen des Stawropoler Landes viele Spuren hinterlassen. Neben russischen Namen begegnet man immer wieder Namen wie Antusta, Dshalga und Tachta, die mongolischen Ursprungs sind, oder Atschikulak und Arsgir, die turksprachig sind.

Eine solche Mischung von Ethnien auf kleinem Raum, einen solchen Reichtum von Sprachen, Kulturen und Religionen haben nur wenige Regionen der Welt aufzuweisen. Außer den Russen, die 83 Prozent ausmachten, lebten im Stawropoler Land zu meiner Zeit Karatschaier, Tscherkessen, Abasinzen, Nogaier, Osseten, Griechen, Armenier und Turkmenen. Es ist unmöglich, alle aufzuzählen. Und jedes Volk bringt nicht nur seine Sprache, sondern seine Bräuche, Sitten und Trachten mit, ja sogar seine jeweilige Gestaltung und Aufteilung des Hofs.

Heute sehen die Siedlungen ganz anders aus, sie sind einheitlicher geworden. Aber noch Anfang des 20. Jahrhunderts konnte man den typischen kaukasischen Aul der Bergbewohner antreffen und daneben eine Kosakensiedlung oder ein russisches Dorf mit Samankaten unter einem Stroh- oder Schilfdach. Und um jede Kate zog sich ein Zaun, geflochten aus den Ruten junger Bäume. Ich verstand mich damals auch nicht schlecht auf diese Flechtkunst, und genauso wusste ich, wie man ein Dach deckt und mit welcher

Lösung man das Stroh begießen muss, damit die Vögel es nicht rauben.

Die Bewohner des Landstrichs sind gesellig und kompromissbereit. Das Auskommen mit Menschen verschiedener Ethnien war ja die wichtigste Voraussetzung für ein Überleben im Nordkaukasus. Sich in einem mehrsprachigen, multikulturellen Milieu bewegen zu müssen, erzog zu Toleranz und einem respektvollen Umgang miteinander. Wenn man einen Bergbewohner beleidigte oder kränkte, hatte man sich einen Todfeind gemacht. Respekt vor der Würde und den Bräuchen eines Bergbewohners hieß, einen treuen Freund gewonnen zu haben. Ich hatte eine Vielzahl solcher Freunde, denn schon damals kam ich, ohne entsprechende hochtrabende Worte zu kennen, immer mehr zu der Einsicht, dass nur Toleranz und Eintracht den Frieden zwischen den Menschen sicherstellen können.

Hier in meiner Heimat bekam ich den ersten Unterricht in internationaler Erziehung. Nicht in der Theorie, sondern als fundamentalen Bestandteil des Alltagslebens. Im Nordkaukasus leben Menschen verschiedener Ethnien nebeneinander, manchmal sogar in ein und demselben Dorf, derselben Siedlung, demselben Aul oder derselben Ortschaft. Sie bewahren ihre Kultur und ihre Traditionen, helfen einander aber auch, besuchen sich, bemühen sich, eine gemeinsame Sprache zu finden, und arbeiten zusammen.

Als ich Präsident der UdSSR wurde und es mit den Konflikten der Nationalitäten in meinem Land zu tun bekam, war ich kein Neuling in diesen Fragen: Hier in der geistigen Atmosphäre des Nordkaukasus sehe ich den Ursprung meiner Neigung, in Konfliktfällen nach einem Kompromiss zu suchen; nicht aus Charakterschwäche, wie einige meinen. Rebellen gab es im Nordkaukasus mehr als genug. Gerade hier haben viele Anführer echter Volksbewegungen ihr Heer um sich geschart und ihren Vormarsch begonnen: Kondratij Bulawin, Ignat Nekrassow, Stepan Rasin und Jemeljan Pugatschow. Der Überlieferung nach stammt auch Jermak, der Eroberer Sibiriens, aus dieser Gegend.

Die zahllosen Überfälle von Eroberern in alter Zeit und die

langjährigen Kaukasuskriege in jüngster Vergangenheit haben eine Menge Menschenleben gekostet. Auch der Bürgerkrieg des vergangenen Jahrhunderts hat eine furchtbare Blutspur in unserer Gegend hinterlassen. Die Sowjetmacht drang von Rostow aus in Richtung Stawropol vor. Unsere Orte waren die ersten auf diesem Weg, und so formierten sich auf dem Boden meiner Region die ersten Abteilungen der Roten Garde. Bekannt ist Lenins Grußschreiben an die »Front von Medweschje«.

Am 1. Januar 1918 wurde die Stawropoler Sowjetrepublik ausgerufen und ein Rat der Volkskommissare gebildet. Eine halbe Million Bauern erhielten Land von der neuen Regierung. Man führte den Achtstundentag ein, errichtete eine Arbeiterkontrolle in den Fabriken, und der Schulunterricht war von nun an kostenlos. Doch schon im März kam es im Landkreis Medweschje zu Kämpfen mit Offizierseinheiten des weißen Generals Kornilow und im April mit der Freiwilligenarmee des Generals Alexejew. Im Juli 1918 schloss sich die Stawropoler Sowjetrepublik mit der Kuban- und Schwarzmeerrepublik sowie der Republik Terek zur Sowjetrepublik Nordkaukasus zusammen, die bis zum Januar 1919 Bestand hatte. Danach übernahmen die weißen Generäle Denikin und Schkuro die Macht.

Die Kämpfe im Nordkaukasus wurden mit äußerster Erbitterung geführt. Ein Teil der Kosaken ging in die Rote Armee, sodass in der zweiten Hälfte des Jahres 1918 an der Südfront vierzehn rote Kosakenregimenter im Einsatz waren, die später zu Brigaden und Reiterarmeen umformiert wurden. Wie unsere örtlichen Veteranen versicherten, waren in der berühmten 1. Reiterarmee von Budjonnyj und Woroschilow nahezu 40 Prozent der Soldaten aus Stawropol. Ein anderer, nicht unbeträchtlicher Teil der Kosaken dagegen schloss sich den Weißen an. Als es am Don zu einer Meuterei kam und General Krasnow mit Hilfe deutscher Truppen eine Militärdiktatur errichtete, wurden 45 000 mit der Sowjetmacht sympathisierende Kosaken erschossen oder erhängt. Aber auch die Roten machten keine Umstände und schreckten nicht vor den brutalsten Maßnahmen zurück, sogar gegen Alte, Frauen und Kinder. Ich erinnere mich noch an folgende Episode, von der General Kniga erzählte.

1967 feierte man den 50. Jahrestag der Sowjetmacht. Zahlreiche Teilnehmer des Bürgerkriegs fuhren in die Städte und Dörfer und erzählten von ihren Erinnerungen. Besonders viele Begegnungen fanden für die Jugendlichen statt. Auch General Kniga, ein Held des Bürgerkriegs, wurde gebeten, seine Heimat im Norden des Gouvernements aufzusuchen, wo er für die Sowjetmacht gekämpft hatte. Der General erklärte sich einverstanden, bat aber zur allgemeinen Verwunderung um Begleitschutz.

»Wofür brauchst du denn Begleitschutz, Wasilij?«

»Ich brauche ihn unbedingt. Wir haben dort im Bürgerkrieg ein ganzes Dorf niedergesäbelt.«

»Wie – niedergesäbelt?«

»Na so …«

»Alle Dorfbewohner?«

»Möglicherweise eben nicht alle, deshalb denke ich, vielleicht hat einer überlebt und erinnert sich daran.«

Wie oft habe ich zu hören bekommen, beim Übergang zu einer neuen Gesellschaft sei Gewalt nicht nur gerechtfertigt, sondern eine Notwendigkeit. Dass sich Blutvergießen bei Revolutionen tatsächlich oft nicht vermeiden lässt, ist ein Faktum. Aber in der Gewalt ein Allheilmittel für die Lösung von Problemen zu sehen, zu ihr aufzurufen, um irgendwelche vermeintlich »hehren« Ziele zu erreichen, also im Zweifelsfall wieder das Volk niederzusäbeln, das ist unmenschlich.

Die Familie der Gorbatschows war nach der Aufhebung der Leibeigenschaft in der zweiten Hälfte des 19. Jahrhunderts in das Stawropoler Land gekommen. Mein Urgroßvater, Moisej Gorbatschow, siedelte sich mit seinen drei Söhnen Alexej, Grigorij und Andrej am Rand des sehr viel früher entstandenen Dorfes Priwolnoje an. Die Gorbatschows wohnten zuerst alle zusammen, eine Großfamilie von 18 Personen. In der Nähe lebten ihre nahen und fernen Verwandten, ebenfalls Gorbatschows. Später wurden für die Söhne mit ihren Familien Hütten gebaut. Auch mein Großvater Andrej Moisejewitsch, der meine Großmutter Stepanida heiratete, trennte sich mit der Familiengründung von seinen Eltern. 1909 kam Sergej zur Welt, mein Vater.

Am Rand des Dorfes Priwolnoje, das von den Gorbatschows und ihren engen Verwandten besiedelt war, wohnten auch Pantelej Jefimowitsch und Wasilisa Gopkalo. Auch sie waren zugereist: Er stammte aus der Gegend um Tschernigow, sie aus der Gegend um Charkow, ihrem Ursprung nach waren sie also Ukrainer. Offenbar kamen sie zur selben Zeit wie die Gorbatschows und ließen sich am Rande des Dorfes nieder. Sie hatten eine Tochter Maria, meine Mutter.

1929, als mein Vater zwanzig und meine Mutter achtzehn war, heirateten sie. Aus der mündlichen Familienüberlieferung ist bekannt, dass meine Mutter meinen Vater nicht heiraten wollte, die Großväter sich aber abgesprochen hatten. Meinem Vater gefiel meine Mutter. Er liebte sie. Er liebte sie sein ganzes Leben und kümmerte sich um sie. Er verzieh ihr vieles. Wenn er wegfuhr, brachte er bei der Rückkehr immer Geschenke mit. Geschenke für Maria!

Ich wurde am 2. März 1931 geboren und in der Kirche des Nachbardorfs Letnizkoje getauft. Infolge der Revolution von 1917 wurde die Religion ja verfolgt, und die Kirchen in Priwolnoje waren zerstört worden. Meine Mutter und mein Vater hatten mir bei der Geburt den Namen Viktor gegeben. Doch bei der Taufe antwortete Großvater Andrej auf die Frage des Geistlichen nach meinem Namen, ich solle Michail heißen. Dann packte man mich in einen warmen Schafpelz und brachte mich nach Priwolnoje zurück. Dies geschah weniger, damit ich nicht erfror, sondern weil es Reichtum verspricht – so will es der Brauch.

Die Hütte von Großvater Andrej erstreckte sich von Osten nach Westen und bestand aus drei Räumen. Zuerst kam die gute Stube, wo Großvater und Großmutter schliefen. Die Ostecke dieses Zimmers nahm eine große, wunderschöne Ikonenwand ein. Der Lehmboden war mit selbstgewebten Läufern bedeckt. Der zweite Raum war der Gemeinschaftsraum für die Familie mit einem russischen Ofen, an den ein kleiner Ofen angebaut war. An der Fensterwand standen ein Esstisch und eine Bank. Im großen Ofen wurde das Brot gebacken, alles andere wurde in dem Öfchen zubereitet. Die kleinen Kinder schliefen oben auf dem Ofen.

Als Vater und Mutter geheiratet hatten, wurde ein Teil dieses Zimmers für die beiden abgetrennt. Dann gab es noch einen Flur. Der dritte Teil der Hütte diente als Vorratsraum, wo man Getreide, Futter und Saatgut aufbewahrte. Unter dem Dach hingen Säcke mit Zwieback. Als ich schon größer war, ging ich gern auf den Speicher dieses Raums und suchte mir ein stilles Plätzchen, wo ich oft einschlief. Einmal entdeckte ich zwei Säcke mit merkwürdigen farbigen Scheinen. Es stellte sich heraus, dass das Kerenki waren, Geldscheine, die 1917 unter der von Kerenskij angeführten provisorischen Regierung ausgegeben worden waren. Sie lagen da noch lange. Großvater hoffte wohl darauf, sie könnten noch einmal von Nutzen sein. Wie Bauern eben so denken!

Im vierten Raum war das Vieh untergebracht. Daneben befand sich Futter und ein Teil des Heizmaterials. So war die Hütte aufgeteilt.

Vor vielen Jahren erzählte meine Mutter meiner Tochter Irina, ihrer ersten Enkelin, wie ich auf die Welt gekommen bin. Als die Wehen einsetzten, brachte man meine Mutter in den Vorratsraum. Man legte Stroh auf den Boden und bettete sie auf ein Lager. Zwischen dem Wohnraum und dem Stall, da wurde ich also geboren. Als Irina erwachsen war, kam sie auf diese Geschichte zu sprechen und sagte: »Papa, hör mal, du bist ja geboren wie Jesus Christus.«

»Ja! Schreib es dir hinter die Ohren. Aber sag es niemand weiter«, sagte ich aus Spaß.

Ich möchte jetzt von meinen beiden Großvätern erzählen. Ihr Schicksal ist typisch für das Schicksal der Bauern unter der Sowjetmacht. Nach dem Ersten Weltkrieg kehrte Großvater Pantelej von der türkischen Front zurück, Großvater Andrej von der österreichischen. Beide Familien waren bettelarm. Großvater Pantelej verlor mit 13 Jahren seinen Vater und hatte noch vier jüngere Geschwister.

Obwohl von Natur aus ruhig, stand ihm der Sinn nach Veränderungen, er gründete erst eine Bauernkommune und dann eine Genossenschaft zur gemeinsamen Bearbeitung des Bodens, eine damals berühmte Form des Zusammenschlusses.

»Die Sowjetmacht hat uns nicht gerettet, sie hat uns Land gegeben«. Diese Worte habe ich von Großvater Pantelej immer wieder gehört. Und das war entscheidend für sein Verhältnis zur Sowjetmacht. Die Kollektivierung begann. Er wurde Organisator und Vorsitzender einer Kolchose.

Großvater Andrej, von Natur aus schroff, erkannte die Kolchose nicht an und bewirtschaftete sein Land allein. Mein Vater schlug sich auf die Seite von Großvater Pantelej, trat in die Kolchose ein, wurde Traktorist und riskierte den Bruch mit seinem Vater.

Bei Großvater Andrej lief alles gut. Er bekam vom Staat Auflagen, wie viel Getreide er zu säen und wie viel er abzugeben habe, und erfüllte sie gewissenhaft. In beiden Familien normalisierte sich das Leben allmählich, wenn auch auf unterschiedliche Weise.

Da kam das Jahr 1933 mit der schrecklichen Hungersnot. Großvater Andrejs Familie war in einer äußerst kritischen Lage. Sie wussten nicht, wie sie die Kinder ernähren sollten. Drei von ihnen verhungerten im Winter. Als der Frühling kam, hatten sie kein Saatgut. Die Behörden werteten das als Sabotage, als Nichterfüllung des Aussaatplans. Großvater Andrej wurde zu Holzfällerarbeiten nach Sibirien verbannt. Er kam vor der Zeit frei, 1935, und brachte einige Auszeichnungen mit. Er rahmte die Urkunden ein und hängte sie neben die Ikonen. Nach seiner Rückkehr aus der Verbannung trat Großvater in die Kolchose ein und arbeitete dort bis zu seinem Tod. Und fast immer wurde seine Arbeit als die beste ausgezeichnet, und er bekam eine Prämie.

1938 brach ein neues Unglück über uns herein. Großvater Pantelej wurde auf einmal verhaftet und des Trotzkismus beschuldigt. Sie verhörten und folterten ihn vierzehn Monate lang.

Als sie ihn verhaftet hatten, zog Großmutter Wasilisa zu uns. Sofort änderte sich vieles. Die Nachbarn besuchten uns nicht mehr,

Mit der Mutter Maria Pantelejewna, 1941

und wenn doch, dann nur nachts. Es war, als stünde das Haus unter Quarantäne: »Das Haus eines Volksfeindes!«

Man bemühte sich in der Familie, die schreckliche Zeit zu vergessen. Ich habe nie Einzelheiten gehört. Zu fragen war unangenehm. Später begriff ich dann, dass sie sich nicht so verhielten, um so schnell wie möglich zu vergessen, sondern einfach aus Angst. Solche Gespräche sah die Sowjetmacht nicht gerne.   **33**

Fast zwanzig Jahre kam ich nicht aus Priwolnoje heraus. Nur einmal fuhr ich in einem Lastwagen mit einer Gruppe von Mechanikern nach Stawropol, wo uns Auszeichnungen der Regierung für besondere Arbeitsleistungen ausgehändigt wurden. Und noch davor fuhren Tante Sanja (eine Schwester meines Vaters) und ich mit dem Getreidewagen-Tross zum staatlichen Getreidespeicher der Bahnstation Pestschanokopsk.

Das war unheimlich interessant: meine erste weite Reise mit einer Übernachtung in der Steppe am Brunnen, wo sich alle niederließen. Wir aßen zusammen zu Abend und schliefen auf den Getreidewagen. Und am Bahnhof, da sah ich zum ersten Mal eine Lokomotive!

Oft war ich bei Großvater Pantelej und Großmutter Wasilisa, die mit der Zeit ins Nachbardorf zogen, wo Großvater zum Kolchosvorsitzenden gewählt worden war. Darüber waren nicht nur meine Großmutter (das wurde sie übrigens, als sie gerade mal achtunddreißig war) und ich sehr glücklich, sondern besonders meine Eltern. Manchmal versuchten sie, mich im Dorf Priwolnoje zu behalten, aber ich wollte wieder zu Großvater und Großmutter zurück. Alle Versuche meiner Eltern endeten mit einem Sieg meinerseits. Ich lief einen und anderthalb Kilometer hinter dem Fuhrwerk des Großvaters her, bis er sich erbarmte und mich mitnahm.

Großmutter wusste später immer wieder davon zu erzählen, wie gut wir miteinander auskamen, wie ich sie zum Beispiel im Haus einsperrte, weil sie mir nicht so viel Zucker gab, wie ich wollte. Was ist da nicht so alles vorgekommen! Ihr ganzes Leben blieb ich der Lieblingsenkel.

Krieg

Ende der dreißiger Jahre bürgerte es sich ein, dass man an Sonn- und Feiertagen in den Waldgürtel der Steppe ging, um sich zu erholen. Ganze Familien zogen los, auf Pferden, Stieren oder, wenn es nicht weit war, zu Fuß. Allen gefiel das friedliche Leben. Die Kinder spielten Schlagball, warfen Stöcke in die Luft, die man auffangen musste, oder jagten hinter einem selbstgebastelten Ball hinterher. Die Mütter schwatzten und klatschten. Die Väter besprachen ihre »Männer«-Probleme. Dabei wurde getrunken und gesungen. Und wenn einer zu viel getrunken hatte und außer sich geriet, kam es auch zu Schlägereien. Nur die Frauen konnten die Raufbolde auseinanderbringen, indem sie sich mit vereinten Kräften auf sie stürzten.

Während eines solchen Ausflugs ins Grüne, am Sonntag, dem 22. Juni, kam auf einmal ein Reiter an und meldete: »Es ist Krieg! Alle müssen um 12 Uhr auf dem Zentralen Platz in Priwolnoje sein. Molotow wird eine Rede halten.« In Priwolnoje gab es kein Radio. Es wurde extra eine Funkanlage herbeigeschafft.

Wir Kinder nahmen das anders auf als die Erwachsenen, die mit versteinerten Gesichtern dastanden. Wir meinten: »Wir werden es den Faschisten schon zeigen!« Dann setzte die Mobilisierung ein, und im Herbst kamen die ersten Gefallenenmeldungen. In der Regel trafen sie abends ein. Wir standen da und lauschten, wo der Berittene stehenbliebe, bei welchem Haus. Es waren junge Männer, die umkamen: unsere Väter, Brüder und Nachbarn.

Heute wissen wir: Die Ersten, die in den Kampf mit den Faschisten verwickelt wurden, waren unsere Grenztruppen. Jungen der Jahrgänge 1921/22 und etwas älter. Die Mehrheit von ihnen kam nicht zurück. Etwa fünf Prozent der Männer dieses Alters überlebte. Ein entsetzlicher Schlag für die Mütter, Frauen, Kinder und Bräute.

Mein Vater und ein paar Mechaniker wurden für die Erntezeit zurückgestellt. Er wurde erst am 3. August 1941 einberufen. Ich war dabei, als er mit anderen Eingezogenen fortgebracht wurde. Die einen fuhren auf Karren, die anderen liefen hinterher, um zum letzten Mal mit den ins Unbekannte Aufbrechenden zu sprechen. Die Menschen nahmen voneinander Abschied, denn niemand wusste, ob er zurückkommt.

20 Kilometer trennen Priwolnoje von der Kreisstadt. Sie kamen mittags an der Einberufungsstelle an. Vater spendierte mir ein Eis, das beste meines Lebens. Es war heiß, das Eis zerfloss. Ich aß einen

ganzen Becher. Und dann kaufte Vater mir auch noch eine Balalaika. Als er von der Front zurückkam, war sie noch da und blieb dann noch viele Jahre in unserer Familie.

Gerade erst waren die Menschen nach den Erschütterungen des Welt- und Bürgerkriegs, der Kollektivierung und der Repressionen zu sich gekommen, gerade hatte sich das Leben gebessert, es gab einfache Schuhe zu kaufen, Kattun, Salz, Haushaltswaren, Hering, Anchovis, Streichhölzer, Petroleum, Seife – und schon wieder stand Russland vor einer extremen Prüfung, bei der es um das nackte Überleben ging.

Ich erinnere mich immer noch an meine Fassungslosigkeit, als unsere Truppen zurückweichen mussten und die Faschisten ins Landesinnere vorrücken konnten. Wir Kinder waren nicht weniger entsetzt darüber als die Erwachsenen. Für uns war das einfach eine Tragödie. Wie war das möglich? Im Winter 1941/42 waren die deutschen Truppen bei Moskau, 27 Kilometer vom Kreml entfernt, und bei Taganrog, das ca. 200 Kilometer von Priwolnoje entfernt war.

Mein Vater hatte viele Jahre die kleine Kreiszeitung und die *Prawda* abonniert, die wir auch weiterhin bekamen. Besonders im Herbst und Winter versammelten sich die Frauen häufig abends in unserer Hütte, und ich las ihnen die Meldungen von der Front vor. Sie legten Karten, während ich auf dem Ofen lag und sie betrachtete. Ich verstand nicht, was sie einander beweisen wollten und was die Karten »sagten«. Es ging alles um ihre Männer.

Die Sorge um das tägliche Überleben nahm die ganze Zeit in Anspruch. Man brauchte Essen, man brauchte Wasser, man brauchte Wärme, und man musste sich um das Vieh kümmern.

Der Winter des Jahres 1941 war hart. Bei uns im Süden fiel schon am 8. September der erste Schnee, ein einzigartiges Vorkommnis. Schneefall und Wind hielten ein paar Tage an. Alle Hütten, die sich dem Ostwind entgegenstellten, waren eingeschneit. Nur die Schornsteine ragten heraus. Als sich das Wetter beruhigt hatte, halfen diejenigen, die aus ihrem Haus herauskamen, den anderen, sich freizuschaufeln. So einen Winter habe ich mein Lebtag nicht mehr erlebt.

Ein paar Tage lang gab es keine Post und auch keine andere Verbindung zur Außenwelt. Und gerade da tobte die erbitterte Schlacht auf Leben und Tod vor Moskau. Später erfuhren wir, dass die Deutschen bei Moskau vernichtend geschlagen worden waren. Moskau hatte standgehalten. Einer der Zeitungen lag ein Büchlein bei, das von der Heldentat der Soja Kosmodemskaja erzählte. Die Zeitung hieß *Tanja*. Alle waren entsetzt über die Brutalität der Deutschen, und alle weinten.

Die Gefallenenmeldungen rissen nicht ab. Der Krieg verschlang alles: das Leben der Menschen, Städte und Dörfer. Große Teile des Landes waren von den Faschisten besetzt: die Ukraine, Weißrussland, das Baltikum, Moldawien und der Westen Russlands.

Der Schnee blieb bis zum Frühling liegen, ein richtiges Schneereich. Nur dass einem in diesem Reich das Leben schwer wurde. Mit dem Essen ging es noch, im Jahr 1941 waren ja noch Vorräte da. Aber zum Heizen gab es nichts. Man fällte alte Gartenbäume. Die Betreuung des Viehs war schwierig. Und ganz schlecht stand es um das Futter für das Kolchosvieh: Das Heu stand auf den Feldern, aber die Wege waren eingeschneit. Es musste unter den Bedingungen dieses entsetzlichen Winters transportiert werden. Und all das war den jungen Frauen aufgebürdet, darunter auch meiner Mutter.

Eines Tages kehrten Mutter und einige andere Frauen nicht vom Einfahren des Heus zurück. Es vergingen ein, zwei Tage, und sie waren immer noch nicht da. Erst am dritten Tag kam die Meldung, die Frauen seien verhaftet und ins Kreisgefängnis gebracht worden. Wie sich herausstellte, hatten sie sich verirrt und die Schlitten mit dem Heu von Heuschobern beladen, die einer staatlichen Aufbereitungsorganisation für Viehfutter gehörten. Die Wache hatte sie verhaftet. Damals konnte man für so etwas hart bestraft werden. Ihre Rettung war, dass alle »Diebe« Ehefrauen von Frontsoldaten waren, alle Kinder hatten und das Futter nicht für den eigenen Gebrauch, sondern für die Kolchose genommen hatten, und auch das nicht mit Absicht, sondern irrtümlich.

Es ist schwer, alle Belastungen aufzuzählen, denen die Frauen in jenen Jahren ausgesetzt waren: die kräftezehrende Arbeit in der Kolchose, der Haushalt, der Mangel an allem und jedem, Kinder, die nichts anzuziehen und nichts zu essen hatten, die Angst um die Männer.

Vater schrieb uns oft Briefe und fragte nach allem. Und ich ließ mir manchmal von Mutter etwas diktieren oder antwortete ihm selbst, was häufiger vorkam. Ich glaube, er verstand unsere »Notlügen« in den Briefen.

Mit dem Weggehen meines Vaters an die Front musste auch ich viel im Haus tun. Ab dem Frühjahr 1942 mussten wir uns um den Gemüsegarten kümmern, der die Familie ernährte. Frühmorgens machte sich Mutter schnell im Haushalt zu schaffen, ging dann in die Kolchose aufs Feld, und von da an lag alles auf meinen Schultern. Meine wichtigste und schwerste Arbeit bestand in der Aufbereitung des Heus für die Kuh und in der Beschaffung von Heizmaterial.

Das Leben hatte sich total verändert. Wir, die Jungen der Kriegszeit, übersprangen unsere Kindheit und mussten abrupt das Leben Erwachsener führen. Spaß und Spiele waren vergessen, Schule gab es nicht. Tagelang war man allein und musste sich um den Haushalt kümmern. Aber manchmal … Manchmal vergaß ich auf einmal alles auf der Welt, in den Bann geschlagen von einem Schneegestöber im Winter oder von den raschelnden Gartenblättern im Sommer, und tauchte in Gedanken in eine entfernte, irreale Wunschwelt ein. Ins Reich der Phantasie …

Von Rostow aus überrollten im Sommer 1942 mehrere Rückzugswellen unsere Gegend. Die erste Welle bestand aus Tausenden von Evakuierten aus der Ukraine. Die einen waren mit Rucksack oder Säcken bepackt, die anderen hatten Kinderwagen oder Handkarren. Sie trieben Vieh-, Pferde- und Schafherden vor sich her.

Großmutter Wasilisa und Großvater Pantelej packten ihre Habseligkeiten und brachen ins Ungewisse auf. Die Ölzisternen des Dorfes wurden geöffnet, man leitete den ganzen Brennstoff in das seichte Flüsschen Jegorlyk, die Getreidefelder wurden abgefackelt, alles, damit es nicht dem Feind in die Hände fiel.

Die zweite Welle erreichte uns in der zweiten Hälfte des Monats Juli 1942 nach der Aufgabe von Rostow. Der Rückzug war ungeordnet. In großen und kleinen Gruppen trafen finstere und müde Soldaten bei uns ein, denen Trauer und Scham ins Gesicht geschrieben stand. Der Krach der detonierenden Bomben und der Donner der Geschütze kamen immer näher. Zusammen mit unseren Nachbarn hoben wir an dem Flusshang einen Graben aus, von dem aus ich zum ersten Mal eine Katjuscha[3]-Salve sah: Ein entsetzliches Pfeifen begleitete die Feuerpfeile, die über den Himmel flogen …

Und dann wurde es auf einmal still – für volle zwei Tage. Am 3. August 1942, genau ein Jahr, nachdem mein Vater in den Krieg gezogen war, tauchten Motorräder mit deutschen Kundschaftern auf. Innerhalb von drei Tagen zogen die deutschen Truppen in Priwolnoje ein. Um sich vor den Bombenangriffen zu schützen, tarnten sie sich und fällten alle unsere Gartenbäume, die wir in jahrzehntelanger Arbeit hochgezogen hatten.

Von Rostow drangen die Deutschen bis zur Hauptstadt von Kabardino-Balkarien Naltschik vor, ohne auf Widerstand zu stoßen. Die sowjetischen Truppen waren in Auflösung begriffen. Aber hinter Naltschik traten Sperrabteilungen in Aktion, zu deren Aufgabe die Umsetzung des Befehls Nr. 227 von Stalin gehörte: »Keinen Schritt zurück.« Aus den zurückweichenden Soldaten wurden in Windeseile Einheiten gebildet, die sofort an die vorderste Linie geschickt wurden. Durch den Großeinsatz bei der Stadt Ordschonikidse (heute: Wladikawkas) wurden die deutschen Truppen, die an das Öl von Baku herankommen wollten, gestoppt, und diesmal endgültig.

Als die deutschen Einheiten nach Osten weiterzogen, ließen sie eine kleine Garnison in Priwolnoje zurück, die später von einem Trupp abgelöst wurde, dessen ukrainischer Dialekt mir in Erinnerung geblieben ist. Nun hatte das Leben unter fremder Besatzung begonnen.

---

3 Die Deutschen nannten die Katjuscha »Stalinorgel«. (Anm. d. Übers.)

Ein paar Tage später kehrte Großmutter Wasilisa zurück. Sie war mit Großvater fast bis Stawropol gelangt, aber dort holten die angreifenden deutschen Truppen sie ein. Großvater hatte querfeldein, durch Schluchten und über Maisfelder die Frontlinie überschreiten können, aber Großmutter war mit ihren Habseligkeiten zu uns zurückgekehrt. Wohin auch sonst?

Die Deserteure aus unserer Armee krochen aus dem Untergrund. Der größte Teil von ihnen kollaborierte mit den Deutschen, in der Regel als Geheimpolizisten. Einmal kamen sie zu uns und führten eine Hausdurchsuchung durch. Ich weiß nicht, was sie suchten. Danach nahmen sie im Pferdewagen Platz und befahlen Großmutter, ihnen aufs Revier zu folgen. Sie musste durch das ganze Dorf. Alle sollten sehen: die Frau des Kolchosvorsitzenden! Lange wurde sie verhört. Ich weiß nicht, was sie herausfinden wollten und was sie hätte sagen können. Alles lag auf der Hand: Ihr Mann war Kommunist, der Kolchosvorsitzende war in der Evakuation, Sohn und Schwiegersohn kämpften an der Front.

Wenn Mutter vom Arbeitsdienst für die Deutschen zurückkam, erzählte sie wiederholt von den Ängsten einiger Dorfbewohner: »Das ist nicht wie bei den Roten!« Gerüchte über Massenerschießungen in den Nachbarstädten kamen auf, Gerüchte über Autos, die die Menschen mit Gas umbrachten (nach der Befreiung bestätigte sich das alles). Zigtausende Menschen, größtenteils Juden, wurden bei der Stadt Mineralnyje Wody erschossen. In Priwolnoje verbreiteten sich Gerüchte über die bevorstehende Abrechnung mit den Familien der Kommunisten.

Unserer Familie war klar, dass wir als Erste drankommen würden. Mutter und Großvater Andrej versteckten mich auf einer Farm hinter dem Dorf, wo Großvater arbeitete. Die Strafaktion war für den 26. Januar 1943 angesetzt, doch am 21. Januar befreiten unsere Truppen Priwolnoje.

Ich habe diese Tage in Erinnerung behalten. Wir sind wohl noch relativ glimpflich davongekommen. Das ist auch das enorme Verdienst unseres Dorfältesten, des hochbetagten Sawatej Sajzew oder

»Großvaters Sawka«, wie wir ihn nannten. Er hatte sich lange und hartnäckig geweigert, die Funktion des Ältesten zu übernehmen, aber die Dorfbewohner überredeten ihn, denn er war wenigstens einer von uns. Wir im Dorf wussten, dass Sajzew alles versuchte, um die Menschen zu retten. Aber als die Deutschen verjagt waren, wurde er wegen Hochverrat zu zehn Jahren Lager verurteilt. Wie viele Eingaben meine Dorfgenossen auch machten, in denen stand, er habe das Amt des Ältesten nicht freiwillig übernommen, er habe Leuten das Leben gerettet, nichts half. Großvater Sawka starb als »Verräter« im Gefängnis.

Ich werde nie vergessen, wie wir uns mitten in der Nacht aus dem Haus schlichen, meine Mutter und ich. Ich sollte mich auf der Farm verstecken, wo Großvater Andrej arbeitete, ein paar Kilometer vom Dorf entfernt. Überall war Schlamm. Das kommt in der Region Stawropol häufig vor, sie liegt ja im Süden Russlands. Anfangs schien uns, wir seien auf dem richtigen Weg, aber dann verirrten wir uns. Pechschwarze Nacht, nirgends ein Licht, kein Weg, nur Finsternis. Wir gingen und gingen, in der Hoffnung, auf irgendetwas zu stoßen, und tauchten immer weiter ein in die Finsternis. Auf einmal flammte in dieser Winternacht ein Blitz auf, und es donnerte. Die Finsternis lichtete sich für einen Augenblick, und wir sahen in der Nähe die Farm. Dort versteckte ich mich dann für ein paar Tage.

Die Deutschen traten in aller Eile den Rückzug an. Aus Angst, wie bei Stalingrad in einen Kessel zu geraten, zog ihr Kommandostab die Truppen vom Nordkaukasus schleunigst ab. Wie begeistert wir die Einheiten der Roten Armee begrüßten! Wir mussten uns nicht mehr vor den »Junkers« fürchten, die aus der Luft unsere Truppenbewegungen verfolgten …

Noch einmal rückte die Front in unsere Gegend vor, diesmal auf dem Weg nach Westen. Wieder mussten wir von vorn anfangen, die Kolchose wieder einrichten. Aber wie? Alles war zerstört, es gab keine Maschinen, kein Vieh, kein Saatgut. Der Frühling kam. Wir pflügten die Erde mit Kühen aus dem eigenen Bestand.

Dann sammelten wir Saatgut, jeder lieferte so viel ab, wie er konnte. Die Ernte des Jahres 1943 war natürlich schlecht. Woher hätte sie auch kommen sollen! Alles, was wir angebaut hatten, lieferten wir dem Staat für die Front ab. Im Winter und Frühling 1944 kam der Hunger. Meine Mutter fuhr mit anderen Dorfbewohnern zusammen an den Kuban. Es hieß, man könne dort Mais kaufen. Wir holten Vaters Sachen aus der Truhe: zwei Paar neue Chromlederstiefel und einen Anzug, den er kein einziges Mal getragen hatte, um die Sachen gegen Getreide einzutauschen. Als Mutter losfuhr, maß sie mir für jeden Tag eine Handvoll Mais ab, aus den letzten Beständen, die wir im Haus hatten. Ich mahlte die Maiskörner und kochte mir aus dem Mehl einen Brei.

Eine Woche verging, zwei Wochen, immer noch war Mutter nicht zurück. Erst ein paar Tage später tauchte sie auf und brachte einen Sack Mais mit. Der war unsere Rettung. Und dann kalbte auch noch unsere Kuh, sodass wir sowohl Milch als auch Mais hatten. Das war damals eine Menge wert. In anderen Familien hatten sie zu wenig zu essen und waren aufgeschwemmt vor Hunger. Häufig kamen befreundete Nachbarkinder zu uns und standen schweigend an der Tür. Mutter stöhnte ein wenig, bevor sie sich erweichen ließ und ihnen etwas zu essen gab.

Wie ein Gottesgeschenk gab es im Frühling zu unser aller Freude Regenschauer. Auf dem Feld und im Gemüsegarten, überall begann es zu sprießen. Auch diesmal war Mutter Erde unsere Rettung.

Im April 1943 starb die Mutter meines Vaters, Großmutter Stepanida. Sie starb langsam, unter entsetzlichem Leiden und in fürchterlicher Sorge um ihren Sohn. Es war noch kein Brief von der Front gekommen, buchstäblich ein paar Tage nach ihrem Tod traf er ein. Großmutter Stepanida hatte Großvater sechs Kinder geboren. Drei von ihnen waren 1933 verhungert. Im Unterschied zu Großvater Andrej war sie herzensgut und fürsorglich: Sie hatte mit allen Mitleid, besonders mit kleinen Kindern. Ihre älteste Tochter, meine Tante Nastja, blieb allein mit drei Kindern zurück, als ihr Mann an die Front musste. Wie sehr sich Großmutter um die Enkel kümmerte! Alle überlebten und wurden groß, während ihr Vater an der Front umkam. Großmutter Stepanida und ich waren Freunde. Ich hatte Glück.

Wir bekamen nun oft Briefe von Vater. Alles, was wir brauchten, war: Wir sind am Leben, er ist am Leben. Mutter dankte dem Herrgott. In diesen schwierigen, schrecklichen Tagen dachten die Leute auf einmal wieder an Gott.

Ende des Sommers 1944 kam ein rätselhafter Brief. Er enthielt Papiere, Familienfotos, die Vater, als er an die Front musste, mitgenommen hatte, und eine kurze Meldung, Starschina[4] Sergej Gorbatschow sei den Heldentod in den Karpaten gestorben.

Als ich Präsident der UdSSR wurde, machte mir der Verteidigungsminister Jasow ein einzigartiges Geschenk: Er überreichte mir ein Buch über die Truppenteile, bei denen mein Vater in den Kriegsjahren gekämpft hatte. Mit großer Erregung habe ich damals und auch heute wieder dieses Buch gelesen. Mir wurde noch deutlicher klar, wie schwer der Weg zum Sieg war und was für einen Preis unser Volk dafür hat zahlen müssen.

Die Division, in der mein Vater diente, beteiligte sich an der großen Panzerschlacht am Kursker Bogen, bei den Operationen im Raum Ostrogoschsk und Rossosch, an den Kämpfen bei Charkow, an der Überquerung des Dnepr im Raum von Perejaslawl-Chmelnizki und bei der berühmten Verteidigung des Brückenkopfes von Bukrin.

Für das Übersetzen über den Dnepr erhielt Vater die Tapferkeitsmedaille, auf die er sehr stolz war, obwohl er später auch noch andere Auszeichnungen bekam, darunter zwei Orden des Roten Sterns. Im November und Dezember 1943 beteiligte sich seine Division an der Operation um Kiew, im April 1944 an der um Proskurow und Tschernowitz, im Juli und August desselben Jahres an der um Lemberg und Sandomir und an der Befreiung der Stadt Stanislaw. Die Division hatte in den Karpaten 461 Tote und mehr als anderthalb-

---

4 Höchster Unteroffiziersrang in der Sowjetarmee; entspricht in etwa dem Hauptfeldwebel. (Anm. d. Übers.)

tausend Verwundete zu beklagen. Wie hatte Vater ein so blutiges Gemetzel überstehen und dann doch in den Karpaten umkommen können?

Drei Tage weinte die ganze Familie. Doch dann kam ein Brief von Vater, in dem stand, er sei wohlauf und gesund.

Beide Briefe stammten vom 27. August 1944. Ob er uns geschrieben, dann in die Schlacht gezogen und umgekommen war? Vier Tage später erhielten wir einen weiteren Brief von Vater, datiert vom 31. August. Also war Vater am Leben! Ich schrieb ihm einen Brief und äußerte meine Empörung über diejenigen, die uns den Brief mit der Todesmeldung geschickt hatten. In seinem Antwortbrief verteidigte Vater die Frontsoldaten: »Nein, mein Sohn, schimpf nicht auf die Soldaten – an der Front kommt alles Mögliche vor.« Ich nahm mir Vaters Worte zu Herzen.

Nach Kriegsende erzählte er uns dann, was im August 1944 passiert war. Am Vorabend eines Angriffs erhielten die Pioniere den Befehl, nachts am Berg Magur einen Gefechtsstand einzurichten. Der Berg ist mit Wald bedeckt, nur der Gipfel ist kahl und bietet eine gute Sicht über den Westabhang. Also richteten sie den Gefechtsstand dort ein. Die Kundschafter gingen vor, während Vater mit seinen Pionieren zu arbeiten begann. Die Tasche mit seinen Papieren und Fotos legte er auf die Brustwehr des ausgehobenen Grabens. Plötzlich gab es Lärm von unten, dann ertönten Schüsse. Die Pioniere stoben auseinander. Die Dunkelheit rettete sie. Sie verloren keinen einzigen Mann. Ein Wunder! Vater witzelte: »Meine zweite Geburt!« In diesem freudigen Zustand schrieb er uns dann den Brief: »Ich bin wohlauf und gesund«, ohne Einzelheiten.

Am Morgen, als der Angriff begann, entdeckten die Infanteristen oben Vaters Tasche. Sie dachten, er sei bei der Erstürmung des Bergs Magur ums Leben gekommen und schickten einen Teil der Papiere und die Fotografien zu uns nach Hause.

Und doch hat der Krieg Starschina Gorbatschow für das ganze Leben seinen Stempel aufgedrückt ... Nach einem schwierigen und gefährlichen Streifzug ins Hinterland des Gegners, bei dem sie das

Gelände entminten, die Verbindungslinien zerstörten und einige schlaflose Nächte hatten, bekam die Gruppe eine Woche Urlaub. Sie wurden ein paar Kilometer von der Front abgezogen und schliefen sich die ersten Tage einfach aus. Um sie herum: Wald, Stille, eine absolut friedliche Situation. Die Soldaten entspannten sich. Aber ausgerechnet über dieser Stelle kam es zu einem Luftkampf. Vater und seine Pioniere beobachteten, wie er wohl enden würde. Da warf ein deutsches Flugzeug auf der Flucht vor unseren Jägern auf einmal seine ganze Bombenlast ab.

Pfeifen, Geheul, Explosionen. Alle warfen sich auf den Boden. Eine der Bomben schlug nicht weit von Vater ein, und ein riesiger Bombensplitter riss ihm das Bein auf. Ein paar Millimeter weiter, und er hätte ihm das Bein abgerissen. Aber Vater hatte wieder Glück, der Knochen war unversehrt.

Das passierte in der Tschechoslowakei, bei der Stadt Košice. Damit war Vaters Frontleben zu Ende. Man brachte ihn ins Krankenhaus nach Krakau, und dann kam auch schon bald der 9. Mai 1945, der Tag des Sieges.

Wie die anderen habe auch ich in den Kriegsjahren vieles durchgemacht. Aber wenn die Rede auf den Krieg kommt, taucht vor meinen Augen sofort ein entsetzliches Bild auf. Ende Februar, Anfang März 1943 kam ich auf der Suche nach Kriegstrophäen mit anderen Kindern auf einen fernen Waldstreifen zwischen Priwolnoje und dem Nachbardorf am Kuban: Belaja Glina. Wir stießen auf die Überreste von Rotarmisten, die hier im Sommer 1942 ihren letzten Kampf ausgehalten hatten. Nicht zu beschreiben: verweste Körper, Schädel in verrosteten Stahlhelmen, aus den vermoderten Feldblusen ragten gebleichte Hände. Daneben ein leichtes Maschinengewehr, Granaten, Patronenhülsen. So lagen sie da, unbeerdigt, in der dreckigen Brühe der Schützengräben und Bombentrichter, und glotzten uns aus ihren riesigen schwarzen Augenhöhlen an …

Die anonymen Soldaten wurden in einem Massengrab beerdigt. Wir haben sie nie als fremde, nicht zu uns gehörige Menschen betrachtet. Im Zentrum von Priwolnoje gibt es jetzt einen kleinen Obelisken. Darauf stehen die Namen derer, die nicht aus dem Krieg zurückgekehrt sind. Auch Gorbatschows sind darunter.

Als der Krieg zu Ende ging, war ich vierzehn. Bis heute sehe ich das verwüstete Nachkriegsdorf vor mir. Statt Häusern Lehmhöhlen, überall Zeichen der Verwahrlosung, der Armut. Meine Generation ist die Generation der Kriegskinder. Wir sind gebrannte Kinder, der Krieg hat auch unserem Charakter und unserer ganzen Weltanschauung den Stempel aufgedrückt.

Was wir in unserer Kindheit durchgemacht haben, ist wohl die Erklärung dafür, warum gerade wir Kriegskinder die Lebensweise von Grund auf ändern wollten. Wir Jungen, auf deren Schultern die Verantwortung für das Überleben der ganzen Familie und für das eigene Durchkommen lag, wurden von einem Tag auf den anderen erwachsen. Der Zusammenbruch des Lebens, ja der Welt, den wir sahen und an dem wir beteiligt waren, hat uns direkt aus der Kindheit in das Erwachsenenleben katapultiert. Wir haben uns weiter am Leben gefreut wie Kinder, wir haben weiter die Spiele von Heranwachsenden gespielt, aber irgendwie blickten wir schon halb mit den Augen von Erwachsenen auf unsere Spiele.

Schul- und Nachkriegsjahre

Den Unterricht in der Schule nahm ich 1944 nach zweijähriger Unterbrechung wieder auf. Ich hatte keinerlei Lust zum Lernen. Nach all dem, was ich erlebt hatte, erschien es mir zunächst als nicht ernst zu nehmende Beschäftigung. Außerdem hatte ich nichts Rechtes anzuziehen, um zur Schule zu gehen.

Vater hatte Mutter einen Brief geschickt, in dem stand: »Verkauf alles, kauf ihm Kleidung, Schuhe, Bücher, Michail muss unbedingt lernen.«

Aber schon am ersten Tag blieb ich nicht bis zum Ende des Unterrichts. Zu Mutter sagte ich: »Ich gehe nicht mehr in die Schule.« Sie verließ das Haus und kehrte abends mit einem Stapel Bücher zurück. Nachdem ich einmal angefangen hatte zu lesen, las ich bis in die Nacht hinein. Am Morgen stand ich auf und ging zur Schule.

Nicht ohne Bewegung denke ich an die Schule jener Jahre, an die Lehrer und Schüler. Die Schule war in mehreren Gebäuden des Dorfes untergebracht, die zu ganz anderen Zwecken gebaut worden waren. Sie hatte eine lächerliche Anzahl Schulbücher, ein paar Landkarten, Anschauungsmaterial und mühsam aufgetriebene Kreide. Das war alles. Der Rest musste von Lehrern und Schülern in Handarbeit hergestellt werden. Hefte gab es überhaupt nicht. Ich behalf mir mit Vaters Büchern über die Mechanisierung. Auch Tinte machten wir selbst. Für Heizstoff musste die Schule selber sorgen, also hielt sie sich Pferde und ein Fuhrwerk. Ich weiß noch, wie die ganze Schule im Winter die Pferde vor dem Verhungern zu retten suchte. Sie waren so ausgezehrt und entkräftet, dass sie sich nicht auf den Beinen halten konnten. Woher wir nicht alles Futter für sie anschleppten! Das war gar nicht so einfach, denn das ganze Dorf hatte die gleiche Sorge: das private Vieh zu retten. Von den Viehhöfen der Kolchose, von denen jeden Tag Kadaver abtransportiert wurden, will ich erst gar nicht reden.

Noch eine Erinnerung: Nach seiner Genesung und schon nach Kriegsende, im Sommer 1945, führte Vater eine Dienstreise in unsere Nähe, und er bat, seine Familie für zwei Tage besuchen zu dürfen. Er erhielt die Erlaubnis, und wir trafen uns.

Ich saß im Hof und bastelte etwas. Da schrie jemand: »Mischa, da kommt dein Vater!« Das kam so unerwartet, dass ich ganz verwirrt war. Aber dann lief ich ihm entgegen.

Ein paar Schritte voneinander entfernt blieben Vater und ich stehen, wir blickten uns an. Vater hatte sich sehr verändert, er war in Uniform, trug Orden, ich war groß geworden. Aber die Hauptsache war: Vater sah, wie dünn und abgerissen ich aussah. Da hörte ich auf einmal seine Worte, die er so verbittert aussprach, dass ich sie nicht vergessen kann: »So weit hat uns dieser Krieg gebracht!«

Unsere Dorfschule hatte acht Klassen. Es mussten noch ein paar **47**

Jahre ins Land gehen, bis in Priwolnoje endlich eine moderne Mittelschule gebaut wurde. Damals musste man noch in die Kreisstadt fahren, um die neunte und zehnte Klasse abzuschließen. Wie die anderen Kinder aus meinem Dorf wohnte ich zur Miete und ging ein Mal pro Woche etwas zu essen einkaufen, sodass ich zu dieser Zeit durchaus schon ein selbständiger Mensch war. Niemand kontrollierte meine schulischen Fortschritte. Man fand, ich sei alt genug, um meine Aufgaben eigenständig zu erledigen, ohne dass mich jemand dazu anhalten musste. Nur einmal in all den Jahren habe ich meinen Vater mit Mühe und Not dazu gekriegt, zur Elternversammlung der Schule zu gehen.

Ich lernte leidenschaftlich gern. Ich hatte eine unstillbare Neugier und wollte allem auf den Grund gehen. Mir gefielen Mathematik und Physik. Geschichte und Literatur zogen mich besonders stark an.

Die Journalisten haben mich oft mit der Frage gelöchert: »Wer hat Sie am stärksten beeinflusst?« Ich habe unterschiedlich darauf geantwortet. Einmal habe ich spontan gesagt: die russische Literatur. Heute bin ich überzeugt, dass das stimmt.

Schon in unserer Dorfbibliothek von Priwolnoje hatte ich mir einen neuen Band von Belinskij[5] ausgeliehen. Ich war begeistert und las ihn mehrere Male. Als ich zum Studium nach Moskau fuhr, schenkte man mir dieses Buch, weil ich der Erste aus unserem Dorf war, der an der Staatlichen Moskauer Universität angenommen worden war.

Ansonsten mochte ich natürlich, wie alle Russen, Puschkin, Lermontow, Gogol, später Tolstoj, Dostojewskij, Turgenjew … In meiner Jugend war ich ein Lermontow-Fan, ich hatte viel übrig für seine erhabene Romantik. Dann kam die Zeit der Begeisterung für Majakowskij und Jesenin. Noch heute verblüfft mich, wie diese noch ganz jungen Menschen so weitsichtig sein konnten.

---

5 Zu Informationen über die im Text genannten Personen siehe das Personenverzeichnis auf Seite 519.

An Vaters Seite

Unterdessen forderte die Realität unerbittlich von jedem ihren Tribut, auch von mir. 1945 wurde Vater aus der Armee entlassen und kehrte zu seiner Arbeit als Mähdreschermechaniker zurück. Von 1946 an arbeitete ich jeden Sommer mit, als sein Gehilfe. Die Schule in Priwolnoje war zwei Kilometer von unserer Hütte entfernt. Nach dem Unterricht lief ich zu Großvater Pantelej, der im Dorfzentrum wohnte, zog mir Arbeitskleidung an und rannte zur Maschinen-und-Traktoren-Station, um Vater bei der Instandsetzung des Mähdreschers zu helfen. Abends gingen wir zusammen nach Hause. Ich spüre, wie sehr es mich bewegt, wenn ich das so niederschreibe …

Dann kam die Getreideernte. Ende Juni bis Ende August musste ich draußen auf dem Feld arbeiten. Selbst wenn die Ernte wegen Regens unterbrochen wurde, blieben wir auf dem Feld, setzten die Maschinen instand und warteten auf heiteres Wetter. An solchen »Ruhe«-Tagen führten Vater und ich viele Gespräche über Gott und die Welt, die Arbeit, das Leben. Unser Verhältnis war nicht nur das von Vater und Sohn, sondern auch eins zwischen Menschen, die eine gemeinsame Aufgabe haben, die zusammen arbeiten. Vater behandelte mich mit Respekt, wir waren richtige Freunde.

Vater galt als bester Mähdreschermechaniker und lernte mich an. Nach zwei, drei Jahren konnte ich die Mechanik des Mähdreschers allein bedienen. Besonders stolz war ich, dass ich einen Fehler des Mähdreschers sofort dem Gehör nach einordnen konnte. Nicht weniger stolz war ich, dass ich von jeder beliebigen Stelle auf den Mähdrescher klettern konnte, sogar von da aus, wo die Schneideapparate kreischten und sich die Haspel drehte. Wenn man sagt, die Arbeit mit dem Mähdrescher war schwer, ist das eine starke Untertreibung. Schwerstarbeit war das: 14 oder sogar 20 Stunden am Tag bis zur totalen Erschöpfung.

Die Arbeit der Bauern in der Kolchose war hart. Aber wir hatten nichts davon. Die Rettung war das private Hofgrundstück. Dort baute man an, was irgend ging, aber nicht alles gehörte uns. Jeder Bauernhof war zu allen möglichen Steuern und Lieferungen an den Staat verpflichtet. Noch Jahre später, als ich Vorträge zur Agrarpolitik hielt, mied ich tunlichst scharfe Bewertungen und Formulierungen, weil ich sehr wohl wusste, was das Leben und die Arbeit eines Bauern bedeuten.

Unsere Familie hatte es leichter als andere: Mechaniker bekamen Geld und Naturalien. Zwar waren diese Löhne erbärmlich, sodass wir das, was wir in unserer Privatwirtschaft angebaut hatten, verkaufen mussten, um davon wenigstens das Nötigste an Kleidung oder Haushaltsgerätschaften kaufen zu können. Dazu mussten wir nach Rostow, Stalingrad oder Schachty auf den Markt fahren. Kurz: Es reichte hinten und vorne nicht.

In diesem Zusammenhang ist mir in Erinnerung, immer war Mutter in der Nähe , immer unterstützte sie uns. Ich liebte sie. Und auch Vater liebte sie bis zu seinem Tod. Sie war eine wunderschöne Frau, sehr stark und zupackend. Vater war stolz auf sie, verzieh ihr ihre hektische Art und half bei allem. Das spornte meinen Bruder Alexander und mich an. Eins allerdings nahm ich ihr übel: wenn sie mich bei Vater verpetzte, dass ich mir zu viel herausgenommen hatte. Wenn ich mich hier an unsere Familie erinnere, von der nur ich noch am Leben bin, bedaure ich, nicht mehr für sie getan zu haben, besonders für meinen Bruder. Auf meinen Rat absolvierte er die Höhere Militärschule in Leningrad, war bei der Nachrichtenabteilung der Raketentruppen im Moskauer Umland tätig und zuletzt bei den Raumfahrttruppen. Er war ein sehr guter Mensch.

Schwer, sehr schwer verdiente man sein Brot in jenen Jahren. 1946 gab es eine Missernte. Ausgerechnet in den Getreideanbaugebieten kam es zu einer Dürre. 1947 war ein besseres Jahr für unser Land. 65,9 Tonnen Getreide wurden geerntet. Aber im Stawropoler Land hatte es auch dieses Jahr eine Missernte gegeben. Irgendwie kamen wir über den Winter. Unsere ganze Hoffnung richtete sich auf die Ernte des Jahres 1948. Und da kam es Anfang des Frühjahrs, im April, zu Staubstürmen, dem Begleitphänomen einer Dürre. »Schon

Familie Gorbatschow mit den Söhnen Michail und Alexander, 1950

wieder eine Katastrophe«, sagte Vater, »schon das dritte Jahr in Folge nach dem Krieg.« Doch ein paar Tage später kam ein warmer, warmer Regen. Es regnete einen Tag, zwei Tage, drei Tage. Und das Getreide begann zu wachsen.

Die Ernte des Jahres 1948 war die erste ordentliche Ernte im Stawropoler Land. In unserer Kolchose ernteten wir 22 Dezitonnen pro Hektar. Für die damalige Zeit – besonders nach den jahrelangen Missernten – ein einzigartiges Ergebnis. Seit 1947 war ein Erlass des Präsidiums des Obersten Sowjets der UdSSR in Kraft: Wer 10 000 Dezitonnen Getreide mit dem Mähdrescher schafft, erhält die Auszeichnung »Held der Sozialistischen Arbeit«, wer 8000 schafft, bekommt den Leninorden. Vater und ich hatten 8888 Dezitonnen geschafft. Vater bekam den Leninorden, ich den Orden des Roten Banners. Ich war erst siebzehn, und dieser Orden ist mir bis heute der teuerste. Die Nachricht von der Auszeichnung kam im Herbst. Es gab eine feierliche Versammlung in der Schule. Ich erlebte so etwas zum ersten Mal, und obwohl ich sehr verlegen war, war ich natürlich trotzdem froh. Damals musste ich meine erste öffentliche Rede halten.

Das Jahr 1948 war für meine Familie zwar kein Glücksjahr, aber ein erfolgreiches Jahr.

Am aufreibendsten ist das Leben bekanntlich, wenn man gegen die Unsicherheit kämpfen muss, nicht das Nötigste zum Leben zu haben, einem nur Hindernisse im Weg liegen und man bei null anfangen muss. Ich habe das erlebt. Aber es tut mir überhaupt nicht leid, dass ich einen beträchtlichen Teil meiner jugendlichen Energie auf die Überwindung »ungünstiger Umstände« verwenden musste. Die Schwierigkeiten der ersten Jahre meines selbständigen Lebens und der mühselige Alltag haben mich abgehärtet. Schwierigkeiten dieser Art prüfen den Menschen auf seine Festigkeit. Denn das wahre Wesen des Menschen offenbart sich nicht an den Tagen der Siege und Erfolge, sondern an den Tagen der Prüfungen.

In jener Zeit gab es alles: Schweres, Freude, Kummer und Hoffnung. Das ewige Auf und Ab des Lebens. Wer sich heute unsere Geschichte anguckt, muss jede Periode, jedes Faktum in einem weiteren Kontext sehen, sonst versteht er nichts – weder die damaligen Ereignisse noch die damaligen Menschen.

Wenn ich auf meine Vergangenheit zurückblicke, wird mir immer klarer, wie sehr mich mein Vater und mein Großvater Pantelej mit ihrem Pflichtgefühl, ihrem Leben, ihren Taten, ihrer Einstellung zur Arbeit, zur Familie und zu ihrem Land geprägt haben und mir Vorbild sind. In meinem Vater, einem einfachen Menschen aus dem Dorf, steckte von Natur aus so viel Intelligenz und Neugier, Verstand und Menschlichkeit. Das unterschied ihn merklich von seinen Dorfgenossen. Die Menschen begegneten ihm mit Respekt und Vertrauen. In meiner Jugend achtete ich meinen Vater nicht nur als Sohn, sondern hing auch sehr an ihm. Je erwachsener ich wurde, desto begeisterter war ich von ihm. Ich bewunderte sein nie versiegendes Interesse am Leben. Ihn bewegten die Probleme seines eigenen Landes, aber auch die ferner Staaten.

Später freundete er sich auf Anhieb mit Raissa an. Er freute sich immer auf die Treffen mit ihr. Und ganz besonders interessierte ihn Raissas Beschäftigung mit der Philosophie. Ich habe den Eindruck, allein das Wort »Philosophie« hatte schon eine magische Wirkung auf ihn. Vater und Mutter freuten sich über die Geburt ihrer Enkelin Irina, die häufig den Sommer bei ihnen verbrachte. Sie liebte es, mit dem Großvater auf dem zweirädrigen Karren durch die Felder zu fahren, Heu zu mähen und in der Steppe zu übernachten.

Die Nachricht von der plötzlichen schweren Erkrankung meines Vaters erreichte mich 1976 in Moskau, wo ich mich anlässlich des 25. Parteitags der KPdSU aufhielt. Sofort setzten sich Raissa und ich ins Flugzeug nach Stawropol, von wo es weiter nach Priwolnoje ging. Vater lag bewusstlos im Dorfkrankenhaus, wir konnten uns kein Wort mehr zum Abschied sagen. Seine Hand drückte meine, zu mehr war er nicht mehr fähig. Er starb an einer Gehirnblutung. Am Tag der Sowjetischen Armee, am 23. Februar 1976, begruben wir ihn. Die Erde von Priwolnoje, wo er geboren war, wo er von klein auf gepflügt, gesät, geerntet hatte und die er, ohne sein Leben zu schonen, verteidigt hatte, nahm ihn auf …

Sein ganzes Leben hat mein Vater für seine Angehörigen gesorgt, und er ging aus dem Leben, ohne jemand mit seinen Krankheiten zur Last zu fallen. Schade, dass er so kurz gelebt hat. 1995 wurde meine

Mutter Maria Pantelejewna neben ihm begraben. Jedes Mal, wenn ich nach Priwolnoje komme, gehe ich als Erstes zu den Gräbern.

Ich habe noch ein Gespräch mit meiner Mutter in Erinnerung, lange vor ihrem Tod. Wir unterhielten uns auf der Bank vor ihrem Haus, ihrem Lieblingsplatz. Aus heiterem Himmel, von irgendwelchen Gefühlen bewegt, sagte sie: »Wenn ich sterbe, begrab mich neben Vater.«

Ich fragte: »Wie kommst du denn darauf?! Und was wird dann aus uns?«

»Es ist Zeit, Mischa«, sagte sie lächelnd. »Ich habe Vater schon so viele Jahre nicht gesehen …«

Das ist, wie schon gesagt, lange her. In den letzten zwei Jahren war sie oft krank. Wir fanden, sie brauche eine gute Behandlung, und überredeten sie, bei uns zu wohnen. Dann kam sie ins Kreml-Krankenhaus. Wir besuchten sie regelmäßig, alle zusammen und einzeln.

Das letzte Mal kam ich sie allein besuchen. Wir unterhielten uns lange. Erst spät am Abend verließ ich sie. Ich kam gutgelaunt nach Hause und sagte, Mutter fühle sich besser. Am nächsten Tag um 4 Uhr morgens starb sie. Die Ärzte fragten sie im letzten Moment: »Was sollen wir Michail Sergejewitsch sagen?«

Sie antwortete: »Er weiß alles.«

2. Kapitel

Alma Mater

Vieles in meinem Leben hängt mit der Moskauer Universität zusammen. Ohne sie wäre mein Leben anders verlaufen, davon bin ich fest überzeugt. Ohne das Wissen, das ich dort bekommen habe, ohne die Lebenserfahrung in der Hauptstadt mit ihrem enormen kulturellen und geistigen Reichtum hätte ich kaum den Weg eingeschlagen, den ich dann gehen sollte.

1950 schloss ich die Schule mit einer Silbermedaille ab. Ich war neunzehn, also im Alter der Einberufung zur Armee, und musste mich entscheiden. Mir ist noch ein Gespräch mit meinem Vater in Erinnerung, das ich nach dem Schulabschluss mit ihm führte:

»Was willst du machen? Willst du studieren, oder wollen wir weiter zusammen arbeiten?«

»Ich würde gerne studieren …«

Ich brannte darauf, mich weiterzubilden. Das war auch bei vielen meiner Altersgenossen so. Von den Absolventen der zwei Klassen meiner Mittelschule besuchten praktisch alle später Hochschulen. Schließlich war es eine Zeit, wo unser Land wieder aufgebaut wurde und es überall an Ingenieuren, Agronomen, Ärzten und Lehrern mangelte. Ganze Klassen gingen geschlossen an die Hochschule. Ich wollte an die Moskauer Universität gehen.

Wie schon erwähnt, mochte ich Physik und Mathematik, Geschichte und Literatur. Ich bewarb mich an der Technischen Universität, beim Institut für Energie und beim Institut für Stahl. Das lag bei meiner mit der Technik verbundenen Lebenserfahrung nahe. Und doch entschied ich mich nach längerem Überlegen für die Juristische Fakultät der MGU und schickte die Unterlagen an die Zulassungskommission. Ich wartete. Tage verstrichen – keine Reaktion. Also machte ich weiter mit dem Mähdrescher bei der Ernte mit. Als ich das Warten leid war, ging ich mit Vaters Erlaubnis zur Post und schickte an die Juristische Fakultät der MGU ein Telegramm mit bezahlter Rückantwort. Die Antwort kam prompt. »Sie sind immatrikuliert und haben Anrecht auf einen Platz im Wohnheim.«

Das hieß, ich kam in die oberste Kategorie, und das ohne Vorgespräch, von den Aufnahmeprüfungen ganz zu schweigen. Offenbar spielte alles zusammen für diese Entscheidung eine Rolle: meine »Arbeiter-und-Bauern-Herkunft«, die Berufserfahrung, die Tatsache, dass ich bereits Kandidat der Partei war, und natürlich die hohe Auszeichnung. Und sicher auch die Tatsache, dass ich schon aktiv am gesellschaftlichen Leben teilnahm: als Sekretär des Kommunistischen Jugendverbands in der Schule und als Mitglied des Kreiskomitees des Kommunistischen Jugendverbands. Jedenfalls war ich ein idealer Kandidat für die »Optimierung« der sozialen Zusammensetzung der Studentenschaft. So waren die Zeiten damals eben.

Ich freute mich riesig. Die schwere physische Arbeit auf dem Mähdrescher machte mir nichts aus. Mir ging nur dauernd durch den Kopf: »Ich bin Student der Moskauer Universität.«

Die Reise nach Moskau war für mich ein Ereignis. Die erste Fahrt mit der Bahn, ich war neunzehn. Zuvor war ich nie aus dem Stawropoler Land herausgekommen. Es begann gleich mit einem Abenteuer. Bis zum Bahnhof Tichoretzk ließen Vater und ich uns von Autos mitnehmen. Dann setzte er mich in den Zug und verließ ihn erst, als ich einen Platz gefunden hatte. Wir waren beide dermaßen aufgeregt, dass Vater beim Abschied vergaß, mir die Fahrkarte dazulassen.

Ich hatte also keine Fahrkarte, und natürlich dauerte es nicht lange, da kam der Kontrolleur. Ich weiß nicht, wie es mir sonst ergangen wäre, aber auf einmal machte der ganze Waggon einen Aufstand und las dem Kontrolleur die Leviten:»Sein Vater, ein von oben bis unten mit Orden behängter Frontsoldat, hat ihn in den Zug gesetzt, und was machst du?!« Der Kontrolleur musste nachgeben, forderte aber, ich solle am nächsten Bahnhof eine Fahrkarte nach Moskau lösen. Das waren Ausgaben, mit denen ich nicht gerechnet hatte. Aber was sollte ich tun? So begannen meine Fahrten von Priwolnoje nach Moskau und zurück.

Zum ersten Mal befand ich mich auf engstem Raum mit den unterschiedlichsten Menschen. Durch den Zug liefen viele Bettler, darunter auch Kriegsinvaliden. Man ließ sie gewähren. Jedes Mal, wenn einer der Kontrolleure»Ordnung schaffen« wollte, setzten sich die Passagiere vehement für sie ein. Es war ja erst kurz nach Kriegsende, nur ein paar Jahre später.

Auf den vielen Fahrten von und nach Moskau machte ich Station in Rostow, Charkow, Woronesch, Orjol und Kursk. Überall Ruinen, Spuren der verheerenden Zerstörungen des Krieges. Ein paar Mal fuhr ich über Stalingrad nach Moskau. Ich richtete es extra so ein, dass ich schon morgens dort ankam und erst abends oder nachts weiter nach Moskau musste. Ich ging durch die Stadt, besichtigte den Mamajew-Hügel, besuchte die Stellen der schweren Kämpfe. Noch Jahre später war die ganze Erde buchstäblich gespickt mit Metallsplittern. Ein paar davon nahm ich mit und hob sie lange auf. Noch eine Sehenswürdigkeit gab es in dieser zerstörten, aber nicht besiegten Stadt: das neue große Kino»Sieg«. Wenn es sich einrichten ließ, sah ich mir dort einen Film an.

Aber zurück zu meiner allerersten Fahrt in die Hauptstadt. An den Haltestellen der gesamten Strecke kamen Ortsbewohner zum Zug und boten Gläser mit saurer Sahne, gesalzene Gurken und dampfende gekochte Kartoffeln an. Ich brauchte das alles nicht. Mutter hatte mich mit Lebensmittelvorräten eingedeckt. Aber wer zum Essen ein, zwei, drei Gläser Wodka gekippt hatte, kaufte sich Gurken und Sauerkraut.

All das ist mir im Gedächtnis geblieben. Und es bewegt mich, wenn ich es erzähle. Das, was man zum ersten Mal erlebt, besonders, wenn es etwas Bedeutendes ist, bleibt einem offenbar für immer im Gedächtnis haften.

Am Ziel angekommen, ließ ich meinen Koffer bei der Gepäckaufbewahrung des Kasaner Bahnhofs, machte mich auf den Weg zur Universität in die Mochowaja-Straße und staunte über Moskau. Die Menschen auf der Straße erklärten mir, wie man zur Universität kommt. Die erste Begegnung mit der U-Bahn war interessant und komisch, weil ich zunächst nicht wusste, wie ich auf diese Treppe treten sollte, ohne hinzufallen. Heute lache ich darüber, die Rolltreppe benutzt man ja längst automatisch und sieht gar nicht hin. Und das nicht nur in Moskau, sondern bei Reisen durch die ganze Welt. Im Gegensatz zu damals …

Noch vor Vorlesungsbeginn lud man mich ins Dekanat der Juristischen Fakultät, wahrscheinlich, um mich kennenzulernen. Man nahm mich an der Juristischen Fakultät gut auf und erklärte mir alles. Ich studierte den Stundenplan und alle Aushänge für die Erstsemester und machte mir Notizen. Als ich zum Wohnheim in der Stromynka-Straße fahren wollte, sprachen mich Journalisten an und baten, ich solle für einen Augenblick mitkommen. Wir erreichten den Manege-Platz, wo schon eine Gruppe Erstsemester von anderen Fakultäten stand. Sie fotografierten uns vor der Manege und dem Kreml. Das Foto erschien in der *Komsomolskaja Prawda* vom 1. September. Ich habe es mir als Erinnerung an den Beginn meines neuen Lebens aufgehoben.

Die größte Neuigkeit war das Leben in der Hauptstadt: Das war ein richtiger Schock für mich. Ich kam vom Land, wo es weder Elektrizität noch Radio noch Telefon gab, wo die südlichen Nächte abrupt in den Tag übergehen, wo die großen Sterne wie aufgehängte Laternen aussehen. Und die Luft ist im Frühling oder Sommer voller Düfte von Blumen, Bäumen und Gärten. Und plötzlich: das Quietschen der Straßenbahnen, der Donner des U-Bahn-Zugs, die von der Elektrizität erleuchteten Nächte und die ungeheuren Menschenmassen. Anfangs war es schwer, sich an diese Moskauer Hektik zu gewöhnen. Während ich das niederschreibe, denke ich: Ja, das stimmt, und doch ist es nichts im Vergleich mit der heutigen Hektik auf den Straßen, die von Autos und Menschenströmen verstopft sind.

Man hat den Eindruck, damals bedeutete der Mensch noch etwas, während ihn heute in der Stadt auf Schritt und Tritt nur Unannehmlichkeiten verfolgen. Er möchte fliehen. Und das tut er auch. Die Menschen fliehen aus der Stadt zurück ins Dorf, von wo sie herkamen. Dieser Prozess hat in den Großstädten der Welt längst begonnen, die Bevölkerung vieler Großstädte nimmt ab. Aber nicht überall. Mexiko wächst weiter, in Mexiko und dessen Vorstädten wohnt schon ein Drittel der Landesbevölkerung. Und wenn man mit dem Hochgeschwindigkeitszug Hikari Shinkansen von Tokio nach Kyoto fährt, kommt es einem vor, als verlasse man Tokio gar nicht, jeder Fleck ist besiedelt.

Ich musste zuerst den Weg vom Heim nach Sokolniki und von Sokolniki zum Ochotnyj Rjad finden. Dann entdeckte ich mit Freunden aus meiner Gruppe Moskau. Die Atmosphäre in der Universität, besonders in den Gruppen, war sehr angenehm, äußerst freundschaftlich.

Für mich war alles neu: der Rote Platz, der Kreml, das Bolschoi-Theater, meine erste Oper und das erste Ballett, die Tretjakow-Galerie, das Puschkin-Museum für bildende Künste, die erste Bootsfahrt auf der Moskwa, eine Exkursion durch das Moskauer Umland, der erste Oktober-Umzug … Und jedes Mal hatte ich zugleich das unbeschreibliche Gefühl, als erkenne ich alles wieder.

Und doch kehrt meine Erinnerung vor allem zu dem unansehnlichen Studentenheim im Stadtteil Sokolniki zurück. Jeden Tag legten wir mit U-Bahn, Straßenbahn und zu Fuß sieben Kilometer zu unserer Alma Mater zurück. Und trotzdem haben wir in den fünf Studienjahren noch nicht einmal die Hälfte Moskaus kennengelernt. Noch bis heute stehen mir klar vor Augen: sämtliche Straßen und Gassen um die Universität herum, alle Inseln des Studenten-Archipels in der Nähe des Heims, das Kino »Molot« (Hammer) in der Russakowskaja-Straße und der Russakow-Club, das unvergleichliche Kolorit des alten Preobraschenskij-Platzes (von dem heute leider wenig übrig ist), die alten Dampfbäder in der Buchwostowskaja-Straße und der Sokolniki-Park. Nicht zu vergessen natürlich der Gorkij-Park, damals der Ort, an dem sich die Moskauer am liebsten erholten.

Ich weiß noch, wie ich mich vor Raissa, die ich noch nicht lange kannte, in Grund und Boden blamierte ... Es gab im Park viele Geräte, darunter Kraftmesser. Kraft hatte ich, und das wollte ich meiner Freundin mal vorführen. Alles lief gut, aber auf einmal ging etwas schief. Der Apparat war so gebaut, dass man ihn – wie eine Pumpe zum Aufpumpen der Räder – mit den Füßen halten musste. Mit den Händen musste man aber nicht wie bei einer Pumpe nach unten drücken, sondern nach oben ziehen: Dann schlug der Zeiger aus und maß die Kraft. Ich dachte, ich führe Raissa meine Möglichkeiten vor. Aber ... Es geschah ein Unglück: Auf einmal machte mein Kreuz nicht mit, ich konnte mich nicht aufrichten. Raissa lachte aus vollem Hals, aber mir war absolut nicht danach. Mit Mühe schafften wir es zur U-Bahn.

Im vierten Studienjahr zogen wir in das neue Gebäude der MGU auf den Leninbergen (oder: Sperlingsbergen) und wohnten auch in dem Studentenheim dort, zu zweit in einer Wohnraumzelle. Das führte dazu, dass wir ein oder auch zwei Wochen lang nicht in die Stadt gingen, sondern in unserem »Adelsnest« blieben, wie wir den neuen Universitätskomplex nannten. In der Stromynka-Straße hausten im ersten Studienjahr zwanzig Studenten in einem Zimmer, im zweiten Studienjahr waren es elf, im dritten sechs.

Wir hatten hier auch eine Mensa mit einem Buffet, wo wir für ein paar Kopeken ein Glas Tee bekamen und dazu so viel Brot, wie wir wollten. Teller davon standen auf dem Tisch. Noch besser schmeckte es mit Senf oder Salz. Es gab auch einen Friseur und eine Wäscherei, obwohl ich oft von Hand waschen musste, weil ich kein Geld hatte. Auch eine eigene Poliklinik war vorhanden. Das war neu für mich, denn in meinem Dorf hatte es nur eine Stelle mit einem Arztgehilfen gegeben. Auch eine Bibliothek mit großen Leseräumen und einen Club mit allen möglichen Kunstzirkeln und Sportabteilungen hatten

Als Student an der Moskauer Universität, 1951

wir. Das war eine ganz besondere Welt, eine Studenten-Bruderschaft mit ihren eigenen ungeschriebenen Gesetzen und Regeln.

Wir lebten ärmlich. Das Stipendium an den geisteswissenschaftlichen Fakultäten betrug ganze 22 Rubel. Zwar bekam ich eine Zeitlang für meine Leistungen im Studium und in der gesellschaftlichen Arbeit ein persönliches Stipendium in Höhe von 58 Rubeln – es hieß Kalinin-Stipendium. Am Monatsende reichte es aber oft nur für trockenes Brot, oder wir lebten von dicken Bohnen, die wir im Laden kauften. Und trotzdem gaben wir den letzten Rubel nicht für etwas zu essen aus, sondern fürs Kino.

Von Anfang an war ich vom Universitätsstudium begeistert. Es nahm meine ganze Zeit in Anspruch, ich studierte mit großem Interesse. Meine Moskauer Freunde zogen mich manchmal auf: Vieles, was für mich neu war, kannten sie schon von der Schulbank. Aber es machte mir nichts aus, dass ich vieles erst lernen musste. Die Moskauer hatten oft Angst, durchblicken zu lassen, dass sie etwas nicht wussten. Im dritten Studienjahr konnte ich es bei studentischen Diskussionen mit den begabtesten Studenten meines Studienjahres aufnehmen.

Die Vorlesungen hielten hervorragende Professoren, in der Regel Verfasser von Lehrbüchern zur Jurisprudenz und anderem. Den stärksten Eindruck hinterließ bei mir der Professor, der die Vorlesungen zum Strafrecht hielt. Er war ein wunderbarer Referent. Vom ersten Studienjahr an liebten wir ihn. Manchmal besuchten wir sogar heimlich seine statt anderer Vorlesungen. Nur ein Problem hatte unser Professor: Seine Stimme machte nicht mit, sie trocknete während der Vorlesung aus, eine Berufskrankheit. Deshalb stand auf seinem Tisch immer ein bauchiger Krug mit einem geschliffenen Glas, das typische Geschirr jener Jahre auf Versammlungen, bei Sitzungen, Vorlesungen etc. Nach zwei Stunden war der Krug zur Hälfte geleert. Aber einmal kam es zu einem Vorfall …

Die Vorlesung hatte begonnen. Nach einiger Zeit öffnet sich leise, aber quietschend die Tür, und eine Frau stellt dem Professor einen Krug und ein Glas hin. Sie kam verspätet. Wir waren im vierten Studienjahr, fühlten uns als Herren der Fakultät und nahmen uns einiges heraus. Entsprechend wurde die Hörerschaft beim Erscheinen der Frau mit dem Krug unruhig. Der Professor merkte das und meinte verständnisvoll: »Liebe Kollegen! Die beste Vorlesung, der beste Vortrag kommt nicht ohne Wasserblasen aus!«

Anderthalb Jahre lang lernten wir Latein. Den Unterricht leitete der Dozent Saketti. Und mit welcher Leidenschaft! Er wollte in jeder Unterrichtsstunde mehr sagen, als die Zeit zuließ. Er überschlug sich und litt, wenn wir etwas nicht verstanden oder Fragen stellten. Vollends in Ekstase geriet er aber, wenn er uns die berühmten Reden Ciceros vortrug.

Saketti gefiel uns sehr als Mensch und Lehrer. Als Andenken wollten wir ihm alle etwas zum Geburtstag schenken. Jemand sagte: »Habt ihr gesehen, was für eine Aktentasche er hat?!« Und in der Tat, es war eine große Aktentasche, aus Leder, alt, speckig und aus der Form gegangen. Wir legten zusammen und kauften eine schöne große Aktentasche. Er war zu Tränen gerührt.

Ich schloss die Universität mit Auszeichnung ab und bekam das Rote Diplom. Aber ich habe zwei Zweien in meinem Zeugnis, eine davon in Latein. Als Professor Saketti sah, dass ich nur »sehr gut« und nur in Latein ein »gut« hatte, reagierte er folgendermaßen:

»Genosse Gorbatschow! Wie konnte uns beiden das nur passieren?«

»Ich weiß nicht. Sie sind schuld.«

Wir lachten beide herzlich.

So war mein dem Diplom beigefügtes Zeugnis mit den Noten ein Andenken an den Dozenten Saketti.

Was war das Besondere an unserer Juristischen Fakultät? Sie vermittelte breite und äußerst vielseitige Kenntnisse. An erster Stelle ist der Zyklus historischer Wissenschaften zu nennen: Geschichte und Theorie des Staats und des Rechts; Geschichte der politischen Theorien, Geschichte der Diplomatie; Politökonomie fast in demselben Umfang wie an der Wirtschaftsfakultät, Geschichte der Philosophie, dialektischer und historischer Materialismus; Logik; Latein und

Deutsch. Und schließlich eine ganze Reihe juristischer Disziplinen: Kriminal- und Zivilrecht, Kriminalistik, Gerichtsmedizin und -psychiatrie, Straf- und Zivilprozessordnung, Verwaltungs-, Finanz-, Kolchose- und Familienrecht, Buchhaltung. Und natürlich: internationales öffentliches und privates Recht, Staat und Recht der kapitalistischen Staaten etc.

Das Studienprogramm ging davon aus, dass die Aneignung der juristischen Fächer eine gründliche Kenntnis der modernen sozioökonomischen und politischen Prozesse erfordert und deshalb die Beherrschung der Grundlagen anderer Gesellschaftswissenschaften umfassen muss.

In meinen Augen war die Universität ein Tempel der Wissenschaft, ein Zentrum der Köpfe, die unseren nationalen Stolz darstellten, eine Quelle frischer Energie, des Aufbruchs und des Suchens. Hier war der Einfluss der jahrhundertealten russischen Kultur zu spüren, die demokratischen Traditionen der russischen Hochschule hatten sich trotz allem erhalten. Viele berühmte Wissenschaftler und Akademiemitglieder hielten es für eine Ehre, an der MGU lehren und Vorlesungen halten zu dürfen. Viele hatten Berufungen an andere Universitäten hinter sich und waren Verfasser Dutzender Bücher und Lehrbücher. Ihre Vorlesungen eröffneten uns eine neue Welt, ganze Bereiche des menschlichen Wissens, die uns vorher unbekannt waren, und führten uns ein in die Logik des wissenschaftlichen Denkens. Selbst in den finstersten Jahren fühlte man in den Mauern des Gebäudes in der Mochowaja-Straße den Puls des gesellschaftlichen Lebens. Obwohl sie verdrängt waren, hatten sich der Geist der »Wahrheitssuche« und eine gesunde kritische Einstellung erhalten.

Natürlich darf man die damalige Situation an der Universität auch nicht schönreden. Die ersten drei Jahre meines Studiums fielen mit den Jahren des »Spätstalinismus« zusammen, mit einer neuen Runde von Repressionen, einer hemmungslosen Kampagne gegen den »vaterlandslosen Kosmopolitismus« und die »Kriecherei« vor dem Westen, mit der berühmten »Ärzteverschwörung«.

Die Atmosphäre war extrem ideologisiert. Wie überall, so dominierten auch in der Gesellschaft die sakrosankten Schemata von Stalins *Kurzem Lehrgang der Geschichte der Kommunistischen Partei der Sowjetunion (Bolschewiki)*, der als Nonplusultra des wissenschaftlichen Denkens galt. Die Universitätsleitung und die Parteiorgane zielten von den ersten Wochen des Studiums an darauf ab, die jungen Köpfe zu stählen, ihnen einen Haufen eiserner Dogmen einzubläuen und sie von der Versuchung abzuhalten, selbständig denken, analysieren oder vergleichen zu wollen. Der ideologische Zwang wirkte sich auf die eine oder andere Weise auch auf die Vorlesungen, Seminare und Streitgespräche bei studentischen Treffen aus.

Auf einer Parteiversammlung machte ich einmal eine kritische Bemerkung über einen Lehrer wegen seiner Methode, ein Problem zu analysieren. Walerij Schapko, mein Kamerad im Wohnheim, ein ehemaliger Frontsoldat und Gruppensprecher unseres Studienjahrgangs (heute Professor seligen Angedenkens und Verfasser vieler Arbeiten), sagte: »Solche Äußerungen sollte man sich für die Zeit nach dem Examen aufbewahren.« Ich lachte über seine berechnende Haltung. Doch dann kam die Examenszeit. Ich war mir bei der Prüfung sicher, bezog mich aber an einem Punkt auf ein Buch, dessen Titel ich nicht ganz richtig zitierte. Der Prüfer machte ein erstauntes Gesicht. Ich korrigierte mich sofort, doch es war zu spät. Mit einem bissigen Lächeln notierte sich der Lehrer etwas und hörte gar nicht mehr zu, was ich sagte. Als ich schloss, sagte er, ohne seine Schadenfreude zu verbergen: »Tja, Gorbatschow, eine klare Zwei …«, und trug die Note ohne zu zögern ein.

Obwohl ich bei den anderen Prüfungen die Note »sehr gut« bekommen hatte, wiederholte ich diese Prüfung nicht. Das bedeutete den Verlust meines persönlichen Stipendiums. Ein spürbarer Schlag für mein Selbstbewusstsein und erst recht für mein Portemonnaie.

Wie mir scheint, wurde der Universität, Professoren wie Studenten, gegenüber eine besondere Wachsamkeit an den Tag gelegt. Offenbar herrschte ein eingespieltes System allgegenwärtiger Kontrolle.

Bei der geringsten Abweichung von der allgemeinen Linie oder dem Versuch, etwas anzuzweifeln, hatte man im besten Fall eine Rüge bei der Komsomol- oder Parteiversammlung zu gewärtigen.

Auch Nachrichten über die neuen Säuberungswellen unter den Universitätsprofessoren drangen zu uns vor. Die Absurdität der Anklagen sprang manchmal so ins Auge, dass sie die Machthaber zum Rückzug zwang. So schlugen sie zum Beispiel den Professor S. W. Juschkow, einen großen Gelehrten, der sein ganzes Leben dem Studium der Kiewer Rus[6] gewidmet hatte, den »Vaterlandslosen Kosmopoliten« zu!

Bei der Versammlung des Wissenschaftsrats, bei der Juschkow in die Mangel genommen wurde, bestieg dieser verstimmt die Tribüne, und statt Gegenargumente zu seiner Verteidigung anzuführen, sagte er nur den Satz: »Schaut mich an!« Er stand vor den Zuhörern in seinem mit einer Kordel gegürteten Russenkittel, einen abgerissenen Strohhut in der Hand, äußerlich die ideale Verkörperung eines alten anständigen russischen Angehörigen der Intelligenzija. Im Saal erscholl Gelächter. Statt der Untersuchung nebulöser pseudowissenschaftlicher Anklagen legte der gesunde Menschenverstand der hitzigen Versammlung eine einfache Frage nahe: »Sind wir denn verrückt geworden, das soll ein Kosmopolit sein?« Die Kritik an Juschkow wurde sofort eingestellt.

Wir liebten die Vorlesungen von Juschkow. Es waren weniger Vorlesungen als »Gespräche im Wohnzimmer«, spannende Erzählungen von den alten Zeiten, vom Leben unserer Vorfahren. Er war ein vorzüglicher Kenner seines Fachs. Aber wir ließen uns ihm gegenüber auch wiederholt zu »ideologischen Spielchen« hinreißen, Fragen wie: »Verehrter Herr Professor, warum meiden Sie in Ihren Vorlesungen Hinweise auf die Klassiker des Marxismus-Leninismus?« Dann öffnete er fieberhaft seine sperrige, geräumige Aktentasche, entnahm ihr eines seiner Bücher, setzte die Brille auf und suchte die besagten Zitate.

---

6 Kiewer Reich: Mittelalterlicher Vorläuferstaat der heutigen Staaten Russland, Ukraine und Weißrussland mit Zentrum in Kiew. (Anm. d. Übers.)

Es entspräche nicht der Wahrheit, wenn ich behaupten würde, die massive ideologische Indoktrinierung, der die Zöglinge der Universität ausgesetzt waren, hätte unser Bewusstsein nicht beeinflusst. Wir waren Kinder unserer Zeit. Während ein Teil der Professorenschaft, wie mir heute scheint, die »Spielregeln« nur pro forma einhielt, nahmen wir Studenten vieles aufrichtig und überzeugt für bare Münze. Das Bildungssystem unternahm alles, um ein kritisches Denken zu verhindern. Trotz dieses Systems aber führte die Masse des angehäuften Wissens etwa im dritten Studienjahr zu einem Punkt, da wir über das, was wir eigentlich schon gelernt und uns angeeignet hatten, in ernstes Nachdenken gerieten.

Der Freiheitswille manifestierte sich an der Juristischen Fakultät in einem 1949 inszenierten Gerichtsprozess gegen Ostap Bender.[7] Damals waren die lange Zeit verbotenen Bücher *Zwölf Stühle* und *Das Goldene Kalb* gerade neu herausgekommen. Alles lief nach den Regeln eines echten Strafprozesses. Es gab einen Staatsanwalt (als Vertreter der Anklage), einen Verteidiger und den Angeklagten Ostap Bender höchstpersönlich. In Anbetracht der konkurrierenden Seiten und der Bewertung aller »Lebens- und Tatumstände« Ostap Benders sprach das Gericht ihn frei. Auf diese Weise wurde den Worten Ostap Benders, er »respektiere das Strafgesetzbuch«, recht gegeben. Allerdings endete das Spiel damit, dass alle Teilnehmer der »Gerichtsverhandlung« aus der Universität ausgeschlossen wurden.

Der Kampf gegen den Kosmopolitismus diente Stalin und seinen Mitarbeitern zur Verschärfung der Kontrolle über die Gesellschaft. Es handelte sich um eine neue Welle der ideologischen Reaktion. Doch der Prozess der Wissensaneignung an der Moskauer Univer-

---

7 Ostap Bender ist eine fiktive Gestalt aus den beiden Romanen von Ilf und Petrow, *Zwölf Stühle* und *Das goldene Kalb*. Bender, ein Hochstapler auf der Jagd nach Reichtum, ist die Hauptfigur dieser beiden in den zwanziger Jahren entstandenen satirischen Romane, die zu den meistgelesenen und -zitierten Werken der russischen Literatur gehören. Die Autoren setzen sich darin kritisch mit der sowjetischen Gesellschaft auseinander. (Anm. d. Übers.)

sität, die für ihre demokratischen Traditionen berühmt war, blieb nicht ohne Auswirkungen auf unsere jungen Köpfe. Wir merkten selbst nicht, wie wir uns aufgrund dieses neuen Wissens von der Welt veränderten. Das Studium von gesellschaftswissenschaftlichen Disziplinen und insbesondere des *Kurzen Lehrgangs der Geschichte der Kommunistischen Partei der Sowjetunion (Bolschewiki)* galt als eine Staats- und Parteiaufgabe. Aber wir studierten auch gründlich Lenins Werke. Das erschloss uns zusätzlich die Ansichten Lenins. Es machte uns darüber hinaus mit den Ansichten von Lenins Opponenten bekannt, die er, wie es sich für einen Forscher gehört, in seinen Werken ausführlich zitierte.

Lenin war ein fanatischer Marxist, und das »mit russischem Einschlag«, also noch fanatischer. Der »Leninismus« ist bereits eine Korrektur des ursprünglichen Marxismus, denn der ursprüngliche, frühe Marx mit seinen anthropologischen Suchbewegungen war vergessen.

Ich erinnere mich noch an die Dozentin Maria Petrowna Kasatschok, die das Seminar zum »Kurzen Lehrgang« leitete. Sie versuchte uns die ganze Zeit von der Richtigkeit des offiziellen »Marxismus-Leninismus« in der Stalin'schen Interpretation zu überzeugen und jegliche Zweifel an irgendwelchen Phasen der Geschichte der Kommunistischen Partei zu zerstreuen.

Aufgrund meiner Herkunft vom Dorf hatte ich mit vielen Beschreibungen der Bauernpolitik in den Büchern Probleme. Die Lage der Bauern glich in jener Zeit der von Sklaven. Sie hatten noch nicht einmal Personalausweise und konnten sich nicht frei im Land bewegen. Und was die Steuerpolitik betrifft: Sie war einfach barbarisch. Egal ob Tiere gehalten wurden oder nicht, jeder Bauernhof musste dem Staat 20 Kilogramm Fleisch und 120 Liter Milch abliefern. Und völlig absurd waren die Gesetze, die auf Initiative des Finanzministers Swerew verabschiedet wurden: Jeder Obstbaum wurde mit Steuern belegt. Der Minister wusste wohl nicht oder wollte nicht wissen, dass die Bäume nicht jedes Jahr Früchte tragen. Das führte schließlich dazu, dass die Bauern ihre Gärten abholzten.

Das Stalinregime behandelte die Bauern wie Leibeigene. Nicht umsonst überkamen die Dorfbewohner häufiger als die Städter Zweifel an der Gerechtigkeit dieser Ordnung. Begriffe wie »Kollektivierung« und »Kolchossystem« waren für mich im Unterschied zu den Städtern keine Theorie, sondern Realität. Ich wusste aus persönlicher Erfahrung, wie viel Ungerechtigkeit es sowohl bei der Kollektivierung als auch im Kolchossystem gab. All das ließ uns jungen Menschen natürlich keine Ruhe, denn ähnliche Beobachtungen, Erlebnisse, Erfahrungen hatte jeder.

Die folgende Geschichte ist kein bisschen übertrieben. Ich habe sie von Leonid Nikolajewitsch Jefremow, dem ersten Sekretär des Regionskomitees der Partei im Stawropoler Land, der zuvor mit Chruschtschow als Kandidat für das Präsidium des ZK der KPdSU gearbeitet hatte. Auf dem 19. Parteitag 1952 nahm er als Delegierter teil und war auch auf der Sitzung des ZK nach dem Parteitag anwesend, bei der die oberste Parteileitung gewählt wurde. Stalin spielte im Plenum eine Posse: Er sagte, er sei zu alt und trete zurück. Wie Jefremow sich erinnerte, guckte sich Stalin dabei sehr aufmerksam im Saal um und achtete darauf, wer wie auf seine Worte reagierte. Die Reaktion kam prompt. Sofort liefen ein paar Männer (einer von ihnen war Malenkow) auf die Tribüne und baten Stalin, seine Tätigkeit als Staatslenker fortzuführen. »Etwas anderes verstünde das Volk nicht.« Der Führer bedeutete mit der Hand: »Na gut, ihr habt mich überredet.«

Und dann (so war es sicher auch geplant) fiel Stalin über einen nach dem anderen her, vor allem über Molotow und Mikojan. Mikojan warf er vor, er nehme die Bauern zu sehr in Schutz, nannte ihn einen »neuen Frumkin«. Frumkin war ein alter Parteigenosse, ein Wissenschaftler, der gegen die Bauernpolitik nach Lenin protestiert hatte. Sein eigenes Verhältnis zu den Bauern beschrieb Stalin so: »Wir haben dem Bauern Land zur ewigen Nutzung gegeben. Der Bauer ist unser ewiger Schuldner.« Das war die ganze Agrarpolitik!

Wie ich bereits erwähnte, fiel in die Zeit meines Universitätsstudiums die berüchtigte »Ärzteverschwörung«[8], ein Hirngespinst der Sicherheitsorgane. Sie gab Anstoß zu verschärfter antiwestlicher Propaganda, zu hemmungslosen antisemitischen Ausfällen und Hochverratsanklagen gegen Juden. Das war ungerecht, niederträchtig und löste Protest aus.

Mit einem Wort: Die alltägliche Wirklichkeit mischte sich in das Studium ein und korrigierte unsere angelesenen Vorstellungen vom »gerechtesten System«, von der »unerschütterlichen Völkerfreundschaft« und von unserer »trauten und geliebten Partei« gründlich. Eine Episode aus dem Winter 1952/53 hat sich mir besonders eingeprägt.

Mein jüdischer Freund Wolodja Liberman, ein ehemaliger Frontkämpfer, fehlte zu Beginn des Unterrichts. Er tauchte erst ein paar Stunden später auf. Nie zuvor hatte ich ihn in einem solch bedrückten und niedergeschlagenen Zustand gesehen. Er sah völlig verstört aus. »Was ist los?«, fragte ich ihn. Er konnte die Tränen nicht zurückhalten. Es stellte sich heraus, dass eine johlende Menge ihn mit einem Hagel von Beleidigungen und Beschimpfungen überschüttet und aus der Straßenbahn geworfen hatte. Ich war erschüttert.

Der allmähliche intellektuelle Reifungsprozess und unser Bestreben, das Geschehen um uns herum zu verstehen, lösten Protest gegen die Scholastik und Buchstabentreue der Lehre aus, die manchmal ideologischem Drill nahekam. Es lag etwas Beleidigendes darin, etwas, das die menschliche Würde angriff.

Ich weiß noch, wie im Herbst 1952, nach dem Erscheinen von Stalins Schrift *Ökonomische Probleme des Sozialismus in der UdSSR*, einem der Lehrer nichts Besseres einfiel, als uns eine Seite nach der anderen aus dieser Schrift vorzulesen. Ich hielt es nicht aus und schickte

---

8 Strafprozess gegen eine Gruppe bekannter sowjetischer Ärzte, die im Kreml-Krankenhaus arbeiteten und 1952 verhaftet wurden. Die Anklage lautete: Verbindungen zum amerikanischen Geheimdienst, Bildung einer »zionistischen Verschwörung« und Mord an sowjetischen Führern. Die Meldung über die Entlarvung und Verhaftung der »Sabotageagenten im weißen Kittel« wurde am 13. Januar 1953 in der *Prawda* veröffentlicht. Der Prozess wurde Anfang März 1953 eingestellt, die Verhafteten wurden Anfang April freigelassen.

ihm einen Zettel, auf dem stand, wir seien mit dem Inhalt des Werkes vertraut, das mechanische Ablesen bei der Vorlesung sei ein Mangel an Respekt gegenüber den Zuhörern.

Die Reaktion kam prompt. Der erzürnte Schulmeister äußerte sich dahingehend, einige besonders Kühne, die Angst hätten, mit ihrer Unterschrift ihren Namen offenzulegen, bildeten sich ein, sie hätten sich schon den »ganzen Reichtum der Grundsätze und Folgerungen angeeignet, die im Werk des Genossen Stalin enthalten seien«.

Ich stand auf und sagte, ich sei der Verfasser des Zettels. Da ging's rund … Die Information über diesen Vorfall wurde an die Komsomol- und Parteiorgane weitergeleitet und erreichte das Moskauer Stadtkomitee der Partei. Ich war damals stellvertretender Sekretär für ideologische Fragen der Fakultätsorganisation des Komsomol (Sekretär war Boris Spiridonow, später Sekretär des Parteikomitees der MGU). Am Ende verlief das Problem im Sande. Offenbar hatte erneut meine »Arbeiter-und-Bauern-Herkunft« geholfen.

Viele Jahre später, in den schweren Tagen des Dezembers 1991, traf ich den Schriftsteller Beljajew, ebenfalls MGU-Student jener Zeit. Wir kamen auf diese Episode zu sprechen, und er sagte, Gorbatschow habe damals, in die moderne Sprache übersetzt, fast als »Dissident« gegolten. Das war ich natürlich in Wirklichkeit nicht, es wuchs nur eine kritischere Einstellung in mir zu den Ereignissen. Ich kannte ja das wirkliche Leben und wusste ein wenig, was sich in den Jahren der Herrschaft Stalins abgespielt hatte. Das ging vermutlich nicht nur mir so, sondern vielen. Wir waren keine Dissidenten im eigentlichen Wortsinn, wir waren eher »Revisionisten«, Anhänger einer Erneuerung des »realen« Sozialismus.

Zufällig habe ich den Brief des Akademiemitglieds Sacharow zum Tod Stalins im März 1953 gelesen. Hier nur ein paar Worte aus dem Brief: »Ich stehe unter dem Eindruck des Todes eines großen Mannes – und denke an seine Menschlichkeit …« Das konnte man damals ja noch verstehen. Aber wie soll man Menschen verstehen, die all das erlebt haben und wissen und trotzdem heute wieder die Antworten auf ihre Fragen bei Stalin suchen und mit seinem Porträt auf die Straße gehen?!

Damals beschloss eine Gruppe Studenten der Juristischen Fakultät, in den Säulensaal zu gehen und Abschied von Stalin zu nehmen. Stückchen um Stückchen rückten wir vor, standen dann stundenlang wieder auf der Stelle. Wir gingen um den Trubnaja-Platz herum, wo es zu einer entsetzlichen Massenpanik kam, die viele Menschen des Trauerzugs das Leben kostete. Eine ganze Nacht lang rückten wir Wohnblock für Wohnblock vor – bis wir schließlich den Sarg erreichten.

Bei Festparaden hatte ich Stalin früher mehrmals aus der Ferne gesehen. Jetzt hier im Säulensaal erblickte ich ihn das erste Mal aus der Nähe – tot.

»Was wird aus uns?« Diese Frage hörte ich von meinem Kommilitonen und Freund Zdeněk Mlynář.[9] »Mischa, was wird nun aus uns?!«, das waren wirklich seine Worte. Und sicher war das nicht nur Ausdruck seiner emotionalen Verfassung, sondern dahinter steckte auch das Verständnis, dass Stalin das ganze System verkörperte.

Die Studienjahre an der Universität waren für mich nicht nur ungeheuer interessant, sondern auch recht anstrengend. An Ehrgeiz fehlte es mir, ehrlich gesagt, nie. Alles Neue nahm ich recht schnell auf, aber um die Kenntnisse zu festigen, musste man eine breite Palette zusätzlicher Literatur durcharbeiten. Das war übrigens das Besondere der Universität im Unterschied zu vielen anderen Hochschulen.

Ich bin ein geselliger Mensch. Zu den Studenten meines Studienjahrs, aber auch zu vielen anderen Studenten der Fakultät hatte ich, wie es meine Komsomol-Verpflichtungen erforderten, ein kameradschaftliches Verhältnis. Es bildete sich auch ein relativ enger Kreis von Freunden. Dazu gehörten: Jura Topilin, Walerij Schapko, Wolodja Liberman, Zdeněk Mlynář, Rudolf Koltschanow, Lenja Tara-

9 Zdeněk Mlynář war damals Student aus der Tschechoslowakei. 1968 wurde er einer der Anführer des »Prager Frühlings« und lebte danach lange Jahre in der Emigration.

werdijew, Natascha Borowkowa, Nadja Michaljewa und Lija Alexandrowa. Mit diesen Freunden und weiteren, die ich hier nicht nennen kann, betrat ich eine mir neue, vorher unbekannte riesige Welt.

Wahlhilfe in Moskau

Schon vom ersten Semester an wurde ich mit gesellschaftlichen Aufgaben betraut. Eine der ersten war die Arbeit als stellvertretender Leiter des Agitationslokals für Wohnungsfragen im Moskauer Stadtteil Krasnopresnenskij. Unsere Arbeit spielte sich in den beiden ältesten Straßen Moskaus ab: der Bolschaja-Grusinskaja-Straße und der Malaja-Grusinskaja-Straße. Das brachte einen ungeheuer interessanten und lehrreichen Kontakt mit Moskau und den Moskauern mit sich. Unser Land bereitete sich auf die Wahlen zum Obersten Sowjet der UdSSR vor. Obwohl ich später, besonders in der Zeit der Perestrojka, als ich die Führung der KPdSU innehatte, jede Menge Wahlkämpfe erlebt habe, sind mir diese Wahlen und meine Arbeit in dem Moskauer Agitationslokal für immer im Gedächtnis geblieben.

Ich erinnere mich an die Gespräche mit den Wählern, die ich ins Wahl- oder Agitationslokal einlud, und an die Antworten auf ihre nicht enden wollenden Fragen. Manchmal musste ich mir auch einfach die Fragen notieren und sie erst klären, bevor ich Antwort geben konnte.

Die Straßen Bolschaja Grusinskaja und Malaja Grusinskaja damals, das war etwas ganz anderes als heute. Heute sind es Straßen mit modernen Häusern und einer guten Infrastruktur: Geschäfte, kulturelle Einrichtungen, Cafés, Restaurants und vieles andere, was die Menschen zum Leben brauchen. Damals aber standen in diesen Straßen Häuser mit Wänden aus undefinierbarem Material. Die äußere Bretterwand sah einigermaßen anständig aus, aber die innere Wand war aus unbearbeiteten und schlecht zueinanderpassenden Brettern zusammengeschustert. Der Zwischenraum zwischen den Wänden war mit Schlacke gefüllt. Mit den Jahren verfielen die

73

Wände weiter und drohten zusammenzubrechen. Da ging es nicht mehr um Ästhetik, sondern man musste die Wärme irgendwie im Haus halten. Die Risse wurden zugespachtelt oder mit Stoff zugestopft. Das größte Problem waren die Decken, von denen ein Großteil renoviert werden musste.

Fast immer gab es Probleme mit dem Wasser und der Heizung. Die Versorgung lag in der Hand von kommunalen Wohnungsverwaltungen, bitterarmen Organisationen. Zwar konnten wir einige lokale Probleme lösen; doch die Häuser waren in einem miserablen Zustand. Alle Gespräche mit den Wählern in diesen Häusern endeten gleich: »Richten Sie den Behörden aus, dass die Handwerker saumäßig arbeiten, dass wir seit Jahren auf eine Lösung der Probleme warten. Das sind keine Häuser, sondern Sauställe. Wenn unseren Bitten nicht stattgegeben wird, gehen wir nicht zur Wahl.«

Erst da erkannte ich das wahre Leben der Moskauer und die Bedingungen, unter denen sie lebten. Ein niederschmetternder Eindruck! Natürlich hatte ich in meinen Studienjahren verschiedene Stadtteile Moskaus und unterschiedliche Häuser besucht.

In der Gorkij-Straße wohnte die Familie meines Komsomol-Freundes Viktor Blinow, dessen Vater als Abteilungsleiter im Moskauer Lichatschow-Autowerk arbeitete. Seiner Familie war eine Wohnung im Zentrum Moskaus zugeteilt worden, in einem neuen Haus. Das war eine wunderbare Wohnung. Ich war eingeladen, als Viktor dort seine Hochzeit feierte. In der Nähe der Blinows wohnte die hervorragende Schauspielerin Vera Marezkaja. Auch das war ein untrügliches Zeichen dafür, dass dieses Haus ein Sonderfall war.

Bei unterschiedlichen Gelegenheiten war ich in den Familien meiner Studienkollegen zu Besuch – eine ganz andere Moskauer Welt mit ganz anderen Lebensbedingungen.

Einige Jahre später kam ich zum Komsomol-Kongress wieder nach Moskau. Sobald ich ein wenig freie Zeit fand, fuhr ich zur Stromynka-Straße, wo sich unser erstes Studentenheim befand. Ergriffen spazierte ich an den Orten unserer jugendlichen Heldentaten umher. Dann besuchte ich die Straßen meiner »Schäfchen«: die Bolschaja

Grusinskaja und die Malaja Grusinskaja. Ich erkannte sie nicht wieder – die Straßen waren zum großen Teil umgebaut worden.

Wir Kommilitonen unseres Studienjahrs haben die Tradition, uns alle fünf Jahre ein Mal in Moskau wiederzutreffen. Die meisten von uns sind Moskauer, aber es gibt auch viele, die in der Provinz arbeiten. Ich sah, wie sich meine Studienfreunde veränderten. Und nur wenigen konnte die Zeit gleichsam nichts anhaben: Sie sahen jung aus und waren voller Energie. Ich reagierte mit Freude und Trauer auf diese Treffen. Am meisten beeindruckte es mich, wenn unser Gruppensprecher und ehemaliger Frontkämpfer Walerij Schapko von den Ereignissen der zurückliegenden fünf Jahre erzählte.

Das letzte Mal haben wir uns 2007 zu unserem traditionellen Treffen versammelt, als die meisten meiner Studienkollegen ein Alter von 75 Jahren erreicht hatten. Die Nachrichten unseres Gruppensprechers waren entmutigend: Fast 40 Prozent waren schon gestorben. Wir vereinbarten, uns öfter zu treffen. Das geschah 2010 …

Komsomol[10]

Meine Beteiligung am Wahlkampf der Jahre 1950/51 blieb nicht unbemerkt von meinen Studienfreunden, und ich wurde Sekretär der Komsomol-Organisation des ersten Studienjahrs der Juristischen Fakultät. Die Juristische Fakultät war kleiner als die anderen Fakultäten. Aber die Komsomol-Organisation war stark, sie hatte über zweieinhalbtausend Mitglieder. In den folgenden Studienjahren wurde ich zum stellvertretenden Sekretär des Fakultätsbüros für ideologische Fragen gewählt. Ich erinnere mich an diese Arbeit kaum. Das Studium stand im Mittelpunkt der Aufmerksamkeit. Das Dekanat machte Druck auf das Komsomol-Aktiv, damit die Studienerfolge sich sehen lassen konnten. Die Aufgabe der Komsomol-Orga-

---

10 *Kommunistitscheskij sojus molodjoschi*, »kommunistischer Jugendverband«, abgekürzt: Komsomol, Jugendorganisation der KPdSU. (Anm. d. Übers.)

nisationen bestand darin, die Studenten bei der Stange zu halten. Wir hatten ja noch die Stalinzeit. Das wirkte sich auf die Moskauer Universität und ihren dynamischsten Teil besonders stark aus.

Das Wichtigste am Komsomol waren die Gruppen. Und zwar nicht nur, was das Studium betraf, sondern auch im Hinblick auf Freizeitaktivitäten: Museumsbesuche, Kino, Theater, gemeinsame Ausflüge ins Grüne, all das war Sache der Komsomol-Gruppen. In dieser Beziehung spielte der Komsomol eine große Rolle. Er war damals eine lebendige gesellschaftliche Kraft. Der Universitäts-Komsomol hatte Biss. Es geschah viel an der Universität. Manchmal kam es auch zu Zusammenstößen.

Bezeichnend in dieser Hinsicht ist ein Fall, von dem ich hier erzählen will. Mit dem Umzug der Studenten der naturwissenschaftlichen Fakultäten und der älteren Semester der geisteswissenschaftlichen Fakultäten in das Studentenheim auf den Leninbergen wurden die Wohnbedingungen sehr viel besser als in der Stromynka-Straße. Aber man hatte einen groben Fehler dabei begangen, der zu einem Konflikt mit dem Rektorat führte. Letzteres war offenbar sehr um unsere Sittlichkeit besorgt. Die Studentinnen waren in der einen Zone untergebracht (»Zone«, was für eine Name!), die Studenten in der anderen. Es handelte sich dabei tatsächlich um Zonen, denn durchgelassen wurde nur, wer dort wohnte. Von einer Zone in die andere zu gelangen, war ein großes Problem. Es ist heute leichter, ins Ausland zu reisen, als damals, Zutritt in die andere Wohnheimzone zu bekommen.

Raissa und ich hatten kurz vor dem Umzug von der Stromynka-Straße auf die Leninberge geheiratet. Raissa kam in Zone G, ich in Zone W, die in gegenüberliegenden Gebäudeflügeln lagen. Und obwohl wir verheiratet waren und unsere Ehe rechtsgültig geschlossen war, konnte ich mich in ihrem Zimmer nur bis 23 Uhr aufhalten. Wenn ich fünf bis zehn Minuten später aufbrach, klingelte das Telefon, und es hieß: »Sie haben einen Fremden auf dem Zimmer. Das ist ein Verstoß gegen die Regeln.« Alle Versuche, diese Situation zu ändern, blieben erfolglos. Und das galt für alle.

MGU-Rektor Petrowskij, ein Akademiemitglied, das das vom Präsidenten der Akademie der Wissenschaften der UdSSR gewählte Akademiemitglied Nesmejanow auf diesem Posten abgelöst hatte, war beliebt bei uns. Petrowskij war ein großer Wissenschaftler, Mathematiker und ein sehr aufmerksamer und herzlicher Mensch. Und dieser herzensgute Mann hing von irgendwelchen Ratschlägen und Forderungen ab, die uns diese hinterwäldlerischen Bestimmungen beschert hatten.

Die Geschlechtertrennung blieb bis zur Komsomol-Delegiertenkonferenz der Universität im Dezember 1953 bestehen. Das war die wildeste Konferenz aller Zeiten. Das Rektorat, die Dekane und Kuratoren aus Bezirk und Stadt wurden wegen Heuchelei und Missachtung der Studenten angegriffen. Während der Konferenz erschien die Zeitschrift *Stachel*, die die Diskussion und das Komsomol-Leben überhaupt in einem satirischen Licht darstellte. In der ersten Pause wurden die Delegierten mit einer Unmenge satirischer Flugblätter überschüttet.

Ich weiß noch, dass an einer der Säulen in der Vorhalle eine abgerollte Papierrolle mit einer Zeichnung hing, auf der der Rektor eine Heiratsurkunde mit dem Stiefel tritt. Die Konferenz kritisierte die Leitung in Grund und Boden und verlangte sofortige Änderungen. Die Reaktion ließ nicht auf sich warten. Während die Studenten in den Weihnachtsferien waren, wurden sie im Wohnheim nach Fakultäten aufgeteilt. Ein normales Leben begann …

Die Leninberge sind eine wunderbare Moskauer Gegend. Über das Gebäude der MGU kann ich nur schwer urteilen, aber mir scheint es – wie auch die anderen Hochhäuser, die auf Stalins Befehl gebaut wurden – bis heute recht ausdrucksvoll. Übrigens, was die Errichtung des Universitätsgebäudes betrifft, eine unserer »Baustellen des Kommunismus«, so haben daran auch GULAG-Häftlinge mitgewirkt.

1952 trat ich in die Partei ein. Aber ich hatte ein Problem: Was sollte ich in dem Fragebogen über meine repressierten Großväter angeben? Obwohl Großvater Pantelej keinen Prozess durchlaufen hatte, hatte er 14 Monate gesessen. Auch Großvater Andrej war ohne jeden Prozess nach Sibirien geschickt worden. Bei meiner Bewerbung zum Parteikandidaten hatte das keine Rolle gespielt, meine Landsleute wussten alles über mich. Ich schrieb meinem Vater. Schließlich hatte er bei der Aufnahme in die Partei diese Frage auch schon beantworten müssen. Als wir uns im Sommer trafen, sagte er: »Ich habe nichts davon geschrieben. So etwas gab es an der Front nicht, wenn man vor einer Schlacht in die Partei aufgenommen wurde. Die Leute riskierten ihr Leben. Das war alles.«

Aber ich, sein Sohn, musste im Parteikomitee und später im Stadtbezirkskomitee der KPdSU ausführlich die Geschichte meiner Vorfahren erläutern.

Raissa

Die Moskauer Universität war nicht nur ein Zentrum von Menschen unterschiedlicher Denkweise, Lebenserfahrung und Nationalität. Hier kreuzten sich die Schicksale von Menschen manchmal für einen Moment, nicht selten aber auch für lange Jahre. Und es gab ein Zentrum, wo solche Begegnungen am häufigsten vorkamen: unser Studentenclub in der Stromynka-Straße.

Das bescheidene niedrige Gebäude, wohl eine frühere Soldatenkaserne, wurde für uns zum Mittelpunkt echter Kultur. Berühmte Sänger und Schauspieler kamen hierher: Lemeschew, Koslowskij, Obuchowa, Janschin, Marezkaja, Mordwinow, Pljatt und andere. Die Crème de la Crème des Moskauer Theaterlebens. Die Schauspieler betrachteten ihre Auftritte als Erfüllung einer Ehrenpflicht, die darin bestand, der Jugend ein Gefühl für das Schöne zu vermitteln. Eine wundervolle, auf die vorrevolutionäre Zeit zurückgehende Tradition der Künstler, die heute leider verloren ist. Und uns, den Studenten aus »verschiedenen Städten und Dörfern«, brachten diese Begegnungen wirklich die Kunst nahe.

Wie ich schon sagte, wurden in dem Club zahlreiche Zirkel angeboten, angefangen mit Hauswirtschaft, wo man lernen konnte, ein

Rührei zu braten und ein altes Kleid oder eine alte Hose zu wenden, bis zu einem Zirkel mit Gesellschaftstänzen, die in jenen Jahren massenhaften Anklang fanden. Von Zeit zu Zeit wurden im Club Tanzabende veranstaltet. Ich nahm nur selten teil, sondern las lieber. Aber meine Studienfreunde waren oft da und diskutierten hinterher stürmisch die Qualitäten ihrer Partnerinnen.

Im Herbst 1951 saß ich eines Abends in meinem Wohnheimzimmer und bereitete mich auf ein Seminar vor. Auf einmal kamen meine Freunde Jura Topilin und Wolodja Liberman hereingestürmt und drängten mich, mit in den Club zu kommen. »Hör auf zu pauken! Weißt du, was da für ein Mädchen aufgetaucht ist?«

»Als ob es wenig Mädchen auf der Welt gäbe! Ich will noch ein wenig lernen.«

»Lass es lieber!«

»Schon gut, ich komme gleich.«

Ich dachte nach, stand auf und ging in den Club. Damals war mir natürlich nicht klar, dass ich meinem Schicksal entgegenging. Ich sah meine Studienkollegen und trat auf sie zu. Sie debattierten über irgendetwas und lachten mit ihren Mädchen. Der Grund für ihre Fröhlichkeit war Jura Topilin, ein Kerl von zwei Meter Länge. Sie sprachen sich ab, wer den nächsten Tanz mit wem tanzt. Jura wollte eine Studentin als Partnerin, die ich zum ersten Mal sah. Meine Freunde lachten ihn aus: »Das geht nicht. Was soll das denn für ein Paar sein?!«

Tatsächlich war das elegante, sehr zarte, rothaarige Mädchen das absolute Gegenteil von meinem Freund. Andere forderten sie auf. Und plötzlich sagte diese scheinbar bescheidene, ruhige Studentin: »Ich komme mit Jura mit. Wir sind Kollegen, wir arbeiten zusammen im Studentenkomitee des Wohnheims. Ich tanze mit ihm. Wir haben genug Gesprächsstoff.«

Ich stand da, beobachtete und wartete, bis der Tanz zu Ende war. Als das der Fall war, wurde ich Raissa Titarenko vorgestellt. Damals, bei unserer ersten Begegnung, zeigte sie keinerlei Interesse an mir. Ich dagegen versuchte zu verbergen, dass sie mich sofort tief beeindruckt hatte. Wir kamen nicht dazu, uns unter vier Augen zu unterhalten. Es folgte nur noch ein letzter Tanz, und schon war der Abend zu Ende.

Ein paar Tage später lud Jura Topilin Raissa und einige andere Mädchen von der Philosophischen Fakultät in unser Zimmer ein. Wir tranken Studententee und führten ein belangloses Gespräch. Raissa beachtete mich nicht. Sie schlug bald vor, auseinanderzugehen. Und dann kam es auf einmal zu einem vollkommen absurden Gespräch. Die Mädchen wollten wissen, wer wie alt ist und wer an welchen Frontabschnitten im Krieg war. Tatsächlich hatten die meisten meiner Zimmergenossen an der Front gekämpft. Auch mich fragten sie. »Und Sie?«

»Ich war nicht an der Front.«

»Warum?«

»Als der Krieg endete, war ich vierzehn.«

Und auf einmal sagt Raissa: »Ich hätte nie gedacht, dass Sie erst zwanzig sind.«

Ich reagierte idiotisch. Ich holte meinen Personalausweis und zeigte ihn ihr – und litt danach die ganze Zeit: Es war mir peinlich vor den anderen. Ich konnte nur sagen: »Nach Ihrem Alter will ich nicht fragen, das tut man nicht.«

»Und was meinen Sie?«

»Ich denke, wir sind Altersgenossen.«

»Nein, Sie sind älter«, lautete die Antwort. Das war nahezu offiziell, wir siezten uns.

So endete eine weitere Begegnung, nach der ich das Gefühl hatte, ich verliere den Kopf. Ich wollte Raissa sehen und von ihr gesehen werden. Und das geschah auch, denn im Studentenheim war immer Betrieb, und man traf sich mehrmals am Tag in der Vorhalle, in der Mensa, am häufigsten jedoch in der Bibliothek. Aber auch da sagten wir uns nur »Guten Tag«. Und das war alles. Raissa hielt Abstand.

Sie hatte mich einfach verzaubert. Sogar in dieser einfachen Kleidung, die sie trug, wirkte sie sehr stark auf mich. Einmal erschien sie plötzlich in einem Hütchen mit Schleier. Wie kam sie dazu? Offenbar legte sie doch Wert darauf, wie sie auf die anderen wirkte. Ein andermal sah ich sie mit einem langen Lulatsch mit Brille. Er hatte ihr Pralinen spendiert. Ich begrüßte sie. Sie antwortete. Damit war unsere Begegnung vorbei. Ich fragte Jura, was das für ein Kerl sei, mit dem ich Raissa gesehen hatte. Jura meldete mir einige Zeit später, es sei ein Physikstudent namens Anatolij Sarezkij. Jura sagte: »Weißt du, Michail, ich muss dich enttäuschen. Nach meinen Informationen haben die beiden weitreichende Pläne für die Zukunft.« Dann bin ich wohl zu spät gekommen, dachte ich mir.

Etwa zwei Monate später besuchte ich ein Konzert in unserem Club. Der Saal war brechend voll. Ich ging durch den Gang zur Bühne, fand aber keinen freien Platz. Plötzlich stand ein Mädchen in einem Kleid mit blauen Punkten vor mir – Raissa. Sie fragte: »Suchen Sie einen Platz?«

»Ja.«

»Nehmen Sie meinen, ich gehe.«

Ich weiß nicht, was mich dazu brachte, irgendein innerer Impuls offenbar. Ich sagte: »Ich begleite Sie.«

Sie wehrte sich nicht. Ich spürte, irgendetwas stimmt nicht mit ihr, und fragte: »Warum wollen Sie denn gehen?«

»Ich habe irgendwie keine richtige Lust.«

Ihre Laune war wirklich miserabel. Als wir den Saal verließen, sagte ich: »Lassen Sie uns ein wenig spazieren gehen.«

»Einverstanden.«

»Aber dann müssen wir etwas Wärmeres anziehen.«

Zehn Minuten darauf trafen wir uns wieder. Wir gingen zwei Stunden spazieren: vom Fluss Jausa bis zur U-Bahn-Station Sokolniki, unser erster gemeinsamer Spaziergang. Es war kalt, aber unsere Stimmung besserte sich. Wir sprachen über Studienangelegenheiten. Gegen 11 Uhr mussten wir in die Stromynka-Straße zurück.

Unsere Zimmer lagen auf verschiedenen Etagen, waren aber nicht weit voneinander entfernt. Ich brachte Raissa bis zur Tür und sagte: »Das war ein schöner Spaziergang. Er hat mir gut gefallen.«

»Ja, ja.«

»Und was haben Sie morgen Abend vor?«

»Ich weiß nicht.«

»Wollen wir ins Kino gehen? Der Unterricht endet bei Ihnen um dieselbe Zeit wie bei uns.«

»Einverstanden.«

»Ich hole Sie um fünf ab.«

»Gut.«

Am nächsten Tag gingen wir ins Kino. Wir aßen ein Eis und sprachen über dies und jenes, über Kleinigkeiten. Mir scheint, in solchen Fällen haben Kleinigkeiten eine enorme Bedeutung. Statt eine Bekanntschaft mit dem Vorzeigen seines Personalausweises zu beginnen, sollte man lieber mit Kleinigkeiten anfangen.

So begannen unsere fast täglichen Spaziergänge. Und eines Abends lud mich Raissa in ihr Zimmer ein, wo sich ihre Bekannten versammelt hatten. Die Mädchen waren angriffslustig und nicht auf den Mund gefallen. Eine innere Stimme sagte mir: Halt lieber den Mund. Ich antwortete auf Fragen, stellte aber selbst keine.

Raissa war etwas Besonderes unter ihnen. Sie war keine Schönheit, aber sehr liebenswürdig und sympathisch: ein offenes Gesicht und offene Augen, eine schlanke, elegante Figur (am Anfang des Studiums hatte sie an der Universität Turnen betrieben, bis zu einem Unfall, bei dem sie von den Ringen stürzte) und eine bezaubernde Stimme, die mir noch jetzt in den Ohren klingt.

Außer ihr und Nina Ljakischewa wohnten in Raissas Zimmer die Mädchen Lija Rusinowa und noch eine Nina, die mit den Studenten der Philosophischen Fakultät Jurij Lewada und Merab Mamardaschwili befreundet waren. Jurij Lewada wurde später Professor, Schöpfer und Leiter eines soziologischen Zentrums, das heute seinen Namen trägt. Sein Leben endete vor kurzem.

Merab Mamardaschwili war ein großer, schöner Georgier. Schon damals hieß es, er gebe Anlass zu großen Hoffnungen. Merab nahm mit den Jahren einen herausragenden Platz unter den Philosophen der UdSSR ein. Schade, dass er so früh starb. Man hat mich später nach Mamardaschwili gefragt, aber unsere Begegnungen waren genauso flüchtig wie die mit Jurij Lewada. Ich kann wenig über die beiden persönlich sagen. Als es Anfang der neunziger Jahre in Georgien zu den stürmischen Ereignissen kam, sagte Mamardaschwili die Worte, die nicht nur in Georgien, sondern in der ganzen Sowjetunion berühmt waren: »Wenn mein Volk für Swiad Gamsachurdija stimmt, werde ich mich gegen mein Volk stellen.«

Aber all das geschah später, während wir damals einer nach dem anderen die Mädchen dieses Zimmers heirateten. Allerdings blieben nur Raissa und ich unserem Versprechen bis zum Ende treu. Zuerst gingen Nina und Mamardaschwili auseinander, dann Lewada und Lija. Nach Raissas Tod bekam ich einen großen handschriftlichen Brief von Nina, Mamardaschwilis Frau. Ich bewahre ihn als Andenken an unsere studentische Jugend auf. Unlängst wurde er in dem Buch über Raissa *Striche zu einem Porträt* veröffentlicht.

Unsere Fakultäten, die juristische und die philosophische, lagen nebeneinander in der Mochowaja-Straße, sodass Raissa und ich uns häufig nach dem Unterricht unter dem Torbogen im Hof trafen und von da aus durch Moskau bummelten. Wir kamen immer an zwei oder auch drei Kinos vorbei. Es ging uns gut zusammen. Anfangs schritten wir nebeneinander, dann nahmen wir uns an der Hand. Das war nicht nur eine Gewohnheit, sondern durch diese Berührung hatten wir immer direkten Kontakt miteinander.

Alles lief wunderbar. Meine Studienkameraden sagten scherzhaft: »Michail ist für uns verloren.« Aber Jura Topilin und Wolodja Liberman wurden auch Raissas Freunde. Sie waren stolz auf ihren Beitrag zum Entstehen unserer Gefühle füreinander.

An einem Wintertag passierte jedoch etwas Unerwartetes. Wie immer trafen wir uns nach dem Unterricht im Hof der MGU in der Mochowaja-Straße und beschlossen, zu Fuß zur Stromynka-Straße zu gehen. Raissa schwieg fast den ganzen Weg über und antwortete geistesabwesend auf Fragen. Ich spürte, dass etwas mit ihr nicht stimmte, und sprach sie direkt darauf an. – Und bekam zu hören: »Wir sollten uns nicht mehr treffen. Es ist mir die ganze Zeit gut gegangen. Ich bin dir dankbar. Aber ich habe schon den Bruch mit einem Mann, an den ich glaubte, hinter mir, ein zweites Mal halte ich das nicht aus. Am besten, wir beenden unsere Beziehung jetzt, bevor es zu spät ist …«

Lange gingen wir schweigend. Als wir uns der Stromynka-Straße näherten, sagte ich Raissa, ich könne ihre Bitte nicht erfüllen, das wäre einfach eine Katastrophe für mich. Das war eine Liebeserklärung.

Wir betraten das Heim, ich brachte Raissa zu ihrem Zimmer und sagte ihr, als wir uns trennten, ich erwarte sie in zwei Tagen an derselben Stelle, im Hof des Universitätsgebäudes.

»Wir sollten uns nicht treffen.«

»Ich warte da.«

Zwei Tage später trafen wir uns – und gingen nie wieder auseinander.

Wenig später erzählte sie mir ihre Geschichte: »Ich war lange mit Anatolij Sarezkij befreundet. Wir wollten heiraten. Seine Eltern lebten in Litauen oder Lettland, sein Vater war Direktor der Baltischen Eisenbahn, ein Eisenbahn-»General«. Die Mutter war eine recht stattliche, eindrucksvolle Dame mit hohen Ansprüchen. Die Brautschau war angesetzt. Die Mutter kam in einem Extrawaggon angereist. Man hatte mich zu diesem Treffen eingeladen. Ich gefiel der Mutter nicht. Anatolij konnte sich nicht gegen sie durchsetzen, es kam zum Bruch. Das war sehr bitter und kränkend für mich. Ich hatte den Eindruck, mein Leben ist zu Ende. Aber meine Freundin fand: Was willst du denn mit so einem Mann anfangen?«

Doktoranden, Physiker und Mathematiker wussten vom Bruch zwischen Raissa und Anatolij. Reihenweise machten sie Raissa den Hof. Dann kam unsere Begegnung mit den Folgen, von denen ich erzählt habe. Wir hatten uns beide klar entschieden. Raissa ließ sich nicht leicht auf Menschen ein, sie war aber ein treuer Freund. Sie wurde für mich ein treuer Freund und meine geliebte Frau.

Im Sommer kam es dazu, dass wir uns im Hof des Studentenheims eine ganze Nacht durch bis zum nächsten Morgen unterhielten. In jener Nacht versprachen wir uns, für immer zusammenzubleiben.

In den Sommerferien fuhr ich nach Priwolnoje und informierte meine Eltern über die bevorstehende Hochzeit. Sie kannten Raissa nicht und hatten sie nicht gesehen, waren aber nicht dagegen. Zuvor hatte ich dem Direktor der Maschinen-und-Traktoren-Station geschrieben und gebeten, in meinem alten Beruf als Gehilfe des Mähdreschermechanikers arbeiten zu dürfen. Ich erklärte, in meinem Leben stünden große Veränderungen bevor und ich bräuchte Geld. Ich erhielt die Erlaubnis. Raissa fuhr in den Ferien nach Baschkirien, sagte ihren Eltern aber nichts.

So zählten wir nur auf uns selbst und nahmen die Entscheidung der wichtigsten Frage für uns beide selbst in die Hand. Ich kam nach Moskau und brachte Geld mit. Ich war extra früher gekommen, um Raissa abholen zu können. Mein Gott, wie froh waren wir, als wir uns auf dem Kasaner Bahnhof wiedersahen. Die wunderschönen, nie wiederkehrenden Tage der Hochgefühle begannen ... Das Hochzeitskleid musste genäht werden, für mich bestellten wir zum ersten Mal im Leben einen Anzug aus dunkelblauem Stoff mit dem köstlichen Namen »Stoßarbeiter«. Vor der Trauung ließen wir ein Foto in einem Kunstatelier an der U-Bahn-Station Kirowskaja machen. Das sind die besten Fotos in unserem Album.

Studentenhochzeit

Die Hochzeit sollte an den Novemberfeiertagen stattfinden. Mit dem Standesamt ließen wir uns Zeit. Aber einmal gingen wir Richtung Preobraschenskij-Platz über die Jausabrücke. Gleich hinter der Brücke war das Standesamt des Stadtteils Sokolniki. Ich fragte Raissa: »Sollen wir reingehen?« Sie sagte ja.

Wir gingen hinein, klärten, welche Papiere wir für die Eheschließung brauchten, und bestellten das Aufgebot. Mit unseren engsten Freunden überschritten wir dann am 25. September wieder die Schwelle dieser ehrwürdigen Institution, in der wir unter der Nummer RW 047489 die Urkunde darüber erhielten, dass Bürger Gorba-

tschow, Michail Sergejewitsch, Jahrgang 1931, und Bürgerin Titarenko, Raissa Maximowna, Jahrgang 1932, hiermit in den Ehestand
getreten sind, was mit den entsprechenden Unterschriften und
einem Stempel bescheinigt wurde. Das alles war sehr prosaisch.
Nicht so, wie es heute in den Palästen der Eheschließungen üblich ist.
Aber es hat nicht ein einziges Jahr gegeben, in dem wir diesen Tag
nicht gefeiert hätten. Egal, wo wir uns gerade aufhielten, zu Hause,
im Zug, im Urlaub, ja sogar im Flugzeug. Meistens haben wir nur zu
zweit gefeiert. Das wollten wir so. Dabei fühlten wir uns wohl.

Einmal fiel unser persönlicher Festtag in die Zeit unseres Urlaubs
in Kislowodsk. Es war unser 20. Hochzeitstag, 1973. Ich bestellte
einen Tisch für uns beide in einem Restaurant draußen in den Bergen. Ein herrlicher Ort. Das Restaurant war überfüllt mit Urlaubern.
Musik, Tanz, ein Trinkspruch nach dem anderen! Auf meine Bitte
brachte man uns eine Flasche Sekt, eine Flasche Stolitschnaja-Wodka
und kaukasische Vorspeisen. Wir waren so guter Stimmung, dass ich
nicht merkte, wie die Zeit verging. Und in dieser Stimmung tranken
wir alles aus: Raissa ein Glas Sekt und ich: den Rest. Das sollte sich
nicht wiederholen.

Anfang der neunziger Jahre, als ich abgesetzt worden war, beschlossen wir, trotz allem an unserem Festtag ins Moskauer Restaurant Opera zu gehen. Raissa wollte einen guten Cognac trinken. Der
Cognac, den man uns brachte, schmeckte uns, und wir bestellten ein
zweites Glas. Musik erklang, und uns wurde wohlig ums Herz. Aber
wie sich herausstellte, hatten wir einen kostbaren Cognac getrunken:
»Louis XIII«, deshalb kam uns dieses Abendessen teuer zu stehen.
Ich klaubte mit Ach und Krach das nötige Geld zusammen, alles, was
ich bei mir hatte, ich hätte mich fast blamiert.

Unsere Familienchronik bewahrt die Erinnerung an einen Traum
Raissas aus den allerersten Tagen unseres Zusammenlebens. Wir befinden uns auf dem Grund eines tiefen, dunklen Brunnens; nur irgendwo ganz oben schimmert ein bisschen Licht. Wir klettern den
Brunnenschacht hinauf und helfen einander. Unsere Hände sind
wund und bluten. Die Schmerzen sind unerträglich. Raissa stürzt ab,

aber ich kann sie auffangen. Völlig erschöpft kommen wir schließlich aus diesem schwarzen Loch heraus. Vor uns liegt ein gerader, reiner, heller Waldweg. Am Horizont steht eine riesige, grelle Sonne, mit der der Weg gleichsam verschwimmt und verschwindet. Wir gehen der Sonne entgegen. Auf einmal fallen an beiden Seiten des Weges schreckliche schwarze Schatten vor uns nieder. Was ist das? Der Wald dröhnt:»Feinde, Feinde, Feinde.« Das Herz zieht sich zusammen. Wir fassen uns an den Händen und gehen weiter, zum Horizont, zur Sonne.

Unsere standesamtliche Hochzeit fand am 25. September 1953 statt. Aber Mann und Frau wurden wir erst, als wir Anfang Oktober in das Heim auf den Leninbergen zogen. In jenen Tagen fuhren die Studenten zur Kartoffelernte in den Kreis Moschaisk. Als ich zurückkehrte, reservierte Raissa in ihrem Zimmer einen Abend nur für uns zwei, einen Abend, der alles für uns bedeutete und ein Versprechen für immer war.

Unsere Hochzeitsfeier fand am 7. November in der Schonkost-Mensa des Studentenheims in der Stromynka-Straße statt. Wir luden unsere Studienkameraden und enge Freunde ein. Das Essen entsprach dem traditionellen Speiseplan: Salat, Hering, gekochte Kartoffeln und Stolitschnaja-Wodka – das war die Hauptsache. Und es gab noch etwas Fleisch, ich glaube, Bouletten; wozu das Geld eben reichte. Raissa hatte ihr Hochzeitskleid aus leichtem Chiffon an. Es stand ihr wunderbar. Als sie es angezogen hatte, drehte sie sich lange vor dem Spiegel. Ich fragte sie:»Gefällt es dir?«

»Ich bin überglücklich!«

Sie liebte schöne Kleider. Es war etwas Wunderbares an dieser Frau. Sie stammte aus einer einfachen Familie, kam aus der tiefsten Provinz an die Universität. Und doch stach sie schon damals von den anderen Mädchen ab und fiel auf. Mir kommt oft ein Vergleich in den Sinn, den ich nicht für übertrieben halte: Sie war eine richtige Prinzessin. Mir gefiel, dass sie schön aussehen wollte. Es kam uns schwer an, als unsere Einkünfte uns kaum erlaubten durchzukommen. Trotzdem, wenn es irgend möglich war, gingen wir los und kauften Raissa etwas Neues: einen Rock, eine Jacke oder Stoff für einen Mantel. Ich erinnere mich an einen auf Taille geschnittenen Mantel aus grellgrünem Stoff mit einem kleinen hochgeschlagenen Pelzkragen. Acht Jahre später wurde er gewendet.

Ihr stand eigentlich alles. Sie gab immer auf sich acht. Sobald sie ein bisschen zu viel wog, unternahm sie etwas dagegen. Sobald sie irgendetwas unter ihren Augen störte, handelte sie sofort. Ich kann nicht behaupten, dass sie besonderen Wert auf Kosmetik legte. Ich werde jetzt wohl auf Verwunderung stoßen: Bevor sie dreißig war, benutzte Raissa keinen Lippenstift. Aber ihre Wangen brannten immer. Offenbar wegen der dicht beieinanderliegenden Gefäße. Ein Professor, der unter dem berühmten Torbogen in der Mochowaja in der Mensaschlange hinter Raissa stand und sah, wie sie ein Glas Tomatensaft nahm, sagte einmal: »Jetzt ist klar, warum sie solche Wangen hat.«

In allen Lebenslagen gut auszusehen war Raissa ein Bedürfnis. In all den Jahren, die wir zusammenleben sollten, sah ich sie morgens nie ungepflegt. Das vererbte sich auch an Irina und die Enkelinnen. Die Großmutter blieb ihnen als ein Vorbild an Eleganz im Gedächtnis.

Aber zurück zu unserem Hochzeitsabend. Die Brautschuhe »pachteten« wir bei Raissas Freundin Nina. Und natürlich tranken, sangen, aßen und tanzten wir. Es gab unendlich viele Glückwünsche, dann kam der Ruf »Küsst euch!« Das war ein Problem, denn Raissa empfand einen Kuss leider als etwas sehr Intimes und nur für uns beide Bestimmtes. Wir tranken ordentlich und übernachteten dann in der Stromynka-Straße alle zusammen in einem Zimmer. Etwa dreißig Personen, Jungen und Mädchen.

Für Raissa und mich brach eine glückliche Zeit an: Wir lernten uns kennen. Wir vergaßen alles – und waren überrascht, als Raissa schwanger wurde. Wir wünschten uns beide sehr ein Kind, aber die Ärzte hatten Raissa strikt verboten, ein Kind zu gebären. Sie hatte ein Jahr zuvor einen schweren Rheumaschub gehabt. Es kam vor, dass alle ihre Gelenke anschwollen, kleine wie große. Dann lag sie da wie eine Wachspuppe und konnte sich nicht rühren. Das war auch in der Stromynka-Straße vorgekommen, ich hatte sie da mit meinen Freunden aus dem Studentenheim auf einer Bahre ins Krankenhaus bringen müssen. All das, die Krankheit und die Behandlung, hatten ernste Auswirkungen auf das Herz. Die Ärzte sagten: Wir haben keine Garantie, dass sie gebären kann und wir nicht wählen müssen, ob wir die Mutter oder das Kind retten.

Wir wussten nicht, was wir tun sollten. Raissa weinte die ganze Zeit. Ich sagte:»Kinder können wir noch später haben, jetzt müssen wir uns nach den Ärzten richten.« Im Entbindungsheim in der Schabolowka-Straße wurde eine Abtreibung vorgenommen.

Wir waren sehr unerfahren. Niemand hatte sich damals ernsthaft mit diesen Dingen beschäftigt: weder die Schule noch die Universität noch medizinische Institutionen. Literatur zu diesen Problemen gab es nicht. Später sprach ich mit den Ärzten und fragte:»Was würden Sie empfehlen?«

Die Antwort war einfach:»Sie müssen sich in Acht nehmen.«

»Und was ist das Beste?«

»Das Effektivste ist Enthaltung.«

Das war alles, was wir an Empfehlungen bekamen.

So begann unser Leben als Paar: einerseits strahlend, elegant, lustig; andererseits steckten wir in der Klemme. Von den Ärzten wurde uns ein Klimawechsel empfohlen. Der Umzug in den Süden, in meine Heimat wirkte sich wohltuend auf Raissas Gesundheit aus, und am 6. Januar 1957 (Heiligabend) brachte die fünfundzwanzigjährige Raissa eine Tochter zur Welt: Irina.

1954 machte Raissa Examen. Ich hatte noch ein Jahr vor mir. Das Wichtigste für uns war, zusammenzubleiben, entweder in Moskau oder an der Stelle, die man mir in einem Jahr nach dem Examen zuteilen würde. Raissa bekam die Empfehlung, zu promovieren. Leider war das an der Philosophischen Fakultät der MGU nicht möglich, sodass sie an den Lehrstuhl für Philosophie am pädagogischen Institut wechselte. Wir hatten also noch ein Jahr, und wie sich unser Schicksal weiter entwickeln würde, daran dachten wir erst mal nicht.

Zu unseren Plänen für jenes Jahr gehörte eine Reise zu meinen Eltern nach Priwolnoje. Es wurde Zeit, die »diplomatische« Arbeit zur Wiederherstellung unseres Rufes aufzunehmen. Während ich meine Eltern immerhin in recht vager Form über meine Heirat aufgeklärt hatte, hatte Raissa ihren Eltern gar nichts gesagt.

Im Sommer 1954 machten wir uns nach Priwolnoje auf. Ich kann mich nicht mehr genau erinnern, welchen Weg wir nahmen. Jedenfalls fuhren wir erst mit dem Zug und schlugen uns dann irgendwie per Anhalter durch.

In Priwolnoje angekommen, gingen wir, ohne zu Hause vorzufahren, gleich zu meiner Großmutter Wasilisa. Ich fuhr nie an ihrem Haus vorbei, ohne sie zu besuchen. Im letzten Herbstmonat des Jahres 1953 war mein Großvater Pantelej gestorben, der Vater meiner Mutter. Ich erinnere mich, wie sie mich zum Studium nach Moskau verabschiedeten. Ich sprang auf die Ladefläche des Lasters, schaute mich um und sah Großvater Pantelej: Er stand da und weinte. Das war sonst nicht seine Art, er war ein verhaltener Mensch. Alle meine Landsleute und Bewohner von Priwolnoje schätzten ihn, und obwohl am Tag des Begräbnisses ein kalter Regen niederging, gaben ihm die meisten Dörfler das letzte Geleit.

Großmutter Wasilisa freute sich über das Treffen mit uns. Sie schaute auf Raissa, die ihr entgegenging, umarmte sie und sagte: »Wie dünn du bist! Wie schön du bist!« Sie mochte Raissa sofort. Wir besuchten sie später immer, wenn wir in Priwolnoje waren. Raissa gab ihr immer ein wenig Geld, damit Großmutter in die Kirche fahren, beten und eine Kerze aufstellen konnte. Und zu großen religiösen Festen kam sie zu uns nach Stawropol. Bis heute erinnere ich mich daran, wie sie vom Haus die Straße entlang zur Kirche ging und alle, die ihr entgegenkamen, grüßte – so machte man es in Priwolnoje.

Als wir im Haus meiner Eltern waren, lief es etwas anders. Meinem Vater gefiel Raissa auf Anhieb: Er nahm sie sofort als Tochter an. Wahrscheinlich, weil er nur Söhne hatte und ein herzlicher, ruhiger Mensch war. Die Gefühle, die er bei der ersten Begegnung für Raissa empfand, hielten sich bis zum Schluss. Mit Mutter war es anders. Von einem warmen Empfang konnte keine Rede sein. Sie war eifersüchtig auf Raissa: Sie hatte ihren Sohn entführt. Sie sagte zu mir: »Was hast du da für eine Braut gebracht, wobei kann sie mir zur Hand gehen?«

Ich sagte, sie habe die Universität abgeschlossen und werde unterrichten.

»Und wer wird uns helfen? Du hättest doch eine aus dem Dorf nehmen können, dann wäre alles in Ordnung.«

Ich brauste auf: »Weißt du, Mutter, ich sage dir jetzt etwas, das du dir bitte merkst: Ich liebe sie. Sie ist meine Frau. Und ich möchte so etwas von dir nie wieder hören!«

Mutter brach in Tränen aus. Sie tat mir leid. Aber ich musste ihr das sagen, um diese Frage ein für alle Mal zu klären. Natürlich war Raissa aufgeregt, als sie auf die ablehnende Haltung ihrer Schwiegermutter stieß. Einmal schickte Mutter sie Wasser aus dem Brunnen holen, um den Garten zu gießen. Vater verstand die Situation und sagte zu Raissa: »Komm, wir machen das zusammen.« Mutter explodierte und bekam sich erst mal nicht wieder ein. Später, als sie Raissa besser kannte, fand sie sich damit ab. Irina kam auf die Welt. Und auch meine Lage änderte sich. Wir unterstützten meine Eltern finanziell, ließen ein neues Haus für sie bauen.

Damals, als ich sah, wie verstimmt Raissa war, sagte ich zu ihr: »Du hast doch nicht meine Mutter geheiratet. Komm, die Frage ist ein für alle Mal entschieden. Beruhige dich, bitte.«

Einmal kam es wegen irgendeiner Lappalie zu einem Konflikt. Um nicht mit meiner Mutter zu streiten, verließ Raissa das Haus und streifte lange irgendwo herum. Ich ging zum Fluss, wo ich sie fand: »Was ist los?«

»Nichts.«

»Dann ist gut, so muss es auch sein.«

Eines Tages besuchten wir das Grab von Großvater Pantelej. Ich stand lange am Grab dieses mir teuren Menschen und dachte an das schwere Schicksal, das er hatte.

Was wird die Zukunft bringen?

Mein Studium neigte sich seinem Ende entgegen. Zum letzten Studienjahr gehörten Praktika am Bezirksgericht von Moskworezkij und beim Bezirkssowjet Kiewskij, wo ich einen Teil des Materials für meine Diplomarbeit »Die Beteiligung der Massen an der Staatslenkung am Beispiel der örtlichen Sowjets« sammelte. Ich hatte dort auch die Möglichkeit, mein theoretisches Wissen über den sowjetischen Aufbau mit der praktischen Arbeit eines lokalen Moskauer Sowjets zu vergleichen. Hinzu kam, dass ich dort meine Kräfte ausprobieren konnte; am Bezirksgericht waren wir ja nur Beobachter.

Meine Diplomarbeit reichte ich fristgerecht ein, die Verteidigung lief gut. Ich erhielt die Note »Ausgezeichnet«. Ein nicht geringer Teil meiner Arbeit diente dazu, (am Beispiel der Arbeit des Kiewskij-Bezirkssowjets) die Vorzüge der sozialistischen Demokratie gegenüber der bürgerlichen aufzuzeigen. Vom Verständnis der Bedeutung grundlegender demokratischer Prinzipien war ich noch meilenweit entfernt.

In der Zeitung *Sowjetskaja Rossija* erschien einmal ein Artikel, in dem behauptet wurde, ich hätte in einer meiner Reden im Ausland gesagt, Raissa und ich hätten uns schon in unserer Jugend vorgenommen, die Kommunistische Partei von innen zu sprengen. Weit gefehlt! Das ist falsch, eine der vielen Falsifikationen, die meine »Jünger« in all diesen Jahren in Umlauf brachten.

Schon damals hatte das von der Propaganda verbreitete Schwarz-Weiß-Bild der Welt aus der Sicht der Studenten allerdings ein paar Risse. Einen überraschenden Impuls in dieser Richtung erhielt ich, als Jawaharlal Nehru in den Junitagen des Jahres 1955 Moskau besuchte. Ich nahm an dem Treffen Nehrus mit Lehrern und Studenten im Auditorium maximum der Universität auf den Leninbergen teil. Dieser wunderbare Mann mit seiner edlen Haltung, den klugen, durchdringenden Augen und seinem gutmütigen, entwaffnenden Lächeln machte auf mich einen starken Eindruck. Ich habe seine warmherzigen Worte über unsere Alma Mater in Erinnerung und seine Hoffnung, die Universität werde Jungen und Mädchen heranbilden, die »einen großen Verstand und ein großes Herz« haben und »Träger des guten Willens und des Friedens« sein werden.

Der indische Gast versprach sich von der Perspektive des Friedens den Erhalt und Fortschritt der Zivilisation, den Gebrauch des neuesten wissenschaftlichen und technischen Knowhow zum Wohle der ganzen Menschheit und die Beseitigung aller dem Wachstum unseres Bewusstseins und Geistes entgegenstehenden Hindernisse und Barrieren.

Für Menschen, die darauf getrimmt sind, die Ereignisse der Gegenwart, Vergangenheit und Zukunft vom »Klassenstandpunkt« aus zu betrachten, klangen diese Worte ungewöhnlich und aufregend. Viel später, im Dezember 1986, als ich meine Unterschrift unter die Deklaration von Delhi über die Prinzipien einer atomwaffenfreien und gewaltlosen Welt neben die von Nehrus Enkel, dem Premierminister Indiens Rajiv Gandhi, setzte, kamen mir diese Wort wieder in den Sinn.

Raissa hatte die Universität ein Jahr früher abgeschlossen. Sie begann ihr Aufbaustudium, legte die entsprechenden Prüfungen ab und arbeitete an ihrer Dissertation. Ihr schwebte eine wissenschaftliche Karriere in der Hauptstadt vor.

Auch mir machte man das Angebot, am Lehrstuhl für Kollektivwirtschaftsrecht zu promovieren, doch dagegen hatte ich prinzipielle Einwände. Meine Einstellung zum sogenannten »Kolchosrecht« war längst klipp und klar. Aber ich machte mir um meine Zukunft keine Sorgen. Als Komsomol-Sekretär war ich Mitglied der Kommission für den Absolventeneinsatz und wusste, dass mein Schicksal schon entschieden war. Ich gehörte zu den zwölf Absolventen (elf von ihnen waren ehemalige Frontsoldaten), die zur Staatsanwaltschaft der UdSSR geschickt wurden.

Die Rehabilitierung der Opfer des Stalinismus hatte begonnen, und man wollte uns in den neu eingerichteten Staatsanwaltsabteilungen einsetzen, die die Rechtmäßigkeit der Verfahren der Staatssicherheitsorgane zu überprüfen hatten. Ich versprach mir von meiner zukünftigen Arbeit, für den Sieg der Gerechtigkeit kämpfen zu können, und das stimmte vollkommen mit meinen politischen und ethischen Vorstellungen überein.

Am 30. Juni legte ich die letzte Prüfung ab. Ins Wohnheim zurückgekehrt, fand ich in meinem Briefkasten das offizielle Schreiben, das mich zu meiner künftigen Arbeitsstelle, der Staatsanwaltschaft der UdSSR, einlud. In Hochstimmung fuhr ich hin. Ich erwartete ein Gespräch über meine neuen Pflichten und überlegte mir Vorschläge dazu. Doch als ich erwartungsvoll und lächelnd die Schwelle des in dem Schreiben angeführten Büros übertrat, bekam ich von dem dort sitzenden Beamten nur trocken und bürokratisch zu hören: »Sie für die Arbeit in der Staatsanwaltschaft der UdSSR einzusetzen, ist ausgeschlossen.«

Es stellte sich heraus, dass die Regierung eine interne Verfügung erlassen hatte, nach der die Hinzuziehung von Absolventen juristischer Hochschulen zur Arbeit der zentralen Rechtsorgane streng verboten war. Begründung: Zu den zahlreichen Faktoren für das Überhandnehmen der massenweisen Repressionen in den dreißiger Jahren gehöre auch die Tatsache, dass zu viele Jugendliche ohne Berufs- und Lebenserfahrung damals über das Schicksal der Menschen entschieden hätten. Ausgerechnet ich, der ich in einer Familie aufgewachsen war, die unter den Repressionen zu leiden hatte, wurde paradoxerweise ein Opfer des »Kampfes für die Wiederherstellung der sozialistischen Rechtmäßigkeit«.

Das war ein Schlag für mich. Alle meine Pläne brachen buchstäblich in einer Minute zusammen. Ich hätte mir natürlich ein sicheres Plätzchen an der Universität suchen und in Moskau bleiben können. Auch meine Freunde spielten verschiedene Möglichkeiten durch. Aber ich hatte keine Lust dazu.

Man bot mir Arbeit bei der Staatsanwaltschaft in Tomsk an, in Blagoweschtschensk, in der Republikstaatsanwaltschaft von Tadschikistan und schließlich eine Assistentenstelle beim Staatsanwalt der ganz in der Nähe von Moskau gelegenen Stadt Stupino, wo mir auch Wohnraum in Aussicht gestellt wurde. Raissa und ich zerbrachen uns über diese Vorschläge nicht lange den Kopf. Warum sollten wir an unbekannte Orte fahren, unser Glück in fremden Gegenden suchen? Sibirischen Frost und die Gluthitze Asiens, das gibt es alles auch im Stawropoler Land.

Diese Lösung drängte sich auf. Und so wurde in dem offiziellen Schreiben, in dem es hieß, »zur Staatsanwaltschaft der UdSSR schicken«, »UdSSR« durchgestrichen und durch »Region Stawropol« ersetzt.

Nach Hause also, nach Stawropol. Doch vorher wollten wir Raissas Eltern besuchen. Wir mussten endlich »beichten«.

Ein paar Worte zu Raissas Familie. Raissas Vater war Ende der zwanziger Jahre aus der Ukraine in das Altai-Gebiet gezogen, um den berühmten Tschuisker Trakt, die Verbindungsstraße zwischen dem Altai und der Mongolei, zu bauen. Dort begegnete er Raissas Mutter. Sie heirateten. Als Alexandra Petrowna 19 Jahre alt war, kam Raissa auf die Welt. Ihr Vater legte das Neugeborene auf seine ausgestreckte Hand. Die Kleine erschien ihm zart und rosig wie ein Paradiesapfel. Deshalb nannte er sie Raja, was von dem russischen Wort *raj* für »Paradies« abgeleitet ist. Ihr Vater liebte Raissa bis an sein Lebensende sehr.

Raissas Vater und Mutter stammten aus der Ukraine; ihr Vater aus der Gegend um Tschernigow, ihre Mutter aus der Gegend um Poltawa. Sie kam aus einer wohlhabenden Bauernfamilie. Während der Kollektivierung war Raissas Großvater enteignet worden, und die Familie zerstreute sich in alle Winde: die einen nach Kasachstan, die anderen in den Fernen Osten, die dritten ins Altai-Gebiet. Die Familie zerfiel also. Der Großvater »trieb Kleinhandel«, das heißt, er zog durch die Dörfer und nahm jede Arbeit an, die sich ihm bot. Doch dann kamen die dreißiger Jahre, er wurde verhaftet und des »Trotzkismus« angeklagt. Eine »Trojka« verurteilte ihn zur Erschießung. Die Kinder kamen alle durch. Der Sohn war Leiter eines Binnenhafens in Kasachstan; Maria Petrowna, die Schwester von Raissas Mutter, absolvierte eine medizinische Ausbildung und arbeitete in ihrem Beruf.

Raissas Vater, Maxim Andrejewitsch, arbeitete vierzig Jahre als Ingenieur beim Eisenbahnbau: in Sibirien, im Ural, in Baschkirien und dann in der Ukraine, in der Gegend von Neschinsk und im Dongebiet. Er war bei der Elektrifizierung der Eisenbahn im Kubangebiet dabei, der letzten Station seines Arbeitslebens. In Krasnodar ist er auch beerdigt. Alexandra Petrowna starb in Ufa und ist dort begraben. Sie hat meine Mutter nur um drei, vier Monate überlebt.

Wunderbar, wie die Menschen sich finden. Raissas Eltern kamen nach Priwolnoje, um meine Eltern kennenzulernen. Die Väter waren sich auf Anhieb sympathisch. Sie hatten den gleichen Charakter und wurden sofort Freunde. Auch die Frauen kamen miteinander zurecht; sie hatten sich viel zu sagen, denn sie gehörten ja zu derselben Generation und hatten Erinnerungen, die sie verbanden. Raissas und mein »Vergehen« geriet in Vergessenheit. Wir waren nun eine große Familie. Und jetzt sind weder meine Eltern noch Raissas Eltern am Leben. Und auch Raissa selbst nicht mehr.

Damals, 1955, fuhren Raissa und ich nach Baschkirien. Raissas Bruder Jewgenij und ihre Schwester Ljudmila, die gerade die zehnte Klasse abgeschlossen hatte, holten uns ab. Als ich mich auf den Rückweg nach Stawropol machte, begleitete ich Ljudmila nach Ufa, wo sie ihr Medizinstudium aufnahm. Sie schloss das Institut erfolgreich ab und arbeitete ihr ganzes Leben als Ärztin.

Maxim Andrejewitsch war ein herzensguter Mann, doch mein Verhältnis zu Raissas Mutter war anfangs schwierig. Einmal wachte ich auf und ging in die Küche, wo sie Essen zubereitete und irgendetwas abklopfte. Ich sagte zu ihr: »Raissa schläft.« Als der Tag begonnen hatte, gingen Raissa und ich spazieren, und sie sagte: »Man hat sich über dich beklagt.«

»Worüber denn?«

»Mutter sagt, du hättest sie gerügt, sie solle in der Küche keinen Krach machen, um mich nicht zu wecken.«

Raissa schlief schlecht. Sie litt an Schlaflosigkeit. Sie sagte zu mir: »Weißt du, was Mutter gesagt hat? ›Was hast du denn da für einen Juden angeschleppt!‹«

Mit Raissa, ihrer Mutter Alexandra und Schwester Ljudmila, 1955

Raissa und ich sahen diese Worte nicht als Kritik an, sondern verstanden sie als höchstes Lob. Bekanntlich begegnen die jüdischen Männer ihren Frauen in der Regel sehr aufmerksam.

Schon bald avancierte ich aber zum geliebten Schwiegersohn. Um meine Schwiegermutter ein bisschen auf den Arm zu nehmen, erinnerte ich sie allerdings hin und wieder daran, wie sie mich beim ersten Mal aufgenommen hatte. Beide Mütter waren korpulente, schöne und tüchtige Frauen und wussten, was sie wollten.

Raissas Bruder Jewgenij hatte die Nachimow-Schule mit Auszeichnung abgeschlossen und wurde an die Marineakademie in Leningrad geschickt. Er war begabt, von Natur aus gewissenhaft, ehrlich und sehr empfindlich gegen jede Ungerechtigkeit. Dieser Charakter brachte ihm den Ausschluss aus der Marineakademie ein. Er wurde zur Nordflotte geschickt. Dort fing er an zu schreiben und veröffentlichte auch. Nach seiner Demobilisierung nahm er ein Studium am Literaturinstitut in Moskau auf. Er schrieb ein paar Novellen und zwei, drei Kinderbücher. Außerdem verfasste er zwei Romane: einen, *Der Erdrutsch*, über eine Bergwerkskatastrophe, den Tod der Menschen und die Erschießung von demonstrierenden Arbeitern; ich habe ihn im Manuskript gelesen. Dann arbeitete er lange an dem Roman *Feueranbeter*. Weder der erste noch der zweite Roman erschien, die Manuskripte sind verloren gegangen. Sein unbehütetes Leben, die Absonderung von der Familie und der frühe Konsum von Alkohol entwickelten sich zu einer großen Tragödie. Raissa liebte ihren Bruder und unternahm viele Versuche, auf ihn einzuwirken und ihm eine Behandlung zukommen zu lassen. Vergebens.

Wir hatten kein Glück mit unseren Brüdern. Ich habe schon von meinem Bruder Alexander erzählt, einem Oberst. Er erkrankte an Krebs. Die Schicksalsschläge in Bezug auf unsere Brüder hinterließen in unseren Familien große Wunden.

Raissa blieb einen Monat bei ihren Eltern, während ich nach Moskau fuhr. Die letzten Julitage verbrachte ich mit Reisevorbereitungen. Unsere Habseligkeiten passten in zwei Koffer. Für die Bücher, das Schwerste, hatte ich eine Riesenkiste besorgt, packte sie bis oben voll, brachte sie mit dem Lastentaxi zum Bahnhof und gab sie als »langsame Fracht« nach Stawropol auf, weil das billiger war. In der folgenden Nacht sollte ich selber losfahren.

Ich kehrte in das Studentenheim in den Leninbergen zurück, duschte, legte mich aufs Bett, schloss die Augen und dachte zum ersten Mal über die Frage nach, zu der ich später mehr als einmal zurückkehrte: Welche Bedeutung hatte die Universität Moskau für mein Leben?

Natürlich war meine Familie der wichtigste Anstoß für die Entwicklung meiner Persönlichkeit. Natürlich haben die Lehrer und die Schule mich gefördert. Ich bin den älteren Mechanikern, die mir das Verständnis für das Wertesystem eines arbeitenden Menschen nahegebracht haben, dankbar. Und doch war es die Moskauer Universität, die mir die Grundkenntnisse und die geistige Neugier vermittelte, die für meinen Lebensweg eine entscheidende Rolle spielten. Ich kann mit Sicherheit sagen: Ohne diese fünf Jahre ist der Politiker Gorbatschow nicht denkbar. Das an der Universität verlangte hohe intellektuelle Niveau bewahrte mich vor Überschätzung und Selbstsicherheit. Das half mir in den schwierigsten Tagen.

In Moskau an der Universität begegnete ich Raissa. Zu ihren Lebzeiten sagte ich oft im Scherz und im Ernst, sie habe Glück mit ihrem Mann. Sie war gegenteiliger Ansicht: Nein, ich sei es, der Glück mit seiner Frau habe. Der Streit ist nicht beendet. Ich hoffe auf ein Treffen, darauf, dass wir weiter streiten können. Wir waren glücklich miteinander.

Vor kurzem wurde mir in einer Fernsehsendung von Wladimir Posner die Frage gestellt: »Angenommen, es würde sich Ihnen auf einmal die Möglichkeit bieten, mit jemand zu sprechen, der schon tot ist, mit wem würden Sie sprechen wollen?«

»Natürlich mit Raissa! Wir haben über vieles noch nicht gesprochen.«

3. Kapitel

Rückkehr ins Stawropoler Land

In die Stadt Stawropol, die Hauptstadt der Region, kam ich Ende Juli 1955. Ich war der Regionsstaatsanwaltschaft zugeteilt worden. Am 5. August trat ich die Stelle an. Wir waren eine ganze Gruppe von Absolventen der Juristischen Fakultät. Abends spazierte ich durch die Stadt – lernte sie kennen und suchte nebenbei eine Wohnung. Mich begeisterten das üppige Grün und das typisch provinzielle Aussehen der Stadt. Vereinzelte drei- oder viergeschossige, meist ein- und zweistöckige Häuser mit Anbauten und Aufstockungen einer bizarren Architektur, die für viele Städte der russischen Peripherie jener Zeit charakteristisch ist.

Vom Zentrum zog sich eine breite grüne Allee nach Osten, abwärts zu den Festungstoren, an denen sie einst geendet hatte – Stawropol war ja ursprünglich eine Festung. Sie hieß Tiflisser Straße, Straße nach Tiflis ... Und dann noch eine örtliche »Sehenswürdigkeit«, die sich eingeprägt hat: eine Riesenpfütze am pädagogischen Institut. Das hing damit zusammen, dass die Oberstadt auf einer Steinplatte ruhte. Wenn es regnete, floss das Wasser entweder ab oder sammelte sich in den Mulden der Platte. Diese Pfütze wurden wir erst los, als während meiner Tätigkeit als Parteisekretär des Stawropoler Stadtkomitees endlich ein Abflusssystem für das Regenwasser gebaut wurde. Neben dem Hotel Elbrus, in dem ich wohnte, lag der Untere Markt, eine Attraktion wegen seiner sagenhaft niedrigen

Preise für Obst und Gemüse. Für ein paar Kopeken konnte man einen halben Eimer Tomaten erstehen. Aber ich war sparsam. Bis zu Raissas Ankunft musste ich eine einigermaßen akzeptable Bleibe gefunden haben.

Ich fing sofort mit der Suche an, aber meine Anfragen in verschiedenen Häusern verliefen in den ersten drei, vier Tagen ergebnislos. Die Mitarbeiter der Staatsanwaltschaft rieten mir, mich an Makler zu wenden. Die Staatsanwaltschaft und die Miliz verfügten über eine Liste von ihnen. Sie gaben mir die Adresse einer erfahrenen Maklerin, die in der Ipatowa-Straße 26 wohnte. Als sie mich sah, verstand sie sofort, dass ich nicht kam, um gegen das verbotene Gewerbe zu kämpfen, sondern Hilfe brauchte. Sie nahm 50 Rubel und gab mir die Adresse von drei Häusern. Eins davon war in der Kasanskaja-Straße. Es wurde unsere Bleibe für die nächsten Jahre.

In dem Haus wohnte ein sympathisches, gebildetes Lehrer-Ehepaar, das im Ruhestand war, zusammen mit seiner Tochter Ljuba und dem Schwiegersohn Wolodja. Später kam ein Enkel hinzu. Sie vermieteten mir ein 11 Quadratmeter großes Zimmer – ein Drittel davon wurde von einem Ofen eingenommen. Aus den drei kleinen Fenstern blickte man auf einen alten verwilderten Garten. Allerdings ließen sich die Fenster kaum schließen, da sie stark verzogen waren. Unsere Möbel bestanden aus einem langen, schmalen Eisenbett, dessen Federung fast bis zum Boden durchhing. Das war unsere Einrichtung. Aber etwas Besseres ließ mein Geldbeutel nicht zu. Ich vereinbarte mit den Vermietern einen Preis von 25 Rubeln im Monat. Um Brennholz, Kohle und Petroleum mussten wir Mieter uns selbst kümmern. Als Tisch und Bücherschrank zugleich diente mir die Furnierholzkiste, die nach langer Zeit, aber wohlbehalten aus Moskau eintraf. Ich bastelte einen Kleiderständer. Und kurz vor Raissas Ankunft kaufte ich zwei Stühle. Damit war die Möblierung perfekt.

Unsere Vermieter halfen uns auf alle erdenkliche Weise, damit wir uns in diesem Loch wohlfühlten. Aber sie konnten kaum etwas tun. Und obwohl uns das klar war, wussten wir ihr Entgegenkommen zu schätzen. Am Wochenende setzten wir uns manchmal zu ihnen an den Tisch und führten langwierige Gespräche über Vergangenheit, Gegenwart und Zukunft. Das Familienoberhaupt Grigorij Wasiljewitsch, der alltags in der Regel nicht sonderlich gesprächig war, lebte nach ein paar Wodkagläsern sichtlich auf – und wies dann fast jedes Mal in nicht mehr nüchternem Zustand Raissa an, die Dinge »nüchtern« zu betrachten. Der Schwiegersohn Wolodja, ein Mitarbeiter der Regionalzeitung, und seine Frau Ljuba, eine Chemielehrerin, bekamen Krach. Wolodja war in betrunkenem Zustand einfach unerträglich: Er konnte aus Starrsinn Wände hochgehen. Unsere Vermieter schämten sich für ihren Schwiegersohn, aber wir hatten Verständnis. Im Nachbarhaus wohnte ein Stabskapitän, ein ehemaliger Weißgardist, hoch betagt, militärische Haltung, mit einem grauen gestutzten Schnurrbart und aristokratischen Manieren. Ein Kavalier vom Scheitel bis zur Sohle. Von Raissa war er völlig hingerissen. Sie erinnerte ihn wohl an seine Vergangenheit und frühere Hoffnungen.

Unser erster Winter in Stawropol brach an. Das Zimmer war kalt. Von meinem Gehalt zu leben und den Vermieter zu zahlen, war sehr schwierig. Wir knauserten bis zu jedem nächsten Gehalt, um zumindest die dringendsten Probleme lösen zu können: warme Kleidung, Schuhe, Kohle für unseren gefräßigen Ofen.

Die Unverfrorenheit, mit der die Mitarbeiter der Staatsanwaltschaft der UdSSR mich behandelt hatten, die Gleichgültigkeit gegenüber meiner familiären Situation und die ganze Geschichte mit der Zuteilung meiner ersten Arbeitsstelle ließen mich ernsthaft an einer Tätigkeit in meinem Beruf zweifeln. Auch nach sieben Tagen Praxis in Stawropol hatten sich diese Zweifel nicht gelegt. Ich beschloss, der Staatsanwaltschaft den Rücken zu kehren.

Ich nahm Kontakt mit dem Regionskomitee des Komsomol auf, traf Bekannte, die mich von früher kannten, und teilte ihnen meine Zweifel mit. Das Abzeichen der Moskauer Universität und der Bericht von meiner gesellschaftlichen Tätigkeit an der Juristischen Fakultät verfehlten ihre Wirkung nicht. Ich wurde zu einem Gespräch mit Viktor Mironenko eingeladen, dem Ersten Sekretär des Regions-komitees des Komsomol. Wir lernten uns kennen, unterhielten uns, und ich nahm das Angebot an, zum Komsomol zu wechseln und beim Regionskomitee die Stelle des stellvertretenden Leiters der Abteilung Agitation und Propaganda anzutreten.

Damit schien alles zu meiner Zufriedenheit entschieden zu sein – aber nur auf den ersten Blick. Als frischer Universitätsabsolvent war ich verpflichtet, an den Ort zu gehen, der mir zugeteilt worden war und die Arbeit dort auftragsgemäß auszuführen. Ich musste mich also noch mit der Staatsanwaltschaft der Region auseinandersetzen. Das wurde dadurch erleichtert, dass Mironenko meinen Wechsel zum Komsomol mit dem Regionskomitee der Partei absprach. Aber ich wollte den Staatsanwalt der Region nicht übergehen und bat um einen Termin bei ihm. Wasilij Nikolajewitsch Petuchow hatte große Autorität und galt als äußerst selbständiger und prinzipientreuer Mann.

»Sie haben das Recht, darüber zu entscheiden, ob Sie mich ziehen lassen oder nicht. Aber ich bitte Sie, mir entgegenzukommen.« Mit diesen Worten schloss ich mein Plädoyer beim Regionsstaatsanwalt.

Noch am selben Tag schrieb ich Raissa über dieses unangenehme Gespräch. Und im nächsten Brief am folgenden Tag schrieb ich: »Ich habe noch ein Gespräch über mich ergehen lassen, mir harte Worte gefallen lassen müssen und das Einverständnis erhalten, zum Regionskomitee des Komsomol wechseln zu dürfen!«

Jahrzehnte später, schon in den achtziger Jahren, erhielt ich von Petuchow zwei von ihm verfasste Bücher mit persönlicher Widmung und einen Brief, in dem er schrieb: »Heute denke ich mit größter Zufriedenheit daran, dass ich damals recht daran tat, mich Ihrem Lebensweg nicht entgegenzustellen.«

Was eine Stelle für Raissa betraf, zog sich das hin, obwohl es in der ganzen Region nur zwei Personen gab, die einen Universitätsabschluss in Philosophie hatten. Die Philosophie wurde von Historikern unterrichtet, und in der ersten Zeit musste Raissa in der Abteilung für Ausländische Literatur der Regionsbibliothek arbeiten.

Zu meiner Tätigkeit gehörten regelmäßige Reisen in die Bezirke der Region. Doch es nahm unendlich viel Zeit in Anspruch, in die jeweiligen Dörfer zu kommen, um mich mit den Komsomol-Aktivisten vor Ort zu treffen. Man hatte die Wahl zwischen zwei Fortbewegungsmöglichkeiten: per Anhalter mit einem Lastwagen oder zu Fuß. In den Dörfern gab es nicht einmal Gasthäuser, geschweige denn Hotels. Die Komsomolzen mussten Übernachtungsplätze bei Privatleuten besorgen. Und ganz katastrophal war es mit dem Essen: Selbst wenn man Geld hatte, es gab nirgends etwas zu essen.

Zehn Jahre nach Kriegsende lebten die Menschen in bitterer Armut. Ein Teil der Jugendlichen war nicht dazu bereit, sich damit abzufinden, und machte sich auf den Weg: zum Bau von Elektrokraftwerken, Betrieben, Eisenbahnen, Kanälen. Aber die meisten konnten nicht weg. Sie mussten ausharren, mit den Schwierigkeiten fertigwerden und auf Änderungen hoffen.

Das erste Dorf, zu dem ich im November 1955 reiste, war Gorkaja Balka im Bezirk Woronzowo-Alexandrowskij. Es erstreckte sich über 20 Kilometer durch eine Schlucht am Fluss entlang. Es gab praktisch keine Steinhäuser, keine Dächer aus Ziegeln oder Eisen; nur mit Schilf gedeckte Lehmkaten. Am Morgen des zweiten Tages fuhr ich mit einem einheimischen Komsomol-Mitarbeiter zu einer Viehfarm. Als wir auf den Hügel stiegen, sah ich die chaotisch wie Würfel hingeworfenen Katen, aus denen Rauch aufstieg. Eine erstarrte, kalte Welt. Die Stille wurde nur von Hundegebell durchbrochen. Ich fragte meinen Begleiter: »Und wo treffen sich die Jugendlichen? Gibt es in diesem Dorf so etwas wie einen Dorfclub?«

»Nein. Es gibt eine Kate, die leersteht. Da führen wir unsere Versammlungen durch. Manchmal treffen sich auch die Jugendlichen dort. Aber meistens treffen sich die Jungen und Mädchen bei geselligen Abenden – und warten auf den Frühling und den Sommer, wo alle Feste und dergleichen draußen stattfinden.«

Zu der Viehfarm war es noch ein langer Weg, aber wir kamen genau zum richtigen Zeitpunkt: Nach mehreren Arbeitsstunden seit dem frühen Morgen machten die Mädchen gerade eine Pause. Ich stellte mich vor, sagte, wer ich bin und warum ich gekommen war: »Ich will sehen, wie ihr lebt und arbeitet.« Ich sagte, dies sei meine erste Dienstreise nach meinem Universitätsabschluss in Moskau. Durch meinen vertraulichen Gesprächston tauten sie sofort auf. Eins der Mädchen – offensichtlich die inoffizielle Anführerin – sagte ernst und traurig, ja sogar ein wenig beleidigt: »Was soll es denn bei uns schon zu sehen geben?! Tagaus, tagein, Jahr um Jahr dasselbe.«

»Was ihr tut, ist lebensnotwendig.«

»Das ist uns klar.«

Trotzdem war ihre Stimmung im Großen und Ganzen fröhlich, ja übermütig. Die Jugend kennt nur eine Antwort: Alles ist wunderbar. Es ist eine glückliche Zeit im Leben des Menschen. Nur einen Nachteil hat sie: Sie ist schnell vorbei.

»Erzählen Sie – woher kommen Sie, und wie sind Sie nach Moskau gelangt?«

Ich erzählte, dass ich aus dem Stawropoler Land komme, aus dem Dorf Priwolnoje im Nordwesten der Region, dort zur Schule gegangen sei und dann studiert habe. Und ich erzählte ihnen von meinem Leben und Studium in Moskau. Es stellte sich heraus, dass sie gern noch etwas lernen würden.

»Und warum wollten Sie nicht als Staatsanwalt arbeiten?«

»Ich bin mit meiner juristischen Ausbildung zufrieden, habe mich aber während meines ganzen Studiums mit Komsomol-Angelegenheiten beschäftigt. Ich habe nicht nur ein Diplom mitgebracht, sondern auch meine Frau. Wir haben beschlossen, auf eigenen Beinen zu stehen und uns alles zu zweit zu erarbeiten. Wir hausen in einem engen Zimmerchen, das Geld reicht nicht. Meine Frau hat zurzeit noch keine Arbeit.«

Sie waren sehr erstaunt. Wie konnte es sein, dass sogar ein Mensch mit dem Diplom der Moskauer Universität keine Arbeit hatte?

»Und da sagen Sie, wir sollen lernen. Wofür denn?«

»Alles wird sich ändern, auch das Leben. Wir haben einen schrecklichen Krieg hinter uns. Vieles hat sich schon geändert. Ein paar von euch sind so alt wie ich (ich war damals vierundzwanzig) und erinnern sich noch daran, wie schwer es war. Aber jetzt wird es leichter – obwohl es bis zu einem guten Leben noch ein langer Weg ist.«

Meine Worte, dass ich mit meiner Frau hergekommen sei, berührten einen wunden Punkt. Meine Gesprächspartnerinnen waren praktisch alle unverheiratet. In ihrem Alter heiratete man damals in der Regel schon und bekam Kinder. Irgendetwas war bei diesen Mädchen nicht in Ordnung. Es fiel mir schwer, aber ich überwand mich und fragte: »Habt ihr denn alle einen Bräutigam?« Als Antwort kam schallendes Gelächter.

»Aber ihr seid doch noch jung. Die Jungen, die so alt sind wie ihr, sind doch wohlauf und gesund.«

»Woher nehmen und nicht stehlen? Sie sind alle weg: die einen sind in die Armee gegangen, die anderen zu den großen Bauprojekten in den Norden und nach Sibirien aufgebrochen.«

Ich wollte das Gespräch nicht auf dieser traurigen Note enden lassen. Zum Abschied sagte ich ihnen, ich würde gerne irgendwie helfen, wisse aber nicht, was ich für sie tun könne. Ihre Antwort verblüffte mich: »Besuchen Sie uns noch einmal.« Das war alles. Ihnen war genauso klar wie mir: Da ist nichts zu machen, so ist die Zeit nun mal, da kann man nicht einfach ausbrechen, sondern muss aushalten, leben in der Hoffnung, dass es allmählich besser wird.

Anfang 1956 war ich in der berühmten Kolchose »Kommunistischer Leuchtturm« im Bezirk Apollonskij, die im Jahr 1921 gegründet worden war. Jahrzehntelang wurde sie von Andrej Wasiljewitsch Tschuchno geleitet. Er wurde von allen angebetet, alles hing von seiner Autorität ab. Viele junge Leute und Spezialisten arbeiteten mit ihm zusammen. Die Siedlungen sahen schon ordentlich aus. Es gab gute Wege, eine Schule, einen Kindergarten, eine Gaststätte für Besucher und ein Gasthaus, wo wir uns einquartierten.

Ich war zusammen mit einem Sekretär des Komsomol-Kreiskomitees gekommen, der den unvergesslichen Namen Nikolaj Solotopup (»Goldnabel«) hatte. Wie wir wussten, war dort eine Komsomol-Sonntagsschicht angesetzt, bei der organischer Dünger auf die Felder gebracht werden sollte.

Also fuhren Nikolaj und ich am Morgen hin und arbeiteten mit. Dabei lernten wir die Leute kennen und mussten natürlich erzählen, wer wir sind.

»Warum sind Sie eigentlich gekommen? Doch nicht, um bei der Sonntagsschicht mitzumachen!«

»Natürlich nicht. Wir sind gekommen, um anderen erzählen zu können, wie eure Komsomol-Organisation funktioniert.«

»Wir unterstützen den Kolchos-Vorsitzenden und beteiligen uns an allem, was anliegt. Er tut nämlich auch einiges für uns. Wir haben viele Jugendliche: Keiner läuft aus der Kolchose weg, sie machen eine Ausbildung, kehren als Fachleute zurück und setzen sich bei uns ein. Häufig besuchen uns Künstler, die Kolchose bezahlt ein Wanderkino, wir können kostenlos Filme sehen, nicht sehr häufig, aber immerhin.«

Als ich fragte, was sie von ihrer Komsomol-Organisation halten, erhob sich ein Sturm. Die Empörung richtete sich gegen Grigorij Dobroskokin, den Komsomol-Sekretär.

»Unser Sekretär hat sich in Affären verstrickt und schämt sich, vor die Jugendlichen zu treten. Das ist alles.«

Am nächsten Tag trafen wir uns mit Dobroskokin. Als ich ihm sagte, wir seien gestern bei der Sonntagsschicht dabei gewesen und die Komsomolzen hätten da vieles erzählt, war er verlegen und konnte nichts entgegnen.

»Du musst gehen. Was bist du denn für ein Komsomol-Leiter? Tritt zurück, oder wir müssen dich absetzen.«

»Ich trete zurück.«

Als ich Tschuchno bei unserem Treffen den Grund meines Kommens nannte und von dem Gespräch mit den Komsomolzen erzählte, bat er: »Helfen Sie uns, einen Komsomol-Sekretär zu finden. Wir haben viele Jugendliche, man muss sich mit ihnen befassen und sie organisieren. Ich bin sehr interessiert an einer guten Komsomol-Arbeit. Er wandte sich an Nikolaj Solotopup: »Komm zu uns, Nikolaj, wir arbeiten zusammen.« So geschah es dann auch ein paar Tage später.

Ich kehrte also nicht mit Material über ein fortschrittliches Experiment nach Stawropol zurück, sondern mit Vorschlägen, wie man der Komsomol-Organisation dieser berühmten Kolchose helfen könne.

Bei meinen ersten Reisen merkte ich, dass meine offenen Urteile über die Probleme der Jugend den örtlichen Parteibonzen nicht in den Kram passten. Einige von ihnen »berichteten« dem Regionskomitee der Partei von meiner Reise. Ich erhielt eine Vorladung zum Kreiskomitee. Als ich meine Eindrücke und Aktivitäten schilderte, hörten die Parteimitglieder zu und unterstützten mich.

Die Menschen wollen es nicht glauben

Anfang 1956 gab es ein Ereignis, das ein Schock für unser ganzes Land war: der 20. Parteitag der KPdSU und Chruschtschows Referat über den Personenkult. In alle Parteifilialen wurden rote Büchlein mit einer ausführlichen Darstellung dieses Referats und weiteres Material geschickt, anhand dessen die Funktionäre Überzeugungsarbeit leisten sollten. Die Reaktion auf das Referat und auf die Beschlüsse des Parteitags war unterschiedlich.

Ich gehörte zu denen, die die Ergebnisse des Parteitags verbreiten sollten. Von Anfang an spürte ich, dass die Leute im Bezirk Nowoalexandrowsk, zu denen ich geschickt worden war und bei denen es sich im Wesentlichen um Kosaken handelte, nicht alles glauben wollten, was ich ihnen erzählte, obwohl ich mich auf die Fakten und das Referat Chruschtschows berief. Ich erzählte Nikolaj Weretennikow, Parteisekretär des Kreiskomitees, von meinem Eindruck. Er antwortete: »Michail, unter uns gesagt: Wir wissen auch nicht, was wir machen sollen – die Leute wollen es nicht glauben.«

Wir verabredeten, in der verbleibenden Woche Treffen mit kleinen Gruppen zu veranstalten: in Reparaturwerkstätten, auf Farmen und in Brigaden. Und so machte ich es auch. Das war ein richtiger Schritt. Die Menschen fingen an, sich zu interessieren, stellten Fragen, waren verwundert: »Wie bitte? Das kann doch wohl nicht wahr sein!«

Bei einem dieser Treffen sagte ich: »Aber ihr wisst doch eigentlich alles. Auch in eurem Bezirk wurden in den dreißiger Jahren viele unschuldige Menschen verfolgt. Die Namen? Ihr kennt sie doch! Ein Teil kam um, andere waren jahrelang im Lager.«

Eine Frau verteidigte Stalin und die Verfolgungen und sagte: »Unsere Tränen sollen alle teuer zu stehen kommen, die uns unter Zwang in die Kolchosen getrieben und Druck auf das Volk ausgeübt haben. Aber was hat das mit Stalin zu tun?«

Die Information, die von der Peripherie ins Zentrum zurückfloss, bewirkte, dass die Einschätzung Stalins geändert wurde. Intuitiv oder mit aller Klarheit begriff die Parteispitze: Die Kritik an Stalin war Systemkritik, also eine Bedrohung für die Existenz des Systems. Die Hauptsache aber war: Die Leute begannen die Machthaber zu fragen: »Und wo wart ihr damals?«

Viele Jahre später, als ich während seines Urlaubs im Kaukasus Andropow begegnete, kamen wir auf Ungarn und die Ereignisse des Jahres 1956 zu sprechen. Er erzählte mir eine Erinnerung von damals. Gleich nach dem 20. Parteitag wurde er als Botschafter der UdSSR vom damaligen ungarischen Generalsekretär Mátyás Rákosi überraschend zur Jagd eingeladen. In einem Vieraugengespräch sagte Rákosi, der Russisch konnte: »Was ihr auf eurem Parteitag angestellt habt, ist ein Unglück. Und wer weiß, was für Folgen das bei euch und bei uns noch haben wird.«

Angesichts des Unverständnisses, das im Land herrschte, machte die Leitung der KPdSU einen Rückzieher: In einem in der *Prawda* wiederabgedruckten Artikel aus einer chinesischen Zeitung hieß es, Stalin habe »den Willen des Volkes zum Ausdruck gebracht« und sei ein »herausragender Streiter für den Marxismus-Leninismus« gewesen.

Ende Juni erschien der ZK-Beschluss »Über die Überwindung des Personenkultes und seiner Folgen«, in dem »Stalins Treue zum Marxismus und Leninismus« hervorgehoben und bekräftigt wurde, auch

der »Kult« habe die »Natur unseres Gesellschaftssystems« nicht gefährdet.

Heute melden sich oft Stimmen, werden Artikel und Bücher verfasst, die von Chruschtschows Fehlern reden. Ja, es hat sie gegeben,
doch seine Verdienste sind größer als seine Fehler. Er schaffte die
Grundlage für den Kampf gegen den Stalinismus, brachte die Politik
der friedlichen Koexistenz hartnäckig voran, setzte die Rehabilitierung von Millionen unschuldig verfolgter Menschen durch und
machte Stalins Entscheidungen über die Deportation ganzer Völker nach Sibirien rückgängig. Das betraf die Karatschaier, Balkarzen,
Inguscheten, Tschetschenen, Kalmücken und Krimtataren.

Ich hatte unmittelbar mit dem Prozess der Wiedereingliederung
in einigen Regionen zu tun, vor allem natürlich in der Region Stawropol. Es ging um die Karatschaier. Sie kehrten in die Gegenden zurück, wo sie früher gewohnt hatten. Das war sehr schwierig, denn es
gab kein freies Land und erst recht keinen freien Wohnraum. Man
musste alles von vorn anfangen und für die Menschen einrichten.
Um dieses Problem lösen zu können, vergrößerte man das Gebiet
von Karatschai-Tscherkessien. Der Staat teilte jeder Familie Geld zu,
damit sie sich ein Haus bauen und andere benötigte Dinge kaufen
konnte.

Besonders lange beschäftigte mich der Auftrag, in Kalmückien –
anfangs zum Stawropoler Land gehörig – wieder eine Komsomol-
Organisation aufzubauen. Die Stawropoler waren durch ein jahr-
zehntelanges Zusammenleben mit den Kalmücken verbunden. Die
Kalmücken sind ein ruhiges, arbeitsames Volk, richtige Steppenbe-
wohner. Man siedelte sie meist in Dörfern an, denn sie hatten sich die
Liebe zur Pferde-, Schaf- und Viehzucht, besonders zur Aufzucht
kalmückischen Viehs, erhalten. Ich machte damals die Bekanntschaft
vieler junger Leute. Diese Freundschaft überdauerte auch, als Kalmückien später eine autonome Republik wurde.

Inzwischen habe ich den früheren Präsidenten von Kalmückien,
Iljumschinow, näher kennengelernt, einen sehr aktiven und interessanten Mann. Bei unseren Begegnungen mussten wir immer an

den Manytschsee denken, der jetzt Naturschutzgebiet ist. Ich wollte immer mal Ende April, Anfang Mai zu Iljumschinow nach Kalmückien fahren. Das ist die Zeit, in der sich die kalmückische und die benachbarte Stawropoler Steppe mit einem Tulpenteppich bedecken. Über zehn bis dreißig Kilometer öffnet sich nach allen Seiten ein Blumenmeer. Leider ist es bisher noch nicht zu dieser Reise gekommen.

Jetzt investiert Iljumschinow viel Kraft und Zeit in die weltweite Entwicklung des Schachspiels. Da hat er große Verdienste. Er wird geschätzt für das, was er für die Menschen tut. Schade, dass ich kein guter Schachspieler bin.

Von Schach, diesem wunderbaren Spiel, hörte ich übrigens zum ersten Mal in der Kriegszeit, als die Gorbatschows, eine mit uns verwandte Familie, aus Salsk zurückkehrten. Mit ihnen kam Viktor Mjagkich, der neben anderen Kindern auch mich mit diesem komplizierten Spiel bekannt machte. Bevor wir uns die Bedeutungen und Möglichkeiten einer jeden Figur einprägen konnten, mussten wir erst mehrere Sets Schachfiguren schnitzen und »Schachbretter« zeichnen. Als wir aber erst einmal auf den Geschmack gekommen waren, konnte man uns nicht mehr von dem Spiel losreißen. Wir spielten stunden- und tagelang. Ich war sehr begeistert davon.

Als ich dann an der Universität war und eine Menge Probleme auf mich einstürmten, gab ich das Schachspiel auf. Das Leben danach war noch anstrengender. Und so habe ich meine Fähigkeiten diesbezüglich nicht ausbauen können. Als ich mich kürzlich mit Iljumschinow traf, haben wir eine Partie Schach gespielt – und natürlich habe ich verloren, obwohl er mir bewusst den Vortritt ließ.

Nach endlosen Reisen durch die Welt in seiner Funktion als Präsident der Internationalen Schachföderation haben wir uns vor kurzem wieder getroffen und über die Vergangenheit gesprochen. Die Gegend, aus der du kommst, vergisst du nie. Und wir haben abgemacht, im nächsten Frühjahr in die Stawropoler und die kalmückische Steppe zu fahren.

Der 20. Parteitag war die Grundlage für einen Richtungswechsel in der Innen- und Außenpolitik und für eine Aufarbeitung der historischen Fakten, aber dieser Prozess verlief widersprüchlich und war sehr schmerzhaft. Während unter Chruschtschow der Kampf gegen die Folgen des Personenkults in dieser oder jener Form fortgesetzt wurde, setzte mit Breschnew eine Wiederbelebung dieses Kultes ein, und es begann die Ideologie des Poststalinismus. Stalin wurde wieder gepriesen. Und obwohl sich unter dem Einfluss des 20. Parteitags die »Generation der Sechziger« bildete, die besondere Verdienste für die Entwicklung unserer Gesellschaft hat, verlangsamte sich der Prozess der Erneuerung, Demokratisierung und neuen Politik und kam Anfang der siebziger Jahre ganz zum Stillstand. In dieser Atmosphäre, die auch im Stawropoler Land herrschte, nahm ich meine politische Tätigkeit auf.

In den letzten Jahren habe ich wiederholt betont, dass meine politische Karriere eigentlich schon im Jahr 1948 begann, als ich zusammen mit anderen, die in verschiedenen Dörfern des Bezirks Krasnogwardejskij die achte Klasse abgeschlossen hatten, auf die Mittelschule ins Bezirkszentrum wechselte. Diese Schule befand sich im Gebäude eines früheren Gymnasiums, war groß, wurde von mehr als tausend Schülern besucht und hatte einen guten Ruf. Bei der Komsomol-Versammlung mussten wir einen Sekretär wählen. Jede der sieben Gruppen, die in die Bezirksschule gewechselt hatten, schlug einen Kandidaten vor. Die Gruppe aus Priwolnoje schlug mich vor.

Die Versammlung beschloss, alle sieben sollten sich vorstellen. Jeder erzählte etwas, die einen lachend, die anderen ernst. Dann kam ich an die Reihe. Ich sagte auch etwas, keine Ahnung, was. Ich wollte mich setzen, aber mir hatte jemand den Stuhl weggezogen – ich knallte mit voller Wucht auf den Boden. Der Saal platzte vor Lachen. Bei der geheimen Abstimmung wurde ich als Sekretär gewählt. So begann meine gesellschaftliche Tätigkeit. Seitdem rate ich jedem: Keine Panik, wenn du stolperst oder fällst. Steh auf, zieh die richtigen Schlüsse und geh weiter. Das Leben hat die Richtigkeit dieses Herangehens bestätigt. Aber das sollte alles erst noch kommen.

Mit Schulfreunden, um 1949

Nach dem 20. Parteitag änderte sich mein Leben im Stawropoler Land schnell. Im August 1956 wurde ich zum Ersten Sekretär des Stawropoler Komsomol-Stadtkomitees gewählt. Im Jahr davor hatten Raissa und ich viele gleichaltrige junge Leute kennengelernt. Aber ich war ein neuer Mann im Regionszentrum, meine Wahl war für mich selbst eine Überraschung und erst recht für die anderen.

Die größte Neuigkeit für Raissa und mich war ihre Schwangerschaft. Sie bedeutete eine Mischung aus freudiger Erwartung und großer Angst. Wir mussten sofort entscheiden, was wir machen sollten. Raissa ging es im Stawropoler Land gut, und wir beschlossen: Sie soll das Kind kriegen. Nun hatte ich noch mehr zu bedenken.

Unsere Wohnverhältnisse waren sehr primitiv: Wir mussten das Wasser aus einem Hydranten auf der Straße holen, Brennholz spalten, die Kohle aus dem Keller holen. Ich verbot Raissa, schwere Arbeit zu verrichten, und machte alles abends alleine. Das Haus, in dem wir wohnten, war nicht weit vom Zentrum entfernt. Trotzdem war es nicht leicht, ins Zentrum zu kommen. Das Haus lag an einem Hang. Wenn Raissa beim Anstieg oder – noch schlimmer – beim Abstieg nur einmal hinfiel, hätte das schlimme Folgen haben können. Ich dachte: Gut, dass ich jetzt in der Stadt arbeite und nicht reisen muss. Natürlich nahm die Arbeit viel Zeit in Anspruch; trotzdem konnte ich mich jetzt sehr viel mehr um Raissa kümmern.

Das brennendste Problem dieser Jahre war die Arbeitslosigkeit. Die jungen Leute, egal ob Komsomolzen oder nicht, kamen mit ihren Problemen zum Stadtkomitee. Und die Komsomol-Komitees verwandelten sich in »Arbeitsämter« für die Jugend. Auf unsere Appelle, Arbeitsplätze zur Verfügung zu stellen, reagierte ehrlich gesagt kaum jemand. Wir bekamen oft zu hören: »Wir würden ja gerne, aber wir können nicht.« Wir begannen Informationen über Arbeitsstellen zu sammeln. Es stellte sich heraus, dass es zwar welche gab, sie aber unter der Hand vergeben wurden, gegen Schmiergeld. Ich musste mir überlegen, wie man die Wirtschafts- und Parteibürokratie dazu bewegen konnte, den Komsomol der Stadt ernst zu nehmen.

Wir schufen eine »Abteilung der leichten Kavallerie« nach dem Vorbild der Komsomolzen der ersten sowjetischen Jahre. Dabei handelte es sich um eine gesellschaftliche Initiative, durch die die Jugendlichen kontrollierten, was in der Stadt passierte. All das natürlich im Rahmen des Gesetzes, ohne Aneignung fremder Funktionen. Als wirksames Mittel erwies sich die Zeitung *Geht nicht an uns vorüber!*. Die Einsätze der »Leichten Kavallerie« wurden in Fotos und Zeitungsnotizen über die Missstände in den verschiedensten Lebensbereichen festgehalten. Die Zeitung wurde an einer Kreuzung im Zentrum der Stadt ausgehängt. Keiner wollte in unsere Zeitung kommen. Die Leitung bemühte sich nun um »Freundschaft« mit dem Komsomol-Stadtkomitee.

Aber es gab auch Drohungen vonseiten der Bürokratie. Bei verschiedenen Gelegenheiten wurde uns vorgeworfen, wir beschäftigten uns nicht mit Dingen, die den Komsomol angehen: Erziehung, Organisation der Freizeitgestaltung für Jugendliche (die gerade aus

Langeweile die öffentliche Ordnung störten). Es wurde behauptet, auf den Straßen der Stadt, im Park, an öffentlichen Plätzen herrschten die Rowdys, und der Komsomol sehe zu. Wir mussten auch hier etwas unternehmen. Wir schufen eine Operative Komsomolzen-Abteilung (abgekürzt: OKA), die den Kampf mit dem Rowdytum aufnehmen sollte. Auf unser Drängen statteten sie die städtischen Behörden mit Fahrzeugen aus. In einem bestimmten Turnus wurden der OKA auf Beschluss der Behörden Dienstfahrzeuge zur Verfügung gestellt. Nun konnten die Komsomolzen entschlossen und, was die Hauptsache war, auch rechtzeitig durchgreifen. Bei den Einsätzen zur Beschwichtigung der Rowdys waren immer Mitarbeiter des Komsomol-Stadtkomitees und der Miliz dabei. Mitglied der OKA zu werden, war nicht einfach: Man musste gute Referenzen haben. Doch die Situation besserte sich dadurch.

Die Notwendigkeit, die Arbeit mit Jugendlichen inhaltlich und methodisch zu ändern, lag auf der Hand. Das war auch im Sinne des 20. Parteitags. Wir beschlossen, beim Komsomol-Stadtkomitee einen Diskussionsclub zu schaffen. Später in den sechziger Jahren kamen in vielen Städten derartige Clubs und »mündliche Magazine« auf. Als wir aber zusammen mit Rudenko, dem Leiter des Lehrstuhls für Pädagogik, einen solchen Club bei uns in Stawropol schaffen wollten, war das zumindest für unsere Region eine unerhörte Neuheit. Und nicht nur die Jugend, sondern unsere ganze Stadt reagierte darauf. Wir brauchten nur eine Tafel anzubringen, auf der als Thema des Streitgesprächs stand: »Lass uns über den Geschmack reden«, die Reaktion folgte auf dem Fuß. Wachsame Bürger riefen im Stadtparteikomitee an: »Mitten im Zentrum ist eine Tafel … Das ist bestimmt eine Provokation!«

Die erste Diskussion übertraf alle Erwartungen. Es wurde lebhaft, engagiert und bisweilen ohne Schonung der Stimmbänder gestritten. Die Treffen im Club fanden immer häufiger statt. Das Interesse an unseren Diskussionen wuchs. Die Menschen kamen, drängten sich in den Fluren und saßen auf den Stufen. Wir mussten einen geräumigeren Saal suchen: den Club der Miliz.

Ich führte bei allen Sitzungen des Clubs den Vorsitz. Eine dieser Sitzungen hat sich mir besonders eingeprägt. Es ging dabei um die Kultur. Verschiedene Aspekte wurden angesprochen. Auf einmal begann ein junger Kerl, fürchterlich aufgeregt von der Kunst im Sozialismus zu reden. Davon, dass vor allem der Mensch selbst mit seiner jahrhundertelangen Geschichte die Kultur sei, während wir sie nur auf eins reduzierten: die Ideologie. Und dass man uns eine Ideologie eintrichtern wolle, sei an sich schon eine Verzerrung des Begriffs Kultur.

Das war zu viel des Guten. Rudenko und ich »verteidigten den Sozialismus«, versuchten zu beweisen, dass gerade der Sozialismus den ganzen Reichtum des geistigen Erbes der Menschheit hütet, dass er Millionen Menschen den Weg zur Kultur gewiesen hat. Wir führten eine Menge anderer Argumente an, von deren Wahrheit wir wirklich überzeugt waren. Der Saal lauschte mit großer Spannung. Unser »Gegner« war nicht sehr erfahren in öffentlichen Diskussionen, wusste aufgrund seiner Jugend vieles nicht und konnte es wegen der Abgeschlossenheit des Landes und der totalen Kontrolle durch die Partei auch gar nicht wissen. Also trugen wir den »Sieg« davon.

Am meisten Angst hatte ich damals davor, man würde den Diskussionsclub, an dem uns so viel lag, schließen. Für die kritische Stadtjugend war unser Club ein Lieblingstreffpunkt. Ähnliche Diskussionen wurden in Studenten- und Betriebsgruppen veranstaltet. Wir erweiterten den Kreis der Diskussionspunkte. Formal hatte der Komsomol nicht die Befugnisse dazu, aber wir folgten damit unserem Verständnis von gesellschaftlicher Verantwortung. Obwohl das Parteiauge Tag und Nacht beobachtete, was unter der Jugend vor sich ging und was die Komsomol-Komitees taten, suchten und fanden wir Wege, uns durchzusetzen.

Das Neujahrsfest des Jahres 1957 feierten Raissa und ich zu Hause. Das Komsomol-Stadtkomitee hatte zusammen mit der Abteilung für Volksbildung etliche Festabende, Konzerte und Feiern veranstaltet. Wir warteten mit Ungeduld und Angst auf die Geburt des Kindes, sie stand unmittelbar bevor. Am 5. Januar besuchten wir unsere Bekannten, und die Wehen setzten ein … Nach einem mehrtägigen Aufenthalt Raissas in der Entbindungsklinik brachte ich ihr Blumen und wollte sie mit unserer Tochter nach Hause holen. Ich war glücklich: Jetzt waren wir eine Familie. Aber wie glücklich Raissa erst war! Unsere Ängste, ob alles gutgehen würde, waren vergessen. Ein neues Leben begann, neue Sorgen kamen, wobei etliche damit zusammenhingen, dass wir nicht auf dieses neue Leben vorbereitet waren.

Ich bat meine Mutter, für ein paar Tage zu uns zu kommen. Ich weiß noch, wie sie unsere Tochter zum ersten Mal badete. Wir fanden, Großmutter war zu ruppig, und beide, besonders Raissa, liefen wir aufgeregt um die Wanne herum. Obwohl doch klar war, dass wir die Frau, die wusste, wie man es macht, nicht hätten stören sollen. Nach einer Woche fuhr Mutter wieder nach Priwolnoje.

Raissa musste bald wieder arbeiten. Allein von meinem Gehalt konnten wir nicht leben. Wir mussten dringend eine Kinderfrau finden. Mithilfe von Bekannten fanden wir auch eine in einem Dorf vor der Stadt. Raissa hatte es entsetzlich schwer! Sie musste mitten am Tag nach Hause rennen, um zu stillen, und Milch für die nächsten Male dalassen. Kindernahrung war nicht aufzutreiben. Alles musste selbst gemacht werden. Es mangelte an allem, wir litten richtig Not.

Meine Komsomol-Kollegen, die unsere Sorgen kannten, setzten sich bei den Behörden vehement dafür ein, dass uns Wohnraum zur Verfügung gestellt wurde. Und so bekamen wir bald zwei kleine Zimmer im sogenannten »Wohn- und Verwaltungshaus«. Es hieß so, weil die beiden oberen Etagen zum Wohnen bestimmt waren und für die damalige Zeit auch wirklich gute Wohnungen mit allem Komfort hatten; im Erdgeschoss sollten verschiedene Büros untergebracht werden. Da die Stadt aber zu wenig Wohnraum hatte, verwandelte man das Erdgeschoss in eine riesige Gemeinschaftswohnung mit neun Zimmern sowie Küche und Toilette, die von allen Bewohnern benutzt wurden.

Moskauer, Einwohner anderer Großstädte und nicht nur diese kennen das Leben in einer Gemeinschaftswohnung nur allzu gut. In unserer Gemeinschaftswohnung wohnten: ein Gasschweißer, ein

Raissa und meine Mutter mit Irina, 1957

Oberst a. D., und der Mechaniker einer Bekleidungsfabrik mit ihren Familien, ferner ein unverheirateter Alkoholiker mit seiner Mutter sowie vier alleinstehende Frauen; jeder hatte ein anderes Leben. So eine Gemeinschaftswohnung ist eine einzigartige Welt, wo alles anzutreffen ist: Nervosität, ja Wut wegen der Enge und Unbehaustheit und dann wieder echte gegenseitige Hilfe. Der sowjetische Kollektivismus in Reinkultur: Man freundet sich an, streitet, verkracht sich und verträgt sich wieder, feiert zusammen Geburtstage und Feste, trifft sich oft abends und spielt Domino.

Drei Jahre wohnten wir da. Dann bekamen wir eine eigene 38 Quadratmeter große Zweizimmerwohnung mit einer Küche von 12 Quadratmetern und mit Bad, Toilette und Flur. Das war ein Riesenereignis! Was brauchten wir mehr? Wir fühlten uns wie im Märchen. Unser Töchterchen wuchs. Und da Kinderfrauen Mangelware

119

waren, mussten wir sie tagsüber erst in der Krippe und später im Kindergarten lassen.

Gleichzeitig gab es auch andere Änderungen: Ich wurde Zweiter Sekretär des Komsomol-Regionskomitees, und Raissa bekam eine Stelle als Dozentin am philosophischen Lehrstuhl des Medizinischen Instituts. Wir waren ständig überlastet, worunter vor allem unser Töchterchen litt. Abends holten wir sie nach Hause. Wenn ich manchmal spät von der Arbeit zurückkehrte, war Raissa in Tränen aufgelöst: Sie musste am nächsten Morgen eine Vorlesung halten, konnte Irina aber nicht beruhigen und schlafen legen. Es kam vor, dass Raissa durch eine Institutsversammlung aufgehalten wurde und Irina im Kindergarten warten musste. Wenn Raissa sich verspätete, weinte Irina und war nicht zu beruhigen. Raissa rannte zum Kindergarten und sah die an der Glastür plattgedrückte Nase und das verweinte Gesicht. Das gab ihr den Rest. Ich versuchte, Raissa so viel wie möglich abzunehmen. Aber das klappte nicht immer, weil ich ständig auf Dienstreisen musste.

Das Jahr 1958 war reich an Ereignissen. Die Stawropoler lieferten dem Staat 102 Milliarden Pud Getreide, größtenteils Weizen. Die Region Stawropol wurde mit dem Leninorden ausgezeichnet. Zur Ordensverleihung im Oktober reiste Nikita Chruschtschow an. Das war das erste Mal, dass ich ihn sah. Er machte einen offenen Eindruck. Ich spürte seine demokratische Haltung, seinen Wunsch, allen entgegenzukommen. Später war ich auf dem Parteitag und hatte die Möglichkeit, ihn näher zu beobachten. Ich hatte immer einen äußerst positiven Eindruck. Später erfuhr ich viel über Chruschtschow, darunter auch Negatives.

»Chruschtschows Stil« setzte Maßstäbe, und viele niedriger gestellte Funktionäre eiferten ihm nach. Die Crux war, dass, wenn dieser Führungsstil von Leuten einer niedrigen Kultur nachgeahmt wurde, er leicht vulgäre Formen annahm. Spontaneität und Volkstümlichkeit schlugen dann leicht in offene Grobheit um, und wenn ein Hang zum Fluchen und Trinken hinzukam, wurde es unerträglich.

Nach der Zerschlagung der »parteifeindlichen Gruppe« 1958 wurde Bulganin seiner Ämter als Vorsitzender des Ministerrats und Mitglied des Präsidiums des ZK der KPdSU enthoben und zu uns als Vorsitzender des Volkswirtschaftsrats der Region ins Stawropoler Land verbannt. Die Stawropoler nahmen ihn gut auf. Morgens, wenn Bulganin zur Arbeit kam, versammelte sich am Gebäude des Volkswirtschaftsrats häufig eine Menge, manchmal mehrere hundert Menschen. Diese Situation brachte Lebedew, den Sekretär des Regionskomitees, der um Chruschtschows Gunst buhlte, zur Weißglut.

»Willst du dich beim Volk anbiedern?«, schrie er Bulganin von der Tribüne der Regionsversammlung des Parteiaktivs zu. »Bist du gekommen, um uns die Demokratie zu bringen?«

Lebedew schikanierte ihn regelrecht, ließ ihm nicht den kleinsten Fehler durchgehen, enthob ihn dann seines Amtes als Vorsitzender des Volkswirtschaftrats und schickte ihn als Direktor in eine kleine Fabrik. Nur Chruschtschows Eingreifen konnte Bulganin vor dieser »Versetzung« bewahren.

Sein unbändiger Eifer brachte Lebedew zu Fall. Ende 1958, als die Euphorie angesichts der ersten Erfolge der Landwirtschaft Chruschtschow endgültig den Verstand raubte, erklärte er öffentlich, man müsse die USA in puncto Prokopfleistung an tierischen Erzeugnissen nicht nur einholen, sondern überholen. Chruschtschow verbarg nicht, dass er von den Parteiführern schnelle und spürbare Ergebnisse erwartete. Aber da diese Aufgabe völlig unrealistisch war, animierte er dadurch unwillentlich die reine Schwindelei.

Diejenigen, die sich verdient machen wollten, legten sich mächtig ins Zeug. Unter diesem Druck kam es zum massenhaften Ankauf von Vieh aus der individuellen Hauswirtschaft der Bauern und einem Verkauf in den Nachbarregionen. Besonders tat sich dabei der Sekretär Larionow von Rjasan hervor. 1959 übererfüllte das Gebiet Rjasan den Jahresplan für die Fleischproduktion um das Dreieinhalbfache, die Stawropoler Region um das Zweieinhalbfache. Aber um welchen Preis! Ganze Schaf- und Pferdeherden und sogar Zugochsen wurden abgeschlachtet. Die individuelle Hauswirtschaft der Bauern wurde völlig vernichtet.

Die Presse machte großen Rummel um die »ersten Schwalben« und rief alle anderen auf, es den Bestarbeitern nachzutun. Larionow wurde der Titel »Held der Sozialistischen Arbeit« verliehen. Der Betrug flog bald auf. Larionow erschoss sich, Lebedew wurde im Januar 1960 seines Amtes als Sekretär des Stawropoler Regionskomitees enthoben und in Pension geschickt, er war 52 Jahre alt. Ein ungeheuerliches Faktum: Lebedew wurde in diesen etwas mehr als drei Jahren mit drei Leninorden ausgezeichnet und wegen gravierender Fehler seines Amtes enthoben. Was die »Fleischkampagne« betrifft, hat sie unserem Land einen solchen Schlag versetzt, dass es sich bis in die jüngste Zeit nicht von den Folgen hat erholen können.

Für Lebedew kam Beljajew, vorher Mitglied des ZK der KPdSU und Erster Sekretär des ZK der Kommunistischen Partei Kasachstans. Er kam nach den dramatischen Ereignissen von Temirtau zu uns, wo gegen die unzufriedenen aufständischen Arbeiter Truppen und Panzer eingesetzt worden waren. Beljajew war gleichsam zu uns »verbannt« worden. Er wirkte völlig verstört und angeschlagen und verließ schon ein halbes Jahr später Stawropol. An die Stelle des Ersten Sekretärs des Regionsparteikomitees trat Fjodor Dawydowitsch Kulakow, vorher Minister für Getreideprodukte der Russischen Föderation.

Wie viele andere so teilte auch ich die Erwartungen, die nach dem 20. Parteitag in unserer Gesellschaft erwacht waren, und sah sie als neue Lebenschance für meine Altersgenossen und mich. Stattdessen musste ich erkennen, dass die Änderungen großen Schwierigkeiten begegneten, inkonsequent und impulsiv waren.

Mit Fjodor Kulakows Ankunft wurde die Situation im Stawropoler Land besser. Die Änderungen wirkten sich auch auf mich aus.

Kiew und Moskau

Im Jahr 1961 mussten wir noch eine schmerzliche Frage in unserer Familie lösen. Raissa wurde zu einer Umschulung für Lehrer der Gesellschaftswissenschaften nach Kiew geschickt. Ihre Situation hatte sich inzwischen stabilisiert. Sie arbeitete am Lehrstuhl für Marxismus-Leninismus des Landwirtschaftsinstituts und hatte einen guten Ruf als Lehrerin. Aber es wurde Zeit, dass sie sich fortbildete. Die anderen Lehrer hatten die Kiewer Kurse schon absolviert. Unsere Tochter war vier Jahre alt. Raissa wollte sie nicht zurücklassen, aber alle Erklärungen und Argumente halfen nicht. Sie musste hinfahren. Unsere Tochter brachten wir für ein paar Monate zu Großmutter Maria nach Priwolnoje.

Aus Kiew bat mich Raissa ständig, unsere Tochter möglichst häufig zu besuchen. Aber das klappte nicht immer. Als ich einmal zu meinen Eltern fuhr, hatte Irina gerade Windpocken. Der Ausschlag bedeckte ihr ganzes Gesicht. Ich war erschüttert. Raissa schrieb ich nichts davon, obwohl ich es hätte tun müssen. Doch ein wenig später fuhr ich wieder nach Priwolnoje und konnte mich davon überzeugen, dass offenbar alles ausgestanden war.

Jahre später erfuhren wir, dass man Irina, als sie längere Zeit bei Großmutter und Großvater in Priwolnoje war, heimlich getauft hatte. Warum heimlich? Weil Kommunisten die Teilnahme an religiösen Ritualen wie Taufe oder Trauung sowie die Teilnahme an der Messe bei Geburt und Beerdigungen untersagt war. Das war ein Grund für den Parteiausschluss. Aber das Volk kümmerte sich nicht darum und pflegte seine Traditionen.

Im selben Jahr fand der 22. Parteitag statt. Zum ersten Mal in meinem Leben war ich zum Delegierten des Parteitags gewählt worden. Ich bat Kulakow, zwei Tage früher zum Parteitag aufbrechen zu dürfen, um mich in Kiew mit meiner Frau treffen zu können, die ich schon mehrere Monate nicht gesehen hatte. Er erlaubte es. Ich fuhr zum ersten Mal nach Kiew. Es war Mitte Oktober, die warmen Tage des »goldenen« Herbstes.

Raissa und Irina, 1961

Nach meiner Ankunft suchte ich erst ein Hotel und dann Raissa. Sie war beim Unterricht, obwohl sie von meiner Ankunft wusste. Wir trafen uns. Ich hatte damit gerechnet, dass wir drei Tage zusammen im Hotel verbringen können. Weit gefehlt! Die Sowjetmacht war stark! Sie kontrollierte alles und jeden, vom Kindergarten und Hotel bis zu den Deputierten und Mitgliedern des ZK. Da Raissa für eine bestimmte Zeit in Kiew angemeldet war, durfte sie nicht mit mir im Hotel wohnen. Ich protestierte, sagte, wer ich sei, dass ich zum Parteitag führe und unterwegs meine Frau besuchen wolle, die hier einen Fortbildungskurs mache. Ich weiß nicht, vielleicht wollten sie ein Bestechungsgeld. Heute bin ich sicher, dass dem so war. Aber damals kam ich gar nicht auf die Idee. Ich löste die Frage, indem ich Jurij Jeltschenko, den Ersten Sekretär des ZK des Komsomol, einschaltete.

Raissa zog in das Zimmer um, in dem ich wohnte, und wir verbrachten drei glückliche Tage. Wir hatten den Eindruck, wir hätten uns ein halbes Leben nicht mehr gesehen. Wir flanierten über den Kreschatik-Boulevard, gingen auf den Wladimir-Hügel, weideten uns am Dnepr und besuchten das Haus, in dem die Universität Raissa einquartiert hatte. Natürlich sprachen wir in diesen Tagen viel über Irina. Ich musste Raissa sagen, dass Irina die Windpocken gehabt hatte und jetzt wieder gesund war. Meine Frau war zuerst beleidigt, aber ich überzeugte sie davon, dass ich recht hatte, indem ich sie fest umarmte. Das war mein Hauptargument, und auf Frauen wirkt das stärker als alle Argumente.

Raissa erzählte mir von ihren Kursen.»Hier ist viel los ... Viele sind nicht zum ersten Mal hier. Sie kennen sich inzwischen untereinander und warten auf ihre nächste Fortbildungsreise. Sechs Monate lang ein ›freies Leben‹ ohne Kinder und Ehepartner.«

Schließlich fuhr ich nach Moskau zum 22. Parteitag der KPdSU. Zentraler Tagesordnungspunkt des Parteitags war die Kritik des Personenkultes. Der Parteitag sollte Chruschtschows auf dem 20. Parteitag unternommenen Schritte billigen und die Linie dieses Parteitags fortsetzen, aber irgendetwas beunruhigte alle. Wieder erklangen Lobeshymnen auf das Oberhaupt, besonders bei der Diskussion des neuen Parteiprogramms.

Etliche im Land und in der Partei bekannte Leute wetteiferten buchstäblich darum, Chruschtschow in den Himmel zu heben. Achundow, der Erste Sekretär des ZK der KPdSU Aserbaidschans, verglich Chruschtschows Referat mit dem Klang einer »machtvollen Sinfonie«. Raschidow, der Erste Sekretär des ZK der KPdSU Usbekistans, nannte Chruschtschow »einen herausragenden Leninisten, einen großartigen Kenner der tieferliegenden Lebensprozesse und leidenschaftlichen Streiter für den Frieden«. Und was taten wir, die Delegierten? – Klatschten Beifall; obwohl sich viele dabei unwohl fühlten.

Das menschliche Gedächtnis ist launisch, besonders wenn die Massenmedien es manipulieren. Alle erinnern sich an die »Mais-Aktion«[11] oder daran, wie Chruschtschow in der UNO-Generalversammlung mit dem Schuh auf den Tisch klopfte.[12] Und besonders oft erinnert man sich an Chruschtschows Konflikt mit den Künstlern in der Manege.[13] Aber die Geschichte wird nie Chruschtschows Entlarvung von »Stalins Personenkult« vergessen. Natürlich kann man das Problem des Totalitarismus nicht allein auf äußere Umstände und den üblen Charakter des Diktators zurückführen, wie Chruschtschow das tat; damit macht man sich die Sache, auch wenn es wirksam ist, zu leicht. Die wahren Wurzeln dieses Phänomens werden dadurch nicht aufgedeckt.

Für die Geschichte und die große Politik aber hatten die Auswirkungen von Chruschtschows politischem Handeln eine enorme Bedeutung. Die Kritik an Stalin, der das Regime verkörperte, zeigte nicht nur den ernsten Zustand unserer Gesellschaft insgesamt, den pervertierten Charakter des politischen Kampfes, der in ihr ausgefochten wurde, sondern auch das völlige Fehlen elementarer Rechts-

---

11 Nach dem Besuch von Farmen im amerikanischen Staat Iowa oktroyierte Chruschtschow den Bauern Ende der fünfziger Jahre eine breit angelegte Kampagne für den Mais-Anbau.

12 Die Episode ereignete sich am 12. Oktober 1960 während der Sitzung der 15. UNO-Versammlung, die den Ungarn-Aufstand zum Thema hatte. Chruschtschow drückte mit dieser Geste sein Missfallen über den Referenten aus.

13 Am 1. Dezember 1962 besuchte Chruschtschow eine Ausstellung abstrakter Kunst in der Manege und fiel wütend über die Teilnehmer dieser Ausstellung her.

staatlichkeit. Diese Kritik offenbarte den totalitären Charakter des Sowjetsystems und brachte dieses als solches in Misskredit, löste Hoffnungen auf Reformen aus, gab Anstoß zu neuen Entwicklungen in Politik und Wirtschaft wie auch im geistigen Leben der Gesellschaft. Das ist das eigentliche Verdienst von Chruschtschow und denen, die ihn unterstützten. Er wollte sich nicht in die Analyse der Ursachen des Totalitarismus vertiefen und hätte das wohl auch nicht gekonnt, da es die Überwindung von Dogmen erfordert hätte, die für ihn Glaubenssache waren.

Und doch hätte Chruschtschow meinen Beobachtungen nach entschieden weiter gehen können, wenn die Umstände, unter denen er handeln musste, anders gewesen wären. Bei aller Widersprüchlichkeit seines Naturells scheint mir Chruschtschow ein Akteur gewesen zu sein, der in der Hauptlinie seiner Handlungen äußerst konsequent war. Natürlich stellte er die führende Rolle der Partei nicht in Frage, er wollte sie einfach modernisieren, ihr Monopol auf alles und jedes schwächen. Aber gerade an diesem Punkt stieß er auf mächtigen Widerstand, der letztlich auch zu seiner Niederlage führte. Ich frage mich, ob wir in den Jahren der Perestrojka wirklich aus allen Erfahrungen Chruschtschows gelernt haben.

Für die »Palastrevolution« des Jahres 1964 lassen sich mehr als genug Argumente finden. Aber hinter den Worten »zum Wohl des Volkes« verbarg sich vor allem der Wunsch der »Generäle« und »Offiziere« der Partei, an der Macht zu bleiben. Das ZK der KPdSU, das Chruschtschow 1957 im Kampf gegen die »parteifeindliche Gruppe« unterstützt hatte, stürzte ihn im Oktober 1964.

Die Besonderheit der Chruschtschow-Ära besteht darin, dass Chruschtschow das System zum Funktionieren bringen wollte, indem er auf dessen Methoden zurückgriff. Doch das System nahm die Neuerungen nicht an, mehr noch: Es leistete Widerstand. Ich werde noch auf diesen Punkt zurückkommen, wenn ich auf meine Zeit als Generalsekretär eingehe. Gleichzeitig war aber mit Chruschtschow der erste Schritt zur Demontage des totalitären Regimes getan. Es war der erste Versuch, unsere Gesellschaft zur Demokratie zu führen.

Auch das neue Parteiprogramm, das Programm zum Aufbau des Kommunismus, hat Chruschtschow nicht retten können. Es stand im Zentrum des 22. Parteitags. Natürlich entsprach dieses Programm den Nöten und Bedürfnissen der Menschen, ihrem Interesse an der Friedenssicherung. Aber schon damals spürten viele, unter ihnen auch ich, in diesem »Projekt« den Zweckoptimismus und ein leichtsinniges Herangehen an die Lösung komplizierter gesellschaftlicher Probleme.

Hier wird der Leser zu Recht fragen: »Aber Sie, Herr Gorbatschow, haben doch sicher auch für das Programm gestimmt?« Ja, das habe ich. Es gibt nur eine Antwort auf diese Frage. Wenn von diesem Programm nur ein Drittel oder gar die Hälfte verwirklicht worden wäre, wäre das ein großer Fortschritt für die Lösung brisanter Probleme gewesen.

Während des Parteitags bekam ich zwei Briefe von Raissa. Sie fragte: »Was habt Ihr da beschlossen? Die Gesellschaft tobt. Es gibt eine Neuigkeit, die Dich interessieren wird. Nach der Entscheidung des Parteitags, den Leichnam Stalins aus dem Mausoleum zu entfernen, wurde seine Büste auf dem Platz der Schewtschenko-Universität entfernt – und auf den Sockel die Büste von Taras Schewtschenko gesetzt. Und zwei Tage später hatte jemand auf den Sockel geschrieben:

Hej, Leute,
was habt ihr bloß getan!
Auf den georgischen Arsch
habt ihr mich gesetzt!«

Nicht nur die Propagandastrukturen der KPdSU funktionierten gut. Sofort nach dem Parteitag kamen Witze zu diesem Programm des Aufbaus des Kommunismus in der UdSSR auf – ich weiß noch zwei von ihnen. Beide hängen mit den Erklärungen der Beschlüsse des Parteitags zusammen, besonders mit dem Inhalt des Parteiprogramms. Es gab viele, die die Vorlesungen dazu hören wollten.

Der erste Witz geht so: Eine Babuschka klatscht nach der Vorlesung zusammen mit allen Beifall. Und fragt dann den Referenten: »Söhnchen, habe ich richtig verstanden: Ich kann also bald aus unserer Stadt umsonst überallhin fahren und fliegen?«

»Ja.«

»O, wie toll!«

»Wieso?«

»Na, ist doch klar: Dann kann ich mich in ein Flugzeug setzen und dahin fliegen, wo ich Butter, Fleisch und andere Lebensmittel kaufen kann.«

Im zweiten Witz ist der Protagonist ein Opa.

»Danke für diese tolle Vorlesung. Vielleicht erleben wir ja wirklich den Kommunismus. Ich habe nur eine Frage: Am Ende Ihrer Vorlesung haben Sie gesagt: Die Morgenröte des Kommunismus strahlt schon am Horizont. Können Sie mir bitte sagen, was ein Horizont ist?«

Der Referent antwortet: »Das ist die Linie, wo Himmel und Erde aufeinandertreffen – wobei man hinzufügen muss, wenn du dich dieser Linie näherst, hat sie die Eigenschaft, sich zu entfernen.«

Der Opa:

»Ach so! Na, dann ist ja alles klar!!!«

Fjodor Kulakow

Kulakow arbeitete nur vier Jahre im Stawropoler Land. Als er zum Ersten Sekretär des Regionsparteikomitees von Stawropol gewählt wurde, war er 42 Jahre alt. Ich habe gute Erinnerungen an ihn. Er stimmte einen ganz anderen Ton in der Arbeit der Partei- und Wirtschaftskader an. Er arbeitete hart und war kompetent. Gegenüber seinen Mitarbeitern trat er fordernd und zugleich wohlwollend auf. Vom Typ her war er ein Mann, der gern Gutes aufgriff und sich in die Probleme anderer einfühlen konnte. Für Versäumnisse in der Arbeit konnte er einen streng zur Verantwortung ziehen.

Ich habe das selbst erfahren müssen, als er einmal auf einer Versammlung des Regionsparteiaktivs vor achthundert Anwesenden mir und meinen Kollegen von der Leitung der territorialen Verwaltung der Kolchosen und Sowchosen, der drei Bezirke um Stawropol unterstanden, die Leviten las. Es handelte sich um ein großes, in Entwicklung begriffenes Gebiet, das nicht einfach war, weil Stawropol in der Nähe lag. Zunehmend siedelte sich Industrie an, und viele gingen dort zur Arbeit, weshalb sich in der Landwirtschaft ein großer Personalmangel, besonders ein Mangel an jungen Leuten, bemerkbar machte.

Die Kritik war ungerecht. Ich konnte mich nicht dazu äußern und war natürlich genervt. Tschatschin, ein älterer Genosse, ein ehemaliges Mitglied der »Blauen Bluse«[14] und verdienstvoller Agronom, mit dem wir nach diesem unglückseligen Parteiaktiv zurückfuhren, sah, dass ich in Gedanken versunken war. Da das für mich nicht typisch war, wandte er sich an mich und sagte: »Ich sehe, du bist verstimmt.«

»Ja. Ich verstehe das Motiv für solche öffentlichen Angriffe nicht.«

Meine Karriere hing in großem Maße von Kulakow ab. Ich denke, der Rüffel gehörte einfach zu seinen Plänen: Mich öffentlich auszupeitschen, war nützlich für mich und sollte den anderen eine Lehre sein. Wenn der Sekretär gegenüber seinen eigenen Kandidaten kein Blatt vor den Mund nahm, dann … Tschatschin, ein erfahrener Mann, der vierundzwanzig Jahre älter war als ich, sagte: »Vergiss es! Wenn man dir die Möglichkeit gegeben hätte, dich zu äußern, hättest du einen Streit mit dem Ersten Sekretär des Regionsparteikomitees angezettelt. Und wie hätte das geendet?! Kulakow kennt deine Impulsivität und hat gut daran getan, dich nicht zu Wort kommen zu lassen. Verstehst du, Michail, es kann in der Partei nicht sein, dass der Erste Sekretär des Regionskomitees nicht recht hat und du, ein junger Mann, auch wenn du Kandidat für das Büro des Regionspartei-

14 Agitproptheatergruppe; in den zwanziger und dreißiger Jahren in der UdSSR verbreitetes Genre von Laientheatervorstellungen Jugendlicher. Das Repertoire der »Blauen Bluse« bestand aus literarischen Montagen, Revuen, Szenen, Chor- und Tanznummern, die das Arbeits- und gesellschaftliche Leben sowie internationale Ereignisse thematisierten.

komitees bist, in allem recht hast. So etwas ist mir im Leben nicht vorgekommen. Das ist alles. Beruhige dich.«

Das hielt ich nicht aus. »Hör mal, du Blaue Bluse. Du hast offenbar deine Jugend vergessen und blähst dich nun auf wie ein zu lange gegangener Teig.«

Und trotzdem war Kulakow geduldig mit seinen Mitarbeitern, unterstützte die aktiven und förderte neue junge Mitarbeiter. Ich sage das, weil ich zwei Jahre mit ihm zusammen im Amt des Leiters der Organisationsabteilung des landwirtschaftlichen Regionsparteikomitees gearbeitet habe und viel mit ihm in Berührung kam. Oft erhielt ich Aufträge von ihm, die weit über meine Pflichten hinausgingen. Ich durfte ihn auf seinen Reisen durch die Region begleiten. Das war eine gute Schule, ohne Strafpredigten.

Er fand schnell eine gemeinsame Sprache mit einfachen Leuten, Fachleuten, Führungskräften und verstand seine Sache aus dem Effeff. Nicht nur dass er ein ausgebildeter Agronom war, spielte eine Rolle, sondern mehr noch sein Charakter.

Er hatte Schwächen, die ihm alle verziehen. Meiner Ansicht nach schlug er manchmal einen zu familiären Ton bei den leitenden Kadern an und liebte es, im Kreis besonders vertrauter Menschen zu zechen. Manchmal verwandelte sich das in regelrechte Saufgelage. Aber die Chefetage konnte sich alles leisten. Der Erste Sekretär des Regionsparteikomitees, das war ein Zar und Gott in einem. Er war mehr als ein Gouverneur der alten Zeit, sehr viel mehr. Er musste sich nur mit dem Generalsekretär und den Mitgliedern des Politbüros vertragen. Die Ersten Sekretäre des Regionsparteikomitees ernannten nämlich die Ersten Sekretäre der Gebietsparteikomitees, und die bildeten ihre Hausmacht, auf die sie bei allen heiligen und unheiligen Unternehmungen zählen konnten. Ich erinnere mich an keinen einzigen Fall, bei dem die Empfehlungen des Politbüros nicht vom Plenum der Regionsparteikomitees gebilligt worden wären. Abgesehen von einem Fall in der weißrussischen kommunistischen Partei. Da wurde die Empfehlung des Politbüros des ZK der KPdSU für den Posten des Sekretärs des ZK der Kommunistischen Partei Weißrusslands nicht angenommen. Aber das konnte sich nur eine Partei-organisation leisten, in der es einen starken Einfluss früherer Partisa-nen gab.

Ein beträchtlicher Teil der Zeit der verantwortlichen Mitarbeiter des Regions-Parteikomitees ging für Reisen durch die Region ins Land. Die Hauptaufgabe bestand darin, alles, was sich in den Partei-organisationen, in der Wirtschaft, in der sozialen und kulturellen Sphäre tat, unter Kontrolle zu halten. Ich glaube nicht, dass das sinn-los war. Unter Kontrolle halten hieß alles daransetzen, damit das System funktionierte. Und das hieß, man muss alle auftretenden Probleme rechtzeitig lösen, Ausfälle sehen und die Lokalpolitik und Personalentscheidungen korrigieren.

Es gibt natürlich auch eine andere Methode, die nicht weniger überzeugend und effektiv ist: den Menschen vertrauen, sie unterstüt-zen, sie nicht auswechseln und nicht bei der Arbeit behindern. Mei-ner Erfahrung nach – ich werde noch darauf zu sprechen kommen – führt diese Methode im Endeffekt zu besseren Resultaten, und zwar sowohl praktisch als auch, was die Atmosphäre betrifft, die bei einem solchen Führungsstil herrscht. Die Menschen arbeiten nicht aus Angst, sondern auf eigene Verantwortung. Natürlich muss man da-bei im Blick haben, dass dieser Stil im Zweifelsfall auch Kompromiss-losigkeit und Ehrlichkeit bei der Entscheidung bestimmter Fragen erfordert, insbesondere bei Personalfragen. Mir liegt ein solcher Stil eher. Und ich habe ihn in meiner eigenen Parteiarbeit auch ange-wandt.

Fjodor Kulakow gehörte zu der großen Gruppe von Sekretären der Gebiets- und Regionskomitees der Partei, die heimlich ins ZK geladen wurden und sich unweit des Kreml aufhielten, als das Prä-sidium des ZK tagte, über Chruschtschow debattierte und dem Plenum riet, ihn als Ersten Sekretär abzusetzen und in Pension zu schicken.

Auch nachdem Kulakow im Dezember 1964 ins ZK der KPdSU versetzt wurde, bewahrten wir unsere guten Beziehungen. Allerdings gab es einen Vorfall, der mit Kulakow und meiner Familie zusammenhing, von dem ich erzählen möchte. Denn auch dieser Vorfall hängt mit menschlichen Schwächen zusammen, die unter dem Führungspersonal verbreitet waren. Ich war, wie gesagt, viel auf Reisen. Manchmal dauerten sie eine Woche, manchmal, bei großen landwirtschaftlichen Kampagnen, auch zwei Wochen. Nach einer dieser Reisen kam ich nach Hause und ging sofort unter die Dusche. Ich machte eine Pause und ging nicht sofort wieder zur Arbeit. Ich wollte meine Eindrücke sortieren und mich ein wenig erholen, vor allen Dingen ausschlafen.

Raissa fragte mich lange aus, wie es war. Sie hörte mir zu und sagte dann: »Bei uns gibt es auch Neuigkeiten.«

»Was heißt ›bei uns‹?«

»Bei mir.«

»Und was für welche?«

Es war Sommer, sie war im Urlaub gewesen.

»Vor ein paar Tagen hat mich Kulakow angerufen.«

»Und worüber habt ihr gesprochen?«

»Er wollte ein Rendezvous mit mir.«

»Wie bitte?«

»Ja. Ich sagte: ›Sie kennen doch mein Verhältnis zu Michail.‹ – ›Ja, das können Sie ruhig weiterführen‹, sagte Kulakow. ›Das ist bei uns nicht üblich‹, habe ich zu ihm gesagt und den Hörer aufgelegt.«

»Ein interessantes Gespräch. Ich muss ihn fragen, was das heißen soll.«

»Bloß nicht. Ich habe ihm geantwortet und es dir erzählt, damit es kein Geheimnis für dich ist.«

Doch bei einem Treffen stellte ich Kulakow zur Rede: »Haben Sie vor kurzem Raissa angerufen?«

Er zögerte, wand sich aber heraus. »Ich habe dich gesucht. Ich dachte, du seist zurück, und wollte fragen, welche Eindrücke du nach Hause gebracht hast.«

Zum ersten Mal erzähle ich von dieser Episode. Sie liegt lange zurück, Fjodor Kulakow lebt nicht mehr.

Leonid Jefremow

Mit Kulakows Weggang zum ZK tauchte die Frage nach einem neuen Ersten Sekretär des landwirtschaftlichen Regionskomitees der Partei auf. Für dieses Amt wurde Leonid Jefremow zu uns geschickt. Das Plenum hatte ihn gewählt. Jefremow war ein in der Partei und in unserem Land bekannter Mann. Er hatte langjährige Erfahrung als Zweiter Sekretär und Vorsitzender des Gebietsexekutivkomitees von Kujbyschew (heute: Samara), als Erster Sekretär des Gebietskomitees von Kursk und Gorkij (heute: Nischnij Nowgorod). 1962 war er Erster stellvertretender Vorsitzender des Büros des ZK der KPdSU der Russischen Föderation geworden. An der Spitze dieses Büros stand Chruschtschow persönlich, aber die laufende Arbeit erledigten die Stellvertreter Jefremow und Kirilenko. Sie waren gleichgestellt und gehörten zum Präsidium des ZK der KPdSU.

An der Vorbereitung der »Palastrevolution« des Jahres 1964 war Jefremow nicht beteiligt. Später erzählte er mir, er sei während der Ereignisse wohl auf Dienstreise in Ulan-Ude gewesen. Man hatte ihn vorher nicht über das Plenum des ZK informiert, und als er davon erfuhr, sei er zum Flughafen gestürzt, wo man ihm sagte, das Flugzeug sei nicht in Ordnung, der Abflug verzögere sich. Diese Verzögerung war zweifelsohne geplant: Jefremow galt als leidenschaftlicher Anhänger Chruschtschows. Kurz vor diesen Ereignissen hatte Chruschtschow eine Reise quer durch Russland unternommen, auf der Jefremow ihn begleitet hatte. Darüber war ein Dokumentarfilm gedreht worden, in dem Jefremow ständig hinter Chruschtschow zu sehen war. Diese Aufnahmen hatten sich vielen eingeprägt …

Man erzählte sich: Sobald man mit einer Frage zu Jefremow komme, greife der zu den ordentlich auf seinem Tisch aufgebauten, mit zahlreichen Lesezeichen und allen möglichen Unterstreichungen versehenen Werken Chruschtschows und finge an, daraus zu zitieren. Das Gespräch endete meist so: »Das hat Genosse Chruschtschow zu diesem Problem gesagt. Richten Sie sich also danach.«

Als Jefremow in Moskau eintraf, schloss er sich, wie er selbst sagte, der Kritik an Chruschtschow an, sprach sich aber wie Mikojan gegen den Sturz Chruschtschows aus. Das war wohl auch der Grund, warum ihn das Präsidium des ZK nach Chruschtschows Absetzung nach Stawropol schickte, ihn aber nicht seiner Funktion als Kandidat des Präsidiums des ZK enthob. Im November 1964 beschloss das Plenum des ZK der KPdSU, die industriellen und landwirtschaftlichen lokalen Parteiorganisationen wieder zusammenzulegen. Vom 1. Dezember an leitete Jefremow das Organisationsbüro, das diese Aufgabe im Stawropoler Land durchsetzen sollte. Es begann eine heiße Zeit. Jeder kämpfte um seine Stellung, jedem ging es nicht nur um sein persönliches Interesse, um seinen Arbeitsplatz, sondern um seinen Status, um die Macht. Worum es in der Sache ging, das war vielen völlig egal.

In meiner Eigenschaft als Leiter der Organisationsabteilung des landwirtschaftlichen Regionsparteikomitees rief mich Jefremow zu sich und erwartete personelle Vorschläge zum Büro und Apparat des wiedervereinigten Regionsparteikomitees. Er schaute in die Liste, die ich ihm mitgebracht hatte, und als er meinen Namen nicht fand, fragte er verwundert:»Und wo willst du arbeiten?«

Ich antwortete, ich wolle zur Arbeit im Bezirk oder in der Stadt zurückkehren.

»Gut, wir werden sehen«, sagte er und schickte mich mit dem ganzen Material nach Moskau.

In Moskau angekommen, ging ich zur Organisationsabteilung des ZK, wo ich zu hören bekam:»Jefremow hat um einen Anruf gebeten, bevor die Gespräche beginnen.«

Ich wählte die Nummer.

»Warst du schon irgendwo?«, fragte mich Jefremow.»Nein? Dann ist gut. Wir haben hier nämlich beschlossen, dass du Sekretär des Stawropoler Stadtparteikomitees wirst.«

»Das ist durchaus in meinem Sinne«, antwortete ich.

Nach diesem Anruf besprach ich die Neubesetzungen. Aber am späten Abend kam wieder ein Anruf von Jefremow:»Michail Sergejewitsch, hör mal, wir haben hier noch einmal alles besprochen. Ich bin zu dem Schluss gekommen, dass wir zusammenarbeiten sollten.«

»Klar, arbeiten wir zusammen«, sagte ich, ohne zu verstehen.

»Nein, nicht so, wie du denkst«, unterbrach mich Jefremow, »du wirst Leiter der Organisationsabteilung des Regionskomitees.«

»Warum?«

»Hier geht es drunter und drüber, alle bedrängen mich …«

Ich konnte mir lebhaft vorstellen, was im Regionskomitee los war, wie unsere Funktionäre Jefremow zusetzten und wie unsicher er dadurch wurde.

»Leonid Nikolajewitsch«, sagte ich. »Nein, bitte bleiben Sie bei Ihrer ursprünglichen Ansicht.«

»Zu spät!«, unterbrach Jefremow. »Es ist beschlossene Sache und mit allen abgesprochen.«

Am 22. Dezember 1964 fand die Parteidelegiertenkonferenz der Region statt. Jefremow wurde zum Ersten Sekretär des Regionsparteikomitees Stawropol gewählt. Der ehemalige Sekretär des industriellen Regionskomitees Bosenko wurde Zweiter Sekretär. Ich wurde ins Büro gewählt und im Amt des Leiters der Organisationsabteilung bestätigt.

In der Anfangszeit der gemeinsamen Arbeit lernten Jefremow und ich uns kennen, gewöhnten uns aneinander, ja kamen uns näher. Jefremow hatte einen breiten politischen Horizont, war belesen, gebildet und kultiviert. Er war zweifelsohne eine große Persönlichkeit, gleichzeitig aber auch ein raffiniertes Produkt des Systems und ein typischer Zögling der Kaderschmiede der Partei. In diesem Sinne waren die Jahre der Arbeit mit ihm lehrreich für mich. Der Leser wird fragen: in welchem Sinne?

Die Versetzung in die Provinz machte Jefremow schwer zu schaffen. Das war auch einer der Gründe, warum er solche Mühe hatte, sich in die Belange der Region einzuarbeiten. Offenbar hatte er immer noch die Illusion, Breschnew würde ihn schon bald wieder nach Moskau zurückrufen. Deshalb interessierten ihn auch zu Beginn die Ereignisse in der Hauptstadt weit mehr als die Probleme von Stawropol.

Bevor ich mit irgendwelchen Fragen oder Papieren zu Jefremow ging, rief ich ihn gewöhnlich an. Doch einmal betrat ich sein Büro ohne Vorwarnung. Das Kinn auf die Fäuste gestützt, saß er am Tisch und schaute ins Leere. Ich ging auf ihn zu und setzte mich, aber die lastende Stille dauerte an. Er war so in seine Gedanken vertieft, dass er mich einfach nicht wahrnahm.

»Leonid Nikolajewitsch, ist alles in Ordnung?«, fragte ich leise. Gleichsam zu sich gekommen, aber immer noch in Nachdenken versunken, sagte er:»Wie ist das möglich? Verstehst du, ich habe Kirilenko doch unterstützt, habe mich für ihn eingesetzt, und er hat kein einziges Wort zu meiner Unterstützung gesagt.«

»Wovon reden Sie, Leonid Nikolajewitsch?«, fragte ich verständnislos.

Endgültig zu sich gekommen, lächelte er und winkte ab.»Ach, nur so ... Ich musste plötzlich an die Sitzungen des ZK-Präsidiums im Oktober 1964 denken. Was einem alles passieren kann!« So dramatisch und erschütternd gestalteten sich die zahlreichen Änderungen im Leben der Partei und unseres Landes nach dem Tod Stalins.

Leonid Breschnews Wahl zum Ersten Sekretär des ZK der KPdSU kam unerwartet. Viele meinten damals, das sei ein Kompromiss und keine Entscheidung auf Dauer. Sowohl im Innern des Landes als auch im Ausland hatte man eher an Kosygin oder Suslow gedacht. Wenn aber mehrere zur Wahl stehen, einigt man sich am ehesten auf einen Kompromisskandidaten.

So war die Lage im Oktober 1964. Die Entscheidung war nicht vorherzusehen, denn die ZK-Mitglieder hatten keinen klaren Favoriten.

4. Kapitel

Schwierige glückliche Jahre

Die Jahre von 1955 bis 1970 waren unerhört schwierige Jahre. Ich meine natürlich in erster Linie für Raissa und mich beziehungsweise für unsere ganze Familie. Schon wieder spreche ich von schwierigen, ja sehr schwierigen Jahren. Ohne Übertreibung, denn das waren Jahre, in denen wir im Grunde genommen ums Überleben kämpften. Und natürlich um unsere Stellung in der Gesellschaft.

Sieben Jahre habe ich mich der Jugendpolitik gewidmet und sehr viel dabei gelernt. Wer in diesem Bereich etwas bewegen, erreichen, einen Erfolg vorweisen kann, hat wohl das Recht, seine Karriere in der großen Politik zu machen. Die anschließenden acht Jahre übte ich verschiedene Funktionen in der Partei aus. Zweifellos eine unersetzliche Erfahrung, die im Endeffekt den Horizont meiner Karriere bestimmte.

Für Raissa waren diese Jahre besonders schwierig. Anfangs hatte sie gar keine Arbeit und war arbeitslos. Dank ihrer Hartnäckigkeit und meiner Unterstützung konnte sie jedoch ihren Wunsch, an der Hochschule Philosophie zu unterrichten, schließlich doch verwirklichen. Ihre Karriere verlief erfolgreich. Sie beendete die Aspirantur, schrieb ihre Dissertation in Philosophie und verteidigte sie am Pädagogischen Institut in Moskau. Thema waren Lebensbedingungen und Lebensweise der heutigen sowjetischen Bauern. In jenen Jahren gab es einen Aufschwung der russischen Soziologie.

Nach etlichen Jahren der Unterdrückung erlebte sie eine Renaissance durch Gennadij Osipow, Mitglied der Akademie der Wissenschaften, und Wladimir Jadow, Professor des Instituts für Soziologie. Auf Bitten Raissas und derer, die sie empfahlen, übernahm Osipow die Betreuung der Dissertation, und Raissa erwarb 1967 den Doktortitel. Zwei Jahre später verlieh ihr die Oberste Attestationskommission (WAK) den Titel einer Dozentin. Auf Raissas Arbeit an der Dissertation komme ich später zurück.

Nachdem wir uns auf der Karriereleiter hochgearbeitet hatten, erhielten wir ausreichenden Wohnraum. Die finanzielle Situation unserer Familie besserte sich. Es gab einen Moment in unserem Leben, da hatte Raissa als Dozentin ein höheres Gehalt als ich. Aber schon bald ermöglichte es mein Aufstieg, »die Gerechtigkeit wiederherzustellen«. Unser Lebensstil änderte sich: Wir richteten unsere Wohnung ein, achteten mehr auf Kleidung und ernährten uns abwechslungsreicher. Ein einschneidendes Ereignis war der Kauf eines Fernsehers. Wir hatten uns aus den starren Fängen der Armut befreit. Auch unsere Tochter Ira, das kleinste und wichtigste Familienmitglied, gedieh und war immer um uns.

Mit Freunden hatten wir Glück. Über dreißig Jahre lang waren wir mit den Familien Budyka und Warschawskij befreundet. Alexander und Lida Budyka, beide Ingenieure, kamen 1953 ins Stawropoler Land. Auf dem Chruschtschow-Plenum des ZK vom September war beschlossen worden, 20 000 Industriespezialisten in die Landwirtschaft zu schicken. Alexander und Lida stammen aus dem Dongebiet, Michail Warschawskij kam aus Odessa. Wir verbrachten den größten Teil unserer Freizeit zusammen und halfen uns gegenseitig bei allem. Sie waren angenehme Menschen und tüchtige Spezialisten: Ärzte und Ingenieure.

Alexander Budyka war der Einzige, den ich nach Moskau berief, in die Landwirtschaftsabteilung des ZK, wo er gute Arbeit leistete. Und als ein kompetenter Kandidat für den Posten des Ministers für Getreideprodukte gesucht wurde, empfahl ich ihn für dieses wichtige Staatsamt. Unsere Freundschaft hielt auch, als das Schicksal uns

Nach der Demonstration am 1. Mai 1964

räumlich trennte. Wir waren in diesen Jahren sehr beschäftigt. Ich wollte darüber eigentlich gar nicht weiter sprechen. Aber ohne ein genaues Bild zu haben, kann man sich schwer vorstellen, wie ein Mann aus der hintersten russischen Provinz das höchste Staatsamt übernehmen konnte. Immer wieder begegne ich Leuten, die sich darüber wundern.

Besondere Bedeutung für meine Laufbahn hatte die Arbeit im Regionalzentrum, in einer Stadt, die bis zum Anfang der sechziger Jahre in jeder Beziehung unterentwickelt war. Das wirkte sich auf die gesamte soziale Situation Stawropols aus, besonders was die Arbeitsmöglichkeiten für junge Leute betraf. Sie waren gezwungen, die Stadt zu verlassen. Meine Übernahme der Leitung des Regionalzentrums und Stadtparteikomitees fiel in die Zeit des 23. Parteitags im Jahr 1966. Eine der staatlichen Aufgaben, die der Parteitag in Angriff nehmen wollte, war die Entwicklung der kleinen und mitt-

141

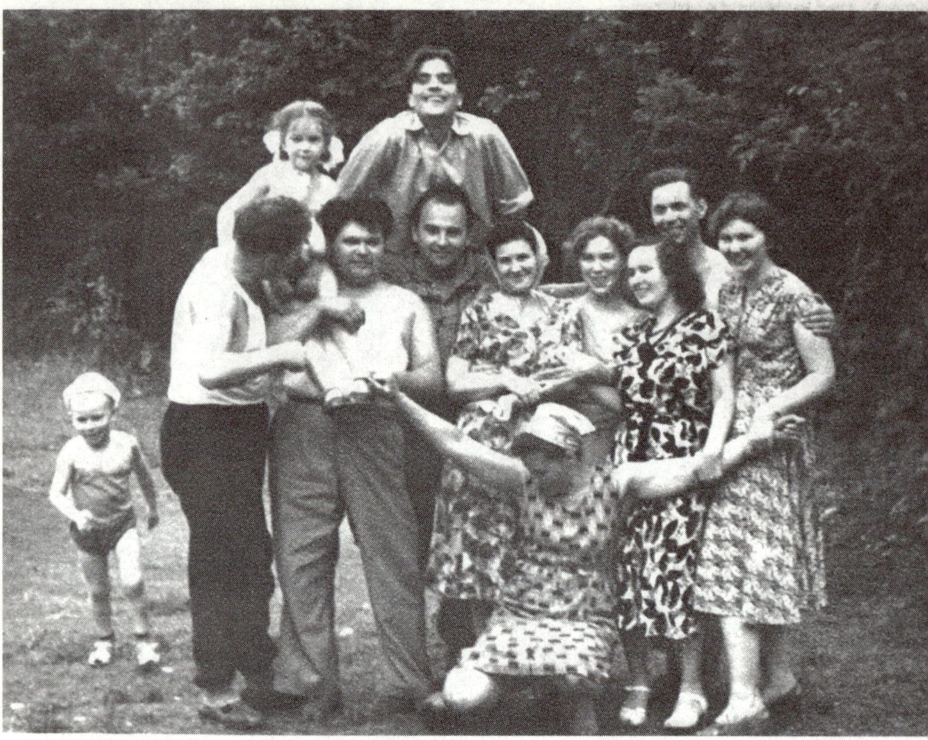

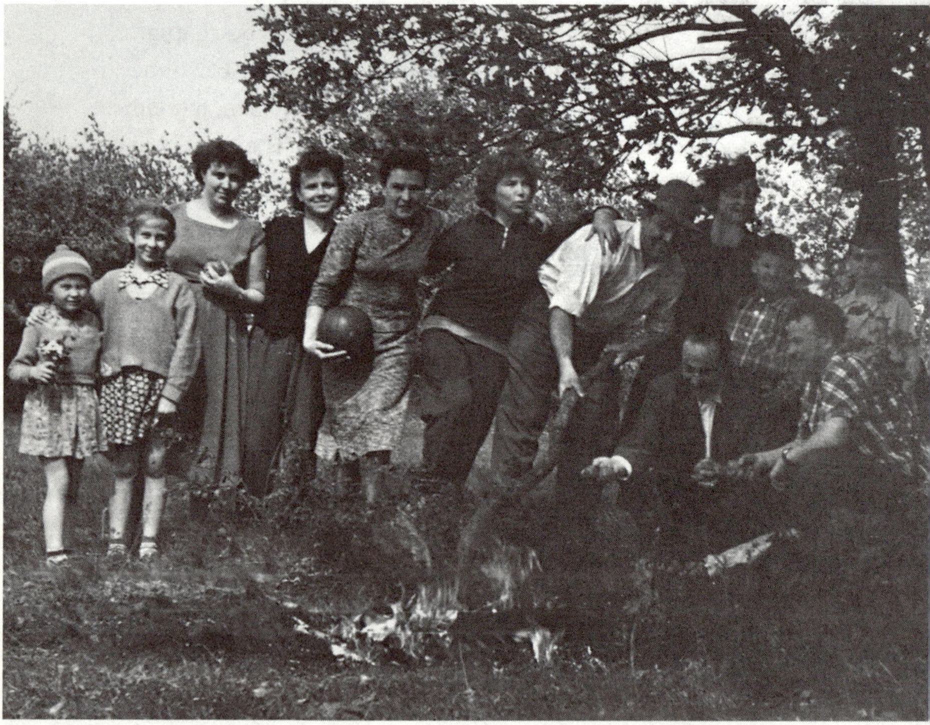

leren Städte, in denen die Mehrheit der russischen Bevölkerung lebte.

Die Situation im ganzen Land besserte sich allmählich. Doch Stawropol hatte auch eine günstige geographische Lage. Die Ministerien bauten auf das südliche Klima und die guten natürlichen Bedingungen, und so machten sich Auftraggeber zu uns auf. Die Veränderung war in der Stadt zu spüren. Ein Entwicklungsplan über mindestens 25 Jahre wurde nötig. Er wurde erstellt und in Moskau bestätigt.

Ich mochte die Arbeit als Sekretär des Stadtkomitees, denn ich war verhältnismäßig selbständig. Allerdings auch nur verhältnismäßig! Von richtiger Selbständigkeit konnte man nur träumen. Um im Zentrum der Stadt eine öffentliche Toilette bauen zu können, mussten die Behörden erst in Moskau anfragen, bei Gosplan, der Staatlichen Planungskommission.

Wir richteten eine Bauabteilung ein. Das Wohnungsbaukombinat musste umstrukturiert und erweitert werden. Es ging nicht nur darum, den Wohnungsbau zu industrialisieren, sondern auch um eine Verbesserung der Qualität der Häuser – das war an der Zeit. In der Stadt wurden ein elektrotechnischer oder elektronischer Betrieb nach dem anderen hochgezogen, die größte Fabrik der UdSSR für Leuchtstoffe und chemische Reagenzien und Maschinenbaubetriebe.

In diesem Zusammenhang stellte sich sofort das Problem der Ausbildung von Fachkräften für diese Betriebe. Auch dafür musste gesorgt werden. Nach einiger Zeit sah die Stadt aus wie eine Baustelle. Das war einerseits erfreulich, brachte aber auch viele Probleme mit sich: Wasserleitungen, Kanalisationsrohre, Trolleybus- und Telefonleitungen mussten verlegt werden. Die ganze Stadt war aufgerissen. Die Geduld der Stawropoler neigte sich dem Ende zu. Sie empörten sich darüber, die städtischen Behörden leisteten schlechte Arbeit. Aber zugleich war das eine tolle Zeit, voller Bauprojekte und Neuerungen im ganzen Leben der Stadt. Das Wichtigste bei der Lenkung dieses komplizierten Prozesses war der Parteimechanismus. Das

143

Stadtkomitee der KPdSU verwandelte sich in einen riesigen Bebauungsstab. Andere Institutionen hätten das nicht leisten können, nur die Parteimacht konnte die Leute aufbieten und die Arbeit überwachen. So war das System eben.

Schulen und Lehranstalten für Fachkräfte wurden gebaut und eine Filiale des Polytechnischen Instituts eröffnet, die später eine selbständige Institution wurde. Im Zentrum wurden die alten Bauten abgerissen. An ihre Stelle traten schöne moderne Gebäude: eine Buchhandlung, ein Theater, eine Schwimmhalle, ein Zirkus. Das Landeskundemuseum wurde umgebaut, und an Stelle des alten Marktes prangte ein Breitwandkino. Überdachte Kolchosmärkte wurden eingerichtet. Und so entstand eine moderne Stadt. Als ich von der Universität nach Stawropol kam, hatte es 127 000 Einwohner, nun waren es über 350 000. Als optimal für eine Stadt gilt eine Einwohnerzahl unter 500 000.

Auch im Leben meiner Familie änderte sich einiges. Wir zogen in eine geräumige Dreizimmerwohnung um, schafften uns moderne Möbel und einen Eisschrank an. Das frühere Leben hatten wir hinter uns gelassen. Irina erfreute uns mit ihren Erfolgen in der Schule. Sie war sehr wissbegierig und las viel. Wir hatten damals schon eine große Bibliothek zu Hause. Um den 22. Parteitag herum subskribierte ich eine Geschichte der Welt in zehn Bänden, eine Ausgabe der Weltliteratur in zweihundert Bänden und eine Plechanow-Ausgabe in fünf Bänden.

Wir wollten unserer Tochter die Literatur nahebringen. Raissa und ich fanden, die Zeit sei reif dazu. Aber wir machten uns nur lächerlich. Als wir uns Irina vornahmen, stellte sich heraus, dass wir zu spät dran waren. Sie hörte uns zu und sagte: »Das hab ich alles schon gelesen.«

Irina hatte Tag und Nacht gelesen – auch wenn Raissa und ich schlafen gegangen waren, las sie noch weiter. Mit fünfzehn hatte sie die gesamte Belletristik unserer Bibliothek verschlungen.

Wir ließen sie in Ruhe. Sie sah unser Leben, das war der beste Lehrmeister, finde ich.

Aber auf einmal trübten sich meine Beziehungen mit Leonid Jefremow, dem Ersten Sekretär des Regionskomitees. Jemand hatte ihm die Information hinterbracht, ich telefoniere oft ohne besonderen Anlass mit dem Sekretär des ZK und Politbüromitglied Fjodor Kulakow. Er beauftragte daraufhin einen der Sekretäre des Regionalkomitees, zu klären, worum es in diesen Gesprächen ging und warum ich nicht darüber berichtete. Ich musste Jefremow sagen, ich hätte nichts zu berichten. Die Gespräche kämen auf Initiative von Kulakow zustande, hätten rein privaten Charakter und berührten die Probleme und Fragen der regionalen Parteiarbeit nicht und schon gar nicht Jefremows Arbeit. Diese Antwort machte ihn noch wütender. Aber so war es wirklich.

Während des Wahlkampfs um die Posten in den Parteiorganen verschlechterten sich unsere Beziehungen weiter. Ich äußerte mich im Büro des Regionskomitees kritisch zu einigen Kandidaten für die Posten der Sekretäre der Stadt- und Regionskomitees. Meine Bemerkungen beruhten auf der Kenntnis der Situation: Ich kannte alle gut und wusste, was in diesen Organisationen vor sich ging. Die Auseinandersetzung verschärfte sich. Jefremow sagte, ich nähme mir zu viel heraus. Sein Ton war grob, er brüllte fast in Gegenwart aller Büromitglieder. Ich erwiderte, ich könne das nicht auf mir sitzen lassen. Wenn der Sekretär des Regionskomitees und die Mitglieder des Büros meine Meinung nicht brauchten, sollten sie mich nicht zu den Sitzungen einladen und öffentlich demütigen.

Jefremow war verstimmt. Ihm war klar, dass er den Bogen überspannt hatte. So viele Jahre der Zusammenarbeit, und auf einmal waren unsere Beziehungen auf dem Nullpunkt. Ich wiederum dachte, ich sei wohl fehl am Platz, es brauche in der Parteiarbeit eben andere Qualitäten. Das war die Zeit unter Breschnew, die Kriecherei und Speichelleckerei hatte ungeahnte Ausmaße angenommen. Ich war zwar nicht undiplomatisch und unflexibel; aber in meiner Persönlichkeit angegriffen oder beleidigt zu werden, das ist mir immer gegen den Strich gegangen. Ich habe mir mein ganzes Leben Mühe gegeben, mich nicht dazu hinreißen zu lassen, Menschen zu demütigen, selbst dann nicht, wenn die Verhältnisse mich dazu zwangen, mich ihrer zu entledigen, weil sie schlecht arbeiteten.

Ich dachte über die entstandene Situation nach und beschloss, meine Arbeit an der Dissertation wieder aufzunehmen und die entsprechenden Prüfungen abzulegen. Mir schien die Wissenschaft aussichtsreicher. Da konnte ich meine Energie, Neugier und Leidenschaft, zu analysieren, zu meinem und zum Nutzen der Sache einbringen. Die – gesellschaftliche und materielle – Lage der diplomierten Lehrer, Dozenten und Professoren unterschied sich damals positiv von anderen Berufen, und zwar in jeder Hinsicht. Soweit das damals möglich war, hatten sie ein freieres Leben.

Andererseits bot mir auch der Posten des Ersten Sekretärs des Stadtparteikomitees eines Regionszentrums große Möglichkeiten, mich hervorzutun. Natürlich bedeutete die Kontrolle der oberen Parteiinstanzen über die Arbeit der Kader, die Planung, die Finanzierung, die zentralisiert zugeteilten Investitionsmittel eine Begrenzung der Freiheit. Überall machte sich das System bemerkbar, auf allen Gebieten, selbst bei Lappalien. Das stimmt. Trotzdem konnte man mit Initiative und Hartnäckigkeit eine Menge erreichen.

Meine Arbeit im Stadtparteikomitee fiel mit dem Beginn der sogenannten Kosygin[15]-Reform zusammen. Sie interessierte mich sehr, schien sie doch die Möglichkeit für einen neuen Führungsstil zu bieten, bei dem es nicht auf Befehle, sondern auf den ökonomischen Anreiz ankam, wobei sowohl die Interessen der Mitarbeiter als auch die der Betriebe berücksichtigt wurden. Es taten sich Möglichkeiten auf, den Gewinn für soziale Projekte einzusetzen, vor allen Dingen für die Beschaffung von Wohnraum. Trotz der chaotischen Organisation in der Anfangsphase fand die Reform leidenschaftliche Unterstützung.

---

15 Alexej Nikolajewitsch Kosygin (1904–1980) strebte eine Reform der Lenkung der Industrie an, bei der Elemente marktwirtschaftlicher Anreize in die Planwirtschaft eingeführt werden sollten. Die Reformvorschläge wurden auf dem Plenum des ZK der KPdSU vom September 1965 gebilligt, dann aber nicht in die Praxis umgesetzt.

Wir veranstalteten ein spezielles Plenum des Stadtparteikomitees, auf dem wir den Nutzen der Reform für die Ingenieure und technischen Fachkräfte debattierten. Umfragen wurden durchgeführt und viele Treffen anberaumt. Das Plenum stieß auf große Resonanz.

Schon wieder ein Zufall

Meine Arbeit als Erster Sekretär im Stadtparteikomitee endete überraschend. Wieder war es ein Zufall. An der obersten Spitze der Parteiführung der Region hatte es einen Skandal gegeben. Nikolaj Lyschin, Erster Sekretär des Gebietskomitees Karatschai-Tscherkessien (das autonome Gebiet Karatschai-Tscherkessien gehörte zur Region Stawropol), hatte seine Familie verlassen, indem er kurzentschlossen den Koffer packte und damit durch die ganze Stadt zu einer neuen Frau zog. Das Benehmen des Sekretärs empörte alle, man fand es unverfroren und provokant. Nach einer stürmischen Sitzung kam das Büro des Regionskomitees zu einer harten Entscheidung: Er wurde des Amtes enthoben.

Lyschin hatte gemeint, er könne die Mitglieder des Regionskomitees mit der Begründung, sein Privatleben sei zerrüttet, von der Richtigkeit seines Schrittes überzeugen. Doch seine Argumente hatten den gegenteiligen Effekt. Der Beschluss über seine Amtsenthebung war einhellig.

Damals machte eine Erzählung oder ein Witz die Runde: Im Büro eines der Gebietsparteikomitees Leningrads wird das Benehmen eines leitenden Kommunisten diskutiert, der sich von seiner Frau scheiden lassen will. Begründung: Er liebe sie nicht mehr. Man sagt ihm unmissverständlich:»Wenn du das tust, bist du deine Parteimitgliedschaft los und wirst entlassen.« Trotzdem bleibt er dabei und sagt:»Ich liebe sie aber nicht. Versteht das doch!« Eines der Mitglieder des Regionskomitees empört sich:»Was wiederholst du in einer Tour: Ich liebe sie nicht, ich liebe sie nicht – meinst du, uns geht es anders?! Doch wir bleiben trotzdem!«

Für Lyschins Posten wurde Fjodor Burmistrow empfohlen, der bisher Zweiter Sekretär des Regionskomitees gewesen war. Man musste nur einen Nachfolger für ihn finden. Und das mitten im Sommer! Ich hatte schon für Raissa und mich Fahrkarten zur Erholung in Sotschi gekauft und musste in den nächsten Tagen losfahren, aber Jefremow hielt mich zurück. Grund: ein Leitungswechsel. Ich wartete einen Tag, zwei, drei. Dann ging ich zu Jefremow und beschwerte mich: »Meine Fahrkarten verfallen, lassen Sie mich fahren!« Schließlich redete ich offen mit ihm: »Ich bin mit Ihrem Kandidaten einverstanden, egal wer es ist. Lassen Sie mich morgen in Urlaub.«

»Du bekommst deinen Urlaub schon noch!«

Ein paar Jahre später erfuhr ich, dass Jefremow einen anderen Kandidaten durchbringen wollte. Aber im ZK der Partei war man der Meinung: Gorbatschow muss Zweiter Sekretär des Regionskomitees werden, denn er hat womöglich in Zukunft das Zeug zum Ersten Sekretär und damit zum künftigen Mitglied des ZK der KPdSU und Abgeordneten des Obersten Sowjets der UdSSR usw.

Am 5. August 1968 wurde ich zum Zweiten Sekretär des Regionsparteikomitees gewählt. Jefremow hielt eine »zündende Rede« zu meiner Unterstützung: Das ZK wolle eine Mischung aus erfahrenen und jungen Kadern.

Mein Urlaub war geplatzt. Jefremow überließ mir das Feld und ging in Urlaub, wir blieben allerdings in regelmäßigem telefonischem Kontakt. Am 21. August marschierten die Truppen des Warschauer Vertrags in die Tschechoslowakei ein. Aus dem ZK kam ein rotes Büchlein, in dem die Vorgänge in der Tschechoslowakei erklärt wurden. Laut dieser Darstellung seien unsere ideologischen Gegner im Westen gerade dabei gewesen, eine Schwachstelle unter den Ländern des Warschauer Vertrags auszumachen, was die Führungen der befreundeten Staaten zu dieser Aktion auch bewogen habe. Um nicht einen Frontalangriff gegen den Sozialismus führen zu müssen, versuchte unser Gegner, alle Möglichkeiten auszuschöpfen und eine innere Erosion der sozialistischen Länder herbeizuführen.

Ich fand diese Behauptung nicht aus der Luft gegriffen. Aber der

Einmarsch der Truppen in einen befreundeten »Bruderstaat« rief in unserem eigenen Land eine geteilte Reaktion hervor. Ich telefonierte mit Jefremow und beriet mich über die dringlichsten Schritte. Als erfahrener Leiter riet Jefremow zu einer umgehenden Einberufung des Büros, das einen Beschluss zur Unterstützung der Linie des ZK der KPdSU und seiner Führung verabschieden sollte. Ich war einverstanden, versammelte das Büro des Regionsparteikomitees innerhalb von 24 Stunden und führte die Sitzung durch. Gleichzeitig gab es in Stawropol nicht wenige, die den Einmarsch verurteilten und ihn als unzulässige Einmischung in innere Angelegenheiten betrachteten. Aber es gab keine Massendemonstrationen.

Die Parteikomitees ergriffen umgehend Maßnahmen. Schon bei einer der nächsten Bürositzungen diskutierten wir das Verhalten eines Journalisten und eines Philosophielehrers und bestraften sie streng wegen ihres »ideologischen Fehlers«. Doch bald musste ich ernsthaft darüber nachdenken, wie weit ich mit meiner Einschätzung des »Prager Frühlings« recht gehabt hatte. Als ich 1969 selbst in der Tschechoslowakei war und die Einstellung der einfachen Leute zu der Aktion der fünf Länder sah, kamen mir Zweifel. Ich spürte zum ersten Mal, wie gekränkt unsere tschechischen und slowakischen Brüder waren. Ähnlich wie andere, die ich kannte, dämmerte mir, dass der Geist der Reformen, der in den fünfziger, sechziger Jahren erwacht war und in dem noch jetzt viel Kraft und Schwung steckte, dabei war, zu erlöschen. Breschnew musste zwischen den unterschiedlichen Gruppen im Politbüro lavieren. Er wusste seine konservative Haltung gut zu tarnen.

In dieser Situation machte sich die Ablehnung der Neuerungen immer mehr in der Arbeit der lokalen Organe bemerkbar. In Stawropol zeigte sich das anschaulich am »Fall Barakow«, dem Leiter der Landwirtschaftsverwaltung des Georgijewskij-Bezirks.

Innokentij Barakow war ein energischer, selbständiger Mann und leidenschaftlicher Anhänger des Reformwirtschaftlers Lisitschkin, mit dem er auch befreundet war. Hartnäckig setzte er sich ein für die Ideen der »Lockerung« des staatlichen Produktionsplans und erweiterte die Rechte der Kolchosen auf die Verwertung ihres Endprodukts, einschließlich des Rechts auf freien Verkauf. Als Barakow diese Ideen in die Tat umsetzte, wurde er zunächst vom Büro des Regionskomitees verwarnt, dann »grober Fehler in prinzipiellen politischen Fragen« beschuldigt und seines Amtes enthoben. Barakow kämpfte gegen Windmühlen. Letztlich griff er das System an, und dem konnte man nicht so einfach zu Leibe rücken.

Einige Zeit darauf griff das Büro des Regionskomitees die schweren Fehler in dem Buch von Sadykow an, einem Dozenten des Lehrstuhls für Philosophie des Stawropoler Landwirtschaftsinstituts. Das Buch war Ausdruck der Hoffnungen, die die Reformen Chruschtschows und zum Teil auch Kosygins genährt hatten. Sadykow formulierte eine Reihe von Ideen, die erst mit dem Beginn der Perestrojka wieder aufkamen. Doch bis dahin waren es noch fünfzehn Jahre. Damals wurde das als »Aufruhr« gewertet.

Aus Moskau kam das Signal, wir sollten uns den Autor »vorknöpfen«. Es fand eine Sitzung des Büros des Regionskomitees statt, bei der Sadykow nicht einfach kritisiert, sondern an den Pranger gestellt wurde. Eine Standpauke nach allen Regeln der Kunst. Auch ich kritisierte ihn heftig. Und obwohl er nicht aus der Partei ausgeschlossen wurde – Jefremow und ich waren dagegen, aber es gab auch andere Meinungen –, wurde ihm die Leitung des Lehrstuhls entzogen, und er verließ Stawropol.

Man konnte zusehen, wie der Reformgeist schwand. Nicht nur im Parteimilieu, sondern in der ganzen Gesellschaft herrschte wieder die Angst, etwas Falsches zu sagen oder zu tun.

Einmal war ich dienstlich in Moskau. Man hatte mir im Vertrauen gesagt, es werde über Jefremows Versetzung nach Moskau verhandelt. Als ich nach Stawropol zurückkehrte, fragte ich Leonid Nikolajewitsch: »Sie wollen uns verlassen?«

Jefremow antwortete erstaunt: »Wie kommst du denn darauf?«

»Ich habe es in Moskau gehört.«

»In Moskau erzählt man so einiges.«

Er sagte das in einem verdrießlichen Ton. Ich dachte, ich hätte ihn besser nicht auf seinen wunden Punkt ansprechen sollen. Es stimmte ja, in Moskau kursierten immer jede Menge Gerüchte.

Aber es verging nur wenig Zeit, da wurde Jefremow als Vize-Vorsitzender des Vorsitzenden des Komitees für Wissenschaft und Technik der UdSSR bestätigt.

Im Folgenden möchte ich von den Recherchen im Stawropoler Land erzählen, die Raissa für ihre Dissertation anstellte. Eine interessante Geschichte. In der Sowjetunion gab es eine Reihe von Arbeiten zu Familie und Alltag der sowjetischen Bauernschaft. Von den 250 Millionen Einwohnern der UdSSR lebten damals über eine Million auf dem Land. Es war äußerst wichtig und interessant, von den Menschen selbst zu hören, wie ihre Stimmung und ihre Lebensbedingungen waren.

Raissa sammelte umfangreiches statistisches Material und führte etliche Interviews mit den Dorfbewohnern. Sie erinnerte sich später immer wieder an ihre Reisen mit dem Auto und Motorrad durch die Dörfer.

Viele Jahre beanspruchten die Forschungen von Raissas Lehrstuhl für das Buch mit dem großspurigen Namen *Die Kolchose: Schule des Kommunismus für die Bauernschaft*. Dieses Buch erschien schließlich in Moskau als Ausgabe der Zentrale. Aber natürlich beruhte der Inhalt auf der Arbeit vor Ort. Und dafür brauchte Raissa hin und wieder auch meine Unterstützung. Ihr persönlich hat diese Arbeit enorm viel gegeben: Sie kam unmittelbar mit dem Leben der Menschen auf dem Dorf in Berührung.

In zwei Siedlungen wurde eine umfassende soziologische Untersuchung durchgeführt: in der Kosakensiedlung Grigoripolis und in dem Dorf Otkasnoje – die eine im Osten, das andere im Westen des Stawropoler Landes.

Vor der Revolution hatte die Kosakensiedlung Grigoripolis 20 000 Einwohner. Nach dem Bürgerkrieg war die Einwohnerzahl fast auf die Hälfte gesunken. Ein Teil war bei den Kämpfen im Bürgerkrieg umgekommen, ein Teil war verhungert, ein Teil weggezogen. Ich möchte nun von zwei Begegnungen erzählen, auf die Raissa immer wieder zurückkam.

Gegen Ende ihrer Umfrage besuchte sie eine Frau, die allein lebte. Ihr Bräutigam war im Krieg umgekommen, und sie war allein geblieben. Diese Frau nahm Raissa sehr freundlich auf. Erst machte sie ihr etwas zu essen, dann erzählte sie von ihrem Leben. Als Raissa den Fragebogen ausgefüllt hatte und mit der Umfrage fertig war, erklärte die Frau: »Und jetzt stell ich dir Fragen.« Es begann das berühmte Interview, das Raissa in ihrem Buch *Ich hoffe* beschrieben hat:

»Töchterchen, was bist du so dünn?«

»Das ist doch normal …«

»Und einen Mann, den hast du wohl nicht?«

»Doch!«

Sie seufzt: »Trinkt er?«

»Nein …«

»Schlägt er dich?«

»Wie kommen Sie denn darauf?! Nein, ich habe einen guten Mann.«

»Du führst mich an der Nase herum! Ich habe ein ganzes Leben hinter mir und weiß: Wenn man es gut hat, zieht man nicht über die Höfe!«

Die Rollen hatten sich umgekehrt. Aus der Fragenden war die Befragte geworden. Die Frau hat Raissa sicher nicht geglaubt.

Raissa erzählte noch von der Unterhaltung mit einer Melkerin nach dem abendlichen Melken. Eine lebhafte, gescheite und tatkräftige Person. Sie gefiel Raissa sehr. Eine richtige Kosakin! Stattlich und nicht auf den Mund gefallen. Raissa war mit ihrem Interview an den Punkt gekommen: »Was verbindet Sie in Ihrer Familie, in Ihrer Ehe mit Ihrem Mann?« Es gab mehrere Vorschläge: Liebe, Freundschaft, Liebe zu den Kindern usw. Darunter auch folgenden: »Physische Anziehung«. Als sie zu diesem Vorschlag kamen, fragte die Frau: »Was ist das?«

152 Raissa fing an zu erklären: »Gemeint sind intime Beziehungen.«

Das erschwerte offenbar alles nur noch mehr.

»Zwischen Mann und Frau gibt es doch persönliche Beziehungen. Na gut ...« – Raissa wollte das Gespräch schon beenden.

»Ach so, na klar: Wofür braucht man einen Mann denn sonst?« Nicht weniger interessant war das Material, das Raissa über das Leben der Bauern in der vorrevolutionären Zeit zusammentrug, besonders was die Kosakensiedlungen und die Kosaken betraf. Man konnte Vergleiche ziehen. Unter dem Zaren hatten die Kosaken große Privilegien: Zuteilungen von Land, Pferden und Vieh. Die Kinder aus Kosakenfamilien wurden bei der Ausbildung bevorzugt. Aber die Gebräuche waren streng: Ein Kosake konnte keine auswärtige Frau heiraten. Wenn er dieses Verbot übertrat, wurde er aus der Gemeinschaft der Kosaken ausgeschlossen.

In den Akten der Standesämter gab es viel Interessantes, das Auskunft gab über den Stand der Medizin jener Zeit. Die Vermerke über die jeweilige Todesursache waren lakonisch: »durch Gottes Gnade verschieden«, »an Husten« oder »an Bauchschmerzen«.

In einer der vorrevolutionären Arbeiten über das Leben der Bauern stieß man auf Angaben über wiederholte Dürreperioden im Gouvernement Stawropol. Daraus ging hervor, dass jedes zweite Jahr eine Dürre geherrscht hatte. Auch Staubstürme waren manchmal durch die Region gezogen und hatten die gesamte Saat vernichtet. Es kam vor, dass einige Jahre hintereinander im Winter die Weizensaat erfror, im April Schneestürme herrschten und eine Dürre folgte. Dann verließen die Bauern die angestammten Orte und zogen fort, oft für immer. In einzelnen Jahren hatte das Gouvernement einen Bevölkerungsverlust von 20 Prozent zu verzeichnen.

Raissa lag so viel Material vor, dass man eine Habilitation hätte schreiben können. Aber dazu reichte die Zeit nicht. Das zusammengetragene Material ermöglichte Raissa, die Wohn-, Arbeits- und kulturellen Bedingungen von Stadt und Land zu vergleichen. Auch mir leistete dieses Material gute Dienste.

Die Arbeit an der Dissertation war anstrengend. Als dann das Resümee vorgelegt werden sollte, die letzte Etappe vor der Verteidigung der Dissertation, wurden auch Reisen nach Moskau zur Beratung mit dem Doktorvater nötig.

Während Raissas Abwesenheit hatten wir unser eigenes Familienleben. Irina kam zum Mittagessen aus der Schule, sie war zehn. Ich teilte mir meine Arbeit so ein, dass ich mittags nach Hause fahren konnte. Wir kochten zusammen. Irina beteiligte sich an allem. Ich gab ihr bewusst Aufträge. Sie war glücklich. Und samstags und sonntags gingen wir zu zwei, drei Vorstellungen hintereinander ins Kino.

Die Geschichte mit der Dissertation endete mit zwei Feiern. Zur einen waren Raissas Kollegen vom Lehrstuhl in ein Restaurant im Grünen geladen, zur anderen enge Freunde; sie fand bei uns zu Hause statt. Raissa kam von der Arbeit zurück und bat ihre Freundinnen Lida Budyka und Nellja Sokolowa, ihr zu helfen, ein Abendessen zuzubereiten. Sie machten Pelmeni, Salate und alle möglichen Leckerbissen. Fleisch und anderes kauften sie im Geschäft, das zum Glück in der Nähe war. Auch was es in den Läden gab, war auf dem Tisch reichlich vertreten. Um 7 Uhr abends war ein wundervolles Mahl bereitet. Das musste ja auch sein: so ein Ereignis, der Abschluss der Dissertation.

Wenn ich vom Überfluss der Lebensmittel in diesen Jahren erzähle, kommt mir die spätere Zeit in den Sinn. Einige Jahre darauf, als ich Sekretär für landwirtschaftliche Fragen im ZK der KPdSU war, wurde im Politbüro einmal über die Versorgung der Bevölkerung mit Lebensmitteln gesprochen. Leonid Breschnew fragte: »Der Handel läuft immer schlechter, besonders was Fleisch betrifft. Wo ist das denn alles hingekommen?«

Er wartete auf eine Antwort. Ich sagte, wir hätten schon in den sechziger Jahren Probleme mit der Aufbewahrung von Fleisch und Fleischprodukten gehabt. Es gäbe zu wenige Kühlschränke. Die Städte weigerten sich, den fleischverarbeitenden Betrieben die Ware abzunehmen. Das gehe so weit, dass erfinderische Betriebsleiter das Fleisch im Elbrusgebiet, in den Gletschern des Nordens, lagerten. Man glaubt es kaum, aber das entsprach den Tatsachen. Und es lag auch nicht daran, dass der Pro-Kopf-Verbrauch gestiegen war. Nein, in den achtziger Jahren lag der Pro-Kopf-Verbrauch an Fleischprodukten bei 52 bis 54 Kilo. In den sechziger Jahren waren es weniger als 50 Kilo.

Breschnew fragte: »Ja, wie kommt denn das?«

Das lag daran, dass die Nachfrage sehr viel größer war als das Angebot. Man musste diese Prozesse eben lenken!

Nun aber zu unserem denkwürdigen Abend zurück. Im selben Haus wie wir lebten unsere Landsleute aus dem Bezirk Krasnogwardejskoje des Stawropoler Landes, die Larionows, bei denen wir im Januar 1957 waren, als die Wehen bei Raissa einsetzten. Nun wohnten wir im selben Haus. Die beiden waren älter als wir. Als ich sie zu der Feier einlud, war unsere Runde schon nicht mehr nüchtern. Pawel kam schnell in Stimmung. Aber als Maria die jungen beschwipsten Leute bemerkte, rief sie aus: »Was ist denn das, Raissa Maximowna? Ich sehe Sie zum ersten Mal in diesem Zustand – Sie sind doch eine gebildete Frau! Mischa, schäm dich, was hast du mit deiner Frau angestellt?!«

»Maria Sergejewna! So ist das Leben nun mal in dem Moment, wenn die Menschen sich riesig freuen. Trinken Sie ein Glas mit mir!«

Sie hielt der Versuchung nicht stand. Aber am nächsten Tag sagte sie: »Bei so einem Treffen war ich noch nie.«

Im selben Jahr, 1967, beendete ich mein Studium an der Agroökonomischen Fakultät des Landwirtschaftsinstituts. Ich hatte dort 1961 auf Geheiß und den freundschaftlichen Rat Kulakows hin ein Studium aufgenommen. Damals startete das landwirtschaftliche Regionskomitee der Partei eine große Kampagne zur Weiterbildung der Kader, die schon in der Landwirtschaft arbeiteten. In diesem Zusammenhang wurde das Fernstudium sehr gefördert. Auch ich hatte ein Fernstudium an der soeben gegründeten Fakultät aufgenommen. Da der Lehrplan an dieser Fakultät noch nicht ausgearbeitet war, machte man es sich im ersten Jahr einfach: Man legte das agronomische und das ökonomische Programm zusammen. Wir mussten ganz schön büffeln! Ich studierte mit großem Interesse. Kulakows Rat erwies sich als nützlich. Damals interessierte ich mich sehr für Wirtschaft – und

155

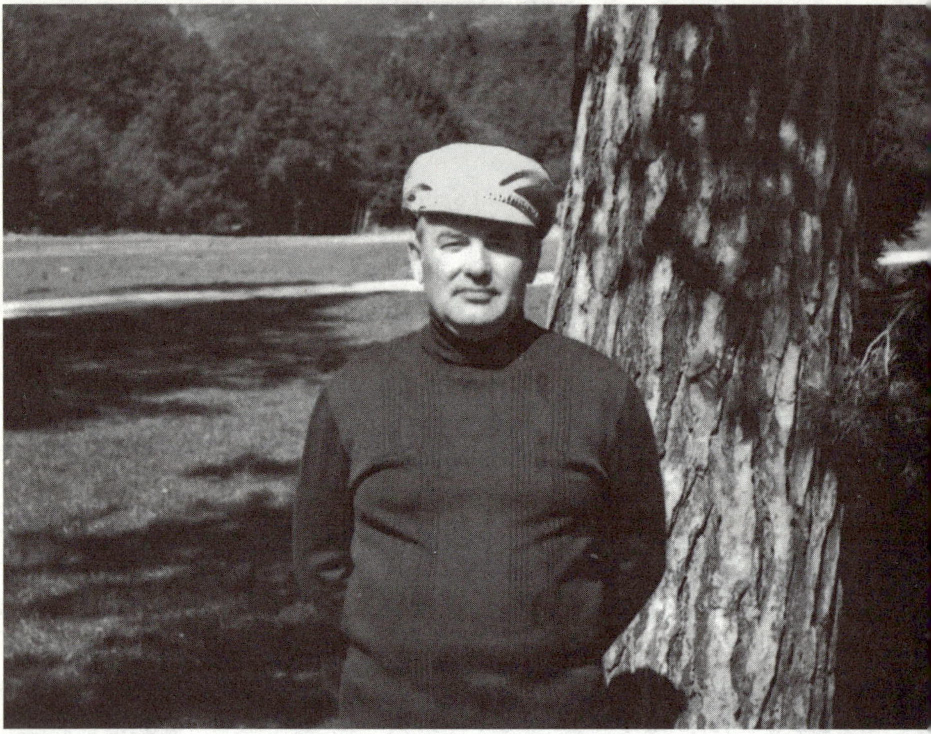

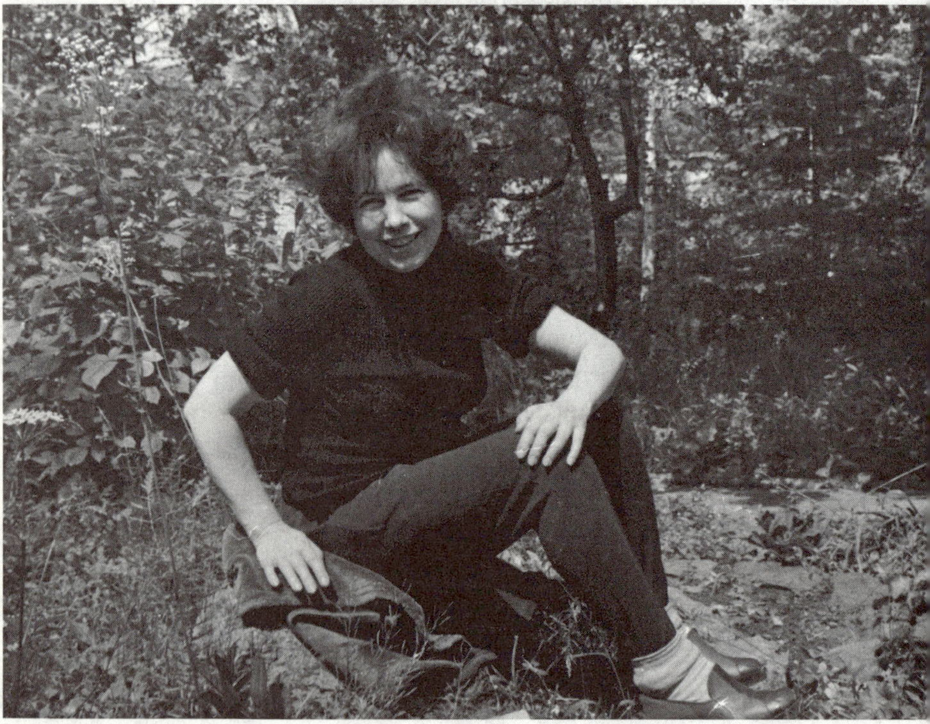

ließ mein früheres Interesse für Philosophie und Staats- und Rechtstheorie ein wenig ruhen.

Das war ein weiterer wichtiger Schritt auf meinem Lebensweg.

Wir hatten in diesen Jahren so viel zu tun, dass wir uns, wie gesagt, lange keinen Fernseher anschafften, und zwar ganz bewusst. Mein Tagesablauf in jenen Jahren sah so aus: Um fünf stand ich auf und lernte für mein Landwirtschaftstudium; um sieben weckte ich die Familie – Raissa und Irina schliefen gern länger. Nach dem Frühstück brach ich um acht zur Arbeit auf. Mittags aß ich nicht zu Hause, oft fiel das Mittagessen einfach aus. Wenn ich dann abends zwischen neun und zehn nach Hause kam, schlug ich mir den Magen voll. Ich nahm immer mehr zu. 1971, als ich schon Sekretär des Regionsparteikomitees war, fuhr ich mit Raissa und anderen ZK-Mitgliedern nach Italien in Urlaub. Meine Leidenschaft für Spaghetti hatte eine erneute Gewichtszunahme zur Folge. Als ich zurückkehrte, schaute ich in den Spiegel, war empört und beschloss abzunehmen. Im ersten Jahr verlor ich zehn Kilo, im folgenden sieben, im dritten drei. 20 Kilo in drei Jahren! Damit hatte ich mein Normalgewicht erreicht. Doch das war später.

Fast jeden Samstag musste ich arbeiten. In der Freizeit fuhren wir ins Grüne zu den Bergen Strischament oder Nedremannaja im Zentrum der Stawropoler Anhöhe. Wenn es die Umstände erlaubten, blieben wir dort mehrere Tage. In der Regel fuhren wir zu dritt, Raissa, Irina und ich, seltener mit Freunden. Manchmal wanderten wir 20 bis 25 Kilometer am Tag und fielen dann vor Müdigkeit ins Bett.

oben: In den siebziger Jahren
unten: Raissa, 1973

Mit Irina bei ihrer Schulabschlussfeier, 1974

Teil II

DER WEG NACH OBEN

5. Kapitel

Meine kleine Perestrojka

Auf dem Plenum des Regionsparteikomitees Stawropol vom 10. April 1970 wurde ich einstimmig zum Ersten Sekretär des Regionskomitees gewählt. Ich war neununddreißig. Die Mitglieder des Regionskomitees kannten mich natürlich gut und begrüßten es auch, dass zum ersten Mal in all den Jahren kein »Zugereister«, sondern einer aus ihrer Mitte, ein Stawropoler, diesen Posten übernahm. Meine Wahl hatte eine merkwürdige Situation geschaffen: Die anderen Sekretäre des Regionskomitees waren alle älter als ich. Einige von ihnen hatten damit gerechnet, gewählt zu werden. Doch das ZK hatte nur eine Kandidatur zugelassen.

Hier möchte ich einige Erklärungen zu den Ersten Sekretären der Republiken, Gebiets- und Regionskomitees der Partei einschieben. Diese Sekretäre wurden faktisch von der Spitze ernannt: vom Generalsekretariat des ZK der KPdSU und vom Politbüro. Sie waren eine der Hauptstützen des Regimes. Trotz der Zersplitterung in Branchen und Verwaltungseinheiten waren alle staatlichen und gesellschaftlichen Institutionen über sie zu einem System verbunden. Sie hatten die Mehrheit im ZK der KPdSU, mit ihren Stimmen wurde der Generalsekretär gewählt, und schon dadurch waren sie in einer besonderen Position. Das System rekrutierte die aktivsten und energischsten Leiter überall, in Industrie- und Landwirtschaftsbetrieben, in Forschungseinrichtungen und Hochschulen, in den unterschiedlichsten sozialen Gruppen und Gesellschaftsschichten. Aber wenn man zur Nomenklatura aufgestiegen war, musste man sich an ganz bestimmte Spielregeln halten.

Die gesamte lokale Macht konzentrierte sich in der Hand des Ersten Sekretärs. Der ganze Führungsapparat der Region, selbst die gewählten Organe waren mit seinen Leuten besetzt. Keine einzige Berufung konnte ohne sein Einverständnis stattfinden. Alle leitenden Ämter gehörten zur Nomenklatura des Gebietskomitees oder Regionskomitees der Partei. Selbst wenn ein Betrieb oder Institut dem Ministerium unterstand, konnte der Minister nicht den Ersten Sekretär übergehen und jemanden ohne dessen Wissen einsetzen.

Der Erste Sekretär ist etwas Besonderes, eine Schlüsselfigur der Macht. Amt und Machtfülle hat er nicht vom Volk, nicht aufgrund von Wahlen bekommen, sondern von Moskau: vom Politbüro, vom Sekretariat, vom Generalsekretär der KPdSU persönlich. Deshalb die Verwundbarkeit und Zwiespältigkeit der Situation des Ersten Sekretärs. Er wusste nur zu gut, dass er Amt und Macht sofort los war, wenn sich die Ansicht in den genannten Instanzen über ihn änderte, besonders, wenn er das Vertrauen des Generalsekretärs verlor.

Die endgültige Entscheidung über die Kandidatur der Ersten Sekretäre oblag dem Generalsekretär des ZK der KPdSU. Was mich betrifft, so hatte ich Unterredungen mit Kapitonow, Kulakow, Kirilenko und Suslow. Und dann ein letztes, ausschlaggebendes Gespräch mit dem Generalsekretär. Nur er konnte die entscheidenden Worte sagen: »Wir empfehlen Sie.«

Ich erinnere mich gut an den vertrauensvollen Ton bei dieser ersten Begegnung und Unterhaltung mit Breschnew. Das Treffen dauerte ca. drei Stunden und gefiel mir. Dabei muss man berücksichtigen, dass sich der Breschnew der sechziger, siebziger Jahre stark vom kranken Breschnew der letzten Jahre unterschied. Gleich zu Anfang des Gesprächs sagte er mir, das ZK empfehle mich für den Posten des Ersten Sekretärs des Regionskomitees der Partei: »Bisher haben bei euch Fremde gearbeitet, jetzt soll es einer von euren eigenen Leuten sein.«

Breschnew erzählte, wie entsetzt er über den Wassermangel war, als er während des Zweiten Weltkriegs beim Rückzug Richtung Nowo-rossijsk durch unsere Gegend kam. »Ich habe damals zum ersten Mal gesehen, wie die Menschen bei Regen das Wasser vom Dach in beson-deren Behältern auffingen, das war im Juli, August 1942. Es herrschte eine entsetzliche Hitze, und die Leute hatten nichts zu trinken.«

In diesem Augenblick schaltete ich mich unangebrachterweise ein und sagte: »Im letzten Jahr hatten wir eine sehr schlechte Ernte. Auf einer Fläche von einer Million Hektar ist das Getreide verdorben. Bisher haben wir mit großer Mühe Einbrüche in der Viehzucht ver-meiden können. Aber jetzt brauchen wir Hilfe. Ich bitte um Ent-schuldigung, dass ich Ihnen mit diesem Problem komme.«

Breschnews Reaktion war interessant. Er rief Kulakow an und sagte gleichsam im Scherz: »Hör mal, Fjodor, wen haben wir uns denn da für das Amt des Ersten Sekretärs im Stawropoler Land aus-gesucht? Er ist noch nicht gewählt und meldet schon Ansprüche an. Er will Mischfutter!«

Kulakow antwortete ihm im selben Ton: »Leonid Iljitsch, noch ist es nicht zu spät, seine Kandidatur fallenzulassen. Aber Gorbatschow hat leider recht, die Region braucht Unterstützung.«

Nach der Anweisung, uns über den Winter zu helfen, trieb man mit Mühe 70 Tonnen Futtergetreide auf.

So war ich also Ende Juli 1955 nach Stawropol gekommen und schon 1970, nur fünfzehn Jahre später, auf einem hohen Posten nicht nur der Region, sondern auch des Staates angelangt. Es folgten die Wahlen in den Obersten Sowjet und auf dem Parteitag des folgenden Jahres ins ZK.

Mir taten sich gewaltige Möglichkeiten auf. Eine große Verant-wortung lag auf meinen Schultern. Bei einer der ersten Sitzungen des Büros des Regionskomitees machte ich die Kollegen mit dem In-halt meines Gesprächs mit dem Generalsekretär bekannt. Ich selbst brachte zwei Vorschläge prinzipiellen Charakters ein. Erstens: »Jeder hat seinen konkreten Bereich, für den er verantwortlich ist; sämtliche operativen Entscheidungen – mit Ausnahme der prinzipiellen, die

die Meinung des Ersten Sekretärs und des ganzen Büros des Regionskomitees erfordern – treffen Sie selbst. Ich will Sie nicht antreiben müssen. Menschen, die an der Spitze der Region stehen und einen Vertrauensvorschuss haben, müssen sicher und frei agieren können. Wenn es Probleme gibt, besprechen wir sie. Ansonsten treffen wir uns einmal in der Woche zum Informationsaustausch.«

Vielleicht ist mir mit dieser Herangehensweise nicht alles gelungen. Aber sie trug sofort Früchte. Auch später, als Mitglied des ZK und Präsident der UdSSR, ging ich immer so vor, es sei denn, Fragen, die eine dringende Lösung erforderten, ließen mich von dieser Regel abweichen.

Und zweitens: Ich schlug vor, einen Entwicklungsplan für die Landwirtschaft auszuarbeiten, der industrielle Techniken, Spezialisierung und Konzentration der Produktion und eine Verbesserung der Lebensbedingungen der Landbevölkerung vorsah. Die Zeit für Veränderungen der Lebens- und Arbeitsbedingungen war gekommen, neue Generationen waren herangewachsen.

Zuerst gab es eine Diskussion, aber dann wurde der Vorschlag des Vorsitzenden des Exekutivkomitees des Regionssowjets, Nikolaj Bosenko, angenommen und die Diskussion vertagt. Damit begann ein Prozess der gemeinsamen Suche – zusammen mit Wissenschaftlern, Fachleuten und Praktikern. Der Entwicklungsplan für die Landwirtschaft wurde im Herbst 1970 vom Plenum des Regionskomitees gebilligt. Fast ein Jahrzehnt habe ich der Umsetzung dieses Plans gewidmet, aber auch als ich Stawropol verließ, sah ich, wie viel noch zu tun blieb. Die Hauptaufgabe war, Techniken zu finden, die unter den schwierigen klimatischen Bedingungen unserer Region eine stabile Landwirtschaft garantierten.

Analysen des Stawropoler Forschungsinstituts belegten, dass es in dieser Zone im Verlauf eines Jahrhunderts 75 ertragsarme, darunter 52 Dürrejahre gegeben hatte. Das heißt, diese Zone war für den Ackerbau ungünstig.

Ich erinnere mich an einen Vorfall. 1974 erwarteten wir eine gute Ernte. Während das Getreide reifte, kam Kulakow zu Besuch, um sich mit seinen Wählern zu treffen (er kandidierte hier für den Obersten Sowjet der UdSSR). Wir führten ihn durch die Steppenregionen, wo das meiste Getreide wuchs. In dieser Zone lag auch sein Wahlkreis. Als er die Getreidemassen sah, sagte er fast ein wenig beleidigt: »Warum versteckt ihr das Getreide vor mir, meine Freunde?« »Wieso, wir zeigen es Ihnen doch, Fjodor Dawydowitsch?! Aber was aus diesem Getreide wird, bleibt erst noch abzuwarten. Sie wissen ja, zwei Tage können im Stawropoler Land alles verderben.«

Aber Kulakow war davon überzeugt, das Getreide sei faktisch reif, man müsse zur Ernte mindestens zehntausend Fahrzeuge in die Region schicken. Nach Moskau zurückgekehrt, sagte er: »In Stawropol können wir uns in diesem Jahr auf eine reiche Getreideernte einrichten.«

Leider sollten wir mit unseren Befürchtungen recht behalten. Vom 29. Juni bis zum 2. Juli, vier Tage lang, regnete es, dann trat die Hitze ein, und Trockenwinde kamen auf. Wir ernteten nur 15 Dezitonnen pro Hektar. Das war genau der Grund, weshalb das Problem stabiler Ernten von Getreide und Viehfutter gelöst werden musste.

Es begann damit, dass ich Alexejewskij einlud, den Minister für Bodenmelioration und Wasserwirtschaft, und ihn mit unseren Plänen zum forcierten Bau von Bewässerungs- und Berieselungsanlagen bekannt machte. Es ging um den Bau eines 480 Kilometer langen Kanals vom Kubangebiet bis zu den kalmückischen Steppen, der es möglich machen sollte, eine Fläche von drei Millionen Hektar zu berieseln und 800 000 Hektar zu besprengen. »Gut«, sagte Alexejewskij zum Abschluss der Diskussion unserer Vorschläge, »jetzt kümmern Sie sich um einen Termin beim Generalsekretär. Ich unterstütze Sie.«

Ein Zufall half. (Wieder der Zufall!) In Baku wurde das fünfzigjährige Jubiläum der Sowjetmacht begangen. Dazu waren Gäste aus den anderen Republiken geladen, und ich gehörte zur Delegation der Russischen Föderation. Auch Breschnew kam. In Aserbaidschan war er nicht nur beliebt, sondern wurde richtig vergöttert. Noch immer habe ich diese wogenden Massen vor Augen, die in den paar Stunden an der Tribüne vorbeidefilierten.

165

Ich befand mich zusammen mit den anderen Gästen auf der Tribüne, die für den Generalsekretär und die Führung Aserbaidschans reserviert war. Als Breschnew sich ein wenig die Beine vertrat, sprach ich ihn an: »Darf ich Sie stören? Ich brauche fünf Minuten.«

»Das ist aber wenig«, sagte er aus Spaß.

»Es geht um einen Vorschlag, der an unser erstes Gespräch über die Dürrezeiten in Stawropol anknüpft. Wir haben Fragen und konkrete Vorschläge ausgearbeitet. Das Ministerium von Alexejewskij hat sie gebilligt.«

Ich bekam die Zusage für einen Termin. Das Treffen fand im Dezember statt. Breschnew hörte mir aufmerksam zu. Er schaute sich alle Berechnungen und Schemata an, stellte viele Fragen und bat darum, ihm das Material dazulassen, darunter auch die Tabelle »Dürreperioden und Ernteerträge in den letzten hundert Jahren«. Bald darauf fand eine Politbürositzung statt, zu der ich noch nicht einmal geladen war, denn Breschnew trug unser Anliegen selbst vor. Wie mir ausgerichtet wurde, bemerkte er dabei: »Man muss die jungen neuen Leiter unterstützen, sie gehen die grundsätzlichen, die Staatsfragen an.«

Am 7. Januar 1971 verabschiedeten ZK und Ministerrat die Resolution zum Bau des großen Stawropoler Kanals und der Spreng- und Berieselungsanlagen. Es wurden große Mittel bereitgestellt. Die Baustelle wurde zur Schwerpunktbaustelle des Komsomol erklärt. Tausende junger Leute kamen in die Region, und auch die technischen Hilfsmittel wurden bereitgestellt. Eine besondere Aufgabe, den Bau von drei Tunneln, sollten U-Bahn-Spezialisten übernehmen. Die Arbeiten gingen zügig voran, und schon 1974 konnten wir die ersten Erfolge feiern: im April den Durchstich des Tunnels unter den Krymgirej-Hügeln, im November die Inbetriebnahme des zweiten Bauabschnitts des Großen Stawropoler Kanals.

Die Pläne wurden Wirklichkeit. Wir mussten ein optimales Verfahren für den Ackerbau in unserer Gegend finden. Viel zu verdanken haben die Stawropoler dem ortsansässigen Landwirtschaftlichen Forschungsinstitut mit seinem Leiter Nikonow, dem späteren Präsidenten der Akademie für Agrarwissenschaften. Aber der eigentliche Entdecker der Nutzung bewässerter Böden in den Trockensteppen war der Kolchosvorsitzende Nikolaj Tereschtschenko.

Sobald ich seinen Namen nenne, kommt mir seine Geschichte in den Sinn. Die Bekanntschaft mit ihm begann mit einem Verfahren gegen ihn. Noch zu Kulakows Zeiten wurde im Büro des landwirtschaftlichen Regionskomitees die Frage des Parteiausschlusses von Tereschtschenko behandelt, und zwar wegen Anwendung unerlaubter Methoden bei der Leitung der Kolchose. Man hatte diesen jungen ausgebildeten Agronom in eine rückständige Kolchose in der Trockensteppe geschickt, und als Erstes hatte er sich leidenschaftlich für die Infrastruktur und den Ernteertrag eingesetzt. Aber die Dorfbewohner hatten eine Schwäche. Da die Kolchose ihnen kein Auskommen gab, war Diebstahl des Kolchosegutes an der Tagesordnung. Was Tereschtschenko besonders aufbrachte, war der nächtliche Diebstahl der Futtermittel. Und er griff zu extremen Mitteln: Er fuhr mit einem Kleinkalibergewehr durch die Gegend und erschoss die Maulesel, die die Räuber benutzten.

Im Büro war man im Zweifel. Alle fanden, man brauche erst mehr Material, bevor man eine endgültige Entscheidung treffen könne.

»Fahr hin, Michail, und mach dir vor Ort ein Bild«, beauftragte mich Kulakow.

Ich fuhr für ein paar Tage zu dieser Kolchose. Die Fakten stimmten. Als der Diebstahl ungeheure Ausmaße annahm, hatte sich Tereschtschenko wirklich zu unerlaubten Methoden hinreißen lassen, ihm war schlichtweg der Kragen geplatzt. Ich kam zu dem Schluss, man müsse die Situation entschärfen, indem man den jungen Vorsitzenden unterstützte.

»Wie soll man ihn denn unterstützen?«, fragte Kulakow, als ich dem Büro berichtet hatte. »Gibt es denn etwas Positives in dieser Kolchose?«

»Jawohl, Erfahrung mit der Bewässerung des Bodens.« Meine Antwort kam prompt, ohne Zögern.

Wir fanden eine Lösung, auf die ich nie gekommen wäre: die umgehende Durchführung eines Regionsseminars für die Regionsleiter zum Erfahrungsaustausch über den effektiven Einsatz bewässerter Böden. Auch Tereschtschenkos Versuch, Brachen einzuführen, was sich positiv auf die Stabilität der Getreidewirtschaft und den Ernteertrag auswirkte, studierten wir.

Tereschtschenkos Methode war ganz einfach. Er verlegte die Getreidekulturen von den bewässerten auf die trockenen Böden, wobei diese zuvor einer grundlegenden Aufbesserung mit Brachland und Dünger unterzogen wurden. Die freigewordenen bewässerten Böden wurden für Futterkulturen genutzt.

Die Methode hatte Erfolg. Aber diese Herangehensweise stimmte nicht mit dem ZK-Beschluss zur Landwirtschaft von 1966 überein. Wir mussten die Richtigkeit dieser Methode erforschen und nachweisen. Und wir mussten die Methoden in der Region unter die Lupe nehmen.

Während der Kanal gebaut wurde, experimentierten wir gleichzeitig, wie man unter unseren Bedingungen die bewässerten Böden optimal nutzt. Ich bewaffnete mich mit allen nötigen Analysen und Einschätzungen und machte mich nach Moskau ins ZK zu Kulakow auf. Er hörte sich alles aufmerksam an, sah alle Papiere durch und sagte: »Was soll ich dir sagen? Wenn du dich mit Breschnew absprichst und er dich nach meiner Meinung fragt, dann sag, ich unterstütze dich bei dieser Änderung des Ackerbausystems.«

Ein wichtiges Argument meiner Überlegungen war die schwere Dürre in den Jahren 1975 und 1976.

Nach dem Treffen mit Kulakow sandte ich Breschnew einen Bericht auf die Krim, wo er Urlaub machte. Es verging ein Tag, ein zweiter … Am dritten Tag klingelte nachts das Telefon: ein Anruf aus dem Regionskomitee. Ein diensthabender Mitarbeiter: »Michail Sergejitsch, ein wichtiges verschlüsseltes Telegramm.«

Das war nicht das, was ich erwartete, sondern das genaue Gegenteil. Allen Sekretären der Gebiets- und Regionskomitees wurde der Bericht einer Gruppe von Mitgliedern der Akademie für Agrarwissenschaften zugestellt, wonach im Moment günstige Voraussetzungen bestünden, um die Anbauflächen für Wintergetreide zu vergrößern. Der Sommerregen hatte tatsächlich solche Voraussetzungen geschaffen, aber ich hatte in meinem Bericht an Breschnew darauf gedrungen, die Wintersaat zu reduzieren, um die Brachflächen einzuführen. Natürlich war der Bericht der Akademiemitglieder nicht ohne Kulakow zustande gekommen. Aber so ist das Leben eben.

Weitere ein, zwei Tage strichen ins Land. Endlich kam der Anruf des Generalsekretärs: »Michail Sergejewitsch, ich habe deinen Bericht gelesen, darüber nachgedacht und mich beraten. Weißt du, ich habe mich an Kasachstan erinnert, wo ich einmal gearbeitet habe. Terentij Malzew (ein hervorragender Agronom aus dem Gebiet Kurgan) hat mir damals gesagt, ohne Brachflächen sei nichts zu machen. Also tu, was du vorschlägst. Du hast meine Unterstützung.«

In den zentralen Organen war das Vorurteil gegen die Brachflächen tief verwurzelt. Ich glaube, Breschnew ist es nicht leichtgefallen, die Stawropoler zu unterstützen.

Wieder flog ich nach Moskau. Zusammen mit Karlow, Leiter der Landwirtschaftsabteilung des ZK, und dem Landwirtschaftsministerium erarbeitete ich eine Vorlage für einen Beschluss des Politbüros und der Regierung, in der Stawropoler Region das Verfahren des »trockenen Ackerbaus« einzuführen. Der Beschluss kam bald darauf zustande. Aber die Tinte war noch nicht getrocknet, da wurde versucht, diesen Beschluss zu boykottieren. Zuerst taten sich die Funktionäre des Russischen Ministerrats dabei hervor; wenig später folgte zu meiner großen Verwunderung ein Beschluss des Politbüros, die Getreideanbauflächen in allen Regionen des Landes zu vergrößern. Aber da ich den Generalsekretär des ZK auf meiner Seite wusste, ließ ich mich nicht einschüchtern.

Im folgenden Jahr, 1977, war die Ernte gut, nicht zuletzt dank der Brachflächen und der Einbringung der Ernte mit einer neuen Technik. Und 1978 hatten wir eine wunderbare Ernte, zwei Tonnen pro Stawropoler; die Methoden des trockenen Ackerbaus bewährten sich immer mehr. Dieses System wird bis heute angewandt: Kürzlich war ich in meiner Heimat und freute mich darüber, dass jetzt 7,8 Millionen Tonnen Getreide in der Region eingebracht werden und es 2009 eine Rekordernte von neun Millionen Tonnen gab. Nikolaj Tereschtschenko wurde »Held der Sozialistischen Arbeit« und auf dem Parteitag der KPdSU ins ZK gewählt.

Diese Erfolge waren wichtig, stellten aber nur einen Teil unseres komplexen Programms dar. Alles lief auf die Futterbasis für die Viehzucht hinaus. Deshalb mussten neben dem Getreideanbau nach dem neuen Verfahren gleichzeitig der Bau des Kanals forciert und der Futteranbau auf die bewässerten Böden verlagert werden. Wieder half den Stawropolern der Generalsekretär. Er erkundigte sich dauernd, was der Kanal mache, und ich berichtete, alles laufe nach Plan. Aber einmal, als er wieder diese Antwort von mir bekommen hatte, sagte er: »Hör mal, Michail Sergejewitsch, ist der Stawropoler Kanal der größte der Welt?«

»Nein, natürlich nicht.«

»Und was baut und baut ihr dann, und immer noch ist kein Ende in Sicht?«

Ich geriet ins Schwitzen, beschloss aber, diese Bemerkung des Generalsekretärs auszunutzen. Zuerst erzählte ich Kulakow von diesem Gespräch. Seine Reaktion erstaunte mich: »Das kannst du dir kein zweites Mal sagen lassen!« Ich verstand den Sinn seiner Bemerkung und machte mich sofort zu einem Treffen mit Solomenzew, dem Vorsitzenden des Ministerrats der Russischen Föderation, und zum Russischen und Sowjetischen Ministerium für Bodenmelioration auf. Sie sagten uns ihre Unterstützung zu. Umso mehr als offenkundig war, dass der Bau gut war. Zwar sagte mir im Verlauf all dieser Gespräche jemand: »Gucken Sie bei Schibajew (damals Erster Sekretär des Gebietskomitees Saratow), wie man das Problem der Bewässerung lösen muss: Bei Ihnen ist es sehr teuer, das Zweieinhalb- bis Dreifache von dem, was es in Saratow kostet.« Ich sagte, wir machen alles nach Plan und leisten uns nichts, was überflüssig wäre.

Und wie sahen die Saratower Bewässerungsanlagen aus? Das habe ich mitgekriegt, als ich Landwirtschaftssekretär des ZK war. Die Saratower drangen auf eine radikale Verringerung der Flächen bewässerten Bodens, weil er nichts brachte. Ihre Methode war einfach: Sie errichteten Pumpstationen zur Entnahme von Wolgawasser und pumpten es hoch, um damit die Felder und Weiden zu begießen. Zwar wuchsen auf diesen befeuchteten Böden auch Futterpflanzen, aber im Ganzen war das ein Schildbürgerstreich und endete damit, dass die Böden schnell unfruchtbar wurden. Ein Teil versumpfte, der andere versalzte, bis man sie schließlich ganz abschreiben musste. Und es erforderte später eine Menge Arbeit, um sie wiederherzustellen.

Aber zurück zu Breschnews Frage: Wann ist der Bau des Kanals endlich fertig? Wenn wir uns anstrengten, konnten wir die Frist um ein Jahr verkürzen. An der Stelle, wo die Wasser des Kuban durch den großen Stawropoler Kanal zu den trockenen Steppen des Stawropoler Landes abbiegen, kam die Losung auf: »Der Kuban fließt wider Willen, wo die Bolschewiki wollen. Wenn die Bolschewiki wollen!«

Ohne das Ende des Baus der Bewässerungsanlagen über die Länge des ganzen Kanals abzuwarten, nahmen wir die fertigen schon in Betrieb. Auf diese Weise hatten wir eine verlässliche Basis, um das Vieh füttern zu können. Das war ein Riesensieg.

Das Stawropoler Land ist berühmt für seine feinwolligen Schafe. Um die Bedeutung dieses Wirtschaftszweigs ermessen zu können, muss man wissen, dass 27 Prozent der gesamten feinen Wolle der Russischen Föderation aus unserer Region kommt. Wenn das Vieh Anfang Frühling nach dem Lammen auf die Weide getrieben wurde, erreichte sein Bestand ungefähr 10 Millionen. Ich weiß nicht, warum, aber Breschnew hatte diese Zahlen immer im Kopf; offenbar verband er sie mit den Besonderheiten unserer Region. Jedes Mal, wenn wir uns unter vier Augen oder mit anderen Sekretären trafen, löcherte er mich: Was macht der Kanalbau? Und die zweite Frage lautete: Was macht das »Schafreich«? Sodass ich, schon bevor ich Generalsekretär wurde, über ein Reich gebot.

In unserer Region wurden neue Rassen gezüchtet und in andere Regionen geliefert. Unsere Schafe lieferten anderthalb bis zweimal so viel Wolle wie die Schafe anderer Regionen. Ich will nicht auf alle Einzelheiten eingehen, aber es gelang uns, Lösungsansätze zu finden. So erreichten wir die Annahme des Beschlusses des ZK der KPdSU und des Ministerrats der UdSSR »Über die Weiterentwicklung und Sicherung der materiellen und technischen Basis für die Zucht reinrassiger feinwolliger Schafe in der Region Stawropol«.

Ende der siebziger Jahre konnten dann Hunderttausende von Rasseschafen aus unserer Region weiterverkauft werden. Besonders wertvolle Exemplare gingen auch nach Indien, in die Länder Zentral- und Osteuropas und in arabische und asiatische Länder. Das brachte hohe Einnahmen. Es wurde mehr Wolle geschoren, und ihre Qualität war merklich gestiegen. Endlich rentierte sich die Schafzucht.

Was uns noch zu schaffen machte, war die Fleischproduktion. Das Stawropoler Land war zu hohen Fleischlieferungen in andere Regionen verpflichtet. Die Situation auf dem Markt für tierische Erzeugnisse hatte sich damals extrem verschlechtert. Nicht nur die Industriezentren, sondern auch das Kuban-, das Dongebiet und das Stawropoler Land, die größten Produzenten und Lieferanten von Getreide, Fleisch, Milch, Gemüse und Obst für den Markt litten Not. Unsere Region musste 75 Prozent, die Region Krasnodar 80 Prozent und Rostow 56 Prozent des erzeugten Fleisches abliefern. Die Planauflagen waren so hoch, dass, um sie erfüllen zu können, auch das Vieh in den privaten Nebenwirtschaften hinzugezogen werden musste. Alles ging dabei drauf, die Kontrollen waren streng und lückenlos. Infolgedessen wurde die Versorgung der eigenen Bewohner mit Fleischprodukten schlechter und schlechter. Immer häufiger wurde man deswegen bei Reisen durch die Städte und Dörfer von der Bevölkerung angegriffen. Im Chemiekombinat Newinnomysk wurde ich beschuldigt, mich beim ZK einschmeicheln zu wollen, alles in andere Regionen zu verschicken und meine Verantwortung für die Einwohner des Stawropoler Lands zu vernachlässigen.

Die Unzufriedenheit der Bewohner der Region nahm brenzlige Formen an. Ich beschloss, einen Bericht ans ZK der KPdSU zu schreiben und um eine Neuregelung der Verteilung der Lebensmittelressourcen zu bitten. Die Kubaner machten dasselbe. Das Sekretariat des ZK unter dem Vorsitz von Suslow diskutierte beide Berichte und rief das Sowjetische Ministerium der Russischen Föderation auf, die Situation zu überprüfen. Im Gespräch mit Solomenzew wurde mir gesagt:»Ihre Bitten sind berechtigt, aber die russische Regierung sieht sich nicht in der Lage, etwas daran zu ändern.« Damit hatte sich der Kreis geschlossen.

Also mussten wir die Sache selbst in die Hand nehmen. Wir kamen auf die Idee, in anderthalb bis zwei Jahren neue Möglichkeiten in der Geflügelindustrie zu schaffen, indem wir die ganze Geflügelzucht in 28 Großbetrieben konzentrierten und einen Teil der Planablieferungen auf die Geflügelindustrie verlegten. Was in den Nebenwirtschaften produziert wurde, sollte dagegen für die Versorgung der Einwohner verwandt werden. Mein Plan war, die Billigung für die Ausdehnung der Geflügelzuchtanlagen zu erreichen, dann würde das Futter von selbst kommen, denn die Geflügelindustrie gehörte zu den Prioritäten Russlands. Ein listiges Manöver? Vielleicht. Aber ich hatte keine Gewissensbisse, denn das Stawropoler Land lieferte dem Staat große Mengen Getreide.

Wir hatten die Unterstützung von Nikolaj Wasiljew, dem stellvertretenden Vorsitzenden der Regierung der Russischen Föderation. Er war ein leidenschaftlicher Befürworter der Industrialisierung der Landwirtschaft. Das Programm wurde binnen zwei Jahren verwirklicht. Das Regionskomitee stoppte vorübergehend den Bau zu Produktionszwecken, um die Baukapazitäten für die Geflügelgroßanlagen auszunutzen. Auch die Städte der Region halfen beim Bau der Anlagen. Bis zu meiner Abreise nach Moskau hatte sich die Geflügelfleischproduktion von 11 000 auf 44 000 Tonnen erhöht, später stieg sie auf 75 000 Tonnen. Gleichzeitig wurde ein Programm zur Unterstützung der individuellen Nebenwirtschaften und zur Gründung von Gartengenossenschaften rund um die Städte umgesetzt. Die Produktion dieser Genossenschaften kam der einheimischen Bevölkerung zugute. Daraufhin entspannte sich die Situation dauerhaft.

In diesen Jahren musste die Industrialisierung der Region vorangetrieben werden. Das Stawropoler Land wurde Zentrum elektronischer, elektrotechnischer und chemischer Industrie, Zentrum der Zementindustrie sowie des Maschinenbaus. Neue Kraftwerke und die Renovierung der alten befreiten die Region vom ständigen Energiemangel – später floss diese Energie sogar in die Nachbargebiete. Hinzu kam, dass Siedlungen mit Gas versorgt und Straßen gebaut wurden, die nicht nur die Städte und Kreiszentren, sondern auch die meisten Dörfer miteinander verbanden. Auch die Modernisierung der Leicht- und Schwerindustrie wurde in Angriff genommen.

Als nun Bittsteller aus den Ministerien und den Behörden ins Stawropoler Land kamen, um eine Erlaubnis zum Bau neuer Betriebe oder zum Ausbau der alten zu erhalten, nutzten wir das, um die Lösung sozialer Probleme von ihnen zu fordern. Wir mussten Gesamtpläne erstellen und nahmen zu diesem Zweck die Zusammenarbeit mit wissenschaftlichen Zentren der Hauptstadt auf. Das erhöhte die gesamte Arbeitsleistung, machte unsere Regionalpolitik solider und half, Fehler zu vermeiden.

Auch mit den Kurorten von Kawkaskije Mineralnyje Wody mussten wir uns befassen. Zweieinhalb Millionen vorangemeldete und zweimal so viele spontane Gäste aufzunehmen und zu bedienen, ist kein Kinderspiel. Die Kurorte bewältigten die große Nachfrage nach Dienstleistungen nicht, die Kurortausstattung musste verbreitert und erneuert werden. Mit der Unterstützung von Kosygin und Masurow wurden in dieser Region Grundsatzentscheidungen möglich, die das Aussehen der Kurorte und deren Infrastruktur so verbesserten, dass danach ein regelrechter Boom einsetzte. Neue Sanatorien und Touristenherbergen schossen wie Pilze aus dem Boden, eine moderne Infrastruktur entstand. Der teure Umbau des Flughafens von Mineralnyje Wody begann. Er wurde einer der Großflughäfen des Landes.

Wenn ich das alles so niederschreibe, frage ich mich, ob es dem Leser nicht zu viel wird: die ganzen Ernten, Dürren, Bewässerung, Straßen, Kurorte und so weiter. Die endlosen Pläne, Ausarbeitungen,

Plenen und Berichte für das ZK, das Hofieren der Führung und die Zusammenstöße mit den Ewiggestrigen ... Schon damals kam mir immer öfter der Gedanke: Warum stößt jedes Vorhaben, das im Interesse der Gesellschaft ist, auf Misstrauen oder wird sofort abgeschmettert? Woran liegt es, dass das System so wenig empfänglich für Neuerungen ist und alles Neue abstößt?

Auch andere »ketzerische Gedanken« gingen mir durch den Kopf, aber zum ernsthaften Nachdenken kam ich nicht. Tag und Nacht arbeitete ich mit den Stawropolern daran, meine Absichten zu verwirklichen und die Entwicklung der Region voranzutreiben. Die Hauptsache war, den Weg für die Zukunft zu ebnen. Es hing viel von meinen Handlungen ab, aber alle meine Absichten mussten utopisch bleiben, wenn ich keine Gleichgesinnten fand.

Mein Führungsstil bestand darin, jedem Kader die Chance zu geben, sich zu entfalten. Die einen brachten tatsächlich ihr Potenzial ein, die anderen baten um Versetzung oder Pensionierung, weil ihnen die neuen Aufgaben über den Kopf wuchsen. Ich lege meine Hand nicht für jeden Fall ins Feuer, aber die Erneuerung der Kader erfasste alle Bereiche der Region, und, mir scheint, sie verlief dynamisch und ohne große Härte.

Es zeigte sich schnell, dass um einen grundlegenden personellen Wechsel auf der Ebene der Ersten Sekretäre der Stadt- und Kreiskomitees der Partei nicht herumzukommen war. Ich wartete nicht bis zu den nächsten Wahlen. Ich kann wahrlich nicht behaupten, dass dieser Prozess einfach war: Anfangs hatte er negative Folgen, aber später zahlte er sich hundertfach aus. Die Sekretäre der Parteikomitees begaben sich zusammen mit mir auf die schwierige Suche, etliche waren mir nicht nur eine Stütze in der Arbeit, sondern wurden Vertraute.

Unter allen Parteiämtern war das Amt des Ersten Sekretärs des Stadt- beziehungsweise Bezirkskomitees das schwerste und verantwortungsvollste. Man musste Politiker und Praktiker, Lehrmeister und Organisator, kompetenter Wirtschaftler, Taktiker, ja zumindest im Bezirksmaßstab auch Stratege sein. Erschwerend kam hinzu, dass die Amtsinhaber die Hauptsache, nämlich die Psychologie der Kommunikation und die Kunst, mit Menschen zu arbeiten, nie gelernt hatten. Alles hing nur von den natürlichen menschlichen Qualitäten der entsprechenden Führungspersönlichkeit ab, von ihrem Verständnis, dass Menschen sehr viel mehr und besser arbeiten, wenn es nicht auf Befehl und mit Zwang geschieht, sondern aus Interesse und weil man mit ihnen ordentlich umgeht. Der Sekretär eines Bezirkskomitees musste ein ganzes Spektrum von Vorzügen haben. Solche Leute zu finden, war wirklich schwierig.

Die »schnelle Einsatztruppe«

In der KPdSU gab es »besondere« Informationskanäle, und alle wussten sehr wohl, dass es bestimmte Gruppen gab, die maßgeblichen Einfluss hatten. Es gab auch eine Art »schnelle Einsatztruppe«, die das besondere Vertrauen des Generalsekretärs genoss. Zu dieser Truppe gehörten die Sekretäre Kulitschenko von Wolgograd, Schibajew vom Altai, Kowalenko aus Oranienburg und Leonow aus Sachalin. Die meisten waren enge Verbündete Kulakows. Jedes Mal, wenn Breschnew Unterstützung brauchte oder eine Intrige gesponnen wurde, schaltete sich die »schnelle Einsatztruppe« ein. Sie gab bei den Diskussionen im Plenum und bei den Parteitagen den Ton an, und wenn aus ihrem Mund irgendeine Kritik an der Regierung verlautete oder ein Vorschlag vorgebracht wurde, wussten alle, woher das kam und wessen Interesse sie zum Ausdruck brachte.

Mit diesen Leuten wollte mich mein Nachbar Solotuchin, Sekretär des Regionskomitees von Krasnodar und Vorgänger Sergej Medunows, bekannt machen. Das geschah im Hotel Moskwa. Sobald Solotuchin und ich das Luxusappartement betraten, verstand ich, an wen und wohin ich geraten war. Die Bekanntschaft begann wie zu Zeiten Peters des Großen damit, dass man mir ein großes, bis zum Rand mit Wodka gefülltes Glas reichte und mich einlud, mich dem fröhlichen Gelage anzuschließen. Ich nippte ein wenig an dem Glas und stellte es wieder auf den Tisch, womit ich allgemeines Misstrauen erregte.

»Was ist denn das?«, fragte Kowalenko mit offener Unzufriedenheit.

»Ich habe mein eigenes System«, antwortete ich. »Langsam, aber sicher.«

Alle lachten über den Witz und beruhigten sich sofort. Aber mein »System« war eigentlich ganz einfach: Ich war kein Freund des Alkohols, obwohl ich, wenn ich in Stimmung war, durchaus nicht weniger als andere trank.

Das Tischgespräch kam wieder in Gang. Die erste Frage, die mir gestellt wurde, lautete: »Wie verstehst du dich mit Breschnew?«

Das war offenbar das Hauptkriterium für das Vertrauen der Runde.

»Ich glaube, gut.«

Dann begrüßten sie mich in ihrem Kreis als den jüngsten Sekretär eines Regionskomitees im ganzen Land. Das Gespräch kam auf die Regierung, richtiger: auf Kosygin und auf den Obersten Sowjet, das heißt auf Podgornyj. Offenbar wurde damit das Gespräch, das ich mit meinem Erscheinen unterbrochen hatte, fortgeführt. Es war gerade die Zeit der politischen »Beerdigung« Kosygins, und in Breschnews Umfeld machte man sich durch Kritik an der Regierung beliebt.

In diesen Jahren war man ständig mit dem System der Entscheidungen der Kommandowirtschaft und des bürokratisch zentralisierten Staates konfrontiert. Fast für jede Frage musste man bei der Staatlichen Planungskommission vorsprechen und das Einverständnis Dutzender Ministerien und Behörden sowie Hunderter von Amtspersonen vorweisen. Ständig musste man nach Moskau fahren, sich mit jemand treffen und Druck machen, um dann feststellen zu müssen, dass die Sache von den Beamten verschiedener Systeme gebremst wurde. Man musste viel unternehmen, um es den Moskauer Beamten recht zu machen. Ein Land der Bittsteller und Förderer, obwohl doch eigentlich im Rahmen der Planwirtschaft alles vernünftig zugehen sollte. In der Praxis sah das anders aus. Die Überzentralisierung, bei der alles im Zentrum dieses Riesenstaates entschieden werden sollte, lähmte die Gesellschaft. Die geringsten Abweichungen und Versuche, aus diesem System auszubrechen, wurden sofort unterbunden.

Nach dem Krieg kamen Produktionsgenossenschaften auf, die sich besonders da bewährten, wo die staatlichen Betriebe wenig tun konnten, zum Beispiel in der Kleinproduktion, im Dienstleistungssektor und in der Kommunalwirtschaft. Viele Güter der Produktionsgenossenschaften wurden sogar exportiert. Aber gerade diese Beweglichkeit, Flexibilität, relative wirtschaftliche und finanzielle Selbständigkeit wollte das System nicht zulassen, sodass die Produktionsgenossenschaften auf Beschluss des Unionszentrums aufgelöst wurden.

Viele Menschen haben noch das traurig endende Experiment vom Anfang der sechziger Jahre in Erinnerung, als in den Neulandgebieten Kasachstans die Bezahlung nach einem Prämien-Akkordsystem eingeführt wurde. Wie sehr sich die Journalisten der *Komsomolskaja Prawda* und Teile der Öffentlichkeit auch ins Zeug legten, um die Neuerung zu unterstützen und die Initiatoren zu verteidigen, ein Teil von ihnen landete im Gefängnis. Lange wagte es keiner, diesen Versuch zu wiederholen. Dasselbe Schicksal ereilte das Experiment des Chemiekombinats Newinnomysk. Das Ministerium stoppte die Versuche des Betriebs, seine Rechte zu erweitern, und erstickte die Initiative im Keim.

Diese Abschottung gegen jegliche Neuerungen wertete ich als Symptom einer chronischen Krankheit unserer Wirtschaft, die kuriert werden musste. Und oben? Oben dachten viele genauso, trauten sich aber nicht, ein Risiko einzugehen. Mit dem Nachdenken über diese »verflixten Fragen« begann die zweite Phase meiner Arbeit als Erster Sekretär des Regionskomitees. Anfangs glaubte ich, die nachlässigen und inkompetenten Kader, die unvollkommenen Verwaltungsstrukturen und Lücken in der Gesetzgebung seien schuld daran, dass der Einsatz der riesigen Mittel nicht die erwünschte Wirkung hatte. Belege dafür gab es mehr als genug. Doch langsam reifte bei mir die Überzeugung heran, dass das nicht alles war, dass die Ursachen für die geringe Effektivität sehr viel tiefer lagen.

Die meisten Menschen sahen, wie sich die Situation verschlechterte, während die Spitze und die Propaganda ihre Erfolge anpriesen. Das Zentrum erwartete prompte, atemberaubende Ergebnisse aus den Landesteilen. Doch nur wo es eine Nachfrage gibt, stellt sich auch das Angebot ein. Zu Beginn eines jeden Jahres gaben die Gebietskomitees die Verpflichtungen der Arbeitskollektive ihrer Region an die Zentrale Presse weiter. Sie wurden deklariert und vergessen, im Zentrum wie auch vor Ort. Frechheit siegte: Diejenigen, die malochten, wurden mitleidig betrachtet und galten als dumm …

Viele Abstrusitäten gingen durch, wenn die »Idee« von oben kam. Wenn du selbst auf eine Idee gekommen warst, musstest du dich auf alles gefasst machen. Bei genauer Einhaltung sämtlicher von oben kommender Verfügungen und Instruktionen war es einfach unmöglich, etwas Sinnvolles zustande zu bringen. Es ist kein Zufall, dass damals der Spruch kursierte: »Initiative ist strafbar.«

Einmal führte mich ein Kolchosvorsitzender lange durch seine Kolchosefelder. »Gefällt dir die Bewässerung?«, fragte er so nebenbei, als ich wegfahren wollte.

»Natürlich, bis zu einem Gewässer ist es ja weit. Woher habt ihr denn die Rohre?«

Der Vorsitzende schwieg und sagte dann unwillig: »Ich habe sie auf dem freien Markt gekauft …«

»Hast du sie geklaut?«

»Vielleicht …«

Manchmal gerieten die Leiter in Teufels Küche, wenn sie zu solchen Methoden griffen, und baten dann, sie zu verteidigen. Das Einzige, was ein Sekretär des Gebietskomitees in so einem Fall machen konnte, war, dem Staatsanwalt zu sagen: »Sei kein Formalist, schau auf das Wesentliche.«

So ein Einspruch konnte damals viel bewirken. Aber nicht selten fanden sich tüchtige und ehrliche Führungspersönlichkeiten auch in der Situation von Gesetzesbrechern und kamen auf die Anklage-

179

bank. In einem System, in dem noch die letzte Kleinigkeit vom Plan bestimmt wird, gibt es für Menschen mit Initiative und Unternehmungsgeist keinen Platz. Gleichzeitig versuchte die mit dem geringen Einsatz unzufriedene Spitze, das Dilemma durch einen Personalwechsel oder neue Verwaltungsstrukturen zu beheben. Auf diese Weise wurde die starre Verwaltungsstruktur noch unflexibler.

Je mehr und je tiefer ich in die Wirklichkeit eindrang, desto nachdenklicher wurde ich und suchte Antwort auf meine Fragen und Zweifel.

Wie es bei den anderen aussieht ...

Während der Jahre meiner Arbeit als Sekretär des Regionskomitees änderten sich meine Interessen stark. Zuerst kümmerte ich mich im Wesentlichen um lokale Probleme, später um gesamtstaatliche, innen- und außenpolitische. Mein Bedürfnis, im Meinungsaustausch mit Kollegen, Wissenschaftlern und Kulturschaffenden umfangreichere und zuverlässige Information zu bekommen, wuchs immer mehr. Ich nahm jede Gelegenheit wahr, um zu erfahren, was in anderen Regionen los war. Ich fuhr zu Tagungen, Seminaren, Konferenzen, Feiern und benutzte auch meinen Urlaub dazu. Dabei sei angemerkt, dass ich die Region nur mit Erlaubnis des ZK verlassen durfte. Ich war in Leningrad, Baku, Taschkent, Alma-Ata, Krasnodar, Rostow, Donezk, Jaroslawl, aber auch in anderen Städten und Regionen der Sowjetunion. Besonders profitierte ich von der Erfahrung im Bereich sozialer Planung in Leningrad, wissenschaftlicher Arbeitsorganisation in Rybinsk und der Hilfe für die Landwirtschaft in Donezk.

1975 machten Raissa und ich auf Einladung von Scharaf Raschidow Urlaub in Usbekistan. In Taschkent wurden wir so überschwänglich begrüßt, dass unsere Urlaubsreise einen offiziellen Anstrich bekam. Raschidow veranstaltete an unserem Ankunftstag ein Abendessen, zu dem er alle Sekretäre des ZK und das Politbüro der Republik einlud. Das kam für mich unerwartet. Bei diesem Abendessen platzierte Raschidow Raissa und mich neben sich und seine Gattin, und wir genossen die Freuden der Gastfreundschaft. Wir kosteten zum ersten Mal die exquisiten usbekischen Fladen, frisches und gedörrtes Obst, geröstete gesalzene Nüsse und usbekischen Plow.

Der folgende Tag war gänzlich der Bekanntschaft mit Taschkent gewidmet, einer riesigen, schönen, modernen Stadt, die nach dem verheerenden Erdbeben von 1966 zu neuem Leben erwacht war. Prächtige moderne Architekturensembles, Brunnen und Blumen … Aber ich erfuhr auch, dass es ein anderes Taschkent gibt: alte, ärmliche Häuser; Enge, das Fehlen jeglichen Komforts, Verwahrlosung, unhygienische Zustände.

Unsere Reise durch die Republik begann mit den Städten Buchara und Samarkand. Freunde, darunter auch mein alter Komsomol-Genosse Kajum Murtasajew, damals Erster Sekretär des Gebietskomitees von Buchara, zeigten uns stolz die alten architektonischen Meisterwerke. Sie vergaßen auch nicht, den selbständigen Staat Buchara zu erwähnen, der unter dem Zaren einen besonderen Status hatte. In Samarkand sahen wir zum ersten Mal einen richtigen orientalischen Basar: Berge von Wasser- und Honigmelonen, Weintrauben, große Tomaten, gedörrte Aprikosen, Rosinen, verschiedenes anderes Obst, Gemüse und Kräuter.

Murtasajew freute sich über das Treffen, blickte aber ängstlich auf den Sekretär des ZK, der uns auf Geheiß von Raschidow begleitete. In einem unbeobachteten Augenblick machte er seiner Sorge über die Situation in Usbekistan Luft: Raschidow sei ein gefährlicher Heuchler, vor dem man auf der Hut sein müsse, seine Helfershelfer und er stellten tüchtige, eigenverantwortlich handelnde Kader kurzerhand kalt …

Tatsächlich fiel Murtasajew, in dem Raschidow einen Konkurrenten sah, ihm bald zum Opfer. Er wurde nach Taschkent versetzt, zum Vorsitzenden des Komitees für Arbeitskraftreserven ernannt und somit aus der aktiven Politik ausgeschlossen. Er geriet so in die Isolation, dass es an seinen Kräften zehrte, und starb früh. Viele Jahre später lernte ich seinen Sohn Akram Murtasajew kennen, der zusammen mit Dmitrij Muratow die *Nowaja gaseta*[16] aus der Taufe hob. Wie die Söhne doch den Vätern gleichen …

Nach Buchara und Samarkand waren wir in Sarafschan und Nawoj, neuen Städten, in denen sich Rüstungs- und andere besonders wichtige Betriebe befinden. In Nawoj, einer Wüstenstadt, wird Gold gefördert. Man führte uns herum und zeigte uns das Erz, aus dem das »gelbe Metall« gewonnen wird. Wir flogen über die Wüste und fuhren dann durch die Wüste Kysylkum (roter Sand). Hin und wieder tauchten kleine grüne Oasen auf, eine Schafherde an einem Brunnen, primitive Unterkünfte.

Auf dieser Reise kam ich auch in usbekische Häuser. Die Usbeken lebten ärmlich, in Großfamilien. In der Regel bauten sie zwei Häuser nebeneinander mit einem Dach aus Schiefer, Dachpappe oder Lehm. Durch eine Art Veranda waren diese beiden Häuser miteinander verbunden; im einen lebten die Alten, im anderen die Jungen. Viele Häuser waren erhöht, standen gleichsam auf Pfählen, damit die Luft bei der Hitze zirkulieren konnte. In Erinnerung geblieben sind mir von dieser Reise Gespräche mit einfachen Leuten, die partout nicht verstanden, warum sie die ganze Sowjetunion mit Baumwolle versorgen sollten, selbst aber nur unzureichend Lebensmittel bekamen. »Wenn wir den ganzen Boden für die Baumwolle opfern, müssen die anderen aber auch an uns denken.«

Noch im Stadtkomitee von Stawropol führte mich das Schicksal mit Degtarjow zusammen, dem Sekretär des Gebietskomitees von Donezk. Er war eine bedeutende Persönlichkeit auf der politischen Bühne der damaligen Zeit, stand von der Kompetenz und vom Horizont in nichts Schtscherbizkij nach und war lange Mitglied des Politbüros des ZK der Kommunistischen Partei der Ukraine. Aber er war ein Vertrauter von Schelest, und mit dem Sturz dieses Mannes

---

16 Der Name *Nowaja gaseta* (»Neue Zeitung«) steht für investigativen Journalismus. Sie ging 1999 aus einer der ersten unabhängigen russischen Tageszeitungen hervor, die Chefredakteur Dmitrij Muratow mit Kollegen der ehemals sowjetischen Jugendzeitung *Komsomolskaja Prawda* gründete. (Anm. d. Übers.)

war auch seine Karriere vorbei. Zuerst wurde er versetzt, dann in Pension geschickt.

Jedes Treffen wurde zu einem langen offenen Gespräch zwischen uns, wir kannten keine verbotenen Themen. Ihn bewegten dieselben Probleme wie mich. Wir spürten fast körperlich, wie die Gesellschaft an Energie verlor. Man musste handeln, aber die Hände waren einem durch veraltete Dogmen und Instruktionen gebunden.

»Weißt du«, sagte Degtjarjow, »ich verstoße bewusst gegen manche idiotische Bestimmungen, sonst geht alles den Bach runter.«

Das konnte man ihm nicht verdenken. Donezk hat die Größe eines Staates: 5 Millionen Einwohner, 23 Millionen Tonnen Stahl, über Hundert Millionen Tonnen Kohle, bedeutender Maschinenbau, entwickelte Landwirtschaft und Schifffahrt. Probleme bis zum Hals: Wohnraum, Lebensmittel, Ökologie, das Schicksal der alten, schlecht eingerichteten Bergbausiedlungen. Und dann die Unmöglichkeit, auch nur einen Teil der Produktion dieses gewaltigen Gebiets für die eigenen Bedürfnisse nutzen zu können.

Beim Plenum des ZK lud mich Degtarjow einmal in einer Pause ein, durch den Kreml zu spazieren. Wir kamen vom Hölzchen aufs Stöckchen, doch auf einmal fragte er:»Hör mal, Michail, was soll das eigentlich alles, diese Sowjets, Exekutivkomitees, die zahllosen Unions- und Republikbehörden? Das ZK und die Republik- und Gebietskomitees der Partei entscheiden doch eh alles. Man sollte ihnen die Macht vollständig übertragen und die anderen Institutionen abschaffen.«

Ich teilte seine Empörung über das ausufernde Verwaltungssystem: neue Institutionen sprossen wie Pilze aus dem Boden; um die einfachsten Dinge zu entscheiden, musste man sich die Hacken ablaufen. Aber Degtarjows Vorstellungen waren mir doch zu radikal.

»Und wie soll man rechtfertigen«, wandte ich ein, »dass dem ZK und den Gebietskomitees diese Macht nicht vom ganzen Volk übertragen worden ist? Das wäre Usurpation der Macht, Diktatur der Partei. Wenn man die Sowjets abschafft, müssten die Parteiorgane durch das Volk gewählt werden. Wie soll das gehen?«

183

Während des Urlaubs mit Jurij Andropow, 1976

Andropow, Kosygin, Kulakow

Andropow lernte ich kennen, als ich Zweiter Sekretär des Regionskomitees war. Die Ereignisse des August 1968 hatten ihm nicht erlaubt, zur üblichen Zeit Urlaub zu machen, und so kam er im April 1969 nach Schelesnowodsk. Da Andropow den Höflichkeitsbesuch des Ersten Sekretärs vorsichtig abgelehnt hatte, schickte Jefremow mich vor.

Der KGB-Chef hatte sich im Sanatorium Eichenhain einquartiert, in einer Drei-Zimmer-Luxussuite. Ich erschien zur vereinbarten Zeit, wurde jedoch gebeten zu warten. Es vergingen vierzig Minuten. Endlich kam er heraus, begrüßte mich herzlich und entschuldigte sich, er habe ein »wichtiges Gespräch mit Moskau« geführt. »Ich kann Ihnen eine wichtige Neuigkeit mitteilen. Das Plenum des ZK der Kommunistischen Partei der Tschechoslowakei hat Gustáv Husák als Ersten Sekretär gewählt.« Das war nach Andropows Meinung ein Hinweis darauf, dass sich die Lage in der Tschechoslowakei stabilisiere.

Der fotografiebegeisterte Andropow – Mitglied des Politbüros, Vorsitzender des KGB, General der Armee – macht eine Aufnahme von Raissa und Michail Gorbatschow im Stawropoler Land, 1976.

Später trafen wir uns noch öfter. Zweimal machten wir zur selben Zeit Urlaub: er in der Villa des Sanatoriums Rote Steine, ich direkt im Sanatorium. Zusammen mit unseren Familien unternahmen wir Wanderungen in der Umgebung von Kislowodsk und fuhren in die Berge. Manchmal blieben wir bis spätabends, saßen am Lagerfeuer und machten Schaschlik. Andropow war wie ich kein Freund lauter Gelage. Er brauchte nur die wunderschöne südliche Nacht, Stille, das Lagerfeuer und ein gutes Gespräch.

Die Offiziere der Leibwache brachten ein Tonband. Erst später erfuhr ich, dass Andropow die Musik außerordentlich liebte. Er hörte sich im Urlaub gern die Barden der sechziger Jahre an, besonders Wysozkij und Wisbor. Er mochte ihre Lieder und sang auch selbst nicht übel, ähnlich wie seine Frau Tatjana Filippowna. Einmal schlug er mir vor zu wetten, wer von uns beiden mehr Kosakenlieder kennt. Ich war so leichtsinnig einzuwilligen und musste eine totale Niederlage einstecken. Andropow war nämlich unter den Terek-Kosaken aufgewachsen.

Standen wir uns nah? Ich glaube, ja. Ich sage das mit einem gewissen Zweifel, denn später musste ich feststellen, dass einfache menschliche Gefühle an der Spitze fast ein Ding der Unmöglichkeit sind. Doch trotz Andropows Zurückhaltung spürte ich sein Wohlwollen, selbst dann, wenn er mir zürnte und mich kritisierte. Die Situation im Land und die Gefahr, die der Gesellschaft drohte, konnte er besser einschätzen als viele führende Funktionäre. Aber wie die meisten meinte er wohl, man müsse nur die Kader auf Trab bringen und mehr auf Disziplin achten, dann wäre alles in Ordnung. Bei ideologischen Konflikten reagierte Andropow heftig. Die wirtschaftlichen Probleme dagegen nahm er auf die leichte Schulter. Die Tatsache, dass eine Reform nach der anderen im Sande verlief, rührte ihn nicht.

Mein Verhältnis zu Kosygin war anders. Sicher, er war ein großer Politiker und interessanter Mann, und ich bewunderte sein Gedächtnis. Er hatte jede Menge Zahlen und Fakten im Kopf, die für die reale Situation in unserem Land und der Welt von Bedeutung waren. Als er uns in Stawropol besuchte, traf er sich mit den Leitern der Kolchosen und Sowchosen und zeigte reges Interesse am Landleben. Ich hatte das Gefühl, er wollte verstehen, warum der Agrarsektor ständig Probleme machte. Er konnte es nicht ausstehen, wenn ihm die lokale Führung der Region bei Reisen den Hof machte, er mochte kein offizielles Getue, hatte kein Faible für Gelage und inhaltslose Tischreden. Ihm gefielen Treffen mit Menschen, Arbeit an Dokumenten, Lektüre, Spaziergänge …

Kosygin trat immer sehr bescheiden, ja anspruchslos auf, seine Askese erinnerte an Suslow. Im Urlaub quartierte er sich nie in der Villa ein, sondern im öffentlich zugänglichen Gebäudeteil des Sanatoriums Rote Steine. Das sprach zwar scheinbar ebenfalls für seine Bescheidenheit, aber nur bedingt. Seine Dienste und er belegten in solchen Fällen nämlich eine ganze Etage. Kontakten und Gesprächen mit anderen Kurgästen ging Kosygin nicht aus dem Weg, sondern tat sich keinen Zwang an.

186

Doch selbst wenn ich mit Kosygin allein war, schottete er sich mehr ab als Andropow; selbst bei dem offensten Gespräch wahrte er Distanz. Diese Vorsicht und Zurückhaltung ist verständlich. Zu lange war er an der Spitze gewesen und hatte seinerzeit mit Wosnesenskij und Kusnezow gearbeitet, die später hingerichtet worden waren. Kosygin war wohl der Einzige aus dieser Gruppe, der überlebt hat.

Auf die Stalinzeit kam er nicht gern zu sprechen. Einmal hatten wir jedoch ein Gespräch: »Das Leben war wirklich hart. Vor allem moralisch, oder besser: psychologisch. Im Grunde genommen standen wir ständig unter Aufsicht, egal, wo ich war«, sagte er bitter, »nirgends war ich allein.« Das sagte ein Mann, der immerhin zur höchsten politischen Leitung des Landes unter Stalin gehört hatte.

Beim ersten Treffen entspann sich zwischen uns eine Diskussion, die wir mit Unterbrechungen die ganzen nächsten Jahre fortführten. Es ging um das von mir schon oft erwähnte Thema, das Funktionieren der Wirtschaft durch Anreize für die Menschen zu verbessern.

»Ich bin ZK-Mitglied, Deputierter des Obersten Sowjets und trage eine große Verantwortung. Aber ich habe weder das Recht noch die finanziellen Mittel, um die einfachsten Entscheidungen zu treffen. Den Hauptteil der Steuern der Betriebe und der Bevölkerung bekommt das Zentrum. Ich kann im Rahmen meines Budgets für Gehälter noch nicht einmal das Personal wechseln, um ein paar tüchtige Mitarbeiter zu einem guten Gehalt einzustellen. Stattdessen habe ich fünfzehn schlecht bezahlte, aus denen man unmöglich ein gutes Team zusammenstellen kann. So gibt Moskau überall einen engen Rahmen vor. Das führt im Endeffekt dazu, dass der Verwaltungsapparat immer inkompetenter wird.« Das sagte ich ihm ziemlich geladen.

Kosygin hörte sich das schweigend an, lächelte manchmal über meine Aufregung, zeigte aber kein besonderes Interesse an diesem Thema. Er hatte eine ganz besondere Art zu schweigen. Ich sah, dass er meine Ansicht teilte, und obwohl er mich nicht bestätigte, war ich ihm dankbar für sein Verständnis.

Als wir die bewässerten Böden einzuführen begannen, kamen

Koreaner angereist und schlugen vor, dort Zwiebeln anzubauen. Vertraglich galt: 45 Tonnen Zwiebeln pro Hektar bekommt die Kolchose oder Sowchose, die restliche Ernte geht an die Brigade. Die Koreaner stellten diese Brigaden selbst zusammen, und zwar aus Zugereisten. Sie lebten die ganze Saison über in Zelten auf dem Feld und arbeiteten Tag und Nacht, bei jedem Wetter. Ihr Verdienst war sehr hoch. Davon verführt, versuchten einige unserer Stawropoler in diesen Brigaden mitzuarbeiten, aber sie hielten es nicht länger als eine Woche aus, dann flohen sie. Doch bald schaltete sich die Staatsanwaltschaft der UdSSR und die Kommission der Parteikontrolle des ZK ein: Das sei Raffgier, ein Verstoß gegen die Prinzipien des Sozialismus. Einige unserer Wirtschaftsfunktionäre wurden in die Mangel genommen und bestraft. Die Koreaner wurden verjagt, alle Verbindungen gekappt, die Zwiebeln ohne fremde Hilfe angebaut.

Ausgerechnet nach diesem Vorfall machte Kosygin bei uns Urlaub. Er landete morgens, um 12 Uhr kamen wir in Kislowodsk an. Ich schlug vor zu frühstücken. Wir setzten uns an den Tisch, es gab Gemüse, darunter auch frisch geschnittenen Lauch.

»Wie ist eigentlich die ›Zwiebelgeschichte‹ bei euch ausgegangen?«, fragte Kosygin plötzlich.

»Gut«, sagte ich betont gutgelaunt »jetzt herrscht bei uns Ordnung.«

»Was heißt Ordnung?«

»Als die Koreaner da waren, deckte Stawropol nicht nur seinen eigenen Bedarf an Zwiebeln, sondern schickte noch 15 bis 20 Tonnen woandershin. Jetzt haben wir uns von den Koreanern befreit und Ordnung geschaffen. Allerdings müssen wir nun Zwiebeln aus Usbekistan einführen, unsere eigenen reichen nicht.«

Kosygin kaute genüsslich seinen Schnittlauch und stellte keine Fragen mehr. Sie waren überflüssig. Er wusste, dass man wirtschaftliche Probleme mit Verboten nicht lösen kann. Er verstand, dass ich mich nicht nach der wilden »koreanischen Produktionsweise« zurücksehnte, sondern darüber nachdachte, wie ich genauso wirksame, aber zivilisiertere Anreize für die Arbeit finden konnte.

Der Vorsitzende des Ministerrats der UdSSR Alexej Kosygin im Stawropoler Land, siebziger Jahre

Manchmal hatten unsere Gespräche sogar praktische Auswirkungen. So wollte er zum Beispiel das Chemiekombinat Newinnomysk kennenlernen; wir fuhren hin, besichtigten es und setzten uns dann mit ein paar Spezialisten zusammen. Die Newinnomysker setzten dem Vorsitzenden der Unionsregierung ordentlich zu, besonders wegen der Ablehnung des Experiments ihrer Kollegen in Schtschokino durch den Minister für Chemieindustrie. Auf dem Rückweg brachte ich andere Bereiche der Volkswirtschaft ins Spiel.

»Wir haben eine kritische Situation im Gesundheitswesen. Aufgrund des lächerlichen Gehalts, das von oben festgesetzt ist, fehlt es in den Polikliniken und Krankenhäusern an Ärzten und noch mehr an Krankenschwestern und Pflegerinnen. Keiner kümmert sich um die Kranken. Das Problem bedarf dringend einer Lösung, und die gibt es auch. Geben Sie den Leitern der Krankenhäuser das Recht, im

Rahmen des festgesetzten Budgets selber über das Gehalt ihrer Mitarbeiter zu entscheiden, dann erledigt sich dieses Problem. 30 Prozent der Mittel werden ja nicht ausgeschöpft, weil die Leute sich weigern, für ein so niedriges Gehalt zu arbeiten. Einige leitende Ärzte verstoßen auf eigenes Risiko gegen die Bestimmungen, haben das Problem aber auf diese Weise gelöst …

Einige Monate später, als ich in Moskau war, musste ich zu Kosygin.

»Wissen Sie«, sagte er lächelnd, »hier in meinem Arbeitszimmer haben vor kurzem zwei Moskauer Ärzte gesessen, ein Mann und eine Frau, beide Leiter großer Krankenhäuser. Ich habe sie gefragt: ›Euer Minister will das Gehalt des mittleren Krankenhauspersonals um 10 bis 20 Rubel erhöhen, aber es gibt auch eine andere Variante: nämlich die Chefärzte im Rahmen des Budgets selbst über die Höhe des Gehalts entscheiden zu lassen. Welche Variante ziehen Sie vor?‹ Die Ärztin entschied sich sofort für den zweiten Vorschlag, auch der Mann schloss sich nach kurzem Nachdenken an. Es stellte sich heraus, dass der Personalmangel bei ihnen jedes Jahr 25 Prozent betrug und das Budget nie ausgeschöpft wurde. Ich habe schon mit dem Sekretär des Moskauer Stadtkomitees Grischin gesprochen, wir werden versuchen, diese Variante in Moskau in die Tat umzusetzen.«

Ich sah, wie er sich über diesen Sieg freute, auch wenn es nur ein lokaler war. Zu einer allgemeinen Verfügung kam es denn auch nicht. Und das im Gesundheitswesen. Was wollte man da von der eng mit dem allmächtigen militärindustriellen Komplex verbundenen Chemieindustrie erwarten? Wie erklärt sich die Hilflosigkeit der Unionsregierung? Offenbar band ihr die Angst vor einer Kettenreaktion die Hände. Denn genau davor hatte das System Angst.

Noch ein weiteres Gespräch ist mir in Erinnerung geblieben. Es ging um die Arbeitsproduktivität. Ich erzählte, was mir bei den Betriebsbesichtigungen in Frankreich aufgefallen war: »In einer vergleichbaren Unterabteilung arbeiten dort sehr viel weniger Fachkräfte.«

»Das liegt nicht an unseren Arbeitern«, sagte Kosygin, »die sind kaum schlechter als die Arbeiter im Ausland. Wir verlieren viel durch die schlechte Organisation der innerbetrieblichen Transportwege, der Lagerwirtschaft und der allgemeinen Produktionskultur. Die Hilfs- und Ingenieurarbeit muss automatisiert werden. Dazu sind große Veränderungen nötig. Das ist der Punkt!«

Da stellte ich ihm die entscheidende Frage: »Warum haben Sie dann nachgegeben und die Reform zu Grabe tragen lassen?«

Er schwieg und stellte dann eine Gegenfrage: »Warum haben Sie als Mitglied des ZK die Reform auf dem Plenum nicht verteidigt?«

»?«

Damit war das Gespräch zu Ende. Ich kam noch oft auf dieses Thema zurück, es nahm mich immer mehr gefangen. Darum willigte ich ein, als mir Kulakow im Herbst 1977 nach einer fünfstündigen Diskussion vorschlug, einen Bericht über die Probleme der Agrarwirtschaft zu verfassen. Ich wählte das wichtigste Problem für das Politbüro aus: die wirtschaftlichen Zusammenhänge zwischen der Landwirtschaft und den anderen Wirtschaftszweigen, Fragen der Steuerung.

Selbst jemandem, der von Wirtschaft nichts versteht, ist klar: Wenn die Preise zwischen den Produzenten nicht ausgewogen sind, droht der benachteiligten Seite die Pleite. Genau das geschah mit der Landwirtschaft. Die Verkaufspreise waren so niedrig, dass mit dem Anwachsen der Produktion nur die Verluste der Kolchosen und Sowchosen wuchsen.

Zu meiner Zeit versuchte man zweimal, diesen Sachverhalt zu korrigieren; 1953 nach Stalins Tod und 1965 kurz nach dem Sturz Chruschtschows. Sobald die Kolchosen und Sowchosen mehr Selbständigkeit bekamen und die Verkaufspreise sich den realen Kosten annäherten, stieg die landwirtschaftliche Produktion an. Aber in dem einen wie dem anderen Fall waren die Impulse zu kurz. Nur ein, zwei, bestenfalls drei, vier Jahre gingen ins Land, dann war das Gleichgewicht wieder gestört, die Bauern verkauften ihre Lebensmittel praktisch umsonst und bezahlten für die Industrieproduktion horrende Preise. Die Wirtschaft der Kolchosen und Sowchosen ging den Bach herunter.

Ich stellte in meinem Bericht detaillierte Berechnungen an, aus denen hervorging, dass sich die Treibstoffpreise in dem Jahrzehnt von 1968 bis 1977 um 84 Prozent erhöht hatten, Sämaschinen und Traktoren waren anderthalb- bis zweimal, mitunter sogar viermal so teuer geworden, während sich die Verkaufspreise für landwirtschaftliche Produkte nicht verändert hatten. Infolgedessen hatten sich – trotz Steigerung der Ernte, Abnahme von Arbeitsaufwand und Treibstoffverbrauch – die Produktionskosten für Getreide und tierische Erzeugnisse stark erhöht, und die meisten Betriebe rentierten sich kaum oder verzeichneten Verluste. Doch selbst in dieser Situation ergriff man keine einschneidenden Maßnahmen, sondern führte lediglich einen Garantielohn ein, um die Menschen von der Landflucht abzuhalten. Das machte den letzten Resten wirtschaftlicher Rechnungsführung im Dorf den Garaus und untergrub jeden Anreiz zur Arbeit. Ziel meines Schreibens bestand in der Notwendigkeit, das mitterweile gängige Dorf-Bild als eine »innere Kolonie« zu ändern, um katastrophale Folgen für das ganze Land zu vermeiden.

Kulakow schickte meinen Bericht mit meinem Einverständnis an die Mitglieder der Kommission, die das Plenum zur Landwirtschaft im Jahr 1978 vorbereitete. Kosygins Reaktion war vielsagend: »Das ist eine Bombe!«

Auch mein Auftritt auf der Plenartagung stand im Zusammenhang mit meinem Schreiben. Einige meiner Kollegen rieten mir vorher, mich nicht zu exponieren und mit dem Kopf durch die Wand rennen zu wollen. Ich hörte nicht auf sie. Ich war der Meinung, es müsse ein ernsthaftes, grundsätzliches Gespräch stattfinden. Doch meine Hoffnungen gingen nicht in Erfüllung, meine ursprüngliche Intention wurde total ausgehöhlt. Die Beschlüsse des Plenums beschränkten sich auf die ewigen Aufrufe, landwirtschaftliche Maschinen zu produzieren, während der ökonomische Aspekt völlig außer Acht blieb. Viel Lärm um nichts.

Am 4. Juli 1978 war die Plenartagung zu Ende. Gleich danach, am 5. Juli, feierten die Kulakows auf ihrer Datscha im Grünen ihren 40. Hochzeitstag. Raissa und ich waren dazu eingeladen. Alles war wie immer an diesem Abend. Streng die Dienstrangordnung einhaltend, brachte jeder der Anwesenden einen Trinkspruch auf die Gastgeberin und den Gastgeber aus; in der Regel endete er mit der kategorischen Anweisung, »ex« zu trinken. Kulakows Gesundheit hielt diesen Lebenswandel und die damit einhergehenden Belastungen kaum mehr aus (man hatte ihm 1968 einen Teil des Magens entfernt).

Zwei Wochen später starb er unerwartet: Herzstillstand. Man erzählte mir, es habe am letzten Tag einen großen Familienkrach gegeben. Er war in der Nacht allein. Sein Tod wurde erst am Morgen bemerkt.

Kulakow starb, als er gerade einmal 60 Jahre alt war. Das war ein großer Verlust. Umso merkwürdiger war die Entscheidung Breschnews und anderer Mitglieder des Politbüros, ihren Urlaub nicht für den Abschied von ihrem Kollegen zu unterbrechen. Damals habe ich zum ersten Mal gemerkt, wie unglaublich fern sich eigentlich diese Menschen stehen, die das Schicksal an der Spitze zusammengeführt hat.

Kriminalität

In den Jahren meiner Tätigkeit als Sekretär des Regionskomitees erweiterte sich mein Bekanntenkreis enorm. Der größte Gewinn jener Jahre war der verständnisvolle und freundschaftliche Umgang mit vielen Menschen. Es gab allerdings auch Fälle, wo die Beziehungen aus den einen oder anderen Gründen abrissen, manchmal auch aus prinzipiellen Gründen, so im Fall des Innenministers Schtscholokow.

1973 gab es im Stawropoler Land gravierende Probleme mit der Kriminalität. Betrachtete man die Statistik, sah alles blendend aus: Was die Aufklärungsquote der Verbrechen betraf, so nahm die Region den 11. Platz unter den mehr als 72 Gebieten ein. In den Herbstmonaten kam es im Stawropoler Land zu einigen brutalen Morden und Vergewaltigungen. Die Situation war alarmierend. Die

Menschen waren in Panik und stellten zu Recht die Frage: Gibt es in der Region überhaupt noch eine Staatsmacht? Analysen der Situation und Appelle an die Sicherheitsorgane brachten nichts. Ich scharte deshalb im Regionskomitee der Partei alte pensionierte Juristen, zuverlässige, unabhängige Menschen, um mich und bat sie, sich der Sache anzunehmen. Ihre Arbeit brachte schnell Ergebnisse: Es wurden äußerst grobe Gesetzesverstöße bei den Regionsorganen des Innenministeriums aufgedeckt. Alles kam ans Licht: Schwindel, Vertuschung von Straftaten und Amtsmissbrauch. Die Prüfer deckten mehr als 2500 nicht registrierte Verbrechen auf. Die gefälschte Kriminalitätsstatistik hatte die Chefs des Innenministeriums in Ruhe gewiegt – bis die Straffreiheit zu einem rasanten Anstieg der Kriminalität führte.

Dazu muss man Folgendes wissen. Schtscholokow hatte mit direkter Unterstützung Breschnews das System der inneren Sicherheit umstrukturiert. Er hatte die Dienste mit Personal aufgestockt und dessen Bezahlung angehoben. Das wirkte sich auf die Situation aus. Aber der ehrgeizige Minister wollte schnellstens Erfolge im Kampf gegen die Kriminalität vorweisen. Und da ihm das in der Praxis nicht gelang, »korrigierte« Schtscholokow die Kriminalstatistik, griff unter dem Vorwand der Geringfügigkeit der Delikte zu Betrug und Vertuschung.

Aufgrund der Ergebnisse unserer Kommission wurde hart durchgegriffen: Die drei Generäle in der Leitung des Innenministeriums wurden ihrer Posten enthoben; im Kriminalamt, der Abteilung zur Bekämpfung von Eigentumsdelikten, der Ermittlungsabteilung und anderen Ressorts wurde gründlich aufgeräumt. Alles kam ans Licht. Der Chef der Ermittlungsabteilung, der sich schwere Amtsvergehen hatte zuschulden kommen lassen, versuchte sich zu erschießen. In einem Drittel der Städte und Regionen wurden die Chefs der Miliz ausgewechselt. Das war eine harte Operation zur Durchsetzung der Rechtsordnung, vor allem in den Rechtschutzorganen selbst. Zur Sicherung der öffentlichen Ordnung wurden Arbeitskollektive und der Komsomol hinzugezogen, und siehe da, es wurde ruhiger. Was die Zahl der registrierten Delikte betrifft, rutschte die Region nun allerdings von Platz 11 auf den Platz 67.

Die Stawropoler übten Druck auf Schtscholokow aus. Im ZK-Apparat war er unbeliebt, er ließ sich von niemand etwas sagen. Die Staatsanwaltschaft der UdSSR und das Oberste Gericht bedeuteten ihm wenig. Der Minister wurde nervös und hektisch. Zuerst rief er an, dann sandte er eine Brigade des Innenministeriums mit seinem Stellvertreter Schumilin an der Spitze zu uns. Ich kannte Schumilin von seiner besten Seite. Umso unerwarteter war, dass seine Worte auf eine Erpressung hinausliefen: »Das kann doch wohl nicht wahr sein! Überall herrscht Ordnung, und bei euch gibt es so ein Durcheinander. Da fragt man sich doch: ›Ja, wo war denn das Regionskomitee?‹«

Meine Antwort war unmissverständlich: »Ich denke nicht daran, von meiner Position abzurücken. Das kannst du Schtscholokow bestellen.«

Schumilin war es unangenehm, aber er hörte nicht auf, mich umstimmen zu wollen. Bei diesem Treffen war auch der Vizestaatsanwalt Russlands, Viktor Najdjonow dabei und unterstützte mich. Als der Kampf gegen die Kriminalität im Kubangebiet begann, den Najdjonow leitete, wurde er unter dem Druck der Gönner Medunows aus der Staatsanwaltschaft entlassen. Als ich dann Generalsekretär geworden war, bat ich ihn, das Schiedsgericht der UdSSR zu übernehmen. Er willigte ein, starb aber plötzlich, bevor er die Arbeit antreten konnte.

Von Interesse mag auch sein: Als die Staatsanwaltschaft Russlands (nicht die der Sowjetunion) in anderen Gebieten eine ähnliche Überprüfung anordnete, gelangten noch schwerere Verbrechen an den Tag, darunter auch Morde. Ein Stein kam ins Rollen … Die Zeit der geschönten Zahlen war vorbei, das »Schtscholokow-System« brach zusammen.

6. Kapitel

Wie man in anderen Ländern lebt

Meine ersten Auslandsreisen unternahm ich noch, bevor ich Erster Sekretär des Regionskomitees der Partei wurde: 1966 in die DDR, 1969 im September nach Bulgarien und im November in die Tschechoslowakei.

In Ostdeutschland erprobte man damals neue Methoden wirtschaftlicher Planung und Lenkung, führte ein System von Anreizen ein und gewährte den Betrieben größere wirtschaftliche Unabhängigkeit. Wir hörten uns zwei Tage lang Referate zu diesem Thema an, in der Freizeit besichtigten wir Berlin.

Selbst zwanzig Jahre nach dem Krieg spürte ich eine innere Erregung, als ich in diese Stadt kam. Die Bekanntschaft mit Berlin wühlte mich auf und weckte Erinnerungen. Zerstörte Häuser und Denkmäler, Trümmerberge auf dem freien Platz, wo früher einmal die Reichskanzlei gestanden hatte; das Brandenburger Tor und dahinter die Mauer, Symbol der geteilten Nachkriegswelt. Rechts vom Brandenburger Tor hinter der Mauer das finstere Reichstagsgebäude. Die ganze Stadt schien mir finster und kalt, als ich sie damals sah. Doch wo wir auch waren: in Städten, in Betrieben, auf dem Land, die Begegnungen mit den Menschen fanden in einer guten Atmosphäre statt, auch wenn sie ein wenig kühl waren.

Vieles habe ich vergessen, aber ein paar markante Eindrücke erinnere ich. So zeigte man uns in Dresden die Spuren des Dramas dieser

Stadt, die kurz vor Kriegsende massiven Luftangriffen der Alliierten ausgesetzt war – und gleich neben dieser Tragödie das Wunder der »Sixtinischen Madonna« in der Dresdener Gemäldegalerie.

In Cottbus waren wir an einem Sonntag bei den Lausitzer Sorben zu Besuch, Slawen, die seit langem in Südsachsen leben. Wir blamierten uns schrecklich. Wie alle Touristen setzte man uns in Ausflugsboote, die von sorbischen Frauen in ihren Trachten gerudert wurden. Alles war sehr schön. Aber es war eine blöde Situation: Wir stämmigen, wohlgenährten Männer erholten uns, während die Frauen am Ruder saßen. Da es ein Sonntag war und die Kanäle mit Ausflugsbooten gespickt waren, wurden wir Ziel ironischer Zurufe und spöttischer Bemerkungen. Wir baten, uns möglichst schnell zum Ufer zurückzubringen.

Das Programm sah eine Reise nach Potsdam vor. Wir besichtigten Sanssouci und waren an dem Ort der Potsdamer Konferenz, wo sich 1945 die Regierungsoberhäupter der Siegermächte trafen. Man zeigte uns, wer wo saß, vergaß nicht zu erzählen, dass ein Journalist ein Stückchen Holz von Stalins Sessel als Souvenir hatte mitgehen lassen und wie Truman reagierte, als er das Telegramm erhielt, das die Fertigstellung der Atombombe mit den Worten meldete: »Das Kind ist gesund zur Welt gekommen.«

Wir waren fünf Jahre vor dem Wechsel von Ulbricht zu Honecker in der DDR. Letzterer legte schon damals eine große Selbstsicherheit an den Tag, als er am Schluss des Aufenthalts mit unserer Delegation sprach.

Über unsere Reise schickten wir einen Bericht ans ZK, in dem stand, die Reform in der DDR verdiene große Beachtung.

Bulgarien besuchte ich im Rahmen der Städtepartnerschaft zwischen Stawropol und Pasardschik, als man dort den 25. Jahrestag des Sozialismus feierte. Es gab viele Treffen, Aufmärsche und Reden, eine Flut warmer Gefühle und Schwüre ewiger Freundschaft. Auch Möglichkeiten der Zusammenarbeit wurden besprochen. Es stellte sich heraus, dass die Bulgaren auf Regionsebene über mehr Rechte verfügten als wir, die wir bei allen, selbst den unwichtigsten, Fragen erst das Einverständnis Moskaus einholen mussten. Dimitr Schulew, der bald den Posten des Regionssekretärs der Bulgarischen Kommunistischen Partei antreten sollte und uns in Stawropol besuchen kam, wunderte sich wirklich darüber. Später wurde er bulgarischer Botschafter in der UdSSR, und wir kamen uns näher.

1974 war ich zum zweiten Mal in Bulgarien, in Sofia, Schipka, Plowdiw und vielen anderen Städten und Dörfern. Das Land hatte sich merklich verändert, es gab viele neue Stadtviertel, Eigenheime, Betriebe, Gewächshäuser und Straßen. Außerdem: Weinberge, Plantagen, auf denen Gemüse nach neuen Verfahren angebaut wurde, und ein ganzes Garten- und Blumenreich. Man konnte zusehen, wie sich das Land veränderte. Ich hatte den Eindruck, die Bulgaren machten es richtig. Woher sollte ich damals auch wissen, dass das Land über seine Verhältnisse lebte und dafür würde zahlen müssen?

Am schwierigsten war die Reise in die Tschechoslowakei im November 1969. Zu meiner Delegation gehörten Ligatschow, damals Erster Sekretär des Gebietskomitees Tomsk, Pastuchow, Sekretär des ZK des Komsomol, und Schurawljow, stellvertretender Bildungsminister. Es sollte über die Perspektiven einer Jugendbewegung in der Tschechoslowakei gesprochen werden. Als wir ankamen, gab es dort 17 Jugendorganisationen, von denen nicht eine die Führungsrolle der Tschechoslowakischen Kommunistischen Partei anerkannte.

Auf einer Vielzahl von Treffen und heftigen Diskussionen in Prag, Brünn und Bratislava wurde debattiert, wie die Behörden das Vertrauen der Jugend wiedergewinnen könnten. Aber konnte man dieses Problem denn unabhängig vom Einmarsch der Truppen in Prag am 21. 8. 1968 betrachten? Zu sagen, wir fühlten uns nicht wohl in unserer Haut, ist stark untertrieben. Wir spürten, die gesamte Militäraktion wurde vom Volk verurteilt und abgelehnt.

Ganz Prag wirkte wie gelähmt und erstarrt. Die Kollegen konnten uns nicht zu den Arbeitern führen, denn sie trauten sich selbst nicht dahin. Wir fragten, warum sie nicht ins Volk gingen – und bekamen

zur Antwort: »Wenn wir eine Analyse gemacht haben, tun wir das.«
Sie wussten nicht, was sie den Menschen sagen sollten, sie fürchteten
sie einfach.

Am Vorabend des Studententags waren wir in Brünn, wo man die
Besichtigung eines Großbetriebes für uns organisieren wollte. Als
wir in die Halle kamen, wollte keiner mit uns sprechen, die Arbeiter
reagierten nicht auf unsere Begrüßungen, sie wandten sich demonstrativ ab, ein sehr unangenehmes Gefühl. Die Mehrheit der Mitglieder des Parteikomitees dieses Betriebs bewertete das Vorgehen der
sowjetischen Führung total negativ. Es stellte sich heraus, dass die
Belegschaft des Werkes im August 1968 die Regierung Dubček unterstützt hatte und man, um ihren Widerstand zu brechen, auf dem
Werkgelände Truppen hatte aufmarschieren lassen müssen. Im August 1969 flackerten in Brünn die Massendemonstrationen gegen das
Regime und die sowjetische Einmischung wieder auf. Die Atmosphäre war gespannt, unsere Delegation musste rund um die Uhr
von bewaffneten Posten bewacht werden.

Bratislavas Aussehen erstaunte uns. Fast alle Häuser im Zentrum
hatten Einschusslöcher, die Mauern waren mit antisowjetischen
Parolen bemalt. Unsere Delegation wurde von Václav Slavík, dem
Ersten Sekretär des ZK der Slowakischen Kommunistischen Partei,
empfangen. Alles begann friedlich, aber als jemand von unserer Seite
in Erinnerung rief, dass Lenin, der für den Föderalismus des Staates
eintrat, ihn für den Parteiaufbau aber kategorisch ablehnte, stand der
Erste Sekretär auf und verließ den Raum. Am nächsten Morgen erschien keiner von der Leitung, ein Bekannter aus dem Apparat des
ZK der Tschechoslowakischen Kommunistischen Partei half uns. Am
Mittag bestiegen wir den Devin-Berg, wo die sowjetischen Soldaten
begraben sind, die bei der Befreiung der Slowakei ums Leben kamen.
Wir verneigten uns und schwiegen. Es war ein warmer sonniger Tag.
Unten glitzerte die Donau, in der Ferne schimmerten die Kuppeln
der Kathedralen von Wien. Ich verließ Bratislava nachdenklich und
in Sorge.

In den siebziger Jahren reiste ich auch nach Italien, Frankreich, Belgien und in die Bundesrepublik Deutschland. Mal war ich Teil einer offiziellen Delegation, mal war ich von der Kommunistischen Partei dieser Länder als privater Urlauber eingeladen worden. Die Erholungsreisen waren länger, und wir hatten mehr Möglichkeiten, Land und Leben kennenzulernen.

Alle diese Reisen, egal aus welchem Anlass, waren für mich vor allem interessant, da wir äußerst wenig Information aus dem Ausland bekamen und sie stark gefiltert wurde. Lieferungen von Zeitungen, Zeitschriften, Büchern und Filmen wurden streng kontrolliert, die Radiosendungen wurden gestört. Der Auslandstourismus jener Jahre beschränkte sich auf osteuropäische Länder. Um in den Westen reisen zu können, musste man eine strenge Kontrolle auf ideologische Zuverlässigkeit über sich ergehen lassen – sodass der »Eiserne Vorhang« nicht nur eine literarische Metapher war. Man hatte ihn sowohl auf der Gegenseite als auch bei uns heruntergelassen.

Abschied

Ich übertreibe nicht, wenn ich sage, der Abschied von Stawropol fiel mir schwer. Ja, ich liebte und liebe diese Gegend, die Steppen, Schluchten, Buschwälder und natürlich das Vorgebirge und die Berge, in die wir bei jeder Gelegenheit mit der Familie fuhren. Vor allem ins Archys- und Dombajgebirge, nach Pjatigorsk, Kislowodsk und Schelesnowodsk. Wir waren einfach mit dieser Gegend verwachsen. Man könnte meinen: Was soll an dieser dürren Steppe, die 44 Prozent der Fläche ausmacht, denn gut sein? Für die Bauern ist das einfach eine Katastrophe.

Aber im Frühling, Frühsommer und Herbst bietet die Steppe ein unglaubliches Schauspiel: Farben, Gerüche, Stille und Unendlichkeit. Ende Mai bedeckt sich die ganze Steppe, angefangen von der Salsker über die kalmückische bis zur Wolgasteppe, mit einem Blumenteppich aus Steppentulpen, die man im Stawropoler Land

»Blaublümchen« nennt. Und im Winter – wie oft war ich auf diesen Steppenwegen bei Schneesturm mit dem Geländewagen in den Schneewehen steckengeblieben.

Im Stawropoler Land gibt es viele kleine Flüsse, an denen man immer bequem Platz finden, im Schilf sitzen und sogar angeln kann. Etwas ganz Besonderes ist der Manytschsee mit seinen sich im Sand verlierenden Zuflüssen. Hier ist Naturschutzgebiet, es ist der liebste Rastplatz der Zugvögel aus dem Norden.

Im Sommer fuhren Raissa und ich abends gern in die Waldgebiete, die nicht weit von Stawropol entfernt waren. In der Regel wogten daneben im Juni endlose Weizenfelder. Wir lauschten gern dem Nachtgesang der Wachteln. Und obwohl es keine Wunschkonzerte waren, muss ich sagen: Viele heutige Konzerte liegen weit unter den Wachtelkonzerten.

Den größten Teil meines Lebens verbrachte ich in einer Steppengegend. Die Stadt Stawropol liegt auf der Stawropoler Anhöhe. Ihr höchster Punkt ist der Berg Strischament, der 831 Meter hoch ist. »Strischament« heißt auch ein altes bitteres Kosakengetränk, das aus 17 auf diesem Berg wachsenden Kräutern angesetzt wird.

Ich trage immer ein Stückchen Stawropol im Herzen. Jeder hat seine kleine Heimat. Für mich ist dieser Ort auf der Weltkarte, auf der Erdkugel mein Priwolnoje. Es ist lange her. Die Hütte am Dorfrand von Priwolnoje, in der ich aufwuchs und von der es 15 Schritte bis zur Salsker Steppe war, ist spurlos verschwunden.

Als ich meine ersten Memoiren schrieb, hatte ich das starke Bedürfnis, die mich prägenden lebendigen Erinnerungen an den Garten und das Haus, in dem ich aufgewachsen bin, mit Worten heraufzubeschwören. Als ich dann wieder einmal in Priwolnoje war, fuhr ich an den Dorfrand. Jetzt ist dort alles umgepflügt, und es wachsen Getreide und Gräser. Unsere alte Hütte und der Zaubergarten meiner Kindheit sind nicht mehr da …

Auf dem Dorffriedhof sind die Gräber meiner Großväter Andrej und Pantelej, meiner Großmütter Wasilisa und Stepanida, ihrer Söhne und Töchter, die Gräber meines Vaters und meiner Mutter.

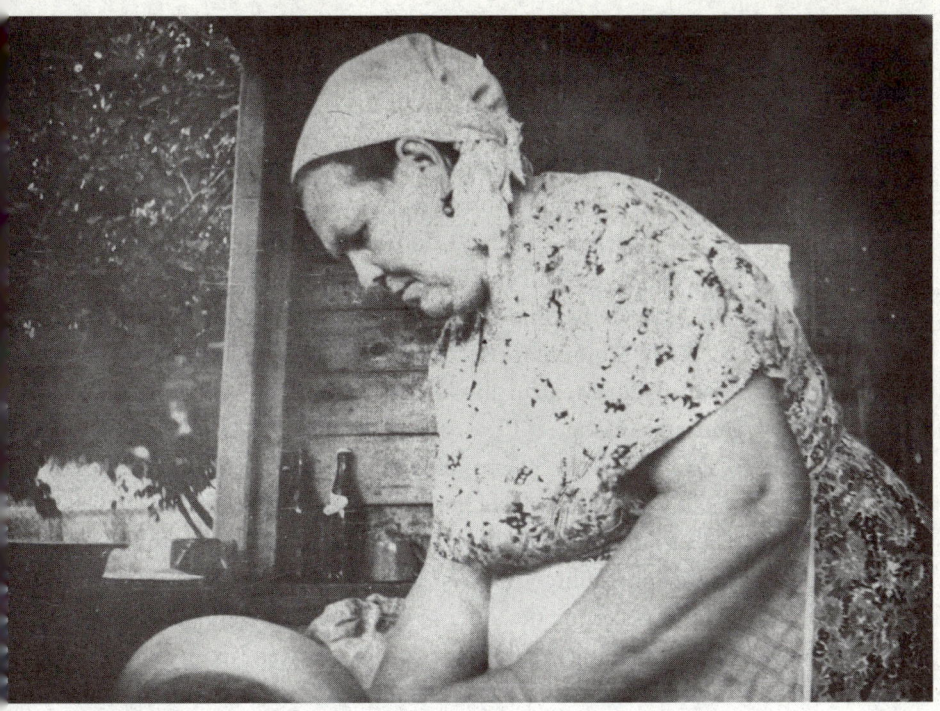

Maria Pantelejewna Gorbatschowa, Priwolnoje in den achtziger Jahren

Meine Mutter starb neunzehn Jahre nach meinem Vater. In Moskau. Ich musste ihr versprechen, sie neben meinem Vater zu beerdigen. Das tat ich 1995 denn auch. Sie starb unmittelbar vor Ostern, in der Karwoche. Die Totenmesse fand in der kleinen Kirche von Priwolnoje statt, die die Dorfbewohner mit meiner Beteiligung gebaut hatten.

Als ich in den letzten Jahren nach Priwolnoje kam, kannte ich nur noch wenige Leute vom Sehen, obwohl ich ihre Mütter, Väter, Großväter und Großmütter gut gekannt habe. Inzwischen sind neue Generationen herangewachsen. Das ist klar. Ich hätte es nie für möglich gehalten, dass ich so alt werde. Und ich denke auch noch nicht daran zu sterben. Obwohl das natürlich nicht von mir abhängt. »Irgendwo da oben« liegt mein »Terminkalender«, und es ist nicht bekannt, wie lange ich noch zu leben habe. Aber ich finde, man muss so leben, als wäre dieser Tag der letzte. Darum beeile ich mich so, dieses Buch zu

Ende zu bringen, obwohl ich es seit dem Augenblick, da Raissa starb, mit mir herumtrage.

Ich mag mich täuschen, aber mir schien, Irina und ihrem Mann Anatolij fiel die Trennung von Stawropol leichter als uns. Moskau lockte sie; an ihrem Getuschel und den ungeduldigen Blicken sah man, dass sie in Gedanken schon in der Hauptstadt waren. Sie beendeten das vierte Studienjahr am Medizinischen Institut und freuten sich, ihr Studium fortsetzen und mit einem Diplom des Moskauer Instituts für Medizin abschließen zu können. Ihr Leben stand noch ganz am Anfang.

Die Jahre, die ich in Stawropol verbracht habe, sind aus meinem Leben nicht wegzudenken. Nicht nur um Landwirtschaft und Industrie, auch um die Kurorte, Bildung, Medizin und Kultur, um all das hatte ich mich bemüht.

Die Modernisierung des Agrarsektors und der Genossenschaften sowie die Einführung neuer Produktionsverfahren waren ein gewaltiger Entwicklungsschritt. 1990 gab es in der Gegend praktisch keine unrentablen Betriebe mehr. Viele Kolchosen und Sowchosen hatten 10 bis 15 Millionen Rubel auf dem Konto.

Meine Berufstätigkeit nahm ich nach dem Studium in der Zeit nach Stalins Tod auf, als in meinem Land große Veränderungen vor sich gingen. Ich nahm unmittelbar an ihnen teil. Jene Jahre nenne ich »meine kleine Perestrojka«. Ich vertraute meinen Kräften und spürte, dass ich große Verantwortung übernehmen kann. All das flößte mir Selbstsicherheit ein und wirkte sich auf meine Entscheidung aus, als man mir die Arbeit in der Führung des ZK der Kommunistischen Partei anbot.

Am Abfahrtstag wollten Raissa und ich uns von Stawropol verabschieden. Wir setzten uns ins Auto und fuhren vom historischen Zentrum in die neuen Wohnviertel, wo Stawropol über die alten Waldgrenzen hinausgewachsen war. Dann fuhren wir zum Russischen Wald, wo unsere Füße alles in- und auswendig kannten. Raissa teilte meine Leidenschaft für die Natur. In schwierigen Momenten des Lebens ist die Natur mir immer zu Hilfe gekommen. Immer spürte ich, wie meine Unruhe, Gereiztheit und Nervosität sich durch sie allmählich auflösten und sich ein seelisches Gleichgewicht bei mir einstellte. Die Natur war für mich nie einfach Umwelt oder Lebensmilieu – ich hatte immer eine innere unbewusste Verbindung mit der Natur und kann klar sagen: Nicht nur die Menschen und die Gesellschaft haben mich geprägt, sondern auch sie, die Natur.

Als mir die Teilnehmer des Weltforums 1992 antrugen, mit der Gründung auch die Präsidentschaft des Internationalen Grünen Kreuzes zu übernehmen, dachte ich nicht lange nach – ein innerer Drang trieb mich – und sagte zu. Das Forum fand in Rio de Janeiro parallel zum Gipfel der Staats- und Regierungsoberhäupter statt, die sich zur UNO-Umweltkonferenz versammelt hatten. Seit 1993 beschäftige ich mich mit globalen ökologischen Problemen, und diese Tätigkeit hat mir nicht weniger Freude gemacht als meine höchsten Ämter und Verpflichtungen. Was kann wichtiger und besser sein, als sich im Interesse der gegenwärtigen und zukünftigen Generationen dem Schutz der Natur zu widmen?

Mein ökologisches Credo habe ich in dem Buch *Mein Manifest* dargelegt. Es ist inzwischen in mehreren Sprachen erschienen. Mit den Jahren habe ich meine Verpflichtungen beim Internationalen Grünen Kreuz reduzieren müssen, aber entschieden weniger, als mir lieb war. In der Satzung gibt es einen Punkt, der meine Verbindung mit dieser Organisation zementiert. Gründungspräsident des Internationalen Grünen Kreuzes bin ich lebenslang.

7. Kapitel

Kampf ums Überleben

Immer wieder komme ich auf die letzten Tage von Raissas Leben zurück und zu den Qualen, die sie hat ertragen müssen. Was hätte ich noch tun oder unterlassen können, um dieses Unglück abzuwenden? Ich weiß es nicht, weiß es nicht ... Zwei Tage vor der geplanten Stammzellentransplantation starb sie. Raissa, die sich das Leid der Menschen mit dieser Krankheit, besonders der krebskranken Kinder, so zu Herzen genommen hatte und ihnen ihr Mitgefühl und ihre Hilfe nicht versagen konnte, wurde selbst ein Opfer des Krebses.

Alles entwickelte sich, als es begonnen hatte, im Eiltempo, blitzschnell. Im Mai 1999 kehrten wir aus Australien zurück. Die Reise war anstrengend, aber sehr interessant. Wir waren sehr zufrieden, dass wir sie hatten machen können. Die Regierung und Ökologen Australiens hatten mich wiederholt eingeladen, ich hatte mehrmals abgesagt. Meine Position und Meinung waren ins Wanken gekommen, als ich von den Ergebnissen einer Umfrage unter den Bürgern Australiens hörte. Auf die Frage, wer für sie der Mensch des 20. Jahrhunderts sei, antworteten über 75 Prozent: Gorbatschow. Ich war überrascht. Die nächste Einladung nach Australien sah schon so aus, dass ich ganz Australien Rede und Antwort stehen sollte, und ich stimmte zu.

Das Programm unseres Aufenthalts umfasste einen Auftritt im Parlament in Sidney und den Besuch der größten Stadt im Westen

Australiens namens Perth. Danach fuhren wir nach Melbourne, wo es jede Menge Treffen und Auftritte gab. Wir brachten überwältigende Eindrücke von der Reise mit. An einem Tag fuhren wir in einen Vorort von Sidney und tauchten in die Eukalyptuswälder ein, jene Wälder, in denen das berühmte niedliche Tierchen, der australische Koalabär, lebt. Die Koalabären gefielen uns vor allem, weil sie ständig beschwipst waren. Das erinnerte uns an unsere Heimat.

Der Rückflug war anstrengend und lang, aber alles endete eigentlich gut. Doch bis heute komme ich nicht von dem Gedanken los, dass damals der Beginn für die Prozesse, die sich bei Raissa entwickelten, gelegt wurde. Noch Anfang des Jahres hatte sie alle Vorsorgeuntersuchungen hinter sich gebracht, es gab keinerlei Anzeichen für ein Unglück. Als wir im Juli über unseren bevorstehenden Urlaub nachdachten, fühlte Raissa sich schlecht. Sie klagte über Kreuzschmerzen. Man nahm an, es sei eine Erkältung oder Ischias. Dann leiteten wir eine gründliche Untersuchung ein, um die Gründe für die Verschlechterung ihres Zustandes zu klären: die Schmerzen nahmen zu, sie konnte sich nur schwer bewegen.

Die Punktierung des Knochenmarks zeigte, dass Raissa Blutkrebs hatte, und zwar in einer seltenen Form, deren Behandlung noch wenig erforscht ist. Ich wandte mich an Präsident Clinton und Kanzler Gerhard Schröder um Hilfe und bekam noch am selben Tag von ihnen die Einladung, Raissa bei sich zu behandeln. Wir beschlossen, nach Deutschland zu fliegen, weil sie sich schlecht fühlte und ein langer Flug nicht in Frage kam. Im onkologischen Zentrum von Münster stützt sich die Behandlung von Krebserkrankungen auf die neuesten Forschungsergebnisse. Wir glaubten alle, wir könnten Raissa retten.

Nach einer wiederholten Blutuntersuchung begann die Chemotherapie. Raissa ließ alles tapfer über sich ergehen. Manchmal wurde es ihr aber zu viel, und sie verschloss sich. Wir ließen sie nicht eine einzige Stunde allein. Morgens kam Irina und half ihr. Nachmittags kam ich und blieb bis zum Einbruch der Nacht. Über Nacht blieben mit den diensthabenden Ärzten abwechselnd unser Freund Karen Karagesjan und eine ehemalige Landsmännin aus Dresden, die beide des

Deutschen mächtig waren. Zwei volle Monate begleiteten uns die Offiziere Walerij Pestow und Oleg Klimow. Wir sind allen sehr dankbar.

Die Klinik in Münster ist eine Spezialklinik, in der sich Patienten, Besucher und Ärzte auf Station an bestimmte Regeln halten müssen. Die bei der Behandlung verabreichten Medikamente greifen nicht nur die kranken Zellen an, sondern auch die gesunden. Das Immunsystem wird zerstört, so ein Mensch ist praktisch schutzlos, jede Infektion ist tödlich für ihn. Um den Patienten zu schützen, muss im Krankenzimmer Sterilität herrschen, alle nötigen Parameter der Luft müssen ständig unterstützt und lückenlos kontrolliert werden. Bevor die Besucher das Zimmer des Patienten betreten, müssen sie einen sterilen Mundschutz aufsetzen, Hände und Kleidung desinfizieren. Zahlreiche Apparate kontrollierten nicht nur das Herz, sondern den gesamten Organismus.

Raissa war froh, dass wir bei ihr waren. Die Schmerzen dauerten an. Es fiel ihr sogar schwer, ihren eigenen Körper zu halten. Sie bat mich einmal, ihr zu helfen. Als ich sie mit den Armen stützte, fühlte sie sich besser, sie beruhigte sich und schlummerte ein. Einmal nahm ich leise die Arme weg. Raissa bat: »Geh nicht fort, verlass mich nicht. Stütz mich weiter.«

Ich sagte: »Ich muss mich ein wenig erholen. Der Rücken will nicht mehr.«

Sie reagierte mit traurigem Humor: »Gorbatschow, Gorbatschow, früher hast du mich auf Händen getragen, jetzt kannst du mich noch nicht einmal stützen.«

»Das stimmt. Aber das ist lange her. Du warst leichter, und ich war stärker.«

Raissa war eine Leseratte und arbeitete gern an ihren Vorlesungen. All das fiel in der Klinik weg. Es wurde ihr alles zu schwer. In den ersten Tagen versuchte sie, sich Notizen zu machen. Sie waren kurz. Aber nach ein, zwei Tagen ließ sie es sein. Die Krankheit schritt fort …

Zur Beurteilung der ersten Behandlungsergebnisse und Festsetzung weiterer Schritte versammelte sich in der Münsteraner Klinik eine Gruppe deutscher Spezialisten. Sie besprachen die Situation drei

Stunden lang. Es war ein Treffen von Koryphäen auf dem Gebiet der Onkologie. Professor Büchner, Raissas behandelnder Arzt, wollte mit den Kollegen die Ergebnisse der ersten Behandlungsetappe besprechen, das heißt welche Komplikationen eingetreten waren und was weiter zu tun sei. Er wollte mit ihnen einen Therapieplan erstellen. Der Professor bat mich, bei dem mehrstündigen Gespräch dabei zu sein.

Als ich ins Zimmer zurückkam, sah ich, dass Raissa sehr unruhig war. Sie wartete schon und wollte unbedingt hören, was die Ärzte gesagt hatten.

»Das Gespräch hat so lange gedauert. Sind meine Aussichten schlecht? Verbirgst du etwas vor mir? Sie wissen wohl nicht, was sie weiter mit mir machen sollen?«

Ich unterbrach sie und sagte: »Moment – du hast doch gesagt, du fühlst dich besser.«

»Nein, sag mir, worüber ihr drei Stunden gesprochen habt.«

»Es waren die größten Koryphäen da. Nach Abschluss der ersten Behandlungsetappe haben sie die Möglichkeit einer Knochenmarktransplantation besprochen. Sie sind zu dem Schluss gekommen, dass sie nötig ist. Jetzt muss man sich darauf einstellen, deine Kräfte stärken und alles dafür vorbereiten. Vor allem müssen wir dringend deine Schwester rufen. Eure Blutparameter stimmen zu hundert Prozent überein.«

»Und warum verlieren wir dann Zeit?«

»Das ist alles nicht so einfach. Man musste deinen Zustand erst mal richtig einschätzen, es gut vorbereiten und dich aufpäppeln. Deine Behandlung ist nicht ohne Komplikationen verlaufen. Aber das Wichtigste ist, dass du weißt, sie würden die Transplantation nicht ins Auge fassen, wenn sie keine Hoffnung hätten. Du darfst dich nicht aufregen und Kräfte verlieren.«

Sie beruhigte sich, schloss die Augen und bedachte wohl unser Gespräch. Ich saß am Fenster und war ebenfalls sehr mitgenommen. Dann öffnete Raissa auf einmal die Augen, ging nicht mehr auf das Gespräch ein und sagte: »Komm zu mir und gib mir die Hand.« Sie ergriff meine Hand, wie sie das immer tat, legte sie auf ihren Bauch und schlummerte gleich ein. Ich saß noch mehrere Stunden an ihrem Bett ... Sie schlief.

Am nächsten Morgen kam Irina wie immer zu Raissa und klärte alles mit den Ärzten. Als ich kam, war sie ruhig, wie mir schien. Aber sobald wir allein waren, standen ihr die Tränen in den Augen: »Ich will nach Hause. Egal, was wird ...«

Auf eine solche Reaktion war ich nicht gefasst. Als ob die ganze Schwere ihres Zustands in ein paar Worten aus ihr herausbreche.

Sie sagte wieder: »Hörst du, ich will nach Hause. Ich kann doch zu Hause in unserem Schlafzimmer liegen, in unserem Bett. Ich hasse das alles hier!«

Ich saß neben ihr und nahm ihre Hand. Sie schwieg und hörte nicht auf zu weinen.

»Rajetschka, meine Liebe! Du musst erst gesund werden. Du weißt doch, wie sehr gerade ich die Krankenhäuser hasse. Aber wir sind jetzt in einer Klinik, die wir gegen keine andere eintauschen können, erst recht nicht gegen unser Haus. Für unseren Weg nach Hause müssen wir erst die Behandlung zu Ende führen und die Transplantation vornehmen. Erinnere dich, was vor kurzem mit mir los war. Aber wir haben es doch geschafft, aus dieser hochgefährlichen Situation herauszukommen.«

Ein Jahr vor diesen Ereignissen war bei mir eine Allergie ausgebrochen, die sich über ein Jahr und drei Monate hinzog. Sie schritt schnell fort und führte dazu, dass ich von Kopf bis Fuß mit roten Flecken bedeckt war. Es gab eine Zeit, da ich nicht unter die Leute gehen konnte. Hinzu kamen viele unangenehme Komplikationen. Nur die Einnahme starker Präparate hielt die Entwicklung der Krankheit auf, heilte sie aber nicht. Dann verschwand die Allergie auf einmal. Ich sagte Raissa, ich sei ihr dankbar, dass sie alles unternommen hatte, um mir wieder auf die Beine zu helfen ...

Noch jetzt geht mir nach, dass ich sie nicht habe retten können. Nicht nur einen seelischen Schmerz verspüre ich, sondern auch Scham. Wie ich mich auch dafür schäme, dass ich grob wurde, wenn wir uns stritten. Sie konnte einfach nicht anders: Ihre Nerven hielten all das nicht aus, was wir mitmachen mussten. Ich schäme mich, dass ich aus der Haut fuhr, sie beleidigte, ihr Vorwürfe machte, obwohl ich doch sah, wie schwer sie alles nahm. Ich kann nicht ohne Schmerz daran denken, wie sie unter Tränen fragte: »Womit habe ich das verdient?«

Sie war erschüttert über das Verhalten vieler Menschen, insbesondere aus der Intelligenzija. Selten hatte jemand den Mut, offen gegen die organisierte, gnadenlose Hetzjagd aufzustehen, der nicht nur ich, sondern auch sie ausgesetzt war. Nur der Filmregisseur Stanislaw Goworuchin, ein offener, direkter, in seinen Urteilen konsequenter Mann, sagte auf einem der gut besuchten Treffen im Moskauer Filmzentrum: »Ich weiß, dass Präsident Gorbatschow und Raissa Maximowna unter uns sind. Ich möchte mich vor allen und vor dem ganzen Land dafür entschuldigen, dass ich in meinen öffentlichen Äußerungen voreilige Schlüsse gezogen habe. Verzeihen Sie mir!«

Wenn ich an Goworuchin erinnere, kommt mir gleich noch ein anderes Treffen in den Sinn. In demselben Saal feierte man Kobsons Leistungen und Verdienste. Er hat wirklich etwas vorzuweisen. Was mich verwunderte, war die Rede Luschkows. Er war völlig aus dem Häuschen. Offenbar hatte er ein Gespür für die Temperatur des Saals, die mit dem Rang der Leute zusammenhing: Dort saßen durchweg »hohe Tiere«. Luschkow sprach von Leuten, die das Land in die Zukunft führen – und bekam Standing Ovations.

Die Veranstaltung lief schon über drei Stunden, da fiel Kobson auf einmal ein, dass Präsident Gorbatschow und Gattin im Saal saßen. Dreist brüllte er in den Saal: »Michail Sergejewitsch, bitte stehen Sie auf. Wovor haben Sie Angst?!«

Solche Situationen bringen mich in Rage. Ich stand auf, ging zur Bühne und sagte noch im Gehen: »Erstens habe ich vor niemand Angst, so viel ist sicher. Das gilt sowohl für Kobson als auch für den Saal. Zweitens möchte ich jetzt etwas sagen.«

Ich ging auf die Bühne und nahm mir das Mikrofon von Kobson, der es mir übrigens nicht geben wollte. Er ist ja nicht auf den Kopf gefallen, er spürte, dass Gorbatschow ihm jetzt den Abend hätte verderben können. Aber das hatte ich natürlich nicht vor. Ich sagte ins Mikrofon: »Ich schließe mich den Glückwünschen an, die hier vorgebracht wurden. Ich möchte zu all dem, was gesagt wurde, hinzufügen: Ich gratuliere dir, Josif, und möchte meinen großen Dank zum Ausdruck bringen für das, was du geleistet hast und noch leisten wirst. Das ist wirklich eine Heldentat, und alle Menschen, das ganze Land weiß das zu schätzen. Ich möchte dir aber noch eins sagen: Erinnerst du dich an den Film *Iwan Wasiljewitsch wechselt den Beruf?* In diesem Sinne möchte ich dich bitten: Wechsel deinen Beruf nicht.« (Es gab damals in Moskau Gerüchte, Kobson wolle ins Business gehen.)

Man merkte, dass er nervös wurde, aber er sagte nichts.

»Ich möchte noch von deiner Kunst sprechen, die Menschen zusammenzubringen. Luschkow, der hier geredet hat, und ich zum Beispiel, wir begegnen uns jetzt selten, nur bei offiziellen Gelegenheiten. Aber hier feiern wir zusammen deine Triumphe. In der letzten Zeit kommunizieren wir über die Gerichte. Schon dreimal hat das Moskauer Bürgermeisteramt mich angeklagt ob meiner kritischen Aussagen, insbesondere zur Korruption in Moskau. In allen Fällen habe ich verloren. Auch im letzten. Aber das ist ja klar: Es gibt eben keine Korruption in Moskau!«

Der Saal schwieg. Luschkow reagierte ironisch auf meine Worte: »Wir brauchen kein Geld. In Moskau müssen viele Probleme gelöst werden.«[17]

Josif wollte das Thema wechseln und wandte sich an mich: »Michail Sergejewitsch! Ich möchte Ihnen einen Blumenstrauß überreichen.«

»Ich gebe ihn Raissa Maximowna, danke.«

Nicht jeder kann das aushalten, was Raissa und ich in den letzten Jahren auszustehen hatten. Ich kann mir nur eins nicht verzeihen: dass ich es nicht geschafft habe, den mir liebsten Menschen zu bewahren und das Unglück abzuwenden …

---

17 Vor kurzem wurde Luschkow entlassen. Das geschah sicher nicht ohne ernsthafte Gründe.

Dringender Anruf

Auf einmal rief Irina aus der Münsteraner Klinik an: »Mutter bittet, du möchtest früher kommen.« Ich sorgte mich, dass womöglich wieder etwas passiert sei und sie es mir als Erstem sagen wollte. So war es immer in unserem Leben. Ich packte schnell meine Sachen und fuhr in die Klinik. Sobald wir allein waren, sagte Raissa: »Ich möchte, dass wir uns öfter sehen und uns unterhalten.« Das alarmierte mich. Ihr Wunsch sprach dafür, dass sie ungute Vorahnungen hatte.

So begannen meine Gespräche mir ihr über das Leben. Wir erinnerten uns an unsere ersten Begegnungen in der Universität und im Studentenheim in der Stromynka-Straße. Wir erinnerten uns, wie wir zum Zug nach Moskau gebracht wurden: sie in Sterlitamat, ich in Priwolnoje. Sie reiste mit einem Holzkoffer, der halbvoll mit Lebensmitteln war, in der anderen Hälfte befanden sich ihre »Reichtümer«. Der Koffer war schwer und fast so groß wie Raissa. Mich brachte mein Vater auf den Weg, meine Ausstattung sah so ähnlich aus wie Raissas; es gab nur einen kleinen Unterschied: Fast der ganze Koffer war voll mit Lebensmitteln.

Wir erinnerten uns an unsere Zugreisen, mit dem Flugzeug flog damals ja fast noch niemand. Die besten Plätze in den Zügen waren die in den platzkartenpflichtigen Wagen, aber meistens fuhren wir in den einfacheren. Auf den unendlich langen Bahnfahrten durch Russland passierte immer etwas – jede Menge Geschichten. Wir waren damals zum ersten Mal Teil einer riesigen, in Bewegung begriffenen Welt.

Einmal fragte sie: »Weißt du noch, wie du mich zum ersten Mal geküsst hast?«

»Ja, wie soll man das vergessen? Obwohl ich sagen muss, ich tat es mit großer Verspätung. Wer ist daran schuld?«

»Du natürlich«, sagte Raissa und lachte.

Das war so. Wir gingen oft in den Sokolniki-Park (das war schon 1952), um spazieren zu gehen und Eis zu essen. An jenem Abend hatten wir irgendwie keine Lust, den Park zu verlassen. Der Tag war schwül, das weiß ich noch gut. Plötzlich zogen Wolken auf, es wurde dunkel. Die Menschen liefen zum Ausgang des Parks. Im Park gab es die Hirschteiche. Ich schlug vor: »Komm, wir nehmen ein Bad!«

»Das geht doch nicht!«

Aber es war schwül, das gab den Ausschlag. Wir zogen uns aus und schwammen los. Es vergingen keine zehn Minuten, da brach ein schreckliches Gewitter los, vom Himmel kamen wahre Wasserfluten. Schon wieder ein Gewitter! Als ob es mich ein Leben lang verfolgt oder begleitet. Ich erinnere mich an Raissas Gesicht beim Aufleuchten des Blitzes, an ihre verängstigten und fragenden Augen. Ich umarmte sie und küsste sie ungeschickt, aber leidenschaftlich.

Unser »Quiz« fortsetzend, fragte ich Raissa, warum sie dann damals ganz zu Beginn unserer Bekanntschaft unsere Treffen habe einstellen wollen.

»Die Mädchen in meinem Zimmer machten mir die Hölle heiß: ›Kaum hast du dich von Tolja getrennt, da triffst du dich schon mit einem anderen.‹ Erinnerst du dich an Elvira, das Mädchen aus Aserbaidschan?«

»Na klar.«

»Sie hatte ein Auge auf dich geworfen. Ich stand ihr im Weg.«

»Hast du nachgegeben?«

»Wie du siehst, nein. Wir sind ja zusammen.«

»Und wenn ich nicht darauf bestanden und keinen Charakter gezeigt hätte?«

»Nein, ich habe erwartet, dass du dich so verhältst, wie du dich verhalten hast.«

»Das ist weibliche Logik.«

»Ihr Männer denkt immer, alles geht nach eurer Nase.«

»Ich frage dich jetzt: Wann sind wir Mann und Frau geworden?«

»Juristisch: am 25. September.«

»Das stimmt. Und faktisch?«

»Auf den Leninbergen.«

»Wann?«

»Das weiß ich nicht.«

»Siehst du: am 5. Oktober 1953.«

Ja, unser Verhältnis war leidenschaftlich, wir wollten uns nicht trennen. Freunde sagten:»Hört auf, wie die Verrückten Händchen zu halten.« Aber Mann und Frau wurden wir erst nach der Hochzeit.

Der Dialog zwischen Raissa und mir riss das ganze Leben nicht ab, egal, wo wir waren. Und als ich Generalsekretär und Präsident war, rief ich in den 12 bis 14 Stunden, die ich arbeitete, zwei, drei Mal bei Raissa an, oder sie rief an.

Wenn wir auf der Datscha waren, machten wir jeden Morgen Gymnastik. Sie hatte ihr Programm, ich meins. Sie absolvierte es in ihrem Arbeitszimmer, ich nebenan. Plötzlich hörte ich durch die offene Tür:»Mi, Mi, komm her.«

»Was denn?«

»Ich mag diese Übung sehr.«

Und sie machte irgendeinen Kopfstand, der das Genick wahnsinnig belastet. Ich dachte, wenn das mal gutgeht!»Hör mal, du kannst dir das Genick brechen.«

»Warte, dich werde ich mir auch noch vornehmen. Der Arzt hat gesagt, deine Mähdreschermuskeln müssen ständig und nachhaltig trainiert werden.«

Dann:»Gib mir die Hand.«

»Hier! Bitte schön.«

»Umarme mich. Wir haben noch viel Zeit, du musst dich nicht beeilen, und ich mich auch nicht.«

Wir gingen zusammen in die Dusche und dann ins Schlafzimmer …

Ihr lag an meiner Meinung zu vielen Fragen. In den Perestrojka-Jahren wurden es immer mehr.

Oder: Raissa will sich etwas Neues anschaffen und legt den Termin für die Anprobe fest. Ich bin das einzige Jurymitglied. Sie zieht sich an und zeigt sich mir. Sie mochte es, sich schön anzuziehen. Ich habe das immer unterstützt, obwohl die Möglichkeiten dazu erst spät vorhanden waren. Hätte ich auf ihre Fragen:»Und? Gefällt es dir?« den geringsten Zweifel bekundet, sie hätte dieses Kleid nie wieder angezogen. Ja, mehr noch, sie hätte es weggegeben.

Nicht nur in meinen Augen war Raissa eine wunderschöne Frau: elegant, anmutig, wunderbar feminin. Sie hatte einen inneren Adel, war ein Mensch mit einem hochentwickelten Gefühl persönlicher Würde. Wer Raissa nur einmal sah oder ihr nur einmal kurz begegnete, mochte den Eindruck haben, sie sei gekünstelt oder maniriert. Die sie näher kannten, wussten um ihr Taktgefühl, ihre Zuwendung und Zuverlässigkeit und hatten in ihr einen ebenbürtigen und interessanten Gesprächspartner.

Raissa selbst verehrte und liebte Menschen mit Humor. Sie war jemand, der für alles, was im Leben geschieht, Verständnis hatte und Entgegenkommen im Freundeskreis und überhaupt im Umgang mit Menschen zu schätzen wusste. Sie war immer offen für Diskussionen, konnte aber keine falschen Beschuldigungen ertragen, dann litt sie wirklich.

Noch eine Erinnerung. Unsere Tochter Irina hatte in ihrer Kindheit gesundheitliche Probleme. Ihre Temperatur war ständig auf 37,8 Grad erhöht. All unsere Versuche im Stawropoler Land und in Moskau zu klären, woher das kam, waren erfolglos. So fuhren wir wie andere auch im Sommer mit ihr ans Meer, um, wie wir meinten, durch das Schwimmen, die Seeluft und die Sonne eine Besserung herbeizuführen.

In der Regel fuhr Raissa mit ihr auf die Krim. Einmal machten sie einen Ausflug zum Palast des Khans Krim-Girej.[18] Der Reiseführer erklärte, weit in alle Einzelheiten und Legenden ausholend, wie es damals war, und lüftete so den Vorhang, hinter dem sich das Leben in dem Palast abspielte. Sie kamen zum Harem. Natürlich war die

---

18 Khanpalast in Bachtschyssaraj, heute ein schöner Ausflugsort und Zentrum der krimtatarischen Kultur. Hier herrschten 300 Jahre lang die Khane, bis Katharina die Große den letzten Khan absetzte. Der Bau des Palastes, der von italienischen, türkischen, russischen und ukrainischen Baumeistern entworfen wurde, zog sich fast 200 Jahre hin. Besondere Berühmtheit erlangte der »Tränenbrunnen« im Hof des Palastes durch das Gedicht »Die Fontäne von Bachtschyssaraj« von Alexander Puschkin. (Anm. d. Übers.)

Neugier groß, besonders bei den Frauen. Wie Raissa erzählte, waren alle von der Vielzahl der Frauen des Khans beeindruckt. Ob dahinter eine Kritik an den heutigen Männern steckte oder etwas anderes, darüber stelle ich lieber keine Vermutungen an.

Nach der Fahrt und nachdem sie die berühmten Tschebureki[19] gegessen hatten, kehrten sie ins Sanatorium zurück. Auf einmal fragt die zehnjährige Irina:»Mama, warum hatte der Khan so viele Frauen und Papa hat nur dich?«

Raissa war zuerst verblüfft, ließ sich das aber nicht anmerken und sagte:»Frag Papa danach, wenn wir nach Hause kommen. Er kann dir sicher sagen, ob ich seine einzige Frau bin und warum.«

Das Kind vergaß das Gespräch nicht und fragte prompt nach der Rückkehr:»Papa, wir haben einen Ausflug gemacht und den Palast des Khans Girej besichtigt. Er muss sehr viele Frauen gehabt haben. Warum ist Mama deine einzige Frau?«

Ich war in einer schwierigen Situation – ich musste dem Kind antworten. Wir hielten es in unserer Familie so: Wenn du die Antwort weißt, musst du die Wahrheit sagen. Wenn diese Wahrheit mit Dingen zusammenhängt, die ein Kind womöglich nicht versteht, dann musst du Ausdrücke finden, die ihm doch eine gewisse Information bieten. Und wenn Raissa oder ich die Antwort nun gar nicht wussten, dann sagten wir offen: Wir wissen es nicht, wenn wir es rauskriegen, sagen wir es dir.

Irina hatte die Frage gestellt und sah mich erwartungsvoll an. Ich antwortete. Ich finde, das war eine der besten Antworten auf die vielen Fragen, auf die ich im Laufe meines Lebens antworten musste. Ich sagte:»Weißt du, Liebes, der Khan Girej hatte viele Frauen, aber unter ihnen war keine einzige, die ein Philosoph war.«

Diese humorvolle Antwort ging in die Annalen unserer Familie ein.

---

19 Tschebureki: herzhafte gefüllte Teigtaschen, die ursprünglich aus der Küche der Krimtataren stammten. (Anm. d. Übers.)

Der erste Auftritt

Meiner Wahl zum Sekretär des ZK der KPdSU und dem Umzug unserer Familie nach Moskau gingen einige Ereignisse voraus, die ein Licht warfen auf die Situation im Politbüro, auf die Weise, wie Kaderfragen gelöst wurden, und auf die Intrigen in den höchsten Machtkreisen.

Ganz zu Beginn meiner Arbeit als Erster Sekretär des Regionskomitees der Partei ereignete sich Folgendes. Ich machte eine Dienstreise nach Moskau, zum ZK. Ich traf Kulakow, und wir unterhielten uns. Das Gesprächsthema war noch nicht klar, da fragte er mich auf einmal:»Beim Generalsekretär warst du doch schon, oder?«

»Nein«, sagte ich.

»Warum denn nicht?«

»Ich habe keine Fragen an den Generalsekretär, warum soll ich ihm dann die Zeit stehlen?«

»Hör zu! Das gibt es doch nicht, dass der Erste Sekretär des Regionskomitees Stawropol, der gerade erst zu arbeiten begonnen hat, keine Fragen hat, bei denen er sich mit dem Generalsekretär beraten möchte. Außerdem kann es doch auch sein, dass der Generalsekretär dir Fragen stellen möchte. Die Genossen aus dem Sprechzimmer von Breschnew haben mir gesagt, du hättest noch nie einen Termin bei ihm gehabt.«

»Fjodor Dawydowitsch, ich sage Ihnen doch: Ich hatte keinen Bedarf.«

»Lass es dir noch einmal durch den Kopf gehen!«

Das war ein wichtiger Hinweis. Der Umgang mit dem Generalsekretär war die Grundlage von allem und jedem. Breschnew rief die Ersten Sekretäre regelmäßig an, darunter auch mich. Und wenn man im ZK war, kam man wohl nicht um den Kontakt mit dem Generalsekretär herum. Nach diesem Hinweis stellte ich eine derartig»überhebliche Haltung« dem Generalsekretär gegenüber ab. Im Anschluss hatten wir recht häufige Kontakte: per Telefon und bei persönlichen

Treffen, wenn ich die Unterstützung des ZK für Projekte brauchte, die wir im Stawropoler Land in Angriff nahmen.

Ende 1977 hatte ich ein ziemlich langes, angespanntes Gespräch mit Kulakow. Wie andere Sekretäre war ich zu einem Gespräch über die laufenden Probleme zu ihm gekommen. Bei diesem Treffen sagte Kulakow, die Lage in der Nicht-Schwarzerde-Zone sei bedenklich. »Es werden große Investitionen benötigt«, sagte er. Offenbar wollte er sich das Verständnis und die Unterstützung der Chefs der Regionen und Gebiete sichern und hatte deshalb das Gespräch mit mir begonnen.

Ich sagte, dann müsse man zusätzliche Ressourcen finden. Man könne doch nicht dem Kubangebiet, Rostow oder der Ukraine etwas wegnehmen. Da reiche es ebenfalls nicht, aber der Investitionsrückfluss sei dort schneller und höher.

Kulakow unterbrach mich schroff: »Du sagst Dinge, mit denen ich nicht einverstanden sein kann. Nicht immer kann man Investitionen nur dahin schicken, wo der Rückfluss hoch ist. Es gibt schließlich noch eine Rentabilität in Form der Geschichte. In der Nicht-Schwarzerde-Zone sind die Grundlagen unseres Staatswesens gelegt worden. Und die schweren Bedingungen, unter denen die Menschen dort jetzt leben müssen, kann man nicht einfach hinnehmen.«

Wir einigten uns auf diese Einschätzung. Unser Gespräch wandte sich den wirtschaftlichen Problemen der Landwirtschaft zu.

»Man kann doch nicht die Verkaufspreise der landwirtschaftlichen Produkte weiter auf diesem Niveau halten«, sagte ich. »Das Getreide, das wir im Ausland kaufen, ist um ein Vielfaches teurer als das, was wir unseren Bauern, Kolchosen und Sowchosen zahlen. Da gibt es ja gar keinen Anreiz, durch technische Neuerungen und Kürzung des Brennstoffverbrauchs eine höhere Produktivität zu erreichen! Was geschah nach dem neunten Fünfjahresplan, einem guten und erfolgreichen Plan? Plötzlich wurden die Preise für Düngemittel, Brennstoff, Baumaterialien und neue technische Geräte angehoben. Mit anderen Worten: Die Landwirtschaft wird nach wie vor als eine ›innere Kolonie‹ behandelt, die für die Entwicklung der Industrie ausgebeutet wird.«

Kulakow regte sich auf. Ich bedauerte fast, dass ich ihm diese Probleme mit dieser Offenheit und Dringlichkeit dargestellt hatte.

Wir Mitglieder des ZK wussten, dass im nächsten Jahr eine Plenartagung zur Landwirtschaft stattfinden sollte. Und ich dachte, unser Gespräch käme gerade recht. Am Schluss unserer Diskussion sagte Kulakow:»Wenn du so gut durchblickst, dann schreib mir doch einen Bericht, in dem all das steht, was du mir gesagt hast.«

Ich weiß nicht, vielleicht dachte er, ich würde ablehnen, aber ich sagte:»Gut. Ich fange sofort damit an.«

Zum 1. Januar 1978 wurde ich fertig und schickte die 72 Seiten des Berichts an Kulakow persönlich. Es verging etwas Zeit, dann rief Kulakow an:»Hast du etwas dagegen, wenn ich deinen Bericht an die Mitglieder der Kommission zur Vorbereitung der Plenartagung schicke?«

Das hatte ich nicht erwartet. Ich sagte:»Fjodor Dawydowitsch, der Bericht war doch nur für Sie persönlich bestimmt. Wenn Sie einen Bericht für die Mitglieder der Kommission wollen, dann muss ich noch Ergänzungen vornehmen.«

Ehrlich gesagt, hatte ich die Probleme in dem Bericht zu impulsiv angepackt; die Kommission hätte das als arrogant empfunden. Ich überarbeitete den Bericht, feilte an der Argumentation, kürzte, strich Ungenauigkeiten und subjektive Gefühlsausbrüche. Ich schickte die 54 Seiten an Kulakow, der sie an die Kommissionsmitglieder weiterleitete.

Der Bericht spielte eine große Rolle in meinem Leben. Ich war zufrieden mit mir, dass ich nicht katzbuckelte, sondern viele drängende Probleme im ZK anschnitt. Es kamen auch Vorschläge von anderen Kollegen. Eine ansehnliche Materialsammlung kam zusammen, auf deren Grundlage das Plenum große Entscheidungen treffen musste. Ich wurde gefragt, ob ich nicht auftreten wolle. Schon das war ein Ergebnis meines Berichts.

Dazu muss man die merkwürdige Situation kennen, die weder ich noch andere verstehen und erklären konnten. Immerhin knapp neun Jahre war ich Erster Sekretär des Regionskomitees und ZK-Mitglied gewesen. Ich hatte mehrfach den Wunsch gehabt, zur einen oder anderen Frage in der Debatte Stellung zu nehmen, doch mir wurde kein einziges Mal das Wort erteilt. Ohne es genau zu wissen, glaube ich, dass sie mich dadurch »erziehen«, bremsen wollten, obwohl ich nicht behaupten kann, sie hätten mich schlecht behandelt. Aber gebremst haben sie mich schon. Ich glaube nicht, dass meine Vermutungen völlig falsch sind.

Die Kaderprobleme an der Spitze hatten sich offensichtlich zugespitzt. Nun fragte man mich also vor dieser Plenartagung, ob ich auftreten wolle. Das war eine Warnung. So etwas war noch nie vorgefallen. Offenbar hatte es eine Vorentscheidung gegeben. Ich sagte ja und fügte sogar hinzu: auf der Grundlage der Gedanken und Ideen, die ich in meinem Bericht geäußert habe. Die Antwort war einfach: Ja, ja, ja. Ich bereitete mich gründlich auf die Plenartagung vor.

Es gab einen großen Kampf um den Inhalt und die Beschlüsse der Tagung. Ich saß im Saal neben dem Minister für Landwirtschaft der Russischen Föderation, Leonid Florentjew. Ich gab ihm den Text meiner Rede zu lesen, er sagte: »Ich finde die Rede gut.« Er empfahl mir aber, einige für mein Gefühl wichtige Überlegungen zu streichen. Sein Argument: »Warum willst du die Situation zuspitzen?«

»Wieso zuspitzen? Das ist doch kein leeres Gerede, sondern die Darstellung eines Versuchs, der uns sehr viel weiterbringt.«

Trotzdem blieb der Minister bei seiner Meinung: »Ich rate dir ab.«

Als ich die Tribüne betrat und meine Rede begann, lief zunächst alles wie gewöhnlich: Die Mitglieder des ZK lasen Zeitung, die Mitglieder des Politbüros saßen hinter mir und hörten zu. Aber auf einmal wurden die Versammelten still, und hinter meinem Rücken begann eine Unterhaltung. Ich hörte, wie Breschnew fragte: »Worüber spricht der eigentlich?«

Mir ging der Gedanke durch den Kopf, Florentjew wird wohl doch recht gehabt haben. Trotzdem war ich aufgetreten. Den einen gefiel meine Rede, die andern lehnten meine Einschätzung eher ab.

Das Plenum endete. Die Beschlüsse sahen so aus, wie ich es erwartet hatte. Sie zielten auf eine Verstärkung der technischen Ausrüstung der Landwirtschaft.

Zurück zu meinem »geliebten« Bericht über die Probleme der Landwirtschaft für die Juli-Plenartagung des ZK im Jahr 1978. Ich erinnerte mich erst wieder an diesen Bericht und erkundigte mich, wo er war, als ich Generalsekretär wurde. Natürlich hatte ich eine Kopie in meinem persönlichen Archiv. Aber ich wollte wissen, wo das Original war und was mit ihm geschehen war. Es wurde gesucht, war aber nicht zu finden. Der Bericht wurde schließlich in der Filiale des Archivs des ZK in Tschita entdeckt. »In der sibirischen Verbannung« also. Später habe ich ihn in meine Gesammelten Werke aufgenommen.

Brautschau

Zwei Wochen verstrichen. Plötzlich starb Kulakow. Ich wandte mich an das ZK und äußerte den Wunsch, an der Beerdigung teilzunehmen. Man willigte ein. Ich überlegte mir eine Rede. Er wurde an der Kremlmauer beigesetzt, die Feier fand vor dem Mausoleum statt. Ich war damals zum ersten Mal am Mausoleum und hielt meine erste Rede.

Ich habe es bereits erwähnt – mir kam es merkwürdig vor, dass weder Suslow noch die anderen in den Urlaub gefahrenen Politbüromitglieder an Kulakows Beerdigung teilnahmen. Noch heute kursieren allerhand Gerüchte, jemand habe Kulakow loswerden wollen, weil dieser auf den Posten des Regierungschefs spekulierte. Dass es in diesem Punkt unterschiedliche Meinungen gab, merkte ich bei einem meiner Gespräche mit Andropow. Als ich von einem möglichen weiteren Aufstieg Kulakows auf einen höheren Posten sprach, sagte er: »Weißt du, Kulakow ist da, wo er hingehört.« Das heißt, er dachte nicht an die Möglichkeit seines Aufstiegs, es gab also oben Widerstände.

Nach Kulakows Tod begann die Suche nach einem Ersatzmann für diesen extrem wichtigen Posten. Die Besonderheit des ZK-Sekretärs für Landwirtschaft bestand darin, dass er viele Abteilungen betreute und ständig die Verbindung mit dem ganzen Land hielt, das heißt mit allen Sekretären der Zentralkomitees der Kommunistischen Parteien der Republiken, Regions- und Gebietskomitees. Kulakow war eine Vertrauensperson des Generalsekretärs und ein zuverlässiger Mann für die Umsetzung von Breschnews Politik.

Im Sommer, in der Urlaubszeit, besuchte Kirilenko, Sekretär des ZK und Politbüromitglied, das Stawropoler Land. Wir fuhren mit ihm durch die Gegend und unterhielten uns über viele Themen. Ich begriff, dass er weniger den Wunsch hatte, die Gegend als mich selbst kennenzulernen, obwohl wir uns auch vorher gekannt und den Kontakt gehalten hatten. Ehrlich gesagt, sein Arbeitsstil und seine Umgangsform gefielen mir nicht. Und dass ich das nicht sonderlich verbarg, gefiel ihm wiederum nicht.

In diesem Sommer rief Andropow einmal an und fragte, wann und wohin ich in Urlaub fahren wolle. Ich sagte:»Nach Kislowodsk, wie immer, wenn die Getreideernte unter Dach und Fach ist.«

»Gut. Dann komme ich auch um diese Zeit, und wir treffen uns.«

»Gut, gerne.«

Er hatte mich früher nie vor seinem Urlaub angerufen, obwohl ich ihn jedes Mal abholte. Denn das war die Regel: Die örtlichen Chefs holten das Politbüromitglied ab und geleiteten es zu seinem Urlaubsort (die Machthaber müssen geehrt und unterstützt werden!).

Dieses Mal verbrachten Andropow und ich viel mehr Zeit miteinander als sonst, wir unternahmen Spaziergänge und unterhielten uns lange. Die Probleme, die wir ansprachen, waren ganz unterschiedlich. An der Art, wie er das Gespräch führte, merkte ich, dass er mich prüfte – obwohl er alles über mich wusste. Zu diesem Zeitpunkt standen wir schon auf gutem Fuß. Gegen Ende unseres Urlaubs rief er mich mitten am Tag an und sagte:»Hör mal, Michail, Breschnew fährt nach Aserbaidschan. Da gibt es ein großes Fest. Unterwegs empfangen ihn die Sekretäre der Gebietskomitees, die an der Strecke liegen. Du musst dich wahrscheinlich auch daran beteiligen.«

»Natürlich. Aber keiner hat mir etwas davon gesagt oder angerufen.«

»Dafür bin ich ja da. Lass uns beide zusammen fahren.«

Um 9 Uhr abends kamen wir am Bahnhof Mineralnyje Wody an.
Im Süden währt die Dämmerung nur kurz, und die Nacht fällt sehr
plötzlich ein. Helle Sterne, die Lakkolith-Berge: Smeika, Maschuk,
Schelesnaja. Betörende Stille. Ein Abend Anfang Herbst.

Ein Spezialzug fuhr ein. Breschnew und Tschernenko stiegen aus.
Zu viert spazierten wir dreißig, vierzig Minuten (vielleicht auch eine
Stunde) auf dem Bahnsteig auf und ab und unterhielten uns. Es war
ein ganz gewöhnliches Gespräch. Ich berichtete Breschnew, wie die
Ernte ausgefallen war (es war ein sehr ertragreiches Jahr) und wie der
Bau des Kanals, für den er sich immer interessierte, fortschritt. Ich
fragte ihn, warum er seinen Urlaub abgebrochen habe, er hätte sich
länger ausruhen sollen. Er winkte ab. Dann wechselten die beiden ein
paar Worte mit Andropow, und wir gingen auseinander.

Dem Anschein nach war es ein ganz gewöhnliches Treffen.
Breschnew traf sich mit allen Sekretären. Aber später betonten viele:
Einmal trafen sich Breschnew, Andropow, Tschernenko und Gorba-
tschow auf einem Bahnhof, die vier Generalsekretäre, mit denen die
»GenSek«-Geschichte unseres Landes endete.

Andropow war zufrieden mit dem Treffen. Weder an jenem Tag
noch später sagte er mir, dass das eine weitere »Brautschau« war. Auf
den Posten des ZK-Sekretärs für Landwirtschaft spekulierten Medunow (Region Krasnodar) und Bondarenko (Gebiet Rostow). Mit
Fjodor Morgun wurde verhandelt.

Das Plenum des ZK fand in jenem Jahr spät statt: am 27. Novem-
ber 1978, einem Montag. Ich traf vorher in Moskau ein, am Samstag.
Ich wollte nur eins: meinen Freund Marat Gramow besuchen, der
fünfzig wurde – ein Stawropoler Landsmann, wir waren seit der
Komsomolzeit befreundet. Er hatte das Amt des Vorsitzenden des
Staatskomitees der UdSSR für Leibesübungen und Sport inne.

Ich rief ein Auto und kam um zwölf bei Marat an. Später hieß es,
ich werde gesucht. Aus der Allgemeinen Abteilung des ZK riefen sie

die Garage an und erfuhren, wohin und zu wem man mich gefahren hatte. In Gramows Wohnung wurde angerufen und nach Gorbatschow gefragt. Marats Sohn sagte, der wohne dort nicht. Ich glaube nicht, dass er beschlossen hatte, mich einfach nicht ans Telefon zu holen.

Erst um 6 Uhr abends fanden mich die aufgebrachten Mitarbeiter Tschernenkos, und ich musste zum Staraja Ploschtschad kommen. Ich entschuldigte mich und sagte, ich sei bei der Geburtstagsfeier eines Freundes gewesen. Tschernenko sagte: »Breschnew hat auf dich gewartet und ist jetzt weggefahren.«

»Das hätte man mir vorher sagen müssen.«

»Sollen wir dem Generalsekretär etwa Vorschriften machen, wie er sich zu verhalten hat?! Breschnew hat mich gebeten, dir zu sagen, dass er dich morgen beim Plenum als Kandidat für das Amt des ZK-Sekretärs für Landwirtschaft vorschlagen will.«

»Ich weiß nicht, ob ich der Richtige dafür bin. Kann das nicht jemand anderes machen?«

»Weißt du, was ich dir rate: Deine Antwort muss einfach und klar sein: Danke für das Vertrauen und basta. Es geht nicht darum, ob du der Richtige bist oder nicht, sondern darum, dass du das Vertrauen Breschnews hast. Ist das klar?«

»Ja, Konstantin Ustinowitsch.«

So erfuhr ich also, dass der Generalsekretär des ZK mich dem ZK-Plenum für diesen hohen Posten vorschlagen würde. Nach der Diskussion meiner Person stimmten die ZK-Mitglieder am nächsten Tag einträchtig für mich.

In der Pause, nach meiner Wahl, ging ich zu Leonid Iljitsch und dankte ihm für sein Vertrauen. Er nickte nur mit dem Kopf.

Am nächsten Tag ging ich zu ihm in den Kreml. Ich wurde sofort empfangen, spürte aber keine sonderliche Sympathie mir gegenüber. Das Einzige, was Breschnew sagte, war: »Schade um Kulakow – ein guter Mann.«

Wahrscheinlich hat bei meiner Wahl jemand anders die Finger im Spiel gehabt, dachte ich damals.

Beim Plenum kam Kosygin auf mich zu. »Herzlichen Glückwunsch! Ich bin sehr froh, dass Sie nun zu uns gehören.« Er drückte mir kräftig die Hand und sagte: »Jetzt bist du kein Buschwäldchen mehr, sondern ein richtiger Wald. (Das war eine Anspielung auf ein Gespräch mit ihm – ich komme darauf später noch zurück.)

Nach dem ZK-Plenum fuhr ich zum Staraja Ploschtschad. Mein Büro war schon eingerichtet, die Wache vor Ort, ich bekam einen Dienstwagen. Es hieß, man würde mir mitteilen, wo ich solange wohnen könnte, bis ich eine Wohnung auf Dauer hätte. Alles ging blitzschnell, keine Rede davon, ich müsste mich in eine Warteliste eintragen, um eine Wohnung zu bekommen!

Als ich in meinem Büro saß, rief Andropow an: »Bist du beschäftigt?«

»Noch nicht.«

»Könntest du bei mir vorbeikommen? Ich bin in meinem Büro.«

Ich ging zu Andropow in die Lubjanka. Er gab mir ein Geleitwort auf den Weg: »Wir beide sind Kameraden und behalten hoffentlich unsere kameradschaftlichen Beziehungen. Aber ich möchte dir sagen, Michail: Moskau ist Moskau. Und das Wichtigste bei uns ist Breschnew und dessen Unterstützung.«

»Das ist keine Frage, da bin ich derselben Meinung.«

»Gut. Ich will dich nur daran erinnern, dass das Wichtigste für dich jetzt die Unterstützung Breschnews in allen Angelegenheiten ist. Diesbezüglich fällt mir auf, mit was für einem gewinnenden Lächeln dich Kosygin beglückwünscht hat.«

Mit einem Wort: Andropow gab mir sofort zu verstehen, wie ich mich zu verhalten hatte …

Drei Tage nach meiner Wahl zum ZK-Sekretär fuhr ich nach Stawropol, wo ich die Plenartagung des Regionskomitees leitete, auf der Murachowskij zum Ersten Sekretär des Regionskomitees gewählt wurde. Er war ein guter Freund von mir aus der Komsomol-Zeit und der Parteiarbeit, ein solider Mann mit Tiefgang, der am Ende des Zweiten Weltkriegs im Fernen Osten gekämpft hatte.

Ich sah, wie alle meine Freunde und Genossen aus der langen ge-

Mit Wsewolod Murachowskij und Jurij Andropow im Stawropoler Land, siebziger Jahre

meinsamen Arbeit im Stawropoler Land, die Sekretäre der Regions- und Stadtkomitees, geschlossen dem neuen Ersten Sekretär des Regionskomitees folgten. Ich verstand: Gorbatschow ist ZK-Sekretär, Teil der Führung da oben, Murachowskij war für sie nun der wichtigste Mann. Das war die Logik …

Was Murachowskij betrifft, so arbeitete er mit großem Einsatz, führte alle Richtungen weiter, die wir mit ihm zusammen und mit anderen Mitgliedern des Regionskomitees eingeschlagen hatten. Mit der Zeit zahlte sich das enorm aus, sowohl in puncto Finanzen als auch in puncto Getreide, Viehzucht, Bildung, Wissenschaft und Kultur. Murachowskij und ich waren Freunde und sind es bis heute geblieben.

8. Kapitel

Wieder in Moskau

So war ich nach fünfundzwanzigjähriger Unterbrechung also wieder in Moskau. Raissa und ich wohnten in einer kleinen Datscha in einem Vorort von Moskau. Es gab mehrere solcher Datschen: Sie dienten den leitenden Funktionären zeitweilig als Wohnung.

Unsere erste Reaktion war: Es hat uns nach einem Schiffbruch auf eine unbewohnbare Insel »verschlagen«. Später dachten wir oft an dieses Häuschen, diesen vorübergehenden Zufluchtsort und an den klirrenden Moskauer Frost des Winters 1978/79, als die Quecksilbersäule bis auf minus 40 Grad sank. Solche Fröste sind selbst für Moskau eine Seltenheit.

Abends zogen wir uns möglichst warm an und gingen wie gewohnt spazieren. Der Frost schnitt ins Gesicht, man konnte kaum atmen. Wir gingen auch deshalb spazieren, weil wir unsere ersten Eindrücke unter vier Augen besprechen wollten. Ich hatte gedacht, ich kenne die Gepflogenheiten am »Zarenhof«. Aber in der Hauptstadt musste ich mich davon überzeugen, dass alles weitaus schwieriger war, als ich es mir vorgestellt hatte. Erst mit der Zeit gelang es mir, mich in den Finessen und Nuancen der Beziehungen »da oben« zurechtzufinden, sodass meine Stimmung nicht gerade glänzend war. Raissa wiederholte ständig dieselbe Frage: »Wie sollen wir das nur alles hinkriegen?«

Um sie zu beruhigen, sagte ich: »Erinnere dich mal, wie es war, **229** als wir nach Stawropol zogen. Trotz aller Schwierigkeiten und Unklarheit, wie es weitergehen soll, kann man unser heutiges Leben bei weitem nicht mit den Sorgen in den ersten zehn Jahren in Stawropol vergleichen.«

Sie stimmte zu und sagte: »Ja, ich möchte auch nicht tauschen. Aber in den letzten Jahren hat sich deine Lage verbessert, du hast viel erreicht – ich wollte mich so allmählich habilitieren. Ich weiß nicht, ob ich hier Arbeit finde. Vielleicht ist das genau der richtige Zeitpunkt, um mich an die Habilitation zu setzen?«

Ich antwortete ehrlich: »Darüber habe ich noch nicht nachgedacht. Wir werden eine neue Wohnung bekommen. Sie gemütlich für die Familie einzurichten, wird bestimmt eine Menge Zeit in Anspruch nehmen.«

Bald erhielten wir eine Wohnung in der Schtschusew-Straße in einem Haus, das die Moskauer »Adelsnest« nannten. Auch eine neue Datscha bekamen wir. Wir wurden von Neuankömmlingen zu festen Einwohnern. Die Datscha lag im Dorf Sosnowka, an der Umgehungsstraße, nicht weit vom Landschaftsschutzgebiet Krylatyje Cholmy. Gegenüber, am anderen Ufer der Moskwa, liegt Serebrjanny bor (Silberwald). Damals war das wirklich ein Wald. Heute ist dieser Bezirk, an dem ich jeden Tag auf dem Weg zu meiner Arbeit in der Gorbatschow-Stiftung vorbeikomme, mit Hochhäusern zugebaut. Aus der Ferne erinnern sie an die Silhouette von Manhattan.

In den dreißiger Jahren hatte Sergo Ordschonikidse in der Datscha gelebt, die wir damals bezogen, unmittelbar vor uns benutzte sie Tschernenko. Es war ein altes Holzhaus, ziemlich altersschwach, aber architektonisch einfallsreich und gemütlich. Seine Baufälligkeit machte sich auch am starken Knarren der Treppe in den zweiten Stock bemerkbar: Wir hatten den Eindruck, sie bricht gleich zusammen.

Ende Dezember fuhr Raissa nach Stawropol, um Irina und Anatolij sowie alles, was sie für nötig hielt, nach Moskau zu holen. Ich riet ihr: »Wirf möglichst viel weg oder gib es den Nachbarn. Die Bücher kannst du der Bibliothek schenken.«

So machte sie es auch. Unter den Möbeln, die sie mitbrachte, waren die zwei Stühle, die ich 1955 anlässlich ihrer Ankunft in Stawropol gekauft hatte. Sie waren schon alt, aber stabil. Ich freute mich, als sie sie brachte. »Wunderbar, dass du diese Stühle mitgenommen hast.« Sie brachte auch noch einen kleinen Teppich in sehr fröhlichen Farben mit, den ihr ihre Mutter geschenkt hatte. Die Stühle sind inzwischen weggekommen, aber der Teppich hat sich bis auf den heutigen Tag erhalten.

Raissa ging an die Möblierung der Wohnung und der Datscha zeitgemäß heran. Sie mochte keine Teppiche, nannte sie »Staubfänger«. Genauso wenig mochte sie schwere Vorhänge oder schwere Möbel – alles, was altmodisch aussah.

Zu Neujahr trafen Raissa und die Kinder in Moskau ein. Das Jahr 1979 begann. Neujahr feierten wir im Familienkreis. Als die Kreml-Glocken zwölf schlugen, hoben wir die Weingläser, beglückwünschten uns zu der neuen Wohnung und hofften, es werde sich schon alles zum Guten fügen.

Von den ersten Tagen an ging ich ganz in der Arbeit auf und arbeitete täglich zwölf bis vierzehn Stunden. Irina und Anatolij immatrikulierten sich am Zweiten Medizinischen Institut. Während des Gesprächs betrachtete der Prorektor, der für den Lehrplan verantwortlich war, Irinas Zeugnis im Immatrikulationsbuch des Medizinischen Instituts von Stawropol und sagte: »Sie haben überall ›ausgezeichnet‹. Das wird Ihnen bei uns wohl nicht gelingen.

Irina antwortete: »Wir werden ja sehen.«

Sie beendete das Institut mit einem Diplom mit Auszeichnung, schrieb ihre Dissertation, brachte sie mit Erfolg zu Ende und lehrte auch in diesem Institut. Irina verfasste eine interessante Forschungsarbeit aus dem Grenzbereich sozialer und medizinischer Probleme. Das Thema ihrer Dissertation hieß: »Todesursachen von Männern im arbeitsfähigen Alter in der Stadt Moskau.« Das Thema wurde sofort für geheim erklärt, später auch ihre Dissertation. Ich glaube, das hat sich bis heute nicht geändert. – Aber all das kam erst später, ich habe vorgegriffen.

Raissa interessierte sich für meine Arbeit, meine Gesundheit und Stimmung. Sie beschäftigte sich damit, unser Moskauer Leben einzurichten und besichtigte dann die Stätten unserer Jugend. Zuerst traf sie sich mit ihrer besten Freundin, mit der sie ihr ganzes Leben lang befreundet war, mit Nina Ljakischewa. Es handelt sich um jene Nina, die Raissa zu ihrer Hochzeit die (für die damalige Zeit) schönen weißen Schuhe lieh. Raissa ging auch zur Philosophischen Fakultät und traf sich mit ihren Lehrern. Sie wollte gern wieder wissenschaftlich arbeiten. Sie sagte zu mir: »Ob ich mich habilitieren soll? Mich kennen hier ja alle, und sie kennen auch meine soziologischen Arbeiten.«

Ich sagte realistisch: »Kommt Zeit, kommt Rat.«

Sie stimmte zu. Wir mussten in unserem neuen Leben wirklich viel lernen, mussten umdenken und etliches begreifen. Und obwohl meine Arbeit wenig Zeit für die Familie übrig ließ – denn ich war nicht nur an den Werktagen, sondern auch jeden Samstag beschäftigt –, versuchten wir, uns in das Hauptstadtleben hineinzufinden und neue Kontakte zu knüpfen. Natürlich wollten wir verstehen, in welcher Atmosphäre die Familien meiner Kollegen lebten und sie einfach kennenlernen. Das war leider alles nicht so leicht: Treffen und Besuche selbst bei denen, die ich schon lange kannte, waren nicht gern gesehen. Man kann ja nie wissen …

Ich wusste, dass Breschnew nur einen eng begrenzten Kreis von Leuten aus dem Politbüro zu sich einlud: Gromyko und Ustinow, seltener: Andropow und Kirilenko. Es kam für mich völlig unerwartet, als Suslow Anfang Sommer 1979 unsere ganze Familie einlud, den Sonntag mit ihm zusammen zu verbringen und auf dem Gelände einer der leerstehenden Datschen von Stalin spazieren zu gehen. Wir verbrachten fast den ganzen Tag dort: gingen spazieren, unterhielten uns, tranken Tee. Es war ein Treffen von Stawropolern – eine Aufmerksamkeit des alteingesessenen Moskauers gegenüber seinem jungen Kollegen, der aus jener Gegend kam.

Interessant ist, wie Beziehungen innerhalb dieses Kreises jeweils aussahen: Breschnew, Kosygin, Suslow, Gromyko und Ustinow duzten sich, und zwar sogar bei offiziellen Sitzungen. Alle anderen siezten Breschnew und die älteren Mitglieder des Politbüros.

Folgendes ist mir noch aufgefallen: Als ich Sekretär des Regionskomitees war und zu Suslow ging, siezten wir uns. Als ich ZK-Sekretär geworden war, duzte er mich, während ich ihn natürlich weiter siezte. Sein Duzen hieß: Du gehörst dazu.

Noch eine Erinnerung zu diesem Thema. Einige Jahre gingen ins Land, ich wurde Politbüromitglied, und wir bezogen eine andere Datscha, neben der von Andropow. Einmal ergriff ich die Initiative und lud ihn zum Mittagessen ein. Aber wenn ich daran denke, was daraus wurde, ist es mir immer noch unangenehm. Ich rief ihn an und lud ihn mit seiner Frau ein: »Wir machen heute wie in guten alten Zeiten ein Stawropoler Essen.«

Mit ausgeglichener, ruhiger Stimme antwortete Andropow: »Ja, ja. Das waren gute Zeiten. Aber jetzt, Michail, muss ich Ihre Einladung leider ausschlagen.«

»Wieso?«, fragte ich verwundert.

»Weil morgen – von wegen morgen, jetzt gleich, sobald wir uns auf den Weg zu deiner Datscha machen – der Klatsch losgeht und gefragt wird: wer, wo, wieso, was haben sie besprochen?«

»Nicht doch, Jurij Wladimirowitsch!«

»Doch, Michail. Wir brauchen nur loszugehen, da wird es Breschnew schon gemeldet. Ich will dir nur reinen Wein einschenken.«

Seit diesem Vorfall hatten wir nicht mehr das Bedürfnis, jemand aus der Chefetage zu uns einzuladen oder von ihm eingeladen zu werden. Wir trafen uns weiterhin mit unseren alten Freunden, knüpften neue Bekanntschaften, luden zu uns ein, gingen zu Besuch, nur nicht zu den Kollegen aus dem Politbüro oder dem ZK-Sekretariat.

Raissa hatte mit dem neuen System von Beziehungen Probleme. Sie kam mit dem eigenartigen neuen Leben der »Kreml-Frauen« nicht klar. Enge Beziehungen gab es nicht. Die Welt der Ehefrauen war das Spiegelbild der Hierarchie unter ihren zur Führungsspitze gehörenden

Ehemännern, wobei einige weibliche Nuancen hinzukamen. Nach mehreren Treffen der Frauen war Raissa entsetzt über die Atmosphäre: eine Mischung aus Arroganz, Taktlosigkeit und Speichelleckerei.

Das ging bis zu kuriosen Vorfällen. Am 8. März 1979, dem Internationalen Frauentag, fand wie üblich ein Regierungsempfang für ausländische Gäste und berühmte russische Frauen statt. Alle Frauen der Spitze mussten an dem Empfang teilnehmen. Zu dieser ersten offiziellen Veranstaltung kam Raissa früher als die anderen und stellte sich dahin, wo frei war, ohne zu wissen, dass hier die strengste Subordination zu beachten war. Eine der Hauptdamen, Kirilenkos Frau, neben die sich Raissa gestellt hatte, sprach sie an und sagte ihr ohne Hemmungen: »Ihr Platz ist da, am Ende …«

Raissa wiederholte danach ständig: »Was sind das nur für Menschen?«

Außerhalb des Kreises der »Auserwählten« war alles einfacher. Irina und Anatolij gingen in dem neuen studentischen Milieu auf und fanden schnell neue Freunde. Raissa frischte ihre Kontakte zu den Kollegen in der MGU und im Institut für Philosophie auf. Sie besuchte Konferenzen, traf sich mit Freunden und fing mit Erfolg an, Englisch zu lernen.

In den ersten Monaten unseres neuen Lebens setzten wir uns an jedem freien Tag ins Auto und besichtigten die Stadt. Die ersten Fahrten führten uns an die alten, vertrauten Stätten: die Mochowaja-Straße, Krasnyje Worota, Krasnoselskaja, Sokolniki mit der denkwürdigen Feuerwarte, den Rusakow-Club und natürlich die Stromynka-Straße … Wir überquerten die Jausa und fuhren auf den Preobraschenskij-Platz. Unterwegs warfen wir einen Blick in das Gebäude, wo das Standesamt von Sokolniki gewesen war.

Alles hatte sich verändert. Ich habe schon von den Veränderungen in der Malaja-Grusinskaja- und der Bolschaja-Grusinskaja-Straße gesprochen. Auch der Preobraschenskij-Platz und die Landschaft auf den Leninbergen hatten sich verändert. Die Universität und die Sprungschanze an der Moskwa sahen in unseren Jugendjahren auf dem Hintergrund der umliegenden Baulücken und kleinen Gebäude

einsam und verwaist aus. An der Stelle des früheren Dorfes Tscherjo-
muschki, wo damals die Bauarbeiter gewohnt und wir die Päckchen
von unseren Verwandten auf der Post abgeholt hatten, war ein Neu-
bauviertel entstanden.

Wir waren nicht froh über die Veränderungen, sondern empfan-
den auch Wehmut, dass die alten, windschiefen Häuser, all das,
was unser Leben damals, in unserer Studentenzeit, ausgemacht hatte,
nicht mehr da war. Natürlich ist die Verbesserung der Wohnverhältnisse für die Menschen ein Glück, aber wir sehnten uns irgendwie
nach dem alten Moskau.

In der Nähe des alten Universitätsgebäudes in der Mochowaja-
Straße war der berühmte Alte Arbat. Lange und oft waren wir durch
diese krummen Gassen geirrt. Nun befand sich dort der Neue Arbat
mit Hochhäusern und einem Durchgang zum Kutusow-Prospekt.
Der Dichter Wosnesenskij hat den neuen Komplex treffend »Das
künstliche Gebiss Moskaus« genannt.

Wir fuhren aufs Geratewohl durch Moskau, um die Stadt besser
kennenzulernen, die gegenwärtige und die alte. Mit der Zeit kam
uns die Idee, uns Moskau in Jahrhunderten anzueignen: das 14. bis
16. Jahrhundert, das 17./18. Jahrhundert und so weiter. Meistens begleitete uns einer der Moskauer Historiker, mit denen Raissa Bekanntschaft geschlossen hatte.

Später dehnten sich unsere Erkundungsreisen auf das Umland
von Moskau aus. Den größten Eindruck auf uns machten die Land-
schaften an der Moskwa. Wir hatten von Kolomenskoje gehört,
aber das, was wir dann sahen, zog uns völlig in seinen Bann: Die
Christi-Himmelfahrts-Kirche, die in die Höhe, himmelwärts, zu
Gott strebt! Das sagte der französische Komponist Berlioz über
diese Kirche.

Aber wenn es darum geht, wie wir unsere Freizeit verbrachten,
dann muss man als Erstes sagen, dass wir endlich in vollen Zügen unserer alten Theaterleidenschaft frönen konnten. Schon früher hatten
wir uns bei kurzen Moskau-Besuchen möglichst alle interessanten
Stücke angesehen. Besonders in Erinnerung geblieben sind mir *Zehn*

Tage, die die Welt erschütterten[20] und die *Antiwelten*[21] des Taganka-Theaters; und von dem Ballett *Spartakus*[22] im Bolschoi-Theater waren wir völlig hingerissen.

Nachdem wir uns in Moskau eingewöhnt hatten, wurden wir leidenschaftliche Theaterfans.

An der Spitze: Leonid Breschnew

Die größten Überraschungen erwarteten mich im Zentralkomitee. Mein ständiger Arbeitsplatz war das Sekretariat des ZK der KPdSU. Die Sitzungen fanden wöchentlich statt; zu den Aufgaben gehörte auch die Kontrolle, ob die Beschlüsse umgesetzt wurden, sowie Auswahl und Einteilung der Kader, also die Nomenklatura. Das war ein wirksamer Hebel. Während das Politbüro die Politik festlegte und die Beschlüsse annahm, die von den ZK-Abteilungen, der Regierung und bestimmten Ämtern vorbereitet worden waren, war das Sekretariat ein strenger Kontrollmechanismus über alles und jedes, nicht zu vergessen: über alles, was die Ideologie betraf.

In der ersten Zeit traf meine energische Mitarbeit im Sekretariat des ZK und an der Diskussion auf den Sitzungen bei meinen engsten Kollegen auf eine nicht gerade positive Resonanz. Fast alle warfen mir schiefe Blicke zu. Einige betrachteten mich als »Aufsteiger«. Aber ich kam aus einer großen Parteiorganisation, wo sich die Effektivität aller Entscheidungen ohne Ausnahme in der Realität hatte bewähren müssen.

---

20 *Ten Days that Shook the World* ist ein Roman des US-amerikanischen Journalisten und überzeugten Sozialisten John Reed über die Oktoberrevolution von 1917. Das Buch erschien 1919 mit einem Vorwort von Lenin. Später wurde es von Stalin zensiert. (Anm. d. Übers.)

21 Gedichte von Andrej Wosnesenkij (Anm. d. Übers.)

22 Nach der Musik des armenischen Komponisten Aram Chatschaturjan (1903–1978). (Anm. d. Übers.)

Ich versuchte, mich nicht in die Routine der Subordination verstricken zu lassen. Ich wehrte mich dagegen. Das hört sich leicht an, aber diese Linie durchzuhalten, war alles andere als einfach. Später, in der Zeit der Perestrojka, sollte ich gezwungen sein, nötige Entscheidungen durchzufechten, und fragen müssen, warum die einen oder anderen wichtigen Dokumente unterschlagen werden. Und ich sollte Menschen mit Verdiensten (aus der Vergangenheit) entlassen müssen, weil sie nicht mehr die Fähigkeit hatten, sich auf die neue Situation einzustellen. Aber noch lag das in weiter Ferne.

Ich fühlte mich bei den Sitzungen des Sekretariats oft eingeengt und unbehaglich. Als Erster Sekretär des Regionskomitees in Stawropol hatte ich bei weitem mehr Freiheit gehabt als hier an der Spitze der Macht.

Fast neun Jahre hatte ich als Erster Sekretär des Regionskomitees in Stawropol gearbeitet – im Brennpunkt der Politik. Und wenn sich in den ersten Jahren meiner Parteikarriere manchmal der Gedanke einstellte, ob ich mich nicht lieber in die Wissenschaft zurückziehen sollte, so hat mich die Arbeit als Erster Sekretär des Regionskomitees endgültig davon überzeugt, dass ich richtig gehandelt hatte. Die Politik hatte über alle meine Vorlieben und Wünsche gesiegt. Ihr habe ich meine besten Lebensjahre geopfert. Ich bin auf den Geschmack gekommen. Diese Welt nahm mich ganz gefangen, aber nie war ich ein Sklave der Politik.

Zurück zum Sekretariat. Als ich Mitglied wurde, leitete es Suslow. Das war sein Vorrecht. Nur in seiner Abwesenheit, wenn er auf Dienstreise oder im Urlaub war, übernahm Kirilenko die Leitung. Suslow war dieser verantwortungsvollen Arbeit gewachsen. Er hatte eine enorme Erfahrung. Mit 44 Jahren unter Stalin ins ZK-Sekretariat gekommen, blieb er sein ganzes Leben in leitender Stellung. Er kümmerte sich um Fragen der Ideologie und der internationalen Politik und war ein sehr bescheidener, uneigennütziger Mann, der einen merkwürdigen Kleidungsstil hatte. Man nannte ihn den »Mann mit den Gummiüberschuhen«. Wenn er im ZK auf die Etage kam, wo sein Büro war, zog er am Aufzug seine Galoschen aus.

Ein anderes Attribut seiner Kleidung, das alle kannten, war sein langer grauer Regenmantel. Zum 20. Jahrestag der Neulandgewinnung fand 1978 ein Treffen in Kasachstan statt, bei dem sich die Ersten Sekretäre der Gebiete trafen, die bei der Neulandgewinnung mitgemacht hatten (das waren nicht nur Kasachstan und Sibirien, sondern auch Rostow, Stawropol und andere Bezirke). Wegen eines Treffens mit dem französischen Präsidenten Pompidou in Pizunda kam Breschnew erst spät nachts in Kasachstan an. Die Führung von Kasachstan und die Ersten Sekretäre der Regions- und Gebietskomitees holten ihn in Zelinograd vom Bahnhof ab. Wir Nordkaukasier standen am Ende der Warteschlange. Breschnew begrüßte alle und drückte ihnen die Hand. Auch wir kamen an die Reihe.

»Wie habt ihr die Zeit verbracht?«, fragte Breschnew.

»Gut, wir haben uns einen Film angesehen, den die Kasachen gemacht haben.«

»Was für einen?«

»Einen neuen Dokumentarfilm. Er zeigt viele Treffen von Ihnen mit Neulandgewinnern. Sie haben da einen grauen Regenmantel an.«

»Wie Suslow?«

Alle Sekretäre nickten.

Breschnew hatte übrigens vor Suslow große Achtung und vertraute ihm blind. Bei der Vorbereitung von Breschnews Vorträgen für Plenartagungen und große Konferenzen wurden die Entwürfe allen Politbüromitgliedern und Sekretären des ZK zugeschickt, damit sie Anmerkungen und Wünsche anbringen konnten. Breschnews Anweisung für den Umgang mit diesen Vorschlägen war kurz und bündig: »Die Anmerkungen von Suslow sind voll und ganz, zu hundert Prozent zu berücksichtigen. Die Anmerkungen der anderen Genossen sind zu diskutieren.«

Als ich nach Moskau kam, war die Umgruppierung der Kräfte innerhalb der obersten Parteiorgane abgeschlossen. Breschnews Machtantritt im Oktober 1964 war das Resultat eines Kompromisses zwischen den verschiedenen Fraktionen gewesen, die Chruschtschow gestürzt hatten. Breschnew war keine überragende Gestalt,

Die Teilnehmer des 20. Jahrestages der Neulandgewinnung in Kasachstan:
S. R. Raschidow, M. S. Gorbatschow, W. W. Schtscherbizkij, A. A. Gretschko,
L. I. Breschnew, P. M. Mascherow, W. W. Grischin und D. A. Kunajew, 1974

sodass alle meinten, sie könnten ihn manipulieren. Doch diese Rechnung ging nicht auf. Mit großem taktischem Geschick hatte er seine Position zu stabilisieren gewusst und sich praktisch unangreifbar gemacht. Mit der Amtsenthebung Podgornyjs und Kosygins war Breschnew praktisch Alleinherrscher.

Es ist eine Ironie des Schicksals: Je mehr Breschnew seine »persönliche Macht« stärkte, desto mehr verlor er seine Arbeitsfähigkeit, sodass seine reale Macht minimal war. Man konnte zuschauen, wie er sich veränderte. Früher war er nicht nur energischer, sondern auch demokratischer gewesen, hatte normale menschliche Beziehungen nicht gescheut, zu Diskussionen aufgefordert, ja, es gab sogar Diskussionen bei den Politbüro- und Sekretariatssitzungen.

Seit Mitte der siebziger Jahre hätte Breschnew aufgrund seines Gesundheitszustands seinen Posten eigentlich aufgeben müssen. Das wäre für ihn selbst menschlicher gewesen und hätte den Staatsinteressen mit Sicherheit gedient. Gromyko erzählte, Breschnew habe mehrmals den Rücktritt erwogen. Aber es gab keine klare Führungspersönlichkeit unter den anderen. Also blieb er auf seinem Posten.

Der Aufrechterhaltung des labilen Gleichgewichts sollten auch die peinlich beachteten Regeln der Subordination dienen. Jedes Politbüro- und Sekretariatsmitglied musste seinen Platz kennen und durfte nicht aus der Reihe tanzen. Diese Subordination war mitunter völlig absurd. Sie äußerte sich auch in der Sitzordnung im Sitzungssaal des Politbüros. Allen Ernstes.

Man sollte meinen, da versammeln sich Kollegen, Mitstreiter. Was sollte der Zirkus? Aber nein, jeder musste einen ganz bestimmten Platz am Tisch einnehmen. Leonid Breschnew: am Kopfende, rechts von ihm: Suslow, links: der Vorsitzende des Ministerrats Kosygin, nach dessen Tod Tichonow. Neben Suslow: Kirilenko, dann Pelsche, Solomenzew, Ponomarjow und Demitschew. Auf der anderen Seite neben Kosygin: Grischin, dann Gromyko, Andropow, Ustinow, Tschernenko und schließlich Gorbatschow. Es gab Momente, da es Breschnew schwerfiel, an der Arbeit des Politbüros teilzunehmen. Am Anfang wunderte, ja schockierte mich das. Aber die Erfahrung, wie sich meine Kollegen verhielten, wies mir den Weg.

Zur Abwechslung möchte ich einen Witz über Breschnew erzählen:

Einmal lud Leonid Breschnew seine Mutter ein, um ihr zu demonstrieren, wie er wohnt. Zuerst führte er sie in seine Moskauer Wohnung auf dem Kutusow-Prospekt; dann brachte er sie zu seiner Datscha in der Siedlung Saretschje am Ring, wo er meistens wohnte. Und dann nach Sawidowo zu seiner Residenz im Grünen, wo er gern seine Freizeit verbrachte, er ging da häufig auf die Jagd. Und zum krönenden Abschluss fuhr er mit der ganzen Familie in Urlaub auf die Krim, zur Residenz des Generalsekretärs im Süden. Er fragte seine Mutter nach dem Eindruck von all dem, was sie gesehen hatte. »Ja, Ljonja, das gefällt mir wirklich sehr. Aber eine Frage: Was machst du mit diesem ganzen Reichtum, wenn die Kommunisten wieder an die Macht kommen?!«

In der ersten Zeit war mir das Wichtigste, mich möglichst schnell in den Agrarsektor einzuarbeiten, um mir einen Überblick über die Lösungsmöglichkeiten für die anstehenden Aufgaben und Probleme der Agrarpolitik insgesamt zu verschaffen. – Eine Merkwürdigkeit kam zur anderen. Zum Beispiel produzierten die UdSSR und die Europäische Wirtschaftsgemeinschaft damals gleich viel Getreide, obwohl in der UdSSR für Futtermittel 100 bis 120 Millionen Tonnen Getreide verbraucht wurden, während es in der EWG nur 74 Tonnen waren. An tierischen Produkten stellte die EWG weitaus mehr her als unser Land. Ein ganzer Komplex von Problemen tauchte auf, der eine Änderung der Methoden der Viehzucht bei uns erforderte, wobei wir bei weitem nicht alles aus den westlichen Ländern übernehmen konnten.

Offen gesagt, je besser ich die Situation durchschaute, desto mehr Sorgen machte ich mir um unseren Agrarsektor, desto mehr Zweifel am Sinn unserer Wirtschaftspolitik kamen mir. Ich traf auf Folgen unbedachter Beschlüsse, deren Umsetzung Schaden angerichtet hatte und der Natur unseres Landes weiter schadete. Als Folge des Baus der großen Kraftwerke, auf die wir stolz waren, wurden mehr als 14 Millionen Hektar bester Auenflächen, Hunderte von Dörfern, Häusern, Kirchen und Gräbern überflutet. Viele Industriebetriebe, die man zu verschiedenen Zeiten gebaut hatte, leiteten ungereinigte Abwässer in die Flüsse, was zu ihrer Verschmutzung geführt hatte. Das bedeutete einen Verlust an Süßwasserreserven und einen großen Verlust an Fischbestand. Das ungeordnete, chaotische Abholzen der Wälder und andere unbedachte Handlungen hatten zu ernsten ökologischen Problemen geführt.

Das Plansystem, das sich auf das staatliche Eigentum stützte, hatte scheinbar gigantische Möglichkeiten eröffnet, die natürlichen Faktoren im Hinblick auf soziale Veränderungen und eine rationale Lösung der Schlüsselprobleme der Volkswirtschaft einzusetzen. Aber in der Praxis sah alles anders aus: Aus der überzentralisierten Struktur des Riesenlandes erwuchsen große Schwierigkeiten. Nach den Gesetzen des bürokratischen Systems versuchten alle Beteiligten, zuerst einen Nutzen für sich selbst zu ziehen. Viel wurde verschleudert, geraubt, floss in unbekannte (und bekannte!) Taschen.

Von Anfang an stieß ich auf all diese Probleme. Das Jahr 1979 war im Vergleich zu den vorherigen wenig ertragreich. Und als ich die Situation analysierte, kam ich zu dem Schluss, dass der vorher erstellte Plan für die Lieferungen irreal war und die Differenz durch Getreidekäufe im Ausland ausgeglichen werden musste. Ich arbeitete eine Prognose aus und schickte sie an die Politbüromitglieder.

Dieser Bericht war der Grund meines ersten Zusammenstoßes mit Kosygin. Dazu kam es in einer ungewöhnlichen Situation. Die ganze Spitze hatte sich im Kreml versammelt, um den Astronauten Ljachow und Rjumin, die mit 175 Tagen den längsten Weltraumflug jener Zeit hinter sich gebracht hatten, ihre Auszeichnungen zu überreichen. Am Eingang in den Katharinensaal kam die Unterhaltung auf alles Mögliche. Breschnew interessierte sich wie immer für die Ernte. Ich sagte, man müsse mehr Wagen für den Getreidetransport nach Kasachstan schicken. Aber plötzlich mischte sich Kosygin ein und sagte recht schroff zu mir: »Immer diese Bettelei, ihr müsst das aus eigenen Kräften schaffen.«

Das versetzte mir einen Schlag. Breschnew unterbrach ihn und sagte ziemlich friedliebend: »Hör mal, du hast keine Ahnung, was Ernte heißt. Das muss man in die Hand nehmen.«

Kosygin fuhr noch gereizter fort: »Wir Politbüromitglieder haben hier einen Bericht der Landwirtschaftsabteilung des ZK bekommen – mit Gorbatschows Unterschrift. Seine Abteilung und er lassen sich für lokalpatriotische Interessen einspannen, aber wir haben keine Devisen, um Getreide zu kaufen. Es hat keinen Sinn, den Liberalen zu spielen, man muss rigoros durchgreifen und die Einhaltung des aufgestellten Plans für die Lieferungen durchsetzen.«

Das waren ernste Anschuldigungen, und sie trafen mich. Ich sagte, wenn das als meine Schwäche ausgelegt werde, dann solle doch der Vorsitzende der Regierung seinen Apparat beauftragen, das Getreide (aus den Bauern) herauszupressen und diese Pflichtabgabenkampagne zu Ende bringen.

Es trat Grabesstille ein … Uns half einer der Platzanweiser: »Leonid Iljitsch«, sagte er, »alles ist fertig, Sie müssen gehen.«

Im Gänsemarsch schritten wir hinter Breschnew in den Katharinensaal. Nach der Verleihung der Auszeichnungen an die Astronauten ging ich in mein Büro. Meine Laune war schlecht. Nicht nur deshalb, weil ich mit Kosygin, den ich sehr verehrte, in Konflikt geraten war. In solchen Momenten versuche ich immer, kalt zu bleiben und nüchtern zu überprüfen, ob ich einen Fehler gemacht habe. Fünfzehn Minuten später rief Breschnew an. »Bist du verstimmt?«, fragte er, wohl um mich aufzumuntern und zu beruhigen.

»Ja«, antwortete ich. »Ich kann es nicht auf mir sitzen lassen, dass mir eine staatswidrige Position vorgeworfen wird.«

»Du hast dich richtig verhalten, ärgere dich nicht. Man muss wirklich darauf dringen, dass sich die Regierung mehr um die Landwirtschaft kümmert.« Damit war das Gespräch beendet.

Zwei Stunden später klingelte es wieder. Kosygin. Als ob nichts vorgefallen wäre, wandte er sich in einem normalen Ton an mich: »Ich möchte das begonnene Gespräch fortsetzen.«

»Alexej Nikolajewitsch«, antwortete ich gleichfalls ohne Vorwurf, »vielleicht nehmen Sie wirklich die Initiative in dieser Schlussphase in Ihre Hände. Für mich ist das die erste Kampagne dieser Art, und das auch noch in einem so schweren Jahr.«

Aber auf einmal hörte ich von Kosygin: »Ich habe Ihren Bericht noch einmal gelesen und bin einverstanden. Legen Sie den Bericht dem Politbüro vor.«

Er sagte das völlig neutral, ohne Vorwurf, aber auch ohne Entschuldigung. Nun gut, dachte ich …

Der Vorfall mit Kosygin hatte völlig unerwartete Folgen für mich. Ein Teil der Führung nahm ihn als Beweis meiner unnachgiebigen

Haltung gegenüber Kosygin persönlich auf. Ich musste daran denken, als Suslow mir eines Tages sagte: »Wir haben ein Gespräch gehabt. Die Plenartagung steht bevor. Es gibt Pläne, deine Position zu stärken. Darum wurde vorgeschlagen, dich als Mitglied ins Politbüro zu schicken. Ich habe mich dagegen ausgesprochen und möchte, dass du das weißt. Wir werden dich als Kandidat des Politbüros vorschlagen. Das ist besser. Du hast Sekretäre um dich herum, die bereits fünf, zehn, fünfzehn Jahre an diesem Platz arbeiten. Warum überflüssige Spannungen schaffen?«

Er hatte recht.

9. Kapitel

Der Agrarsektor – ein Fass ohne Boden?

Nach Beendigung meiner Pflichten im Agrarsektor fuhr ich im Dezember 1979 nach Pizunda zu einem kurzen Winterurlaub. Er fiel immer in eine Zeit, da die Mitglieder der Führung schon von ihrem Urlaub am Meer im Sommer und Herbst wieder nach Moskau zurückgekehrt waren. Ich traf dort Eduard Schewardnadse, den Ersten Sekretär des ZK der Kommunistischen Partei Georgiens. Nach einem Abendessen gingen wir lange an der Küste entlang und sprachen über unser Leben und die gegenwärtige Situation, über unsere Partei- und Staatsangelegenheiten. Wir kannten uns schon lange, noch aus dem Komsomol, waren aber keine engen Freunde gewesen. An jenem Abend jedoch stellten sich ein neues Verständnis und eine freundschaftliche Sympathie zwischen uns ein. In einem bestimmten Augenblick sagte Schewardnadse offen und besorgt: »Alles ist von oben bis unten verfault.«

»Da stimme ich dir zu«, antwortete ich. Das war ein Moment der Ehrlichkeit in unserem Verhältnis.

Am frühen Morgen des nächsten Tages erfuhren wir, dass unsere Truppen in Afghanistan einmarschiert waren. Eine merkwürdige Situation: Schewardnadse war schon seit Jahren Kandidat des Politbüros, ich war es gerade erst geworden; doch weder mit ihm noch mit mir war der Beschluss über den Einmarsch in Afghanistan abgesprochen worden, ja man hatte uns noch nicht einmal darüber informiert. Wir erfuhren von dieser großen, für unser Land und die internationalen Beziehungen höchst folgenreichen Aktion aus den Meldungen der Massenmedien.

Schewardnadse flog sofort nach Tbilissi, während ich – ja, ich verberge es nicht – mir den ganzen Tag Gedanken darüber machte, wie man mit uns umgesprungen war. Raissa verstand die Situation, schwieg und versuchte, weder mich zu beruhigen noch Fragen zu stellen …

Die Welt war in Aufruhr. Die USA und andere Länder ergriffen eine Reihe von Maßnahmen gegen die UdSSR. Die Amerikaner stellten sogar die Getreidelieferungen ein, die sie vertraglich zugesichert hatten. Durch dieses Embargo entgingen uns 17 Millionen Tonnen Getreide. Ich musste mich beeilen und nach Moskau zurückkehren.

Breschnew lud Gromyko, Ustinow und mich zu sich ein. Ich war zum ersten Mal in diesem exklusiven Kreis. Zuerst legten Gromyko und Ustinow ausführlich ihre sehr optimistische Einschätzung der Lage in Afghanistan dar. Ich dagegen musste von der äußerst besorgniserregenden Lebensmittelsituation berichten. Alle waren beunruhigt. Ich wurde beauftragt, konkrete Vorschläge auszuarbeiten, wie hoch das Minimum für die Lebenssicherung sei und welche Direktiven dazu vom Außenministerium und dem Außenhandel erlassen werden müssten. Zum ersten Mal befasste ich mich mit der Ausarbeitung eines Programms, das uns von den Getreideimporten unabhängig machen sollte. Ich nannte es noch nicht »Lebensmittelprogramm«, aber genau darum ging es.

Nach diesem Gespräch wurde der Text einer Rede des Generalsekretärs im Politbüro vorbereitet. Die Vorschläge wurden gebilligt, und es wurde der Beschluss gefasst, die Staatliche Planungskommission, die Ministerien und Forschungseinrichtungen zur Ausarbeitung des Programms hinzuzuziehen.

Mit diesem Augenblick begann die intensive, vielseitige Arbeit, um ein Lebensmittelprogramm zu erstellen. Das war nicht einfach. Zuerst mussten die Ziele festgesetzt, dann Wege und Möglichkeiten zur Umsetzung des Programms gefunden werden. Trotz der harten

Diskussionen und Zweifel, die von verschiedenen Seiten zu hören waren, hatten wir mit der Zeit immer mehr Argumente, die die Notwendigkeit des Programms untermauerten.

Die Analyse von fünfhundert Versuchsbetrieben, die über das ganze Land verstreut waren, aber sowohl die Geographie als auch die natürlichen und klimatischen Zonen des ganzen Landes gleichsam im Kleinen abbildeten, führte zu interessanten Ergebnissen. Sie zeigte, welche Möglichkeiten wir hatten, vorausgesetzt, die Kolchosen und Sowchosen würden das Produktionsniveau dieser Versuchsbetriebe erreichen. Dann hätten wir nicht gewusst, wohin mit all den Produkten! Der Ertrag an Getreide hätte dann nicht unter 260 Millionen Tonnen gelegen, das heißt mindestens 50 Millionen Tonnen höher als in den bisherigen ertragreichen Jahren. Wir hätten also kein Getreide im Ausland kaufen müssen.

Dazu musste man Schritt für Schritt einen ganzen Komplex von Problemen lösen, um die Betriebe mit den nötigen landwirtschaftlichen Maschinen, Düngemitteln, Herbiziden, selektiertem Saatgut, Rassevieh zu versorgen und natürlich auch die nötigen sozialen und kulturellen Bedingungen für die Dorfbewohner zu schaffen. Dann könnte man mit einem schnellen großen Erfolg rechnen.

Und noch etwas. Die Versuchsbetriebe hatten weitreichende Selbständigkeit in der Produktion und dem Verkauf ihrer Produktion. Die grundlegende Masse der Betriebe des Landes aber litt vor allem unter dem Fehlen ökonomischer Bedingungen, die eine effektivere Arbeitsweise stimulieren, das heißt die Arbeit gewinnbringend machen konnten. Eine neue Agrarpolitik musste her.

Es war erforderlich, die abwertende Sicht der Landwirtschaft zu durchbrechen. Die verbreitetste Lüge bestand in der Behauptung, die Landwirtschaft sei ein hoffnungsloser, verlustbringender Wirtschaftszweig, der unermessliche Ressourcen verschlinge und kaum etwas einbringe.

Vor kurzem hielt ich die Materialien einer Einschätzung der möglichen Lebensmittelproduktion des heutigen Russlands in Händen. Die Wissenschaft ist zu dem Ergebnis gekommen, dass bei Anwendung der Selektion, neuer Technologien und chemischen Düngers beim Pflanzenanbau und in der Viehzucht ein Ertrag erzielt werden könnte, der reichte, um 800 Millionen bis zu einer Milliarde Menschen zu versorgen.

Ich bestand auf der Bildung einer Gruppe unter der Führung der Staatlichen Planungskommission und unter Mitwirkung von Agrarwissenschaftlern und Parteifunktionären. Sie sollte die Grundsatzfrage klären: Welchen Anteil hat die Landwirtschaft am Nationaleinkommen? Darüber gab es heftigen Streit. Doch diese Kommission kam schließlich zu dem Ergebnis, dass die Landwirtschaft einen beträchtlichen Teil des Nationaleinkommens erbringt: ca. 28 Prozent. Mehr als zwei Drittel des Warenumsatzes im staatlichen und genossenschaftlichen Handel stellten Produkte der Landwirtschaft und Waren, die aus landwirtschaftlichen Rohstoffen hergestellt wurden, dar. Alle diese Angaben wurden in der Zeitschrift *Kommunist* (1980, Nr. 11) veröffentlicht.

Nach der Veröffentlichung dieser Angaben verglich keiner meiner Opponenten mehr die Landwirtschaft mit einem »Fass ohne Boden«. Erst nach diesem Schritt gab es die Möglichkeit, erneut die Frage gerechter Einkaufspreise für landwirtschaftliche Produkte zu stellen. Bajbakow, der Vorsitzende der Staatlichen Planungskommission der UdSSR, schaltete sich in die Diskussion ein. Er gehörte zu den Technokraten auf hohem Niveau, hatte aber ein gutes Gespür für die menschliche Seite einer jeden Frage. Das machte es möglich, ganz offen mit ihm zu reden. Übrigens war er der Erste, der mir zu verstehen gab, dass etliche Probleme unseres Landes, darunter auch die Finanzierung der Landwirtschaft, gelöst werden könnten, wenn es nicht die Sperrgebiete gäbe, zu denen der Zutritt verboten war, sprich: die Ausgaben für die Verteidigung. Die Erhöhungen der Militärausgaben standen in keinem Verhältnis zum Wachstum des Nationaleinkommens. Doch niemand hatte je auch nur versucht, dieses Thema anzuschneiden.

»Würdest du dich trauen, diese Frage zu stellen?«, fragte mich Bajbakow einmal ganz direkt, als wir nach einer Sitzung unter vier

Augen waren. Es lag auf der Hand, dass er von seinem geheimsten Traum sprach.

»Nein, würde ich nicht«, antwortete ich.

»Siehst du, ich auch nicht«, merkte er bedauernd an.

Das war das Sperrgebiet des Generalsekretärs.

Der 26. Parteitag 1981 beschloss die Notwendigkeit eines Lebensmittelprogramms. Das hatte prinzipielle Bedeutung, vor allem politische, denn die Lebensmittelfrage hatte sich im Innern des Landes gefährlich zugespitzt. Den Hunger hatte man in der Sowjetunion längst vergessen. Aber unsere internen Lebensmittelprobleme wurden in beträchtlichem Maß durch Auslandskäufe von Fleisch und vielen anderen Lebensmitteln, besonders Getreide, gelöst. Das gab Anlass zu großer Besorgnis, denn es hing direkt mit der Sicherheit unseres Landes zusammen.

Nach dem Beschluss des Parteitags zum Lebensmittelprogramm musste unverzüglich der Kampf aufgenommen werden, um diese extrem wichtige Aufgabe zu lösen. Ich traf mich viel mit Wissenschaftlern, Koryphäen des Agrarsektors, Kolchosvorsitzenden, Sowchosedirektoren, Agronomen und anderen Fachleuten. Nach gründlichen Diskussionen bildete sich die Meinung heraus, im Zentrum der Aufmerksamkeit des Lebensmittelprogramms müsse der Mensch stehen, der mit der Erde arbeitet und lebt, also der Bauer. Später kam ich zu der sicheren Überzeugung: Was in den Jahren der Kollektivierung geschehen war, ließ sich in den Folgejahren auf keine Weise wiedergutmachen. Einen Teil der Bauernschaft, und zwar den fähigsten, hatte man einfach ausgerottet. Man nannte sie »Kulaken«, Ausbeuter und belegte sie mit den letzten Schimpfnamen. Millionen Menschen wurden von ihrem Land verjagt. Andere trieb man mit Gewalt in die Kolchose, indem man ihr Vieh, ihr Inventar, all das, wovon der Bauer lebte, vergesellschaftete. Die Menschen, die von der Sowjetmacht gleich nach der Revolution Land zugeteilt bekommen hatten und etwas vom Ackerbau verstanden, wurden von armen Kleinbauern zu Bauern mit gewissem Wohlstand, obwohl auch arme Bauernhöfe weiter existierten, und zwar gar nicht so wenige. Die

Kollektivierung war in erster Linie nötig, um die totale Kontrolle über die Landwirtschaft zu gewinnen …

Trotz aller Schwierigkeiten gelang es, die Stoßrichtung des Lebensmittelprogramms festzulegen und seine Finanzierung zu sichern. An die Spitze wurden Fragen der sozialen Infrastruktur des Dorfs gestellt. Dafür wurden 140 Milliarden Rubel veranschlagt. Dieses Unterprogramm umfasste den Bau von Wohnraum, Wegen, Schulen, Kindergärten, Krankenhäusern, Bibliotheken etc. Manchmal kam es mir einfach unrealistisch vor, und ich dachte, wir hätten uns übernommen …

Je weiter wir mit dem Lebensmittelprogramm vorankamen, desto klarer wurde die Notwendigkeit, einen agrarindustriellen Komplex einzurichten. Dieser war vorher künstlich zerschlagen worden. Drei Bereiche waren zu berücksichtigen: die eigentliche landwirtschaftliche Produktion auf den Feldern und Farmen; die industrielle Produktion, die dem Dorf die materiellen und technischen Ressourcen lieferte; und schließlich die weiterverarbeitende Industrie, die die »Gaben der Natur« in Lebensmittel verwandelte. In der Marktwirtschaft spielt das keine Rolle: Die Beziehungen zwischen den einzelnen Partnern gestalten sich nach bestimmten Spielregeln und bilden sich unter Einwirkung des Markts von selbst heraus. Unter den Bedingungen der Planwirtschaft dagegen, wo die drei Bereiche verschiedenen Ministerien und Behörden unterstellt waren und von verschiedenen Abteilungen im ZK, der Regierung und der Staatlichen Planungskommission betreut wurden, gab es keine organische Verbindung zwischen ihnen. Das machte die Steuerung äußerst schwierig. Jeder Verantwortliche verteidigte nur die Positionen seiner Behörde. Was herauskam, war ein entsetzliches Gerangel, totales Chaos, Vergeudung von Mitteln, und all das im Namen einer Planwirtschaft.

Als ich in diese Dinge nicht mehr nur im Rahmen einer Region, sondern des ganzen Landes Einblick erhielt, sah ich die wahren Ausmaße des Durcheinanders, der Verzerrungen und falschen Proportionen. Zu einem bestimmten Zeitpunkt bekam ich, ehrlich gesagt,

Angst. Man konnte sich eigentlich nur wundern, dass das System noch nicht zusammengebrochen war. Das hatten wohl nur das ZK der KPdSU und das Politbüro, überhaupt der Parteimechanismus verhindert. Wird es mir gelingen, etwas zu ändern?, fragte ich mich immer häufiger. Aber es war zu spät, um zurückzuweichen.

Nach langen Diskussionen kamen wir überein, der agroindustrielle Komplex müsse die Betriebe für Verarbeitung, Bau, Kauf und Instandhaltung von Landmaschinen (Selchostechnika), den Agrochemischen Dienst, die Ministerien für Pflichtablieferungen, Bodenmelioration und Wasserwirtschaft einbeziehen. Daraus sollte ein leistungsstarker Komplex gebildet werden, in dem etwa 38 Prozent der Produktionsgrundfonds des Landes konzentriert wären. Nach Schätzungen würde er 40 Prozent des Nationaleinkommens erwirtschaften können.

An der Spitze sollte ein agroindustrielles Komitee der Union stehen, aber die Schlüsselrolle sollten die Gebiets- und Regionseinheiten spielen. Die territorialen Einheiten sollten genügend Vollmachten haben, um nicht für jeden Schritt die Erlaubnis in Moskau einholen zu müssen. Zur Vergewisserung, zusätzlichen Begutachtung und Erprobung der geplanten Umstrukturierung wurden Treffen mit Wissenschaftlern, Leitern von Kolchosen und Sowchosen sowie Sekretären von Parteikomitees der verschiedenen Ebenen durchgeführt. Diese Treffen bildeten die »Unterstützungsbasis«. Auch die Sicht auf die individuelle Hauswirtschaft des Bauern wandelte sich. Während diese vorher als schädlicher »Privatsektor« galt, wurde sie nun als organischer Bestandteil des agrarindustriellen Komplexes betrachtet, der die Produktion der Kolchosen und Sowchosen ergänzte.

Besonders wertvoll war die Unterstützung durch die Ersten Sekretäre der Gebiets- und Regionskomitees und des ZK der Republiken. Ihr Interesse, das bei vielen Treffen zu spüren war, bestärkte die Hoffnung auf einen Erfolg bei der Plenartagung des ZK der KPdSU, die auf den Mai 1982 angesetzt war.

Palastspiele

Doch ausgerechnet auf dem Höhepunkt meiner Arbeit am Lebensmittelprogramm, die meine Zeit und Kräfte vollständig beanspruchte, trat eine Änderung an der obersten Spitze der Partei ein. Am 25. Januar 1982 starb Suslow. Sein Tod verschärfte den unterschwelligen Kampf innerhalb der politischen Führung. Suslow, der nie auf den Posten des Generalsekretärs spekuliert hatte und Breschnew gegenüber absolut loyal war, hatte eine stabilisierende Rolle gespielt und die Konfrontation der unterschiedlichen Kräfte und Charaktere in gewissem Maße neutralisiert, und das viele Jahre lang. Wenn Suslows Rolle für die Geschichte unseres Landes eingeschätzt wird, übersehen das viele. Da ist eine klischeehafte Vorstellung von Suslow im Spiel. Man tut ihm unrecht, wenn man ihn wegen seiner Härte in ideologischen Fragen, die man ihm zu Recht nachsagt, für eine finstere Figur und einen Reaktionär hält.

Nun lebte Suslow nicht mehr. Die erste Frage war, wer tritt an seine Stelle? Im Grunde ging es um den Nachfolger Breschnews, um den »Zweiten« Sekretär, der traditionsgemäß mit der Zeit zum »Ersten« Sekretär aufstieg, sich schon zu Lebzeiten des Generalsekretärs allmählich der Hebel der Macht bediente und die Führung übernahm. Natürlich hing die Lösung dieser Frage in vielem von Breschnew selbst ab. Doch dieser war schon in einem solchen Zustand, dass er das Geschehen nicht mehr angemessen aufnehmen konnte. Der Einfluss Tschernenkos, der nie von Breschnews Seite wich, war groß.

Ich habe mir damals und auch jetzt wieder die Frage gestellt: Wie und warum beeinflussten Tschernenko und sein Kreis den Generalsekretär so stark? Tschernenko hatte mehr als alle anderen für das Image von Breschnew getan und sich für das Bild eines herausragenden, unersetzlichen Politikers stark gemacht. Um Tschernenko scharte sich eine Gruppe von Leuten, die die Massenmedien, die ideologischen Strukturen der Partei und die Parteikomitees entsprechend instruierten. Dank dieses Grüppchens war die Rede von der »allgemein anerkannten Führungspersönlichkeit«, dem »gewaltigen

Theoretiker«, dem »hervorragenden Kämpfer für Frieden und Fort-schritt«. Wenn man weiß, dass Breschnew in der letzten Zeit nur ein paar Stunden pro Tag arbeiten oder zur Arbeit erscheinen konnte, so kann es nicht leicht gewesen sein, den Anschein dieser aktiven Tätig-keit zu vermitteln. Aber Tschernenko schaffte das, und Breschnew gefiel es.

Um das Kräfteverhältnis nach Suslows Tod zu analysieren, wägte man die Chancen einiger Politbüromitglieder ab, vor allem die von Kunajew oder Schtscherbizkij. Einer der Mitarbeiter, die Breschnew halfen, erzählte mir einmal von einer Episode während eines Emp-fangs von Schtscherbizkij bei Breschnew. Schtscherbizkij, Erster Sekretär des ZK der Kommunistischen Partei der Ukraine, erzählte lange von der Ukraine, die eine wirklich sehr bedeutende Republik war und in der viel passierte. Gerührt und zufrieden über das, was er gehört hatte, zeigte Breschnew beim Abschied auf seinen Sessel und sagte: »Wolodja, das ist der Platz, den du nach mir einnehmen wirst.«

Das war im Jahr 1978, Schtscherbizkij war gerade sechzig gewor-den. Das war kein Scherz oder eine momentane Schwäche. Breschnew hegte tatsächlich eine alte Vorliebe für Schtscherbizkij. Sobald er an die Macht gekommen war, holte er ihn aus Dnepropetrowsk, wohin Chruschtschow ihn abgeschoben hatte, und erreichte seine Ernen-nung zum Vorsitzenden des Ministerrats der Ukraine und später – ge-gen Schelest – zum Politbüromitglied. Schtscherbizkij war ein großer Politiker, »leitete« seine Republik sicher, und, was die Hauptsache war, er stand, wie er sich selbst auszudrücken pflegte, fest »zu den Positionen Bogdan Chmelnizkijs«. So etwas wurde hoch geschätzt.

Suslows Tod weckte auch bei anderen Politbüro-Mitgliedern Er-wartungen und Hoffnungen. Erregt, verwundert und ratlos erzählte mir Andropow am Telefon von einem Gespräch mit Gromyko. Sein Anruf kam für Andropow überraschend. Gromyko und er waren alte Freunde. Gromyko sondierte offen das Terrain für seinen Wechsel auf Suslows Posten. Als erfahrener Mann in vielen Lebensbereichen, natürlich vor allem in der Außenpolitik, hatte er eigentlich durchaus alle Voraussetzungen dafür.

Andropows Antwort war ausweichend: »Andrej, das ist Sache des Generalsekretärs.«

Mir scheint, die größten Aussichten auf diesen Posten hatte Andropow selbst. Ich sagte ihm einmal gesprächsweise, er arbeite schon zu lange bei der Staatssicherheit, es sei Zeit, in das Haus zurückzukehren, aus dem er weggegangen sei.

Andropow hatte mir erzählt, kurz nach Suslows Tod habe der Generalsekretär ihn auf seinen Wechsel ins Amt des ZK-Sekretärs angesprochen, der das Sekretariat leiten und die internationale Abteilung betreuen sollte. Er habe aber hinzugefügt: »Wie die endgültige Entscheidung des Generalsekretärs aussehen wird, weiß ich nicht.«

Natürlich gab es auch einen dritten Mann, der Pläne in dieser Richtung hatte: Ich meine Ustinow. Ich glaube, Ustinow rechnete mit der Möglichkeit einer Beförderung auf diesen Posten – obwohl er wahrscheinlich mehr auf das Amt des Generalsekretärs spekulierte und für diesen Fall Andropow favorisierte.

Aussichten rechnete sich auch Tschernenko aus. Aber ich glaube, schon Mitte März war Breschnew zu einer endgültigen Entscheidung gekommen. Ich stütze mich darauf, dass er schon damals Andropow den Auftrag gab, auf der feierlichen Sitzung aus Anlass des 112. Geburtstags von Lenin einen Vortrag zu halten. Nach den Kriterien der »Krem-Leninologie« bedeutete das: Breschnew hatte entschieden!

Andropows Vortrag war gut. Erstmals in vielen Jahren gab die traditionelle Rede einen Anstoß zu ernst zu nehmenden Überlegungen über die reale Situation. Bei dieser Gelegenheit sagte Andropow die berühmten Worte: »Wir kennen die Gesellschaft, in der wir leben, schlecht.«

Es ist durchaus möglich, dass bei der Wahl Andropows noch ein Moment eine Rolle spielte, das niemand erwähnt. Als Breschnew Andropow für die Parteiarbeit holte, konnte er Fedortschuk, einen Mann, der ihm völlig ergeben war, zum Verantwortlichen für die Staatssicherheit machen. Andropow hielt nicht viel von Fedortschuk und wollte Tschebrikow auf diesem Posten sehen. Aber als Breschnew ihn direkt fragte, wen er als Nachfolger haben wolle, sagte Andropow wieder: »Das ist Sache des Generalsekretärs.« Als Breschnew dann nach Fedortschuk fragte, stellte sich Andropow nicht dagegen und unterstützte dessen Kandidatur.

»Brot und Verteidigung!«

Die Kardinalfrage betraf die Finanzierung und die Ressourcen für das Lebensmittelprogramm. Das bereitete mir Kopfschmerzen. Ich versuchte, den minimalen Umfang der Mittel festzulegen, denn ohne diese Angaben konnte ich nicht auf der Plenartagung des ZK erscheinen. Das Finanzministerium und die Staatliche Planungskommission wichen dem Gespräch über dieses Thema aus. Schlimmer noch: Bajbakow und Garbusow hatten ein Treffen mit Tichonow,[23] bei dem dieser in recht barschem Ton gesagt hatte: »Gorbatschow dürfen keine Versprechungen zu Finanzierung und Ressourcen gemacht werden.«

Trotzdem kamen wir uns mit Garbusow und Bajbakow in der Sache immer näher. Ich verstand aber auch, dass ich einen Gegenvorschlag machen musste, wenn ich nicht wollte, dass alles in der Luft hing. Ich schlug meinen Partnern Folgendes vor: Man könnte einen Teil der Investitionen, die für die Landwirtschaft bestimmt waren, für die Entwicklung des Landmaschinenbaus verwenden. Die Hauptfrage aber – die Erhöhung der Einkaufspreise für Landwirtschaftsprodukte – ließ sich partout nicht lösen.

Einmal gab es eine Unterhaltung, die mich dazu veranlasste, um ein dringendes Gespräch mit Breschnew zu ersuchen. Das war so: Ich hatte eine Besprechung zu den ungelösten Fragen der Finanzierung angesetzt. Aber Garbusow, der Finanzminister, war nicht erschienen. Ich rief ihn an: »Wasilij Fjodorowitsch, wir haben uns schon alle versammelt, wir sitzen und warten auf Sie.«

23 Vorsitzender des Ministerrats nach Kosygins Tod 1980   255

»Michail Sergejewitsch«, flehte der Minister, »ich kann nicht zu Ihnen kommen.«

»Warum?«

»Das ist mein Tod«, hieß es mit einem tiefen Seufzer und in vollem Ernst.

»Warten Sie«, sagte ich verwundert. »Ist das, was in meinem Büro passiert, so unerträglich für Sie?«

»Darum geht es nicht, Michail Sergejewitsch«, entgegnete Garbusow, »Sie werden wieder drängeln: Gib Geld, gib Geld. Aber ich habe keins und weiß nicht, woher ich es nehmen soll. Ich habe ein krankes Herz, eine Attacke in Ihrem Vorzimmer habe ich schon hinter mir, Ihre Gehilfen haben mich wieder auf die Beine gebracht.«

Woher Geld nehmen? Dieser Gedanke verfolgte mich auf Schritt und Tritt. Schließlich kam ich auf die Idee des nicht rückzahlbaren Kredits. Von dem ungleichen Verhältnis zwischen Stadt und Land wussten alle. Aber das verheerende System, nach dem Maschinen, Baumaterialien und Brennstoff teuer waren, während Getreide und andere landwirtschaftliche Produkte billig blieben, musste zwingend durch Kompensationsmechanismen ausgeglichen werden. Und einer dieser Mechanismen waren die staatlichen Kredite, die die Kolchosen und Sowchosen jedes Jahr pünktlich erhielten. Sie vollständig zurückzuzahlen, beabsichtigte niemand. Dazu hatten sie schlicht nicht die Möglichkeit. Die Logik war: Wenn ihr die Einkaufspreise so niedrig haltet, dass wir nicht normal leben und arbeiten können, dann geruht, uns auch in Zukunft Kredit zu gewähren und die Schulden dann abzuschreiben. Da ist nichts zu machen, schließlich muss das Land irgendwie ernährt werden.

Meine Analyse ergab, dass die Höhe der jährlichen Kredite zwischen 15 und 17 Milliarden Rubeln schwankte. Im Grunde war dieser nicht rückzahlbare Kredit nichts anderes als eine direkte Finanzierung der Kolchosen und Sowchosen. Warum konnten wir diese Beträge dann nicht zur Steigerung der Einkaufspreise einsetzen? Wenn diese Preise gerecht wären, würde der Bauer auch über eine Produktivitätssteigerung nachdenken, über die realen Kosten und wie und wo man sparen konnte. Anscheinend hatte ich die Lösung gefunden, sprach aber vorläufig mit niemandem darüber, sondern gab den Auftrag, die Frage im Detail zu prüfen.

Schließlich und endlich hatten sich die Leidenschaften gelegt, die Diskussionen in den Kommissionen waren zu Ende, die wichtigsten Elemente des Lebensmittelprogramms waren formuliert, ausgearbeitet und abgestimmt. Da die Plenartagung des ZK vor der Tür stand, brauchte ich ein Treffen mit Breschnew. Ich fand, der Generalsekretär müsse das Programm vorstellen.

Wir trafen uns. Ich sagte ihm meine Meinung. Breschnew schwankte. Ich fühlte, dass sich ein schwerer Kampf in seinem Inneren abspielte. Schon auf dem Parteitag hatte er sein Referat nur mit äußerster Mühe halten können. Aber bei der nächsten Politbürositzung gab er sein Einverständnis, und ich musste ihn also in das Problem einführen.

Breschnew lagen immer zwei Dinge am Herzen: der Agrarsektor und die Rüstung. Und zwar in dieser Reihenfolge. Ich weiß noch, einmal kam das Gespräch auf die Ernte und die traditionelle Bereitstellung von Armeelastwagen zu diesem Zweck. Der Verteidigungsminister Ustinow war ein kluger, listiger, sehr entschiedener und hartnäckiger Mann. Aber in diesem Fall verhielt er sich sehr konstruktiv. Er sagte, er verstehe die Bedeutung der Ernte, und wörtlich: »Verteidigung und Brot sind die Hauptsache und nicht voneinander zu trennen.« Ich hielt es für nötig zu korrigieren und bemerkte, ich neige mehr zu der Formel »Brot und Verteidigung«. Breschnew unterstützte mich und sagte lächelnd: »Da hat Gorbatschow wohl recht.« Also: »Brot und Verteidigung«!

Es gab offenbar einen Moment, da der Generalsekretär nachdenken und abwägen musste, wohin die Logik der Steigerung des militärischen Potenzials und des Wettrüstens mit den USA führte. In den letzten Fünfjahresplänen waren die Militärausgaben doppelt so schnell gewachsen wie unser Nationaleinkommen. Dieser Moloch verschlang alles, was wir durch harte Arbeit und gnadenlosen Verschleiß unserer maroden Produktionsausrüstung geschaffen hatten, statt ihn besonders im Maschinenbau und den extraktiven Branchen dringend zu modernisieren. Dieser Meinung war ich schon damals.

Die Sache wurde dadurch erschwert, dass es keine Möglichkeit gab, das Problem zu analysieren. Alle Daten zum militärindustriellen Komplex waren streng geheim. Man brauchte nur ein Wörtchen darüber zu verlieren und zu sagen, ein Rüstungsbetrieb arbeite nicht zufriedenstellend, da stürzte sich Ustinow wie ein Reiher auf den »stümperhaften Kritiker«, und keiner im Politbüro wagte, ihm zu widersprechen. Die Krise kündigte sich an. Ein Ausweg lag nur in neuen Lösungen in der Außenpolitik und einem Dialog mit den Amerikanern. Dazu kam es nicht. Alles blieb dem Trott der alten Politik verhaftet, die immer häufiger zu Ausfällen führte.

Sich für Reformen zu entscheiden (das verstehe ich jetzt besonders gut), dazu war die damalige Führung nicht imstande. Nur nicht das System anrühren, das war die Devise, über die der Machtapparat mit Adleraugen wachte. Deshalb stürzten sie sich auf die damals in Mode gekommenen sogenannten »Zielprogramme«, eine Art Rettungsring, um wenigstens ein Einzelproblem doch noch in den Griff zu bekommen.

Das Land verlor seine Entwicklungsdynamik, die Gesellschaft die soziale Energie, die Politik steckte in der Sackgasse. Ich kann mit absoluter Sicherheit behaupten, dass weder ich noch meine Kollegen die allgemeine Situation als Krise des Systems bewerteten. Aber das Gefühl der sich nähernden Krise, die Vorahnung wuchs.

Die ideologische Maschine arbeitete mit Volldampf, aber sie wurde immer schwerer mit den Problemen fertig, mit dem wachsenden Unwillen der Gesellschaft, die Angriffe von Gegnern abzuwehren. In den Theatern spielte man die Stücke *So siegen wir* von Schatrow, *Der dreizehnte Vorsitzende* von Abdullin und *Das Nest des Auerhahns* von Rosow, in denen die heiklen Fragen unserer Situation aufgegriffen wurden. In der Gesellschaft kursierte eine Unmenge Samisdat-Literatur, inoffizielle Ausstellungen von Künstlern fanden statt. Ihr Hauptanliegen war die Kritik der herrschenden Ordnung, der Wirtschaftsmethoden, ja des gesamten Regimes.

Ausgerechnet in diese Zeit fiel wieder ein Aufenthalt Breschnews im Krankenhaus in der Granowskij-Straße.[24] Sein Zimmer hatte neben einem Behandlungsraum auch einen Raum zum Empfang von Besuchern. Man fand dort bequem Platz, konnte sich unterhalten und Tee trinken. Da trafen wir uns also: Tschernenko, Tichonow, Andropow und ich.

Breschnew war erfreut, empfing uns sozusagen in Hochstimmung, als wolle er demonstrieren, dass es ihm gutgehe. Er machte auch wirklich nicht den Eindruck eines Schwerkranken. Er trug nicht einmal Krankenhauskleidung, sondern eine modische Hose und eine braune Sportjacke mit Reißverschluss. Nur wer ihn kannte und wusste, wie dynamisch er war, dem fiel sein verlangsamtes Verhalten auf.

Wir begrüßten uns, setzten uns um den Tisch und redeten über alles Mögliche, über Gesundheit und die laufenden Angelegenheiten. Dann fragte Breschnew: »Wie sieht es mit der Plenartagung aus?«

Alle drehten sich in meine Richtung.

»Wir bereiten uns vor und sind fast fertig. Das Programm ist ausgearbeitet, das Paket von Erlassen dazu ebenfalls. Was die vorgesehenen Zahlen betrifft: Sie sind realistisch. Nur die Finanzierung ist noch zu regeln.«

Breschnew reagierte sofort. »Natürlich muss die Plenartagung durchgeführt werden. Nur mich habt ihr alle gedrängt und als Referenten bestätigt, ihr selbst aber habt euch nicht auf die Finanzierung geeinigt. Ich kann doch nicht mit leeren Händen auf die Tribüne treten.«

»Leonid Iljitsch, wie kommen Sie denn darauf?«, empörte sich Tschernenko und sprang vom Tisch auf.

»Alles kommt in Ordnung, wir einigen uns schon irgendwie«, schloss sich auch Tichonow an, was bei ihm allerdings nicht besonders aufrichtig klang.

Andropow saß ruhig da, sagte kein Wort und beobachtete nur genau, was vor sich ging. Er wusste schon, dass er auf der bevorstehenden Plenartagung zum Sekretär des ZK gewählt und damit die zweite Figur in der Partei und im Staat werden würde. Auch Tichonow wusste das, denn er schaute während des Gesprächs ständig in Andropows Richtung. Tschernenko erriet, dass er nicht der Nachfolger Suslows würde, weil Breschnew ihm keinerlei Andeutungen in dieser Richtung gemacht hatte. Er litt und war nervös …

Wie sollten wir die Arbeit des Plenums organisieren, um Breschnew den Auftritt zu erleichtern? Wir vereinbarten, den Text des Lebensmittelprogramms und das ganze Paket der Regierungserlasse vorher an die ZK-Mitglieder und die Eingeladenen zu verteilen. Der Generalsekretär würde nur ein kurzes Referat prinzipiellen Charakters halten müssen. Mit diesem Beschluss gingen wir auseinander.

Von der Granowskij-Straße zum Staraja Ploschtschad fuhren Tschernenko und ich im selben Auto. Ich dankte ihm für seine Unterstützung. In Gedanken vertieft, antwortete er: »Das Wichtigste ist jetzt: Handle und nimm auf niemand Rücksicht.«

Ich wusste, dass er Tichonow nicht mochte und auf ihn anspielte.

»Da die Position des Generalsekretärs klar ist«, antwortete ich, »kann kaum jemand die Sache kippen. Aber auch Sie sollten sich darauf gefasst machen, dass bei Ihnen nun die Telefone heiß laufen.«

Der Augenblick des entscheidenden Gesprächs mit Tichonow war gekommen. Ein Vergnügen würde das kaum werden, aber wenn er nicht mitmachte, war das Projekt bedroht.

Das Treffen fand im Kreml statt und dauerte vier Stunden. Ich kam mit umfangreichem analytischem Material zu dem ganzen Fragenkomplex, die Argumente schienen »unschlagbar«, aber sobald die Rede auf die 16 Milliarden zur Erhöhung der Einkaufspreise kam, schaltete Tichonow ab. Ich versuchte, ihn zu erweichen: »Nikolaj Alexandrowitsch, Sie sind doch Ökonom.[25] Sie wissen doch vorzüglich, dass sich das ganze Programm ohne diesen Betrag in ein nutzloses Stück Papier verwandelt.«

---

[25] Bevor Tichonow Vorsitzender des Ministerrats wurde, war er stellvertretender Minister für Metallurgie und stellvertretender Vorsitzender der Staatlichen Planungskommission.

»Nein, Michail Sergejewitsch«, sperrte sich Tichonow, »ich habe dieses Geld nicht.«

Da brachte ich das Gespräch auf den nicht rückzahlbaren Kredit.

»Schauen Sie sich dieses Gutachten an: In den letzten Jahren haben die Kolchosen und Sowchosen jährlich Kredite im Umfang von bis zu 17 Milliarden pro Jahr aufgenommen.« Ich legte ihm die Berechnungen vor.

»Was hat das damit zu tun?«

»Ein nicht rückzahlbarer Kredit ist ebenfalls eine Finanzierung, allerdings in der schlechtesten Form. Die Betriebe verdienen diesen Betrag nicht, sondern nehmen ihn einfach und zahlen ihn nicht zurück. Auf diese Weise entsteht auf dem Dorf eine Psychologie der Raffgier, von der Sie selbst gesprochen haben. Und solange das so weitergeht, wird es keine Ordnung im Dorf geben.«

Man brachte Tee. Tichonows Gesicht blieb undurchdringlich; es war schwer zu ahnen, was in ihm vorging. Das Gespräch kam wieder in Gang. Alle meine ökonomischen Argumente prallten wie ein Ball an ihm ab und erschöpften sich allmählich. Tichonow war unbeirrbar und, was die Hauptsache war, er schwieg. Wie sollte ich da mit ihm streiten? Da besann ich mich unseres gemeinsamen Besuchs beim Generalsekretär und ging zu einer härteren Taktik über: »Hier ist das Schreiben an das Politbüro, das ich nach dem Gespräch mit Leonid Iljitsch vorbereitet habe. Ich möchte, dass wir es zusammen unterschreiben: Sie als Vorsitzender der Regierung und ich als der, den man mit dieser Sache beauftragt hat.«

Tichonow schwieg.

»Wenn Sie nicht unterschreiben, unterschreibe ich allein und schicke es ans Politbüro. Dann soll das Politbüro entscheiden. Breschnew habe ich vorgewarnt, dass die Fragen der Finanzierung nicht gelöst sind, aber Tschernenko und Sie haben dem Generalsekretär versichert, es werde sich alles regeln lassen.«

Tichonow hörte schweigend zu und dachte über irgendetwas nach. Wieder wurde Tee gebracht, wieder trat eine Pause ein.

»Ich bin überzeugt davon«, holte ich aus, »das Politbüro unterstützt meine Pläne. Nach den Konferenzen zu urteilen, die ich durchgeführt habe, ist das die Meinung, die in der Partei und im Land vorherrscht. Lassen Sie uns zusammenarbeiten. Ich möchte nicht, dass wir so auseinandergehen.«

Endlich kam: »Geben Sie mir alle Papiere. Ich sehe sie durch.«

Er nahm das Schreiben, die Gutachten und die Berechnungen, blätterte sie schweigend durch und rang sich sichtlich dazu durch, zu sagen: »Ich nehme das alles und schaue es mir noch einmal an. Aber lassen Sie uns sofort die Schaffung des Staatlichen Agroindustriellen Komitees streichen. In den Regionen mag es dieses Komitee ja ruhig geben, aber im Zentrum nicht. Es soll doch nicht etwa eine zweite Regierung bei uns eingerichtet werden, oder?«

Das ist ja was, dachte ich, vier Stunden dazusitzen und über das Wichtigste, das dem Regierungsvorsitzenden gegen den Strich geht, zu schweigen. Und da stütze ich mich auf die wirtschaftliche Analyse, suche wissenschaftliche Argumente …

Nicht lange vorher hatte Karlow, der Leiter der landwirtschaftlichen Abteilung des ZK, mir gesagt, jemand habe in den Apparaten des ZK und des Ministerrats das Gerücht ausgestreut, Gorbatschow wolle das Agroindustrielle Komitee für sich selbst einrichten, um die Hälfte der Volkswirtschaft des Landes unter seine Fuchtel zu bekommen. Und der Clou: Dahinter stünden seine Spekulationen auf den Posten des Vorsitzenden des Ministerrats.

Ich hatte dem Gerücht keine Bedeutung beigemessen und abgewinkt, der übliche Klatsch des Apparats, sonst nichts. Aber nun stellte sich heraus, dass er jemandem ernstlich Angst gemacht hatte. Gleichsam als Gegengewicht wurde im Eiltempo eine Kommission des Ministerrats für Landwirtschaft geschaffen.

»Ich habe nichts dagegen«, antwortete ich Tichonow fest und strich die Erwähnung des Komitees aus dem Schreiben an das Politbüro.

Tichonow atmete erleichtert auf und wurde fröhlich. Das war unser Deal.

Alle waren schockiert. Es hieß: »Gorbatschow hat Tichonow rumgekriegt.« Keiner hatte geglaubt, er werde nachgeben. Meine Gegner waren sich einfach sicher: »Gorbatschow beißt bei Tichonow auf Granit.« Aber das ganze Gerede interessierte mich nicht mehr. Der lange, kräftezehrende Marathon war für mich beendet.

Am 24. Mai 1982 nahm das Plenum des ZK Breschnews Referat »Über das Lebensmittelprogramm der UdSSR bis 1990 und die Maßnahmen zu seiner Umsetzung« entgegen. Sowohl das Programm selbst als auch das »Paket« von sechs Erlassen zu Einzelfragen des Agroindustriellen Komplexes wurden angenommen. Jetzt mussten diese Beschlüsse den Bauern, dem Verwaltungsapparat und der ganzen Gesellschaft vermittelt werden. In der Zeitschrift *Kommunist* wurde mein Artikel »Das Lebensmittelprogramm und seine Umsetzung« veröffentlicht, ein anderer Artikel von mir über die Agrarpolitik der Partei erschien in der Zeitschrift *Die Probleme des Friedens und des Sozialismus*.

Auf der Allunionskonferenz in Charkow vom August, auf der sich die Agrarspezialisten des ganzen Landes versammelten, forderte ich die entschiedene Abkehr von extensiven Methoden der Landwirtschaft. Die Jagd nach dem zahlenmäßigen Anstieg des Viehbestands hatte zur Haltung wenig produktiver Tiere geführt: Sie mussten gefüttert werden, aber der Ertrag war jämmerlich. Selektion, die Einführung einer wissenschaftlich geprüften Ernährung und andere Verfahren intensiver Technologie dagegen würden auch bei einem geringeren Viehbestand die Fleisch- und Milchproduktion erhöhen.

Was war denn daran aufrührerisch? Doch als ihm davon berichtet wurde, schimpfte Schtscherbizkij: »Was sind denn das für wirre Vorschläge? Der Generalsekretär fordert den Erhalt und die Steigerung des Viehbestands, und da kommt einer und ruft zum absoluten Gegenteil auf. Das bringt doch alle durcheinander …«

Ähnlich dachten viele an der Partei- und Wirtschaftsspitze. Ihre Kriterien für den Erfolg der Landwirtschaft waren simpel: Größe der Saatflächen und Zahl der Köpfe und Schwänze in der Herde. Diese Ziffern kontrollierten sie strengstens und wachsam – sodass schon in

Bei einem Treffen mit Arbeitern in Charkow, Ukraine, August 1982

der Anfangsphase deutlich wurde, wie schwierig die Umsetzung des Lebensmittelprogramms werden würde.

Der Leser, besonders der russische, wird sagen: »Und was hat dieses Programm nun gebracht? Die Lebensmittelsituation blieb doch, wie sie war, ja, sie verschlimmerte sich sogar noch. Warum beschreibt der Verfasser so ausführlich die Listen und Ränke der Befürworter und Gegner des Programms? Wäre es nicht richtiger zuzugeben: Wieder eine neue Utopie und neue leere Versprechungen, die sofort in der Versenkung verschwanden?« Dem möchte ich meine Meinung entgegenhalten.

Erstens wollte ich den Prozess der Entscheidungsfindung unter den Bedingungen, in denen ich war, als ich die Verpflichtungen eines ZK-Sekretärs übernahm, aufzeigen.

Zweitens: Die Ausarbeitung eines Programms dieser Reichweite war ein weiterer verzweifelter Versuch, das System in einer solch lebenswichtigen Frage wie der Lebensmittelversorgung auf Vordermann zu bringen. Und einiges ist doch dabei herausgekommen. Im 12. Planjahrfünft (1986–1990) ist im Vergleich zum vorigen (1981–1985) die jährliche Durchschnittsproduktion von Getreide um 26,6 Millionen, die Fleischproduktion um 2,5 Millionen und die Milchproduktion um mehr als 10 Millionen Tonnen gestiegen. Die Zahl der unrentablen Betriebe sank von 25 000 auf 4000 und damit auf weniger als 10 Prozent.

Drittens: die Arbeit an der Umsetzung des Programms hat gezeigt, dass die Stabilisierung des Lebensmittelmarktes nicht nur eine Frage der Landwirtschaft, sondern auch ein Ergebnis der allgemeinen finanziellen Situation in unserem Land war, vor allem des Verhältnisses zwischen dem Wachstum der Einnahmen und den Ausgaben der Bevölkerung. Ich habe schon erzählt, dass ich in meiner Zeit als Zweiter Sekretär im Regionskomitee Stawropol (1968/69) das Problem lösen musste: Wohin mit dem Fleisch und der Butter? Die Menschen »weigerten sich«, sie abzunehmen. Dabei lag der jährliche Pro-Kopf-Verbrauch von Fleisch damals bei nur 42 Kilo und der von Milch fast um 100 Kilo unter dem Level von 1990.

Wozu ein Exkurs in die Vergangenheit? Jetzt, da ich dies schreibe, kann man alle Lebensmittel kaufen. Aber ihr Verbrauch ist im Vergleich zum Jahr 1990 erheblich gesunken. Wie kann das sein? Ganz einfach: Die Einkünfte werden von der Inflation aufgezehrt, die Menschen können nicht das kaufen, was sie wollen. Angucken können sie es sich. Und da behaupten die Behörden, das Lebensmittelproblem sei gelöst, als wäre nicht der reale Verbrauch von Nahrungsmitteln, sondern was zum Verkauf ausliegt, wichtig.

Vor kurzem habe ich in der Zeitung gelesen: Nach einer Konsumenten-Umfrage machen nur 17 Prozent der Bevölkerung von Supermärkten des Typs »Siebter Kontinent« Gebrauch, die Masse ziehe es vor, auf Märkten, in Verkaufszelten, bei Ladenketten wie »Kopeke«, »Fünfer« und bestenfalls »Auchan« einzukaufen.

Andropow – Tschernenko: Tauziehen

Andropows Aufnahme in das ZK der KPdSU als Nummer zwei in der Parteiführung war ein Ereignis mit weitreichenden Konsequenzen. Das Tauziehen zwischen Tschernenko und Andropow, der Konkurrenzkampf zwischen den beiden um den Einfluss auf den Generalsekretär ging weiter. Tschernenko versuchte, Breschnew zu isolieren, behauptete, nur er könne Breschnew menschlich verstehen und unterstützen, und scheute vor nichts zurück, um seine persönliche Stellung zu festigen.

Obwohl Andropow nach der Plenartagung Suslows Büro zugewiesen wurde, wurde er nicht ausdrücklich beauftragt, die Sitzungen des Sekretariats zu leiten. Ob das Absicht war oder nicht, weiß ich nicht, aber Tschernenko und manchmal auch Kirilenko nutzten diesen Umstand und leiteten die Sitzungen des Sekretariats. Das dauerte bis Juli 1982, als sich plötzlich alles zurechtrückte.

Vor dem Beginn der Sitzung versammelten sich die Sekretäre gewöhnlich in einem Vorraum – so auch diesmal. Als ich eintrat, war Andropow schon da. Nachdem er ein paar Minuten gewartet hatte, erhob er sich plötzlich von seinem Sessel und sagte: »Sind alle da? Dann beginnen wir.«

Er schritt als Erster in den Sitzungssaal und setzte sich auf den Platz des Vorsitzenden. Als Tschernenko das sah, ließ er den Kopf hängen, sackte in den mir gegenüber am Tisch stehenden Sessel und versank darin. Das war der »innere Umsturz«, wie er sich vor unseren Augen abspielte, eine Szene, die an Gogols *Revisor* erinnerte. Andropow leitete das Sekretariat entschieden und sicher, in einer Art, die sich sehr von der langweiligen Art Tschernenkos unterschied, und gab allen Sitzungen einen gewissen Esprit.

Abends rief ich Andropow an: »Gratuliere, es hat sich etwas Wichtiges ereignet. Ich habe mich schon gewundert, dass Sie vor dem Sekretariat so angespannt und zugeknöpft waren.«

»Danke, Michail«, antwortete Andropow. »Ich hatte allen Grund zur Aufregung. Breschnew hatte angerufen und gefragt: ›Wofür habe ich dich vom KGB ins ZK geholt? Damit du dasitzt und zuguckst? Ich habe dich geholt, damit du das Sekretariat leitest und die Kader betreust. Warum tust du das nicht? ...‹ Danach habe ich mir ein Herz gefasst.«

Angesichts des Zustands des Generalsekretärs zu diesem Zeitpunkt, besonders was seine Durchsetzungskraft und seinen Unwillen, mit Tschernenko zu streiten, betrifft, bin ich mir sicher, dass er zu einem solchen Anruf nicht in der Lage war. Wie mehrfach geschehen, hatte offenbar jemand danebengestanden und Druck auf ihn ausgeübt. Das konnte nur Ustinow gewesen sein. Wenn man seinen Einfluss auf Breschnew, seine Fähigkeit, den Stier an den Hörnern zu packen, und seine alte Freundschaft mit Andropow berücksichtigt, kann man das mit ziemlicher Sicherheit sagen. Ich möchte bemerken, dass weder Andropow noch Ustinow in Gesprächen mit mir auf diese Episode zurückkamen.

So kam es zu einer neuen »Stabilität«. Die Diskussionen waren recht häufig keine Formsache mehr, sondern es ging wirklich um die Sache. Die gefällten Entscheidungen erlangten einen eindeutig konkreteren Inhalt. Und was die persönliche Verantwortung betraf, so schüchterte Andropow die Leute manchmal so sehr ein, dass sie einem bei aller Schuld derjenigen, die sein Zorn traf, einfach leidtun konnten.

Ich hatte das Gefühl, in ihm war eine Änderung vorgegangen, die ich vorher nicht bemerkt hatte. Vielleicht spielte dabei der Umstand eine Rolle, dass mit der Verschlimmerung von Breschnews Krankheit und der Zunahme der Intrigen eine Situation entstanden war, in der ein Machtvakuum drohte. Offenbar hatte Andropow beschlossen, Schritte zu unternehmen, die die Autorität der Macht im Zentrum heben und allen zeigen sollten, dass sich die Führung trotz Breschnews Schwäche in festen Händen befand und gegen zufällige Einflüsse gewappnet war. Das galt natürlich vor allem den Politbüromitgliedern.

Im selben Kontext sehe ich Andropows spontanen Auftrag vom Sommer 1982, mich um die Frage zu kümmern, warum es in der Hochsaison in Moskau kein Obst und Gemüse gab. Es war eine »Feuerwehr« zur Versorgung der Hauptstadt gebildet worden, doch weigerten sich die Handelsorganisationen Moskaus mit der fadenscheinigen Begründung, es gäbe kein Vertriebsnetz für den Verkauf, um die Produkte abzunehmen. Erst nach meinem Druck auf die Behörden der Hauptstadt nahmen sie sich dieser Sache endlich an. Noch am Abend desselben Tages kam prompt Grischins Protest: »Man kann doch dem Stadtkomitee der Partei nicht so misstrauen, dass über die Gurken im Politbüro entschieden wird, und das auch noch über meinen Kopf hinweg. Ich erkläre ausdrücklich, dass mir das missfällt!«

Ich unterbrach ihn: »Hören Sie mal, Viktor Wasiljewitsch, ich finde, Sie vergreifen sich im Ton. Sie machen aus einer praktischen Frage eine des politischen Vertrauens. Es geht darum, dass Hochsommer ist und in Moskau weder Gemüse noch Obst aufzutreiben ist. Dabei gibt es beides zur Genüge. Lassen Sie uns also darüber sprechen, wie wir dieses Problem lösen können. Ich habe nun mal den Auftrag, mich darum zu kümmern.«

Apropos Grischin. Er hatte überaus überzogene Vorstellungen von sich und seinen Möglichkeiten. So wie viele Leute seines Schlags setzte er gegenüber »Niedrigerstehenden« eine so wichtigtuerische »Führer«-Miene auf, dass sich die Lösung irgendwelcher Fragen in eine reine Qual verwandelte. Er sperrte sich hartnäckig gegen Kritik oder Einwände, es sei denn, sie kamen vonseiten des Generalsekretärs. Auch in diesem Fall murrte er, jemand habe den Generalsekretär nicht richtig informiert, das seien nur Intrigen.

In der »Gurkengeschichte« stellte er sich nicht quer, sondern griff schnell durch. Bald tauchten in der Stadt Tausende von Gemüseständen auf, und damit war das Problem gelöst. Durch die Moskauer Korridore ging ein Raunen: Andropow schafft ernstlich Ordnung.

Aber diese Geschichte hat noch einen anderen Zusammenhang. In dem komplizierten, sich hinter den Kulissen abspielenden Kampf zwischen den Politbüromitgliedern wurde Grischin von einigen als wahrscheinlicher »Thronfolger« gehandelt. Entsprechende Gerüchte waren auch an die ausländische Presse gedrungen, und Andropow wusste natürlich davon. Bei seiner Bitte, in die Gemüseangelegenheiten der Hauptstadt einzugreifen, spielte auch der Wunsch eine Rolle, die Unfähigkeit des Moskauer Chefs vorzuführen, der noch nicht einmal mit den lokalen Fragen fertigwurde.

Ungefähr zur gleichen Zeit sagte Andropow in einem seiner Gespräche so nebenbei: »Breschnew will, dass wir die Kader unter die Lupe nehmen. Ich glaube, da sind ein paar Gestalten, die sehr anrüchig sind.« Er schaute mich aufmerksam an. »Was hältst du von Medunow?«

»Dasselbe, was ich Ihnen vor einem und vor zwei Jahren gesagt habe«, antwortete ich.

Ins Zentrum drangen Meldungen von unübersehbaren Missständen in der Region Krasnodar. In der Kurort-Zone sollten sich Mafia-Strukturen herausgebildet haben, die eine direkte Verbindung zum Parteiapparat hätten. Ich erinnerte Andropow an meine Unterredung mit Medunow und an die Ratschläge, die ich ihm gegeben hatte: Erstens, er solle sich von Leuten, die Dreck am Stecken haben, lossagen, zweitens, er solle auf die Kader aufpassen und sie streng kontrollieren. Medunow hatte mir damals nur mit halbem Ohr zugehört. Er war bereit, sich nach Breschnews oder allenfalls Suslows und Kirilenkos Worten zu richten, sonst ließ er sich von keinem etwas sagen. Er fand, ich mischte mich in fremde Angelegenheiten ein und schmiedete irgendwelche Intrigen gegen ihn.

Ich erzählte Andropow von dieser Unterredung und fügte hinzu: »Jurij Wladimirowitsch, Sie müssen Breschnew berichten. Man muss die Sache vorbereiten.«

»Ich verstehe«, antwortete Andropow. »Das ist eine Partei- und Staatsangelegenheit, um die man nicht herumkommt. Aber überleg mal, was für einen Vorschlag man im Hinblick auf Medunows Versetzung machen könnte.«

Ich schlug das Amt des stellvertretenden Ministers für Gemüseproduktion vor. Die Region Krasnodar war einer der Hauptlieferanten von Gemüse und Obst.

Auf den ZK-Apparat und alle Sekretäre der Gebietskomitees

machte die Amtsenthebung Medunows starken Eindruck. Sie wussten, dass er die Gunst des Generalsekretärs hatte, hielten ihn für unangreifbar, und auf einmal … Man konnte zusehen, wie Andropows Autorität wuchs.

Wenn man die Schritte Andropows genauer betrachtet, wird offenbar, dass sie nur einen einmaligen und eher demonstrativen Charakter hatten. Die Atmosphäre der Stagnation hatte sich zu jener Zeit so verdichtet, dass seine Maßnahmen nur die Wirkung eines frischen Lüftchens hatten. Die Widersprüche, die sich während der Jahre unter Breschnew angehäuft hatten, waren so tief, dass man sie mit Einzelmaßnahmen nicht aus dem Weg räumen konnte.

Da der Generalsekretär nicht mehr in der Lage war, die Initiative zu ergreifen, wurde sie auch von anderen Politbüromitgliedern nicht eingefordert, damit Breschnews begrenzte Möglichkeiten nicht so sehr ins Auge fielen. So war es ihm zum Beispiel kräftemäßig nicht möglich, wie früher Reisen durch das Land zu unternehmen. Also reduzierten auch die anderen ihre Reisen an die Brennpunkte, selbst wenn die Sachlage es erforderte.

Breschnews Truppe war auch mit einer anderen Aufgabe ständig beschäftigt: die Vortäuschung einer aktiven kreativen und organisatorischen Aktivität des Generalsekretärs. Und da er selbst keine neuen Ideen entwickeln, zu Papier bringen oder vortragen konnte, taten das in seinem Namen Beauftragte, Assistenten oder Berater. Sie verfassten ständig irgendwelche Referate und Schreiben, schickten Briefe und Telegramme. Jeder (natürlich »historische«) Auftritt musste ein breites Echo haben. Alle Abteilungen des ZK saßen grübelnd über der Erfindung solcher »Reaktionen«, die die »Resonanz« des ganzen Volkes und der ganzen Welt vor Auge führten.

Übrigens führte die Kenntnis dieses Mechanismus manchmal auch zu vernünftigen Entscheidungen. Da der Breschnew-Truppe die Ideen ausgingen, griff sie manchmal, wenn bei ihr ein Schreiben einging, das die Frage und Lösung des einen oder anderen großen Problems durch den Generalsekretär anschnitt, diese Möglichkeit auf.

Ich sagte schon, dass die »Stabilität« unter einem kranken Generalsekretär vielen Mitgliedern der Führung ins Konzept passte: Sie herrschten ohne jegliche Kontrolle selbstherrlich in ihren Regionen und Ämtern. An dieser Stabilität war auch der Breschnew-Truppe gelegen, ihr Wohlergehen hing damit ja ebenfalls zusammen. Alle wussten, dass es bei einem Wechsel des Generalsekretärs zu Personalveränderungen kommen würde.

In dieser Situation verlagerten sich die Fäden der Macht und Leitung immer mehr in den bürokratischen Apparat, eine Verschiebung, die fatale Konsequenzen hatte. Sie vernichtete nicht nur die Reste innerparteilicher Demokratie, sondern öffnete auch einem bürokratischen Intrigenspiel die Tür, das mitunter ausschlaggebend für politische und besonders Personalentscheidungen war.

In dieser Phase hatte vieles, was als Meinung oder Position des Generalsekretärs galt, nichts mehr mit ihm zu tun. Es handelte sich dabei nur um die Positionen des einen oder anderen Grüppchens, das ihn in diesem Moment vor seinen Karren hatte spannen können.

In Breschnews letzten Jahren war das Politbüro in einem unvorstellbaren Zustand. Um Breschnew nicht zu sehr zu belasten, dauerten einige Sitzungen nicht länger als 15 bis 20 Minuten. Es ging also mehr Zeit verloren, um sich zu versammeln, als für die Besprechung. Tschernenko verabredete vorher mit uns, dass wir sofort nach der Vorstellung der einen oder anderen Frage nickten: »Alles klar!« Die Eingeladenen hatten kaum die Schwelle übertreten, da sollten sie schon wieder umdrehen. Damit galt das Problem als im Politbüro behandelt.

Wenn ein wirklich großes Problem des Landes zur Diskussion stand, richtete sich die ganze Hoffnung auf die Regierung. Doch auch da ging es äußerst selten um die Sache, sondern hieß gebetsmühlenartig: »Die Genossen haben gearbeitet, der Meinungsaustausch ist abgeschlossen, die Fachleute haben sich geäußert, gibt es Fragen?« Von wegen Fragen! Wer sich »einzuschalten«, eine Frage zu stellen traute, fing sich den schiefen Blick Tschernenkos ein.

Selbst wenn es Breschnew besser ging, konnte er nur schwer der

Diskussion folgen und Schlüsse ziehen. Deshalb ergriff er gewöhnlich bei großen Fragen als Erster das Wort und las einen vorbereiteten Text vom Blatt ab. Es galt als unanständig, danach noch etwas diskutieren zu wollen, und so folgte die Formel:»Sich der Meinung von Leonid Iljitsch anschließen … Muss angenommen werden …« Breschnew fügte manchmal selbst hinzu, dieses oder jenes Moment sei bei dem Projekt zu kurz gekommen, dieser oder jener Akzent müsse stärker betont werden. Alle stimmten erfreut einträchtig zu, und damit hatte es sich.

Eine Ausnahme, was Länge und Aktivität der Debatten anging, bildeten die Politbürositzungen, bei denen der Jahresplan und der Haushalt besprochen wurden, denn sie betrafen die Interessen aller, die für eine Wirtschaftsbranche oder Region zuständig waren. In diesen Fällen begann die Sitzung gewöhnlich mit einem Auftritt des Generalsekretärs. Er las seinen Text vom Blatt ab und eröffnete dann die Debatte.

Der Wortlaut der Rednerbeiträge war immer gleich. Schtscherbizkij plädierte für die Aufstockung der Geldmittel für das Donezbecken, denn:»Metallurgie und Kohlengruben dieser Region legen sonst nicht nur die Energieversorgung dieser Republik, sondern des ganzen Landes lahm.« Kunajew äußerte seine Sorge ob des Zustands des Neulandgebiets und der Entwicklung des Energiewirtschaftsbauvorhabens in Ekibastus und bat um eine Erhöhung der Subventionen. Grischin sagte wie immer etwas Diffuses, Aalglattes und bat desgleichen, der Hauptstadt mehr Geld zu bewilligen. Genauso ein Dauerbrenner war Raschidows Thema: die zu einseitige Entwicklung der asiatischen Region, Beschäftigungsmangel, Ausbau der Arbeitsplätze und das ewige Bewässerungsproblem.

Obwohl alle diese Probleme wichtig und schwierig waren, kam es zu keinerlei Diskussion, Meinungsaustausch oder Streit. Ich kann mich an keinen einzigen Fall erinnern, bei dem ein Entwurf für den Plan oder Haushalt gekippt oder zur weiteren Prüfung zurückverwiesen worden wäre. Es war reiner Selbstbetrug.

Am Ende wurden zwei Dutzend ständige und aktuelle Kommissionen gebildet, die die Beschlussvorlagen ausarbeiteten, und das Politbüro segnete sie ab – eine China-, eine Polen-, eine Afghanistan-Kommission nebst ein paar Kommissionen zu anderen innen- und außenpolitischen Problemen. Sie alle tagten ausnahmslos im ZK und nie woanders, damit Tschernenko sie beaufsichtigen konnte. Im Grunde genommen ersetzten diese Kommissionen sowohl das Politbüro als auch das Sekretariat. Mit der Zeit wurden die Politbürositzungen immer mehr zu einer reinen Formsache.

Dabei war das eine Zeit, da man viele negative Prozesse im Land hätte stoppen und eine Reform der Gesellschaft einleiten können. Nichts dergleichen! Die Zeit wurde vertan. In der ganzen Welt vollzogen sich unter dem Einfluss der wissenschaftlich-technischen Revolution einschneidende Wandlungen im Bereich von Produktion, Kommunikation und Alltag, die zu radikalen Änderungen in der Gesellschaft führten. In schmerzhaften Prozessen passten sich die anderen Länder den Herausforderungen der Zeit an, während sich unser System, das sich doch angeblich auf eine »progressive Theorie«, einen Plan, systematisches Herangehen und wissenschaftliche Lenkungsmethoden stützte, gegen alle Neuerungen abschottete und sich dem allgemeinen Trend der Zivilisation entgegenstemmte.

Breschnews Tod

Breschnew starb überraschend. Das mag merkwürdig klingen, denn durch das Fernsehen war das ganze Land auf dem Laufenden über seinen Gesundheitszustand.

Am 7. November 1982, dem Jahrestag der Oktoberrevolution, nahm er in seiner Eigenschaft als Generalsekretär des ZK der KPdSU, Vorsitzender des Obersten Sowjets der UdSSR, Oberster Befehlshaber und Vorsitzender des Verteidigungsrats die Militärparade ab. Danach fand ein feierlicher Empfang statt, bei dem er seine Begrüßungsrede hielt. Alles war wie immer.

Am 10. November empfing ich eine Delegation aus der Slowakei. **273**

Ein lebhaftes Gespräch war im Gang, als ich plötzlich aus dem Sekretariat die Aufforderung erhielt: »Andropow bittet Sie dringend zu sich. Er weiß, dass Sie mit der Delegation zu tun haben, bittet Sie aber, sich zu entschuldigen, eine Pause einzulegen und sofort zu ihm zu kommen.«

Als ich sein Büro betrat, wirkte Andropow äußerlich recht ruhig. Und doch versteckte sich dahinter eine ungeheure innere Anspannung. Mit gefasster Stimme erzählte er, Viktoria Petrowna, Breschnews Frau, habe gebeten, ihm umgehend den Tod von Leonid Iljitsch zu melden und ihm mitzuteilen, er werde in der Datscha in Saretschje erwartet. Sie wollte sonst niemand sehen. Andropow war bereits dagewesen und hatte mit den Ärzten und den Leibwächtern gesprochen. Der Tod war am frühen Morgen eingetreten.

Wir schwiegen einen Augenblick. Dann sagte ich: »Das ist ein verantwortungsvoller Augenblick. Es muss eine Entscheidung gefällt werden, die Sie persönlich wohl zuallererst betrifft.«

Andropow antwortete nicht. Unser Verhältnis erlaubte mir nicht, um den heißen Brei herumzureden, und ich fragte daher offen: »Haben Sie sich schon im engsten Kreis getroffen?«

Er nickte. Ja, sie hatten sich getroffen und auf Andropows Kandidatur geeinigt. Er nannte Ustinow, Gromyko und Tichonow. Tschernenko erwähnte er nicht, sodass ich nicht sagen kann, ob er bei diesem Gespräch dabei war.

»Egal, was passiert«, sagte ich, »Sie können nicht ablehnen.«

Am selben Tag noch fand eine Politbürositzung statt. Eine Beerdigungskommission unter Andropows Führung wurde eingerichtet und ein entsprechender Erlass verabschiedet. Umgehend sollte eine außerordentliche Plenartagung des ZK einberufen werden, und auf Tichonows Vorschlag wurde einstimmig Andropows Kandidatur für den Posten des Generalsekretärs gebilligt. Auf der Plenartagung sollte Tschernenko diesen Vorschlag im Namen des Politbüros unterbreiten.

Obwohl Breschnews Tod plötzlich eingetreten war, erschütterte er niemand von uns und brachte niemand aus dem Gleichgewicht.

Natürlich dachten wir in jenen Tagen alle über die Zukunft nach, darüber, in welchem Zustand das Land war und was uns erwartete. Ich kann mit Bestimmtheit sagen: Schon damals überwog die Erwartung großer Veränderungen.

Über Breschnews achtzehnjährige Regierungszeit als Stagnationsperiode ist nicht wenig gesagt und geschrieben worden. Man sollte diese Einschätzung wohl konkretisieren und vertiefen. Umso mehr als in der letzten Zeit vonseiten konservativ-fundamentalistischer Kräfte Versuche unternommen werden, die Breschnew-Ära zu rehabilitieren.

In politischer Hinsicht ist die Breschnew-Ära nichts anderes als eine konservative Reaktion auf Chruschtschows Versuch, das autoritäre Modell des Landes zu reformieren. Streng genommen, begann diese Reaktion bereits unter Chruschtschow, was zur Widersprüchlichkeit seiner Handlungen innerhalb des Landes und auf der internationalen Ebene führte. Obwohl er dem Druck des Partei- und Staatsapparates nachgab, wollte Chruschtschow seine Reformbestrebungen nicht ganz fallenlassen. Wie ich schon erwähnt habe, war selbst in den chaotischen Veränderungen der Partei- und Wirtschaftslenkung die Tendenz erkennbar, die Allmacht der Partei- und Staatsbürokratie zu schwächen. Eine solche Führungspersönlichkeit passte ihr nicht, und so wurde er gestürzt.

Breschnew kannte die Neigungen der Partei- und Staatselite und des militärindustriellen Komplexes gut, stützte sich auf sie und nutzte ihre unbegrenzte Loyalität, um im Grunde eine harte neostalinistische Linie zu verfolgen. Unter Breschnew wurde viel von Demokratie gesprochen, die Annahme der neuen Verfassung war ein Riesenspektakel. Und gleichzeitig wurde ein beispielloser Kampf gegen Andersdenkende geführt: Die einen kamen ins Gefängnis, die anderen wurden in Irrenanstalten gesperrt, die Dritten aus dem Land geworfen. Das hatte eine erprobte Methode: Angst.

Beschworen wurde: eine »sparsame Ökonomie«, Intensivierung der Produktion, Beschleunigung des wissenschaftlich-technischen Fortschritts, Erweiterung der Selbständigkeit der Betriebe. Aber selbst die bescheidene und ängstliche »Kosygin-Reform« von 1965 stieß auf erbitterten Widerstand und wurde abgewürgt. Die Plenartagung zum wissenschaftlich-technischen Fortschritt fand nicht statt, sondern wurde Jahr für Jahr verschoben. Die Wirtschaft ging immer weiter ihren extensiven, unrentablen Weg, der zum Bankrott führte.

Unter dem Deckmantel einer gewaltigen Propagandakampagne für die internationale Entspannung wurde, selbst nachdem wir um den Preis horrender Ausgaben mit den USA militärisch gleichgezogen hatten, weiter aufgerüstet. Der »Prager Frühling« wurde niedergewalzt. Zum ersten Mal nach dem Zweiten Weltkrieg hatten sich die Streitkräfte unseres Landes in Afghanistan in ein aussichtloses Abenteuer hineinziehen lassen.

Aber das Wichtigste an der Breschnew-Ära für die Geschichte unseres Landes ist die Tatsache, dass die Führung die Herausforderungen ihrer Zeit ignorierte. Während sie an alten Dogmen und Vorstellungen festhielt, übersah sie den Eintritt tiefgreifender Wandlungen in Wissenschaft und Technik, in den Lebensbedingungen und der Tätigkeit der Menschen, Länder und Regionen, ja der ganzen Weltgemeinschaft, Wandlungen, die den Anbruch einer neuen Zivilisation bedeuteten. Dadurch dass jegliche Änderungen bei uns blockiert waren, landete unser Land in einer Sackgasse und war zu langer Rückständigkeit und einer tiefen gesellschaftlichen Krise verurteilt.

Mit Breschnews Tod stellte sich die Frage: Wird alles bleiben, wie es ist, wird unsere Gesellschaft weiter bergab gehen, oder wird es einschneidende Wandlungen geben, vor allem eine Erneuerung der politischen Führung? Da unser Land einer der Eckpfeiler der ganzen Welt war, beschäftigte diese Frage nicht nur unsere Bürger, sondern auch die Weltgemeinschaft.

Wenn ich an die Eindrücke jener Tage denke, so zeichneten sich bei den Hauptakteuren zwei Tendenzen ab. Die eine war: Breschnew zum »Klassiker« auszurufen, zu einer großen »Autorität«, mit deren Hilfe man die frühere Truppe beibehalten und die neue Führung sofort in die Schranken weisen konnte. Die andere: sich in der Einschätzung der Breschnew-Ära zurückzuhalten und eine Möglichkeit für Veränderungen zu schaffen.

Wie zuvor traten diese Tendenzen nicht bei öffentlichen Diskussionen und in offenen Auseinandersetzungen zutage, sondern äußerten sich in feinsten Nuancen, die nur für ein erfahrenes Ohr und Auge wahrzunehmen waren.

Die von Tschernenkos Diensten ausgerichtete Beerdigung war in ihrer pompösen und grandiosen Gestaltung nicht zu überbieten. Auch Tschernenkos Rede auf der Plenartagung vom 12. November war vom selben Kaliber. Sichtbar bemüht las er die von seinen Assistenten notierten pathetischen Worte vom »konsequentesten Fortsetzer der Sache Lenins« und begnadeten, mit allen erdenklichen Begabungen und Tugenden ausgestatteten Theoretiker vom Blatt.

Die Stagnation in der Personalpolitik, die sprichwörtlich gewordene Überalterung der Führung, wurde gepriesen als höchste Errungenschaft Breschnews, der ein so weises, außerordentlich kompetentes und geschlossenes Kollektiv von politischen Führern geschaffen habe. Was die Erklärung betraf, besser als alle anderen habe sich Andropow den Führungsstil Breschnews und dessen sorgsamen Umgang mit den Kadern angeeignet, so war dieses Kompliment für den Angesprochenen von überaus zweifelhaftem Wert. Und die von Tschernenko geäußerte Versicherung, Andropow werde die Breschnew'sche Kollegialität bestimmt nur festigen, hatte den klaren Unterton: Das Kommando wird von uns zusammen übernommen.

Die Gesellschaft spürte, dass das Land nicht nur Änderungen brauchte, sondern dass sie unmittelbar bevorstanden. Vor diesem Hintergrund war die Lobhudelei eindeutig überzogen. Ich war in jenen Tagen an Andropows Seite und sah, dass er sich darüber im Klaren war, dass er sich von vielem in der »Breschnew-Ära« würde absetzen müssen. Er war deutlich in Sorge, wie man seine ersten Schritte aufnehmen würde.

Andropows Rede auf der Plenartagung, auf der er zum Generalsekretär gewählt wurde, war recht reserviert. Sie enthielt keine offene

Provokation, es fielen alle sich aus Anlass von Breschnews Tod gezie-
menden Worte, aber auch nichts darüber hinaus. Tschernenko war
nach dieser Rede ganz niedergeschlagen, obwohl Andropow mit ihm
durchaus schonend umging.

Nach einem Beschluss, der lange vor diesen Tagen feststand, sollte
am 15. November eine ordentliche Plenartagung des ZK stattfinden,
auf der die Entwürfe für den Wirtschaftsplan und den Haushalt des
folgenden Jahres auf der Tagesordnung standen. Andropow wusste,
dass er schon bei diesem Anlass seinen künftigen Kurs zumindest in
Ansätzen skizzieren musste. Die Plenartagung wurde um eine Woche
verschoben.

10. Kapitel

450 Tage: Andropow als Generalsekretär

Andropow und Tschernenko amtierten zusammengerechnet 850 Tage lang als Generalsekretäre. Das war eine schmerzliche Zeit für das Land. In diesen zwei Jahren und vier Monaten vollzog sich das, was zu einem Generationswechsel an der Spitze der Macht führen sollte.

Ohne eine eingehende Darstellung des Intrigenspiels jener Zeit lässt sich auch mein Amtsantritt nicht verstehen. Ich versuche wiederzugeben, wie was in jener Zeit geschah, was für eine Bedeutung es hatte und was nach dem Tod Andropows und später Tschernenkos hätte eintreten können. Schließlich war ich ja in all diese Dinge zutiefst involviert.

Die ersten Tage von Andropows Amtsantritt als Generalsekretär waren sehr angespannt. Man musste schnell entscheiden, wie man es mit Breschnews Referat halten sollte. Natürlich konnte man es allenfalls als Grundlage für die Ideen und Absichten des neuen Generalsekretärs benutzen. Aber Andropow fürchtete, es würde zu prätentiös wirken, wenn er so aufträte, als wäre ihm nach einer knappen Woche schon alles klar.

Meine Meinung dazu war: »Natürlich können Sie in einer Woche kein Gesamtprogramm ausarbeiten. Aber ein paar Akzente setzen, die Hauptfragen andeuten und sich so äußern, dass allen Leuten klar wird, welche Lösungen Ihren Vorstellungen entsprechen und eine

Perspektive haben, muss doch machbar sein.« Ich weiß, dass sich Andropow auch mit anderen beriet.

Die Plenartagung, die aufgrund Breschnews Tod um eine Woche nach hinten verschoben wurde, fand am 22. November statt. Andropows Rede als Generalsekretär machte einen guten Eindruck. Trotz aller für diese Zeit typischen Klischees und Stereotypen enthielt sie neue Ansätze. Er sprach die ernsten Versäumnisse in der Wirtschaft an, die Nichterfüllung der letzten Fünfjahrespläne und die daraus folgende Notwendigkeit, Wirtschaft, Verwaltung und Planung zu verbessern, die Selbständigkeit der Betriebe auszuweiten und Anreize für produktive Arbeit, Initiative und Unternehmungsgeist zu schaffen. Diese Einschätzungen des Generalsekretärs fanden Zustimmung. Besonders begeistert wurden seine Worte aufgenommen, die Ansprüche müssten erhöht, die Disziplin gestärkt und die Umsetzung der Beschlüsse müsse kontrolliert werden. Offenbar hatten alle die allgemeine Schlamperei ordentlich satt.

Natürlich waren einige ausschlaggebende Themen in der Rede nur angerissen, aber selbst das war in diesem Moment wichtig. Bei der Ausarbeitung der Rede waren sich alle darüber einig, eine prinzipiell andere Methode der Wirtschaftsführung müsse angestrebt werden. Was für eine, darauf hatten wir noch keine Antwort. Eigenhändig fügte Andropow an dieser Stelle den Satz ein, er habe keine fertigen Rezepte für alle Vorkommnisse des Lebens. Das lud Partei und Gesellschaft gleichsam dazu ein, die Lösung mit zu suchen.

Andropow hatte gesprächsweise mehrfach betont, er würde kein Plenum einberufen, sofern in seiner Rede nicht die Ministerien beim Namen genannt werden, um die es besonders schlecht stand. Deshalb waren scharfe kritische Passagen in den Text eingefügt worden über das Verkehrswesen, den Zustand der Metallurgie und das Bauwesen, die jahraus, jahrein die Bedürfnisse der Volkswirtschaft nicht zufriedenstellten. Bald darauf wurden denn auch die Leiter dieser Ministerien Pawlowskij, Kasanez und Nowikow ihrer Ämter enthoben.

Am außenpolitischen Teil seiner Rede hatte Andropow zusammen mit Arbatow, Bowin und Alexandrow gründlich gearbeitet. Zu den im Westen laut gewordenen Befürchtungen, mit dem Tod Breschnews werde sich unsere Außenpolitik zum Schlechteren wenden, merkte Andropow sarkastisch an, noch vor kurzem hätten sie genau diese Politik gnadenlos kritisiert. Andropow hatte in all den Jahren zuvor selbst an der Ausarbeitung des außenpolitischen Kurses mitgewirkt, war ein Anhänger der Entspannung und erklärte nun, dies sei keine zufällige Episode in der Geschichte der Menschheit, sondern ein Weg, der noch ganz am Anfang stünde.

Zur Position der UdSSR bei den Abrüstungsgesprächen sagte Andropow, er sehe die Aufgabe nicht darin, die Differenzen festzuhalten, wie unsere Verhandlungspartner dies häufig täten; sondern Verhandlungen seien ein Weg, die Bemühungen verschiedener Staaten zu bündeln, um zu Ergebnissen zu kommen, die für alle Seiten von Nutzen sind. Das Wettrüsten zu zügeln und die Waffenarsenale einzufrieren, dürfte allerdings nicht einseitig verlangt werden. Auch für eine Veränderung der Beziehungen zu China sprach sich Andropow aus. Dies erfordere eine Überwindung der alten Vorurteile. Bei diesen Worten wurde geklatscht.

In den ersten Tagen und Wochen achteten alle darauf, welche praktischen Schritte der Generalsekretär unternehmen werde. Andropow hatte beschlossen, schon seine erste Plenartagung für einen Wechsel der Kader zu benutzen.

Schon im Sommer, als Breschnew im Urlaub war, hatte ich ein Schreiben zu den Fragen der Wirtschaftspolitik vorbereitet. Ich schlug vor, eine Politbüro-Kommission zu Fragen der Wirtschaftspolitik einzurichten. Bevor ich es an Breschnew abgeschickt hatte, gab ich es Andropow zu lesen. Er brachte einige Korrekturen an und sagte, er unterstütze den Vorschlag. Ich schickte das Schreiben ab, aber damit hatte es sich. Bald erreichte mich das Gerücht, jemand habe in meinem Vorschlag erneut den Versuch gesehen, durch die Kommission die Macht an mich zu reißen.

Ähnliche Unterstellungen und Verdächtigungen wurden immer häufiger. Keiner dachte über die Sache nach, hinter jeder Angelegenheit wurde sofort ein persönlicher Vorteil gewittert. Aber ich musste die Entscheidung durchkriegen, also formulierte ich mein persönliches Schreiben um und reichte es als Projekt des Generalsekretärs ein. Erst danach bekam Breschnew es zu sehen. Er rief mich von der Krim an: »Ich habe hier dein Schreiben. Du hast in allem recht, nur dein Lösungsvorschlag ist schlecht: schon wieder eine Kommission. Ich kann sie nicht ausstehen, das ist nur Gequatsche. Es gibt schon wer weiß wie viele davon, und da willst du noch eine. Mein Vorschlag sieht so aus: Lass uns eine Wirtschaftabteilung im ZK schaffen, und überleg mal, wen wir dafür nehmen. Sie müsste von einem vernünftigen Mann geleitet werden, der sich ausschließlich damit befasst.«

Ein besseres Ergebnis hätte ich mir nicht träumen lassen können.

Als Andropow und ich jetzt einen Kandidaten suchten, bestand ich darauf, es müsse ein ganz neuer Mann sein. Die Wahl fiel auf Ryschkow, den damaligen Ersten Stellvertreter des Vorsitzenden der Staatlichen Planungskommission. Ich hatte den Eindruck, dass er trotz seiner Neigung zu technokratischem Herangehen imstande war, in größeren Zusammenhängen zu denken, und aufgeschlossen für neue Ideen war. Auf der Plenartagung am 22. November wurde er zum Sekretär des ZK gewählt.

Zwischen Andropow und Ryschkow bildete sich ein gutes Verhältnis heraus. Ryschkow betete Andropow an und reagierte auf jede Unterhaltung mit ihm sehr emotional. Mit seinem Eintritt ins ZK wurde unsere Zusammenarbeit eng und stet. Andropow achtete übrigens sehr darauf, dass seine Mitarbeiter nicht nur Gleichgesinnte waren, sondern sich auch gut miteinander verstanden.

Auch bei den ideologischen Strukturen des ZK nahm Andropow Änderungen vor. Sie beschäftigten sich mit nichts anderem als dem Lobpreis Breschnews, seiner Person, seines Stils, seiner Politik. ZK-Sekretär für Ideologie war seit 1976 Simjanin, für dessen Aufstieg auf diesen Posten sich Tschernenko ins Zeug gelegt hatte. Sie bliesen in dasselbe Horn.

Anfangs dachte ich, Andropow strebe radikalere Veränderungen in diesem Bereich an. Er hatte schon früher oft gesagt, es müsse eine ernsthafte Unterhaltung über Probleme der Ideologie stattfinden und hatte an das Schreiben erinnert, das er selbst aus gegebenem Anlass an Breschnew geleitet hatte. Später schickte mir Andropow dieses Schreiben, und es enttäuschte mich, ehrlich gesagt: Es enthielt absolut nichts Neues. Nur Änderungen des allgemeinen Propagandastils und eine Abkehr von alten Stereotypen wurden als wünschenswert bezeichnet. Von der Notwendigkeit einer theoretischen Durchdringung der neuen Realität war keine Rede. Und nicht nur das. Im Innern des KGB verfasst, war dieses Schreiben auch durchaus vom Geiste dieses Apparates geprägt. Betont wurde vor allem, es gelte,»Ordnung zu schaffen« und eine »offensivere Haltung« in der Ideologie einzunehmen.

Deshalb wunderte ich mich wohl auch nicht, dass die in diesem Bereich vorgenommenen Einschnitte unerheblich waren. Simjanin blieb auf seinem Posten, der Leiter der Propagandaabteilung Tjaschelnikow wurde im Dezember 1982 durch Stukalin abgelöst. Dieser war zwar solider, aber so vorsichtig, dass er nicht die geringste Eigeninitiative zeigte. Mit anderen Worten: Andropow wollte den ideologischen Apparat aufbessern, ohne den Mechanismus und das Wesen, wie er funktionierte, anzutasten.

Trapesnikow, der Leiter der Abteilung Wissenschaft und Lehranstalten, einer anderen wichtigen Abteilung, die ebenfalls Simjanin unterstand, wurde im Sommer 1983 abgelöst. Er hatte diesen Posten 1965 nur dank Breschnew bekommen, mit dem er in Moldawien gearbeitet hatte. Die ganzen Jahre hatte er sich in diesem Amt nur dank der Unterstützung des Generalsekretärs und Tschernenkos halten können, obwohl er die Beziehungen zwischen dem ZK und der Akademie der Wissenschaften gründlich verdorben hatte. Für die meisten Wissenschaftler und für die Intelligenzija überhaupt war er eine anrüchige Gestalt.

Die Akademie der Wissenschaften hatte seine Kandidatur zum korrespondierenden Mitglied zweimal abgelehnt. Erst beim dritten Mal, 1976, auf äußersten Druck vonseiten des ZK, wurde er gewählt, aber bei den nächsten Wahlen, bei denen er Mitglied der Akademie der Wissenschaften werden wollte, fiel er voll durch. Dieses Scheitern war nur eine Folge seines engstirnigen Dogmatismus und der ideologischen Intoleranz stalinistischer Färbung. Als ich sein Buch *An den großen Wendepunkten der Geschichte* las, sah ich, dass einem solchen Mann nur diejenigen die Leitung der Wissenschaft hatten anvertrauen können, die die kleinsten Umformungen und Reformen ablehnten.

Ich schlug an seiner Stelle Wadim Andrejewitsch Medwedew vor, den ich seit Beginn der siebziger Jahre kannte. Er galt unter seinen Kollegen, den Wirtschaftswissenschaftlern, als kreativer Mann mit progressiven Ansichten. Andropow beauftragte mich, mit ihm zu sprechen. Medwedew, damals Rektor der Akademie der Gesellschaftswissenschaften, war nicht begeistert von dem Vorschlag, im ZK zu arbeiten. Die wissenschaftliche Arbeit zog ihn weit mehr an als die Arbeit im Apparat, er hatte an so etwas kein Interesse. Da ich sein Verantwortungsgefühl kannte, sagte ich, wir bräuchten einen Leiter der Abteilung Wissenschaft, dem die Notwendigkeit von Veränderungen in unserem Land klar sei. Das Argument wirkte, Medwedew erklärte sich bereit, unter der neuen Führung mitzuarbeiten.

Nach diesem Gespräch fand ein Treffen mit Andropow statt. Medwedew machte offenbar einen guten Eindruck. Andropow gab sein Einverständnis und scherzte in Anspielung auf Trapesnikow: »Ich möchte Ihnen sehr raten: Versuchen Sie nicht, gleich Akademiemitglied zu werden.«

Das war übrigens nicht nur ein Scherz. Der Wunsch der Mitarbeiter des Parteiapparats – inklusive der Mitarbeiter des ZK –, zu promovieren, war groß. Darunter waren nicht wenige, die durchaus einen wissenschaftlichen Grad verdienten, aber die Zahl derer, die sich aufgrund ihrer Dienststellung durchsetzten, überwog entschieden. Durch die Promotion sicherten sich manche Bürokraten ab, bei Schwierigkeiten auf leitende Stellen in wissenschaftlichen Instituten und Lehranstalten zurückgreifen zu können.

Zur Diskussion stand auch der Wechsel des Leiters der Abteilung für Organisations- und Parteiarbeit des ZK Kapitonow. Er war so etwas wie ein Schatten Breschnews, die ganze Politik der Stagnation bei den Kadern trug seine Unterschrift. Mehr als einmal kam er zu mir, schlug die Hände über dem Kopf zusammen und sagte:»Wie oft habe ich schon das Material gegen fünf Leute mit mir herumgeschleppt, man muss sie auswechseln, aber ich weiß nicht, ob Breschnew zustimmt.«

Einen unentschiedeneren Menschen als ihn zu finden, war schwer. Bei den Sitzungen des Politbüros und des Sekretariats versuchte Kapitonow, die kleinsten Nuancen mitzukriegen und herauszufinden, woher der Wind weht, um es nach Möglichkeit allen Mitgliedern der Führung recht zu machen.

Als die Rede auf mögliche Kandidaten für das Sekretariat des ZK kam, sagte ich, wir brauchen Leute vom Typ Ligatschow. Mir gefielen seine Energie und sein Elan. Als ich im ZK arbeitete, hatte ich ständigen Kontakt mit Ligatschow, der Sekretär des Gebietskomitees Tomsk war, und sah seinen ehrlichen Versuch, mehr für sein Gebiet zu tun, besonders was die Lebensmittelversorgung betraf. Ligatschow zeichnete sich unter den Sekretären der Gebietskomitees nicht nur durch seine Tatkraft, sondern auch durch seinen Horizont und die allgemeine Kultur aus.

Ich äußerte meine Meinung über Ligatschow. Gromyko unterstützte mich und sagte, er kenne Ligatschow von seinen Auslandsreisen und habe ihn als einen reifen, integeren und prinzipientreuen Menschen erlebt.

»Warum suchen wir denn nach einem Mann vom Typ Ligatschow, wenn wir einen Ligatschow haben?«, fragte Andropow lachend.

Wir einigten uns auf ihn. Ich lud Ligatschow ein. Wie erwartet nahm er die Einladung sofort an, und ein paar Tage später war die Frage entschieden. Im Sommer 1983 wurde er zum Leiter der Abteilung ernannt und am 26. Dezember auf der Plenartagung zum Sekretär des ZK gewählt.

Zum selben Zeitpunkt gab es noch einen Wechsel. Der Leiter der Geschäftsstelle des ZK Pawlow, der diesen Posten seit 1965 bekleidete, wurde abgesetzt. Wer das Innenleben des Parteiapparats der KPdSU nur ein bisschen kennt, weiß, dass der Inhaber dieses Postens einer der einflussreichsten Männer war, denn in seinen Händen konzentrierten sich alle materiellen Privilegien. Andropows Nachprüfungen hatten in der Abteilung verschiedene Fälle von Missbrauch und Manipulation zutage gefördert, besonders viele im Zusammenhang mit dem Bau des Hotels Oktjabrskaja in der Dimitrow-Straße in Moskau und des Sanatoriums Juschnyj auf der Krim. Viele Unregelmäßigkeiten und Missstände wurden auch bei dem Verlag Prawda entdeckt, der direkt dieser Abteilung unterstand.

Einen Nachfolger für Pawlow zu finden, war schwer. Tschernenko wollte einen Mann seiner Wahl. Ich bestand auf Krutschina, den ich seit vielen Jahren kannte. Er war ein anständiger, sehr kompetenter, tatkräftiger und zugleich vorsichtiger Mann mit großem Verantwortungsbewusstsein. Man konnte sich auf ihn verlassen, und ich vertraute ihm.

Ein großer Einschnitt war der Wechsel auf Ministerebene. Ich habe schon erwähnt, dass Andropow sofort nach seiner Wahl drei Minister absetzte. Bei der »Kaderstabilität«, die zwei Jahrzehnte lang geherrscht hatte, war selbst ein Faulenzer oder Arbeitsunfähiger unmöglich zu entlassen gewesen. Und erst recht nicht Leute wie Nowikow, der, wenn die Mängel des Bauwesens angesprochen wurden, jeden Gesprächspartner ganz unaufdringlich und vertraulich wissen ließ: »Weißt du eigentlich, dass ich dieselbe Schulbank wie Breschnew gedrückt habe?!«

Nowikow war in Verruf geraten, als bei dem in Wolgodonsk hochgezogenen Komplex Atommasch auf einmal die Gebäude absackten, ein Beweis dafür, dass bei den Berechnungen und dem Bau eklatante Verantwortungslosigkeit am Werk gewesen war. Bei der Politbürositzung, wo das besprochen wurde, lief das Gespräch zuerst wie gewohnt: Eine Kommission muss geschaffen, die Sache analysiert und dann entschieden werden.

Andropow unterbrach die Diskussion schroff und erklärte, das sei alles pures Gequatsche, immer dieselbe verantwortungslose Unterhaltung, nicht auszuhalten. Und er schlug vor, Nowikow sofort abzusetzen. Später wurde diese Entscheidung zwar etwas korrigiert:

Nowikow reichte seine Pensionierung ein. Aber die »Explosion« Andropows, eines im Umgang taktvollen Menschen, nahmen sich alle zu Herzen.

Einen regelrechten Schock löste die Entlassung des Innenministers Schtscholokow im Dezember 1982 aus. Andropow hatte mehr als einmal gesagt, das System des Innenministeriums sei korrupt, es gäbe Zeichen für seine Verbindung zu mafiösen Strukturen, und in diesem Zustand könne das Ministerium nicht der wachsenden Kriminalität begegnen. Aber er konnte Schtscholokow nicht antasten, solange Breschnew ihn in Schutz nahm.

Unzufriedenheit löste bei ihm auch die Tätigkeit des neuen KGB-Vorgesetzten Fedortschuk aus. Als ich Andropow noch unter Breschnew fragte, wie sein Nachfolger sei, antwortete er unwillig: »Weißt du, ich rede nur mit ihm, wenn er mich anruft. Und das ist äußerst selten. Er soll bestimmte Umstrukturierungen in Frage gestellt haben, die ich im KGB vorgenommen habe. Er demonstriert seine Eigenständigkeit, obwohl er sich sehr an der Führung der Ukraine orientiert. Aber ich halte mich aus der Situation heraus, das ist Sache des Generalsekretärs.«

Das war klar, denn der KGB-Vorsitzende hatte einen direkten Draht zum Generalsekretär, und Breschnew selbst hatte Fedortschuk gewählt. Nun schlug Andropow zwei Fliegen mit einer Klappe: Schtscholokow wurde abgesetzt und in Pension geschickt, und damit Fedortschuk nicht in Konflikt mit Schtscherbizkij und der Ukraine käme, wurde er neuer Innenminister. Auf den Posten des KGB-Vorsitzenden kam der frühere Stellvertreter Andropows Tschebrikow, der ein Jahr später zum Kandidaten des Politbüros gewählt wurde. Die Änderungen betrafen, wie wir sehen, die oberste Etage.

Am 22. November 1982 endete die lange Geschichte mit der Entbindung des ZK-Sekretärs Kirilenko von seinen Pflichten als Politbüromitglied. Seine Gesundheit, oder einfacher gesprochen: sein Irrsinn, hatte einen solchen Grad erreicht, dass es nicht mehr zu verbergen war. Aufgrund tiefer Hirnveränderungen hatte sich der Prozess des Zerfalls seiner Persönlichkeit stark beschleunigt. Als er im März 1981, auf dem 26. Parteitag, die Vorschläge für die neue Zusammensetzung des ZK verkünden sollte, verhaspelte er sich mit den Namen vieler Kandidaten, obwohl sie für ihn extra mit Riesenbuchstaben gedruckt worden waren. Der Saal reagierte mit Unverständnis und Gelächter. Solche Episoden vergisst man nicht, sie machen einen weit größeren Eindruck als alle politischen Einschätzungen.

Trotzdem übernahm Breschnew Kirilenko aus alter Freundschaft in das neue Politbüro. Aber die Krankheit schritt fort. Vor unseren Augen verlor er den Gesprächsfaden und erkannte bekannte Leute nicht mehr. Endlich beauftragte Breschnew Andropow, mit ihm zu sprechen und ihm ein Rücktrittsgesuch abzuringen.

Andropow erzählte mir später von diesem Gespräch. Er betrat Kirilenkos Büro und begann, ohne ihn beleidigen zu wollen, entschlossen: »Andrej, du weißt, wir sind alle alte Kameraden. Ich spreche im Namen von allen, die dich verehrten und verehren. Wir haben den Eindruck, dass dein Gesundheitszustand sich merklich auf die Arbeit auswirkt. Du bist schwer krank und musst behandelt werden. Wir müssen diese Frage lösen.«

Kirilenko regte sich auf und weinte. Es war sehr schwer, mit ihm zu sprechen, aber Andropow fuhr fort: »Versteh, Andrej, wir brauchen eine grundsätzliche Lösung. Du musst dich ein, zwei oder so viele Monate wie nötig erholen. Alles bleibt dir erhalten: das Auto, die Datscha, die ärztliche Betreuung, alles. Wir sprechen als Freunde miteinander, aber die Initiative sollte von dir ausgehen. Weißt du noch, Kosygin ging es entschieden besser, aber er hat es gemacht …«

»Gut, Jurij«, sagte Kirilenko schließlich, »wenn es sein muss … Aber hilf mir, das Gesuch zu verfassen, ich schaffe das nicht allein.«

Andropow schrieb schnell ein kurzes Gesuch. Kirilenko schrieb es mit großer Mühe eigenhändig ab – und damit war die Sache erledigt. Am 22. November, schon nach Breschnews Tod, wurde die Frage auf der Plenartagung des ZK entschieden.

Auf dieser Plenartagung wurde Alijew zum Politbüromitglied gewählt. Als ich Andropow später fragte, warum er diese Wahl getroffen habe, antwortete er unwillig und ausweichend, Breschnew habe diese Frage schon vorentschieden und er habe die Entscheidung nicht ändern wollen.

Alijew war zweifellos ein großer Politiker: klug, willensstark, berechnend. Anfangs, als ich seine Tätigkeit in Aserbaidschan beobachtete, war ich davon überzeugt, dass er ein überzeugter Gegner der Korruption und der Schattenwirtschaft war. Die Lösung vieler Fragen der Entwicklung in Aserbaidschan packte er tatkräftig an, besonders die der Landwirtschaft, und führte eine Reihe von Programmen durch. All das sprach für ihn.

Als ich aber tiefer in die aserbaidschanischen Angelegenheiten eindrang, verstand ich, dass vielen Veränderungen zweifelhafte Motive zugrunde lagen. Manchmal hört man, dass die innere Einstellung bei der Einschätzung der politischen Tätigkeit keine Rolle spielt, wichtig sei allein das objektive Resultat. Das stimmt absolut nicht. Meine Erfahrung sieht so aus, dass die Motive, besonders wenn sie nicht sehr edel sind, sich immer auf das Ergebnis auswirken. Den vorigen Clan der Führung, der alle Strukturen der Leitung der Republik wie Metastasen durchdrungen hatte und von Alijew wegen Korruption und Desorganisation der Arbeit verjagt worden war, hatte nun ein anderer Clan abgelöst, die sogenannte »Nachitschewaner Gruppe«. Genauso wie früher dominierten verwandtschaftliche Beziehungen, die fast bis ins zehnte Glied reichten. Mit dieser sicheren, auf dem Clan-Prinzip beruhenden Stütze leitete oder lenkte Alijew nicht, sondern er herrschte. Versammlungen, Manifestationen, Treffen mit der Presse, mit dem Volk und andere demokratischen Attribute waren nur Dekoration, die das Wesen und die Art seiner Herrschaft nicht im Mindesten beeinflussten.

Dieser Mann also kam jetzt ins Politbüro. Natürlich war der Grund nicht das Breschnew gegebene Versprechen. Alijew hatte lange im KGB gearbeitet, und Andropow war für ihn nicht nur der »Chef«, sondern auch eine anerkannte Autorität. Alijews Eintritt ins Politbüro verstärkte Andropows Position. Das war alles.

Genauso kannte Andropow sehr wohl die persönlichen Schwächen von Romanow, wusste, dass er ein engstirniger Mann mit Führungsanspruch war und hatte auf den Politbürositzungen gesehen, dass man von ihm selten einen vernünftigen Gedanken oder Vorschlag erwarten konnte. Trotzdem rief er ihn im Juni 1983 aus Leningrad nach Moskau und empfahl der Plenartagung, ihn zum ZK-Sekretär zu wählen.

Die Verteidigungsangelegenheiten des Landes waren sowohl vonseiten des Staates als auch vonseiten der Partei zu jener Zeit in den Händen von Ustinow konzentriert. Andropow fand die Machtkonzentration in einer derart wichtigen Sphäre gefährlich und wollte sie im Interesse der Sache und Ustinows persönlich besser verteilen. Aber die Frage musste so gelöst werden, dass auch Ustinow die Lösung verstand und akzeptierte. »Ich möchte nicht, dass Dmitrij beleidigt ist, er ist nicht nur meine Stütze, sondern auch mein Freund«, sagte Andropow.

Der ZK-Sekretär für Fragen der Rüstungsindustrie musste aus den leitenden Kadern ausgewählt werden. Andropow nahm an, Ustinow habe nichts gegen Romanow einzuwenden. So war es auch.

Es gab noch weitere Änderungen im Politbüro. 1983 kam Worotnikow aus Krasnodar nach Moskau und löste Solomenzew auf dem Posten des Vorsitzenden des Ministerrats der Russischen Föderation ab. Im Juni wurde er auf der Plenartagung als Kandidat ins Politbüro gewählt, im Dezember wurde er Mitglied des Politbüros. Solomenzew stieg nach seiner Ernennung zum Vorsitzenden des Komitees für Parteikontrolle beim ZK ebenfalls vom Kandidaten zum Mitglied des Politbüros auf.

All diese Umbesetzungen an der Spitze der Macht wurden unterschiedlich aufgenommen. Die einen freuten sich, weil sie in den Ernennungen und Umbesetzungen eine Gewähr für bevorstehende Veränderungen in unserem Land sahen. Die anderen sahen deprimiert aus, weil sie vor allem um ihre Karriere besorgt waren.

Tschernenko war schlechter Stimmung und verbarg das nicht. Formal hatte er den Posten des »Zweiten Sekretärs« inne, aber faktisch wurden viele ausschlaggebende Fragen ohne ihn entschieden. Tichonow, Schtscherbizkij und Dolgich waren nervös.

Dolgich war der hervorstechendste Vertreter unseres »Direktorencorps«: ein seriöser, arbeitsamer und kompetenter Spezialist. Er machte seine Sache mit großem Einsatz. Seit 1972 betreute er als ZK-Sekretär die Schwerindustrie und stellte sein Gebiet gern als wichtigstes dar. Nach dem Motto: Ihr anderen macht natürlich auch irgendetwas, aber ohne Schwerindustrie geht nichts. Er stritt sich mit allen, die andere Bereiche betreuten, verteidigte hartnäckig seine Position, und das verschaffte ihm Respekt. Aber manchmal übertrieb er auch, und der Ehrgeiz ging mit ihm durch. Er war bereit, sich für alles einzusetzen, was ihm politische Anerkennung und Beförderung versprach. Als er im Mai 1982 zum Kandidaten für das Politbüro gewählt wurde, trug er diese Ernennung mit großem Stolz und pochte auch im alltäglichen Umgang auf seinen Rang.

Als die Gespräche über die Bildung einer Wirtschaftsabteilung des ZK begannen, war er fest davon überzeugt, dass er der Leiter würde. Wer denn sonst? Er entfaltete eine stürmische Aktivität, bereitete für jede Plenartagung einen Auftritt oder einen großen Beitrag vor. Und auf einmal: nichts dergleichen, Ryschkow bekam den Posten. Dolgich empfand das als Schlag ins Gesicht, umso mehr, als er früher eng mit Ryschkow zusammengearbeitet hatte.

Die Beziehungen Andropows zu Schtscherbizkij, der besonders in den Parteikreisen der Ukraine große Autorität genoss, gestalteten sich schwierig. In moralischer Hinsicht war Schtscherbizkij zweifellos ein anständiger Mann. Im Grunde ein Technokrat, zog er in der Republik konsequent seine Linie durch: kümmerte sich sehr um die Wirtschaft, besonders den Kohleabbau und die Metallurgie, vergaß aber auch das Dorf nicht. Und was die Hauptsache war: Er hatte verantwortungsvolle Mitarbeiter.

Schtscherbizkij war allergisch gegen Nationalismus. Zwar konnte er wie andere Chefs der Republiken murren, das Zentrum gäbe keinerlei Rechte und Befugnisse, »selbst um ein Telegramm an Schiwkow zu schicken, braucht man die Erlaubnis des Politbüros in Moskau«. Aber da er von Anfang an das »Schwanken und Liebäugeln mit dem Nationalismus« seines Vorgängers Schelest verurteilt hatte, blieb er in diesem Punkt hart. Man hätte seinen Internationalismus begrüßen können, wenn er ihn nicht übertrieben hätte. So ließ er sich mit dem Schriftsteller Oles Gontschar auf eine Diskussion des Romans *Die Kathedrale* ein. Diese Diskussion heizte nur die Emotionen an und machte die Kontakte mit einem Teil der ukrainischen Intelligenzija hinfort unmöglich.

Auch Kaderfragen waren mit Schtscherbizkij nur schwer zu lösen. Da er, wie ich schon sagte, eine wirklich beeindruckende Persönlichkeit war, übte er Druck auf die Menschen um sich herum aus. Schon äußerlich sah er wie ein Fels aus, der nicht so leicht zu verschieben war. Das vergrößerte seine Bedeutung und löste Respekt aus. Aber Breschnews Satz, er sehe in Schtscherbizkij seinen Nachfolger, war ihm zu Kopf gestiegen. Kurz vor Breschnews Tod entfaltete er eine stürmische Aktivität, versuchte alle Ereignisse, die sich an der Spitze zutrugen, zu verfolgen, rief regelmäßig den früheren KGB-Vorsitzenden der Ukraine Fedortschuk an und traf sich mit ihm.

Nachdem Andropow dann Generalsekretär geworden war, wirkte ihr Verhältnis äußerlich ganz normal, aber man spürte ständig eine Konkurrenz zwischen ihnen und unausgesprochene Vorwürfe. Keiner wollte auf den anderen zugehen. Wie soll man es sonst erklären, dass Schtscherbizkij während Andropows Zeit als Generalsekretär nicht ein einziges Mal die Schwelle seines Büros übertrat? Ich sah, was für eine Qual den beiden selbst seltene Anrufe bereiteten.

Was Tichonow betrifft, so hatte er unberechtigterweise beschlossen, Andropow verdanke seine Wahl hauptsächlich ihm. Er zählte auf seine volle und unbegrenzte Unterstützung und führte sich ein wenig forsch, ja unverschämt, auf. So sagte er in jenen Tagen zu Andropow: »Du kennst dich gut mit den Verwaltungsorganen, der Ideologie und der Außenpolitik aus. Die Wirtschaft übernehme ich.«

Als Andropow mich beauftragt hatte, für Ryschkow und Dolgich einen Dringlichkeitsplan zu erstellen, der die Optimierung der Wirtschaftslenkung, den Plan und die Erweiterung der Selbständigkeit der Betriebe betraf, war Tichonow ernstlich besorgt, unsere »Trojka« könnte Kontakte mit den stellvertretenden Vorsitzenden des Ministerrats und den Fachkräften der Staatlichen Planungskommission aufnehmen. Das schuf sofort eine nervöse Atmosphäre. Um sie zu entspannen, erklärte Andropow, er vertraue Tichonow und unterstütze ihn. Und ein wenig später sagte er zu mir: »Michail, ich bitte dich, tu alles, um es mit Tichonow nicht zu verderben. Du musst doch verstehen, wie wichtig mir das jetzt ist.« Andropow fürchtete offenbar, Tichonow und Tschernenko könnten sich zusammentun.

Andropow musste die Situation unter Kontrolle bekommen, und das Wichtigste war jetzt das Kräfteverhältnis. Indem er Alijew, Worotnikow, Tschebrikow, Ryschkow und Ligatschow hinzuzog, verstärkte er seine Position erheblich. Gleichzeitig war er darauf bedacht das Verhältnis zu Tschernenko, Tichonow, Grischin und Schtscherbizkij nicht zu belasten und deren Umut nicht heraufzubeschwören, damit sich alle Mitglieder der Führung an seinem politischen Kurs aktiv beteiligt fühlten.

Die ersten Monate von Andropows Arbeit als Generalsekretär brachten uns einander noch näher. Ich spürte, dass er mir vertraute. Die erste Frage, die wir sofort nach Andropows Wahl zu entscheiden hatten, war heikel. Noch unter Breschnew hatte das Politbüro aufgrund des kläglichen Zustands des Haushalts entschieden, die Preise für Brot und Baumwollstoffe zu erhöhen. Dieses Dokument war zusammen mit einem Begleitschreiben an die entsprechenden Stellen verschickt worden, lag versiegelt in den Safes der Ersten Sekretäre der Gebiets-, Regionskomitees und der ZKs der Republiken und sollte am Vorabend des 1. Dezembers 1982 geöffnet werden. Andropow bat Ryschkow und mich, noch einmal alles abzuwägen und ihm die Schlussfolgerungen mitzuteilen. Um zum Wesentlichen vordringen zu können, erbaten wir Einsicht in den Haushalt. Aber Andropow lachte nur: »Was ihr so alles wollt! An den Haushalt lasse ich euch nicht heran.«

Viele Geheimnisse des Haushalts wurden so streng gehütet, dass ich von einigen erst später als Generalsekretär und Präsident erfuhr. Vom Hauptgeheimnis, nämlich dass unser Haushalt große Löcher hatte, wusste ich. Er wurde ständig auf Kosten der staatlichen Banken subventioniert, das heißt auf Kosten der Spareinlagen der Bürger und der Erhöhung der Inlandsschulden. Offiziell dagegen hieß es immer, die Einkünfte seien höher als die Ausgaben, der Haushalt sei also ausgeglichen.

Ryschkow und ich kamen zu dem Schluss, die Erhöhung der Preise für Brot und Baumwolle allein bringe wenig. Andropow wollte anfangs nichts davon wissen. Er glaubte offenbar, ein solcher Schritt zeuge von der Entschlossenheit und dem Mut der Führung, den »das Volk verstehen und unterstützen« werde.

Trotzdem blieben wir dabei, dass eine solche Preiserhöhung weder aus ökonomischen noch aus politischen Gründen sinnvoll sei. Nachdem das Politbüro noch einmal alle Argumente dafür und dagegen angehört hatte, machte es seine frühere Entscheidung rückgängig.

Die nächste Frage, die anstand, waren die Getreidekäufe im Ausland. Wie immer stießen wir auf den Widerstand der Regierung. Das war verständlich, denn die Mittel reichten nicht, doch einen anderen Ausweg wusste niemand. Der Generalsekretär musste entscheiden. Andropow schlug vor, die Vertreter beider Seiten anzuhören, bevor über den Kauf entschieden werde.

Wenn Andropow es mit solchen Dingen zu tun bekam, reagierte er manchmal sehr gereizt: »Du mit deinem Lebensmittelprogramm«, sagte er dann.

»Nicht meins, sondern unseres. Wir haben es schließlich zusammen durchgesetzt«, antwortete ich und litt nicht weniger als Andropow. »Die beschlossenen Maßnahmen greifen noch nicht, es ist noch zu früh!«

»Ich verstehe«, lenkte er ein. »Aber bis ihr die Betriebe modernisiert, genügend Düngemittel und Technik habt, vergeht so viel Zeit ...«

Das Ausbleiben schneller Ergebnisse ließ Andropow Schritte unternehmen, die ich für mehr als fragwürdig hielt. So zum Beispiel die Formen, die der Kampf zur Erhöhung von Disziplin und Ordnung annahm, als man die Leute, die während der Arbeitszeit in der U-Bahn, in Geschäften, Friseurläden und Saunen angetroffen wurden, einfach festnahm. Bei der Durchführung dieser Kampagne stützte sich Andropow nicht auf gesellschaftliche Organisationen, sondern auf die Sicherheitsorgane und die Kräfte des Innenministeriums. Das war für ihn der kürzere Weg. Ich sagte ihm manchmal, ich verstehe nicht, wofür das gut sei.

»Warte mal ab, wenn du in mein Alter kommst, verstehst du schon«, war die Antwort.

Die Zeit ist vorbei, vieles ist vergessen, oder ich erinnere mich nur noch schwer daran, aber die Geschichte mit dem »Kampf für die Disziplin« ist vielen im Gedächtnis geblieben.

Im März 1983 rief mich Andropow an und sagte mir, er wolle mich dem Politbüro als Referenten für die feierliche Sitzung anlässlich des 113. Geburtstags von Lenin vorschlagen. Im Laufe meines Lebens habe ich oft zu Lenins Werken gegriffen, sodass mir schien, die Vorbereitung des Referats werde nicht viel Zeit in Anspruch nehmen. Aber das Konzept des Referats zu Papier zu bringen, wollte mir nicht gelingen. So schaute ich mir Lenins Werke erneut an, besonders die nach der Oktoberrevolution. Die einen las ich noch einmal, die anderen blätterte ich nur durch. Die Ereignisse der nachrevolutionären Jahre fesselten mich so stark, dass ich manchmal ins Nachdenken geriet, wie ich selbst wohl die Probleme, die vor Lenin standen, gelöst hätte. Ich las mich richtig fest …

Doch hatte das durchaus einen Nutzen. Ich überdachte die letzten Arbeiten Lenins immer wieder, besonders seine Artikel und Reden, in denen er, die Zeitspanne der Sowjetmacht bewertend, offen erklärt, die Bolschewiki hätten »einen Fehler begangen« … Er war der Meinung, das öffentliche Bekenntnis eines Fehlers habe eine wichtige praktische Funktion, um die vorherigen Fehler durch eine neue Politik korrigieren zu können. Ohne eine Analyse der Fehler des alten Kurses könne keine neue Politik ausgearbeitet werden.

Wir spürten alle, dass wir am Anfang einer neuen Phase standen (intuitiv wussten wir das schon lange). Durch die Lektüre verstand ich, wie viel es Lenin ausmachte, als er erkennen musste, dass er nicht das erreicht hatte, wofür er all die vorangegangenen Jahre gelebt hatte. Ich wollte verstehen: Was beunruhigte ihn, wovor wollte er mit seinen letzten Arbeiten warnen? Warum wurden sie unter Verschluss gehalten? Offenbar hatten die Funktionäre Angst vor etwas. Also musste etwas darinstecken …

Zu vielen Ideen, die mir bei der Wiederlektüre von Lenin kamen, kehrte ich 1985 und später zurück. Doch das Referat von 1983 blieb im politischen und ideologischen Rahmen der damaligen Zeit. Eine Kritik des alten Kurses stand in ihm nicht zur Debatte. Trotzdem riefen einige Akzente des Referats eine lebhafte Reaktion in unseren und den Massenmedien des Auslands hervor.

Die Menschen, die die politische Sprache jener Zeit verstanden, fühlten sich angesprochen von Überlegungen zu einer Struktur der gesellschaftlichen Produktion, die nicht nur den Fortschritt der Schwerindustrie, sondern auch hochentwickelte Branchen zur unmittelbaren Befriedigung der Bedürfnisse der Bevölkerung vorsah. Die Frage nach einer Strukturpolitik verwies auf den unmäßig gewachsenen militärindustriellen Komplex, der die ganze Wirtschaft in Mitleidenschaft zog.

Ich schnitt in meinem Referat auch das Thema der Rolle des Menschen in der modernen Produktion an. Der Charakter der Arbeit stelle heutzutage völlig neue Anforderungen an das kulturelle und professionelle Niveau, das Können und die Disziplin des Arbeiters, an das, was wir den menschlichen Faktor in der Wirtschaft nennen. In einem wissenschaftlichen Vortrag hätte das banal geklungen, in einer politischen Rede aber hatte dieser Gedanke einen anderen Stellenwert. Noch dominierte ja die alte Tradition, nach der nicht der Mensch selbst, sondern nur Tonnen und Kilometer der Maßstab für Erfolg waren.

Mit Lenins Worten waren im Grunde konkrete zeitgenössische Adressaten gemeint. Das galt nicht nur für seine Warnung gegen Übereile bei der Entscheidung ökonomischer und sozialer Aufgaben, für seine Betonung der wirtschaftlichen Rechnungsführung und der Rolle materieller und moralischer Anreize für die Arbeit, für sein Drängen auf eine vollständigere Berücksichtigung der objektiven

Wirtschaftsgesetze und den Gebrauch der Ware-Geld-Beziehungen, sondern auch für seine Interpretation des demokratischen Zentralismus als Prinzip, das ein Maximum an Initiative, Mut und Selbständigkeit mit sich bringt.

In diesem Sinne kamen Lenins Worte vor allem bei denen an, die sich für den Sinn des aktuellen Geschehens interessierten. Die meisten dagegen beschäftigte die Tatsache, dass gerade ich den Auftrag für das Referat bekommen hatte. Sie erinnerten sich, dass Andropow ein Jahr zuvor nach einer ähnlichen Rede der zweite Mann in Partei und Staat geworden war und er jetzt mich mit dem Referat beauftragt hatte. Andropow wollte mich unterstützen und tat das auf unterschiedliche Weise. Dieses Mal hatte er fast denselben Schachzug gewählt wie Breschnew ihm gegenüber: Er hatte mir die Möglichkeit gegeben, mich darzustellen und auszusprechen. Einerseits wollte er mich also unterstützen, andererseits sollte ich die Gelegenheit haben, meine Gedanken und meine Interpretation zu diesem Thema zu äußern.

Reise nach Kanada

Meine Reise nach Kanada sollte Mitte Mai 1983 stattfinden. Im Oktober 1981 war der kanadische Minister für Landwirtschaft Whelan bei uns zu Besuch gewesen und hatte eine Einladung seiner Regierung überreicht. Wir hatten uns auf die Dauer von zehn Tagen geeinigt. Als der Zeitpunkt meiner Reise näher rückte, sprach sich Andropow entschieden dagegen aus: »Nach Kanada? Jetzt ist keine Zeit für Auslandsreisen. Es geht auch ohne Kanada!«

»Es muss sein«, suchte ich ihn zu überzeugen. »Erstens handelt es sich um eine Einladung der Regierung; zweitens muss ich mir unbedingt die Landwirtschaft Kanadas angucken. Nach Saatflächen und Klimabedingungen ist es uns näher als andere Länder. Und drittens muss ich mich mal wenigstens zehn Tage von unserem Durcheinander erholen. Danach komme ich gestärkt wieder.«

»Zehn Tage sind zu viel«, sperrte sich Andropow. »Höchstens sieben.«

Am 16. Mai war ich schon in Kanada. Unser Botschafter Alexander Jakowlew hatte die Reise sehr gründlich vorbereitet. Und auch die kanadische Seite nahm den Besuch wegen der begrenzten Kontakte, die damals zwischen unseren Ländern bestanden, besonders wichtig. Ich spürte von ihrer Seite auch ein wenig Neugier gegenüber mir als jüngstem Politbüromitglied.

Die Reise war sehr ergiebig. Ich traf mit Premierminister Pierre Trudeau zusammen, der wie immer einen dunkelblauen Anzug trug, in dessen Brusttasche eine Rose steckte, Symbol seiner Zugehörigkeit zur liberalen Partei. Er verhielt sich anfangs etwas kühl, aber dann kamen wir so ins Gespräch, dass uns die vom Protokoll bemessene Zeit nicht ausreichte. Seitdem haben Trudeau und ich ein freundschaftliches Verhältnis. Die kanadischen Zeitungen verstiegen sich später sogar zu der Meldung, sie seien die wahren »Entdecker Gorbatschows«.

Am meisten interessierte mich bei meinem siebentägigen Aufenthalt in Kanada aber die Reise durchs Land. In der Umgebung von Ottawa besichtigten wir das staatliche Forschungszentrum für Viehzucht, sahen Gewächshäuser, Farmen, Betriebe für die Verarbeitung landwirtschaftlicher Rohstoffe und ein Werk für Großraumlaster in der Nähe von Windsor. Dann fuhren wir nach Toronto und in die Provinz Alberta, die größte Viehzucht- und Getreideregion Kanadas. Wir besuchten die großen Ranches bei Calgary, wo die Mastrinder das ganze Jahr draußen auf der Weide bleiben. Bei den Treffen mit den Farmern wollte ich vor allem herausfinden, was die treibende Kraft für die guten Ergebnisse war.

Wir besichtigten eine große Farm in Alberta. Über 2000 Hektar Nutzfläche. Eine Herde mit einem Milchertrag von 4700 Kilogramm pro Kuh; diverse landwirtschaftliche Maschinen; unter einer Überdachung Werkzeug für Reparaturen; ein Getreidespeicher aus Aluminium; zwei Häuser, Autos. An allem war zu sehen: ein wohlhabender Farmer. Wir kamen ins Gespräch.

»Wie viele Mitarbeiter haben Sie?«, wollte ich wissen.

»Zwei, drei ständige. In der Saison mehr.«

Wir gingen herum und schauten uns alles an. Erst als wir aufbrechen mussten, schon auf der Schwelle, stellte ich die letzte, wichtigste Frage: »Unlängst ist das Jahr zu Ende gegangen. Wissen Sie schon, wie hoch die Ausgaben und die Einnahmen waren? Und wie die Bilanz aussieht?«

Der Farmer schaute den Minister an, als wolle er fragen: Kann ich das sagen oder nicht? Der forderte ihn auf: »Sag die Wahrheit.«

»Wenn ich die Wahrheit sagen soll«, antwortete der Farmer, »so muss ich zugeben, ohne Subventionen und Kredite komme ich nicht durch.«

Meine Frage, wie er seinen Urlaub verbringe, wunderte ihn: »Was für einen Urlaub? Es gibt bei uns Farmern Feste, alle möglichen Wettkämpfe, Pferde- und Ochsenrennen. Wir nehmen uns ein, zwei Tage und fahren mit der Familie dahin, das ist unser ganzer Urlaub. Man kann die Farm nicht allein lassen. Das ist so eine Art ›freiwillige Leibeigenschaft‹.«

Ich überlegte, wie viele unserer Kolchosbauern und Mechaniker zu so etwas wohl bereit wären. Wie konnte man die Menschen bei uns dazu bewegen, aufs Land zurückzukehren, und gleichzeitig die Vorteile bewahren, die ihnen eine große Kollektivwirtschaft bot? »Subventionen bei diesen Ernte- und Milcherträgen? Das verstehe ich nicht.«

»Michail«, antwortete der Minister, »ein Agrarsektor auf modernem Niveau kann sich nirgendwo ohne staatliche Zuschüsse halten. Wir geben Dutzende Milliarden für die Kredite an die Bauern aus, in den USA sind es Hunderte Milliarden. Gerade deshalb versuchen wir ja, die Ausgaben durch den Getreideexport zu kompensieren.«

Fazit: das Engagement des Eigentümers, aber auch staatliche Unterstützung!

Am dritten Tag meiner Reise kam es zu einem kuriosen Zwischenfall. Der Landwirtschaftsminister Eugene Whelan lud mich zu sich nach Hause ein, zu einem Treffen mit befreundeten Farmern – vierzig Leute. Nach den Gesprächen folgte die Bewirtung mit Beefsteaks von Riesenausmaßen und natürlich Whiskey. Die Unterhaltung war interessant, gehaltvoll und angenehm. Am Morgen des folgenden Tages, um 7 Uhr, als wir noch alle schliefen, meldete Radio Kanada, ich hätte nach dem Treffen mit dem kanadischen Minister einen Herzanfall gehabt und sei gestorben.

Die Anspielung war klar: Gorbatschow hat die kanadische Gastfreundschaft nicht ausgehalten. Dank der Bemühungen des Ministers und des sowjetischen Botschafters Jakowlew gelang es, diese Meldung um 8 Uhr abzusetzen. Trotzdem verbreitete sie sich im Land. Am folgenden Tag fragten mich die Journalisten, was denn eigentlich geschehen sei. Ich erzählte, wie es gewesen war: eine offene, interessante Unterhaltung, ein wunderbares Essen, Trinksprüche. Danach hatten alle gut geschlafen. Als Antwort auf die Frage nach diesem Vorfall zitierte ich den berühmten Ausspruch von Mark Twain: »Die Gerüchte von meinem Tod sind leicht übertrieben.« Die Kanadier waren dankbar, dass ich dieses Missverständnis nicht dramatisierte.

Aber ich muss noch etwas erzählen. Die Vertreter von Radio Kanada baten mich, auf ein, zwei Fragen zu antworten. (Später stellte sich heraus, dass es ein amerikanischer Sender war.) Wir gingen zusammen mit Whelan hin, und ich bat: »Stellen Sie Ihre Fragen, aber wir haben sehr wenig Zeit.«

»Gut, dann stellen wir nur eine Frage. Aus Anlass Ihrer Reise kursiert bei uns die Meinung, Jurij Andropow, der derzeitige Generalsekretär des ZK der KPdSU, suche nach einem Nachfolger für sich. Er habe Sie nach Kanada geschickt, damit Sie die Welt kennenlernen und sich umschauen, wie man in anderen Ländern lebt. Was haben Sie dazu zu sagen?«

Meine Antwort war kurz: »Auf der Suche nach Sensationen stellen die Journalisten häufig solche Fragen. In meinem Fall ist alles ganz einfach und klar. Ihr Minister für Landwirtschaft war bei uns und ist durch unser Land gereist. Er hat sehr viel gesehen, sich mit unseren Menschen getroffen und unterhalten. Als Antwort habe ich von der kanadischen Regierung eine Einladung erhalten, Ihr Land zu besuchen. Das ist alles.«

Ich ging davon aus, Andropow würde über diesen Vorfall mit Sicherheit informiert. Als ich nach Moskau zurückkehrte, erzählte ich ihm deshalb von meiner Reise und von diesem Interview. Er lächelte und winkte ab. Mir war klar, dass er alles wusste.

Im kanadischen Parlament war es zu einer sehr scharfen Auseinandersetzung gekommen, bei der ein Abgeordneter, ein ehemaliger Staatsanwalt, sich recht dreist über die Tätigkeit unserer Botschaft äußerte und sie ein Spionagenest nannte. In diesem Zusammenhang rief er die anderen denn auch dazu auf, die Äußerungen des ZK-Sekretärs Gorbatschow mit Vorsicht aufzunehmen.

Ich ergriff das Wort, um etwas zu entgegnen, und sagte:»Ich bin verwundert über die Worte des Staatsanwalts. Unsere Botschaft arbeitet mit Erfolg, und dank ihrer Tätigkeit ist es uns nun gelungen, die Zusammenarbeit zwischen unseren Ländern auszubauen. Jedenfalls ist auch Mister Trudeau, der Premierminister, dieser Auffassung. Ehrlich gesagt, ich halte die Worte des Staatsanwalts für Spionomanie.« Dann fügte ich hinzu:»Wir haben in unserer Geschichte sehr viele Erklärungen dieser Art zu hören bekommen. Aber wissen Sie, in Mittelasien gibt es ein Sprichwort:›Der Hund bellt, der Wind bläst, die Karawane zieht weiter.‹« So weit meine Antwort an den Staatsanwalt.

Diese Diskussion im kanadischen Parlament (ich weiß noch nicht einmal, ob man es eine Diskussion nennen kann, es war eher ein Gezänk) ist ein Dokument der Zeit, als der Konflikt und die Konfrontation der Blöcke eine ungeheure Spannung und Schärfe erreicht hatten.

Nach meiner Rückkehr schlug man mir vor, bei einem Treffen mit Vertretern der Regionen in der Akademie der Gesellschaftswissenschaften einen Vortrag über »Die akuten Probleme der Entwicklung des agroindustriellen Komplexes unseres Landes« zu halten. Ich hatte keine Zeit zur Vorbereitung auf diesen schwierigen Vortrag und trug nur Thesen vor. Man hatte mich vorher gebeten, von meiner Kanada-Reise zu erzählen. Diese Reise war für mich ein wichtiger

Anstoß zum Nachdenken, und ich teilte den Zuhörern ein paar meiner Gedanken mit. Ich thematisierte die schwachen wirtschaftlichen Anreize zur Erhöhung der Produktivität und zu einem rationellen Umgang mit den Ressourcen bei uns, das Fehlen effektiver wirtschaftlicher Mechanismen und die unkoordinierte, nach Ressorts getrennte Verwaltung. Besonders betonte ich das Problem des inadäquaten Austauschs zwischen Landwirtschaft und Industrie und kam zu dem Schluss, dass es ohne stabilen, hochentwickelten Agrarsektor keine stabile Wirtschaft in unserem Land geben konnte.

Von Kanada erzählte ich wenig. Ich wollte die Menschen nicht gegen mich aufbringen. Der Unterschied von Geschichte, Wirtschaftsbedingungen, Charakter und Ergebnissen der landwirtschaftlichen Produktion zwischen uns und Kanada war einfach zu groß.

Meine Familie

Meine Arbeit zog nicht nur mich, sondern auch meine Familie in ihren Bann. Raissa und die Kinder waren keine unbeteiligten Beobachter meiner Suche und der Umschwünge, mit denen diese Suche einherging. Sie sahen, wie schwer alles war, unterstützten mich, halfen, wo sie konnten, und bewahrten in unserer »Festung« Frieden, Eintracht und Verständnis füreinander. Natürlich drehte sich nicht alles nur um meine Sorgen; unsere Familie hatte auch andere Probleme und durchlebte Ereignisse, die Freude oder Kummer brachten.

Das Schönste war die Geburt unserer ersten Enkelin Xenia im Jahr 1980. Wie Raissa und Irina kam sie im Januar zur Welt, am 21. Ein neues Leben begann. Wie heißt es doch so richtig in dem Lied: »Dann kommen die Enkel, und alles fängt wieder von vorne an.«

Raissa wurde immer nachdrücklicher aufgefordert, eine neue Studie in den Dörfern und Kosakensiedlungen durchzuführen, in denen sie das Material für ihre Dissertation gesammelt hatte. Die Idee war verlockend, aber unsere Moskauer Verpflichtungen ließen das nicht zu.

Präsentation der Urenkelin: Xenia mit ihrer Großmutter und ihren Urgroßeltern; Sosnowka, 1981

Wir kamen nicht leicht aus Moskau heraus und luden darum meine Mutter und Raissas Eltern immer wieder zu uns ein. Anfangs kamen sie oft und gern, aber die Jahre forderten das Ihre, es fiel ihnen immer schwerer, nach Moskau zu reisen. Krankheiten und Unpässlichkeiten häuften sich. Wir versuchten, ihnen bei der medizinischen Betreuung zu helfen, versorgten sie mit Medikamenten, Geld, Kleidung, Lebensmitteln, mit allem, was wir konnten. Unsere Sorgen begannen mit den Enkeltöchtern und endeten mit den Eltern. Zu alldem kam noch das Unglück mit Raissas Bruder Jewgenij hinzu, der seiner alten Leidenschaft für den Alkohol nicht abschwören konnte. Raissa trug schwer daran.

Irina und Anatolij hatten, wie bereits erwähnt, das Medizinische Institut abgeschlossen. Anatolij wurde nach dem Examen in eine chirurgische Klinik unter der Leitung des Akademiemitglieds Sawel-

303

jew geschickt. Die Anfangsperiode war sehr schwer für ihn, aber mit der Zeit arbeitete er sich ein und betätigte sich im Rahmen der Forschungen des Lehrstuhls auch wissenschaftlich. Während er weiter in der Klinik arbeitete, verteidigte er seine Dissertation.

Mit einem Wort: Unsere Familie ging allmählich im Leben der Hauptstadt auf. Der Kreis unserer Bekannten erweiterte sich, und wir fühlten uns immer mehr als Moskauer.

Andropows Tod

Im Sommer 1983 wurde klar, dass die Hoffnungen auf eine bessere Zeit gefährdet waren: Der Gesundheitszustand Andropows verschlechterte sich plötzlich stark. Seine Nieren funktionierten nicht richtig. Eine Zeitlang wussten das nur wenige. Aber die Krankheit verschlimmerte sich, und das wirkte sich auf seinen Allgemeinzustand und sein Aussehen aus: Sein Gesicht wurde unnatürlich blass, die Stimme heiser. Wenn Andropow früher jemanden in seinem Büro empfing, ging er ihm entgegen und begrüßte ihn. Jetzt stand er nicht mehr vom Tisch auf, sondern streckte nur die Hand aus. Es fiel ihm zusehends schwerer, sich zu bewegen.

Zuerst musste er ein-, dann zweimal pro Woche zur Dialyse, und dann noch häufiger. Es war nicht mehr zu verbergen. Zwischen den Dialysen musste eine arteriovenöse Fistel an seinen Armen bleiben, sodass alle sahen, dass seine Arme über dem Handgelenk verbunden waren. Das Gerücht, er werde nicht mehr lange leben, kam auf. Wieder wurden alle aktiv, für die Andropows Krankheit ein Geschenk des Himmels war. Erst flüsterten sie in den Ecken, dann verbargen sie ihre Freude nicht einmal mehr. Sie warteten auf ihren Augenblick. Das machte sich besonders stark bei der Vorbereitung der Juni-Plenartagung des ZK 1983 bemerkbar.

Die Idee, eine Plenartagung zu ideologischen Fragen zu veranstalten, stammte von Andropow. Er war besorgt über den politischen, geistigen und moralischen Zustand der Gesellschaft, und er hoffte, das Plenum des ZK werde die Methoden der ideologischen Arbeit verändern und effektiver machen. Offiziell war Tschernenko für die Ideologie verantwortlich. Er sollte ein Referat halten. Da die Meldungen über den Gesundheitszustand des Generalsekretärs nun nicht mehr geheim waren, fasste die »ideologische Sippschaft« Simjanins, die zu Tschernenko hielt, Mut, war geschlossener und selbstsicherer und betrachtete das Referat als so etwas wie eine offizielle Wiederbelebung der Breschnew-Ära.

Das Politbüro mischte sich in die Vorbereitung des Referats praktisch nicht ein. Als es verschickt wurde, las ich es durch, ging zu Andropow und sagte: »Das kann man nicht zulassen! Ein Vierteljahrhundert haben wir keine Plenartagung zur Ideologie durchgeführt, und nun dieses Referat!«

Das Absurdeste war, dass der ganze Text an den passendsten und unpassendsten Stellen demonstrativ von Andropow-Zitaten und Anspielungen auf ihn strotzte. Auf diese Weise wurden sein Name und sein Kurs mit diesem Kodex von Regeln und Verboten der Stagnationszeit in Verbindung gebracht, der von Simjanins Truppe zusammengestellt worden war. Dieses Referat war meiner Meinung nach eine offene Provokation. Ich sagte, wenn er nicht dagegen sei, würde ich versuchen, noch einmal mit Tschernenko zu sprechen, aber, was immer dabei herauskomme, Andropow müsse bei der Plenartagung auftreten.

Bei dem Treffen mit Tschernenko trug ich ihm so taktvoll wie möglich meine Überlegungen zu dem Referat vor: »Zweifellos ist in dem Referat reiches Material zusammengetragen, aber man bekommt beim Lesen das Gefühl, dass es keine Verbindung zu dem hat, was wir in den letzten Monaten gemacht haben. Es fehlt eine solide und pointierte Fragestellung. Wenn man um ein Drittel kürzt und die Gedanken auf das Wesentliche konzentriert, kann das Referat nur gewinnen.«

Uff! Sich taktvoller auszudrücken, war einfach unmöglich, und ich hoffte, Tschernenko werde mir mindestens anbieten, ich solle mich an der Endfassung beteiligen. Aber weit gefehlt!

»Danke, dass du es gelesen hast«, antwortete er und sah mich absolut gleichgültig an. »Es hat viele Fassungen dieses Referats gegeben, und ich bin bei dieser geblieben. Ich werde über deine Anmerkungen nachdenken.«

Das war's. Er änderte nichts – meine Ratschläge blieben unberücksichtigt, und mir wurde hinterbracht, er habe meinen Besuch als Übergriff aufgenommen, als Versuch, ihn zu belehren. Ich versicherte Andropow noch einmal, nur er könne mit seiner Rede die Situation retten.

Als Tschernenko sein Referat vortrug, beobachtete ich Andropow. Während Tschernenko sich mühevoll durch Simjanins Wortreichtum kämpfte, wurde Andropows Gesicht immer länger. Er rief mich zu sich und sagte: »Setz dich nach der Pause hierhin, du musst den Vorsitz führen.«

Man muss wissen, was das damals hieß, um den Schlag zu verstehen, den er Tschernenko damit versetzte. Er saß nach der Pause abseits und konnte der Diskussion kaum folgen. Erst am nächsten Tag, als er beauftragt wurde, die Sitzung des Plenums zu leiten, kam er langsam wieder zu sich.

Als Andropow und ich uns austauschten, kamen wir zu dem Schluss, die Plenartagung sei so verlaufen, wie sie Tschernenko & Co vorbereitet hatten. Mit anderen Worten: Sie war umsonst.

Diese Plenartagung war ein Einschnitt – danach ging es wieder bergab.

Im September fuhr Andropow auf die Krim. Ich hatte regelmäßig telefonischen Kontakt mit ihm, und nach den Gesprächen zu schließen, fühlte er sich sehr viel besser.

Als ich wieder einmal anrief, bekam ich die Antwort, Andropow sei in die Berge gefahren, nach Dubrawa. Das wunderte mich nicht, denn ich wusste noch aus Kislowodsk, dass er die Berge entschieden lieber hatte als das Meer; zumal ihm die Ärzte das Schwimmen verboten hatten, da die physische Belastung für ihn zu groß sei. Zwei Stunden später rief Andropow selbst an: »Hast du mich gesucht?«

»Ja, ich wollte Sie über die laufenden Ereignisse informieren.«

»Ich bin für ein paar Tage nach Dubrawa gefahren. Hier ist es schön, das Wetter ist herrlich.«

An seinem Ton hörte ich, dass er hervorragender Laune war. Das war lange nicht mehr vorgekommen, offenbar taten ihm die Bergluft und die dortige Natur gut. Ich konnte nicht ahnen, dass dies das letzte Mal sein sollte, dass er so gute Laune hatte.

Zwei, drei Tage später wurde bekannt, dass sich Andropows Gesundheitszustand stark verschlechtert hatte. Was passiert war, wie er sich erkältet hatte, all die medizinischen Details weiß ich nicht. Man brachte ihn auf seine Datscha auf der Krim und von da mit dem Flugzeug schnellstens nach Moskau direkt in die Zentrale Klinik. Eine qualvolle, in jeder Hinsicht schwierige Zeit begann …

Vor allem als Mensch tat mir Andropow leid. Er litt entsetzlich. Wir unterhielten uns am Telefon, und wenn die Ärzte es zuließen, fuhr ich ins Krankenhaus. Es besuchten ihn praktisch alle. Die einen seltener, die anderen häufiger, die einen, um ihn zu unterstützen, die anderen, um zu prüfen, in welchem Zustand er war. So vergingen der Oktober und der November. Zu dem mit der Krankheit zusammenhängenden Leid kam noch hinzu, dass Andropow die allgemeine Veränderung der Atmosphäre an der Spitze, die Intrigen und das Gerangel durchaus mitbekam.

Aufgrund der Krankheit des Generalsekretärs wurden die Sitzungen des Politbüros und des Sekretariats von Tschernenko geleitet. Nur manchmal beauftragte er mich, das Sekretariat zu leiten. Tichonow unternahm einen Versuch, den Vorsitz im Politbüro zu übernehmen. Aber es gelang ihm nicht – hauptsächlich wegen Andropow, der trotz seines schlechten Gesundheitszustands seinen klaren Verstand behielt.

Noch auf der Krim hatte mir Andropow in einem Telefongespräch gesagt, ich solle bei der nächsten Plenartagung des ZK im November unbedingt das Schlusswort nach der Diskussion übernehmen.

»Muss das sein?«, fragte ich, wohl wissend, wie eifersüchtig die Kollegen im Politbüro über solche Dinge wachten.

»Ja«, bekräftigte er. »Bereite dich auf das Schlusswort vor. Wenn ich zurückkomme, sprechen wir darüber.«

Ich überdachte meine Rede, analysierte die politischen und praktischen Ergebnisse der vorangegangenen neun Monate, da kehrte Tichonow aus dem Urlaub zurück. Als er erfuhr, dass ich beabsichtige, auf der Plenartagung zu sprechen, rief er sofort Andropow an und erklärte: Da Gorbatschow das Wort erteilt werde, müsse er ebenfalls zu Wort kommen.

»Was hätte ich ihm antworten sollen?«, erzählte mir Andropow am Telefon. »Ich habe gesagt: Wenn du auftreten willst, bitte. Bereite dich vor und halte eine Rede.«

Das ganze Gerangel um die bevorstehende Plenartagung hatte einen unguten Unterton, es ging um die Verteilung der Macht. Die Unterhaltungen, die aus diesem Anlass im Politbüro stattfanden, hatten einen unangenehmen Beigeschmack. Es war, als begrübe man einen Menschen bei lebendigem Leibe. Schließlich platzte Andropow der Kragen.

Kaum hatte ich an einem Dezembertag die Schwelle zu meinem Büro übertreten, da kam Ryschkow angelaufen: »Andropow hat soeben angerufen. Er ist in einem entsetzlichen Zustand. Er fragte: ›Ihr habt also im Politbüro die Wahl eines neuen Generalsekretärs beschlossen?‹ Ich antwortete: ›Wie kommen Sie denn darauf, davon kann keine Rede sein!‹ Aber er wollte sich nicht beruhigen.« Ich rief sofort die Ärzte an und verabredete einen Besuch bei Andropow für den nächsten Tag.

Als ich ins Krankenzimmer kam, saß er im Sessel und versuchte zu lächeln. Wir begrüßten und umarmten uns. Die Veränderung, die seit dem letzten Treffen mit ihm vor sich gegangen war, war bedeutend. Sein Gesicht war eingefallen, wächsern und grau. Die Augen waren matt geworden, er konnte kaum die Wimpern heben, auch das Sitzen fiel ihm offensichtlich sehr schwer. Es kostete mich enorme Anstrengung, nicht die Augen abzuwenden und meine Erschütterung irgendwie zu verbergen. Das war mein letztes Treffen mit Andropow.

Seine persönlichen Mitarbeiter besuchten Andropow fast täglich. Meistens waren es Laptew und Wolskij. Offenbar stammte die Idee, eine Rede Andropows auszuarbeiten und den Text unter den ZK-Mitgliedern zu verteilen, von ihnen. So wurde es denn auch gemacht. Zu dieser Rede hatte Andropow eigenhändig hinzugefügt: »Im Staatsinteresse schlage ich aufgrund meiner schweren Krankheit im Sinne einer kontinuierlichen Führung der Partei und des Landes vor, Gorbatschow mit der Leitung des Sekretariats zu beauftragen.« Der Text wurde an die ZK-Mitglieder verteilt – aber der eigenhändige Zusatz Andropows fehlte (!).

Das Plenum hörte die Referate von Bajbakow und Garbusow an, verabschiedete den Plan und den Haushalt. Worotnikow und Solmenzew wurden als Mitglieder, Tschebrikow als Kandidat ins Politbüro gewählt, Ligatschow stieg zum ZK-Sekretär auf. Zur Diskussion meldeten sich Tichonow und ich. Denjenigen, die den Zusatz aus der Rede des Generalsekretärs gestrichen hatten, war klar, dass wir vor einer Neuwahl des Parteichefs standen.

Andropows Tod[26] war ein schwerer Schlag für mich. Es gab in der Führung des Landes keinen Menschen, mit dem ich so eng verbunden gewesen wäre. Er begegnete mir immer mit Wohlwollen und Vertrauen und ließ mir gegenüber nie die Arroganz eines erfahrenen politischen Leaders durchblicken, der schon lange gewohnt ist, Schicksal zu spielen. Ich kann nicht sagen, dass er sich mir gegenüber ganz öffnete und mir alles offenbarte, aber er wich einer Antwort auf meine Fragen nie aus.

Im Politbüro reagierte man auf den Tod des Generalsekretärs unterschiedlich: In den Gesichtern der einen stand Trauer, in denen der anderen unverhohlene Freude. Auch einige Sekretäre des ZK waren erfreut und verbargen das auch nicht.

Andropow war zweifellos eine außergewöhnliche Persönlichkeit, ein Mensch von Format, von Natur reich begnadet, ein echter Intellektueller. Er wandte sich entschieden gegen alles, was wir mit der

26 Andropow starb am 9. Februar 1984. (Anm. d. Übers.)

Breschnew-Ära verbanden, gegen Begünstigung von Personen, den Kampf hinter den Kulissen, Korruption, moralische Verwahrlosung und Bürokratismus. Damit entsprach er auch den Erwartungen der Menschen. Wenn es stimmt, dass unser Volk eine tiefe Aversion gegen die Beamten, ein kritisches Verhältnis gegenüber jeder Obrigkeit hat, dann haben die Prozesse der letzten Jahre unter Breschnew diese Gefühle sicher verschärft. Deshalb wurde die harte, ja mitunter sogar knüppelharte Haltung Andropows mit Hoffnung aufgenommen.

Was er tat, wurde als Beginn allgemeiner tiefergehender Änderungen bewertet. Man sprach vom »Andropow-Phänomen« in unserem Land. Ich verstehe das so: Mit dem Antritt des neuen Leaders kamen allgemeine Erwartung und Hoffnung auf, während alles Negative, was sich im Bewusstsein der Menschen mit Breschnew verband, nicht mehr akzeptiert und abgelehnt wurde. Ob Andropow wohl weiter gegangen wäre und radikale Änderungen durchgesetzt hätte, wenn sich sein Schicksal anders entwickelt hätte? In einigen Dingen ja; aber grundsätzliche Änderungen des Systems hätte er kaum eingeleitet.

Oft denke ich: Andropow wusste wie kein anderer von den Verbrechen Stalins, hat aber diesen Punkt nie angeschnitten. Er hatte die Versuche Breschnews gesehen, Stalin und das Modell seiner Gesellschaftsordnung wiederzubeleben, hat aber noch nicht einmal den Versuch unternommen, sich dem zu widersetzen. Und wie steht es mit Andropows Rolle bei der Niederschlagung des Ungarn-Aufstands, des Prager Frühlings und beim Krieg mit Afghanistan? Und schließlich beim Kampf gegen »Andersgesinnte« und »Dissidenten«, als schon die Versuche, von Freiheit und Menschenrechten zu sprechen, als kriminell galten?

Offenbar hatte sich die langjährige Arbeit im KGB mit ihrer »Spezifik« auf seine ganze Person und seine Positionen ausgewirkt, hatte ihn misstrauisch und systemkonform gemacht. Nein, Andropow wäre nicht zu radikalen Veränderungen bereit gewesen, genauso wenig wie Chruschtschow. Und vielleicht war das Schicksal ihm gnädig, dass er starb, ohne es mit den Problemen zu tun zu bekommen, die zwingend aufgetaucht wären und zu seiner Enttäuschung und zur Enttäuschung über ihn geführt hätten.

Die Zeit Andropows an der Spitze der Macht war kurz, flößte den Menschen aber Hoffnung ein. Ich denke oft an die südliche Nacht bei Kislowodsk, an den sternenübersäten Himmel, das hell lodernde Lagerfeuer, als Andropow in verträumter, heiterer Stimmung ins Feuer schaute. Vom Tonband ertönte die ausgelassene Lieblingsmusik Andropows, ein Lied von Jurij Wisbor:

Wer will das? Niemand.
Wer braucht das? Niemand.

Tschernenko

Für den geeignetsten Nachfolger Andropows hielt ich damals Ustinow, obwohl er schon 75 Jahre alt war. Warum? Er war meiner Ansicht nach der Einzige, der die politische Linie Andropows hätte fortführen können. Die beiden waren enge Freunde, und er hätte die Veränderungen bewahren und weiterentwickeln können, die Andropow eingeleitet hatte. Außerdem genoss Ustinow große Autorität in der Partei und in unserem Land. Ich drängte ihn, wie ich konnte, weil ich keine anderen Kandidaten sah. Die einen konnten nicht mehr die verantwortliche Funktion eines Generalsekretärs übernehmen, die anderen konnten es noch nicht. Ustinow hätte eine gewisse Zeit erfolgreich arbeiten und eine neue Führungsgeneration heranbilden können. Später erfuhr ich, dass auch meine Kandidatur in Erwägung gezogen wurde.

Am zweiten oder dritten Tag nach der Beerdigung besuchte Raissa Andropows Witwe. Krank und erregt erhob sie sich vom Bett und jammerte laut: »Warum haben sie Tschernenko gewählt?! Mein Mann wollte Michail Sergejewitsch!«

Raissa beruhigte sie und bemühte sich, von diesem Thema abzulenken.

Das passt zu den oben erwähnten Gerüchten über die Korrekturen, die von der ZK-Abteilung für Allgemeines in Andropows Rede auf der Plenartagung im Dezember angebracht worden sein sollen.

Und noch etwas. Einer meiner Mitarbeiter, mit dem mich viele Jahre gemeinsamer Arbeit verbinden, erzählte mir von einer Unterhaltung mit Kornijenko, dem damaligen Ersten Stellvertreter des Außenministers. Mit Berufung auf Gromyko hatte dieser erzählt, sofort nach Andropows Tod hätten sich Gromyko, Ustinow, Tichonow und Tschernenko im »engen Kreis« getroffen, sich aber nicht auf eine Kandidatur des neuen Generalsekretärs einigen können. Ustinow habe erklärt, dann müsse das Politbüro eben die Auswahl treffen. Er persönlich befürworte Gorbatschow. Ob das wirklich so war, weiß ich nicht. Es gibt auch andere Versionen.

Das Gespräch im »engen Kreis« fand im Büro eines Stellvertreters des Leiters der ZK-Abteilung für Allgemeines statt. Nach dem Gespräch blieb Tschernenko in dem Büro, während Gromyko, Ustinow und Tichonow auf den Flur gingen. Dort warteten ihre persönlichen Mitarbeiter und Leibwächter auf sie, die in solchen Momenten vor Neugierde zu platzen pflegten. Zu ihrem Glück war Tichonow schwerhörig und hatte wie alle diese Leute die Angewohnheit, extrem laut zu sprechen. Nach den Worten von Augenzeugen soll er auf einmal so laut, dass sich alle im Flur umdrehten, gesagt haben: »Ich glaube, wir haben alles richtig gemacht. Michail ist noch zu jung. Wer weiß, wie er sich an dieser Stelle verhalten wird. Kostja, ja, das ist es, was wir brauchen.«

Ich wiederhole noch einmal: Welche dieser Versionen stimmt, ob sie sich im »engen Kreis« auf Tschernenko einigten oder nicht, weiß ich nicht. Aber dass Andropow und Ustinow meine Kandidatur wollten, hat mir Ustinow selbst etwas später erzählt. Warum es dann anders kam, erklärte er mir nicht. Und natürlich habe ich ihn auch nie danach gefragt.

Wie dem auch sei, die Wahl des neuen Generalsekretärs verlief äußerst einfach, um nicht zu sagen banal. Der hyperaktive Tichonow entschied alles. Kaum hatte Tschernenko die Sitzung des Politbüros eröffnet, stellte Tichonow einen Geschäftsantrag, um möglichen Überraschungen von Ustinow zuvorzukommen, und schlug vor, Tschernenko zum Generalsekretär zu wählen. Vielleicht hatte Ustinow mit einer Ablehnung von Tschernenko selbst gerechnet, der seinen Gesundheitszustand kannte und selbstkritisch hätte sehen müssen, dass die Leitung des Landes ihn überfordern würde. Aber das geschah nicht. Äußerungen »gegen« eine Kandidatur gehörten nicht zur Tradition dieses Politbüros. Also schlossen sich alle dem Vorschlag Tichonows an und stimmten »dafür«, so auch ich. Als Rechtfertigung konnte man sich sagen: »Hauptsache, es kommt nicht zur Spaltung.«

»Kostja, ja, das ist es, was wir brauchen«, hatte Tichonow gesagt. Aber für die Gesellschaft war die Wahl Tschernenkos ein Schock. Sie fragte sich: Hätte man denn nicht irgendeinen anderen finden können, einen Lebhafteren, Jüngeren? Nein, wieder nichts …

Nach der Politbürositzung und in den folgenden Tagen wirkte Ustinow, sonst immer guter Laune und voller Lebensfreude, sodass er nur schwer aus der Fassung zu bringen war, niedergeschlagen, war schweigsam und verschlossen. Auf der Plenartagung des ZK sah ich dann die anderen Gesichter: diejenigen, für die es Zeit gewesen wäre, in Pension zu gehen, und diejenigen, die schon in Pension gegangen, aber im ZK geblieben waren und sich von dem Schrecken, von den Neuerungen Andropows erholt hatten. Sie hatten Mut gefasst und hofften, dass ihre Zeit wiedergekommen sei, die ruhige, »stabile« Breschnew-Zeit.

Wen hatten wir nun als Generalsekretär bekommen? Nicht nur einen physisch schwachen Mann, sondern einen Schwerkranken, praktisch einen Invaliden. Das war für niemand ein Geheimnis, man sah es mit bloßem Auge. Seine Schwäche, die erschwerte Atmung, ja Atemnot (er hatte ein Lungenemphysem) waren nicht zu verbergen. Der britische Arzt, der Margaret Thatcher bei der Beerdigung Andropows begleitete, veröffentlichte eine Prognose über die Lebenserwartung Tschernenkos und irrte sich nur um ein paar Wochen.

Andropows Tod und die Wahl Tschernenkos zum Generalsekretär weckten bei den Gegnern von Veränderungen neue Hoffnung. Ohne sich zu tarnen, verstärkten sie den Druck auf Tschernenko, um mit den Vorhaben Andropows und seinem Arbeitsstil aufzuräumen.

Als Erste bekamen das die Anhänger Andropows zu spüren, darunter auch ich. Das war keine Überraschung für mich. Schon 1983, als Andropows Gesundheitszustand sich rapide verschlechterte, erfuhr ich davon, dass gewisse Leute Belastungsmaterial gegen mich suchten. An dieser »Jagd« beteiligten sich sogar die administrativen Organe. Später, als ich Generalsekretär war, erfuhr ich das in allen Details vom neuen Innenminister Alexander Wlasow. Ich war also psychologisch auf derartige Intrigen vorbereitet und wusste, dass versucht wurde, mich auszuschalten. Das äußerte sich sofort auf der ersten Politbürositzung, als es um die Aufgabenverteilung in Politbüro und ZK-Sekretariat ging.

Die allgemeine Leitung und die Leitung des Politbüros wurden dem Generalsekretär überlassen. Für die Leitung des Sekretariats wurde ich vorgeschlagen. Aber Tichonow hatte an seiner Führerrolle Geschmack gefunden und erklärte barsch: »Ich verstehe nicht, warum wir die Leitung des Sekretariats Gorbatschow übertragen sollen, bekanntlich befasst sich Michail Sergejewitsch mit Agrarpolitik. Ich fürchte, das Sekretariat wird von ihm für die Behandlung von Agrarproblemen umfunktioniert und als Druckmittel benutzt. Das führt unweigerlich zu Verzerrungen.«

Ich saß da, hörte zu und schwieg.

Ustinow entgegnete, Gorbatschow habe doch bereits das Sekretariat geleitet, und es habe keinerlei Beanstandungen gegeben. Im ersten Anlauf gelang es ihnen also nicht, mich abzuschmettern. Daraufhin drängten Grischin und Gromyko auf eine spätere Entscheidung, womit sie im Grunde genommen Tichonow unterstützten. Aber das Haupthindernis in Gestalt von Ustinow war noch nicht aus dem Weg geräumt. Tschernenko versuchte, sich durchzusetzen, was wenig überzeugend war. Ich hatte das Gefühl, die Rollen in diesem Spektakel standen schon vorher fest. Unter Tschernenko kam es bis zum

Schluss nicht dazu, dass mir die Leitung des Sekretariats offiziell übertragen wurde.

Faktisch aber leitete ich das Sekretariat nach wie vor und hielt den Generalsekretär ständig auf dem Laufenden. Die Sitzungen fanden regelmäßig statt, die Fragen, die behandelt wurden, waren unterschiedlich: Fragen der Partei, der Wirtschaft und der Ideologie. Je effektiver das Sekretariat arbeitete, desto mehr stiegen die Ansprüche an die Kader und desto unzufriedener wurden nicht nur Tichonow, sondern auch das Außenministerium und der Anhang des Generalsekretärs.

Tichonow legte es konsequent und mit beneidenswerter Hartnäckigkeit auf eine Schwächung des Sekretariats an. Er versuchte, Ligatschow zu gewinnen, womit er wohl keinen großen Erfolg hatte. Was Dolgich angeht, zog Tichonow ihn mit dem bewährten Kunstgriff auf seine Seite: Er nannte ihn irgendwo in dessen Gegenwart seinen zukünftigen Nachfolger. Daraufhin verbrachte Dolgich die ganze Zeit im Dunstkreis des Premierministers bei endlosen Treffen und Gesprächen.

Wie dem auch sei, in weniger als drei Monaten kamen die Partei und besonders das Zentrum Moskau nicht mehr an dem Sekretariat vorbei. Die einen erschienen zu den Sitzungen, die anderen hatten Angst davor. Tichonow wütete, brachte seinen Unmut zum Ausdruck und versuchte, die Arbeit des Sekretariats in Misskredit zu bringen. In dieser schwierigen Zeit hatte ich eine besondere Stütze in Ustinow. Unser Verhältnis wurde immer enger. Auch die sachliche und moralische Unterstützung von Ligatschow ist zu erwähnen. Viel und effektiv arbeitete ich auch mit Ryschkow zusammen. Selbst mit Simjanin kamen wir zu einer konstruktiven Lösung der Probleme und trafen uns häufig. Kurz: Ich fühlte mich sicher, sah alles gelassen und interessierte mich nicht mehr für eine offizielle Absegnung meiner Rolle im Sekretariat durch das Politbüro. Ich folgte meinem altbewährten Prinzip: Kommt Zeit, kommt Rat.

Doch – am 30. April 1984 lud mich Tschernenko auf einmal vor. Ich nahm an, es gehe um den bevorstehenden 1. Mai. Aber der

Dialog nahm sofort einen gereizten Ton an. Tschernenko druckste herum und sagte, er könne die Entscheidung der Frage nicht länger aufschieben, man mache ihm Druck, das führe zu einer Spaltung, zur Uneinigkeit in der Arbeit etc. Ich fragte:»Konstantin Ustinowitsch, was meinen Sie?«

»Die Leitung des Sekretariats.«

»Da machen Sie sich umsonst Sorgen. Lassen Sie uns diese Frage im Politbüro lösen, es ist ja eine Vertrauensfrage. Ich möchte von meinen erfahrenen Kollegen wissen, worin sie meine Schwäche und Fehler sehen. Ich hoffe, es geht nicht um meinen Platz im Politbüro.«

»Nein, wovon reden Sie?«, murmelte Tschernenko verwirrt.

Da platzte es aus mir heraus:»Wenn das so ist, dann habe ich ein Recht darauf, zu erfahren, was meine Opponenten von mir wollen, was sie an Kritik vorzubringen haben. Wir müssen die Arbeit des ZK-Sekretariats bewerten. Es gibt Leute, denen es nicht passt, dass es in der letzten Zeit in Fahrt gekommen ist. Sie als Generalsekretär müssen sich dazu eine Meinung bilden und Stellung nehmen. Ich sehe, wie versucht wird, die Macht in verschiedene Richtungen zu zerren, das kann gefährliche Konsequenzen haben. Deshalb bin ich an einer Lösung des Problems interessiert, und zwar grundsätzlich. Die Situation in der Führung ist schwierig, wir alle brauchen das offene Gespräch. Wenn die Zeit dazu gekommen ist, sollte man dem nicht ausweichen.«

Tschernenko bat mich noch einmal, meine Gedanken ruhig darzulegen und machte sich Notizen. Wir vereinbarten eine Politbürositzung für den 3. Mai, beglückwünschten uns zum bevorstehenden Maifeiertag und gingen auseinander. Ich hatte den Eindruck, bei dieser unentschiedenen, schwammigen Haltung des Generalsekretärs konnte man wer weiß was erwarten.

Am Ende des Tages rief Ustinow an, beglückwünschte mich zum 1. Mai und schlug vor, an diesem Tag früher Schluss zu machen. Einige Leute in der Führung – Ustinow, Ligatschow, Ryschkow, ich und ein paar andere arbeiteten jeden Tag 12 bis 14 Stunden, bis in die Nacht. Ich dankte ihm und erzählte spontan von dem Gespräch mit

Tschernenko. Ustinow war alarmiert, weil er eine großangelegte Intrige dahinter sah, billigte meine Position, riet unter allen Umständen, an ihr festzuhalten und mir keine Sorge zu machen, weil er fand, der Vorstoß gegen mich sei zum Scheitern verurteilt.

Am 3. Mai versammelten wir uns zur Politbürositzung und besprachen alle Punkte der Tagesordnung. Aber die Frage, über die ich mit dem Generalsekretär gesprochen hatte, kam nicht auf den Tisch. Wie sich herausstellte, hatte Ustinow Tschernenko geraten, sich nicht von Tichonow & Co gängeln zu lassen. Zwei, drei Tage später sagte Tschernenko zu mir: »Ich habe es mir überlegt und beschlossen, das Thema nicht anzuschneiden. Arbeite weiter wie bisher.«

Später, wohl im Jahr 1989, schickte mir Tichonow einen Brief mit einer Entschuldigung und bot mir seine Dienste bei der Reformierung der Wirtschaft an. Aber in den damaligen Jahren ließ der Druck durch Tschernenko auf mich nicht nach. Deshalb war ich immer froh, wenn es mir gelang, mich aus Moskau loszureißen und auf Reisen zu gehen.

Im ganzen Jahr 1984 kennzeichneten Intrigen, Gerangel und Klatsch die allgemeine Atmosphäre. Tschernenkos Krankheit schritt fort, die Situation im Politbüro spitzte sich zu, der latente Zwist wuchs. Ich möchte nicht alle Wechselfälle dieser Zeit beschreiben – das ist überflüssig. Doch was für Formen das annahm, zeigt die Geschichte der wissenschaftlichen und praktischen Allunionskonferenz zu ideologischen Problemen.

Das Thema hatte Tschernenko vorgegeben. Es ging darum, wie die Beschlüsse der Plenartagung zu ideologischen Fragen vom Juni 1983 umgesetzt werden sollten. Simjanin bat mich, ein allgemeines Referat zu halten, weil mir Tschernenkos früheres Arbeitsgebiet, die Ideologie, übertragen worden war. Die Materialien zu dem Referat, die mir von der entsprechenden Abteilung des ZK vorgelegt wurden, enttäuschten mich zutiefst: »Simjanin-Kauderwelsch«, ideologischer Schematismus, eine Sammlung von Binsenweisheiten, Phrasendrescherei – als wollte man mich kompromittieren. Doch das spornte mich nur an.

Ich bildete eine Gruppe aus Medwedew, Jakowlew (er leitete damals das Institut für Weltwirtschaft und Internationale Beziehungen), Bikkenin und Boldin. Ich wollte die Gelegenheit nutzen, um über die meines Erachtens fehlgeschlagene Juni-Plenartagung hinauszugehen. Bei der Vorbereitung auf die Tagung interessierten wir uns für folgende wichtige theoretische und praktische Fragen: Eigentum, der Charakter der Produktionsverhältnisse in unserer Gesellschaft, die Rolle der Interessen, soziale Gerechtigkeit, Ware-Geld-Beziehungen u. a. Wir kamen gut voran, das Material war gehaltvoll und solide.

Das gefiel allerdings nicht allen. Simjanin war unzufrieden und machte Ärger. Ich gab ihm den Entwurf. Mir gegenüber brachte er keine Kritik an, bat nur, die These von der führenden Rolle der Partei in der gegenwärtigen Phase plastischer hervorzuheben, aber Medwedew sagte er im Gespräch, das Referat sei misslungen.

Die Teilnehmer an der Tagung trafen in Moskau ein. Alles war vorbereitet. Plötzlich, buchstäblich am Vorabend der Eröffnung, rief mich Tschernenko um 16 Uhr an und forderte, alles müsse abgesagt werden. Er halte es nicht für sinnvoll, zum gegenwärtigen Zeitpunkt eine Konferenz zur Ideologie abzuhalten, denn der Parteitag stehe bevor, müsse vorbereitet werden, und man müsse Ideen dazu sammeln. Tschernenkos Ton verriet mir, dass er nicht allein in seinem Büro war. Die Aufgabe derer, die in seinem Zimmer waren, bestand offenbar darin, den schwachen, schwankenden Chef auf Kurs zu halten.

Ein solch unerwarteter Rückzieher empörte mich, ich protestierte, und zwar in recht scharfer Form. Ich habe mich vielleicht etwas hinreißen lassen, aber die Schliche der Meute, die um den Generalsekretär herumstrich, ließ mich aus der Haut fahren. Ich erinnerte ihn daran, dass die Konferenz, zu der die Leute schon aus dem ganzen Land angereist waren, nicht meine, sondern seine Idee gewesen war, ich hätte nur seinen Auftrag ausgeführt. Ich wüsste nicht, wer die Motive für die Absetzung erklären wolle. Ein solcher Schritt sei unmöglich und bedeute einen öffentlichen Skandal. Und ich schloss mit der Frage: »Wer bringt Sie aus dem Konzept?«

»Gut«, sagte er, »dann halten Sie sie eben ab, aber machen Sie keinen großen Wirbel darum.«

Die Konferenz fand statt und verlief erfolgreich. Ich entwickelte in meinem Referat das Thema der Demokratisierung der Gesellschaft. Aufgrund der neuen Herangehensweise und der kreativen Diskussion war die Konferenz ein Kontrastprogramm zu der üblichen ideologischen Gebetsleier der vergangenen Jahre. Schon der Titel des Referats »Das lebendige Werk des Volks« regte zum Nachdenken an.

Die Teilnehmer der Konferenz bestanden darauf, das Referat solle veröffentlicht werden. Ich sagte das zu. Aber die *Prawda* brachte leider nur eine kurze Zusammenfassung. Um den Effekt der Konferenz zu annullieren, wurde auf der Stelle ein Artikel von Tschernenko ausgearbeitet und umgehend in der Dezemberausgabe der Zeitschrift *Der Kommunist* gedruckt.

1984 gab es noch ein wichtiges Ereignis. Am 12. Juni, als ich als Teilnehmer einer offiziellen Delegation der UdSSR auf der Wirtschaftskonferenz der RGW-Staaten weilte, traf in Moskau die traurige Nachricht vom Tod des Generalsekretärs der italienischen Kommunisten Enrico Berlinguer ein. Er war ganz plötzlich bei einer gewöhnlichen Kundgebung in Italien gestorben.

Es wurde beschlossen, eine Delegation der KPdSU zu den Beerdigungsfeierlichkeiten zu schicken. Boris Ponomarjow, der Leiter der Internationalen Abteilung, wollte die Delegation leiten, aber im Lichte der früheren Beziehungen Ponomarjows zu den Führern der Italienischen Kommunistischen Partei hätte seine Reise einen Affront bedeutet. Das schrieben Andrej Alexandrow und Wadim Sagladin offen an das Politbüro. Nach Beratungen mit den italienischen Genossen wurde beschlossen, mich nach Italien zu schicken. Ich war mit Berlinguer nicht persönlich bekannt, aber ich konnte mich gut an seine Reden auf unseren Parteitagen erinnern. Er sprach mit gleichmäßiger, ruhiger Stimme, ohne die für die Italiener so typischen großen Emotionen, und packte in seinen Reden den Stier gleich bei den Hörnern.

Mit Giancarlo Pajetta und dem russischen Botschafter Lunkow in Rom, Juni 1984

Über all das und vieles andere sprachen wir unterwegs, als ich am 13. Juni zusammen mit Sagladin und Mironow, dem Sekretär des Gebietskomitees von Donezk, nach Rom flog. Unsere Abfahrt geschah so übereilt, dass uns keine besonderen Aufträge vom Politbüro mitgegeben worden waren, außer dem Wunsch, die Beziehungen zwischen unseren Parteien zu besprechen.

Was wir in Rom sahen, hinterließ einen tiefen, unauslöschlichen Eindruck. Ganz Italien trauerte. Zu der Beerdigung kamen Hunderttausende von Menschen. Wir standen mit Giancarlo Pajetta[27] auf dem Balkon des ZK-Gebäudes und hörten die Grußbotschaften der defilierenden Kolonnen an die Delegation der KPdSU. Ich wurde gefragt: »Was denken und fühlen Sie, wenn Sie sehen, wie die Italiener Berlinguer das letzte Geleit geben?«

27 Einer der ältesten und angesehensten Führer der PCI

Mit Giancarlo Pajetta, Wadim Sagladin und Gianni Cervetti, Juni 1984

Die Antwort war nicht einfach, jedenfalls damals. Ganz Italien nahm Abschied von ihm, die Chefs aller politischen Organisationen. Der italienische Präsident Alessandro Pertini verneigte sich im Namen der ganzen Nation vor dem aufgebahrten Führer einer Oppositionspartei. All das war Ausdruck einer uns fremden Einstellung, einer andersgearteten politischen Kultur.

Am Abend desselben Tages, am 13. Juni, trafen wir uns in der sowjetischen Botschaft mit führenden Mitgliedern der PCI. Anwesend waren Bufalini, Chiaromonte, Cossutta, Minucci, Pajetta, Pecchioli, Rubbi und Cervetti. Das Gespräch war offen, drehte sich aber im Kreis. Schließlich hielt ich es nicht mehr aus und sagte: »Gut, Sie haben schon eine Million Mal gesagt, Sie sind frei, unabhängig, wollen keine Kommandos und erkennen kein Zentrum an. Wir haben zwei Millionen Mal bekräftigt, Sie sind frei, unabhängig, und es gibt kein Zentrum. Und wie soll es weitergehen?«

Die italienischen Freunde sahen mich verständnislos an.

»Vielleicht sollten wir uns mal treffen«, fuhr ich fort, »zusammen die neue Situation in der Welt analysieren, nachdenken, uns austauschen?«

Die Unterhaltung zog sich die ganze Nacht hindurch, und am Morgen, als wir uns trennten, gab es Anzeichen für ein gewisses Verständnis für einander.

Am nächsten Tag, dem 14. Juni, empfing mich der italienische Präsident Pertini. Mich beeindruckten seine demokratische Haltung, seine echte Sympathie für unser Volk und sein Respekt angesichts der sowjetischen Verdienste am Sieg über den Faschismus. Pertini selbst war in der Widerstandsbewegung gewesen. Mir imponierten seine Aufgeschlossenheit und die Geradlinigkeit seiner Urteile. Der Präsident sprach sich für die Zusammenarbeit von Kommunisten und Sozialisten aus. Es war ein gehaltvolles Gespräch, und als wir uns am Ende freundschaftlich umarmten, kam das von Herzen.

Am selben Tag flogen wir nach Moskau zurück. Pajetta und Rubbi brachten uns zum Flughafen in Rom. Das ZK der PCI hatte offenbar schon am Vortag seine Position geklärt, und umgeben vom Gedröhn der Flugzeugturbinen hinter den riesigen Glasfenstern verabredeten wir mit Handschlag, kameradschaftliche Beziehungen zwischen unseren Parteien aufzubauen, zusammenzuarbeiten und uns gegenseitig zu unterstützen. Das konnte ich dem Politbüro in meinem Reisebericht melden.

Das Jahr endete für mich mit einem Besuch Großbritanniens, kurz nach dem Abschluss der Konferenz für Ideologie in Moskau. Als Leiter einer parlamentarischen Delegation, zu der Welichow, Samjatin und Jakowlew gehörten, landete ich am 15. Dezember in London. Derartige Delegationen nach England hatte es seit fünfzehn Jahren nicht mehr gegeben, die Beziehungen zwischen unseren Ländern waren in diesen Jahren recht schwierig, und so bestand die Notwendigkeit eines solchen Besuchs.

Besuche von Parlamentariern galten bei uns als reine Formalität, weshalb die Beamten unseres Außenministeriums dieser Reise auch keine besondere Bedeutung beimaßen. Doch es sollte anders kommen. Ausgerechnet hier, im britischen Parlament, äußerte ich die Beobachtungen und Gedanken zur Außenpolitik und Weltordnung, die sich bei mir im Lauf mehrerer Jahre herausgebildet hatten. Der Text dieser Rede wurde bei uns und im Ausland gedruckt, ich möchte nur an ein paar Punkte erinnern:

Das Atomzeitalter zwingt zu einem »neuen politischen Denken«. Die Kriegsgefahr ist heute eine Realität, denn der »Kalte Krieg« beinhaltet keine normalen Beziehungen, sondern birgt die Gefahr eines Krieges in sich. In einem Atomkrieg kann es keine Sieger geben. Kein Staat kann seine Sicherheit darauf bauen, dass er die Sicherheit anderer beeinträchtigt. Die Sowjetunion ist bereit, die Rüstung, insbesondere die Atomwaffen, so weit zu begrenzen und zu reduzieren, wie es unsere westlichen Verhandlungspartner tun.

Diese Erklärungen riefen in der Weltpresse ein äußerst lebhaftes Echo hervor. Besonders oft wurde der Passus zitiert: »Was uns auch trennt, wir leben auf einem Planeten. Europa ist unser gemeinsames Haus. Ein Haus, und kein ›Kriegsschauplatz‹.«

Ausführlich berichtete die Presse auch von unserem Treffen mit Margaret Thatcher. Mit ihrem Mann Dennis und mehreren Ministern erwartete sie uns am zweiten Tag auf ihrem Landsitz Chequers. Am Eingang empfingen uns die Journalisten, und das berühmte Foto, auf dem wir zu viert sind und Mrs Thatcher uns höflich zeigt, wo und wie wir uns hinstellen sollen, stammt von hier. Lustigerweise legten viele dieses Foto später ganz anders aus und behaupteten: Margaret Thatcher mustere aufmerksam Raissas Kostüm.

Das Treffen begann mit einem Lunch. Thatcher und ich saßen an der einen Seite des Tisches, Dennis und Raissa gegenüber. Alles sah durchaus dezent und wohlgesittet aus, aber selbst bei Tisch waren die bissigen Untertöne nicht zu überhören. Da sagte ich: »Ich kenne Sie als einen überzeugten Menschen, der seine Prinzipien und Wertvorstellungen hat. Davor habe ich Respekt. Aber Sie müssen wissen: Neben Ihnen sitzt genauso ein Mensch. Außerdem kann ich Ihnen

Mit Dennis Thatcher, Raissa, Margaret Thatcher sowie Alexander Jakowlew und dem sowjetischen Botschafter in Großbritannien, Walerij Popow (2. Reihe), 16. Dezember 1984

sagen: Ich habe vom Politbüro nicht den Auftrag, Sie zum Eintritt in die Kommunistische Partei zu überreden.«

Nach diesem Einwurf lachte sie herzhaft, und die formelle und höfliche Unterhaltung verwandelte sich in ein offenes und interessiertes Gespräch. Es drehte sich um dieselben Probleme, über die ich am nächsten Tag vor den britischen Parlamentariern sprach. Nach dem Lunch gingen wir zum offiziellen Gespräch über. Samjatin und

Jakowlew kamen hinzu. Zunächst hielten wir uns an unsere vorgefertigten Aufzeichnungen, später aber legte ich meine zur Seite, und auch Mrs Thatcher steckte ihre Zettel in die Handtasche. Ich breitete ein großes Blatt mit tausend Kästchen vor der Premierministerin aus. Alle bereits vorhandenen Kernwaffen waren gleichmäßig auf diese Kästchen verteilt. Ein Tausendstel reichte, um die Grundlagen des Lebens auf der Erde auszulöschen.

Mrs Thatchers Reaktion war lebhaft und emotional – und durchaus aufrichtig, wie mir scheint. Jedenfalls bedeutete dieses Gespräch eine klare Wende, die auf einen großen politischen Dialog zwischen unseren Ländern über die Probleme atomarer Waffen und atomarer Sicherheit hinauslief.

Während des offiziellen Gesprächs nahmen sich drei oder vier Minister Raissas zum Small Talk an. Zu ihrer großen Überraschung sprach sie mit ihnen über die englische Literatur und Philosophie, für die sie sich immer sehr interessiert hatte. Die Unterhaltung zog sich über die ganzen drei Stunden hin, die wir beschäftigt waren. Am nächsten Tag erzählte die Londoner Presse, die offensichtlich ihre Vorurteile gegen die »Kreml-Ladys« hatte, ihren Lesern ausführlich und mit Wohlwollen davon.

Meine Ansprache im britischen Parlament am 18. Dezember kam gut an. Zwar begegnete ich anfangs auch hier dem Versuch, auf Konfrontation zu gehen, aber ich schritt gleich dagegen ein und sagte: »Wenn Sie das Gespräch in dieser Weise führen wollen, ziehe ich alle mitgebrachten Papiere und Dokumente aus der Tasche und liste alles auf, was von britischer Seite gegen die Sowjetunion und gegen eine Aufnahme normaler Beziehungen unternommen wurde. Wem hilft das?« Daraufhin nahm das Gespräch einen konstruktiven und durchaus freundschaftlichen Verlauf.

Im Anschluss fanden Treffen mit Ministern, Parteiführern und Wirtschaftsfachleuten statt. Wir besichtigten die Fabriken von Austin-Rover und John Brown, das Forschungszentrum Gelotts Hill, die Handels- und Industriekammer, das British Museum und die Karl-Marx-Gedenkbibliothek. Das Grab von Marx, das ein Teil unserer Delegation aufsuchte, habe ich mir nicht ansehen können.

Die englische Presse berichtete ausführlich über unseren Besuch. Was die Berichterstattung bei uns zu Hause betraf, so wurde versucht, unseren Aufenthalt in England auf Wink von oben totzuschweigen. Dobrynin, unser Botschafter in den USA, erzählte mir, die amerikanische Presse habe großes Interesse an dem Besuch gezeigt. Aus diesem Anlass sandte er zwei Telegramme an das Außenministerium mit einer detaillierten Presseschau. Normalerweise wurde eine Information dieser Art immer an die Mitglieder der Führung weitergeleitet, doch diesmal geschah das nicht. Als Dobrynin nach Moskau kam, las Gromyko ihm die Leviten: »Sie sind doch ein erfahrener Politiker, erprobter Diplomat und reifer Mann – und da schicken Sie zwei Telegramme über den Besuch einer parlamentarischen Delegation! Als ob das irgendeine Bedeutung hätte!«

In London erreichte mich eine traurige Nachricht: Ustinow war gestorben. Ich brach den Besuch ab und flog nach Moskau. Ustinows Tod war ein großer Verlust, der mich in jener wirren Zeit Ende des Jahres 1984 besonders empfindlich traf. Dieses ganze Jahr war im Grunde nichts als die Agonie des Regimes. Kurzum: Es bestand ein riesiger Bedarf an einer energischen, kreativen Politik, aber der Zustand der Landesführung war beklagenswert.

Aufgrund des Gesundheitszustands des Generalsekretärs kam es sogar zu Problemen mit den täglichen Politbürositzungen. Oft passierte es, dass die Sitzung anberaumt wurde, Tschernenko aber nicht kommen konnte. Dann kam 15 bis 30 Minuten vor Beginn ein Anruf, ich solle den Vorsitz führen. Die Reaktion des Politbüros war unterschiedlich. Die einen blieben betont gelassen und nahmen das einfach so hin; die anderen hatten kein Verständnis dafür, manche verbargen ihren Ärger immer weniger.

Zum Jahresende hatte sich dieses Problem dramatisch zugespitzt. Tschernenko fiel endgültig aus. Das Politbüro, das wichtigste politische Führungsorgan, musste funktionieren, aber es gab keinen ständigen Auftrag, wer die Leitung der Sitzungen übernehmen sollte, ob

Mit Raissa auf dem Rückweg aus London, 21. Dezember 1984

Gorbatschow, Tichonow oder wer auch immer. Ich weiß sicher, dass einige Kollegen, insbesondere Solomenzew, Tschernenko empfahlen, mir die »provisorische« Leitung zu übertragen. Doch sein Umfeld riet ihm, diese Position nicht aus der Hand zu geben. Deshalb war ich jedes Mal in einer schwierigen Situation. Und es lag nicht nur an mir, dass sie sich direkt auf die Arbeit des Politbüros und des Apparats des ZK auswirkte. In einer solchen Situation fühlen sich nur die Intriganten wie die Fische im Wasser.

Nach reiflicher Überlegung beschloss ich, mir ein paar Regeln zu eigen zu machen. Erstens: die Arbeit ruhig zu leiten, die Probleme klar anzuschneiden, der »Entourage« keine Zugeständnisse zu machen, egal wie hohe Auszeichnungen sie haben mochte. Zweitens: Loyalität gegenüber dem Generalsekretär, Abstimmung wichtiger Fragen mit ihm. Drittens: im Politbüro auf Einigkeit zu drängen, um nicht den Zerfall der zentralen Macht zu riskieren. Viertens: die Sekretäre der Zentralkomitees der Republiken, der Gebietskomitees und der Regionskomitees der Partei auf dem Laufenden zu halten. Sie mussten vom Ernst der Lage wissen und sie richtig einschätzen können.

Ich meine, diese Linie hat sich bewährt. Ich habe mich bemüht, zusammen mit meinen Kollegen das Tagesgeschäft unter Kontrolle zu halten und operative und über Operatives hinausgehende Entscheidungen zu fällen. Die Erneuerung der Kader wurde trotz Schwierigkeiten fortgesetzt, zwei große Plenartagungen wurden durchgeführt: im Frühling zur Schulreform, im Oktober zu einem langfristigen Programm der Bodenmelioration mit einem Referat Tichonows.

Dann brach auch noch ein ungewöhnlich harter Winter herein. Von verschiedenen Stellen hagelte es Telegramme an das Zentrum mit der Bitte um Hilfe. Im Ural kam es zu solchen Schneeverwehungen, dass der Verkehr lahmgelegt war. Nicht Dutzende, nein, Hunderte von Zügen standen still, mit allen Ladungen, mit allem, was die Grundlage für die Produktion und Versorgung der Bevölkerung bildete. Ein Kollaps der Volkswirtschaft drohte.

Die Regierung hatte alle Hände voll zu tun. Mit operativen Fragen befasste sich damals Gejdar Alijew, Erster Stellvertreter des Vorsitzenden des Ministerrats. Auch Ligatschow schaltete sich ein. Das geschah in meinem Auftrag, fiel aber auch mit seinem Wunsch zusammen und entsprach seinem Arbeitsstil. Er war unzufrieden damit, wie die Probleme in den Republiken und auf lokaler Ebene gelöst wurden, und wollte demonstrieren, dass er Aufgaben dieser Art durchaus gewachsen war. Außerdem war es in dieser Situation, die sich mit dem Generalsekretär ergeben hatte, wichtig zu zeigen, dass das ZK funktionierte, und diese Aufgabe haben Ligatschow und andere zufriedenstellend erfüllt.

Noch schwieriger wurde es, als Tschernenko ins Krankenhaus kam. Jeder wies als Untermauerung seiner Position auf ein Gespräch mit Tschernenko hin, was natürlich nicht nachzuprüfen war. Häufig entstand die Situation, dass die einen in ein und derselben Frage das eine, die anderen das Gegenteil behaupteten und sich beide Seiten auf Tschernenko beriefen. Es kam zu einer Polarisierung in der Führung und im Apparat. Die einen versuchten, mir die Arbeit schwerzumachen und mich aus dem Konzept zu bringen; die anderen – und es wurden immer mehr – unterstützten mich offen.

Ich musste mich taktisch verhalten; so zum Beispiel im Fall des »ewigen« Plans für eine Plenartagung zu Problemen des wissenschaftlich-technischen Fortschritts, auf der ich ein Referat halten sollte. Zur Vorbereitung wurde eine spezielle Gruppe gebildet, die Sache ging gut voran. Wir stießen auf zwei Vorarbeiten: eine des Akademiemitglieds Inosemzew und eine der Abteilung für Maschinenbau. Außerdem fand sich eine Unmenge aller möglichen, zehn Jahre alten Pläne im Archiv. Nach dem berühmten Ausspruch Breschnews über den wissenschaftlich-technischen Fortschritt war von der Partei eine Plenartagung des ZK vorbereitet worden. Ich dachte: Wie viel vertane Zeit! Andere Länder haben in der Zwischenzeit einen ungeheuren Weg zurückgelegt und sich damit eine dynamische Entwicklung gesichert.

Doch je näher die Plenartagung rückte, desto deutlicher wurde der Widerstand Tschernenkos, Tichonows, Grischins und Gromykos. Alle fanden, meine Position würde dadurch zu sehr gestärkt. Sie waren gegen die Plenartagung und verbargen das nicht im Geringsten. Was tun? Ich beschloss, mit Tschernenko zu sprechen und selbst den Vorschlag zu machen, die Plenartagung abzusetzen. Ich fuhr mit Ligatschow zu ihm ins Krankenhaus.

»Konstantin Ustinowitsch, wir arbeiten an den Unterlagen für den Parteitag, ist es da für eine Plenartagung zum wissenschaftlich-technischen Fortschritt nicht zu spät?«

Seine Meinung kannte ich, sodass es nicht schwer war, sein Einverständnis einzuholen.

Am nächsten Tag fand eine Politbürositzung statt. Ich sagte gleich zu Beginn betont ruhig: »Ligatschow und ich waren gestern bei Konstantin Ustinowitsch. Es geht ihm gut. Wir haben uns unterhalten und ihn in die laufenden Angelegenheiten eingeweiht.«

Es folgte eine Pause, während derer viele wohl dachten: Aha, Gorbatschow und Ligatschow waren bei Tschernenko! Wenn sie ihn getrennt besuchen, hat das etwas zu bedeuten, was muss dann erst geschehen sein, wenn sie zusammen zu ihm gehen? Alle spitzten die Ohren.

»Wissen Sie, ich habe mich mit Konstantin Ustinowitsch beraten. Wir sind übereingekommen, die Plenartagung zum wissenschaftlich-technischen Fortschritt von der Tagesordnung abzusetzen.«

Alle unterstützten diesen Vorschlag einmütig, ja freudig. So wurde die Idee, das drängendste Strukturproblem des Landes auf einer Plenartagung des ZK zu besprechen, zum zweiten Mal zu Grabe getragen. Vorgreifend kann ich sagen, dass es später wenigstens eine Art Kompensation gegeben hat. Im Juni 1985 führten wir im ZK eine große Konferenz zu Fragen der Beschleunigung des wissenschaftlich-technischen Fortschritts durch, auf der ich das Referat hielt: »Das Grundproblem der Wirtschaftspolitik der Partei«.

Wieder ein Abschied

Die Entscheidung näherte sich schnell und unaufhaltsam; daran zweifelte niemand. Den Anschein der Präsenz des Generalsekretärs und Vorsitzenden des Präsidiums des Obersten Sowjets im politischen Leben aufrechtzuerhalten, kostete enorme Anstrengungen. Beim Blick auf Tschernenko, dem es nicht nur schwerfiel zu arbeiten, sondern der sogar Mühe hatte zu sprechen, ja zu atmen, habe ich mich oft gefragt: Was hat ihn davon abgehalten, sich zurückzuziehen und sich um seine Gesundheit zu kümmern? Was hat ihn dazu veranlasst, sich die Last der Führung aufzubürden, der er nicht gewachsen war? Um auf diese Frage zu antworten, muss man etwas ausholen.

Natürlich fühlt sich ein Mensch, der entmachtet wird – auf eigenen Wunsch hat bei uns ja nie jemand auf die Macht verzichtet –, wie jeder, der entlassen wird, gelinde gesagt, unwohl. Aber nur zu erklären, der Mensch ist eben schwach, reicht nicht aus; das Problem ist schwieriger. Selbst das Wissen der Gesellschaft, dass physisch arbeitsunfähige Menschen das Ruder in der Hand hatten, nützte nichts. Wir hatten einfach keinen normalen demokratischen Modus für einen Machtwechsel. Das System sah das nicht vor, es lebte nach seinen Gesetzen, nach denen an der Spitze der Pyramide ein hoffnungslos kranker oder gar geistig behinderter Mann stehen konnte. Keiner wollte diese Ordnung antasten. Und plötzlich wurde diese unzulängliche Praxis durch einige Mitglieder der politischen Führung, insbesondere Grischin, an die Öffentlichkeit gezerrt und der Gesellschaft in ihrer Scheußlichkeit vorgeführt.

Das geschah im Februar 1985 während des Wahlkampfs zum Obersten Sowjet der Russischen Föderation. Einer langjährigen Tradition folgend, fanden Treffen der Politbüromitglieder mit den Wählern ihres Wahlkreises statt. Aber noch nie zuvor habe ich einen solchen Kampf um die Reihenfolge erlebt. Alle wollten ganz am Ende, direkt vor dem Generalsekretär, auftreten, denn es hieß, je später man sich mit den Wählern treffe, desto höher stehe man in der Parteihierarchie. Wer als Vorletzter drankam, stand nur einen Schritt hinter dem Generalsekretär, der stets als Letzter auftrat.

Die Wahlen waren auf den 24. Februar angesetzt. Die Treffen der Kandidaten mit den Wählern neigten sich dem Ende zu. Da Tschernenko nicht imstande war aufzutreten, man das Treffen aber nicht absagen konnte, besprachen wir, wie das Problem mit den geringsten politischen Verlusten zu lösen sei. Ich fand, man müsse ein Schreiben vorbereiten. Die Wahlkommission solle ein Treffen organisieren, bei dem dieses Schreiben dann verlesen würde. Da es um den Generalsekretär ging, müssten dabei auch Vertreter des ZK zugegen sein.

Plötzlich redete Grischin im Alleingang mit Tschernenko. Schon das fiel aus dem Rahmen und hieß einiges. Um den Zufall beim Schopf zu packen und diese Chance auf keinen Fall zu vertun, inszenierte Grischin ein unwürdiges politisches Spektakel. Natürlich hatte er Hintermänner. Ein Teil der Führung war ihm sehr gewogen, vor allem diejenigen, die mich zurückdrängen wollten. Er zählte be-

sonders auf Tschernenkos Umfeld, das eine ihm genehme Wahl brauchte, um sich nach Tschernenkos Tod an der Macht halten zu können. Zu diesem Zeitpunkt machte sich auch gerade ein bestimmter, wenn auch nicht großer Teil der Intelligenzija für Grischin stark.

Da er verstand, dass er mich nicht übergehen konnte, denn ich leitete faktisch das Politbüro und das Sekretariat, rief er mich an und sagte, im Auftrag Tschernenkos werde er das Treffen organisieren und den Text seiner Botschaft den Wählern vorlesen. Ich rief Tschernenko nicht an, erkundigte mich aber bei seinen Mitarbeitern, die Grischins Aussage bestätigten.

Am 22. Februar nahm Grischin in seiner Eigenschaft als Erster Sekretär des Stadtkomitees Moskau das Treffen mit den Wählern in die Hand und verlas Tschernenkos Text. Zusammen mit Ligatschow, Gromyko, Simjanin und Kusnezow saß ich im Präsidium und litt sehr darunter, an dieser Farce teilnehmen zu müssen. Mit seiner typischen monotonen Intonation las und las er den Text und versuchte Pathos, Elan und Begeisterung hineinzulegen. Das Ganze hatte etwas Surrealistisches. Ich konnte es nicht verhindern, denn Tschernenko selbst hatte es so gewollt, es war sein letzter Wille. Doch das war nur der erste Akt in Grischins Tragikomödie, zwei weitere sollten noch folgen: Tschernenko an der Wahlurne beim Einwerfen des Stimmzettels und die Aushändigung des Deputiertenausweises an den Generalsekretär.

Am 24. Februar wurde die Urne in den Raum neben Tschernenkos Krankenzimmer gebracht und alles so hergerichtet, dass nichts auf den Ort schließen ließ. Tschernenko wurde in völlig hilflosem, kläglichem Zustand an die Urne geführt und gab in Gegenwart Grischins, Pribytkows, eines Mitarbeiters, und Prokofjews, des Ersten Sekretärs des Moskauer Bezirkskomitees Kujbyschew, vor der Fernsehkamera seine Stimme ab. Grischin hatte sein Ziel erreicht: Er hatte dem ganzen Volk am Fernsehen vorgeführt, dass der Generalsekretär in bester Form war. Das war der Gipfel des Zynismus und der Rücksichtslosigkeit derer, die sich als Tschernenkos Vertraute ausgaben, in Wirklichkeit aber nur an ihre Karriere dachten.

333

Die Wahlen für den Obersten Sowjet der RSFSR: Mit Enkelin Xenia am 24. Februar 1985

Doch nicht genug damit. Man hatte einen Text vorbereitet, den dieser todkranke Mann bei der Überreichung des Deputiertenausweises sprechen sollte – wieder vor der Fernsehkamera. Ich habe noch immer das Bild vor Augen: die gebückte Gestalt, die zitternden Hände, die gebrochene Stimme, die zu Disziplin und aufopferungsvoller Arbeit aufruft, und die ihm aus den Händen fallenden Zettel. Ich wusste, dass auch er selbst hinfiel, aber von Akademiemitglied Tschasow aufgefangen wurde (einem hervorragenden Kardiologen, der lange Jahre die IV. Hauptabteilung des Gesundheitsministeriums leitete). Doch dieser Zwischenfall wurde natürlich nicht gezeigt.

All das trotz der kategorischen Einwände Tschasows, mit dem Einverständnis oder auf Wunsch Tschernenkos selbst, den Grischin und andere dazu gedrängt hatten. Das war am 28. Februar – am 10. März war Tschernenko tot.

Am Abend war ich gerade von der Arbeit gekommen, da rief Akademiemitglied Tschasow mit der Nachricht von Tschernenkos Tod an. Ich setzte mich mit Tichonow und den anderen Politbüromitgliedern in Verbindung und beraumte eine Sitzung für 23 Uhr an. Am wichtigsten war jetzt ein Treffen mit Gromyko. Ich fand, wir sollten an einem Strang ziehen. Schließlich war die Verantwortung, die wir Politbüromitglieder hatten, enorm.

Gromyko war in Scheremetjewo. Er führte das Gespräch im Auto. Ich setzte ihn vom Tod Tschernenkos in Kenntnis, teilte ihm mit, dass für 23 Uhr eine Politbürositzung anberaumt war, und bat ihn, 30 Minuten vor Beginn da zu sein.

Wir trafen uns wie abgesprochen. Die Unterhaltung war kurz. Ich sagte, wir hätten alle damit gerechnet, dass dies eintrete. Nun sei es geschehen, und wir müssten eine weitreichende Entscheidung treffen. Wir dürften keine Fehler machen: »Die Menschen wollen Veränderungen. Die Zeit ist reif dafür. Man darf sie nicht weiter hinausschieben. Es wird nicht einfach sein, aber wir müssen uns entscheiden. Ich finde, in dieser Situation sollten wir beide an einem Strang ziehen.«

Gromyko sagte ruhig und fest: »Ich stimme mit Ihrer Einschätzung überein und nehme Ihren Vorschlag an.«

»Dann sind wir uns also einig.«

Von seiner wie von meiner Seite war dieser Schritt nicht einfach, sondern es war ein schwieriger Schritt aufeinander zu – obwohl man uns schon vorher, im Wissen, wohin sich die Dinge entwickeln, hatte näherbringen wollen. Ja, mehr als das, man hatte sowohl mit ihm als auch mit mir Gespräche darüber geführt. Weder Gromyko noch ich unternahmen demonstrative Schritte, aber wir verstanden, dass wir enger zusammenarbeiten mussten.

10. März, 23 Uhr: Die Mitglieder des Politbüros und des ZK-Sekretariats trafen ein. Ich eröffnete die Sitzung und gab Tschernenkos Tod bekannt. Wir erhoben uns und schwiegen. Akademiemitglied Tschasow spricht. Er stellt kurz die Krankengeschichte und die Umstände von Tschernenkos Tod dar. Wir leiten die Beerdigungsfeierlichkeiten ein und beraumen eine Politbürositzung und eine ZK-Plenartagung für den nächsten Tag an.

Wir richteten eine Beisetzungskommission ein, zu der alle Politbüromitglieder gehörten. Als es um den Vorsitzenden der Kommission ging, kam es zu einer Pause; denn den Vorsitz der Beerdigungskommission eines Generalsekretärs übernahm in der Regel der zukünftige Generalsekretär. Da sagte Grischin auf einmal: »Warum bestimmen wir den Vorsitzenden nicht gleich? Es ist doch alles klar, Michail Sergejewitsch …« (Er wollte nur sondieren!)

Ich rief dazu auf, nichts zu überstürzen, sondern die Plenartagung auf 17 Uhr und die Politbürositzung auf 14 Uhr am folgenden Tag festzusetzen. Dann hätten alle ein bisschen Zeit, eine Nacht und einen halben Tag, um alles zu überdenken. Das Politbüro würde zu einer Entscheidung kommen und sie der Plenartagung unterbreiten.

13 Monate hatte Tschernenkos Zeit als Generalsekretär nur gedauert. Jetzt galt es, einen neuen Kandidaten aufzustellen. Ich musste mich schließlich auch selbst fragen, wie ich dazu stand. Einiges an Information war zu mir vorgedrungen. Auch mein Name wurde immer häufiger unter den Anwärtern genannt. Aber ich dachte bis zum letzten Moment: Das wird sich schon zeigen. Immerhin hatte ich diese Möglichkeit aber schon in Erwägung gezogen. Ich war ja die

meiste Zeit mit der Leitung der Angelegenheiten des Politbüros und des Sekretariats beschäftigt gewesen und hatte einzigartige Erfahrungen gesammelt. Auch in meinen Beziehungen zu den Menschen hatte sich vieles geklärt, und man kannte mich nun besser. Trotz der Intrigen meiner Gegner hatte die Zeit selbst objektiv und eindeutig für meine Kandidatur gearbeitet.

So kann es nicht weitergehen

Am 11. März kam ich erst um 4 Uhr morgens nach Hause. Raissa hatte auf mich gewartet. Wir gingen in den Garten. Seit wir in Moskau wohnten, hatten wir keine wichtigen Gespräche mehr in der Wohnung und in der Datscha geführt, man konnte ja nie wissen … Wir spazierten lange auf dem Pfad im Garten auf und ab und besprachen die möglichen Aussichten.

Es fällt mir heute schwer, unser Gespräch in den Einzelheiten zu rekonstruieren. Aber an die letzten Worte, die ich in jener Nacht sagte, erinnere ich mich gut:»Weißt du, ich bin nach Moskau gekommen in der Hoffnung und dem Glauben, ich könne etwas bewegen, doch bis jetzt ist mir wenig gelungen. Wenn ich wirklich etwas verändern will, muss ich den Vorschlag annehmen, wenn er kommt. Du siehst ja: So kann es nicht weitergehen.«

Am Morgen rief Ligatschow an und sagte, die Ersten Sekretäre liefen Sturm, sie kämen einer nach dem anderen, um zu fragen, wen das Politbüro zum neuen Generalsekretär bestimmt habe.

Ich ging ins ZK, zum Politbüro und der Plenartagung.

Noch immer kursieren viele Gerüchte über die damaligen Vorgänge. Es sei zu einem regelrechten Handgemenge gekommen, habe mehrere Kandidaturen für den Generalsekretär gegeben und das Politbüro sei zu der Plenartagung gegangen, ohne sich auf einen Kandidaten geeinigt zu haben. Alles Märchen, reine Erfindungen, an denen nichts dran ist. Das können diejenigen, die an den Ereignissen unmittelbar beteiligt waren und von denen ein Teil auch jetzt bei guter Gesundheit ist, bestätigen. Natürlich wurde das Problem des Nachfolgers im Zuge der heftigen Verschlechterung von Tschernenkos Gesundheitszustand diskutiert, es gab Leute, die sich dafür stark machten und ihre Chancen sondierten. Der Parteiapparat des ZK war in jenen Tagen nur mit diesem Problem beschäftigt. Dass es in der Führung verschiedene Fraktionen gibt, war kein Geheimnis mehr.

Es gab auch Gegner meiner Wahl. Kurz vor dem Tod Tschernenkos erzählte mir Tschebrikow, der damalige Leiter des KGB, von einem Gespräch mit Tichonow, der ihn davon überzeugen wollte, nicht für mich zu stimmen. Tschebrikow fiel auf, dass Tichonow keinen anderen Namen ins Gespräch brachte. Da dachte er sich: »Du spekulierst wohl selbst auf diesen Posten!«

Meine damaligen Gegner konnten nicht von den Stimmungen in der Gesellschaft absehen, von der Position der Ersten Sekretäre, die fest entschlossen waren, es nicht zuzulassen, dass das Politbüro wieder einen alten, kranken oder schwachen Mann auf den höchsten Posten hievte.

Ein paar Gruppen von Ersten Sekretären der Gebietskomitees suchten mich auf. Sie drängten mich, eine feste Position zu beziehen und das Amt des Generalsekretärs zu übernehmen. Im Gespräch mit einer dieser Gruppen erklärte man mir, sie hätten sich organisiert und seien nicht mehr bereit, dem Politbüro zu erlauben, solche Fragen ohne Rücksicht auf die Meinung der Mitglieder des ZK zu lösen. Ustinow, auf dessen Unterstützung ich hätte zählen können, lebte nicht mehr.

Ich möchte betonen, dass ich niemandem, auch nicht Ligatschow und Ryschkow, klar zu- oder absagte. Warum? Ich wollte alles bis ins Letzte klären. Ich wusste ja, welches Risiko ich einging, in welchem Zustand das Land war und wie es um die Kader stand. Und wenn ich etwa mit 50 Prozent und einer Stimme durchgekommen wäre, wenn die Wahl nicht Ausdruck der allgemeinen Stimmung gewesen wäre, wäre es über meine Kräfte gegangen, die anstehenden Probleme zu lösen. Um es ganz direkt zu sagen: Wenn es im Politbüro und im

ZK eine Diskussion gegeben hätte, hätte ich meine Kandidatur zurückgezogen, denn mir war klar, dass wir einen weiten Weg vor uns hatten.

Um 14 Uhr nahm ich den Platz des Vorsitzenden ein – in der letzten Zeit mein üblicher Platz –, eröffnete die Sitzung und sagte, wir müssten im Namen des Politbüros der Plenartagung einen Vorschlag für den Generalsekretär unterbreiten. Alle hätten ja die Möglichkeit gehabt, die Sache zu überdenken. Gromyko erhob sich sofort und argumentierte kurz für meine Kandidatur. Einige Gedanken stimmten mit dem überein, was er später auf der Plenartagung sagte. Dann ergriff Tichonow das Wort. Alle unterstützten die beiden. Es hieß, wir hätten ja jetzt schon faktisch so gearbeitet und müssten dies der Plenartagung sagen. Auf der 19. Parteikonferenz sagte Ligatschow: »In Wahrheit waren dies unruhige Tage. Es hätte auch andere Entscheidungen geben können. Die Gefahr bestand. Ich möchte sagen, dank der festen Haltung der Politbüromitglieder Tschebrikow, Solomenzew, Gromyko und einer großen Gruppe Erster Sekretäre der Gebietskomitees kam es bei der März-Plenartagung zur einzig richtigen Entscheidung.«

Ich weiß nicht, was er damit sagen wollte. Dass ich ihm und den von ihm genannten Personen meine Wahl verdanke und sie eine Gefahr abgewandt hätten, die dem Land drohte? Zur Klärung führe ich hier kommentarlos eine paar Auszüge aus dem Arbeitsprotokoll der Politbürositzung an:

Gromyko: Ich sage es offen: Wenn man sich Gedanken über die Kandidatur für den Posten des Generalsekretärs des ZK der KPdSU macht, kommt man natürlich auf Michail Sergejewitsch Gorbatschow. Wenn wir einen Blick in die Zukunft werfen – und ich möchte nicht verhehlen, dass es vielen von uns bereits schwerfällt, dorthin zu blicken –, sollten wir deutlich eine bestimmte Perspektive wahrnehmen: Wir haben kein Recht, zuzulassen, dass unsere Einheit gefährdet wird. Wir haben kein Recht, die Welt einen auch noch so kleinen Riss in unseren Beziehungen merken zu lassen. Ich möchte erneut betonen, dass Gorbatschow über umfangreiches Wissen und bedeutende Erfahrungen verfügt, doch sollten diese Erfahrungen mit unseren Erfahrungen multipliziert werden. Und wir versprechen, dem neuen Generalsekretär des ZK der KPdSU größtmögliche Hilfe und Unterstützung zu gewähren.

Tichonow: Was kann ich über Michail Sergejewitsch sagen? Er ist ein kontaktfreudiger Mensch, mit dem man Probleme erörtern, ja auf höchstem Niveau erörtern kann. Von den Sekretären des ZK ist er wohl derjenige, der sich am besten in der Ökonomie auskennt.

Grischin: Als wir uns gestern Abend, als wir vom Tod Konstantin Ustinowitschs erfuhren, darauf einigten, Michail Sergejewitsch als Vorsitzenden der Beisetzungskommission zu bestätigen, entschieden wir diese Frage gewissermaßen im Voraus. Meiner Meinung nach entspricht er voll und ganz den Anforderungen, die an den Generalsekretär des ZK zu stellen sind.

Kunajew: Ich möchte euch berichten, dass ich für die Sitzung des Politbüros einen Auftrag habe. Welchen Verlauf die Diskussion hier auch nehmen mag, die Kommunisten Kasachstans werden für die Wahl Michail Sergejewitsch Gorbatschows zum Generalsekretär des ZK der KPdSU stimmen.

Romanow: Michail Sergejewitsch ist ein belesener Mann, der sich zum Beispiel sehr schnell in viele äußerst komplizierte Fragen des wissenschaftlich-technischen Fortschritts eingearbeitet hat. Nikolaj Alexandrowitsch Tichonow hat hier von der Arbeit Michail Sergejewitschs in der Kommission für die Vervollkommnung des Wirtschaftsmechanismus gesprochen. Ich bin davon überzeugt, dass er die Kontinuität der Führung in unserer Partei voll gewährleisten und mit den Pflichten, die ihm auferlegt sein werden, zurechtkommen wird.

Worotnikow: Die Logik des Lebens selbst hat uns an diese Entscheidung herangeführt. Zu Gorbatschows wichtigsten Qualitäten gehören Verantwortungsbewusstsein, die Fähigkeit, zuzuhören, und Sachkenntnis. Ebendeshalb hat er hohes Ansehen im Parteiaktiv erlangt. Alle Genossen (und ich hatte heute Gelegenheit, mich mit vielen Repräsentanten von Gebietsparteiorganisationen Russlands zu

339

treffen) sprechen sich dafür aus, den Genossen Michail Sergejewitsch Gorbatschow zum Generalsekretär des ZK der KPdSU zu wählen.

Ponomarjow: In letzter Zeit haben wir uns viel mit der Neufassung des Parteiprogramms beschäftigt. Ich konnte mich persönlich davon überzeugen, dass Michail Sergejewitsch die marxistisch-leninistische Theorie gründlich beherrscht und es versteht, sich in überaus komplizierten programmatischen Fragen zurechtzufinden.

Tschebrikow: Ich habe mich natürlich mit meinen Arbeitskollegen beraten. Unser Amt[28] ist ja so beschaffen, dass man sich nicht nur in außenpolitischen Problemen, sondern auch bezüglich innenpolitischer, gesellschaftlicher Fragen gut auskennen muss. Deshalb haben mich die Tschekisten beauftragt, die Kandidatur des Genossen Michail Sergejewitsch Gorbatschow für den Posten des Generalsekretärs des ZK der KPdSU vorzuschlagen.

Dolgich: Alle sind wir uns einig darin, dass er nicht nur auf große Erfahrungen zurückblicken kann, sondern auch eine Zukunft hat.

Schewardnadse: Ich habe Michail Sergejewitsch schon vor seiner Zeit als Sekretär des ZK der KPdSU gekannt. Ich sage es geradeheraus: Die Entscheidung für ihn erwarten heute unser ganzes Land und unsere ganze Partei.

Ligatschow: Die Arbeit von Michail Sergejewitsch Gorbatschow kennzeichnen große Leidenschaftlichkeit, das Streben nach Lösungen in großen und kleineren Dingen sowie Organisationstalent. Und das ist, wie wir wissen, für die gesamte organisatorische Parteiarbeit von größter Bedeutung. Michail Sergewitsch erfreut sich höchster Achtung in den Partei-, Gewerkschafts- und Komsomol-Organisationen, im Aktiv unserer Partei, ja im Volk insgesamt.

Gorbatschow: Wir erleben gerade eine sehr schwierige Zeit, eine Zeit der Wende. Unsere Wirtschaft bedarf einer größeren Dynamik, und diese Dynamik braucht auch unsere Demokratie, unsere Außenpolitik. Ich sehe meine Aufgabe insbesondere darin, gemeinsam mit Ihnen nach neuen Lösungen zu suchen, nach neuen Wegen, un-

28 Gemeint ist der KGB. (Anm. d. Übers.)

ser Land voranzubringen. Wir müssen das Tempo steigern und voranschreiten.

Schtscherbizkij hatte nicht an der Sitzung teilgenommen. Er befand sich als Leiter einer Parlamentsdelegation in Amerika und kehrte erst unmittelbar vor der Plenartagung zurück. Georgij Arbatow, Akademiemitglied, der ihn begleitete, erzählte später, dass Schtscherbizkij sofort habe heimkehren wollen und entschieden geäußert hätte, dass er Gorbatschow unterstützen wolle.

Die Plenartagung stand unmittelbar bevor. Aus dem Meinungsaustausch mit Genossen, von denen jeder Einzelne die Lage im ZK auslotete, zeichnete sich ab: Die Meinung der ZK-Mitglieder neigte sich zugunsten meiner Kandidatur. Um 17 Uhr begann die Sitzung. Andrej Gromyko schlug auf Empfehlung des Politbüros mich für den Posten des Generalsekretärs des ZK der KPdSU vor. Seine Rede erweckte den Eindruck von Spontaneität und wirkte deshalb besonders aufrichtig; sie enthielt eine starke emotionale Sprengkraft. Ich war tief bewegt: Noch nie hatte ich solche Worte, eine so hohe Einschätzung über mich zu hören bekommen. Einige Auszüge aus seiner Rede:

»Das Politbüro hat sich einstimmig dafür ausgesprochen, für die Wahl zum Generalsekretär des ZK der KPdSU Michail Sergejewitsch Gorbatschow zu empfehlen …

Er verfügt über enorme Erfahrung in der Parteiarbeit, anfangs auf der Gebietsebene, danach aber auch hier im Zentrum, im Zentralkomitee zunächst als Sekretär und schließlich als Politbüromitglied. Bekanntlich leitete er das Sekretariat. In Abwesenheit Konstantin Ustinowitsch Tschernenkos führte er ferner den Vorsitz im Politbüro. Er hat sich hervorragend bewährt, ohne jede Übertreibung …

Michail Sergejewitsch verfügt über einen scharfen und analytischen Verstand, und wer ihn kennt, wird dies bestätigen, selbst wenn er ihm nur einmal begegnet ist. … Womöglich kann ich das aufgrund meiner langjährigen Erfahrung besser beurteilen als andere Genossen. Sehr treffend und schnell erfasst er den Kern der Prozesse, die sich in unserem Land und auf internationaler Bühne abspielen.

Ich war selbst oft über seine Fähigkeit erstaunt, rasch und akkurat den Kern der Sache zu erfassen und entsprechende Schlüsse zu ziehen, richtige, parteigetreue Schlüsse.

Michail Sergejewitsch ist ein Mann von großer Gelehrsamkeit, und zwar sowohl aufgrund seiner Bildung als auch aufgrund praktischer Erfahrung … Er analysiert ein Problem nicht nur zutreffend, sondern verallgemeinert auch und zieht geeignete Schlüsse. Für die Politik ist es nicht nur erforderlich, Fragen in kleine Portionen zu zerlegen – da liegen sie dann, und nichts bewegt sich –, sondern man muss auch die nötigen Schlüsse ziehen, damit diese Schlussfolgerungen wiederum unsere Politik stärken. Er hat dies mehrfach auf den Sitzungen des Politbüros und des ZK-Sekretariats demonstriert … Das Urteilsvermögen Michail Sergejewitschs zeichnet sich stets durch seine Reife und Ausdauer aus, im besten Sinn des Wortes …

Somit ist die Wahl des Politbüros eine gute Wahl. In der Person Michail Sergejewitsch Gorbatschows haben wir einen großen Politiker, einen ausgezeichneten Menschen, der den Posten des Generalsekretärs des ZK der KPdSU würdig ausfüllen wird …«

Nachdem Gromyko mich vom Politbüro der Plenartagung für das Amt des Generalsekretärs vorgeschlagen hatte, waren alle gespannt, was der neue Generalsekretär sagen werde. Natürlich hatte ich über meine Ansprache nachgedacht. Ich setzte mich sofort für die Weiterführung einer beschleunigten sozialwirtschaftlichen Entwicklung des Landes und die Optimierung aller Lebensbereiche der Gesellschaft ein. Dieses Ziel sei aber nur zu erreichen, wenn man die Volkswirtschaft auf intensive Entwicklung umstelle und die Errungenschaften des wissenschaftlich-technischen Fortschritts nutze. Als wichtigste Aufgabe hob ich eine Verbesserung des Wirtschaftssystems und der gesamten Verwaltung hervor. Hand in Hand damit solle die Aufmerksamkeit für die Sozialpolitik, die Entwicklung der Demokratie und des gesellschaftlichen Bewusstseins verstärkt werden. Auf Ordnung, Disziplin und Gesetzlichkeit solle mehr Gewicht gelegt werden.

342 Was die Außenpolitik betrifft, so hatte ich eine klare Position. Unser Kurs war auf die Erhaltung des Friedens aus. »Wir wollen eine Einstellung, nicht die Fortführung des Wettrüstens und schlagen daher vor, die Atomarsenale einzufrieren und die weitere Aufstellung von Raketen zu stoppen. Wir wollen eine effektive und umfassende Reduktion der Waffenarsenale, nicht eine Entwicklung immer neuer Waffensysteme.«

Schließlich erklärte ich, die KPdSU sei die Kraft, die die Gesellschaft eine und zu den großen dringend notwendigen Änderungen befähige. Wir sollen eine wichtige Wahl treffen, aber die Führung sei sehr entschlossen gestimmt.

Der Leser könnte fragen: Was hat Gorbatschow an jenen Märztagen denn eigentlich Besonderes gesagt? Ja, aus heutiger Sicht kann man das alles als Klischees bewerten – aber nur aus heutiger Sicht. Eine ganz andere Einschätzung ergibt sich, wenn man bedenkt, dass damit eigentlich alles begann.

Ich hoffte, dass alles, was ich vorschlug, auf offene Ohren stoßen würde. Meine Haltung zu den innenpolitischen Problemen und die ganze Rede fanden die Zustimmung der Plenartagung.

Während Tschernenkos Beerdigung traf ich die Hauptakteure aus dem Ausland. Ich sprach mit ihnen in Gegenwart des Außenministers. Die Treffen waren aussagekräftig, und es waren viele: mit Vizepräsident Bush und Außenminister Shultz, Bundeskanzler Kohl, Präsident Mitterrand und Premierministerin Thatcher. Ein interessantes Gespräch hatte ich auch mit dem japanischen Ministerpräsidenten Nakasone.

Bei dieser Gelegenheit traf ich mich trotz aller Schwierigkeiten auch gesondert mit den führenden Politikern der Länder des Warschauer Paktes. Ich hielt es für nötig, ihnen zu sagen, sie könnten davon ausgehen, dass wir die Unabhängigkeit und Selbständigkeit unserer Freunde respektierten. Die Leitung jeder einzelnen Partei sei für die Ausarbeitung und Durchführung ihrer Politik ausschließlich ihrer eigenen Partei und ihrem eigenen Volk gegenüber verantwortlich. Ansonsten würden wir unsere engen Verbindungen und die Zusammenarbeit entsprechend den Verpflichtungen, die wir übernommen hätten, fortführen und weiter entwickeln. Der Hauptgedanke war, dass wir uns nicht in ihre inneren Angelegenheiten einmischen würden. Das bedeutete eine Abkehr von der sogenannten »Breschnew-Doktrin«[29].

Mir schien damals, und die späteren Ereignisse sollten das bestätigen, einige Führer der sozialistischen Länder stuften meine Erklärung wie die der früheren sowjetischen Generalsekretäre ein: als Phrase. Im Grunde genommen waren sie überzeugt davon, alles gehe weiter wie bisher. Doch dieser meiner Erklärung sind wir bis zum Schluss treu geblieben, während der ganzen Arbeit zur Demokratisierung der internationalen Beziehungen und Beendigung des Kalten Krieges, auch dann noch, als sich die Ereignisse in diesen Ländern überstürzten …

In weniger als drei Jahren waren drei Generalsekretäre der Reihe nach gestorben und außerdem noch einige wichtige Politbüromitglieder. Ende 1980 starb Kosygin, im Januar 1982 Suslow, im November Breschnew, im Mai 1983 Pelsche, im Februar 1984 Andropow, im Dezember Ustinow und im März 1985 Tschernenko. Es lag etwas Symbolisches darin. Das System selbst lag im Sterben, es war vergreist und hatte keine Lebenskraft mehr. Mir war klar, was ich mir aufgebürdet hatte.

Zu Hause wurde ich festlich empfangen. Alle waren freudig erregt, doch es mischte sich auch Sorge darunter. In ihren Tagebuchaufzeichnungen hat Raissa festgehalten, wie Xenia zu mir sagte: »Dedulenka, ich gratuliere dir. Ich wünsche dir Gesundheit, Glück und dass du deinen Brei ordentlich isst.«

Ja, den Brei auslöffeln, das musste ich wirklich!

---

29 Die »Breschnew-Doktrin« oder »Doktrin beschränkter Souveränität« ist eine von westlichen Politikern formulierte Charakterisierung der Außenpolitik Breschnews. Im Fall einer Bedrohung der Integrität der »sozialistischen Gemeinschaft« wäre die UdSSR berechtigt gewesen, sich in die inneren Angelegenheiten der Warschauer-Pakt-Staaten einzumischen. Dieses Prinzip war die ideologische Grundlage für den von der UdSSR eingeleiteten Einmarsch der Truppen des Warschauer Paktes in die Tschechoslowakei im August 1968.

Exkursion in den Kreml: Mit Raissa und den Enkelinnen Xenia und Anastasia, 1990

Als ich in der Nacht zuvor mit Raissa darüber gesprochen hatte, dass ich vielleicht für den Posten des Generalsekretärs in Frage käme, hatte sie geantwortet: »Ich weiß nicht, ist das gut oder schlecht?«

Da erzählte ich ihr etwas, wovon ich nie gesprochen hatte. Andropow hatte einmal wörtlich zu mir gesagt: »Igel dich nicht zu sehr in deinen Agrarfragen ein. Befass dich mit sämtlichen Fragen der Innen- und Außenpolitik. Du musst davon ausgehen, dass du vielleicht morgen schon die ganze Verantwortung übernehmen musst.«

Ich war verblüfft, wie offen und direkt er das sagte.

Andropow fragte weiter: »Du verstehst, wovon ich rede?«

»Ich verstehe das sehr wohl. Aber ich weiß nicht, warum wir jetzt darüber reden.«

»Das bleibt unter uns.«

»Gut, in Ordnung.«

345

Raissa guckte mich verwundert an.

Übrigens, als kürzlich ein Film über Bundeskanzler Kohl gedreht wurde und ich mit ihm sprach, erzählte er etwas, das mir neu war. Während seines offiziellen UdSSR-Besuches hatten Andropow und er ein Gespräch geführt, das ihn sehr beeindruckte. Kohl hatte Andropow gefragt:»Können Sie sich jemanden als Ihren Nachfolger vorstellen, haben Sie jemanden im Blick?« Es sah so aus, als hätte er diese Frage im Zusammenhang mit Andropows Gesundheitszustand angeschnitten. Als ihm seine Taktlosigkeit zu Bewusstsein kam, fügte er hinzu:»Ich meine, wir sind alle in Gottes Hand. Heute leben wir, morgen ...«

Andropow sagte, er setze auf den ZK-Sekretär Gorbatschow.

Die ersten Arbeitstage als neuer Generalsekretär begannen. Die gesamte Familie war sofort in einer völlig neuen Situation. Wir mussten uns erst einmal orientieren. Die ganzen nächsten Jahre würden wir uns damit abfinden müssen, dass die Blicke der Gesellschaft nicht nur auf mich, sondern auch auf Raissa und alle Familienmitglieder gerichtet sein würden.

Bis dahin hatte Raissa an ihre Habilitation gedacht, sie hatte Verbindungen zu Kollegen aufgenommen und wollte das Thema ihrer Habilitationsschrift anmelden. Nach dem März 1985 stand zur Diskussion: weitermachen oder verschieben. Sie kam selber zu einer Entscheidung und sagte zu mir:»Ich glaube, ich muss das alles auf bessere Zeiten verschieben.«

Das machten wir auch.

11. Kapitel

Generalsekretär und »First Lady«

In den ersten Tagen nach meiner Wahl zum Generalsekretär fragte mich Raissa immer wieder: »Was soll ich tun, wie soll ich mich benehmen?«

»Wir ändern nichts. Wir benehmen uns wie bisher. Wir machen es wie bisher.« In der ganzen zivilisierten Welt übernehmen die Ehefrauen als Gefährtinnen der Präsidenten und Premierminister verschiedene gesellschaftliche Funktionen.

Raissa wollte wissen, was ihre konkrete Aufgabe war, jetzt, da die Familie im Zentrum der Ereignisse des Landes und der Welt stand. Dabei ist die ewige Behauptung, sie habe die politischen Entscheidungen getroffen oder Druck auf mich ausgeübt, Unfug. Sie wusste noch nicht einmal, wie das Politbüro arbeitet und was es tut. Sie interessierte sich mehr dafür, was in den Zeitungen, im Fernsehen, in der Gesellschaft diskutiert wurde.

Wie vermutet, wurde das öffentliche Auftreten der »First Lady« in der Gesellschaft unterschiedlich aufgenommen. Doch ich war mir in dieser Beziehung nie im Zweifel. Auch wenn wir den Begriff »First Lady« nicht ganz ernst nehmen konnten. Als Raissa zwischen Leben und Tod schwebte und die Familie und ich die ganze Zeit bei ihr waren, verstanden die Leute auf einmal, dass uns tiefe, ehrliche Gefühle verbinden. Wie die *Nowaja gaseta* schrieb, sahen die Leute auf einmal: »Offenbar lieben sie sich.«

Für mich war Raissa die Frau, die ich liebte. Wir waren Freunde. Wir unterstützten uns in allem und sorgten uns umeinander.

Erste schlechte Anzeichen gab es in Foros, wo man uns am 18. August 1991 internierte und von der Außenwelt abschnitt. Raissa hatte dort einen tiefen Gehirngefäßkrampf oder einen Mikroschlaganfall. Sie konnte nicht reden, die rechte Hand war gelähmt. Ich erinnere mich an ihre Augen in diesem Moment und sehe sie auch jetzt noch vor mir: In ihnen stand der Schrecken, ein Flehen.

Gemeinsam mit den Ärzten Professor Borisow und Pokutnij und unter Beteiligung unserer Tochter Irina und unseres Schwiegersohns Anatolij, beide ebenfalls Ärzte, konnte die Krise überwunden werden. Allerdings musste Raissa nach der Rückkehr nach Moskau sofort das Bett hüten. Dann kam die Lauferei zu den Ärzten. Netzhautblutung des einen, dann auch des anderen Auges, schwere Beeinträchtigung der Sehkraft, Depression, alles auf einmal. Der schwierige Herbst 1991, der Zerfall des Landes, mein Rücktritt als Präsident, der Schwall dreckiger Beschuldigungen, der sich über unsere Familie, vor allem natürlich über mich, ergoss, verhinderten Raissas Gesundung. Sie stand unter dem Eindruck dieser schweren Erlebnisse.

Was für ein treuer Freund sie war! 1996 beschloss ich, an den russischen Präsidentschaftswahlen teilzunehmen. Fast alle waren gegen meine Entscheidung. Nur Raissa verstand, dass ich mich nicht um die Macht riss, sondern die Möglichkeit haben wollte, während des Wahlkampfs all das offen zu sagen, was ich den Leuten während der letzten Jahre nicht hatte sagen können, weil ich bis zu dem Zeitpunkt, da Putin an die Macht kam, total isoliert war. Bei fast allen meinen Auftritten in 22 Regionen des Landes war Raissa dabei.

Von Beginn bis zum Schluss des Präsidentschaftswahlkampfs des Jahres 1996 führte das »Jelzin-Heer« eine unerhörte Schlammschlacht gegen mich. Sobald ich von der Wahlkommission als Präsidentschaftskandidat der Russischen Föderation registriert worden war, erließ Jelzin eine Richtlinie, meine Person betreffend, an alle Stäbe und Unterstäbe. Es folgte das Kommando: »Gorbatschow kalt-

stellen!« Mit Ausnahme von Jurij Noschikow, Gouverneur von Irkutsk, Michail Kisljuk, Gouverneur von Kemerowo, Aman Tulejew,
Vorsitzender der gesetzgebenden Versammlung, Iwan Schabunin,
Chef der Administration des Gebiets Wolgograd und Oleg Sysujew,
Bürgermeister der Stadt Samara, waren alle Gouverneure bei meiner
Ankunft zu den Treffen mit den Wählern entweder »sehr beschäftigt« oder abwesend, »kontrollierten« aber streng den ganzen Prozess, um mir die Situation zu erschweren oder ein Bein zu stellen, das
heißt die Treffen mit den Wählern zu verhindern.

In allen Gebieten wurde ich von einer Gruppe der Kommunistischen Partei der Russischen Föderation beobachtet. Sie empfing
mich beim Betreten des jeweiligen Gebäudes, in dem die Veranstaltung geplant war, mit der immer gleichen Losung: »Judas, du Verräter!« In der Regel wurde mir der schlechteste, kleinste Raum oder
auch gar keiner zur Verfügung gestellt. So zum Beispiel in Wladimir,
wo mir ein Raum zugeteilt wurde, in dem noch nicht einmal ein
Zehntel der Versammelten Platz hatte. Im Auto, mit dem ich gekommen war, sitzend, sprach ich durch ein Mikrofon zu den Wählern auf
dem Vorplatz des Gebäudes.

Anatolij Sobtschak, Bürgermeister von St. Petersburg, wurde gezwungen, sich den illegalen Forderungen des Präsidenten der Russischen Föderation zu beugen. Die Aula der Universität war auf einmal
»wegen Renovierung geschlossen«. Daraufhin setzten sich die Studenten in mehreren Stockwerken auf die Treppen und hörten meine
Ansprache. Meine Freunde in St. Petersburg sind noch heute empört, wenn ich sie daran erinnere. Als ich an die Universität in Nowosibirsk kam, um mich mit der Jugend und nicht nur mit ihr zu
treffen, bekam ich keinen Saal, der groß genug war. Es waren so viele
gekommen, dass ein Gedränge entstand, bei dem Türen und Fenster
zu Bruch gingen. Der Saal war zum Bersten voll, aber das Treffen
fand statt.

Die Studenten hörten mir aufmerksam zu und antworteten mit
einer stürmischen Ovation. So war es in Petersburg, Nischnij Nowgorod, Irkutsk, Samara, Jekaterinburg und Ufa. Diese Treffen wider-

legten klar die Mähr von der unpolitischen Jugend. Tausende und Abertausende von Bürgern wollten wissen, was ich von den Reformen und der Situation im Land halte.

Jelzins Anhang hatte einfach Angst vor diesen Treffen. Das belegen die wiederholten hartnäckigen Aufforderungen offizieller und inoffizieller Präsidentenwahlstäbe, ich solle zusammen mit ihm auftreten oder zu seinen Gunsten auf die Wahl verzichten. Als das nicht fruchtete, versuchten sie unter Verletzung der normalen Regeln des Anstands, meine Treffen platzen zu lassen, und schreckten weder vor gröbsten Verstößen gegen das Wahlrecht noch vor direkter Kriminalität zurück.

Der Gouverneur Poleschajew von Omsk, ein Jelzin-Treuer, war selbst gerade verreist. Sein Stellvertreter, den er angeblich beauftragt hatte, sich um mich zu kümmern, war auch nicht da. Die Menschen versammelten sich in einem Saal, ich ging zu ihnen. Unterwegs stürzte sich auf einmal ein zwei Meter langer Riese von einem Mann auf mich und schlug mir zielsicher auf den Hinterkopf. Später stellte sich heraus, dass er früher bei den Luftlandetruppen gewesen war und als »nicht ganz normal« galt. Mich rettete ein Leibwächter, der den Schlag mit seiner Hand abfing, sodass dieser nur Hals und Schulter traf und ich nicht das Bewusstsein verlor.

Trotzdem führte ich das Treffen durch. Ich erzählte, was mir im Flur passiert war. Der Chef der Miliz hatte übrigens brav zu Hause gehockt und auf diesen Anschlag gewartet. Dann erschien er. Mit einem Wort: ein abgekartetes Spiel. Alle blieben denn auch weiterhin im Amt – wie es für Feiglinge und Gewissenlose nicht weiter verwunderlich ist. Später erfuhr ich, dass diese Aktion von der Partei Schirinowskijs angezettelt worden war. An dessen fünfzigstem Geburtstag erzählte der Vorsitzende der Omsker Organisation der Liberaldemokratischen Partei auf einmal im Rausch: »Was für einen ›Empfang‹ wir Gorbatschow in Omsk bereitet haben!«

Schirinowskij reagierte nicht darauf, er saß da und ließ sich nichts anmerken, aber fünf Minuten später wurde dieser Mann entfernt. Als ich diese Information erhielt, beantragte ich bei der Generalstaatsanwaltschaft eine Untersuchung der Angelegenheit. Leider erhielt ich nur eine ganz »formale« Antwort. Auch die Staatsanwaltschaft gehörte zu den treuen Dienern der Macht und nicht des Gesetzes.

Ich wollte unbedingt nach Wolgograd. Der Schriftsteller Andrej Sinjawskij, früher für seine »aufrührerischen« Bücher verfolgt, und seine Frau Maria Rosanowa begleiteten mich. Ich hatte sie vorgewarnt, es würde schwierig werden, aber sie wollten unbedingt sehen, wie die Leute Gorbatschow empfingen.

Wir bekamen einen großen Saal. Während des ganzen Treffens störte ein ohrenbetäubendes Blasorchester. Ich musste mir alles Mögliche einfallen lassen, um den Kontakt mit dem Publikum aufzunehmen und mit ihm in Dialog zu kommen. Ich hielt meine Ansprache und antwortete auf Fragen. Am Ende erhoben sich die Zuhörer vor Begeisterung. Aber im Zentralen Fernsehen wurden nur die Proteste der Kommunisten und die Schreie im Saal am Anfang des Treffens gezeigt. Wie meine Mitarbeiter vom Wahlstab sagten, war das eindeutig geplant. Andrej Sinjawskij war empört und schrieb einen großen Aufsatz darüber.

Von einem Fall möchte ich gesondert erzählen. Als ich in St. Petersburg war, wandten sich die Einwohner von Iwan-Gorod an mich, das an der estnischen Grenze liegt. Die Stadt ist zweigeteilt, der eine Teil liegt auf estnischem Gebiet, der andere auf russischem. Deshalb kommt es zu allerhand Unstimmigkeiten und Unmut. Die Vertreter der Stadt hatten mich gebeten, sie zu besuchen. Viele Einwohner hatten sich versammelt. Das Kino mit 900 Plätzen war voll, und etwa genauso viele Menschen oder sogar noch mehr standen um das Kino herum. Als ich ankam, bildeten die Wähler ein Spalier, um mich zum Kino durchzulassen. Mir entgegen aber schritten Leute mit ekelhaften, beleidigenden Plakaten. Im Grunde genommen war das ein Spießrutenlauf. Trotzdem erreichte ich den Saal. Die Leute saßen nicht nur, sondern standen auch um die Tribüne herum.

Sobald ich den Saal betrat, ertönten dieselben Parolen wie auf den

Plakaten. Das dauerte 5 bis 10 Minuten. Ich konnte nicht anfangen zu reden. Aus verschiedenen Ecken hagelte es Beschuldigungen und Beleidigungen. Schließlich sagte ich: »Was wollt ihr? Ihr habt mich eingeladen, ich bin gekommen. Entweder ich halte jetzt meine Ansprache und ihr stellt mir danach Fragen, oder wir kommen gleich zu den Fragen.«

Sie schrien und pfiffen weiter. Ich unterbrach sie: »Wollt ihr mich kreuzigen? Dann los!«

Plötzlich war eine weibliche Stimme zu hören: »Wie kommen Sie denn darauf, Michail Sergejewitsch! Wir sind doch Russen!«

Der Angriff war abgefangen. Nach meiner Ansprache kamen die Fragen, alles verlief normal.

Diejenigen, die dieses Treffen hatten platzen lassen wollen, hatten es nicht geschafft. Als das Publikum mich verabschiedete, standen die Leute von ihren Plätzen auf. Da umzingelte mich eine Gruppe von Leuten – die, die vorher im Saal aus allen Ecken gebrüllt hatten. Es stellte sich heraus: alles frühere Parteifunktionäre, denen der Sinn nicht nach Demokratie stand. Sie wollten sich an ihrem früheren Generalsekretär rächen.

Ich fragte sie: »Was wollt ihr eigentlich?«

Sie forderten mich auf, mich mit Sjuganow zusammenzuschließen.

»Ich kann mich nicht mit ihm zusammentun, weil ich prinzipiell anderer Meinung bin als er. Was ihr mir vorwerft, richtet sich gegen ihn: Denn Sjuganow und sein Umfeld überredeten 1991, als wir die Vereinbarungen von Belowesch[30] in den Obersten Sowjets Russlands, Weißrusslands und der Ukraine behandelten, die russischen Abgeordneten, für diesen Vertrag zu stimmen. Mit diesen Leuten will ich nichts gemein haben. Wenn Sie für Sjuganow stimmen wollen,

---

30 Die Belowescher Vereinbarung wurde am 8. Dezember 1991 von den Staats- und Regierungschefs der Russischen Föderation, der Ukraine und Weißrusslands unterzeichnet. Damit wurde der offizielle Schlussstrich unter die Auflösungserscheinungen der Union der Sozialistischen Sowjetrepubliken (UdSSR) gezogen. Gleichzeitig wurde die Gemeinschaft Unabhängiger Staaten (GUS) gegründet. (Anm. d. Übers.)

bitte schön. Das Wahlrecht dazu haben Sie ja durch die Perestrojka bekommen.«

Plötzlich hörte man:»Sjuganow, was soll das denn für ein Präsident sein?!« (Ich war derselben Meinung.)

Eine St. Petersburger Zeitung druckte einen Artikel über dieses Treffen, den jeder lesen konnte. Darin hieß es, das Kino sei brechend voll gewesen, allenfalls auf den Lüstern sei noch Platz gewesen.

Noch zu Petersburg: Ich war dort bei einem Rüstungsbetrieb, der Ozeanschiffe baut. Es war eine interessante Besichtigung – interessant war auch zu hören, wie sich die Menschen an die neue Zeit gewöhnten. Als ich gehen wollte, bat jemand:»Michail Sergejewitsch, hier ist eine junge Korrespondentin, die schon den halben Tag darauf wartet, dass Sie ihr eine einzige Frage beantworten.«

»Gut, ich bin bereit.«

Die Frage lautete:»Arbeiten Sie noch immer beim CIA?«

Ich schaute sie an: ein junges Gesicht. Jemand hatte sie auf mich angesetzt, sie erfüllte einen Auftrag. Ich antwortete:»Ja.«

»Und warum?«

»Die Bezahlung ist gut«, sagte ich und drehte mich um …

Ich möchte noch vom Treffen in der Universität in Irkutsk erzählen. Es fand in der Aula statt, wo sich Studenten, Lehrer und andere Wähler eingefunden hatten. Der Saal war überfüllt. An meine Ansprache schloss sich eine Diskussion an. Es gab viele Fragen. Auf einmal stellte sich ein Mann mit einer großen Aktentasche an einen gut sichtbaren Punkt und machte sich als Dozent des Lehrstuhls für Marxismus-Leninismus bekannt: Im Jahr sowieso haben Sie das und das gesagt, zwei, drei Jahre später das und das, dann haben Sie das und das geschrieben.»Es stimmt doch, dass Sie das gesagt haben, oder wollen Sie das etwa abstreiten?«

»Nein.«

»Und was soll man dann von Ihnen halten?« Seine Augen funkelten, es war für ihn ein »innerer Reichsparteitag«, dass er Gorbatschow »in die Enge getrieben« hatte.

»Gut, nun möchte ich Ihnen meinerseits eine Frage stellen, in Gegenwart aller Zuhörer. Vor der Oktoberrevolution hat Lenin gesagt, das Proletariat komme mit demokratischen Mitteln an die Macht und werde demokratisch regieren. Aber in seinem Buch *Staat und Revolution* setzte er sich für die Einrichtung der Diktatur des Proletariats ein. 1921 schlug er unter dem Druck der Ereignisse die Neue Ökonomische Politik (NÖP) vor. Er begründete das damit, die Bolschewiki hätten einen Fehler gemacht und einen falschen Weg eingeschlagen; sie müssten ihre Ansicht vom Sozialismus radikal ändern. Die Neue Ökonomische Politik brachte das Land schon 1926 auf das Niveau des besten vorrevolutionären Jahres, auf das Niveau des Jahres 1913. Sie sind doch sicher auf der Seite Lenins, oder?«

»Ja, ja.«

»Dann sagen Sie mir bitte: Warum geben Sie Lenin das Recht, seine Positionen, Ziele, Schlüsse, seine Politik zu ändern, und gestehen es mir nicht zu?«

Die Zuhörer applaudierten. Der Mann, der die Fragen gestellt hatte, drehte auf dem Absatz um und ging.

Ich nutzte meine Wahlreisen, um einen möglichst großen Kreis von Menschen über die Perestrojka und ihre Errungenschaften aufzuklären und darauf hinzuweisen, dass Jelzins auf den Raubtierkapitalismus, die Plünderung des Eigentums und den Zusammenbruch des Landes gerichteter Kurs ein Abenteuer sei, dem Irrtümer zugrunde lägen, für die wir schon jetzt und in der Zukunft noch lange würden zahlen müssen.

Alles begann am Tag meiner Fernsehansprache vom 25. Dezember 1991, als ich das Ende meiner Verpflichtungen als Präsident verkündete. Ich hatte meine Ansprache noch nicht beendet, da war Jelzin schon bereit, selbst aufs Dach des Kremls zu klettern, um die Flagge der UdSSR möglichst schnell einzuholen. Direkt nach meinem Fernsehauftritt sollten wir uns, wie zuvor abgesprochen, im Präsidentenbüro des Kremls treffen. Die Zeit verging, Jelzin erschien nicht. Ich rief ihn an. Er sagte, ich habe unsere Absprache verletzt, ich sei in meiner Rede zu stark von meinen Versprechungen abgewichen.

Jetzt, da Jelzin nicht mehr lebt und auch ich mich in einer kritischen Phase meines Lebens befinde, möchte ich sagen, dass ich ihm keinerlei Versprechungen gemacht hatte und auch nicht machen wollte. Er schlug dann vor, dass wir uns auf »neutralem Boden« treffen, in einem der Kreml-Säle, in dem sonst die Botschafter ausländischer Staaten empfangen wurden. Ich muss gestehen, dass ich ihn »zum Teufel« schickte. Gleichzeitig ordnete ich an, ihm das Schreiben mit dem Erlass des Präsidenten der UdSSR über die Übergabe der Vollmachten zuzustellen, und beauftragte den Verteidigungsminister Schaposchnikow, dem neuen Besitzer unverzüglich den »Atomkoffer« auszuhändigen.

Bei den damaligen Treffen mit Jelzin hatten wir besprochen, wie die Machtübergabe erfolgen sollte. Wir kamen überein, dass der Apparat des Präsidenten der UdSSR am 30. Dezember seine Arbeit einstellen würde. Aber schon am frühen Morgen des 26. Dezember stürmten Jelzin, Silajew, Burbulis und Chasbulatow mein Büro und veranstalteten ein Zechgelage »auf den Sieg«. In so etwas war Präsident Jelzin ein großer Meister. Vielleicht irre ich mich, aber mir scheint, vielen Russen gefiel das sehr. Ich glaube, ich irre mich eher nicht.

Am 23. Dezember 1991, als er den Erlass über die Zuteilung von Räumen für meine Stiftung unterschrieb, hatte Jelzin gefragt: »Soll Ihre Stiftung etwa die Rolle einer Oppositionspartei spielen?«

Ich antwortete: »Nein. Wenn du das weiterführst, was wir gemeinsam angefangen und worauf wir uns in den letzten Wochen geeinigt haben, dann werde ich dich sogar unterstützen und verteidigen, denn ich fühle mich nach wie vor für Russland verantwortlich. Wenn du aber eine Politik führst, die für mich unannehmbar ist und die ich für schädlich für das Land halte, dann werde ich sie natürlich kritisieren, und zwar offen und direkt, ohne irgendwelche Winkelzüge und Intrigen hinter den Kulissen.« Letzteres unterstrich ich bewusst, denn Intrigen waren Jelzins Lieblingsbeschäftigung. Aus den Büchern von Poltoranin und Korschakow kennen alle inzwischen die Rezepte, nach denen die Schmähschriften auf mich und meine Familie zusammengebraut und im Land verbreitet wurden.

Jelzin wandte sich vom Erhalt der UdSSR, vom Reformkurs und allmählichen Veränderungen der Gesellschaft ab und begann, die staatlichen und sozialen Strukturen und Mechanismen zu zerschlagen. Dadurch lieferte er das unvorbereitete Land der Konkurrenz aus und zwang es in die Knie. Er wollte zeigen, was für ein entschiedener Antikommunist er war. Ich denke, das ist ihm gelungen. Aber was die neunziger Jahre für unser Land und die Bevölkerung bedeuteten, ist allen bekannt. Leider sehen viele in Russland auch heute keinen Unterschied zwischen Entschiedenheit und Torheit.

Im März, April 1992 kritisierte ich die von ihm geführte Politik heftig. Zustimmung fand sie nur bei denen, die sich über die Auflösung der Sowjetunion freuten und wollten, dass Russland dasselbe Los ereilt. Ich wurde zu einem politischen Prozess vor das Verfassungsgericht zitiert. Mir wurde die Erlaubnis entzogen, ins Ausland zu reisen, was erst rückgängig gemacht wurde, als die Menschen in Italien, wo ich erwartet wurde, protestierten und auch in anderen Ländern das Vorgehen der neuen Führung in Russland verurteilt wurde.

In der zweiten Hälfte des Jahres, als ich erneut Jelzins Handlungen kritisierte, gab er Anweisung, den Raum, in dem sich meine Stiftung befand, zu beschlagnahmen, um ihre Arbeit unmöglich zu machen. Als die Mitarbeiter der Stiftung morgens zur Arbeit kamen, war das Gebäude von Omon-Soldaten mit Maschinenpistolen umzingelt. So hat er sich keinem anderen gegenüber verhalten. Damals schloss die Regierung der Russischen Föderation auch einen Vertrag mit einer amerikanischen Firma ab, die für 5 Millionen Dollar geheime Konten Gorbatschows ausfindig machen sollte. Das wurde mir erst später bekannt, als diese Firma eine Liste mit 22 Personen vorlegte, alles Mitglieder von Gajdars Regierung oder Leute, die ihm nahestanden.

Den wichtigsten Fernsehkanälen wurde verboten, mich zu Wort kommen zu lassen. Wegen eines anderthalbminütigen Interviews mit mir wurde einem Journalisten die Arbeit beim Fernsehen gekündigt. Es herrschte ein totales Verbot.

Bei einer meiner Reisen nach St. Petersburg brachte mich Sobtschak in einer Gästevilla unter. Zum Programm gehörte ein Gespräch mit ihm. Aber wie man mir später erzählte, kam ein Anruf von Jelzin:»Mit wem willst du arbeiten, mit mir oder mit Gorbatschow?«

Anatolij Sobtschak kniff, alles wurde umorganisiert. Natürlich ging die»neue Elite«, als sie sah, wie Jelzin mit dem Präsidenten der UdSSR umsprang, sofort zum Angriff über.

Übrigens muss ich Putin gegenüber, den ich damals kennenlernte, Gerechtigkeit walten lassen. Als Erster stellvertretender Bürgermeister St. Petersburgs kümmerte er sich um mich, holte mich ab und begleitete mich bei meinen Reisen durch die Stadt, wobei er ein großes Taktgefühl, echte Gastfreundschaft und ein feines Verständnis kommunaler und weit darüber hinausgehender Probleme bewies.

Aus heutiger Sicht ...

Als ich die Kapitel dieses Buches diktierte und zu meiner Wahl zum Generalsekretär kam, rief meine Schreibkraft:»Michail Sergejewitsch, heute ist der 11. März!«

Ja, der 11. März, aber nicht 1985, sondern 2009!

Die Bewertung der Perestrojka-Jahre hat sich in unserer Gesellschaft stark geändert. Die Zahl derjenigen, die der Meinung sind, die Perestrojka sei unabdinglich gewesen, hat sich erheblich erhöht. Vor zehn Jahren war es nur eine Minderheit. Trotzdem ist die Zahl derjenigen, die auch heute noch meinen, die Perestrojka sei nicht nötig gewesen, recht hoch, etwa ein Drittel. Wenn man berücksichtigt, dass die Perestrojka nicht nur unter Jelzin, sondern auch jetzt noch in politischen Kreisen totgeschwiegen oder kleingeredet wird, die neunziger Jahre und die Jahre unter Putin dagegen zunehmend in den Himmel gehoben werden, so hat die gestiegene Unterstützung der Perestrojka zum 25. Jahrestag ihres Beginns einen hohen Stellenwert.

Ich werde oft gefragt: Hat die Perestrojka eine Niederlage erlitten oder hat sie gesiegt? Meine Antwort darauf lautet: Die Perestrojka ist abgerissen, genauer: Man hat sie verhindert. Aber ihre Errungenschaften sind nicht umkehrbar. Die Strategie der Perestrojka wurde von einer Strategie der Zerstörung von Sowjetunion, Wirtschaft und sozialem Versorgungssystem abgelöst. All das geschah auf einen Schlag, was die Entwicklung unseres Landes mindestens für ein Jahrzehnt gebremst hat.

Jetzt, aus der Distanz, da ich mehr Informationen habe, überblicke ich viele Dinge und Ereignisse der damaligen Zeit besser, aber meine prinzipielle Haltung hat sich nicht geändert: Ich würde wieder mit dem Kampf für dieselben Ziele beginnen: »mehr Demokratie und mehr Sozialismus«. Meine Überlegungen und Diskussionen mit Andropow hatten mich zu dem Gedanken geführt, dass »mehr Demokratie« auch »mehr Sozialismus« heißt. Diese Formel geht auf Lenin zurück, auf die letzte Periode seines Lebens, als ihm klar geworden war, dass die Entwicklung des Landes eine falsche Richtung genommen hatte.

Das Wesen der Perestrojka besteht in der Überwindung des totalitären Systems, im Übergang zu Freiheit und Demokratie. Das totalitäre System und die an seinen Übeln krankende Gesellschaft, ebendas wollte die Perestrojka überwinden. Das ist der Schlüssel zum Verständnis der Intentionen der Perestrojka. Der Glaube daran, wenn die Sowjetmenschen die Freiheit bekämen, würden sie Kreativität und konstruktive Energie entfalten, die unabdingliche Voraussetzung für Reformvorhaben.

»So kann es nicht weitergehen!« Diese Losung entstieg der Tiefe des realen Lebens. Die hochgebildete Gesellschaft erstickte in der Unfreiheit. Die Perestrojka lag in der Luft. Es war die Zeit, da sich im Westen tiefgreifende Strukturveränderungen vollzogen und die westliche Gesellschaft trotz aller Schwierigkeiten und Probleme in eine neue technologische Epoche eintrat und eine noch höhere Produktivität erreichte.

Das totalitäre System der Breschnew-Ära war mit den Herausforderungen der neuen Entwicklungsphase überfordert. Wir haben Zeit verspielt und historisch verloren. Das Land war auf einer Abwärtsbahn. Das Entwicklungstempo, das in früheren Zeiten die höchstentwickelten Länder schnell einzuholen und den Rückstand in der Produktivität zu reduzieren ermöglichte, begann sich in den siebziger Jahren zu verlangsamen, bis es, wie bereits erwähnt, in dem Jahr, in dem Andropow an die Macht kam, bei null angekommen war.

Was die Qualität anging, so war unsere Produktion mit Ausnahme von Rüstungsindustrie und Energieressourcen nicht konkurrenzfähig. Hinzu kam: Das reichste Land der Welt konnte viele einfache Alltagsprobleme der Bürger nicht lösen. Viele Lebensmittel, Artikel für Frauen, Jugendliche, Kinder und alte Leute waren Mangelware. Man musste Kreativität, Intellekt und Interesse wecken. Das war die Aufgabe der Perestrojka mit ihrer Ausrichtung auf eine direkte freie und demokratisch gesicherte Beteiligung der Menschen an der gesellschaftlichen und politischen Entwicklung.

Wir wollten wieder zu dem zurückkommen, was Lenin nach der Revolution getan hatte. Es gibt jetzt viele scharfe Verurteilungen Lenins. Ich bin damit absolut nicht einverstanden. Ich schätze an Lenin, dass er den Kommunismus mit dem intellektuellen Fortschritt, mit der Aneignung des ganzen von der Menschheit erworbenen Wissensschatzes verbindet. Trotz aller kritischen Einwände war er ein großer Mann. Er ging das Risiko ein, die Macht in dem Moment zu ergreifen, als das Land an der Schwelle einer Katastrophe stand. Trotz seiner Entschiedenheit und revolutionären Zielstrebigkeit konnte er Fehler eingestehen, das, was er getan hatte, überdenken und Schlüsse für die Zukunft ziehen. Lenin hatte keine Angst, veraltete Ansichten über Bord zu werfen, egal ob sie von ihm selbst oder von seinen Mitstreitern stammten.

Wir wollten an den Punkt zurückkehren, an dem Lenins Überlegungen aufgehört hatten. Auch als die Frage auf der Tagesordnung stand, über die bisherigen Vorstellungen vom Sozialismus hinauszugehen, beriefen wir uns auf Lenin. Das stimmt. Die Perestrojka begann im Zeichen des späten Lenin, was historisch durchaus naheliegend war. Der Bürgerkrieg und der Kriegskommunismus hatten die

Bolschewiki zu einer Monopolisierung der Macht und zu gewalttätigen Verwaltungsformen getrieben. Das war auch der Beginn der Bürokratisierung von Partei und Staat, die Grundlage für das spätere totalitäre System.

Natürlich konnten wir am Anfang der Perestrojka noch nicht alles sehen, verstehen und bedenken. In den Anfängen sagten wir, darunter auch ich: »Die Perestrojka ist die Fortsetzung des Oktobers.« Jetzt würde ich sagen: Diese Aussage war richtig und falsch zugleich. Was die Analogie zwischen Oktober und Perestrojka betrifft, bin ich jetzt vorsichtiger geworden. Mein Anliegen war, unsere Gesellschaft frei, human und demokratisch zu machen und sich nicht auf Gewalt, sondern auf die Aktivität und das Bewusstsein der Menschen selbst zu stützen. Das würde ihnen helfen, Staatsbürger zu werden und die für das ganze 20. Jahrhundert charakteristische Situation, in der das Volk wechselnde Gruppen von »Hirten« »die Weiden abgrasen« ließ, nicht mehr zuzulassen.

Ich selbst habe in meiner Evolution verschiedene Stadien durchlaufen: die Suche, das Formulieren eines Konzepts und einer entsprechenden Politik, die Umsetzung der angestrebten Pläne, dann: die Reformen selbst, neue Entdeckungen und Schlussfolgerungen während der Perestrojka. Diese Erfahrung hat mich zu dem Schluss geführt: Die Menschen können mit der Freiheit umgehen, wenn sie den Weg von Reformen und schrittweiser Entwicklung einschlagen. Der Weg in Richtung auf eine Revolution führt zu Chaos, Zerstörung und nicht selten auch zu neuer Unfreiheit.

Hat es einen Plan für die Perestrojka gegeben? Diese Frage wird bis heute lebhaft diskutiert. Nach der Plenartagung vom März 1985 begannen wir mit konkreten, »einfachen« Schritten und bereiteten die Gesellschaft so allmählich auf neue freiheitliche Lebens- und Führungsbedingungen vor.

Den ersten Plänen zur Perestrojka lag eine gründliche allseitige Analyse des Zustands der Gesellschaft zugrunde, vor allem, was die Wirtschaft betraf. Wir baten die Teilnehmer bei Treffen und Diskussionen, ihre Sicht der Situation darzustellen. Es kam etwas Unerhörtes zu Tage, buchstäblich alle waren unzufrieden, sogar die Leute aus dem Rüstungssektor, die sich bekanntlich in einer privilegierten Situation befanden. Es drängte sich klar der Eindruck auf: Morgen oder übermorgen kann alles zusammenbrechen. Die Veränderungen waren überfällig. Die neue Führung vom März 1985 musste sie in Angriff nehmen.

Es sind jetzt einige Bücher erschienen, darunter auch das Buch *Im Politbüro des ZK der KPdSU* ... Es beruht auf den Mitschriften der damaligen Politbürositzungen und Besprechungen des ZK der KPdSU, die von Anatolij Tschernjajew, Wadim Medwedew und Georgij Schachnasarow stammen.[31] Mittlerweile ist schon die zweite Auflage dieses Buches erschienen. Es wirft ein Licht darauf, wie Politbüro, Regierung und einzelne Politiker handelten, und zeigt die reale Situation und Atmosphäre in der Führung des Landes, die von den allerersten Tagen an Reformwege suchte. Wir mussten uns aus den eisernen Fesseln des administrativen Kommandosystems befreien. Wir mussten Maßnahmen einleiten, die den Zustrom frischer Kräfte gewährleisteten, und zwar in allen Lebensbereichen. Man musste den Menschen die Freiheit geben; deshalb brauchte man Maßnahmen zur politischen Umgestaltung des Landes.

Die Perestrojka, insbesondere ihre Anfangsphase, wird oft mit den Reformen in China verglichen. China und die UdSSR sind von der Struktur und ihrem Entwicklungsstadium her ganz unterschiedliche Länder. Das chinesische Volk erreichte viel, als es die Reformen verwirklichte, die Deng Xiaoping und seine Nachfolger ausgearbeitet hatten. Und doch berührte das nur einen Teil der chinesischen Bevölkerung. Die Armut Hunderter Millionen Chinesen ist ein Faktum. Heute sind ökologische und Energieversorgungsprobleme in den Vordergrund getreten. Aber die Probleme der Demokratisierung werden für die Gesellschaft natürlich immer dringlicher.

31 *Im Politbüro des ZK der KPdSU* ... Nach Aufzeichnungen von Anatolij Tschernjajew, Wadim Medwedew und Georgij Schachnasarow (1985–1991). 2., durchgesehene und erweiterte Auflage, Gorbatschow-Stiftung, Moskau 2008. Die erste Auflage erschien 2006.

Ich war und bin immer noch der Meinung, dass Reformen da, wo ihre Zeit gekommen ist, entsprechend den Umständen durchgeführt werden müssen: in China auf chinesische Art, in Russland auf russische, in Lateinamerika unter Berücksichtigung der Besonderheiten dieses riesigen Kontinents. Dort, wo das nicht geschieht, werden die Reformen nicht nur gebremst, sondern es drohen politische und soziale Gefahren. Unter den Bedingungen der UdSSR, so glaube ich, konnten radikale Änderungen in der Gesellschaft erst eingeleitet werden, als eine neue Führungsgeneration an die Machtspitze kam.

Ich muss immer an ein lange zurückliegendes Gespräch mit Andropow denken, das stattfand, als ich im Stawropoler Land arbeitete und er noch nicht Generalsekretär war. Ich sagte ihm, ich hätte den Eindruck, das Politbüro kümmere sich wenig darum, wer die heutige Führung einmal ablöse.

Andropow entgegnete ein wenig besorgt, aber mit einem Lächeln: »Worum kümmern wir uns denn sonst außer um das Land und die Menschen?«

Mir war nicht nach Lachen zumute, und ich sagte ihm offen: »Schauen Sie sich einmal ein Foto der Führung von den Oktoberfeierlichkeiten des vorigen Jahres an. Wenn man sich das ansieht, kriegt man es mit der Angst zu tun. Alle sind über siebzig und älter, es gibt kein einziges junges Gesicht.« Und halb im Scherz, halb im Ernst fügte ich hinzu: »Ihr sterbt alle bald.«

»Willst du uns alle beerdigen?«

»Nein, Jurij Wladimirowitsch, nicht ich will Sie beerdigen, das ist der Lauf der Welt. Ich erinnere mich an den Ausspruch eines orientalischen Weisen: ›Die Menschen werden geboren, leiden und sterben.‹ Zwei Stadien hat die Führung unseres Landes hinter sich, das dritte ist nicht aufzuhalten. Die Frage, wo die jungen Leute in der Führung bleiben, muss ernst genommen werden.«

»Weißt du, Michail«, sagte Andropow, »wenn junge karrieresüchtige Leute mit zu wenig Erfahrung an die Spitze drängen und die Ellenbogen einsetzen, um hohe Posten zu ergattern, kann es in der

Führung zu Fehlern kommen. Ein altes Pferd verdirbt die Furche nicht.«

»Das stimmt, Jurij Wladimirowitsch. Aber es kommt doch auch die Zeit, da man eine neue Furche braucht, das alte Pferd aber stur den alten Weg geht. In diesem Punkt stimme ich mit Lenin überein, der gesagt hat: Wir brauchen eine Mischung aus erfahrenen, gestählten und jungen Kadern. Die Alten halten die Jungen von Abenteuern ab, geben ihre Erfahrung weiter, die Jungen treten den Alten auf die Zehen. Diese Mischung sorgt für das richtige Klima und Arbeitserfolge.«

Andropow antwortete mir lächelnd: »Da muss ich mich wohl ebenfalls Lenin anschließen.«

»Jurij Wladimirowitsch, bei uns sagt man: Es gibt doch keinen Wald ohne Jungholz.«

Das prägte sich Andropow ein, bis zum Schluss kam er immer wieder darauf zurück.

Gleich nach der Plenartagung vom März entwickelten wir ein konkretes Programm für die ersten Schritte, um es bei der nächsten Plenartagung vorzulegen. Dieses Programm wurde von der Plenartagung im April gebilligt und angenommen. Es folgten meine Treffen in Moskau und dann meine Reisen nach Leningrad, in die Ukraine, nach Weißrussland und in die anderen Republiken. Mit der Reise nach Leningrad begann die öffentliche und offene Diskussion der Fragen zur Vergangenheit, Gegenwart und Zukunft.

Teil III

WIE DIE PERESTROJKA AUSSAH

12. Kapitel

Zeit für Veränderungen

Mittlerweile gilt die ZK-Plenartagung der KPdSU vom April 1985 als Beginn der Perestrojka. Zwar wurde die neue Führung bereits auf der Plenartagung vom März 1985 gewählt; aber die Konzeption der neuen Politik wurde offiziell auf der Plenartagung vom April dargelegt.

Eine ZK-Plenartagung nach der anderen fand statt, es kam zu zahlreichen Treffen. In Moskau besuchte ich das Lichatschow-Autowerk, ein Wohnviertel, das Krankenhaus und Verkaufssalons. Aber die wichtigste Unterhaltung fand im Konferenzsaal des Lichatschow-Autowerks statt. Damals sagte ich zum ersten Mal in der Öffentlichkeit, dass wir seit den siebziger Jahren immer stärker hinter den Industrieländern hinterherhinken und unsere niedrige Wachstumsrate die Wirtschaft, den sozialen Bereich und die Rüstung beeinträchtige.

Bei den Treffen sprachen die Menschen offen und mit großer Sorge. Das war ungewöhnlich. Die Probleme kamen auf den Tisch. Die Erschließung neuer Naturressourcen in Nordsibirien und dem Fernen Osten war immer schwieriger geworden. Die demographischen Probleme hatten sich zugespitzt. Was den wissenschaftlich-technischen Fortschritt betraf, so hinkte die UdSSR eindeutig hinter den entwickelten Ländern hinterher.

Diese Treffen stießen überall auf eine lebhafte Resonanz. Und das nicht nur, um dem neuen Generalsekretär Respekt zu zollen, **367** sondern aus Interesse an der Sache. Die Menschen sprachen ihre Forderungen aus, weil sie auf baldige Veränderungen zum Besseren hofften.

Sehr interessant war die Fahrt nach Leningrad. Die Leningrader waren leidenschaftliche Anhänger der Beschlüsse des April-Plenums. Die Treffen begannen gleich auf dem Moskauer Prospekt, wo sich Hunderte von Menschen versammelt hatten. Ich musste halten, aus dem Auto steigen und die Menschen begrüßen. Dann besuchte ich die großen Industriebetriebe: Elektrosila, die Kirow-Werke, Swetlana und Bolschewitschka. Auf der Ausstellung »Intensivierung-90« traf ich mit Lehrern und Studenten der Polytechnischen Hochschule zusammen.

Mein Aufenthalt in Leningrad endete mit einem Treffen im Smolnyj, in demselben Smolnyj, in dem 1917 die Sowjetmacht ausgerufen wurde. Die Menschen wollten Informationen aus erster Hand über die Beschlüsse auf dem März- und April-Plenum, sie wollten wissen, was die neue Führung vorhatte. Nachdem ich den Leningradern meinen Tribut für all das, was diese große Stadt und ihre Bewohner geleistet haben, gezollt hatte, sprach ich viele Probleme der Stadtentwicklung offen an und appellierte am Ende an die Bereitschaft zum Mitdenken.

Als ich mich ins Flugzeug nach Moskau setzen wollte, überreichte mir der Leiter der Leningrader Kommunisten Sajkow eine Videokassette von meinem Auftritt im Smolnyj. Zurück in Moskau, sahen Raissa und ich uns das Treffen noch einmal aus der Distanz an. Wir waren überwältigt.

Ich schickte die Kassette auf der Stelle an Ligatschow und bat ihn zu prüfen, wie wir es mit der Berichterstattung über die Leningrad-Reise halten sollten. Ligatschow rief schnell zurück und sagte, Simjanin und er hätten das Video gesehen und seien der Meinung, das Zentrale Fernsehen könne alles ohne Kürzungen senden.

Ich denke, der Auftritt im Smolnyj war in vieler Hinsicht ein Meilenstein. Es war ein Präzedenzfall geschaffen worden, eine Art Messlatte für ähnliche Treffen.

Die Ausstellung »Intensivierung-85; Leningrad, 16. Mai 1985

Im Juni, Juli fuhr ich in die Ukraine und nach Weißrussland – wieder Treffen und offener Dialog. Es war mir wichtig, die Meinung der Menschen in diesen Republiken kennenzulernen. Aus verständlichen Gründen: Ich brauchte ihre Unterstützung.

Als ich im Hüttenwerk Dnepropetrowsk auftrat, wandte ich mich an die Anwesenden: »Vielleicht fragt sich jemand, ob wir uns nicht zu viel vorgenommen haben? Was meint ihr?«

Einzelne Stimmen: »Richtig so.«

»Sind das einzelne Stimmen, oder sind alle dieser Meinung?«

Einträchtige begeisterte Rufe: »Alle!«

Am Ende der Ukraine-Reise stand ein Treffen in Kiew mit leitenden Funktionären der Republik, der Gebiete und Ministerien, mit Wissenschaftlern, Künstlern und Studenten. Solange ich von den Leistungen der Ukrainer und ihrem immensen Beitrag für unsere gemeinsame Sache sprach, reagierte der Saal zustimmend. Aber ich wollte schon bei den ersten Kontakten mit der Ukraine auch die

369

Der Gang ins Volk –
mit den Leningradern,
15. Mai 1985

negativen Momente anschneiden. Als Heimat Breschnews hatte die Ukraine ja lange Jahre gleichsam unkontrolliert »unter dem Schutz und Schirm« Breschnews gelebt. Wie mir schien, nahmen die Zuhörer meine Worte aber mit Verständnis auf.

Viele Jahre freundschaftlicher Beziehungen verbinden mich mit Weißrussland. Ich verehre das Volk dieser Partisanenrepublik. Deshalb zögerte ich nicht lange und fuhr nach Minsk. Die Weißrussen sicherten mir bei allen Treffen ihre Unterstützung zu. Reich an Eindrücken kehrte ich nach Moskau zurück. Dies ist auch vor dem Hintergrund zu sehen, dass Breschnew in den letzten Jahren aus gesundheitlichen Gründen wenig durchs Land gereist war – und die anderen ZK-Sekretäre ebenso wenig.

Ich wollte schon lange einmal nach Sibirien fahren, mir ein Bild davon machen, wie die Menschen dort lebten und arbeiteten, und ergründen, warum die Öl- und Gasförderung so schlecht lief. Zusammen mit Tschernomyrdin, Minister für Gasindustrie, Dolgich, Jelzin und Bajbakow traf ich am 4. September im Gebiet Tjumen ein. Die Rundreise begann mit Nischnewartowsk, der Hauptstadt der Ölregion. Danach besuchte ich Urengoj, eine junge Stadt direkt am Polarkreis, wo damals große Projekte zur Erdgasgewinnung liefen. Ich war auch in Surgut, wo ein Kraftwerk und einige Wohnviertel gebaut wurden.

Mit den Erdöl- und Erdgasarbeitern kam es zu einer ungewöhnlich heftigen Auseinandersetzung. Obrigkeit wie Bewohner der Region beklagten sich übereinstimmend über die unzumutbaren Lebensbedingungen in dieser rauen Gegend. Die Infrastruktur hinkte stark hinter der Industrieentwicklung dieser Gegend hinterher, in die Tausende von neuen Siedlern strömten.

Eigentlich ist es eine Binsenweisheit: Wenn man ein Großprojekt in neuen, unerschlossenen Gebieten in Angriff nehmen will, muss man sich zuerst um die Infrastruktur kümmern: Straßen, Wohnraum, Strom, Heizung, Schulen, Krankenhäuser, Bibliotheken, ein Stadion, mit einem Wort um alles, was der Mensch zum Leben braucht.

Einen besonders niederschmetternden Eindruck machte die Stadt Urengoj auf mich. Sie befand sich noch im Aufbau. Viele Einwohner waren gekommen, um den »Boss« zu sehen. Die Unterhaltung war gereizt: »Wieso müssen wir in Erdhütten oder Eisenbahnwaggons hausen? Es fehlt an allem. Wieso gibt es hier am Polarkreis keine regelmäßigen Flugverbindungen mit der Hauptstadt und anderen Städten? Ach so, die Sowjetunion und Europa brauchen nur das Gas, da ist es wohl nicht wichtig, wo wir bleiben?!«

Mich empörte besonders, dass die Zuständigen für die Versorgung im Land diesen Pionieren Sibiriens und des Nordens ständig Waren lieferten, deren Frist abgelaufen war.

In der örtlichen Molkerei reichten die Kapazitäten nicht, obwohl es nur einen Monat gedauert hätte, dies zu beheben. Eine Idiotie nach der anderen. Die Maschinenbauer lieferten die Ausrüstung in Einzelteilen in den Norden, obwohl eine industrielle Montage und Lieferung von Großbauteilen in schwer zugängliche Regionen der UdSSR längst gang und gäbe war. Stattdessen mussten vor Ort Montagewerkstätten eingerichtet werden, was zusätzliche Arbeitskräfte, Wohnungen etc. nötig machte.

Auf der abschließenden Sitzung mit den Erdölarbeitern in Tjumen spürte ich, dass diese Leute allgemeine Absichtserklärungen leid waren. Sie brauchten wirksame Hilfe. Ich machte mich im Namen der Regierung dafür stark, dass ihnen umgehend unter die Arme gegriffen wurde.

Auf dem Rückflug fragte ich Raissa: »Na, du Sibirierin? Wie ist dein Eindruck, wie geht es dir jetzt?«

Die Antwort war überraschend: »Es war interessant. Ich habe mich an meine Kindheit erinnert gefühlt: dieselben Eisenbahnwaggons, Baracken, Schnee, Schneestürme und die lauten Abende, wenn die ganze Familie beisammen war.«

»Und wie fandst du es?«, fragte Raissa nach meinem Eindruck.

Nach dem, was ich gesehen und gehört hatte, gingen meine Gedanken in eine ganz andere Richtung. Ich sagte nur: »Ich muss erst einmal alles überdenken, wenn ich in Moskau bin.«

Wir trafen unverzüglich Entscheidungen zu allen brennenden Fragen. Rohre, Zement, Baumaterialien und Ausrüstung wurden nach Westsibirien geschickt. Schnell wurde Hilfe eingeleitet, was den Handel betraf, im Wohnungsbau und Servicebereich wurden Korrekturen vorgenommen. Es gelang, das Sinken der Erdölgewinnung aufzuhalten und die Ausbeute sogar ein bisschen zu steigern. Leider sollten bald hitzige Debatten das Land überrollen, und das Begonnene wurde nicht zu Ende geführt.

Meine Treffen im Lichatschow-Autowerk und die Besichtigung von Unternehmen während meiner Reisen nach Leningrad, in die Ukraine und Weißrussland überzeugten mich davon, dass die Idee der Beschleunigung des wissenschaftlich-technischen Fortschritts bei Ingenieuren, Arbeitern und besonders bei der Jugend auf offene Ohren stieß.

Deshalb fand endlich eine Allunionskonferenz zu Problemen der Wissenschaftlich-Technischen Revolution im ZK statt. Fünfzehn Jahre waren vergangen, seit Breschnew sich für eine spezielle Plenartagung zu den Fragen des wissenschaftlich-technischen Fortschritts ausgesprochen hatte.

Die Diskussion führte zur Verständigung darüber, dass die Hauptaufgabe in einer Modernisierung unseres Maschinenbaus auf der Grundlage neuer Technologien bestand. Die Mittel zur Finanzierung derartiger Pläne waren schwer aufzutreiben. Doch schließlich konnten sie gefunden werden. Die Investitionen in den Maschinenbau wuchsen um das 1,8-fache.

Besondere Hoffnungen verband ich mit den Programmen des wissenschaftlich-technischen Fortschritts im Bereich von Informatik und Rechentechnik, Entwicklung von Rotor- und Rotorfließbandlinien, Robotertechnik, Biotechnologie und Gentechnik. Diese Programme erforderten eine einschneidende Änderung der Investitionspolitik und eine ausgedehnte Kooperation mit den Betrieben der sozialistischen Länder und mit westlichen Firmen. All das wurde wie eine seit Jahren fällige scharfe Wendung aufgenommen.

Aber der Beginn meiner Arbeit bestand in der Auswechslung der Kader im Politbüro. Das hatte schon unter Andropow begonnen und setzte sich nach meiner Wahl zum Generalsekretär fort. Neu hinzu kamen Ryschkow, Jakowlew, Medwedew, Schewardnadse, Ligatschow, Worotnikow, Tschebrikow, Rasumowskij, Jelzin und später Nikonow, Dobrynin, Sljunkow, Lukjanow, Birjukowa, Talysin, Iwaschko, Girenko, Falin, Semjonowa und andere.

Der Prozess der Erneuerung der Kader erfasste auch die ZK-Sekretäre auf der Ebene der Republiken, Regions- und Gebietkomitees. Auch Ministerien und Behörden waren davon betroffen.

Der Beginn

Zu den ersten Schritten gehörte die Anti-Alkohol-Kampagne, die auf eine große Resonanz in der Gesellschaft stieß und weitreichende Folgen hatte. Die Verwunderung darüber, dass ich meine Arbeit als Generalsekretär mit diesem Beschluss begann, hat sich bis heute nicht gelegt.

Ich antworte nicht zum ersten Mal auf diese Frage, sondern erzähle noch einmal, wie es war. Schon zu Lebzeiten Breschnews hatte das Politbüro unter starkem Druck der Öffentlichkeit einen Beschluss zur Ausarbeitung eines Anti-Alkohol-Programms gefasst. Es handelte sich um ein Programm und nicht um eine Kampagne. Unter Andropow wurde die Arbeit fortgesetzt. Im Politbüro und in der Regierung wurden regelmäßig Vorträge gehalten und Anweisungen erteilt. Dasselbe geschah unter Tschernenko.

Am Beginn der Perestrojka war das Programm fertiggestellt und wurde dem Politbüro vorgelegt. Der Anhörung im Politbüro war eine Diskussion in 200 großen Kollektiven des Landes vorausgegangen. Der ausgearbeitete Komplex von Vorschlägen wurde offen auf Versammlungen der Werktätigen diskutiert.

Ich würde diese Papiere gern wiederfinden. Sie müssen irgendwo sein. An den Sinn erinnere ich mich gut. So etwas vergisst man nicht.

Die Bevölkerung sprach sich ausnahmslos für unverzügliche und entschlossene Maßnahmen zum Kampf gegen die Trunksucht aus. Die Leute fragten aus ihrer leidvollen Erfahrung mit großem Befremden: Warum unternimmt der Staat nichts? Der Alkoholismus und die Trunksucht beeinflussen doch alles: den moralischen Zustand der Gesellschaft, die Produktion, den Zusammenhalt der Familien, die Erziehung der Kinder etc.

Man konnte diese Eingaben nicht ohne Erregung lesen. In vielen Regionen wurde vorgeschlagen, ein Alkoholverbot einzuführen. In den ersten Jahren der Sowjetmacht wurde das im zaristischen Russland eingeführte Alkoholverbot »vorübergehend« außer Kraft gesetzt. Man brauchte Geld. Als Chruschtschow an die Macht kam, bemühte er sich erneut energisch, das Übel auszurotten: Er erhöhte die Alkoholpreise und begrenzte den Verkauf. Aber mit der Zeit verlief die Initiative im Sande.

Die Situation hatte bedrohliche Ausmaße angenommen. Zu Beginn der Anti-Alkohol-Kampagne waren in unserem Land 5 Millionen Alkoholiker erfasst. Der jährliche volkswirtschaftliche Schaden durch die Trunksucht bezifferte sich auf 80 bis 100 Milliarden Rubel. Der Pro-Kopf-Verbrauch, Säuglinge mit eingerechnet, lag bei 10,6 Liter reinem Alkohol! (1914, als in Russland ein Alkoholverbot eingeführt wurde, lag der Wodkaverbrauch übrigens bei 1,8 Liter, nach dem Zweiten Weltkrieg betrug er 2 Liter.)

Gromyko erzählte mir einmal von einer Unterhaltung mit Breschnew über das Thema Alkohol. Sie waren beide gerade auf dem Rückweg von Sawidowo, Breschnew saß am Steuer. Gromyko klagte, nach seiner Information habe die Trunksucht so katastrophale Ausmaße erreicht, dass es sich auf das Leben der ganzen Gesellschaft auswirke. Er sagte das, als fordere er dazu auf, etwas dagegen zu unternehmen.

Breschnew schwieg lange, dann sagte er: »Weißt du, Andrej, ein Russe ohne Alkohol, das haut nicht hin …«

Es ist nicht einfach, die wahren Gründe für die epidemisch verbreitete Trunksucht in den damaligen Jahren auszumachen. Da kommen viele Gründe zusammen. Die Tradition, die schweren Lebensbedingungen von Millionen Menschen, der Mangel im Alltag, eine niedrige Kultur, Kriegsfolgen, die drückende gesellschaftliche Atmosphäre. Einen negativen Einfluss hatte auch das Beispiel der Obrigkeit, die sich keine Gelegenheit des Alkoholkonsums entgehen ließ. Infolgedessen hatte sich in der Gesellschaft eine Toleranz gegenüber der Trunksucht herausgebildet. Aber Breschnew, der lange gegen ein Anti-Alkoholprogramm war, willigte schließlich doch ein.

Es wird oft gefragt: Von wem ging die Initiative aus? Böse Zungen behaupten, sie sei von den Politbüromitgliedern ausgegangen, die schon lange genug einen über den Durst getrunken hätten. Aber das sind Spekulationen. Die Initiative kam diesmal von unten. In den Partei- und Staatsorganen traf eine überwältigende Zahl von Briefen ein, die hauptsächlich von Ehefrauen und Müttern stammten. Schriftsteller und Ärzte forcierten die Frage und forderten ein Alkoholverbot.

Bei der Diskussion schlugen im Politbüro die Wellen hoch. Ein Alkoholverbot wurde abgelehnt. Die Maßnahmen umfassten eine kontinuierliche Verminderung der Produktion scharfer alkoholischer Getränke zugunsten eines Anstiegs der Produktion von trockenen Weinen, Bier, alkoholfreien Getränken. Die wegfallenden Einkünfte durch den Verkauf von Alkohol sollten durch andere Produkte erwirtschaftet werden und vieles mehr.

Anfangs billigte die Gesellschaft diesen Beschluss; nur diejenigen, für die das eine unannehmbare Maßnahme war, sträubten sich. Aber je mehr sich die Kampagne verbreitete, desto mehr Zweifel kamen auf und entluden sich in Nervosität, Unzufriedenheit, ja Wut. Warum? Was war geschehen?

Bei der Beschlussfassung waren Realismus und Verantwortung im Spiel gewesen, aber bei der Umsetzung wurde alles übers Knie gebrochen und das gute Vorhaben in sein Gegenteil verwandelt. Die Anti-Alkohol-Kampagne zeigte noch einmal, dass der Glaube an die Allgewalt der Kommandomethoden und administrativen Druck jedes Unterfangen zum Scheitern bringen kann.

Unter dem Druck von oben wurden im Eiltempo Läden, Wein- und Wodka-Fabriken geschlossen und hier und da auch Weinstöcke abgeholzt. Die Produktion trockener Weine wurde reduziert; die in der Tschechoslowakei erworbenen teuren Ausrüstungen für die Bierbrauereien verrotteten. Aber das Verheerendste war: Die Schwarzbrennerei nahm massenhaften Charakter an. Der Zucker verschwand aus dem Handel, in der Folge sank das Sortiment der Konditoreierzeugnisse drastisch. Die Leute waren wütend über das stundenlange Schlangestehen und die erniedrigende Warterei, um eine Flasche für einen festlichen Anlass zu ergattern. Die Obrigkeit, allen voran der Generalsekretär, der traditionell für alles verantwortlich war, wurde übel beschimpft. So kam ich zu dem Spitznamen »Mineralsekretär«.

Hier einer der Witze jener Zeit:

Die Leute stehen Schlange nach Wodka, eine Schlange, länger als ein Kilometer. Die Wartenden verfluchen die Behörden, vor allem den Generalsekretär. Ein erzürnter »Ankläger« erklärt: »Ich gehe jetzt in den Kreml und bringe ihn um.«

»Na, los«, antworten die in der Schlange lachend.

Und er geht in den Kreml. Nach einer Stunde kommt er zurück. Die Schlange ist etwas vorgerückt, aber bis zur Theke ist es noch weit.

»Na, hast du ihn umgebracht?«, fragen sie ihn.

»Nein. Die Schlange da ist noch länger.«

Was soll man dazu sagen? Ein Witz, der für manchen nicht besonders lustig ist, aber die Russen lieben ihn.

Natürlich versuchte das ganze Politbüro, darunter auch ich, die Situation unter Kontrolle zu halten, aber sie entglitt uns. Dabei hätte man mit diesem Problem durchaus fertigwerden können.

Interessant und wichtig, besonders für die, die sich bis jetzt nicht über die »Anti-Alkohol-Kampagne Gorbatschows« abregen können, ist jedoch die Tatsache, dass die in Angriff genommenen Maßnahmen zu einem Rückgang von Verletzungen, Todesfällen und Arbeitszeitverlust führten, auch Fälle von Rowdytum und Ehescheidungen wegen Trunksucht gingen zurück. Die Lebenserwartung und die Geburtenrate stiegen.

Das Alkoholproblem in Russland ist eine Frage, mit der man sich
jeden Tag beschäftigen und die man immer stärker als ein kultu-

relles Problem sehen muss. Die Situation ist jetzt noch gefährlicher geworden. Der Pro-Kopf-Verbrauch an Alkohol liegt bei mehr als 17 Litern. Jetzt muss man wieder überlegen, wie man dieses Übel eindämmt. Damals, ganz am Anfang der Perestrojka, hat man sich bei der Umsetzung des Anti-Alkohol-Programms verrechnet.

Schon wieder ein Zufall

An der Wende zum Jahr 1986 war ich bis oben hin mit der Vorbereitung des 27. Parteitags beschäftigt. Ich musste den politischen Kurs in Richtung auf die Perestrojka systematisch darlegen, untermauern und die Richtung der praktischen Arbeit konkretisieren. Üblicherweise legte der Generalsekretär auf einem Parteitag einen Rechenschaftsbericht vor. Diesmal hieß dieser bewusst »politischer« Bericht. Das erlaubte uns, auf die Analyse des Tätigkeitsberichts zu verzichten und uns auf Fragen strategischer Natur zu konzentrieren.

Das Material für den Vortrag war von der Arbeitsgruppe bis Ende Dezember so weit aufbereitet, dass ich damit nach Pizunda fahren und die Arbeit fortsetzen konnte. Außerdem hatte ich mir zu Problembereichen von akademischen Forschungseinrichtungen Angaben zusammenstellen lassen. Auf der Grundlage all dieser Papiere wollte ich mit meinen Kollegen zu einer neuen Einschätzung kommen und Schlüsse für die Entwicklungswege unserer Gesellschaft, aber auch für die globale Situation ziehen. Aufgabe der Innenpolitik sollte eine Beschleunigung der sozialwirtschaftlichen Entwicklung des Landes sein. Es ging um eine Optimierung des Systems, denn damals glaubten wir noch an eine solche Möglichkeit. Wir dachten: Wenn man der Gesellschaft ein bisschen Freiheit gibt, wird sie aufleben. Andererseits sahen wir auch schon, dass die Politik der Perestrojka auf Hindernisse stieß. Manche betrachteten sie als eine der altbekannten Kampagnen, die sich schon bald in Luft auflösen würde …

Es kam darauf an, gegen solche Zweifel aufzutreten und die Menschen von der Notwendigkeit des eingeschlagenen Kurses zu überzeugen. Einen besonderen Akzent legte ich in meinem Bericht auf das Thema Glasnost[32]. Für die Umgestaltung der Gesellschaft musste die Rolle der Partei überdacht werden. Mitte Januar stellte ich das Projekt des Berichts im Politbüro vor. Bei der Diskussion fiel mir auf, wie groß die Macht ideologischer Klischees war. »Bloß nicht der Ketzerei verfallen«, »bloß keinen falschen Schritt tun«, das war das Einzige, an was meine Freunde dachten. Es war eine unerklärliche Angst, die sie überkam.

Als ich am 23. Januar auf der Sitzung des Politbüros auftrat, sagte ich: »Wir befinden uns in einem Moment des Umbruchs. Entsprechend sieht unsere politische Linie aus. Das Wichtigste ist, sich nicht in den Haupttendenzen, in der Richtung zu irren. Wir sind keine Götter und haben nicht auf alle Fragen Antworten. Aber wir an der Spitze haben mehr Informationen als die Gesellschaft. Wir verstehen, dass ein tiefgreifender Umschwung nötig ist – und müssen den Parteitag mit dieser Einstellung beginnen … Wir brauchen die Einheit Gleichgesinnter, die die Initiative ergriffen haben und bereit sind, konsequent weiterzugehen.«

Was für Zufälle es im Leben gibt! Am 25. Februar 1986 wurde der 27. Parteitag eröffnet – ein historisches Datum, denn es fiel mit dem 30. Jahrestag des 20. Parteitags zusammen, der für meine Generation prägend war.[33]

Mein politischer Bericht wurde von den Delegierten mit Interesse aufgenommen, aber die Diskussion verlief im alten Trott: Selbstdarstellungen, Selbstdarstellungen, Versprechungen … Auch Lobeshymnen auf den Generalsekretär wurden angestimmt, obwohl man doch hätte meinen können, die Zeiten dafür seien unwiderruflich vorbei. Mich ärgerte das. Als Kulidschanow und Schewardnadse

---

32 *glasnost* = »Offenheit« im Sinne von Rede- und Informationsfreiheit (Anm. d. Übers.)

33 Der 20. Parteitag der KPdSU vom 14. bis zum 25. Februar 1956 in Moskau war der erste sowjetische Parteitag nach Stalins Tod. Nikita Chruschtschow machte dort einige von Stalins Verbrechen, insbesondere die »Säuberungen« an Parteimitgliedern, bekannt und verurteilte sie. Der Parteitag markierte eine Wende in der Geschichte der Sowjetunion. (Anm. d. Übers.)

(sonst bekannte und geachtete Männer) in dasselbe Horn stießen, griff ich in die Diskussion ein und bat, »das Pathos herunterzuschrauben« und »aufzuhören, Michail Sergejewitsch durchzudeklinieren«. Eine Lappalie, wie es scheinen könnte, aber sie zeugt von der allgemeinen Atmosphäre des Parteitags: Es erklang einhelliges Gelächter und donnernder Beifall.

Die Diskussion nahm eine sachlichere Form an. Aber auch Meinungsverschiedenheiten traten zu Tage. Ein Teil der Delegierten, der die Situation als kritisch einschätzte, sprach die Verantwortung der früheren Parteileitung an. Andere hoben die Verdienste der vorangegangenen Generationen hervor und riefen dazu auf, die Kontinuität der Politik zu wahren. Aber es kam nicht zu einer offenen Kollision der gegensätzlichen Positionen.

Sofort nach dem Parteitag musste geprüft werden, wie diese Beschlüsse in die Praxis umgesetzt wurden. Besonders hat sich mir die Reise Anfang April nach Kujbyschew (heute Samara) und Togliatti eingeprägt. In dieser Region konzentrieren sich Flugzeugbau-, Chemie-, Metallurgie- und Lebensmittelindustrie, hochentwickelte Landwirtschaft, die berühmten Wolga-Automobilwerke (WAS), die Binnenschifffahrt und große wissenschaftliche Zentren. Die Reise dauerte drei Tage. Ich hatte den Eindruck, als hätte mich eine Zeitmaschine in die Vergangenheit versetzt.

Die Sekretäre der Gebiets- und Stadtkomitees behielten ihre Untergebenen im Auge und achteten streng auf das »zulässige« Maß an Kontakt mit dem Generalsekretär. Leute, die darauf brannten, mir zu sagen, was ihnen am Herzen lag, wurden mit einer Handbewegung gestoppt, »unnötige« Gespräche unterbunden. Mein Kontakt mit den Menschen brachte die örtlichen Chefs so aus der Fassung, dass sie unhöflich wurden und eingriffen. Ich musste sie wiederholt öffentlich zurechtweisen: »Das ist mein Gespräch und nicht Ihres.« Und ich sah, wie die beleidigten Gesichter und Nacken der Chefs rot anliefen. Ich traf auf den großen Wunsch der Menschen nach Veränderungen und die Gleichgültigkeit der Obrigkeit ihnen gegenüber.

Als ich nach Moskau zurückkehrte und den Politbüromitgliedern und ZK-Sekretären begegnete, die aus anderen Regionen zurückkamen, wuchs meine Unruhe nur noch. Überall der alte Trott, im Leben der Städte und Unternehmen gebe es bislang keinerlei Anzeichen einer Umgestaltung, so lautete das allgemeine Urteil bei diesem Treffen.

Das ZK überschwemmte eine Flut von Briefen (3500 bis 4000 pro Tag), größtenteils Klagen über die Untätigkeit der örtlichen Behörden. Mein Landsmann meldete mir aus Stawropol, er sei dieser Tage mit Plänen zur Verbesserung der Produktion beim Direktor der Sowchose gewesen. »Steck deine Nase nicht in fremde Angelegenheiten«, war die Antwort, mit der er aus dem Büro geworfen wurde. Aus Gorkij kam ein Brief von einem früheren Moskauer Kommilitonen, einem Doktor der Philosophie: »Damit du es weißt, Michail, in Gorkij passiert nichts, absolut nichts.«

Am 24. April 1986 wurden im Politbüro die Diskussionen über die Gründe des Stillstands der Perestrojka fortgesetzt. Nach allgemeiner Meinung lag es an dem gigantischen Partei- und Staatsapparat, der Reformen und überhaupt jeglichen Veränderungen einen Riegel vorschob. Und das nicht nur aus Unverständnis … Ich machte die Kollegen auf ein Zitat in einer Publikation aufmerksam, deren Thema zu unserem Gespräch passte: »Chruschtschow wurde das Genick vom Apparat gebrochen, und dasselbe wird jetzt passieren.« Das war eine Warnung zur rechten Zeit …

Glasnost

Die Diskussionen über Glasnost in den Perestrojka-Jahren dauern bis heute an. Besonders irritiert hat mich Solschenizyns Aussage: »Alles wurde durch Gorbatschows Glasnost verdorben.« Er hat das mehrmals wiederholt, und ich will sein Urteil nicht übergehen. Auf dem internationalen Treffen der Zeitungs-Chefredakteure in Moskau habe ich dazu Stellung genommen und gesagt, obwohl ich Solschenizyn verehre, sei ich mit ihm nicht einverstanden. Die Perestrojka wäre ohne Glasnost undenkbar gewesen, die demokratischen Prozesse hätten ohne die Meinungs- und Pressefreiheit nicht in Gang kommen können.

Die überwiegende Mehrheit der Menschen in der Sowjetunion, im heutigen Russland und auch im Westen versteht Glasnost als Bedingung für die Freiheit. Für die sowjetische Führung bedeutete sie, anzufangen, dem Volk die Wahrheit über den Zustand des Landes und die Welt zu sagen. Aber sie war vor allem ein Instrument, um den neuen politischen Kurs zu erklären und das wichtigste Mittel, um die Menschen zu einer aktiven, selbständigen und bewussten Tätigkeit zur Erneuerung der Gesellschaft zu bewegen. Da wir die Perestrojka als Prozess demokratischer Umgestaltungen begonnen hatten, mussten auch die Mittel ihrer Umsetzung demokratisch sein. Glasnost war das Mittel, um die Menschen in die Politik einzubeziehen und sie an der Schaffung eines neuen Lebens zu beteiligen. Glasnost ist eine große Leistung der Perestrojka. Unter dem Einfluss und den Bedingungen von Glasnost und der durch sie gewachsenen Meinungsfreiheit hat sich die Gesellschaft von der Angst befreien können.

Nicht immer war das Politbüro auf der Höhe von Glasnost. Einige fanden, sie »provoziere das Volk zu wahlloser Kritik an der Partei und an unserer Geschichte«. Häufig, besonders außerhalb der offiziellen Sitzungen, wurde Unzufriedenheit über die Ungeniertheit der Presse und die rücksichtslose Art der Journalisten geäußert, die auch vor Kritik bekannter verdienter Persönlichkeiten nicht zurückschreckten. Es meldeten sich Stimmen, die forderten, der Presse einen Maulkorb umzuhängen. Sie beanspruche die Rolle eines Richters, nehme auf nichts Rücksicht und maße sich einen forschen Stil an, ohne eine verantwortungsvolle Analyse der Ereignisse und Fakten zu liefern.

In dieser Kritik steckte ein Quäntchen Wahrheit. Wie hat Václav Havel doch so richtig gesagt: »Die Meinungsfreiheit birgt immer eine Gefahr in sich, denn neben der Freiheit des Guten gibt es immer auch die Freiheit des Bösen.«

Glasnost brachte die ökologischen Probleme an die Oberfläche. Man kann nicht sagen, dass das bis dahin ein vollkommen verbotenes Thema war. Auch unter Stalin wurde über die Reduzierung der Waldflächen und die Bedeutung der in diesem Zusammenhang auf Geheiß des »großen Steuermanns« geschaffenen Waldschutzzonen geschrieben. Unter Chruschtschow kam es zu Protesten gegen Versumpfung und Bodenversalzung. Unter Breschnew wurden von Zeit zu Zeit Hinweise auf die drängendsten ökologischen Probleme veröffentlicht – der Baikalsee, der Aralsee, der Ladogasee, das Kaspische Meer und das Asowsche Meer.

Bekannte Schriftsteller engagierten sich im Kampf für den Naturschutz in den wichtigsten Bereichen – Valentin Rasputin am Baikalsee, Sergej Salygin an der Wolga, Olschas Sulejmenow im Nuklearversuchsgelände in Semipalatinsk, Viktor Astafjew an den Seen und Flüssen in Sibirien, Wasilij Below an den nordrussischen Seen, Iwan Wasiljew im Gebiet zwischen Oka und Wolga (der Untergang des Dorfes ist der Untergang des Landes – so lautete das Leitmotiv seiner brillanten Artikel). Glasnost deckte die in der Gesellschaft vorherrschende Psychologie des verschwenderischen Umgangs mit der Natur auf: Für uns heute Lebende reicht es.

Die Öffentlichkeit erfuhr, dass in 90 Prozent der Städte, also praktisch in allen Industriezentren der Sowjetunion, die Schadstoffe in der Luft die zulässige Norm stark überstiegen. Eine Welle der Empörung ging durch das Land, als bekannt wurde, dass dadurch das Erbgut der Bevölkerung gefährdet ist.

Die Arbeit musste angehalten werden, und ein Teil der 1300 Betriebe, die für die Verschmutzung verantwortlich waren, wurde geschlossen. Betrieben, deren Produktion für die Versorgung unerlässlich war, wurde nahegelegt, Maßnahmen zur Einhaltung der ökologischen Vorschriften zu ergreifen. Viele wurden jedoch für immer geschlossen.

Es gab auch übertriebene Forderungen. Einige Fanatiker forderten, die künstliche Bewässerung ganz einzustellen. Ich beruhigte die Gemüter: Jawohl, es stimme, dass wir die langfristigen Folgen der derzeitigen Eingriffe nicht absehen könnten, aber das Wasser rational zu gebrauchen, sei eine Selbstverständlichkeit. In Amerika, wo das Klima sehr viel günstiger sei als bei uns, würden 25 Millionen Hektar künstlich bewässert. Es habe keinen Sinn, gegen die Bewässerung an sich Sturm zu laufen, sondern die Methoden müssten auf den Prüfstand.

Glasnost bedeutete die Rückkehr verbotener Filme aus den Giftschränken, die Veröffentlichung kritischer Werke, die Zulassung praktisch der gesamten Dissidenten-Literatur und Herausgabe oder Wiederherausgabe der Literatur russischer Emigranten.

Die ersten Schwalben waren Rybakows *Die Kinder vom Arbat*, Dudinzews *Weiße Gewänder* und *Neue Ernennung* von Bek. Alle drei Romane erschienen 1986/87 zum ersten Mal, nachdem sie zwanzig Jahre lang unveröffentlicht in der Schublade gelegen hatten.

Anatolij Rybakow hatte mir einen Brief geschrieben und danach ein Manuskript geschickt. In künstlerischer Hinsicht machte es keinen großen Eindruck auf Raissa und mich, aber es beschwor anschaulich die Atmosphäre des Stalinismus herauf. Das Manuskript gelangte auch in die Hände der Moskauer Intelligenzija, die das ZK mit Briefen überschüttete, in denen sie das Buch als »Jahrhundert-Roman« priesen. Ich war auch schon mit dem früheren Werk Rybakows vertraut gewesen und der Meinung, dass der Roman veröffentlicht werden müsse. Die Episode mit dem Roman vermochte es, die Befürchtungen eines Teils der Führung zu zerstreuen, die mit den unabsehbaren Folgen einer Entlarvung des Totalitarismus verbunden waren.

Besonders eingehen möchte ich auf Abuladses Film *Die Reue*, der 1984 gedreht wurde und eine Schlüsselrolle in der nationalen Kinematographie einnimmt. Der Film war unter Schewardnadses »Schirmherrschaft« entstanden und wurde zunächst nur einem ausgewählten Publikum vorgeführt. Er schlug ein wie eine Bombe, sodass im Politbüro diskutiert wurde, ob er in den Verleih kommen dürfe.

Ich war der Meinung, die Künstlerverbände müssten das entscheiden. Darauf hatten die Filmer nur gewartet. Ein Präzedenzfall war geschaffen, der Damm war gebrochen, und sogleich wurden die Werke, die von der Zensur in die Giftschränke verbannt worden waren, hervorgeholt. Auch die Verlage brachten nun ungehindert Bücher heraus, neue Bücher, sowohl von sowjetischen Schriftstellern als auch denen der russichen Emigration, die sich nicht an den Kanon des sozialistischen Realismus gehalten hatten und darauf bedacht waren, die auf einem kritischen Realismus beruhende große Tradition der russischen Literatur wiederherzustellen. In Massenauflagen erschienen die Werke von Karamsin, Solowjow, Kljutschewskij, Kostomarow und anderen Historikern. Dann folgten die Bücher der russischen Emigranten aus der Zeit nach der Revolution: Bunin, Mereschkowskij, Nabokov, Samjatin, Aldanow. Und danach kehrten die großen, nach der Revolution aus dem Land gejagten oder verbotenen Philosophen in ihre russische Heimat zurück. Hier hat Alexander Jakowlew sich große Verdienste erworben. Ich kann nicht alle aufzählen und nenne nur diejenigen, die ich Zeit fand zu lesen: Solowjow, Fjodorow, Berdjajew und Florenskij. An dieser Flut von Werken sah man, wie viel meiner Generation, die nur die offizielle Ideologie vorgesetzt bekam, in geistiger Hinsicht vorenthalten wurde.

Eine Prüfung für Glasnost war das Reaktorunglück von Tschernobyl. Tschernobyl hat uns die Augen geöffnet: darauf, was mit unserer Wissenschaft los war, wie es mit der Sicherheit bestellt war und mit der Kompetenz der Mitarbeiter des Atomkraftwerks. Tschernobyl legte gravierende Probleme in dem wichtigen Wirtschaftszweig des mittleren Maschinenbaus offen, der große, darunter auch militärische Aufträge – zum Beispiel für Atomwaffen – ausführte. Die Mitarbeiter und Leiter dieses Wirtschaftszweigs hatten große Verdienste; doch hatten diese zu einem Mangel an Selbstkritik und Verantwortungsgefühl geführt.

Als wir am ersten Tag die Information über das Atomkraftwerk von Tschernobyl hörten, stieß das Politbüro auf eine unheimlich leichtfertige Einstellung der verantwortlichen Personen. Erstaunt nahmen die Politbüromitglieder die Einschätzungen des Präsidenten der Akademie der Wissenschaften und des Ministers für mittleren Maschinenbau zur Kenntnis, die lauteten:»Keine Panik, das hat es auch bei Industriereaktoren schon gegeben, aber alles hat sich eingerenkt. Um die Strahlung nicht an sich herankommen zu lassen, muss man nur ordentlich einen heben, etwas dazu essen und eine Runde schlafen ...« Diese im höchsten Maße unangebrachte Berufung auf die »eigene Erfahrung« ist eines Wissenschaftlers und Politikers dieser Ebene unwürdig.

Wir wussten noch nicht, was denn nun passiert war: eine Explosion mit Auswurf radioaktiver Stoffe oder ein Unfall, ein Brand. Die Situation war so, dass wir in den ersten zwei Tagen nicht an die Öffentlichkeit treten konnten. Aber wir handelten in der Annahme, dass etwas äußerst Gefährliches passiert war.

Eine Regierungskommission wurde gebildet, zu der Fachleute für Atomkraftwerke, Radiologen, Ärzte und Vertreter von Organisationen, die Umweltkontrollen vornahmen, gehörten. Außerdem wurden eine Kommission der Akademie der Wissenschaften der UdSSR und der Ukrainischen Akademie eingerichtet. Aber selbst noch am 27. April war die Information der Kommission unklar und unübersichtlich. Ryschkow, Ligatschow und Schtscherbizkij wurden an die Unfallstätte geschickt. Die Dimension des Unglücks trat immer deutlicher hervor. Es wurde klar, dass wir vor allem für die Sicherheit der Menschen sorgen mussten.

Fast eine Million Menschen erhielten ärztliche Hilfe, darunter 200 000 Kinder. Es wurde beschlossen, die Menschen aus der Stadt Pripjat umzusiedeln. Und als eine erste Karte der radioaktiven Verseuchung erstellt war und die Wissenschaftler zu dem Schluss kamen, dass dort in Zukunft keine Menschen mehr leben können, begann die Evakuierung zuerst aus einer 10-Kilometer-, später aus einer 30-Kilometer-Zone. Die Bewohner wollten nicht wegziehen, zum Teil musste Zwang angewandt werden. In den ersten Maitagen sind ca. 135 000 Menschen umgesiedelt worden.

Eins der schwierigsten Probleme war der zerstörte Reaktorblock. **387**

Es musste verhindert werden, dass radioaktive Stoffe durch den Erdboden in den Dnepr dringen. Dazu wurden chemische Truppen eingesetzt, die nötige Technik bereitgestellt und Deaktivierungsarbeiten in Angriff genommen. In der Anfangszeit konzentrierte sich die Sorge auf Kiew und den Dnepr. Später zeigte sich, dass Weißrussland, insbesondere Mogiljow, am stärksten betroffen war. Dutzende unbekannter Probleme mussten rund um die Uhr von den Forschungszentren in Moskau, Leningrad, Kiew und in anderen Städten gelöst werden. Viele Menschen boten ihre Hilfe an und baten, nach Tschernobyl geschickt zu werden. Wie in anderen schweren Momenten unserer Geschichte zeigten sich in diesen sorgenvollen Tagen wieder die besten Eigenschaften unserer Menschen: Selbstlosigkeit, Menschlichkeit, Mitgefühl und Hilfsbereitschaft in der Not.

Die Beseitigung der unmittelbaren Folgen der Explosion kostete 14 Milliarden Rubel, zu denen später noch ein paar Milliarden hinzukamen. Die Fachleute der Internationalen Atomenergiebehörde (IAEO) hatten keine Beanstandungen, sie bestätigten, dass alles Mögliche und Notwendige getan wurde.

Und trotzdem – in den ersten Tagen war, offen gesagt, nicht klar, dass es sich um eine Katastrophe nicht nur nationalen, sondern globalen Ausmaßes handelte. Die Unsicherheit führte zu Gerüchten und Panik. Damals und heute werden die Maßnahmen der ukrainischen, weißrussischen und zentralen Führung kritisiert. Ich kann niemanden einer verantwortungslosen Haltung gegenüber den Menschen beschuldigen. Wenn etwas nicht zeitig genug geschah, dann vor allem aus Unwissen. Nicht nur die Politiker, auch die Wissenschaftler und Spezialisten waren von dem Geschehen überrumpelt.

Mitte Mai trat ich im Fernsehen auf. Ich sprach den Opfern mein Beileid aus, berichtete von den eingeleiteten und einzuleitenden Maßnahmen und zollte der Tapferkeit der Menschen, die sich an der Beseitigung der Unglücksfolgen beteiligt hatten, meine Hochachtung. Staatliche und gesellschaftliche Organisationen vieler Länder, Firmen und Privatpersonen schickten Löschmittel, Robotertechnik und Medikamente, eine nie da gewesene Solidaritätsbekundung.

Helden des Unglücks von Tschernobyl waren neben sowjetischen Menschen auch die amerikanischen Ärzte Robert Gale und Paul Terasaki sowie der Präsident der Internationalen Atomenergiebehörde Hans Blix.

Für mich persönlich bedeutete das Reaktorunglück einen kritischen Moment nicht nur der Perestrojka-Zeit, sondern meines ganzen Lebens. Vieles musste überdacht und korrigiert werden. Mein Leben teilt sich in zwei Hälften: eine vor Tschernobyl und eine danach.

Heute stehen die Energieprobleme wieder auf der Tagesordnung, denn die nicht erneuerbaren Energiequellen neigen sich dem Ende zu, und die Wissenschaft hat bisher keine grundsätzliche Lösung des Energieproblems gefunden. Wieder ist ein Bauboom von Atomkraftwerken zu beobachten.

Lange hatte ich eine negative Einstellung dazu. Aber jetzt, da ich die Situation kenne, sehe ich an Details, dass die Weltgemeinschaft nicht auf den Gebrauch der Atomenergie verzichten kann. Doch wenn das so ist, muss die Anlage der Atomkraftwerke die ganze Erfahrung berücksichtigen, die wir haben. Das betrifft sowohl die Reaktoren selbst als auch das System der Lenkung und Sicherheit, aber in erster Linie natürlich die Kompetenz des Personals dieser notwendigen, aber äußerst komplexen und gefährlichen Objekte. Auch vor möglichen Terroranschlägen müssen die Atomkraftwerke sicher geschützt sein.

Rückschlag

Dem Schock von Tschernobyl, der die ganze Gesellschaft erschüttert und die finanzielle Situation verschärft hatte, folgte ein nicht minder schwerer Schlag: die Preise für Erdöl fielen auf 10 bis 12 Dollar pro Barrel. Unsere Deviseneinkünfte verringerten sich um zwei Drittel. Und das zu einem Zeitpunkt, da wir doch eigentlich das Entwicklungsprogramm für 1986 bis 1990 anpacken wollten.

Im Juni 1986 diskutierten wir das Projekt der sozialwirtschaftlichen Entwicklung für den 12. Fünfjahresplan. Es ging um weitreichende Veränderungen: Alle Wirtschaftszweige sollten auf neue Bedingungen umgestellt werden. Die wirtschaftliche Selbständigkeit der Betriebe sollte erweitert, ihre Rolle und Verantwortung erhöht und wirtschaftliche Lenkungsmethoden eingeführt werden. Diese neuen Anforderungen bedeuteten keine radikale Änderung der wirtschaftlichen Strategie. Der Fünfjahresplan stand unter der Überschrift »Beschleunigung«. Aber für die höhere Wachstumsrate, die Beschleunigung des wissenschaftlich-technischen Fortschritts und die technische Umrüstung der führenden Zweige, besonders des Maschinenbaus, brauchte es Investitionen.

Mit der Steigerung der Haushaltsausgaben um 10 Milliarden Rubel für die Gehaltserhöhung von Lehrern, medizinischem Personal und Kulturschaffenden hatte sich die Finanzsituation weiter zugespitzt. Hinzu kam, dass die Anti-Alkohol-Kampagne die staatlichen Einnahmen um mehrere Dutzend Milliarden Rubel verringert hatte. Auch das Rentengesetz belastete den Haushalt zusätzlich mit 45 Milliarden Rubel. Es kam eins zum anderen.

Ich war voller Zweifel, was zu tun sei, und war drauf und dran, die Ziffern für den neuen Fünfjahresplan herunterzustufen. Ryschkow und andere Kenner der wirtschaftlichen Situation trugen sich mit demselben Gedanken. Ryschkow fragte mich: »Was wollen wir machen? Wollen wir den ausgearbeiteten Fünfjahresplan durchziehen, oder müssen wir ihn revidieren und der entstandenen Situation anpassen?«

Wir wägten das Für und Wider ab – und kamen beide zu dem Schluss, nicht von dem Fünfjahresplan abzurücken.

Heute denke ich, schuld daran war die Tatsache, dass sich all das am Beginn der Perestrojka ereignete, als wir große Zukunftspläne hatten. Die Pläne waren realistisch. Aber als sich die Situation änderte, änderten wir unser Herangehen nicht, und unsere Politik wurde unrealistisch. Dabei hofften wir auf die Ergebnisse eines besseren Wirtschaftens und eines effektiveren Umgangs mit den Ressourcen. Wir verbrauchten immer noch anderthalb bis doppelt so viel – insbesondere an Energie und Zement – für die Produktion wie die anderen Industrieländer. Doch um die Effektivität und Produktivität zu erhöhen, musste noch viel getan werden.

Warnsignale

Aus den verschiedenen Regionen des Landes kamen Briefe, die warnten, die Orts- und Gebietsorgane nähmen eine abwartende Haltung ein und blieben untätig. Vor meiner Reise in den Fernen Osten (im Juli 1986) hatte ich mich mit Redakteuren von Lokalzeitungen getroffen und ihnen Unentschlossenheit und mangelndes Engagement vorgeworfen. Die Reaktion waren bittere Gegenvorwürfe: »Erzählen Sie das, was Sie uns sagen, mal lieber den Sekretären der Gebiets-, Stadt- und Bezirkskomitees. Die Zeitungen sind ja Sache der Parteikomitees, und die haben mit Glasnost nicht viel am Hut.«

Schon wieder liegt es an den leitenden Kadern, überlegte ich. Vielleicht war es ja wirklich die Haltung der Parteikader, die die praktische Arbeit vor Ort behinderte? Sie sind ein Bremsklotz … Unter dem Eindruck dieser Gedanken fuhr ich nach Wladiwostok, Komsomolsk am Amur und Chabarowsk.

Ein kleiner Exkurs. Kürzlich sah ich einen Film über die Geschichte unserer Marine und ihr Schicksal nach dem Zerfall der Sowjetunion. In dem Film wurde hervorgehoben, dass die Menschen in der U-Boot-Fabrik in Komsomolsk am Amur von Gorbatschow Hilfe beim Bau neuer U-Boote erwartet hatten, während er sich für einen Möbelbetrieb und allerlei Nebensächlichkeiten interessierte. In Wirklichkeit jedoch machte ich mich damals vor allem mit der Konstruktion eines neuen U-Boot-Modells vertraut. Das Material sollte tieferes Tauchen ermöglichen und damit den Lärm auf ein Minimum reduzieren. Das war die vordringlichste Aufgabe, und sie wurde gelöst. Ich habe dieses Projekt auf jede erdenkliche Weise unterstützt und mich ins Zeug gelegt, dass das Modell schnellstmöglich in Betrieb genommen werden konnte. Das war das Wichtigste an meiner Reise. Aber es war kein Thema für die Presse.

Als ich in Komsomolsk die Besichtigung des U-Boot-Betriebs beendet hatte und durch die Stadt ging, hörte ich die unglaublichsten Geschichten: In der größten Sommerhitze sei in der Stadt kein Eis aufzutreiben, die Einwohner bekämen Wohnungen, könnten sie aber nicht einrichten, weil sie ans Ende der Welt fahren müssten, um Möbel zu kaufen. Die Rüstungsbetriebe schickten täglich Frachtflugzeuge nach Taschkent, aber von Taschkent Obst und Gemüse für die U-Boot-Arbeiter liefern zu lassen, dafür fühlte sich niemand zuständig.

Ich brach meinen Urlaub ab und reiste nach Krasnodar und nach Stawropol. Ich wollte mit den Menschen reden, meine Überlegungen überprüfen. Es geschah kein Wunder. In Krasnodar und Stawropol war es dasselbe. Die Unterstützung der Bevölkerung für die Perestrojka war nicht geringer geworden, aber die Verwaltungs- und Parteistrukturen ließen alles beim Alten. Es sah aus, als seien alle dafür, aber ändern tat sich nichts. War das eine Unfähigkeit, das Verhalten zu ändern, oder machte sich hier ein intuitiver Selbsterhaltungstrieb bemerkbar?

Die Menschen bemerkten das und nutzten Glasnost, um ganz offen und ohne Rücksicht die Obrigkeit zu kritisieren und ihr vorzuhalten, sie kümmere sich nur um ihre eigenen Interessen und zu wenig darum, die Arbeit neu zu organisieren. Es gab keine Verbesserung der sozialen Situation. In der Flut von Korrespondenz an das ZK der KPdSU gab es immer häufiger Briefe, in denen sich die Menschen besorgt über das Geschehen äußerten. Jemand aus Weißrussland forderte ganz unverblümt: »Michail Sergejewitsch, erteilen Sie den Befehl, das Hauptquartier zu bombardieren!« Er schlug also vor, die Losungen der chinesischen Kulturrevolution umzusetzen. So weit gingen die Interpretation und die Auffassung in der öffentlichen Meinung.

Diese Reisen überzeugten mich davon, dass die Veränderungen von den Verwaltungsetagen nicht ausreichend unterstützt wurden. Die Beamten sabotierten die Perestrojka und weigerten sich, die einfachsten Alltagsprobleme der Leute in die Hand zu nehmen. In großer Besorgnis kehrte ich nach Moskau zurück. Ich kann nicht sagen, dass alle meine Kollegen im selben Maße beunruhigt waren.

Gegen Ende des Jahres 1986 war ich mir endgültig der Notwendigkeit bewusst, dass eine Plenartagung zu Fragen der Kader stattfinden musste. Wir begannen das Material vorzubereiten. Aber die Arbeit an meinem Vortrag zog sich hin.

Dennoch konnten wir am 1. Dezember das Konzept bei einer ersten Lesung besprechen. Trotz aller Unterschiede in den Positionen meiner Kollegen fanden die wesentlichen Ideen des Konzepts Unterstützung.

Für die abschließende Arbeit an dem Vortrag begab ich mich nach Sawidowo, den Landsitz des Generalsekretärs. Alexander Jakowlew, Wadim Medwedjew und Walerij Boldin begleiteten mich.

Die Arbeit ging langsam voran. Es gab einen Moment, da gerieten wir in eine Sackgasse und zerstritten uns. Ich schlug meinen Kollegen vor, die Arbeit zu unterbrechen und auseinanderzugehen, damit jeder für sich nachdenken könne. Fast achtundvierzig Stunden später kamen wir wieder zusammen.

Die Situation war so, dass ich überlegte, ob ich die Zusammensetzung der Gruppe ändern sollte. Doch ich ließ es und tat recht daran.

Nachdem sich die Wogen geglättet und wir die Arbeit wieder aufgenommen hatten, kamen wir in den prinzipiellen Fragen schnell zu einer Einigung.

Klar war: Ohne das Nomenklaturaprinzip in der Kaderpolitik zu überwinden und eine Demokratisierung von Partei und Gesellschaft herbeizuführen, war die Situation hinsichtlich der Kader nicht zu ändern. Diese Schlussfolgerung stützte sich auf die Analyse der damaligen aktuellen Situation. Ich kann mich erinnern, wie Ryschkow einmal in einer Politbürositzung sagte, nicht ein einziger der sechzig Minister habe seinen Rücktritt eingereicht, obwohl es bei vielen längst an der Zeit sei und sie mit der neuen Situation ganz offensichtlich überfordert seien. Und auch im Ganzen gesehen begünstigten Zusammensetzung und Niveau der Kader mit Sicherheit nicht die Durchführung einer tiefgreifenden Reform. Aus Vorgesprächen über das Plenum wusste ich, dass ich fest auf die Unterstützung von Ryschkow und Schewardnadse zählen konnte.

In einem Vieraugengespräch mit Worotnikow spürte ich seinen Argwohn. Und die anderen? Würden sie die grundlegenden Ideen der Demokratisierung unterstützen? Schließlich bedeutete dies tatsächlich das Ende des Nomenklaturaprinzips. Anstelle der Nominierungen würde es Wahlen geben müssen, zudem echte Wahlen. Ein neues entscheidendes Element würde in die Kaderauswahl eingeführt – die Meinung und der Wille von Bürgern und Parteimitgliedern.

Nach schwierigen Vorarbeiten wurde mein Referat für die Plenarveranstaltung am 19. Januar 1987 dem Politbüro vorgelegt. Die Aufnahme übertraf alle Erwartungen. Fast alle Politbüromitglieder und ZK-Sekretäre unterstützten es. Gromyko gab den Ton an: »Das Projekt ist sehr tiefgreifend … Es gibt ein Kontingent von Kadern, die sich noch nicht bewähren konnten, und es gibt diejenigen, für die das eine Nummer zu groß ist. Es geht um Sein oder Nichtsein des sozialistischen Staates.«

Ryschkow bemerkte: »Die Kritik ist hart, aber die Situation ist nicht ausweglos.« Er bekannte sich eindeutig zur Unterstützung des Abschnitts über die Demokratisierung und verknüpfte dieses Thema mit den Problemen der Wirtschaft. Er schlug vor, eine maximale Frist zur Ausübung staatlicher Ämter, darunter auch von Ministern, einzuführen sowie geheime alternative Wahlen der Sekretäre von Parteikomitees.

Ligatschow sah, dass von dem in der Organisationsabteilung vorbereiteten Routinematerial, das er gutgeheißen hatte, im Projekt des Vortrags praktisch nichts mehr übrig war. Doch er gab die beste Note. Mehr noch, er sprach sich für die Notwendigkeit der Reform des politischen Systems aus. »Mich beschäftigt der Gedanke, was man tun muss, damit wir nicht immer wieder Krisen durchmachen müssen, die unmäßigen Schaden anrichten. Ich bin überzeugt: Das Wichtigste ist die Demokratisierung.«

Auch Schewardnadse griff dieses Thema auf. Er erinnerte an den

Krieg in Afghanistan und sagte, früher »wurde das Kollegialprinzip oft missachtet, Entscheidungen wurden von einer kleinen Gruppe getroffen, ohne Einbeziehung der Mitglieder des Politbüros, ganz zu schweigen von den Mitgliedern des ZK der KPdSU und den höchsten Staatsorganen«. Jetzt»bildet sich ein ganzes System von Maßnahmen heraus, das garantiert, dass sich diese Fehler nicht wiederholen. Das ist eine moralische Revolution.«

Da Jelzin selbst keinerlei Anstalten machte, das Wort zu ergreifen, fragte ich ihn, ob er nicht etwas sagen wolle. Er begann mit der»Unterstützung der Mehrzahl der im Vortrag aufgeworfenen Fragen«, sagte, er teile den kritischen Ansatz bei der Bewertung der Vergangenheit, halte es aber für unerlässlich, eine klare Einschätzung der Perestrojka-Zeit vorzunehmen. Weiterhin sagte er, die Schuld an der Stagnation und der verlangsamten Entwicklung des Landes trügen die Mitglieder von Politbüro und ZK in deren früherer Zusammensetzung, weshalb man jedem von ihnen eine persönliche Bewertung geben müsse.

Nach einer mehrstündigen Diskussion merkte ich in meiner Schlussrede an, die Hauptaufgabe der Plenartagung bestehe darin, die tieferen Gründe offenzulegen, die uns zu der derzeitigen Situation geführt hätten, und die sich unter solchen Schwierigkeiten in unserem Land vollziehenden Umgestaltungsprozesse zu unterstützen. Ich sprach mich dagegen aus, das Problem auf die Einschätzung der früheren Führung und ZK-Mitglieder zu reduzieren. Wichtig seien für uns die politischen Schlussfolgerungen und Lehren für die Zukunft. Die Perestrojka käme langsam voran, und wie in meinem Referat ausgeführt, hänge das in hohem Maß mit den Kadern zusammen. Man müsse frische Kräfte hinzuziehen, aber die Sache nicht übers Knie brechen und keine Jagd auf die Kader veranstalten. Die Perestrojka sei im Namen der Stärkung demokratischer Prinzipien in Gesellschaft und Partei angetreten. Dieses Ziel könne man nicht mit undemokratischen Herangehensweisen erreichen.

Im Politbüro kam man – was mich freute – zu dem Schluss: Mit diesem Vortrag musste man sich vor dem Volk nicht schämen.

Auf der Plenartagung, bei der von den insgesamt 77 Rednern, die sich für die Debatte angemeldet hatten, 34 das Wort ergriffen, kritisierten alle die Bürokratie, alle waren Feuer und Flamme für die Demokratisierung. Und doch brachte uns diese Tagung, sosehr sie sich auch von den vorhergehenden in Atmosphäre und Ernsthaftigkeit der Diskussion unterschied, in der Hauptfrage kaum einen Schritt weiter. Niemand wagte es, die Rechtmäßigkeit des Parteimonopols bei Personalentscheidungen anzuzweifeln. Die Frage, wie freie Wahlen mit dem Nomenklaturamechanismus zu vereinen seien, umgingen die Redner lieber.

Die KPdSU war ein mächtiger Nomenklaturaapparat mit eingefahrenen Gewohnheiten und Spielregeln. Das Politbüro selbst war ein organischer Teil von ihm. Doch die Mehrheit der Politbüromitglieder ließ sich ungern auf eine Umgestaltung der Partei ein und bremste sie später. Die Macht des Generalsekretärs war gewaltig. Aber er war nicht allmächtig.

Als ich Präsident geworden war, hatte ich mich einverstanden erklärt, den Posten des Generalsekretärs beizubehalten – obwohl die KPdSU immer offener zu einem Gegner der Perestrojka wurde. Es gab damals auch den Vorschlag, diesen Posten aufzugeben. Was das gebracht hätte, ist schwer zu sagen. Aber ich hätte wenigstens freie Hand gehabt und nicht unbedingt Politbüromitglieder und Kandidaten, die sich immer noch allein für berechtigt hielten, über das Schicksal unseres Landes zu entscheiden, auf wichtigen Staatsposten belassen müssen.

Hinter alldem stand auch eine objektive Schwäche. Ein Ersatz für die KPdSU-Nomenklatura war in dieser kurzen Frist nicht zu finden. Woher sollte man die neuen Perestrojka-Kader nehmen? Die stalinistische Partei-Vergangenheit hatte die »Lifts« zum Aufstieg selbständig denkender Menschen unter harter Kontrolle. Es wäre aber bei weitem nicht so einfach gewesen, die Partei als solche zu reformieren, die KPdSU, wie es so manche rieten, zu spalten oder die »echten« Perestrojka-Verfechter herauszufiltern, war nicht so einfach; obwohl die Entwicklung objektiv in diese Richtung ging, aber sie wurde leider vom rasanten Gang der Ereignisse in unserem Land überholt.

Das Januarplenum des Jahres 1987 ist mir auch deshalb in Erinnerung geblieben, weil damals zum ersten Mal die Widersprüche in Bezug auf die Frage der Glasnost an die Oberfläche drangen. Iwan Poloskow, der Sekretär des Kreisparteikomitees von Krasnodar, sagte »das Notwendige« und fuhr dann fort: »Was liest die heutige Jugend gern? Welche Werke begeistern den Spießbürger? *Der Brand, Der Richtplatz, Der traurige Detektiv* und so weiter. Das Gleiche im Theater. Dort werden, ebenso wie in den Zeitschriften, akribisch unsere Wunden offengelegt. Kein Wunder, dass sich Verzweiflung in der Seele breitmacht! … Die negative Darstellung der Wirklichkeit ist beinahe zur einzigen Methode geworden, dabei sollte man die Ideale bestärken! Ist es nicht an der Zeit, dass wir uns damit gründlich auseinandersetzen?«

Die bekannte Weberin Valentina Golubewa, zweifache »Heldin der Sozialistischen Arbeit«, sagte: »Ich meine, die bloße Kritik und das Aufspüren von Mängeln ziehen sich schon viel zu lange hin. Wir müssen ganz deutlich unterscheiden zwischen interessierter, konstruktiver Kritik und hohler, manchmal geradezu bösartiger Krittelei … Es muss alles mit Augenmaß geschehen, sonst besteht die Gefahr, dass wir ins andere Extrem verfallen.«

Glasnost wurde, wie zu erwarten war, das erste Schlachtfeld des Kampfes um die Freiheit. Und es fanden sich ZK-Mitglieder, die »den Handschuh aufnahmen«. Der meiner Ansicht nach vom Inhalt wie auch von der emotionalen Färbung her stärkste Auftritt war der unseres mittlerweile schon verstorbenen großen Künstlers Michail Uljanow:

»In unser gesellschaftliches Leben wird das Allerwichtigste eingeführt – Glasnost, Demokratie, Selbstverwaltung. Ich glaube, dass diese drei Säulen, wenn wir sie nicht abschleifen, glätten und schmälern, die gewaltigen Probleme lösen können, die unser Volk und die Partei heute haben. Glasnost ist ungeschliffen und ungeglättet, demokratische Gesinnung von oben bis unten, Selbstverwaltung, an der das Volk teilhat. Die Zeit der Rädchen ist vorbei, und das ist wunderbar. Die Zeit des Volkes, das seinen Staat selbst lenkt, ist gekommen.« **397**

Das Plenum billigte mein Referat, schloss sich der Einschätzung der Gründe für die Krise der siebziger und achtziger Jahre an, unterstützte die Idee der Demokratisierung und den Vorschlag für eine Parteikonferenz. Doch es wurde auch deutlicher, dass viele ZK-Mitglieder nicht zu der Wendung bereit waren, die das Referat anvisierte. Und was sollte man dann von den Mitarbeitern anderer Parteiorgane, von der riesigen Nomenklatura erwarten?

Die Jahreswende 1986/87 ist als erstes gravierendes Anzeichen für eine Krise der Perestrojka zu werten. Die Gesellschaft lebte in der Erwartung erfolgversprechender und leicht durchzuführender Veränderungen und ahnte noch nicht, welche Schwierigkeiten der hartnäckige Widerstand der Retrograden und die Aggressivität der Radikalen mit sich bringen würden.

13. Kapitel

Eine neue Weltsicht:
Die Menschheit hat aufgehört,
unsterblich zu sein

Von Anfang an war mir klar: Ohne eine Verbesserung unserer internationalen Beziehungen war an radikale Reformen in unserem Land nicht zu denken. Der Druck, der mit unserer Beteiligung am aufreibenden Wettrüsten und unserer Involvierung in Konflikte an verschiedenen Punkten des Erdballs zusammenhing, musste herabgesetzt werden. Wenn man eine neue Welt haben wollte, musste Schluss mit dem Kalten Krieg gemacht werden. Versuche, die internationalen Beziehungen zu verbessern, konnten nicht aufgeschoben werden, sondern mussten Bestandteil unseres politischen Kurses sein.

Wenn man mich nach den Motiven für die Perestrojka fragt, betone ich immer die innenpolitischen Gründe. Aber die außenpolitischen Gründe waren nicht minder wichtig, insbesondere die atomare Bedrohung mit ihren unvorhersehbaren Folgen für unser Land und die ganze Welt. Einstein hat als Erster von der Notwendigkeit eines neuen Denkens im Zeitalter der Atomwaffen gesprochen. Die Menschheit hat aufgehört, unsterblich zu sein. Wir müssen den Erhalt des Lebens auf der Erde in den Vordergrund rücken.

Mitte der achtziger Jahre war die Gefahr eines Atomkriegs gestiegen. Die internationale Gemeinschaft steckte in einer Sackgasse. Das höllische Wettrüsten hatte eine solche Geschwindigkeit erreicht, dass schwer vorstellbar war, wie man es anhalten oder zumindest bremsen könne. Es bestand auch die Gefahr, dass es zu einem Atomkrieg hätte kommen können, ohne dass ihn jemand wollte. Man musste etwas tun.

Das neue Denken erlaubte es, die recht verstandenen Interessen unseres Landes mit den Interessen der Menschheit zu verbinden. Auf diese Weise öffnete sich die Möglichkeit einer fruchtbaren Zusammenarbeit mit anderen Staaten.

Als wir die Perestrojka begannen, deren Sinn ja darin bestand, unserem Volk die Freiheit zu geben, musste die sowjetische Führung dieses Recht auch den anderen Ländern zugestehen. Das führte zur prinzipiellen Ablehnung jeder Einmischung in die Angelegenheiten der »Bruderländer« des Warschauer Paktes. Damit war einer der wichtigsten Schritte zur Befreiung vom stalinistischen Erbe vollzogen.

Die sowjetische Führung hat recht daran getan, sich nicht in die Veränderungen Mittel- und Osteuropas einzumischen. Bis heute wird mir vorgeworfen, ich hätte diese Länder »abgegeben«. Nein, ich habe sie nicht abgegeben, sondern nur dem Volk dieser Länder überlassen.

Die neuen Prinzipien der Perestrojka haben auch eine entscheidende Rolle bei der Wiedervereinigung Deutschlands gespielt. Hauptakteur der Wiedervereinigung war das Volk dieser Länder. Das ist die sicherste Grundlage für Verständigung und Zusammenarbeit.

Bekanntlich wurde die Entspannung der siebziger Jahre in vieler Hinsicht durch unsere Zusammenarbeit mit Frankreich ausgelöst. Dies bestimmte die Wahl von Frankreich als dem Land, in das ich in meiner Eigenschaft als Generalsekretär meine erste offizielle Auslandsreise unternahm. Damals sagte ich, wir leben in einem gemeinsamen Haus, auch wenn die einen dieses Haus durch den einen Eingang betreten und andere einen anderen Eingang benutzen. Wir müssen die Kommunikation in diesem Haus gemeinsam aufnehmen. So kam erstmals das Bild von »unserem gemeinsamen Haus Europa« zustande. Genau darüber sprach ich mit François Mitterrand, mit dem mich seit dieser Begegnung intensive Beziehungen verbanden.

Mit François Mitterrand bei einer Pressekonferenz in Paris, Oktober 1985

Ein Jahr später trafen wir uns in Moskau, und ich vernahm von ihm den klar formulierten Gedanken: »Europa muss wieder der Hauptakteur seiner eigenen Geschichte werden, damit es sich in vollem Umfang für Gleichgewicht und Stabilität in den internationalen Beziehungen einsetzen kann.«

Mitte der achtziger Jahre war die Zeit des Kalten Krieges auf dem Höhepunkt angekommen. Nach dem Einmarsch der sowjetischen Truppen in Afghanistan war die Situation extrem angespannt. Es musste etwas geschehen. Die Führer der USA und der UdSSR hatten sich sechs Jahre lang nicht getroffen. Ich fand, wir müssten uns aufeinander zubewegen und den Dialog wieder aufnehmen. Die Beibehaltung der entstandenen Situation war nur dazu geeignet, die Lage weiter anzuheizen. Wir mussten uns treffen.

Das Treffen fand Ende 1985 in Genf statt. Die ganze Welt setzte große Hoffnungen darauf. Zur Berichterstattung über das Gipfeltreffen waren 3500 Journalisten angereist. Wir hatten uns gründlich vorbereitet. Koordinator der Vorbereitung war das Außenministerium

401

unter dem neuen Außenminister Schewardnadse. Es wurden Direktiven für dieses Treffen ausgearbeitet. Diese Ausarbeitung oblag Kommissionen, denen Gruppen des Außen- und des Verteidigungsministeriums sowie des KGB angehörten. Bei Fragen, die wirtschaftliche Probleme betrafen, wurden auch die Staatliche Planungskommission und Fachleute eingeschaltet. Die weitere Ausarbeitung übernahm dann eine spezielle Kommission unter der Leitung des Politbüromitglieds Sajkow. Die vorläufigen Pläne für die Direktiven wurden nach Fertigstellung dem Politbüro als letzter Instanz vorgelegt.

Ich spreche absichtlich so ausführlich darüber, weil es zahlreiche Mutmaßungen darüber gibt, wie diese Entscheidungen zustande kamen. Die letzte Instanz, diese oder jene Vorschläge gutzuheißen oder abzulehnen und neue Anordnungen zu erlassen, war das Politbüro. Dem Politbüro wurden auch grundlegende Vorschläge sowie kritische Bemerkungen zu dem Projekt unterbreitet.

Die Verhandlungen und anderen Treffen in Genf dauerten circa 15 Stunden. Fünf oder sechs Treffen fanden mit Reagan unter vier Augen statt, wobei wir jedes Mal den Zeitplan überzogen.

Das erste Treffen fand in Reagans Residenz statt. Er empfing mich am Eingang. Wir begrüßten uns. Von außen betrachtet schien es, als seien wir guter Stimmung. Ja, mehr als das, es sah aus, als träfen sich zwei alte Bekannte oder Freunde. Als wir aber unsere Delegationen weggeschickt hatten und uns mit den Dolmetschern zurückzogen, änderte sich die Atmosphäre nach wenigen Begrüßungsworten schnell. Wir stritten und schoben einander hitzig die Verantwortung für das Wettrüsten in die Schuhe, das die Welt an den Rand eines atomaren Konfliktes gebracht hatte.

Reagan ließ sich lange über unsere Einmischung in die Angelegenheiten der »Dritten Welt« aus. Das sei der Grund für die Spannungen zwischen Washington und Moskau. Meine Antwort war, wir hätten nicht die Absicht, die »Revolution zu exportieren«. Wir unterstützten nur genauso wie die USA die Freunde in unserer Interessensphäre.

Mit dem amerikanischen Präsidenten Ronald Reagan in Genf, November 1985

Ich weiß noch, wie mich die Mitglieder der sowjetischen Delegation nach dem ersten Treffen umringten. Sie wollten wissen, was ich für einen Eindruck von Reagan hatte, den man nicht nur bei uns, sondern in der ganzen Welt als »Falken« bezeichnete. Ich sagte, Reagan sei ein Mann extrem konservativer Überzeugungen, ja, er sei ein »richtiger Dinosaurier«. Später erfuhr ich aus *Newsweek*, dass Reagans Umfeld ein ähnliches Interesse an mir an den Tag gelegt hatte. Und Reagan soll gesagt haben, »Gorbatschow ist ein richtiger Betonkommunist«.

Mit der Zeit wurde der Ton zwischen uns jedoch sachlicher. Ich erklärte Reagan, wir wollten nicht in Afghanistan bleiben und strebten eine politische Lösung des Afghanistan-Konflikts an. Und wir hätten nicht vor, gegen die USA einen Krieg zu führen.

Uhrenvergleich vor dem Gespräch in der Villa Fleur d'Eau, 19. November 1985

Reagan legte sich ins Zeug, um mich für sein Programm der weltraumgestützten Raketenabwehr (SDI) zu gewinnen, das ein reines Verteidigungssystem sei. Meine Antwort darauf war eindeutig: Dieses Programm sei nichts anderes als der Versuch, das Wettrüsten in den Kosmos zu verlagern. Die Beteuerungen des Präsidenten könnten uns nicht in die Irre führen. Ich sagte, wenn die Amerikaner unsere Argumente gegen dieses Programm nicht verstünden, bliebe uns nichts anderes übrig, als darauf zu antworten.

Seit dem Treffen ist viel Zeit vergangen. Aber ich erkläre erneut: Meine Warnung, wir würden auf das SDI-Programm antworten, war kein Bluff. Wir hatten tatsächlich ein solches Programm.

»Wenn ich sehe, dass die USA uns nicht glauben, frage ich mich: Warum sollen wir den USA mehr glauben als sie uns? Ich glaube, so

kommen wir nicht weiter«, schloss ich, und es entstand ein drücken-
des Schweigen.

»Sollen wir uns nicht ein wenig die Beine vertreten?«, schlug Reagan vor. Er bat mich in das Häuschen im Hof der Villa, in der die Verhandlungen stattgefunden hatten. Es begann ein »Gespräch am Kamin«. Einige meiner Gesprächspartner, mit denen ich mich in den
Perestrojka-Jahren traf, luden mich übrigens ganz ähnlich zu einem
Gespräch am Kamin ein. Die scheinbare Spontaneität Reagans war
also in Wirklichkeit ein gut durchdachter Schachzug. Sobald wir
Platz genommen hatten, zog er ein Blatt Papier aus der Tasche und
reichte es mir. Es waren Vorschläge zur Rüstungskontrolle, die neun
Punkte umfassten. Der Text war russisch.

Ich las und sagte, mir stießen schon bei der ersten Lektüre inak-
zeptable Dinge auf. Die Annahme eines solchen »Paketes« erlaube
den USA doch nur, ihr Programm der weltraumgestützten Raketenabwehr weiterzuführen. Das Gespräch versiegte. Es war warm und
gemütlich in dem Raum. Das Feuer im Kamin loderte, aber das
Gespräch war nicht dazu angetan, unsere Stimmung zu heben. Wir
kehrten in die Villa zurück. Unterwegs lud mich Reagan ein, die
USA zu besuchen. Ich revanchierte mich sofort und lud ihn in die
Sowjetunion ein. Wir nahmen die Einladungen an, das Eis war gebrochen … Langsam und mühevoll begann sich in diesen schwierigen Diskussionen ein Lichtstreif zwischen uns beiden und zwischen
den Delegationen beider Seiten abzuzeichnen.

Am selben Tag wandte sich Reagan plötzlich mit einer Frage an
mich: »Wie würden Sie es beurteilen, wenn die Vereinigten Staaten
für den Fall einer Bedrohung unserer beiden Länder aus dem Kosmos eine Zusammenarbeit vorschlügen?«

Ich erwiderte: »Wir würden ihren Vorschlag annehmen. Ich hoffe,
dass Ihr Land ebenso handeln würde.«

»Ja, natürlich«, sagte Reagan.

Am nächsten Tag stand das Thema Menschenrechte im Zentrum
der Diskussion. Reagans Lieblingsthema: Wenn die Sowjetunion
bessere Beziehungen zu Amerika haben wolle, müsse sie ihre Repu-

Am Kamin in der Villa Fleur d'Eau, 19. November 1985

tation im Bereich der Freiheit des Einzelnen verbessern. Ich erläuterte meine Ansichten zu dieser sehr wichtigen Problematik. Dabei unterstrich ich jedoch: Die Vereinigten Staaten dürfen anderen nicht ihre Standards aufzwingen. Jedes Volk hat das Recht, seine Wahl zu treffen.

Am nächsten Tag kamen wir bei den Reagans zum Abendessen zusammen. Die Experten arbeiteten noch an dem Abschlusskommuniqué, dessen Annahme nicht sicher war. Die Amerikaner nutzten die Gelegenheit aus, weil sie meinten, unser Interesse an einem abschließenden Dokument sei größer als ihres.

Als die Delegationen eine Kaffeepause machten, kamen Außenminister Shultz, Kornijenko und Bessmertnych zu uns und berichteten von der Arbeit an dem Kommuniqué. Shultz, sonst ein ruhiger, ausgeglichener und besonnener Mann, fiel auf einmal dem berichtenden Kornijenko ins Wort und widersprach ihm scharf. Kornijenko antwortete hitzig. Er stand hinter mir, und ich sah auf einmal, dass er sich wie eine Rakete auf Shultz zu werfen drohte. Ich drehte mich um und erblickte das rot angelaufene Gesicht unseres stellvertretenden Außenministers. Das sah nicht nach einem diplomatischen Meinungsaustausch aus.

Shultz wandte sich an mich: »Mister Generalsekretär, da sehen Sie ja, wie unsere Arbeit läuft. Wie soll man auf diese Weise denn zu etwas kommen?!«

Präsident Reagan schlug vor: »Komm, wir hauen mit der Faust auf den Tisch.«

Ich: »Warum nicht?«

Und wir hauten mit der Faust auf den Tisch – beziehungsweise nicht auf den Tisch, sondern auf einen schwarzen Klavierdeckel – und gingen auseinander. Ich rief meine Kollegen zu mir und fragte: »Worum geht es?«

Kornijenkos Ton und Verhalten nach zu schließen, hätte man gedacht, es handele sich um prinzipielle Meinungsverschiedenheiten. Als aber Bessmertnych berichtete, zeigte sich, dass sie sich um einzelne Wörter stritten. Wir lösten das Problem.

»Was noch?«, fragte ich.

Es gab Schwierigkeiten mit der Wiederaufnahme der Aeroflot-Flüge in die USA. Das sowjetische Ministerium für zivile Luftfahrt hätte irgendwelche Einwände. Ich ließ mich telefonisch mit Minister Bugajew verbinden. Der sagte: »Alles ist gut. Es gibt noch kleine Fragen, aber die lösen wir schon.«

»Noch etwas?«

»Nein.«

In 15 Minuten hatten wir die unüberwindbaren Hindernisse überwunden.

Das war der typische Stil unserer Diplomatie oder jedenfalls einiger führender Personen des Außenministeriums: Hauptsache, Unbeugsamkeit demonstrieren, selbst wenn weder politisch noch praktisch eine Notwendigkeit dazu bestand. Meinen Stil, verstärkt

Vertragsunterzeichnung am 21. November 1985

in Dialog zu treten und nach Kompromissen zu suchen, betrachteten manche Kollegen als Schwäche …

Am nächsten Morgen fand der Schlussakt mit der Unterzeichnung statt. Die Fahnen der UdSSR und der USA wurden gehisst, Pressevertreter waren anwesend. Der Präsident und ich betraten das Podium, und wir unterschrieben eine wirklich historische Erklärung, in der es heißt: »Es darf nicht zu einem Atomkrieg kommen, denn es kann darin keine Sieger geben.« Damit war das atomare Wettrüsten für sinnlos erklärt worden. Die Atomwaffenarsenale mussten abgebaut werden.

Wichtig war auch die Versicherung: »Keine der Seiten wird die militärische Überlegenheit über die andere anstreben.« Des Weiteren waren Pläne für einen gegenseitigen Austausch im humanitären Bereich und Kontakte zwischen den Jugendlichen unserer beiden Länder festgehalten. Reagan und ich hielten eine Rede. So war es nun also doch zu diesem bedeutenden Ereignis gekommen, und beide Seiten hatten ihr Interesse an einer atomwaffenfreien Welt bekundet. Der erste Schritt war getan, der »Geist von Genf« war geboren.

Die Erfolge im Bereich der atomaren Abrüstung waren die bedeutendsten Ereignisse in den letzten Jahren des 20. Jahrhunderts.

Der Geist von Genf ist in Gefahr

Die Schritte, die wir nach dem Genfer Gipfeltreffen unternahmen, das Konzept eines neuen Denkens vom 27. Parteitag, die Erklärung vom 15. Januar über die stufenweise Abrüstung und die Treffen und Gespräche mit vielen Staatsoberhäuptern sind überzeugende Belege für den guten Willen der UdSSR. In Washington aber kam es auf einmal zu einer neuen antikommunistischen Hetzkampagne, die ausgerechnet von Reagan selbst angeführt wurde.

Vor der Krim tauchte ein amerikanisches Geschwader auf. In der Wüste Nevada führten die USA einen großen Atomtest durch. Auf einmal wurde von uns gefordert, die Zahl unserer Diplomaten in New York um 40 Prozent zu verringern. Über die Kanäle unserer Aufklärung erhielten wir die Information von einer Sitzung des Nationalen Sicherheitsrats der USA, auf der festgestellt worden war, die von der neuen sowjetischen Führung eingeleitete Außenpolitik entspreche nicht den nationalen Interessen der USA, sie müsse gestoppt werden. Das also war der Grund. Gleichzeitig hatten Reagan und der König von Saudi-Arabien den Preis für einen Barrel Erdöl auf 10 bis 12 Dollar gesenkt.

Im Sommer desselben Jahres 1986 erhielt ich einen Brief von Reagan. Schewardnadse sagte mir am Telefon (ich befand mich damals auf der Krim), das Außenministerium bereite eine Antwort vor. Es handelte sich um einen kurzen Routinetext. Einen solchen Brief zu unterschreiben hätte bedeutet, der Logik der Vereinigten Staaten in den internationalen Angelegenheiten allgemein, vor allem aber den

Genfer Verhandlungen zur atomaren Abrüstung zuzustimmen. Ich hielt Rücksprache mit Schewardnadse, Ryschkow, Ligatschow und einigen anderen: Man spielt ein großes, für uns gefährliches Spiel, man will uns von dem Weg abbringen, den wir eingeschlagen haben und der in der UdSSR und in der ganzen Welt positiv aufgenommen wird.

Bei meinen Überlegungen zur Situation kam ich zu dem Schluss, dass ein Treffen mit Reagan dringend geboten schien. Wir konnten den Genfer Verhandlungen so nicht zustimmen, wenn man sie im Grunde genommen als einen Schirm benutzte, hinter dem nichts Wesentliches passierte und mit dem die Weltöffentlichkeit getäuscht wurde. Man durfte nicht zulassen, dass es den Amerikanern gelänge, unsere Bemühungen zur Überwindung der nuklearen Gefahr und zur Festigung der Sicherheit in der Welt zu schwächen.

Meine Kollegen teilten diese Auffassung. Ich schrieb einen Brief an den Präsidenten und schlug ein Treffen vor, um den Verhandlungen von Genf einen neuen Impuls zu geben. Als Ort schlug ich ihm London, Reykjavik oder Paris vor.

Reagan war einverstanden mit einem Treffen und wählte Reykjavik – gewissermaßen eine Begegnung auf halbem Wege. Das alles geschah sehr schnell. Ich hatte mit dem Politbüro folgenden Vorschlag abgesprochen: Es gibt eine Balance oder ein strategisches Gleichgewicht des Atomwaffenpotenzials. Da unser Atomwaffenarsenal drei Bereiche umfasste, sollten alle bodengestützten und U-Boot-gestützten Raketen sowie die Raketen der Luftstreitkräfte um die Hälfte reduziert werden. Das würde große Reduktionen nach sich ziehen. Präsident Reagan kam, offen gestanden, nach Reykjavik, um den Ruhm für sich einzustreichen.

Das Treffen begann mit unserem Gespräch unter vier Augen. Wir tauschten unsere Ansichten über die Situation aus, und dann unterbreitete ich meine Vorschläge. Er war nicht bereit dazu, und, das sage ich ganz offen, er war verwirrt (ich spreche zum ersten Mal darüber). Angesichts der Situation schlug ich vor, Schewardnadse und Shultz hinzuzuziehen. Dank ihrer Teilnahme ging die Arbeit im Weiteren

geschäftsmäßig vonstatten. Später kamen noch Marschall Achromejew und einige Experten hinzu.

Wir versuchten, den Stillstand im Abrüstungsprozess zu überwinden: Wir stimmten zu, die strategischen landgestützten Raketen zu
reduzieren, aber nicht ohne Entschädigung: Im Gegenzug sollten die
USA ihre Atom-U-Boote und Atom-Luftstreitkräfte halbieren, in denen sie uns überlegen waren. Die Amerikaner rechneten damit, uns
mit dem Problem der Kontrolle in die Enge zu treiben. Sie glaubten,
wir würden uns nicht auf die strengen Regeln einlassen. Doch sie
täuschten sich.

In Reykjavik kamen damals Shakespeare'sche Leidenschaften zum
Ausbruch. Die Delegationen und Experten gingen zu Pausen auseinander und kamen dann wieder zusammen. In allen Fragen maßen sie
ihre Positionen ab und koordinierten sie. Man war, wie man so sagt,
nur noch einen Schritt entfernt vom triumphalen Schluss.

Aber wieder scheiterte unser Vorschlag am amerikanischen Programm der weltraumgestützten Raketenabwehr (SDI). Die Verhandlungen gerieten in eine Sackgasse und erhielten einen seltsamen
Anstrich. Reagan begann schlichtweg zu feilschen: Wenn ihr mir
entgegenkommt, werdet ihr merken, wie viel Amerika in der Zusammenarbeit mit eurem Land machen kann. Ich hingegen versuchte
ihn zu überzeugen, dass er nur noch einen Schritt davon entfernt sei,
als derjenige Präsident in die Geschichte einzugehen, der den Frieden gebracht hatte. »Doch«, so wiederholte ich, »wenn es um die Sicherheit geht, kann ich von Ihnen nicht verlangen, Ihre Zustimmung
zu etwas zu geben, was für die Vereinigten Staaten weniger Sicherheit
bedeuten würde, und Sie als Präsident haben umgekehrt kein Recht,
von mir etwas Ähnliches in Bezug auf mein eigenes Land zu verlangen.«

Das Treffen war zu Ende, wir trennten uns. Es dämmerte schon.
Die Stimmung war auf dem Nullpunkt. Reagan schleuderte mir
einen Vorwurf entgegen: »Sie hatten von Anfang an die Absicht, hier-
herzukommen und mich in diese Situation zu bringen!«

»Nein, Herr Präsident, ich bin bereit, auf der Stelle ins Haus zu- **411** rückzukehren und das Dokument zu den Fragen zu unterzeichnen, über die wir bereits Einigkeit erzielt haben, wenn Sie von Ihren Plänen der Militarisierung des Kosmos Abstand nehmen.«

»Es tut mir außerordentlich leid«, antwortete Reagan …

Wir trennten uns. Reagan fuhr auf seinen Militärstützpunkt, von wo er nach Hause flog, während mich in 40 Minuten eine Pressekonferenz erwartete. Ich dachte an die Hauptsache – was ich der Presse, der ganzen Welt überbringen sollte.

Die Pressekonferenz fand in einer Flugzeughalle statt, in der tausend Menschen Platz hatten. Auf dem Weg von dem Haus, in dem die Verhandlungen stattgefunden hatten, zu dem Hangar, wo mich die Journalisten erwarteten, überlegte ich fieberhaft. Ein Gedanke ließ mich nicht los: Wir hatten uns doch immerhin auf eine Reduzierung der strategischen und der Mittelstreckenraketen geeinigt. Das war doch eine neue Situation! Sollte ich all das aufs Spiel setzen? Eine innere Stimme sagte mir, ich sollte mich von dem Misserfolg nicht unterkriegen lassen.

Als ich eintrat, erhoben sich alle schweigend. Ich spürte die Spannung, die in der Luft lag. Ich sah Hunderte von Augen und war erschüttert. Es kam mir vor, als stünde das ganze Menschengeschlecht vor mir. In diesem Augenblick verstand ich auf einmal, was geschehen war und was ich sagen musste. Ich will aus meiner Ansprache nur die wichtigste Aussage zitieren: »Trotz aller Dramatik ist Reykjavik keine Niederlage, sondern ein Durchbruch. Zum ersten Mal gelang es uns, einen Blick hinter den Horizont zu werden.« Der Saal erwachte aus seiner Erstarrung, es gab stürmischen Beifall. Alle sprangen auf. Einer der Journalisten schrieb später: »Als der Generalsekretär das Scheitern von Reykjavik als Sieg darstellte, blickte Raissa Gorbatschowa begeistert auf ihren Mann, und über ihr Gesicht rannen Tränen.«

Ich hatte die in der Welt herrschende Stimmung richtig erkannt und so den Prozess der Veränderungen gerettet. Außenminister Shultz, der gleichzeitig auf dem Militärstützpunkt eine Pressekonferenz abhielt, erklärte die Verhandlungen in Reykjavik für gescheitert. Als er aber in die USA zurückgekehrt war und von meiner Einschät-

Pressekonferenz in Reykjavik, 12. Oktober 1986: Anatolij Tschernjajew, Anatolij Dobrynin, Eduard Schewardnadse, Michail Gorbatschow, Alexander Jakowlew, Sergij Achromejew

zung erfuhr, orientierte er sich um und sprach ebenfalls von einem Durchbruch. Reykjavik hatte gezeigt, dass die Sowjetunion wirklich an der Abrüstung interessiert und verhandlungsbereit war. (Als George Shultz kürzlich in Moskau war, trafen wir uns. Wir unterhielten uns einige Stunden, erinnerten uns an Reykjavik. Er sagte, er habe damals in der Bewertung von Reykjavik einen Fehler begangen.)

Ein Jahr später, am 8. Dezember 1987, unterzeichneten wir das sowjetisch-amerikanische Abkommen über die vollständige Abschaffung der landgestützten nuklearen Mittelstreckenwaffen. Das war das erste Abkommen über die Vernichtung eines ganzen Typs nuklearer Waffen. Die Bedeutung dieses Schrittes kann kaum überschätzt werden.

Aber man darf auch das verantwortungslose Gerede nicht unerwähnt lassen, das es noch heute gibt und mit dem man die öffentliche Meinung an der Nase herumführen will: Gorbatschow hätte **413** schnell unterschrieben, was man ihm hingeschoben habe – und schon sei die Entscheidung da gewesen. Das sagen Leute, die absolut keine Ahnung davon haben, wie die Entscheidungen getroffen, wie alle Details ausgearbeitet, alle Nuancen berücksichtigt wurden. Und heute denke ich: Vielleicht ist das Gegenteil der Fall – vielleicht sind das Leute, die sich auskennen. Die große Masse kennt die Details nicht. Ihr kann man allen möglichen Blödsinn aufbinden.

Es war eine überaus schwere Arbeit und ein Kampf, in dessen Zentrum natürlich die Interessen das Landes und die Erhaltung des Friedens standen. Vor kurzem ist ein in unserer Stiftung erarbeitetes Buch über die Außenpolitik während der Perestrojka erschienen. Es beruht auf Faktenmaterial und enthält ein Interview aus dem Jahr 2000 mit Witalij Katajew, der im ZK arbeitete und mit Verteidigungsfragen befasst war. Er beschreibt die ganze Abrüstungssituation: den Kampf zwischen den Behörden – dem KGB, dem Außenministerium und dem Verteidigungsministerium – und die Entstehung der Sajkow-Kommission (die nach seinen Worten geniale Erfindung der »großen fünf«).

Wenn du, der Führer des Landes, die Situation also kennst und weißt, dass eine Pershing-2 bis Minsk zwei, bis Moskau drei und bis zur Wolga fünf Flugminuten braucht, dann begreifst du, dass das die »Pistole an der Schläfe des Landes« ist. Dann bist du entschlossen, alles zu tun, um diese Bedrohung abzuwenden, sie auszuschließen.

Bald nach Reykjavik traf ich mit Teilnehmern des Issyk-Kul-Forums zusammen, das auf Initiative des hervorragenden Schriftstellers Tschingis Aitmatow zustande gekommen war. Das Issyk-Kul-Forum bewog mich bei dem Treffen mit den Teilnehmern zu zwei wichtigen Erklärungen. Damals sagte ich Folgendes:

»Erstens: Eine Politik, die nicht vom Nachdenken über menschliche Schicksale geleitet wird, ist eine amoralische Politik, sie verdient keinen Respekt. Daher teile ich den Gedanken, der bei Ihren Auftritten zum Ausdruck kam, den Gedanken der notwendigen Zusammenarbeit von Politikern und Vertretern der zeitgenössischen Kultur und des ständigen Meinungsaustauschs. Man muss die Zivilisation –

bei allen Schwierigkeiten und Widersprüchlichkeiten – für das Leben, für den Menschen bewahren.

Zweitens: Es gibt ein Klasseninteresse, ein nationales Interesse, es gibt Gruppeninteressen, Firmeninteressen – aber es gibt auch allgemeinmenschliche Interessen. Wir müssen ihnen Priorität einräumen, weil es angesichts der atomaren Bedrohung und der globalen ökologischen Krise um das Leben des Menschengeschlechts geht.«

Darüber habe ich bereits gesprochen, und ich wiederhole und bekräftige mein Bekenntnis zu diesen Schlussfolgerungen.

Ja, Reykjavik und die darauf folgende Vereinbarung über die Liquidierung einer ganzen Klasse von Atomraketen sind das größte Ereignis der neueren Geschichte. Nicht nur weil sie den Grundstein zur Reduktion von Nuklearwaffen gelegt haben, sondern auch deshalb, weil sie gezeigt haben, dass man sich selbst bei so komplizierten und diffizilen Fragen, bei so heiklen Problemen wie Nuklearwaffen einigen kann, wenn Vertrauen da ist und die moralische Verantwortung gegenüber den Menschen im Vordergrund steht.

Rückkehr ins Jahr 1986

Vieles, sehr vieles musste 1986 überlegt und entschieden werden. Und obwohl ich mit dem Thema Reykjavik schon auf das nächste Jahr vorgegriffen habe, kehre ich noch einmal ins Jahr 1986 zurück.

Einige Zeit nach meinem Treffen mit Präsident Reagan in Reykjavik reiste ich nach Indien. Und wie um die Stafette von Reykjavik weiterzutragen, unterzeichneten Rajiv Gandhi und ich am 27. November 1986 die Deklaration von Delhi über die Prinzipien einer gewaltfreien Welt. Rajiv fühlte sich der Sache seines Großvaters Jawaharlal Nehru und seiner Mutter Indira Gandhi verpflichtet. Die Wiedergeburt Indiens wurde für ihn zum Sinn seines Lebens. In seiner kurzen Wirkungszeit erreichte er vieles: Er gab Impulse für die Prozesse, die in der heutigen Zeit Früchte tragen.

Aus der Nähe unserer Positionen erwuchs Vertrauen. Wir fühlten uns unsererseits verantwortlich, Indien bei der Lösung seiner nationalen Aufgaben behilflich zu sein. Aber wir spürten auch von indischer Seite eine enorme Unterstützung für unsere Initiativen in der Welt. Ich erinnere mich an ein Gespräch mit Rajiv Gandhi nach seiner Rückkehr von einer Konferenz der Commonwealth-Länder. Er war verblüfft, wie unverhohlen einflussreiche Kreise in Großbritannien ihre Ablehnung der von der Sowjetunion praktizierten Politik des neuen Denkens in internationalen Angelegenheiten äußerten. Die Deklaration von Delhi hingegen war ein echter Friedenspakt zwischen zwei großen Staaten; darin wurden eine Reihe von Prinzipien zum Bau einer neuen Welt verkündet:

– Das menschliche Leben soll als höchstes Gut anerkannt werden.

– Gewaltlosigkeit soll zur Grundlage für das Leben der menschlichen Gemeinschaft werden.

– Das Recht jedes Staates auf politische und wirtschaftliche Unabhängigkeit soll anerkannt und respektiert werden.

– An die Stelle des »Gleichgewichts des Schreckens« soll eine umfassende internationale Sicherheit treten.

Ich war damals ebenso wie heute der Meinung, dass die Deklaration von Delhi ein eminent wichtiges Dokument ist, dessen Bedeutung sich nicht auf den historischen Moment beschränkt.

Im Mai 1986 besuchte der spanische Premierminister Felipe Gonzalez die Sowjetunion. Wir führten damals ein Gespräch, das den Grundstein zu einem für mich – und ich glaube, für uns beide – wichtigen Dialog legte. In der Folge kehrte ich mehrmals zu unserer damaligen mehrstündigen Unterhaltung zurück. In Gonzalez sah ich den Vertreter einer neuen Generation von Führern der Sozialistischen Internationale, einen echten Demokraten. Das bestimmte auch den Charakter unserer Beziehungen.

Ein paar Erinnerungen anderer Art. Raissa hatte in Reykjavik ihr eigenes Programm. Sie reiste durch Island und erzählte mir viel von ihren Eindrücken. Sie sah die Geysire und Bauernhäuser. Man zeigte ihr in der kleinen Stadt Reykjavik alles, was sie interessierte. In Island werden Schriftstücke aufbewahrt, die im 12. Jahrhundert verfasst wurden, und die Isländer haben noch heute dieselbe Sprache wie damals.

Was mich am meisten verwunderte, war die Zahl der Häftlinge in Island. Im Gefängnis von Reykjavik gab es während unseres Aufenthalts nur einen einzigen Häftling. Er verbrachte den Tag bei seiner Familie und arbeitete, nur nachts ging er ins Gefängnis und saß sein Strafmaß ab. Erstaunlich war auch der ständige Wetterwechsel in diesem Land. Es wechselte buchstäblich alle 30 Minuten. Der Wind bestimmte alles, das Land ist eben eine Insel und hat Inselklima mit wechselhaftem Wetter.

Ich sagte zu Raissa: »Weißt du, woran mich das erinnert?«

»An welches Land?«

»Nein, nicht an ein Land. Es erinnert mich an den Charakter einer Frau.«

»Willst du mir damit Vorwürfe machen?«

»Nein, ich meine die Frauen allgemein. Und zu denen gehörst du natürlich auch.«

Reagan und ich trafen uns nach Reykjavik noch zweimal: 1987 in Washington, wo wir das sowjetisch-amerikanische Abkommen über die vollständige Abschaffung der landgestützten nuklearen Mittelstreckenwaffen unterzeichneten, und 1988 in Moskau, wo wir am 1. Juni die Ratifizierungsurkunden des INF-Vertrags feierlich austauschten. Damit war die Grundlage für die Politik gelegt, die zum Ende des Kalten Krieges führte.

14. Kapitel

Auseinandersetzungen in der Chefetage

Das Jahr 1987 begann schlecht. Es war zu einem Produktionsrückgang in den Bereichen Maschinenbau, Metallurgie und Chemie gekommen. Wieder war die Erfüllung des Plans gefährdet. Dennoch gelang es, den Fehler zu lokalisieren, und noch zwei weitere Jahre konnte die Volkswirtschaft vor dem Abgleiten in die Krise bewahrt werden. Doch das war ein Signal dafür, dass die Reformmaßnahmen eindeutig zu schwach waren. Die Finanzspritzen für den Maschinenbau, die Elektronik und andere Wirtschaftszweige zeigten nicht das erwartete Ergebnis. Die Einführung neuer Technologien zog sich hin. Die Ministerien bestanden auf ihren angestammten Rechten und wollten sie nicht mit den Betrieben teilen. Unsere Bemühungen verliefen im Sande.

Unter dem Einfluss der aktuellen Situation zu Anfang des Jahres 1987 beschlossen wir, eine Plenartagung zur Wirtschaft anzusetzen und die gesamte Konzeption der ökonomischen Reformen zu überprüfen. Im Februar wurde das »Betriebsgesetz« veröffentlicht, das demokratische Leitungsformen vorsah. Es sollte die tragende Säule des neuen Wirtschaftssystems sein. Der Gesetzesentwurf wurde von den Arbeitskollektiven begeistert unterstützt. Aber er entstand in heftigen Kämpfen. Man einigte sich darauf, dass es ein Gesetz geben müsse, das die prinzipiellen Fragen löst, und zusätzlich Entwürfe konkreter Regierungsverordnungen.

Früher verliefen die Diskussionen zwischen den Anhängern und den Gegnern autoritärer Lösungen, jetzt ging es um die Frage, wie weit die Reformen des Wirtschaftssystems gehen sollten. Der Widerstand der Ministerien und Ämter, vor allem der Staatlichen Planungskommission, des Staatskomitees für die materialtechnische Versorgung, des Finanzministeriums und des Regierungsapparats traf sich mit dem der Parteibürokratie. Zwar trat keiner offen gegen die Reformen auf, aber es wurden halbherzige Lösungen vorgeschlagen, die immer ein Hintertürchen für den Rückzug offen ließen. Ich sah, wie Ryschkow von seinen ehemaligen Kollegen unter Druck gesetzt wurde. Sie rieben ihm ständig unter die Nase, von der Regierung werde eine effiziente Leitung der Volkswirtschaft gefordert und gleichzeitig nehme man ihr die Hebel dafür weg. Das machte ihn manchmal unsicher und inkonsequent.

Am 3. April, bei der ersten Beratung der Thesen für die Plenartagung im Juni 1987, kam es zu einer ersten Auseinandersetzung. Der Meinungsaustausch dauerte vier Stunden und war absolut offen. Ryschkow pochte darauf, dass unsere Reformen im Rahmen des Sozialismus blieben. Ich konterte: »Die Reformen müssen sich im Rahmen des Sozialismus halten, aber nicht in dem Rahmen, der die Gesellschaft fesselt und die Initiative der Menschen erstickt.«

Anfang Mai wurden die Thesen zur Diskussion an das Politbüro geschickt. Zum ersten Mal war darin von einer herannahenden Krise die Rede, obwohl ich dieses Wort dort noch vermied. Zwar solle sich die Perestrojka der Wirtschaft im sozialistischen Rahmen halten, aber es müsse zugleich gefragt werden, wie weit die Züge des Modells, das im Wesentlichen aus den dreißiger Jahren stamme, diesem Begriff überhaupt entsprächen. Die Verstaatlichung des Eigentums, die Unterschätzung kooperativer und individueller Arbeitsformen, die Gleichsetzung von Plan und Zentralismus, die Verteufelung demokratischer Lenkungsformen und der Selbstverwaltung wurden heftig kritisiert. Stattdessen wurde ein neues Modell zugrunde gelegt, nach dem ein Betrieb als »sozialistischer Warenproduzent« zu verstehen sei, der sich selbständig lenkt. Auch die »Philosophie« der Planung änderte sich: Statt Direktiven vorzugeben, sollten vom Plan nur Empfehlungen ausgesprochen und Prognosen aufgestellt werden. Im Mittelpunkt der Reform stand eine neue Preisbildungspolitik, die Marktmechanismen mit staatlicher Regulierung verbinden sollte.

Am 14. Mai fand die Politbürositzung statt, auf der die Thesen ausführlich diskutiert wurden. Es kam zu keinen nennenswerten Einwänden. Im Verlauf der im Mai und im Juni im Politbüro stattfindenden weiteren Diskussion über die Wirtschaftsreform aber erfüllten sich meine Erwartungen bei weitem nicht: Die Differenzen wurden von Sitzung zu Sitzung größer. Und bei der Erörterung der Vorlagen für die Beschlüsse des Politbüros über die Verbesserung der Arbeit der Regierung, der Verwaltungsorgane der Republiken, über die Umgestaltung von Ministerien und Ämtern hat sich die Diskussion enorm zugespitzt. Vehement verteidigte Ryschkow die Interessen der Führung des Staatsapparats. Auf die Frage, welche Funktionen die Ministerien unter den neuen Bedingungen aus der Hand zu geben bereit seien, antwortete er: »Keine.«

Nach einem Gespräch im kleineren Kreis fanden wir einen Kompromiss.

Die Plenartagung, die am 25. Juni 1987 begann, wurde ein Meilenstein der Perestrojka. Am Anfang stand mein Vortrag »Über die Aufgaben der Partei zur radikalen Umgestaltung der Lenkung und Leitung der Wirtschaft«. Ausgangs- und Angelpunkt des Vortrags war die Demokratisierung, und zwar als der Sinn der Perestrojka und Mittel zur Lösung unserer brennenden Probleme, denn die administrativen Kommandomethoden behinderten uns nur noch. Aber es gab immer noch Rückzugsgebiete. Die Menschen sagten und schrieben uns, dass sie in ihrer Umgebung, in den Städten und Dörfern, in denen sie lebten und arbeiteten, keine Perestrojka sahen.

In meinem Vortrag räumte ich Lebensmitteln, Wohnraum, Konsumwaren und Dienstleistungen Priorität ein und betonte gleichzeitig, alle lebenswichtigen Probleme könnten nur auf dem Wege einer radikalen Wirtschaftsreform gelöst werden. Ich drängte besonders darauf, wie die Interessen der Gesellschaft, der Betriebsbelegschaft

421

Im Arbeitszimmer, 1987

und jedes einzelnen Mitarbeiters aufeinander abzustimmen und die Möglichkeiten der Genossenschaften zu nutzen seien. Mit derartiger Fragestellung wollte ich die Teilnehmer des Plenums vom eng verstandenen Praktizismus abbringen und den Ton zu einer Grundsatzdiskussion vorgeben.

Das Plenum bestätigte die Linie der Demokratisierung und die grundlegenden Aufgaben und Methoden der Durchführung der ökonomischen Reformen. Auf diese Weise war die Brücke zur nächsten Etappe der Perestrojka geschlagen – ich meine die 19. Parteikonferenz der KPdSU.

Auf diesem Plenum wurden auch dringende Kaderfragen gelöst. Sljunkow und Jakowlew stiegen von Kandidaten zu Mitgliedern des Politbüros auf, Nikonow wurde direkt ins Poltitbüro gewählt. Kunajew wurde aus dem Politbüro entfernt, und Verteidigungsminister

Sokolow verlor den Status als Kandidat für das Politbüro (im Zusammenhang mit der Angelegenheit von Mathias Rust, der mit seinem Flugzeug auf dem Roten Platz gelandet war). Kandidat für das Politbüro wurde der neue Verteidigungsminister Jasow.

Sowohl 1987 als auch heute schätze ich die Ergebnisse der Plenartagung als Kompromiss ein. Aber für das Bewusstsein der Allgemeinheit waren diese Beschlüsse damals radikal, um nicht zu sagen revolutionär. Vieles hing im Weiteren von der Regierung und den zentralen Wirtschaftsorganen ab, die sich nur widerstrebend änderten. Sie betrachteten die Beschlüsse der Plenartagung als extremes Zugeständnis an die Reformer und als Aufgabe der letzten Bastion des zentralen Plansystems.

Nach dem Plenum war offensichtlich, dass der Entwurf zum Betriebsgesetz verbessert werden musste. Interessanterweise kritisierten die Gegner der Perestrojka in der Folge besonders dieses Gesetz sehr heftig und erklärten es quasi als ersten Anstoß für den Zusammenbruch der Wirtschaft. Das Gesetz war nicht ideal. In gewisser Weise war es geprägt von Demokratie-Euphorie. Von einigen Maßnamen, etwa der Wählbarkeit der Direktoren, nahm man bald Abstand. Sein größter Mangel jedoch war die inkonsequente Anwendung des Grundsatzes wirtschaftlicher Selbständigkeit der Unternehmen.

Die größte Überraschung für mich war der Positionswechsel von Nikolaj Ryschkow: »Wenn man den Unternehmen gestattet, ihre Arbeit zu planen, und sie rentabel arbeiten lässt, dann verliert der Fünfjahresplan seinen Sinn.« Der Premier beharrte auf der »Unantastbarkeit« der Vorgaben des Fünfjahresplans, obwohl aufgrund der Ergebnisse von 1986 und 1987 klar war, dass es nicht gelingen würde, ihn zu erfüllen.

Ich will mich nicht von Ryschkow lossagen – immerhin haben wir zusammen gehandelt, auch wenn wir nicht selten gestritten haben. Es begann ein Stellungskrieg, in dem die Reform »instinktiver« und bewusster Sabotage ausgesetzt war und in endlosen Streitereien auf der Strecke blieb.

Bekenntnis zur Perestrojka

Seit etwas mehr als zwei Jahren hatte sich das gesellschaftliche Leben unter dem Einfluss neuer Ideen und einer neuen Politik allmählich verändert. Der Bruch zwischen Politik und Gesellschaft wurde immer offenbarer. Ich hatte den Eindruck, dass man uns, dass man mich nicht verstand. Das Außergewöhnliche, das Neue des Geschehens wurde von der Gesellschaft nicht angenommen. In der Führung kam es zu den ersten Unstimmigkeiten. Was hingegen die Beurteilung im Ausland angeht, so wurde die Perestrojka dort heftig kritisiert.

So oder so mussten alle diese Fragen geklärt werden. Ich beschloss, ein Buch zu schreiben, zumal wir uns einem bedeutenden Datum näherten, dem 70. Jahrestag der Sozialistischen Oktoberrevolution. Ich sprach darüber mit meinen Kollegen. Nur Anatolij Tschernjajew unterstützte mich. Die anderen (Frolow, Jakowlew und Dobrynin) empfahlen, eine Reihe von Vorträgen zu halten oder einen Sammelband herauszugeben. Tschernjajew hingegen unterstützte meine Meinung – ein Buch zu schreiben, das Auftritte von mir im Politbüro und in anderen nichtöffentlichen Versammlungen ausführlich darlegen sollte, die dem Publikum nicht bekannt waren. Daher rührte auch das mangelnde Verständnis in der Gesellschaft für die Politik und ihre Intentionen und Denkansätze.

Den Sommer über arbeitete ich am Manuskript des Buches, besonders während des Urlaubs auf der Krim, den ich deshalb sogar um etwa zehn Tage verlängerte. Den Entwurf schickte ich an Ligatschow, Ryschkow, Jakowlew, Medwedew, Schewardnadse und Frolow und bat sie um Rückmeldungen. Die stichhaltigsten Anmerkungen, die ich im Wesentlichen aufgriff, erhielt ich von Medwedew. Die anderen beschränkten sich auf anerkennende Worte.

Das Buch verkaufte sich in hohen Auflagen sowohl bei uns als auch in den Vereinigten Staaten und anderen Ländern der Welt. Es erreichte eine Gesamtauflage von fünf Millionen Exemplaren in 160 Ländern und 64 Sprachen.

Das Buch handelt von der Entwicklung der Perestrojka und der Herausbildung meiner Argumentation. Es beschreibt den Prozess, meine grundlegenden Ideen und Intentionen für die inneren Umgestaltungen und die Außenpolitik. Das bestimmte auch den Titel des Buches: *Perestrojka und neues Denken für unser Land und für die ganze Welt.*[34] Das mag sich unbescheiden anhören, aber damals meinte ich genau diese Adressaten. In der UdSSR stieß das Buch auf geteilte Reaktionen. Im Westen wurde es – misstrauisch und sarkastisch – als ungerechtfertigter Idealismus oder als üblicher Propagandatrick abgetan. Kaum jemand glaubte damals, dass es einige Jahre später gelingen würde, die atomare Abrüstung voranzubringen, den Kalten Krieg zu beenden und den Gordischen Knoten der Weltpolitik zu entwirren, wenn auch nicht zu zerschlagen.

Man kritisierte mich wegen »Nachlässigkeit« in der Darstellung des Materials und Zurückhaltung in Bezug auf gewisse Themen. Doch ich wiederhole noch einmal: Das Buch wurde mit gewaltigem Interesse aufgenommen. Das eine oder andere wurde natürlich auch im Hinblick darauf geäußert, dass der Autor dieses Buches nicht irgendwer, sondern der Initiator der Perestrojka war. Mein erstes Buch ist also gleichzeitig die erste detaillierte Darlegung des Bekenntnisses zur Perestrojka.

Der Oktober und die Perestrojka: Die Revolution geht weiter

Es stellte sich die Frage: Welches Kriterium sollte für die Bewertung des zurückgelegten Wegs gelten? Je näher das Jubiläum der Oktoberrevolution rückte, desto lebhafter wurden die Diskussionen – in der Partei, in wissenschaftlichen Kreisen, im Land. Keiner der führenden

---

34 Die deutsche Ausgabe des Buches erschien 1987 unter dem Titel *Perestroika. Die zweite russische Revolution. Eine neue Politik für Europa und die Welt* bei der Droemerschen Verlagsanstalt. (Anm. d. Übers.)

Historiker, Philosophen oder Ökonomen äußerte sich gegen die sozialistische Wahl, aber die Frage nach der Natur der Gesellschaft und den Kriterien des sozialistischen Charakters beschäftigte die Menschen zunehmend.

Ich wusste, dass man vom Vortrag des Generalsekretärs eine Einschätzung des gesamten Komplexes der Fragen von Vergangenheit, Gegenwart und Zukunft, insbesondere im Hinblick auf die Perestrojka, erwarten würde. Wie hatte der Aufbau des neuen Lebens unmittelbar nach der Oktoberrevolution begonnen? Erneut wandte ich mich Lenins Schriften über die ersten Jahre der Sowjetmacht zu und las ausnahmslos alles. Anhand des Aufsatzes »Die nächsten Aufgaben der Sowjetmacht« (1918) konnte man beurteilen, wie sich Lenin die Bewegung hin zu einer neuen Gesellschaft vorstellte, die Logik der Umgestaltungen und die Methoden, an denen er sich orientierte.

In seinen folgenden Arbeiten ist bereits die Atmosphäre des Bürgerkriegs zu spüren. Und in den Aufsätzen der Jahre 1921 bis 1923 kommt die wachsende Sorge um das Schicksal der Revolution zum Ausdruck. Lenin war besorgt, dass sich die Methoden, die man im unerbittlichen Kampf gegen die Konterrevolution angewandt hatte, einbürgerten. Die Priorität der Gewalt und »der Ausnahmezustand«, derer sich die »proletarische Bürokratie« bediente, hatten tiefe Wurzeln geschlagen. Die Ablehnung dieses Erbes aus dem Bürgerkrieg geht bei Lenin einher mit dem Bedürfnis nach einem »neuen Verständnis des Sozialismus«. Die Grundlage dafür bildet die Abkehr vom Glauben an die Allmacht gewaltsamer Methoden und ein Plädoyer für Reformen: die Verwendung traditioneller, dem Volk verständlicher Formen, die schrittweise erneuert und mit neuem Inhalt gefüllt werden sollten.

Seine Krankheit hinderte Lenin an der Umsetzung dieser tiefgehenden Umbewertung, aufgrund derer eine vollkommen andere Entwicklungskonzeption hätte entstehen können als diejenige, die Stalin dem Land aufgezwungen hat, indem er in jeder erdenklichen Weise die Autorität Lenins und seiner Aussagen, seine Bewertungen und Urteile zur Zeit des erbitterten Kampfes während des Bürgerkriegs benutzte. Die »Neue Ökonomische Politik« (NEP)[35], die von der Gesellschaft akzeptiert worden war und die Voraussetzung für den Wiederaufbau des Landes geschaffen hatte, wurde von der Parteibürokratie, die nach Lenin an die Macht kam, aufgegeben. Die ersten Keime von Marktwirtschaft, von freiem Unternehmertum, von ideologischem und politischem Pluralismus wurden ausgemerzt. Es wurde ein Staats-, im Grunde ein »Kasernen«-Sozialismus errichtet.

Anstelle von NEP und Steuern in Form von Naturalien schlug die Stalin'sche Führung einen harten Kurs in Bezug auf die Bauern ein – mit gewaltsamer Beschlagnahmung der Produktion und Zwangskollektivierung. Ein Feudalmechanismus wurde begründet, der sich über Jahrzehnte hielt. Kommando-Methoden, Unterdrückung von Dissens und Repressionen, die man zunächst mit der kapitalistischen Umgebung rechtfertigte, wurden zu integralen Bestandteilen des Systems. Im Land bildete sich ein totalitäres Regime heraus, das sich auf Staatseigentum, eine Monopol-Ideologie und die Macht einer einzigen Partei stützte.

Meine Kollegen, die Ende April 1987 an der Sitzung teilnahmen, bei der im kleinen Kreis die Vorbereitung für den Vortrag zum 70. Jahrestag der Oktoberrevolution diskutiert wurde, erinnerten sich – warum auch immer – am besten an meine Worte: »Ich glaube, das Schicksal der jetzigen Führung ist es, zu sterben oder die Perestrojka in Schwung zu bringen.« Vermutlich hatte es damit zu tun, dass die Schwierigkeiten in der Wirtschaft weiterhin zunahmen. Dazu kamen die mit dem Übergang der Industrie zu wirtschaftlicher Rechnungsführung, Selbstfinanzierung und Selbstverwaltung verbundenen Turbulenzen. Manch einer sah die Probleme als Möglichkeit, die Perestrojka-Prozesse in Zweifel zu ziehen. Es gab Stimmen, die sagten: »Da habt ihr eure Demokratie!« Bei Diskussionen und

---

35 Das wirtschaftliche Konzept der »Neuen Ökonomischen Politik« (NEP) hatten Lenin und Trotzkij 1921 eingeführt. Sie war vor allem durch eine Liberalisierung in Landwirtschaft, Handel und Industrie gekennzeichnet und gestattete der Wirtschaft auch marktwirtschaftliche Methoden. (Anm. d. Übers.)

Gesprächen war es zuweilen schwierig, zwischen echter Besorgnis und Schadenfreude zu unterscheiden.

Das Schlimme war, dass viele Strukturen von Partei und Verwaltung nicht bereit waren für die Arbeit in einer Atmosphäre von Demokratisierung, Glasnost und Übergang zu neuen Formen der Wirtschaft. Bei Treffen und Begegnungen war immer wieder ein und dieselbe Bitte zu hören: »Sagen Sie, was wir machen sollen, geben Sie Anweisungen.« Schon damals erkannten wir darin bedrohliche Symptome für eine Krise der Partei – einer Partei, der eigentlich eine andere Rolle zugedacht war. Mich erstaunte, dass in den drei Jahren der Perestrojka wesentliche Erneuerungen bei den Parteikadern stattgefunden hatten und dennoch die neu Hinzugekommenen, belastet durch ihre Trägheit und die sowjetische ideologische »Schule«, mit wenigen Ausnahmen nach denselben Methoden handelten wie ihre Vorgänger.

Die Politbürositzung vom 28. September drehte sich ausschließlich um Perestrojka-Prozesse. Ja, wir befanden uns in einer kritischen Phase, und die Perestrojka kam nur langsam voran.

Trotz der weiter zunehmenden wirtschaftlichen Schwierigkeiten konnten doch auch andere Dinge in Angriff genommen werden. Am Vorabend des 70. Jahrestages der Revolution wurde eine Kommission eingerichtet, die die stalinistischen Verfolgungen aufarbeitete. Zum Vorsitzenden wurde Solomenzew bestimmt, die Mitglieder waren Jakowlew, Tschebrikow, Lukjanow, Rasumowskij, Boldin und Georgij Smirnow (der Direktor des Instituts für Marxismus-Leninismus). Damit kam es zu einer Wiederaufnahme des in der Breschnew-Zeit unterbrochenen Prozesses der Rehabilitierung unschuldig verurteilter Menschen, mit dem Gerechtigkeit und historische Wahrheit wiederhergestellt werden sollten.

Ende 1987 und im Verlauf des Jahres 1988 kam es zu den Ereignissen, die den Charakter und die Richtung der Prozesse in den folgenden Jahren bestimmten. Davon später, zuvor will ich über den 70. Jahrestag der Oktoberrevolution sprechen, denn er ging vor dem Hintergrund einer breiten Diskussion im Lande vonstatten.

Bei der feierlichen Sitzung im Kreml am 2. November 1987 hielt ich den Vortrag »Der Oktober und die Perestrojka: Die Revolution geht weiter«. Er wurde mit Interesse aufgenommen. Aber seien wir ehrlich: Er trug den Stempel der damaligen Zeit. Wir selbst hatten noch vieles zu überdenken und psychologische Barrieren zu überwinden. Es blieben nicht wenige »weiße Flecken«, die der Aufarbeitung bedurften. Es war ein ausgewogener Vortrag ohne Extrempositionen. Doch wie sich herausstellte, enttäuschte er die Extremisten beider Seiten. Die einen nahmen die kritische Analyse als Verunglimpfung der Vergangenheit auf, den anderen ging der Bruch mit der Vergangenheit nicht weit genug.

In gewisser Weise hatte ich mit dieser Reaktion gerechnet, denn ich hatte eine Reihe von Fragen bewusst offengelassen. Damit wollte ich mich von den früheren Zeiten absetzen, in denen der Vortrag des Generalsekretärs eine Anleitung zum Handeln war. Mein Ziel war es, die Vergangenheit nicht ad acta zu legen, sondern deren große Zeitabschnitte zur Erforschung freizugeben, einen Anstoß zum Nachdenken und zum Hinterfragen zu geben. Erstmalig fällte der Generalsekretär wohlweislich keine endgültigen »Urteile«, sondern ich sah meine Hauptaufgabe darin, die Vergangenheit für Historiker, Theoretiker, Politiker und die ganze Gesellschaft zu enttabuisieren. Es galt, diesen gewaltigen und schwierigen Weg, den wir hinter uns hatten, erst einmal zu erforschen. Die Presse hatte schon begonnen, Material zu historischen Themen zu veröffentlichen, jetzt kam es zu einem regelrechten Boom solcher Literatur.

Aus Anlass der Revolutionsfeierlichkeiten fand am 4. und 5. November auch ein internationales Treffen im Kreml statt. Nicht nur kommunistische Gäste, sondern praktisch alle ausländischen Gäste waren gekommen. Eine solch »pluralistische« Versammlung wäre vor der Perestrojka vollkommen undenkbar gewesen. Das Treffen wurde zu einer Gelegenheit für eine interessante Diskussion, für den Austausch durchaus differierender Ansichten und Meinungen über die Lage der Welt und die Ereignisse in der UdSSR. In meiner Ansprache bei diesem Treffen formulierte ich zum ersten Mal die ketze-

Der Rote Platz am Tag der Feierlichkeiten zum 70. Jahrestag der Oktoberrevolution; 7. November 1987

rische Vorstellung von den vielfachen Möglichkeiten geschichtlicher
Entwicklung und relativierte den Widerspruch zwischen Kapitalis-
mus und Sozialismus. Und dass ich dann auch noch erklärte, es sei
Zeit, das Monopol auf die Wahrheit zu verabschieden, klang wie ein
Aufruf zur Dissidenz.

Interessant war der Auftritt von Jegor Ligatschow bei der Diskussion des Vortrags über den 70. Jahrestag der Oktoberrevolution im
Politbüro. Er war der Meinung, Bucharin, Rykow und Tomskij
hätten einen verlangsamten Ablauf der Industrialisierung vorgeschlagen und das hätte die Entwicklung zum Sozialismus behindert.
Jelzin seinerseits stellte die Frage, ob es nicht verfrüht sei, die Rehabilitierung Bucharins vorzuschlagen.

Wenn ich in Gedanken in diese Zeit zurückkehre, ging es immer
darum, dass wir zu spät kamen. Termine, Termine, das war immer

431

Mit Fidel Castro, 7. November 1987

wieder der wunde Punkt. Auch die vor uns liegenden Diskussionen um die Perestrojka drehten sich ständig darum. Im Grunde genommen steckte dahinter die Alternative von Revolution oder Evolution. Ihrem Gehalt nach war die Perestrojka natürlich eine Revolution. Aber sie verlief in der Form eines evolutionären Reformprozesses. (»Das wird fünfundzwanzig bis dreißig Jahre dauern!«, hatten andere und auch ich gesagt.)

Wenn man von der »Unentschlossenheit« Gorbatschows, seiner »Zögerlichkeit« spricht, erwidere ich: Hier geht es um das Tempo der Umgestaltungen, um das Verständnis der Korrelation objektiver und subjektiver Faktoren, das heißt um eine weit kompliziertere Frage als um die Frage Gorbatschow … Und wenn man mir besonders zusetzt mit Fragen und Vorwürfen, füge ich hinzu: »Wissen Sie, wenn Gorbatschow der Schwächling gewesen wäre, als den ihn manche darstellen, dann hätte es überhaupt keinerlei Veränderungen gegeben.« Auch heute noch stehe ich zu meiner Position.

Ich erinnere mich an ein interessantes Gespräch mit der Historikerin Lilly Marcou, einer Französin, die viele Bücher über Russland, die Sowjetunion und Stalin geschrieben hat. Als die Zeit so weit war, schrieb sie auch eins über mich. Sie stellte mir einmal die Frage: »Viele werfen Ihnen Unentschiedenheit und zu langes Zögern vor. Ich bin eher der Meinung, Sie haben mit der Perestrojka ein Tempo angeschlagen, das über die Kräfte der sowjetischen Gesellschaft ging. Ich kenne diese Gesellschaft gut. Was meinen Sie dazu?« Ich antwortete, in dem einen Fall seien wir zu sehr vorgeprescht, in einem anderen hätten wir uns verspätet. »Das ist mir klar«, sagte sie. »Ich will wissen, ob meine Einschätzung im Großen und Ganzen richtig ist.« Ich musste ihr recht geben.

Ja, die sowjetische Gesellschaft stellte ein äußerst schwieriges Reformunterfangen dar, von ihrer überdimensionalen Militarisierung, der Dominanz von Schwerindustrie etc. ganz zu schweigen. Ich wiederhole: Lilly Marcou hatte recht, und deshalb akzeptiere ich auch die Vorwürfe nicht, ich sei unentschieden gewesen. Um die Perestrojka durchzubringen, musste ich mich mal ins linke, mal ins rechte Ruder legen. Das hing ganz von den Umständen ab. Mir scheint, im Anfangsstadium hätte man die ganze damals ungeteilte Macht der KPdSU, unsere ganze Autorität einsetzen können und müssen und alles, was heute »Industriepolitik« genannt wird, forcieren sollen. Der Prozess der Perestrojka verlief zu widersprüchlich, die Ereignisse hätten sich so oder so oder nach einem dritten Drehbuch entwickeln können.

Unsere Hoffnung auf Veränderungen auf dem Weg der Evolution und meine Vorliebe für dieses Vorgehen zeugen davon, wie sehr wir die Schwierigkeit dieser Gesellschaft durchschauten und ein Chaos bei der Reformierung vermeiden wollten. Es war uns zuvörderst daran gelegen, alles ohne Blutvergießen zu erreichen und so weit zu kommen, wie die Kräfte reichten, bis zu dem Punkt, an dem es kein Zurück gab. Denn bisher hatten die historischen Wendepunkte in unserem Land immer zu Blutvergießen geführt. Dies zu verhindern, war für mich und meine Gleichgesinnten das oberste Gesetz.

Außerdem habe ich in den meisten Fällen so und nicht anders gehandelt, weil ich ein unbedingter Anhänger der Demokratie bin. Alle meine Kritiker aus dem konservativen Lager und die »tollwütigen« Linken vergaßen Freiheit und Demokratie, wenn sie an die Macht kommen wollten, und schlugen zu. Leider sind in unserem Land auch jetzt, in der heutigen Zeit, viele bereit, Hitzköpfe zu unterstützen und alles übers Knie zu brechen. Es ist ja kein Zufall, dass Stalin, einer der blutrünstigsten Führer unserer Geschichte, von vielen als Held angesehen und sein Porträt bis heute bei Demonstrationen hochgehalten wird, ja man hat sogar versucht, ihn mit Russland gleichzusetzen.

Der Fall Jelzin

In diese Monate des Jahres 1987 fielen auch Probleme mit Jelzin. Sie waren schon vorher latent da gewesen und hatten sich nun zugespitzt. Grund war sein Arbeitsstil, darunter auch seine Art, Kaderprobleme zu lösen.

Als Erster Sekretär des KP-Stadtkomitees Moskau hatte Jelzin kein einfaches Arbeitsfeld. In Moskau konzentrierte sich nicht nur die Moskauer Bürokratie, hinzu kam die gesamte Bürokratie der Republiken und der Union. Um an diesem Ort die Perestrojka durchzusetzen, brauchte es politische Reife und Durchsetzungskraft. Ich hatte gehofft, Jelzin sei dem gewachsen. Am Anfang stürzte er sich voll in die Arbeit in der Hauptstadt. In der Regel war ich auf seiner Seite, auch dann, als negative Informationen über sein Verhalten eintrafen.

Zwei Dinge charakterisierten seine Arbeit: Trotz des demokratischen Wesens der Perestrojka griff er zu administrativen Methoden, und er neigte zu Populismus. Letzteres war sein und unser Unglück. Aber gerade wegen dieses Populismus waren die Moskauer bereit, ihn auf Händen zu tragen. Außerdem war er unzufrieden, dass er, obwohl Leiter der größten Parteiorganisation der KPdSU, kein Politbüromitglied war. Das versetzte seinem Ehrgeiz einen Stoß. Doch gerade sein Verhalten in Moskau war ein Hindernis dafür. Ihm mangelte es eindeutig an Selbstbeherrschung.

Schon im Sommer, als ich auf der Krim Urlaub machte, hatte Jelzin mir einen Brief geschrieben, in dem er sich über das Sekretariat des ZK und Ligatschow persönlich beschwerte. Ligatschow behandle ihn wie einen kleinen Jungen. Dazu muss ich allerdings sagen, dass hier zweifellos zwei Dickköpfe aufeinandergeprallt waren. Ligatschow war auch nicht gerade ein umgänglicher Typ. Er verfügte über viele Eigenschaften eines guten Politikers und war ein überzeugter Anhänger des Sozialismus nach seiner Auffassung. Er war ein kultivierter Mann. Die Beziehung zu seiner Familie, insbesondere zu seiner Frau Sinaida Iwanowna, machte großen Eindruck auf mich. Sie ist die Tochter eines Offiziers, der dem Großen Terror zum Opfer gefallen war. Für einen anderen wäre das unter Umständen ein Grund für den Abbruch der Beziehung gewesen. Die beiden lernten sich als Studenten kennen. Aber er ließ sie nicht im Stich, im Gegenteil, er stützte sie in dieser schweren Zeit. Ich glaube, er war zum ersten und einzigen Mal richtig verliebt. Das sagt viel über ihn aus.

Ligatschow war ein aufgeschlossener Mensch, sagte stets frei seine Meinung. Aber da er gewohnt war, Macht auszuüben, konnte er äußerst herrschsüchtig und autoritär sein. Womöglich lag das daran, dass er vor der Aufnahme ins Politbüro 18 Jahre lang als Erster Sekretär des Parteikomitees von Tomsk gearbeitet hatte und davor im Apparat des Zentralkomitees der KPdSU. Allgemein zählte er zu ebenjenen »störrischen Eseln«, mit denen man Geduld haben muss. Nicht selten handelte er hinter meinem Rücken und gegen meine Einstellung, etwa bei der Wahl des Sekretärs der russischen KP oder bei anderen Kaderfragen. Ihm kam es so vor, als schätzte ich ihn nicht genug, aber da irrte er sich. Ich hatte und habe bis heute große Achtung vor ihm.

Jelzins Brief enthielt einige scharfe, gegen das Politbüro gerichtete Worte. Er bat mich um einen Termin nach meiner Rückkehr aus dem Urlaub und wollte alles besprechen. Ich sagte ihm zu, allerdings für einen späteren Zeitpunkt, da ich im Moment mit der Vorbereitung des 70. Jahrestags der Revolution und meiner Rede auf der feierlichen Sitzung beschäftigt sei.

Jelzin konnte nicht warten und veranstaltete am 21. Oktober auf der Plenartagung des ZK, auf der der Vortrag zum 70. Jahrestag der Revolution behandelt wurde, einen Skandal. Das Zentralkomitee war mit meiner Rede einverstanden und äußerte lediglich kleine Änderungswünsche. Ligatschow, der den Vorsitz hatte, wollte schon die Sitzung schließen. Es fehlte nur noch die Abstimmung. In diesem Moment sah ich, dass Jelzin die Hand gehoben hatte, und machte Ligatschow darauf aufmerksam. Der Vorsitzende erteilte ihm das Wort. Jelzin sagte, dass er sich im Politbüro an der Diskussion über die Rede beteiligt habe, dass seine Kommentare berücksichtigt worden seien und er die Rede unterstütze. Aber jetzt habe er nicht deswegen das Wort ergriffen, sondern wolle etwas zur Leitung der Partei sagen. Sie entwickle unter der Hand einen neuen Personenkult. Damit zielte er auf mich. Sein Auftritt war sehr merkwürdig. Er erklärte, er könne nicht mit dem Politbüro zusammenarbeiten, er bekäme keine Unterstützung von ihm, insbesondere von Ligatschow. In diesem Zusammenhang bat er, ihn von den Verpflichtungen als Kandidat für das Politbüro und als Erster Sekretär des Stadtkomitees Moskau zu befreien.

Jelzins provokanter Ton löste eine heftige Reaktion aus. Allerdings nicht die, mit der er gerechnet hatte. Es brach eine Diskussion los, die man nicht mehr stoppen konnte. Meist kam es zu Einschätzungen wie »gekränkte Eigenliebe« und »überzogene Ansprüche«. 24 ZK-Mitglieder meldeten sich zu Wort; Forderungen, Jelzin aus dem ZK auszuschließen, wurden laut.

Ich beobachtete Jelzin vom Präsidium aus und versuchte zu verstehen, was in ihm vorging. In seinem Gesicht stand eine merkwürdige Mischung: Verbitterung, Unsicherheit, Bedauern, etwas, das für eine unausgeglichene Natur sprach. Die Teilnehmer an der Diskussion, darunter auch solche, die ihm gestern noch geschmeichelt hatten, schlugen kräftig und verletzend auf ihn ein, das hat bei uns ja Tradition. Die Lage spitzte sich zu. Ich griff ein: »Lassen Sie uns Jelzin selbst hören. Was hat er zu den Aussagen der Mitglieder des ZK zu sagen?«

Es waren Rufe zu hören: »Das ist nicht nötig. Es ist auch so alles klar.«

Aber ich bestand darauf, Jelzin reden zu lassen, und unterstützte das mit dem Argument, wenn wir eine Demokratisierung der Partei wollten, müssten wir beim ZK anfangen.

Jelzin kam auf die Tribüne; er redete etwas unzusammenhängend, gab aber zu, dass er unrecht hatte. Ich warf ihm einen »Rettungsring« zu und schlug ihm vor, sein Rücktrittsgesuch zurückzunehmen. Aber er war schrecklich nervös und erklärte: »Nein, ich bleibe dabei.«

Das Plenum beauftragte das Politbüro, zusammen mit dem Stadtkomitee Moskau die Frage des Ersten Sekretärs zu regeln.

Als wäre nichts geschehen, schickte mir Jelzin am 3. November einen kurzen Brief, in dem er bat, ihm die Möglichkeit zu geben, weiterzuarbeiten. Übrigens nahm er auch am 7. November mit uns zusammen die Parade aus Anlass der Revolutionsfeierlichkeiten ab, stand mit anderen Mitgliedern der Leitung am Lenin-Mausoleum und tat, als sei nichts geschehen.

Am 9. November erreichte mich die Meldung, man habe Jelzin

blutüberströmt im Moskauer Stadtkomitee gefunden. Im Moment seien Tschasow und andere Ärzte bei ihm. Jelzin hatte mit der Büroschere einen Selbstmordversuch unternommen. Die Ärzte befanden, es bestehe keine Lebensgefahr, die Verletzung war oberflächlich. Aber er kam ins Krankenhaus.

Ich musste dringend eine Politbürositzung einberufen. Wir verabredeten, an den Beschlüssen der Plenartagung festzuhalten. Nach einer gewissen Zeit rief ich Jelzin an, sagte, ich wisse, was vorgefallen sei. Das Plenum des Moskauer Stadtkomitees finde statt, wenn er wieder gesund sei. Das war am 12. November. Jelzin bat mich in diesen Tagen, ihn in Pension zu schicken. Schließlich kam es zu dem Beschluss, ihn im ZK zu belassen. Er wurde zum Ersten Stellvertreter des Vorsitzenden des Staatlichen Komitees für Bauwesen ernannt, ein Ministerposten.

Später warfen mir viele vor, ich hätte die Sache nicht konsequent zu Ende geführt: »Man hätte ihn aus dem ZK ausschließen und in die Provinz schicken sollen, wo sich Fuchs und Hase gute Nacht sagen. Oder als Botschafter in irgendeine Bananenrepublik. Und damit wäre die Sache erledigt gewesen.« Häufig hielt man mir vor: »Geben Sie es zu, es war doch Ihre eigene Schuld!«

Ähnliche Gedanken sind mir nie in den Sinn gekommen. Das war nicht meine Art, mit Menschen umzugehen, und es hätte dem Geist widersprochen, auf den ich die Partei verpflichten wollte. Ich hegte keinerlei Abneigung gegen ihn, geschweige denn Rachegefühle. Selbst als er anfing, die niederträchtigsten Anschuldigungen gegen mich zu erheben, ließ ich mich nicht auf unwürdiges Gezänk ein.

Und was hatte ich davon? Als eine Art Nachwort zu dieser Episode möchte ich ein Gespräch mit einem Mann zitieren, der Jelzin nahegestanden hatte, mit Poltoranin. Seinen Aussagen nach wollte Jelzin damals mit seinem Auftritt im Zentralkomitee ganz bewusst einen Skandal provozieren und hatte damit gerechnet, dass sich viele an seine Seite stellen würden. Doch da hatte er sich getäuscht.

Nachdem Jelzin in die höchste Führung des Staatsapparats der UdSSR gelangt war, konnte er sich nie richtig einbringen. In dem

Maße, wie die Schwierigkeiten der Perestrojka und die verschiedenen Formen der Unzufriedenheit mit den Ergebnissen zunahmen, waren seine polarisierenden, populistischen Fähigkeiten jedoch auf einmal gefragt. Es gelang ihm, auf dieser Welle zu reiten und so in die Politik zurückzukehren. Der Rest ist bekannt.

Das Anti-Perestrojka-Manifest

Nach dem 70. Jahrestag der Revolution wurde überall in der Gesellschaft über unsere Vergangenheit und die aktuellen Probleme diskutiert. Die Werke von Philosophen, Schriftstellern und Malern, deren Namen wir früher nicht zu erwähnen gewagt hätten, wurden aus den Archiven und Giftschränken der Bibliotheken geholt. Historiker, Wirtschaftswissenschaftler, Philosophen, Soziologen und Literaturwissenschaftler waren bemüht, ihren Forschungsbereich von den durch den Stalinismus hervorgerufenen Verzerrungen zu befreien und ihre Geschichte zu durchleuchten, um die Wahrheit zu finden. Es brodelte im wahrsten Sinn des Wortes in der Gesellschaft. Die Emotionen kochten hoch. Und wir mussten sorgfältig darauf achten, dass »der Deckel auf dem Kessel der Perestrojka« nicht platzte.

Im Zentrum der Diskussion standen das Wesen des Sozialismus und die sozialistischen Werte. »Wenn wir das fortschrittlichste System haben, warum hinken wir dann im Lebensstandard und in der Produktivität chronisch hinter vielen anderen Ländern her?« »Wenn wir das ›demokratischste Land der Welt‹ sind, warum haben die Menschen bei uns keine geistige Freiheit, warum haben sie nicht die Möglichkeit, auf die Politik Einfluss zu nehmen?« Diese Fragen wurden ganz offen gestellt, die Menschen hatten nicht wie früher Angst, deshalb »antisowjetischer Agitation« angeklagt zu werden.

Immer häufiger kam es vor Beginn und während der Sitzungen des Politbüros und des Sekretariats des ZK zu Streit über die radikalsten Veröffentlichungen, Radio- und Fernsehsendungen. Ligatschow war der Meinung, wir hätten die Kontrolle über die Presse verloren. Dem schlossen sich Solomenzew, Tschebrikow, Jasow und schließlich auch Ryschkow an.

Ich musste ein ernstes Wort reden. Thema der nächsten Plenartagung im Februar 1988 war die Schulreform. Das Referat sollte Ligatschow halten. Das Thema war nicht besonders gut für diesen Moment gewählt. Aber es war zu spät, es zu ändern. Ich beschloss, selbst auf der Tagung zu Fragen der Ideologie Stellung zu nehmen. Wir brauchten eine Ideologie der Erneuerung. Glasnost hatte viele Missstände offengelegt, kaum jemand bestritt die Notwendigkeit der Perestrojka. Aber was ihre Ziele betraf, so gab es darum einen erbitterten Kampf. Hinter scheinbarer Einigkeit standen diametral gegensätzliche Vorstellungen. Die Spitze des Partei- und Staatsapparats fand, man müsse das bestehende System einfach »reparieren«, dürfe es aber um Himmels willen nicht durch ein anderes ersetzen. Als ich dann versuchte zu klären, was unter dieser Reparatur zu verstehen sei, zeigte sich, dass es nur um eine kosmetische Auffrischung ging, vergleichbar mit dem Neuanstrich, in dem man vor hohen Feiertagen unsere Fassaden in den zentralen Straßen erstrahlen ließ. Aber was hinter diesen Fassaden war …

Extremer Konservatismus nährt bekanntlich blinden Radikalismus. Die Dissidenten von gestern, ein Teil der schöpferischen Intelligenzija, all jene, die fest entschlossen waren, sich in die große Politik einzumischen, schickten sich Hals über Kopf an, »die Grenzen des Erlaubten« zu erweitern. Indem sie sich von den sozialistischen Werten abwandten, also von den Werten, die ihnen gestern noch lieb und teuer gewesen waren, forderten sie eine sofortige Demontage des gesamten Systems, ohne Rücksicht auf mögliche Folgen: Gewalt und Unruhen. Dabei blieb völlig unklar, was für eine gesellschaftlich-politische Ordnung ihnen vorschwebte.

In meiner Rede auf der Plenartagung hielt ich es für dringend erforderlich, vor allzu vereinfachenden, primitiven Bewertungen sowohl unserer Vergangenheit als auch der in 70 Jahren entstandenen Gesellschaft zu warnen. Man durfte unsere Landesgeschichte nicht nur als eine Kette blutiger Verbrechen ansehen. Auf keinen Fall durften wir das Gedächtnis des Volkes, dessen aufopferungsvolle Anstrengungen, dessen Opfer für eine bessere Zukunft in den Dreck ziehen. Gerade die Perestrojka sei, sagte ich, das Ergebnis der vergangenen Entwicklung, eine Phase der Negation, in der wir uns von allem zu befreien versuchten, was unsere Bewegung aufhalte. Dank der Reformen befreie sich der Sozialismus von Deformationen, kehre zu seinen Quellen zurück und beschreite neue historische Wege.

Wenn ich diese Rede lese, fallen mir viele Widersprüche auf. Damals waren wir noch davon überzeugt, das Unglück unseres Landes hinge nicht mit irgendwelchen inneren Gesetzmäßigkeiten des Systems zusammen und wir könnten die Probleme in der Wirtschaft, Politik und geistigen Sphäre lösen, ohne den Rahmen des Systems zu verlassen. Wir waren uns damals noch nicht bewusst, dass die Krise unseres Landes Systemcharakter hatte.

Auch nach der Plenartagung vom Februar kam es zu keiner Änderung der Einstellung. Die Polarisierung schritt fort. Millionen von Angehörigen der Nomenklatura trieb weniger die Sorge um das Volk um als die Angst vor dem Verlust der Macht.

Wenig später kam es zu einem Ereignis, das in die Geschichte der Perestrojka eingehen sollte. Am 13. März 1988 erschien in der Zeitung *Sowjetskaja Rossija* der Artikel »Ich kann meine Prinzipien nicht aufgeben«. Er stammte von Nina Andrejewa, einer Leningrader Dozentin. Geist, Stil und Terminologie dieses Artikels waren offen gegen die Perestrojka gerichtet. Stattdessen wurden Stalin und alles, was mit ihm zusammenhing, verherrlicht. Da die *Sowjetskaja Rossija* eine Zeitung des ZK der KPdSU war, wirkte der Artikel wie eine offizielle Kampfansage gegen die Linie, die ich formuliert hatte und die gerade auf der Februar-Plenartagung gebilligt worden war.

Die Reaktion der Sekretäre der Gebietskomitees und sogar einiger Politbüromitglieder verblüffte mich. Bei einem ersten Gespräch mit meinen Kollegen über den Artikel nahm ich verwundert zur Kenntnis, dass einige den Artikel guthießen. Folgendes Gespräch fand am 23. März im Präsidiumszimmer des Kreml während einer Pause der

Versammlung von Kolchosarbeitern statt, an der die Führung des Landes teilnahm. Tschernjajew schildert das Gespräch in seinen Erinnerungen und stützt sich dabei auf die Aussage Jakowlews. (Ich möchte an dieser Stelle unterstreichen, dass mein außenpolitischer Berater die Unterhaltung sehr genau wiedergegeben hat.)

Worotnikow: Im *Ogonjok* haben sie sich wieder diesen Sojfer[36] ausgesucht, diesen Halunken. Was soll man nur mit dieser Zeitschrift machen? Etwas muss man doch unternehmen.

Gorbatschow: Warum denn? Sie haben doch dann Wissenschaftler abgedruckt, die sich gegen diesen Artikel wenden. Und was willst du eigentlich? Die einen schreiben eben so, die anderen anders. Das sind Wissenschaftler. Das ist ihre Welt. Und wenn schon … Was regst du dich auf? Es geht nicht mehr so wie früher …

Ligatschow: Die Presse ist frech geworden … Man muss denen die Zähne zeigen. Neulich ist in der *Sowjetskaja Rossija* ein Artikel erschienen, ein ausgezeichneter Artikel. Genau unsere Parteilinie.

Worotnikow: Ja! Ein wirklich treffender Artikel. So muss man es machen. Die anderen sind ganz außer Rand und Band geraten.

Gromyko: Ich halte den Artikel für gut. Er rückt die Dinge zurecht.

Solomenzew setzte zu einer ähnlichen Äußerung an, und auch Tschebrikow hatte schon den Mund aufgemacht.

Gorbatschow: Ich habe vor meiner Abreise nach Jugoslawien nur einen kurzen Blick darauf geworfen.

Man unterbricht ihn: … ein wirklich guter Artikel. Unbedingt lesenswert …

Gorbatschow: Ja, ich habe ihn nach meiner Rückkehr gelesen.

Wieder gibt ein lobendes Wort das andere.

Gorbatschow: Ich bin da allerdings anderer Meinung.

Worotnikow: Wie das?

Gorbatschow: Wieso »Wie das«?

Peinliches Schweigen, die Blicke wandern von einem zum andern.

---

36 Gemeint ist Viktor Alexandrowitsch Sojfer, seit 1993 Direktor des Instituts für Systeme zur Verarbeitung von Signalen der Russischen Akademie der Wissenschaften.

Gorbatschow: Wenn das so ist, lasst uns die Angelegenheit im Politbüro diskutieren. Ich sehe wohl, dass die Sache nicht so läuft, wie sie sollte. Es riecht nach Spaltung. Wieso »Wie das«? Der Artikel richtet sich gegen die Perestrojka, gegen das Februar-Plenum. Ich habe nie etwas dagegen gehabt, wenn jemand offen seine Meinung sagt. Ganz gleich welche, ob in der Presse, in Briefen oder in Artikeln. Aber ich habe gehört, dass dieser Artikel als richtungsweisend ausgegeben wird. Er wird in Parteiorganisationen bereits als neue Richtlinie diskutiert. Es wurde untersagt, in der Presse auch nur ein Wort gegen diesen Artikel zu veröffentlichen … Das ist etwas ganz anderes. Auf dem Februar-Plenum habe ich nicht meine persönliche Rede gehalten. Wir haben sie gemeinsam erörtert und beschlossen. Das war eine Rede des Politbüros, und das Plenum hat sie bestätigt. Aber inzwischen wird, wie sich zeigt, ein anderer Kurs eingeschlagen … Ich klebe nicht an meinem Stuhl. Aber solange ich hier bin, solange ich auf diesem Stuhl sitze, werde ich die Ideen der Perestrojka verteidigen. Nein! So geht das nicht. Diskutieren wir im Politbüro darüber.

Am folgenden Tag, dem 24. März, sagte Gorbatschow, nachdem die offizielle Tagesordnung abgeschlossen war, einige Worte, allerdings so deutliche, dass der erbleichte Ligatschow als Erster das Wort ergriff.

Ligatschow: Ja, Tschikin[37] ist zu mir gekommen. Der Artikel hat mir gefallen. Aber mehr hatte ich damit nicht zu tun.

Gromyko reihte sich bereits ein und sprach lange unverständliches Zeug, aber eins war klar: weder Fisch noch Fleisch. Worotnikow rechtfertigte sich für das gestrige »Wie das«, suchte aber einen Ausweg, indem er über die Presse jammerte und darüber, dass sie sich jeglicher Kontrolle entzogen habe und mache, was sie wolle. Nach Worotnikow meldete sich Jakowlew zu Wort und schilderte seinen Auftritt wie folgt: »Ich sprach gut 20 Minuten und legte Punkt für Punkt dar, dass sich der ganze Artikel, im Geist ebenso wie im Ton und in jedem einzelnen Satz, gegen Gorbatschow, gegen das Februar-Plenum richtet, dass es ein Manifest gegen die Perestrojka ist. Als ich

37 Der Chefredakteur der *Sowjetskaja Rossija*

zum Ende kam, war es schon spät, gegen 22 Uhr. Gorbatschow sagte: ›Schließen wir die heutige Sitzung, aber morgen reden wir weiter.‹« Am nächsten Tag meldete sich Ryschkow als Erster zu Wort und verurteilte den Artikel scharf und schonungslos. Er hielt die wohl emotionalste Rede:»Vor allem drängen sich mir bei dem Artikel zwei Eindrücke auf: Wozu brauchen wir überhaupt die Perestrojka?! Aber da das Unglück nun einmal passiert ist, müssen wir es möglichst klein halten und einschreiten.«

Jakowlew setzte seine Schilderung der Diskussion fort: Scharf und kategorisch verurteilte Schewardnadse den Artikel, entschieden und mit überzeugenden Argumenten Medwedew, knapp, aber eindeutig, emotional, voller Entrüstung Sljunkow und Masljukow. Tschebrikow (der am Vortag um ein Haar »gestolpert« wäre) äußerte ruhige, missbilligende Worte.

General Jasow murmelte etwas Unbestimmtes über die Presse, die jedes Maß verloren habe, äußerte sich aber im Großen und Ganzen für den Generalsekretär. Für Ligatschow traten Solomenzew, Nikonow und Lukjanow ein. Unentschieden war der eigens aus dem Urlaub angereiste Sajkow. Rasumowskij sprach vernünftige Worte. Selbstverständlich wurde einstimmig der Beschluss gefasst: den Artikel verurteilen und tadeln. Die *Prawda* sollte eine entsprechende Bewertung des Artikels veröffentlichen.

Abschließend teilte Jakowlew Tschernjajew seine Einschätzung mit:»Das ist ein Wendepunkt in der Geschichte der Perestrojka.« (Ryschkow hatte sogar vorgeschlagen, Ligatschow die Zuständigkeit für die Ideologie zu entziehen!)

Viele Sekretäre der Gebietskomitees hatten den Artikel jedoch schon in ihren Lokalzeitungen abdrucken lassen; die einen aus dem üblichen vorauseilenden Gehorsam, die anderen, weil sie mit dem Artikel einverstanden waren. Ein Teil hatte nicht glauben können, dass dieser Artikel eine Direktive sein sollte, und hatte den Abdruck verweigert.

Dies war ein außerordentlich gefährlicher Moment. Deshalb hielt ich es für notwendig, mir die Sekretäre der Kreis- und Gebietskomitees vorzunehmen. Der Tenor meiner drei Treffen im März und April mit den Parteiführern war folgender: Wer den Artikel nicht richtig verstanden hat, der gucke ihn sich noch einmal an und korrigiere sich; doch wer wie Nina Andrejewa denkt, der müsse gehen, denn dieser Artikel sei ein offener Appell, zum verbrecherischen und zutiefst amoralischen Stalinismus zurückzukehren. »Speziell für Sie«, so wandte ich mich an die Sekretäre, »möchte ich hinzufügen: Hunderttausende von Parteiaktivisten wurden erschossen, drei Millionen in Lager deportiert. Dabei ist die Kollektivierung noch nicht mitgerechnet, der weitere Millionen zum Opfer fielen. Nina Andrejewa ruft uns zu einem neuen Jahr 1937 auf. Ist es das, was ihr Mitglieder des Zentralkomitees wollt? Wir müssen an unser Land denken. Wollen wir den Sozialismus? Ja! Aber was für einen? Den Sozialismus von Stalin können wir nicht brauchen.«

Im Auftrag des Politbüros veröffentlichte die *Prawda* einen vernichtenden Artikel zum »Fall Nina Andrejewa«.

Die Geschichte mit dem Artikel hatte offengelegt, was ich auch früher schon geahnt hatte: Meine Genossen, mit denen ich aufrichtig, gemeinsam und einmütig die Perestrojka eingeleitet und die ersten Schritte zurückgelegt hatte, jeder von ihnen hatte seine ureigene Grenze. Schwierigkeiten und Gefahren hatten den anfänglichen Enthusiasmus abkühlen lassen, und viele hätten es lieber bei einer kosmetischen Reparatur des bestehenden Systems belassen.

Die Revolution in den Köpfen

Die Veröffentlichung des Artikels von Nina Andrejewa gehörte nicht einfach zu den vielen Angriffen im Meer der Perestrojka-Presse, sondern war eine von langer Hand vorbereitete politische Aktion. Mir wurde bald bekannt, dass sie von den Mitarbeitern Ligatschows vorbereitet und von ihm selbst gebilligt worden war. Ebendeshalb wurde der Artikel als richtungsweisend interpretiert, weil er »von ganz oben« kam.

Natürlich war ich beunruhigt, dass das hinter meinem Rücken

geschehen war. Aber ich lehnte es kategorisch ab, wie mir geraten wurde, den genauen Ablauf der Aktion zu untersuchen und alle Beteiligten und Initiatoren, insbesondere den Chefredakteur Tschikin, zu bestrafen. Das Problem lag anderswo, nämlich im grundlegenden Verständnis der Parteilinie durch die Bevölkerung und in ihrer bewussten, schöpferischen Umsetzung in die Realität. Deswegen sah ich es geradezu als notwendig an, »mit offenem Visier«, wie es heißt, die Meinung der gesamten »Partei-Generalität« zu klären: die jedes einzelnen ZK-Sekretärs der Unionsrepubliken sowie die jedes einzelnen Regions- und Gebietsparteisekretärs. Ich wollte von ihnen wissen, wie man ihrer Meinung nach die ganze Partei und Gesellschaft besser und effizienter in die Perestrojka einbeziehen könne.

Beschlüsse zu diesen Fragen konnten nur öffentlich auf einem Parteiforum gefasst werden. Dazu sollte die 19. Parteikonferenz dienen, die für den 28. Juni 1988 einberufen worden war. Den Sinn dieser Konferenz sah ich darin, eine grundlegende Reform des politischen Systems einzuleiten, das in vieler Hinsicht immer noch tief verwurzelte Eigenschaften in sich trug, die bereits in den Jahrzehnten der stalinistischen administrativen Kommandowirtschaft angelegt worden waren. Denn in diesem System lag die fundamentale Ursache für das eingeschränkte und verbohrte politische Bewusstsein der Parteikader von der obersten bis zur untersten Ebene sowie des gesellschaftlichen Bewusstseins breitester Bevölkerungsschichten. Das war die wichtigste und schwierigste Aufgabe der Perestrojka. Das Gespräch mit den Parteisekretären hatte mir Hoffnung gemacht. Die meisten verstanden durchaus die Notwendigkeit, das politische, wirtschaftliche und soziale System zu erneuern und zu verändern. Das erforderten die massiven Probleme hinsichtlich der Grundbedürfnisse der Menschen im ganzen Land.[38]

In den drei Jahren, die seit dem März 1985 vergangen waren, hatten Perestrojka, Glasnost und Demokratisierung das gesellschaft-

---

38 19. Parteikonferenz: Im Gegensatz zu Parteitagen und ZK-Sitzungen fanden Unionsparteikonferenzen nur sehr selten und aus einem gegebenen Anlass statt.

liche Bewusstsein und den Horizont der Menschen, die sich um das Land sorgten und die Unmöglichkeit einer normalen Entwicklung des Menschen und Bürgers beklagten, immer stärker erweitert. Es hatte eine Revolution in den Köpfen begonnen, die weder totzuschweigen noch zu verbieten war. Das belegten die tägliche Presse, die neuen Bücher, Theateraufführungen, Auftritte von Künstlern und die Entstehung einer Reihe von inoffiziellen Organisationen der Jugend, Bürgerrechtler und Umweltschützer.

Nicht alle hatten konstruktive Ziele, obwohl anfangs die Unterstützung der Perestrojka überwog. Aber es bildeten sich auch zweifelhafte, destruktive, radikale Gruppen; auch reaktionäre Organisationen wie die berüchtigte faschistische Gruppe »Pamjat« kamen auf. Überdies spitzte sich das Problem der Rechtmäßigkeit und Tätigkeit neuer Vereinigungen zu, insbesondere auf der Ebene der nationalen Beziehungen. Das unterstrich einmal mehr, wie wichtig es war, die demokratische Rechtsordnung zu stärken und einen Rechtsstaat zu schaffen. Die Gesellschaft war aus ihrem Winterschlaf und ihrer Apathie erwacht. Wie konnte man diese Bewegungen in eine konstruktive Richtung lenken? Was konnte und musste die KPdSU dazu tun? Auf diese Fragen sollte die 19. Parteikonferenz eine Antwort geben.

Öffentliche Parteidiskussion

Der Ausbruch hitziger politischer Debatten im Zusammenhang mit dem Anti-Perestrojka-Manifest der Nina Andrejewa hatte unterschiedliche Einstellungen zur Politik der Perestrojka sowohl an der Spitze der KPdSU als auch in den unteren Rängen zu Tage gefördert. Aber die Skepsis im Hinblick auf den Kurs der Erneuerung und die Sehnsucht nach der Stagnation der Breschnew-Ära, ja sogar nach der Stalin-Zeit hatten ihren Grund nicht nur in den eigennützigen Interessen der Nomenklatura und Bürokratie. Sie waren auch tief in den Stereotypen des Massenbewusstseins verankert, das sich in den Jahrzehnten der totalen politischen und ideologischen Kontrolle und der Monopolherrschaft der KPdSU mit ihrer alles durchdringenden Bürokratie herausgebildet hatte. In der Folge war eine Entfremdung der Mehrheit des Volks von Macht und Eigentum eingetreten, eine Verwandlung der Bürger in »Schräubchen«, die gänzlich vom Willen und der Willkür der Beamten abhingen. Dem Menschen die Möglichkeit geben, nicht ein »Schräubchen«, sondern Bürger und Herr seines Lebens, seines Schicksals, seines Landes zu sein, ihm den Raum für seine schöpferischen Fähigkeiten öffnen, das konnte man nur, wenn man seine gesellschaftliche Stellung änderte. Genau das war Sinn und Zweck der Perestrojka.

Wie ich schon sagte, ging ich davon aus, dass das viele Jahre brauche, mindestens zwei oder drei Jahrzehnte oder auch mehr. Schon die ersten Hürden der Perestrojka waren ein Warnzeichen, dass es auch zu Rückzugsbewegungen in die Vergangenheit mit schwer voraussehbaren Folgen kommen könnte. Es mussten unverzüglich gesellschaftspolitische und staatliche Garantien geschaffen werden, um die eingeleitete Reform der Gesellschaft und jenes Systems zu vertiefen, das jahrelang gewohnheitsmäßig »realer« oder gar »entwickelter« Sozialismus genannt wurde, mit all seinen »Deformierungen« und Sackgassen. Der »stalinistische Sozialismus« konnte auf keinen Fall als Vorbild dienen. Von dieser Form des »Sozialismus« mussten wir uns entschieden distanzieren und durften eine Rückkehr der Gräuel des Stalinismus nicht zulassen. So wie viele meiner Freunde aus der sogenannten »1960er-Generation« war ich überzeugt von der Möglichkeit eines humanen und demokratischen Sozialismus.

In der gefährlichen Situation des Frühjahrs 1988 war es vor allem mein Anliegen, Unstimmigkeit und Streit in der Führung zu verhindern und stattdessen alle Bemühungen auf eine Konsolidierung der Gesellschaft und die Einbeziehung großer Schichten von Bürgern in die Prozesse der gesellschaftlichen Selbstheilung und Erneuerung zu konzentrieren. Das war für mich der Sinn der 19. Parteikonferenz.

Das öffentliche Interesse an der Konferenz war groß. Die Leute wollten wissen, was an der Spitze vor sich ging, was man dort vorhatte und wohin unser Land geführt werden sollte. Die Thesen des ZK für die Konferenz wurden rechtzeitig vorher in der *Prawda* veröffentlicht. Genauso wie die Wahlen der Delegierten für die Konferenz wurden sie von allen Medien lebhaft diskutiert. Übrigens musste ich damals in der Moskauer Parteiführung viele dazu bewegen, ihre Voreingenommenheit und Unduldsamkeit gegenüber einigen Teilnehmern der Konferenz, wie dem Historiker Jurij Afanasjew oder dem Dramatiker Alexander Gelman, aufzugeben.

Die Diskussion verlief sehr stürmisch. Die Delegierten drängten auf die Tribüne. Unter donnerndem Applaus der Konservativen verglich der bekannte Schriftsteller Bondarew die Perestrojka mit einem »Flugzeug, das gestartet sei, aber wir wissen nicht, wo es landen soll«. Die Rede des ihm widersprechenden Schriftstellers Grigorij Baklanow wurde »niedergeklatscht« und »niedergetrampelt«. Als Anführer der Kritik an der Parteileitung vonseiten der sogenannten »linken« Radikalen trat Jelzin auf. Er gebärdete sich als radikalster Gegner des »Führerkults« und als entschiedenster Anhänger echter Demokratie. Er forderte, dass die »seit zehn bis fünfzehn Jahren im Politbüro Sitzenden«, die den kranken Tschernenko zum Generalsekretär gemacht und die Partei und unser Land in die jetzige Krise geführt hätten, zur Verantwortung gezogen würden. Er forderte, den bürokratischen Apparat in der Staatsführung und in der Stadt Moskau, wo noch immer die Mafia säße, erheblich zu reduzieren.

Besonders heftig war die Reaktion auf Jelzins Erklärung, die soziale Ungerechtigkeit müsse beseitigt, Privilegien, Sonderzuteilungen, Spezialkrankenhäuser und Spezialsanatorien müssten abgeschafft werden. »So muss es sein«, verkündete der künftige »Zar Boris« unter donnerndem Applaus, »wenn es in der sozialistischen Gesellschaft an etwas mangelt, dann muss ausnahmslos jeder diesen Mangel zu spüren bekommen.«[39]

---

39 Kaum jemand konnte sich damals vorstellen, dass in Jelzins postsowjetischem Russland die Zahl der Beamten die der Sowjetunion um das Anderthalb- bis Zweifache übersteigen und Jelzin selbst drei, vier Jahre später alle möglichen Privilegien für sich in Anspruch nehmen würde.

In einer Pause zwischen den Sitzungen der 19. Parteikonferenz vom 28. Juni bis 1. Juli 1988

Abschließend bat Jelzin darum, »ihn noch zu Lebzeiten zu rehabilitieren« und die bekannte Resolution der Plenartagung des ZK vom Oktober als unbegründet aufzuheben. Jelzins Auftritt wurde von der radikalen Intelligenzija in Moskau, Leningrad und Swerdlowsk als Ausdruck seiner Bereitschaft verstanden, auf dem Höhepunkt des Kampfes gegen die Parteibürokraten in die große Politik zurückzukehren, um für soziale Gerechtigkeit zu kämpfen.

Die Konferenz ließ also eine Konsolidierung der Kritiker und Opponenten sowohl im konservativen Nomenklatura-Lager als auch in linksradikalen Kreisen erkennen. Trotzdem sehe ich den Hauptsinn der Konferenz darin, dass sie insgesamt die Parteileitung bestärkte und die Partei auf den Kurs einer grundlegenden politischen Reform des Landes brachte. Es wurde der Beschluss verabschiedet, zur Fortführung und Vertiefung der Perestrojka freie Wahlen der Machtorgane aller Ebenen einzuführen. Auch die Teilung der Funktionen

449

von Partei und Räten erhielt die Zustimmung der Konferenz. Auf diese Weise war die Grundlage zur Aufhebung des KPdSU-Monopols auf die Macht geschaffen, die auf die frei zu wählenden Räte übergehen sollte.

Die Beschlüsse der Konferenz sollten die Losung »Alle Macht den Räten« zur Realität werden lassen. Die Partei hatte in Wirklichkeit ja nie einen Regierungsauftrag vom Volk erhalten, sie hatte diese Funktionen selbst übernommen und sie dann monopolisiert. In den Resolutionen hieß es: »Die Partei wird in Zukunft nie mehr eine Wiederholung dessen zulassen, was in der Zeit des Personenkults und der Stagnation geschah.«

Aufgrund der Beschlüsse der Konferenz verjüngte sich das Politbüro. Solomenzew, Demitschew, Dolgich und andere gingen in Pension. Der Parteiapparat wurde reduziert und umorganisiert. Das Sekretariat des ZK und seine wirtschaftlichen Abteilungen wurden mit Ausnahme der Abteilung für Agrarwirtschaft aufgelöst. Kriterium für den Aufstieg in der Partei sollte in Zukunft nicht Position, sondern Kompetenz sein.

Die Konferenz empfahl konkrete Zeitpunkte für Gesetzesmaßnahmen, die demokratische Neuerungen in die Verfassung der UdSSR einbringen sollten. Das Wahlsystem sollte geändert und auf das Prinzip alternativer Kandidaten umgestellt werden. Die Aktualität der Schaffung eines Rechtsstaats und einer Rechts- und Gerichtsreform wurde anerkannt. Unterstrichen wurden auch die Notwendigkeit einer radikalen Wirtschaftsreform, der Erneuerung aller wirtschaftlichen Mechanismen und eine radikale Perestrojka der Wirtschaftsbeziehungen im Dorf.

Durch all diese Maßnahmen öffneten sich Möglichkeiten für eine aktive politische Betätigung ganz neuer Schichten von Bürgern, ja für ganze Generationen, die bisher außerhalb der Politik standen und ihr entfremdet waren. Auch legale Möglichkeiten, unabhängige Oppositionsparteien zu gründen, wurden eingerichtet.

Der Eintritt neuer Menschen in die Politik änderte das Bild. Die

Entstehung neuer Clubs und Volksfronten zur Unterstützung der Perestrojka, all das stärkte die Position der Befürworter der Demokratisierung und den Widerstand gegen die Konservativen. Doch auch etwas anderes wurde immer offenbarer: Die Unerfahrenheit vieler politischer Neulinge ließ sie oft zu Bolschewiki mit umgekehrtem Vorzeichen werden: zu ungeduldigen, maximalistischen Radikalen, die um eigener Vorteile willen das »kommunistische Regime« um jeden Preis stürzen wollten. Das durchschauten viele allerdings erst entschieden später …

Die reale Demokratisierung der Gesellschaft und des Staates war die schwierigste Prüfung für die KPdSU. Leider hatte der überwiegende Teil der KPdSU-Funktionäre im Laufe des jahrzehntelangen Machtmonopols der Partei die Fähigkeit eingebüßt oder es überhaupt nie gelernt, eine politische, ideologische und organisatorische Arbeit zu betreiben, ohne auf Ressourcen des Staats- und Verwaltungsapparates zurückgreifen zu können. Immer wieder wurden bei den Plenartagungen Forderungen laut, die Autorität der Parteiorgane durch rechtliche Instrumente zu untermauern. Das endete damit, dass die Mehrheit der Parteispitze – oder zumindest ein beträchtlicher Teil – sich am Augustputsch beteiligen sollte. Doch dazu später.

15. Kapitel

Die Charta des neuen Denkens vor der UNO

Trotz aller Schwierigkeiten und großen Probleme, mit denen die Perestrojka in unserem Land zu kämpfen hatte, stieß sie allmählich auf immer mehr Verständnis und Vertrauen in der Welt. In diesem Sinn war das Jahr 1988 ein Meilenstein. Im Februar erklärte ich, die UdSSR beabsichtige, ab dem 15. Mai ihre Truppen innerhalb von zehn Monaten aus Afghanistan abzuziehen. Diese Absicht wurde wenig später in Genf auch durch ein offizielles Abkommen zwischen Afghanistan, der UdSSR und Pakistan besiegelt.

Ende Mai fand der offizielle Besuch von Reagan bei uns statt, von dem ich bereits erzählt habe. Im Oktober besuchte uns Bundeskanzler Kohl. Dieses Treffen öffnete ein neues Kapitel in den Beziehungen zwischen unseren Ländern …

Öffentliche Unterstützung für die Perestrojka bekamen wir auch während eines Besuchs des französischen Präsidenten Mitterrand. Übrigens feierte auch die Generalversammlung der UNESCO in Paris das tausendjährige Jubiläum der Christianisierung Russlands als großes Ereignis der Geschichte und Kultur Europas und der Welt. Nach der großen offiziellen Feier in der Sowjetunion bildeten sich viele neue Kirchengemeinden, und die Kirchen wurden wieder aufgebaut. Vertreter aller Konfessionen beteiligten sich an der Ausarbeitung des Gesetzes über die Gewissensfreiheit und die religiösen Organisationen. Die Kirche wurde zu einer gleichberechtig-

Mit Ronald Reagan auf dem Roten Platz, Mai/Juni 1988

ten gesellschaftlichen Institution, die sich an der geistigen und moralischen Erziehung, an der karitativen, wohltätigen und friedensstiftenden Tätigkeit beteiligte.

In der zweiten Novemberhälfte reiste ich zum zweiten Mal nach Indien. Mit Rajiv Gandhi verkehrte ich bereits auf freundschaftlichem Fuße, wie zuverlässige politische Partner. Wir hatten gemeinsam die Deklaration von Delhi verabschiedet, die beide Länder seither in die Praxis umzusetzen versuchten. Bei den Gesprächen im November ging es vor allem um die wichtige Frage der Beziehungen zu China. Sowohl Rajiv als auch ich gingen davon aus, dass es an der Zeit war, eine Verbesserung der Beziehungen zur Volksrepublik anzustreben, dass man alles tun musste, damit China keinen Grund hatte, die Annäherung der UdSSR und Indiens zu fürchten.

In diesem Punkt teilten die indischen Freunde unsere Einschätzungen und Vorstellungen, mit denen ich im September in Krasnojarsk an die Öffentlichkeit ging. Damals begründete ich die Dringlichkeit und die guten Aussichten auf einen Abbau der Spannungen

und einen Verzicht auf Konfrontation, auch auf der Ebene der Kernwaffen, der Kriegsmarine und Luftwaffe, auf ein Einfrieren und die Reduzierung der Rüstung und Militärstützpunkte. Nach Gandhis und meinen Vorstellungen sollte über einen Austausch zu Sicherheitsfragen in der asiatisch-pazifischen Region nachgedacht werden, möglicherweise zunächst zwischen der UdSSR, China und den Vereinigten Staaten als ständigen Mitgliedern des UN-Sicherheitsrats. Anfang Dezember traf ich mich in Moskau mit dem chinesischen Außenminister Qian Qitschen. Wir erörterten eine breite Palette internationaler Probleme, verschiedene Lösungsmöglichkeiten und – das damals dringlichste Thema – prinzipielle Fragen zu einem Treffen der Staatsführung beider Länder. Sowohl in Moskau als auch in Peking wurde diesem Treffen eine zentrale Bedeutung für die Normalisierung der Beziehungen der beiden großen Staaten und Völker beigemessen.

Besonders hervorheben möchte ich mein Treffen mit dem Präsidenten der Sozialistischen Internationale Willy Brandt. Er machte sich Sorgen wegen der Anti-Perestrojka-Aktion um Nina Andrejewa und wollte sich persönlich davon überzeugen, dass die Perestrojka weitergeht und wir weder innen- noch außenpolitisch von ihr abrücken wollen. Als Führer der internationalen Sozialdemokratie versprach er, sich für eine »Perestrojka« des Verhältnisses der Sozialistischen Internationale gegenüber der Sowjetunion einzusetzen. Brandt betonte, trotz unterschiedlicher Ideologie werde die Distanz, die uns beide voneinander trenne, immer kleiner. Das neue Programm der Sozialistischen Internationale werde sich radikal von dem des Jahres 1952 unterscheiden. Es war stark vom Kalten Krieg, Antikommunismus und Antisowjetismus geprägt.[40]

Die Gespräche mit Brandt und die Verhandlungen mit Reagan, Kohl, Mitterrand und anderen politischen Führern Europas, Amerikas und Asiens lieferten wichtige Argumente dafür, die Prinzipien

---

40 Das neue Programm, das die Frankfurter Deklaration von 1951 ersetzte, wurde 1989 vom 28. Kongress der Sozialistischen Internationale verabschiedet.

Helmut Kohl in Moskau; 24. Oktober 1988

des neuen Denkens aktiver zu verbreiten. Unsere Außenpolitik verband die akuten Bedürfnisse der Welt immer besser mit denen unseres eigenen Landes. Aus diesem Grund sind falsche Unterstellungen und Behauptungen, die noch heute gegen die Fürsprecher der Perestrojka vorgebracht werden, sie hätten um jeden Preis gefallen, anderen nach dem Mund reden wollen, völlig unbegründet. Die Sachlage war ganz anders. Die heutige Welt ist eine Welt qualitativ neuer Abhängigkeiten und Verbindungen, deren internationale Dimensionen wachsen. Das neue Tempo, neue Perspektiven, aber auch neue Risiken und Widersprüche der Entwicklung bringen globale Probleme hervor, die praktisch alle Länder berühren und selbst von den größten nicht im Alleingang gelöst werden können. Dazu braucht es adäquate Institutionen und Normen, die auf einer neuen Weltordnung beruhen. Deshalb waren auch die Beschlüsse der 19. Parteikonferenz so wichtig; denn durch sie waren die auf dem neuen politischen Denken beruhende internationale Politik der Führung der UdSSR und die aktive Beteiligung der Sowjetunion an einer friedlichen Weltpolitik gutgeheißen worden.

Unsere einheimischen Gegner des neuen Denkens rechtfertigt bis zu einem gewissen Grad allein der Umstand, dass selbst weltgewandte politische US-Strategen nur um den Preis katastrophaler Niederlagen und Fehlschläge zu der Einsicht in die Notwendigkeit des neuen politischen Denkens lediglich gelangt waren. Manche befinden sich immer noch auf dem Weg zu dieser Erkenntnis. Diese Kurzsichtigkeit ist auf die Ideologisierung der internationalen Politik und der internationalen Beziehungen zurückzuführen.

Gestützt auf die Erfolge der Perestrojka, die, besonders im Bereich der politischen Demokratisierung, im Jahr 1988 trotz aller Schwierigkeiten und Probleme nicht mehr zu übersehen waren, beschlossen wir, der Weltgemeinschaft unser umfassendes und mit praktischen Maßnahmen untermauertes Konzept vorzustellen. Wir fanden, mit seiner konstruktiven Haltung und Perspektive verdiene es die Aufmerksamkeit der Generalversammlung der UNO, die im Dezember 1988 in New York tagte. Ich bereitete mich darauf in allen Richtungen äußerst gründlich vor.

Im Politbüro stand im November die Frage des militärisch-industriellen Komplexes unter den aktuellen Bedingungen auf der Tagesordnung. Ich erzählte von einem Treffen mit Jugendlichen, auf dem mich die Komsomolzen gefragt hatten: »Warum brauchen wir diese große Armee, warum brauchen wir so viele Panzer?« Die 19. Parteikonferenz hatte dazu prinzipielle Leitlinien gegeben: Wir brauchen Qualität und nicht Quantität. Der Moment war gekommen, grundsätzliche Entscheidungen zu treffen. Unsere Militärausgaben waren pro Kopf der Bevölkerung zweieinhalb Mal so hoch wie die der USA. Wenn wir das der Öffentlichkeit preisgegeben hätten, hätte sich unser ganzes neues Denken sang- und klanglos in Luft aufgelöst. Aber das war nicht die Hauptsache. Wir hätten die Aufgaben der Perestrojka nicht lösen können, wenn wir in der Armee alles gelassen hätten, wie es war. Es war an der Zeit, über die Reduktion unserer militärischen Präsenz in den sozialistischen Ländern nachzudenken. Wir mussten dieses Problem mit unseren Freunden besprechen.

Was unserer Außenpolitik die Kraft gab, war unsere innere Perestrojka und die Einsicht in die Veränderungen, die das neue Denken mit sich brachte. Zu meinen, dass Gorbatschow deswegen zu den Vereinten Nationen reiste, weil wir im eigenen Land in einer Sackgasse steckten, ist reichlich naiv. Die Perestrojka hatte den Weg für eine Erneuerung unseres eigenen Landes geöffnet und entsprach den akuten Bedürfnissen der Welt, zu einer neuen Friedensperspektive zu kommen.

Die Schritte zur Abrüstung wurden unter der Federführung Marschall Achromejews festgelegt. Zeitgleich mit den Vorschlägen zur Reduzierung unserer Truppen und Waffen arbeiteten wir auch weiter an Schritten im humanitären Bereich. Das betraf die Freilassung aller »politischen Gefangenen« und einer Zwangsbehandlung Unterzogenen (Opfer der »repressiven psychiatrischen Zwangsbehandlung«, die in den Vor-Perestrojka-Jahren praktiziert wurde). Die ungerechtfertigten und zum Teil willkürlichen Beschränkungen der Ausreise von Bürgern ins Ausland wurden aufgehoben. Die Arbeit der Kom-

mission zur Rehabilitierung der Stalin-Opfer ging weiter. Im Zuge dieser Arbeit wurden in verschiedenen Gebieten geheime Massengräber Tausender Erschossener entdeckt.

Kurz: Unsere Arbeit der Erneuerung, Aufarbeitung, Demokratisierung und Humanisierung aller Seiten unseres staatlichen und gesellschaftlichen Lebens verlief in allen Richtungen und wurde aktiv fortgesetzt. Die Absicht meiner Rede in der Generalversammlung der UNO bestand darin, der Weltgemeinschaft unsere neue Sicht und konstruktive Lösungen der weltpolitischen Probleme am Vorabend des 21. Jahrhunderts vorzustellen. Wir hatten ein politisches, ganzheitliches, keinesfalls propagandistisches Konzept für den Übergang von Konfrontation zu Zusammenarbeit ausgearbeitet, das die ganze Welt mit all ihren neuen Möglichkeiten und Gefahren betraf. Das sollte unser »Manifest« oder eine »Friedens-Charta« sein und sich bewusst von der Rede Churchills absetzen, die damals den Kalten Krieg eingeläutet hatte.

Ich erklärte, eine Konfrontation sei in der heutigen Welt perspektivlos und lebensgefährlich, daher dürften ideologische Unterschiede

461

Auftritt auf der 43. Generalversammlung der UNO am 7. Dezember 1988 in New York und Widersprüche nicht auf zwischenstaatliche Beziehungen übertragen werden. Stattdessen sähen wir Möglichkeiten und Perspektiven für eine konstruktive Lösung der internationalen und weltweiten Probleme auf dem Weg gleichberechtigter Zusammenarbeit. Mit einem Wort: Es war eine fundierte und ausführliche Einladung der Welt zu einer konstruktiven Wende von historischer Bedeutung, zu einem zivilisierten Aufbruch ins 21. Jahrhundert.

Wenn ich mir heute diese Rede durchlese, die ich vor mehr als zwanzig Jahren gehalten habe, stelle ich fest, dass sie nicht überholt ist. Haben die folgenden Prinzipien und Überlegungen, die ich am 7. Dezember 1988 vorstellte, etwa heute ihre Aktualität und positive Perspektive verloren?

– Wichtigste Komponente und Garantie der internationalen Sicherheit ist die Zusammenarbeit der Staaten auf der Grundlage des Völkerrechts. Von allen, besonders aber von den stärksten Staaten, ist Selbstbeschränkung und totaler Verzicht auf Gewaltanwendung von außen gefordert. Das heutige Ideal muss eine gewaltfreie Welt sein. Gewalt und deren Androhung können und dürfen nicht mehr Instrument der Außenpolitik sein.

Die Steigerung der militärischen Stärke macht keinen Staat allmächtig. (Diese Einsicht hat sich noch immer nicht ganz durchgesetzt.)

– Die Weltwirtschaft wächst zu einem Organismus zusammen, außerhalb dessen sich kein einziger Staat, und sei er wirtschaftlich noch so stark, normal entwickeln kann.

– Das macht die Ausarbeitung eines prinzipiell neuen Mechanismus nötig, wie diese Weltwirtschaft funktionieren soll. (Wie sehr ich damit recht hatte, hat die weitweite Wirtschaftskrise des Jahres 2008/2009 gezeigt.)

– Das Prinzip der freien Wahl von System und Lebensweise ist die legitime Bedingung für die Einheit der Welt in ihrer Vielfalt.

– Eine Entideologisierung der zwischenstaatlichen Beziehungen ist die heutige Schlussfolgerung aus der früheren Erfahrung schwerer Konfrontationen. Die Vorteile des eigenen Systems, der eigenen

Lebensweise und der eigenen Ideologie stellt jeder durch Worte, Propaganda und reale Taten unter Beweis und nicht durch Gewalt.

– Die Realitäten der heutigen Welt fordern eine Dynamisierung und Internationalisierung des politischen Dialogs und der Verhandlungsprozesse, also eine Demokratisierung der internationalen Beziehungen.

– Die UNO ist die einzige Organisation, die imstande ist, die Interessen unterschiedlicher Staaten und ihre bilateralen, regionalen und allgemeinen Bemühungen auszubalancieren.

– Indem wir für die Entmilitarisierung der internationalen Beziehungen eintreten, bauen wir auf politische und rechtliche Methoden der Lösung auftauchender Probleme. Unser Ideal ist eine Weltgemeinschaft von Rechtsstaaten, die auch ihre außenpolitische Aktivität dem Recht unterordnen.

– Die Akzeptanz der Vielfältigkeit der Welt macht Versuche, auf die anderen von oben herabzusehen und ihnen »Demokratie« beizubringen, unhaltbar. (Das könnte auch gestern oder heute gesagt worden sein.)

– Ohne sorgfältige Lenkung, immer nur spontan handelnd, geraten wir in eine Sackgasse. Die Weltgemeinschaft muss lernen, die Prozesse so zu gestalten und zu steuern, dass die Zivilisation bewahrt wird, sie für alle sicher ist und das normale Leben angenehmer wird.

Zum Abschluss meiner Rede teilte ich der Generalversammlung der UNO die konkreten Schritte zur Reduktion unserer Streitkräfte und Waffen mit, nämlich den Abzug der sowjetischen Truppen aus den Ländern des Warschauer Paktes: der DDR, Ungarn und der Tschechoslowakei. Desgleichen berichtete ich von der Liberalisierung von Auslandsreisen für die sowjetischen Bürger. Für viele war das eine Sensation.

Die Generalversammlung folgte meiner Rede äußerst aufmerksam und applaudierte stürmisch. In einem Redaktionsartikel der *New York Times* hieß es: »Seit 1918, als Woodrow Wilson sein Vierzehn-Punkte-Programm verkündete, und 1941, als Franklin Roosevelt und Winston Churchill die Atlantik-Charta vorlegten, hat kein Weltpolitiker mehr eine solche Weltsicht gezeigt wie Michail Gorbatschow in der UNO.« Auch viele andere Presseorgane der Welt reagierten positiv auf meine Rede.

Heute möchte ich besonders ein für die Welt sehr wichtiges »Echo« hervorheben, das allerdings erst mehr als zwanzig Jahre später kam. Ich meine die Rede des Präsidenten der USA Barack Obama von 2010, in der er von notwendigen Veränderungen in der Strategie der USA sprach. Er erklärte, die USA könnten nicht im Alleingang agieren und würden sich um die Schaffung einer neuen Weltordnung bemühen, der diplomatische Verpflichtungen zugrunde liegen. Die Isolierung von der Weltgemeinschaft, so konstatierte der Präsident der USA, sei noch nie fruchtbar für sie gewesen, deswegen müssten die USA ihre bestehenden Allianzen stärken und nach neuen Partnern suchen. Ich glaube, in diesem Vorhaben wird auch der »Neustart« der amerikanisch-russischen Beziehungen seinen Platz finden. In einer Anspielung auf Galileis berühmtes Zitat »Und sie dreht sich doch« hätte ich mit Blick auf das neue Denken sagen können: »Und es setzt sich doch durch!«

Alexej Lewinson: Die Einschätzung Gorbatschows im heutigen Russland (Ergebnisse einer Umfrage)[41]

… In Russland erinnern wir uns nicht, ob wir den Ersten Weltkrieg gewonnen haben oder nicht. Aber dass wir den Zweiten Weltkrieg gewonnen haben, da sind wir uns sicher. Eine gewisse Zeit herrschte das bedrückende Gefühl, dass wir den Dritten verloren haben. Vom Ende des Zweiten Weltkriegs bis Ende der achtziger Jahre, das heißt, eine ganze Generation über verweilten die sowjetischen Menschen nicht gerade in Erwartung eines Krieges, dafür aber im Bewusstsein, der nächste Krieg komme bestimmt.

41 Quelle: Polit.ru vom 2. August 2010, gekürzt

Der Zerfall des sowjetischen Blocks ist zweifellos eines der epochemachenden Ereignisse des 20. Jahrhunderts. Die Gesellschaften der osteuropäischen Länder befreiten sich von der sowjetischen Vormundschaft und suchten schnellstens den Anschluss an Europa. Die gesamte globale Architektur änderte sich. Die Teilung in »zwei Welten«, in West und Ost, verlor ihren Sinn. Eine gewisse Zeitlang sah es sogar so aus, als ob die Welt geeint sei, denn die erneuerte Sowjetunion beabsichtigte, »ins europäische Haus«, »in die Familie der europäischen Völker zurückzukehren«.

Das Ausland ist Gorbatschow dankbar für die friedliche Demontage des Stalinreiches und rechnet ihm das als Verdienst an. Aber es gibt genügend Gründe für die Annahme, dass Gorbatschow im Jahr 1985, als er an die Macht kam, dieses geopolitische System nicht zerstören, sondern festigen wollte. In diesem Sinne kann man sagen, dass er das, wovon er träumte, nicht erreicht hat, während das, was er in Wirklichkeit geschaffen hat, nicht von ihm geplant war.

Das Ausland ist Gorbatschow dankbar. In dem von ihm geführten Land aber sieht man den »Zusammenbruch des Systems« als seine Schuld und nicht als sein Verdienst. Nach einer kurzen Zeit der Popularität fiel Gorbatschow bei seinem Volk in Ungnade, und diese Situation hat sich bisher kaum geändert. In der Liste derer, über die sich die Russen positiv äußern (ca. dreißig Politiker, denen sie vertrauen), steht Gorbatschow heute an drittletzter Stelle.

Nur wenn man alles oben Gesagte berücksichtigt, kann man eines der Ergebnisse der vom Lewada-Zentrum Anfang Juli dieses Jahres durchgeführten Befragung richtig einschätzen. Die Frage lautete: »Wie schätzen Sie heute die Ergebnisse der ›Veränderung des außenpolitischen Kurses Ende der achtziger Jahre‹ ein?« Hier ist also genau der Kurs angesprochen, der in Russland als Verrat, Betrug, Nachgiebigkeit oder Niederlage empfunden wurde. Dementsprechend wählten 27 Prozent die Antwort: »Wir haben gegen den Westen verloren.«

Aber wie hat sich die Einschätzung im Zuge des Nachdenkens über Gorbatschows historische Wende geändert? 43 Prozent kreuzten die Antwort an: »Dass die Konfrontation geendet hat, ist für uns kein geringerer Gewinn als für die anderen.« Von den interviewten Führungskräften unterer und mittlerer Ebene urteilten sogar 57 Prozent so. In dieser indirekten Form drückt das Land Gorbatschow seine Dankbarkeit aus.

Also haben wir den Dritten Weltkrieg doch nicht verloren. Allerdings ist die Hälfte der Russen der Meinung, dass ihr Land immer noch von außen bedroht sei. Doch unter der Hauptbedrohung fungiert jetzt nicht nur der Westen mit 32 Prozent, sondern auch die islamischen Länder mit 29 Prozent (die »Länder der früheren Sowjetunion« fürchten 16 Prozent, China 13 Prozent). Von den Führungspersonen wird der islamische Osten als Hauptbedrohung gesehen und von 50 Prozent genannt. Den Westen dagegen fürchten nur ganz wenige, keine 10 Prozent. Sie drücken mit ihren Antworten sogar eine Meinung aus, die der obersten Führung des Landes widerspricht. Diese überschätze ihrer Auffassung nach die Bedrohung durch den Westen und unterschätze die vom Osten ausgehende. Ein solches »neues Denken« hat sich inzwischen gebildet.

Die Reform des politischen Systems

Die öffentlichen Debatten auf der 19. Parteikonferenz hatten für die Perestrojka prinzipielle Bedeutung. In ihrem Zuge setzten sich die besonnenen Kräfte der Gesellschaft die Unterstützung und Fortsetzung der Umgestaltungsprozesse zum Ziel. Die Ausrichtung auf eine durchgreifende politische Reform bereicherte und stärkte die Perestrojka. Dieser Kurs gab uns die Chance, deren Horizonte und Perspektiven zu erweitern. Im Wesentlichen ging es darum, einen gewaltlosen, friedlichen Übergang von dem überholten politischen System, das auf dem Machtmonopol der Partei basierte, zu einem neuen System zu gewährleisten, in dem die reale Macht beim Volk, bei den Räten liegt, denen sie auch laut Verfassung zusteht.

Ich betone immer wieder, dass dies eine äußerst schwierige, in vieler Hinsicht schmerzhafte, aber unvermeidliche Aufgabe war. Um sie zu lösen, mussten wir das Verständnis und die Unterstützung der Bevölkerung gewinnen. Das war ein schwieriger, vielschichtiger Prozess, und nicht alle erwiesen sich ihm als gewachsen. Als Generalsekretär ließ ich mich bei der Parteiarbeit stets von demokratischen Prinzipien leiten – und zwar bis zum Äußersten, wie ich unterstreichen möchte: Alle Entscheidungen wurden offen und gemeinsam auf den Sitzungen des Politbüros, des ZK-Plenums und auf Parteiversammlungen erörtert. Ich sage ganz offen: Dieses Vorgehen stieß längst nicht immer auf das Verständnis meiner Kollegen, die vorgegebene, rasche autoritäre Entscheidungen gewohnt waren.

Die erste ernste Prüfung für die Partei nach der 19. Parteikonferenz waren die Wahlen der Delegierten zum Kongress der Volksdeputierten im März 1989. Die Beteiligung der Wähler und die Konkurrenz der Kandidaten (15 bis 17 für einen Platz) waren beeindruckend. Am Wahlkampf beteiligten sich Tausende von informellen Vereinigungen und Organisationen. Die Ergebnisse der Wahlen waren nicht vorherzusagen, wie das bei wirklich freien Wahlen eben zu sein pflegt.

Ein Schock für die Parteinomenklatura war die Niederlage einer Reihe hoher Parteiführer. In Moskau und besonders in Leningrad fiel fast die gesamte Spitze des Stadt- und Gebietskomitees der KP durch. Starke Verluste mussten die Funktionäre vieler großer Industrie- und Wissenschaftszentren des Wolgagebiets, des Urals, Sibiriens, des Fernen Ostens, der Süd- und Westukraine, des Baltikums, Armeniens und Georgiens hinnehmen. Auf der anderen Seite konnten sich nicht nur Kulturschaffende, Wissenschaftler und Künstler durchsetzen, sondern auch viele neue Kandidaten, die der breiten Öffentlichkeit nicht bekannt waren. 84 Prozent der Deputierten waren KPdSU-Mitglieder. Durch die Wahlen sah sich die Parteinomenklatura im höchsten Machtorgan von »gewöhnlichen« Parteimitgliedern an den Rand gedrängt. Viele Führer der republikanischen und lokalen Parteiorgane konnten sich mit den Wahlergebnissen schlecht abfinden. Defätismus und voreilige Schlüsse, die Perestrojka sei gescheitert, machten sich breit.

Ich bekam das auf den ersten Politbürositzungen nach den Wahlen stark zu spüren. Dabei war ich selbst fest davon überzeugt, dass die Perestrojka und das Volk einen großen politischen Sieg davongetragen hatten. Die Menschen hatten der Welt und sich selbst gezeigt, dass freie Wahlen bei uns Wirklichkeit geworden sind. Die obersten Organe waren demokratisch und legitim zur Macht gekommen. Damit stand einem echten Parlamentarismus nichts mehr im Weg. Und das geschah in einer schwierigen Situation: das Erbe von Tschernobyl, das Erdbeben in Armenien, Afghanistan, der Fall der Ölpreise, Nationalitätenkonflikte.

Für mich war klar, wenn die Partei auf diese Prozesse einwirken, ihre Entwicklung lenken wollte, musste sie Schlussfolgerungen aus den Wahlen ziehen; sie hatte es nun mit neuen demokratischen Machtorganen und neuen politischen Vereinigungen, darunter auch oppositionellen, zu tun. Die Politik war zu einer öffentlichen Angelegenheit geworden, die der Einsicht und Beteiligung der Bürger und ihrer politischen Parteien offenstand. Sie hatte aufgehört, Sache eines kleinen Kreises von Personen und Clans »ganz oben« und einer für die einfachen Leute undurchsichtigen Sphäre geheimen Kampfes zu sein, in der ihnen nur die Rolle der »Schräubchen« oder eines Chores der Zustimmung zugedacht war. Das war eine ungeheure gesellschaftspolitische Wende, ein Durchbruch unseres Landes und Volkes zu qualitativ neuen Ufern der Zivilisation. Trotzdem wurde die Perestrojka von einem bedeutenden und einflussreichen Teil der Parteibürokratie mittlerer und oberer Ebene zunehmend negativ oder sogar feindselig aufgenommen. Der Widerstand vonseiten der konservativen Nomenklatura machte sich immer stärker bemerkbar.

Im Sommer 1990 sah ich mir die Situation in den Parteiorganisationen Leningrads an. Die Arbeiter fragten im Plenum des Gebietskomitees einer nach dem anderen: »Was ist mit unserer Parteiorganisation los? Die Leidenschaften kochen, aber in den Parteikomitees herrscht Stille, die schlafen.« Die Arbeit mit den Menschen liegt brach, lebenswichtige Probleme werden nicht angepackt. Die Parteikomitees fordern: »Nehmt uns vor den Medien, vor der Unzufriedenheit der Massen in Schutz!« Viele lokale Machtorgane waren gelähmt. In den Republiken und Gebieten, wo es einen Haufen freier Ländereien gab, weigerte sich die lokale Obrigkeit hartnäckig, sie zur Verpachtung freizugeben. Die neu entstandenen Farmen machten die Leute neidisch, manchmal wurden sie von der Bevölkerung abgefackelt. Die Arbeiter hätten die Leute der neuen Kooperativen am liebsten erwürgt. Und die Nomenklatura rieb sich schadenfroh die Hände:»Wir können nichts mehr tun, wir haben keine Macht mehr, da habt ihr eure Perestrojka!«

Der lokale Widerstand gegen die Perestrojka kam nicht von ungefähr. Er wurde aktiv von einem beträchtlichen Teil der Nomenklatura, von der radikaldemokratischen Interregionalen Demokratischen Gruppe und dem »Demokratischen Russland« angeheizt und am Kochen gehalten. Jelzins Gesandte nutzten die berechtigten Forderungen der Bergarbeiter nach besseren Arbeitsbedingungen zynisch für ihre Politik aus. Im ganzen Land wurden Streiks vom Zaun gebrochen und der Rücktritt der Unionsregierung und des Präsidenten gefordert. Sogar die Metallurgie- und die Transportarbeiter streikten. Die Eisenbahnen fuhren nicht mehr, andere Transportwege wurden gesperrt, die Seehäfen blockiert. Züge und Schiffe mit Lebensmitteln, Konsumwaren und anderen für die Bevölkerung und die Volkswirtschaft unentbehrlichen Produkte standen still. Der ohnehin angegriffenen Wirtschaft wurde durch die Radikalen ein nicht wiedergutzumachender Schaden zugefügt. Bezeichnend war, dass der Beschluss der Regierung Ryschkow, dem es endlich gelang, einen Kompromiss mit den Bergleuten zu finden, von Jelzin böswillig abgewertet wurde, weil sich Ryschkow angeblich mit halbherzigen Maßnahmen begnügt hatte, statt entschlossen und ein für alle Mal »der Kommandowirtschaft das Rückgrat zu brechen«.

Tausend informelle Vereinigungen unterschiedlichster politischer Orientierung meldeten sich zu Wort und kämpften »für« oder »gegen« die Perestrojka. In dieser Situation kam in der Partei und im Obersten Sowjet der Gedanke auf, das Amt eines Präsidenten einzurichten. Anfangs war ich der Meinung, dieses Amt vertrüge sich schlecht mit dem Rätesystem und lehnte ab. Aber wachsende gesellschaftliche und politische Spannungen und die faktische Entstehung eines Mehrparteiensystems machten eine unverzügliche Festigung der Staatsmacht in Form einer exekutiven Präsidialmacht notwendig. Ein entsprechender Beschluss wurde im März 1990 vom Außerordentlichen Dritten Kongress der Volksdeputierten verabschiedet. Gleichzeitig wurde der 6. Artikel der Verfassung der UdSSR, der das Machtmonopol der KPdSU verankerte, gestrichen. Auf diese Weise war nun ein Mehrparteiensystem von der Verfassung legalisiert. Das war ein großer prinzipieller Schritt der politischen Reform. Gegen diese Einrichtung eines Präsidialamtes und meine Wahl zum Präsidenten hatte sich übrigens wieder derselbe Block linker und rechter Radikaler ausgesprochen.

Leider wurde das vom Kongress ins Leben gerufene Amt des Unionspräsidenten gleichzeitig durch die Einführung der Präsidentschaft in einzelnen Unionsrepubliken geschwächt. Das entsprach keineswegs meinen Plänen und wurde, wie die Ereignisse zeigen sollten, auch prompt von den Gegnern der Union zur Unterminierung des ganzen Unionsstaates genutzt. Die Wahl des Unionspräsidenten auf dem Kongress statt im Rahmen einer allgemeinen, landesweiten Wahl ließ sich mit Blick auf die angespannte politische und sozialökonomische Lage nicht vermeiden, denn für einen langen Wahlkampf wäre keine Zeit gewesen. Schließlich hatte man auch den Dritten Volkskongress nicht ohne Grund als außerordentliche Sitzung einberufen. Für die Wahl des Präsidenten durch den Kongress sprach sich die absolute Mehrheit der Deputierten aus.

Ein zweiter Schwachpunkt war, dass die Funktionen des Unions-Ministerrats nicht geändert wurden und juristisch nicht klar von denen des Präsidenten abgegrenzt waren. Die Zeit reichte nicht aus, um eine leistungsfähige, judikative Gewalt und ein allgemeines, rechtsstaatliches System aufzubauen. All dies hätte langjährige Arbeit erfordert.

Angesichts der wachsenden politischen Widersprüche, die sich durch die Verschleppung der radikalen Wirtschaftsreform noch verschärften, wollte ich die Kommunistische Partei auf dem 28. Parteitag im Juli 1990 auf eine neue politische Plattform einschwören, um

sie aus der Krise herauszuführen. Diese neue politische Plattform musste und sollte dem entstandenen Mehrparteiensystem und der pluralistischen Gesellschaft Rechnung tragen. In dieser Gesellschaft, die sich selbst, ihre Nachbarn und die ganze Welt mit neuen Augen betrachtete, konnte die Partei, wie ich meinte, einen zweiten Frühling erleben und positiven Einfluss nehmen, wenn sie sich auf die Werte des humanen demokratischen Sozialismus besann. Auf dieser Grundlage konnte sie die Zusammenarbeit mit allen konstruktiven gesellschaftlichen Kräften aufnehmen, so auch mit der Jugend und der Intelligenzija, die sie bisher durch ihren obsoleten Umgang mit den Menschen abgeschreckt hatte.

Aber dem aggressiveren und im Intrigenspiel versierten Teil der Funktionäre im Zentrum und auf lokaler Ebene gefiel diese Aussicht überhaupt nicht. Sie strebten einen ganz anderen Ausweg an. Formal stimmten sie der neuen Plattform des 28. Parteitags zu, strebten aber insgeheim und dann immer offener die Schwächung und Absetzung des Reformflügels im Politbüro an und bahnten sich so den Weg, durch Ausrufung des Notstands die »Ordnung« wiederherzustellen.

Unabhängigkeitserklärungen und Krieg der Gesetze

Das Ringen um die Perestrojka erreichte im Jahr 1990 eine neue Dimension, als es darum ging, politische Reformen auf der Ebene der Republiken und lokalen Machtorgane durchzusetzen. Wenn es auf der obersten, unionsweiten Ebene gelang, innerhalb rund eines Jahres einen realen parlamentarischen Mechanismus »zu entwerfen«, zu gestalten und zum ersten Mal in der Geschichte des Landes in Kraft zu setzen, erforderten die politischen Reformen in den Republiken eine mindestens ebenso große Kraftanstrengung. In diesem Zusammenhang kam meiner Meinung nach der Erfahrung aus der Arbeit im Kongress der Volksdeputierten und im Obersten Sowjet, mit allen positiven und negativen Aspekten, eine aktuelle Bedeutung zu.

Umso mehr, als ein »Negativposten« wie die Passivität und Ratlosigkeit des Kongresses der Volksdeputierten angesichts der Verschwörung des Notstandskomitees im August 1991 eine der Ursachen dafür war, dass die Aktion dramatische Folgen für das ganze Land hatte.

Nichtsdestotrotz bewiesen die ersten Unionskongresse und der neue Oberste Sowjet, dass eine positive Tätigkeit einer repräsentativen und legislativen Gewalt auf Unionsebene unter Beteiligung von Menschen unterschiedlicher politischer Anschauungen möglich ist. Damit meine ich insbesondere die Deputierten der Interregionalen Gruppe. Sie bildete eine separate politische Fraktion, die anfangs die Rolle einer ungewohnt scharfen, aber konstruktiven Opposition spielte. Unter der Losung »Alle Macht den Räten!«, wie Andrej Dmitrijewitsch Sacharow, Mitglied der Akademie der Wissenschaften, sie auslegte, sprach sich die Gruppe für radikale Veränderungen aus. Eine ganze Reihe der Deputierten waren berühmte Vertreter aus Wissenschaft und Kultur oder gesellschaftliche Aktivisten. Ihre Arbeit im Parlament, bei der Verfassung und Verabschiedung von Gesetzen war zweifellos hilfreich und vielversprechend.

Meiner Meinung nach waren die Mehrheit der Interregionalen Gruppe ganz normale Menschen, mit denen man zusammenarbeiten konnte und musste, selbst wenn der eine oder andere »Ultrarevolutionär« und Opportunist unter ihnen waren. Der Tod Sacharows im Dezember 1989 wirkte sich äußerst negativ auf die Gruppe aus. Der Friedensnobelpreisträger Sacharow zeichnete sich nicht allein durch seinen scharfen Verstand, Selbstlosigkeit und Integrität aus. Trotz seiner politischen Romantik war er mit seiner Abneigung gegen Intrigen das Vorbild eines russischen und sowjetischen Demokraten. Name, Autorität und Tätigkeit Sacharows verliehen der Interregionalen Gruppe ein besonderes moralisches und politisches Gewicht.

Nach seinem Tod setzte ein großer Teil der Mitglieder auf Jelzin als den »Rammbock« gegen die KPdSU, Gorbatschow, ja gegen die Perestrojka. Von da an nahm die Konfrontation im Kongress und im Obersten Sowjet zu, und es kam de facto zu einem Bündnis mit den

Gegnern der Perestrojka im Parteiapparat. Unter der politischen Losung, die Regierung und den Präsidenten abzusetzen, wurde im ganzen Land zu verheerenden Massenstreiks aufgerufen.

Diese politische Linie steigerte keineswegs das Ansehen der Interregionalen Gruppe, weder in den unionsweiten Organen der Macht noch in der KPdSU, geschweige denn im Reformflügel der Parteiführung. Die Gruppe zerfiel allmählich. Ihre radikalsten Aktivisten sammelten sich in einem Wählerblock und später in der Bewegung und Partei »Demokratisches Russland« um Jelzin. Indem die Bewegung »Demokratisches Russland« blind auf einen neuen »willensstarken« Führer als Alternative zu Gorbatschow setzte, wandelte sie sich letztlich von der Avantgarde der demokratischen Bewegung zum »Anhängsel« der neuen oligarchischen Macht, wie Gawriil Popow einmal treffend sagte. Bezeichnend ist in diesem Zusammenhang die späte Erkenntnis Jurij Afanasjews, dass die »demokratischen Romantiker« in Wirklichkeit als Deckmantel für diejenigen im »Demokratischen Russland« benutzt wurden, die um der Macht willen an die Macht wollten.

Bei den Wahlen zu den höchsten Machtorganen der Russischen Unionsrepublik im Frühjahr 1990 brachten die Radikaldemokraten das Thema der nationalen Souveränität Russlands ins Spiel und spielten diese Karte aus, ohne dabei vor der Unterstützung durch nationale Separatisten und einer direkten offenen und geheimen Mitarbeit mit ihnen zurückzuschrecken. Jelzin und seine Anhänger gebärdeten sich als entschiedenste Verteidiger der Interessen der russischen Bürger gegen das Unionszentrum und die anderen als »Schmarotzer« dargestellten Unionsrepubliken. Dabei operierten sie mit angeblich wissenschaftlich fundierten Fakten, nach denen die Russische Föderation, wenn sie sich von den »Fesseln« der Union und der finanziellen Unterstützung der anderen Republiken befreien würde, in kürzester Zeit zu den florierenden Wirtschaftsmächten der Welt aufsteigen würde. Das war eine riskante und, wie die Jahre zeigen sollten, destruktive Linie sowohl für die Perspektiven einer Erneuerung der Union als auch für die Russische Föderation selbst. Sie widersprach dem Kurs des Reformflügels der Union und des Kongresses der Volksdeputierten, die an der Lösung zweier eng miteinander zusammenhängender Hauptaufgaben arbeiteten.

Die eine war die Umformung des Staatswesens der Union in eine demokratische Föderation der Republiken. Meine Losung dafür lautete: »Ein starkes Zentrum – starke Republiken.« Die andere dringende Aufgabe war eine radikale Wirtschaftsreform der Union, durch die die Wirtschaft ohne zu große soziale Erschütterungen auf Marktbeziehungen umgestellt werden sollte.

Das wichtigste und gefährlichste Hindernis, um diese Aufgaben zu lösen, war der Widerstand der russischen Radikaldemokraten. Sie steuerten ein destruktives Konzept der Souveränität Russlands an, mit dem die Gesetze der Russischen Republik über die der Union gestellt werden sollten. Dieses Konzept wurde von dem engsten Kreis um Jelzin direkt von den radikalsten Separatisten Estlands, Litauens und Lettlands übernommen. Sie verwiesen erneut auf die Ereignisse des Jahres 1939 im Zusammenhang mit dem deutsch-sowjetischen Nichtangriffspakt. Aber während diese Auffassung bei den baltischen Republiken zu ihrem Austritt aus der Sowjetunion führte, so bedeutete die Realisierung dieses Modells in der Russischen Föderation letztlich die Zerstörung der Union als Staatswesen. Boris Jelzin und sein Gefolge schickten sich an, genau dieses Konzept in die Realität umzusetzen, indem sie aktiv Moskauer und andere russische Intellektuelle »ultrarevolutionären« Schlages aktiv unterstützten.

Bei der Aufstellung ihrer Kandidaten zur Wahl des russischen Kongresses der Volksdeputierten unterliefen der KPdSU schwere Fehleinschätzungen. Die Partei verlor die Wahl des Vorsitzenden des Obersten Sowjets der Russischen Föderation. Ich hatte die Deputierten ganz offen davor gewarnt, Jelzin auf diesen Posten zu wählen, weil ich voraussah, dies werde zu einer gefährlichen Konfrontation mit dem Zentrum der Union führen. Aber sei es um Gorbatschow eins auszuwischen oder weil sie sich Hoffnungen auf eine Karriere machten, im letzten Moment stimmten eine Reihe von Abgeordneten aus der Fraktion »Kommunisten Russlands« für Jelzin, sodass er eine Mehrheit von vier Stimmen erhielt. Darüber hinaus erklärte Russland mit Stimmen aus der kommunistischen Fraktion seine Unabhängigkeit und stellte seine Gesetze ausdrücklich über die der Union.

Das war eine klare Kampfansage an die Perestrojka und die Union. Die in der Unabhängigkeitserklärung enthaltene Klausel zu Russlands »Entschlossenheit, Mitglied in einer erneuerten Union zu bleiben«, beruhigte lediglich vorübergehend viele kommunistische Abgeordnete und wurde schon ein halbes Jahr später von Jelzin ohne viel Aufhebens gestrichen.

Unter dem Motto einer Stärkung der nationalen Souveränität wurden auch in anderen Republiken Wahlen durchgeführt. Vor dem Hintergrund der wirtschaftlichen Probleme beeilten sich die lokalen Eliten, ihre eigene Stellung zu sichern, und schreckten dabei selbst vor dem Schüren der nationalistischen Ressentiments nicht zurück. Und das, obwohl die Mehrheit der Führer der Unionsrepubliken, ebenso wie die Mehrheit der Bevölkerung, erkannte, wie sehr unionsweite Beziehungen und der Erhalt eines erneuerten Zentrums im Interesse der Republiken selbst waren. Ich sah das als Chance für den Übergang von einer einheitlichen Union zu einer echten Föderation souveräner und unabhängiger Staaten. Dieser Prozess wurde durch das Aufflammen nationaler Konflikte erschwert, die zum großen Teil bewusst von den lokalen führenden Clans und mafiösen Kreisen provoziert wurden. So etwa in Karabach und Sumgait. Und auch in Baku, wo per Erlass des Präsidiums des Obersten Sowjets der Notstand ausgerufen werden musste, weil sich die Regierung der Republik als handlungsunfähig erwiesen hatte.

Das Scheitern und die Misserfolge bei der Lösung nationaler und internationaler Probleme hatten noch andere Gründe. Im Baltikum waren die kommunistischen Parteien der Republiken außerstande, konstruktive Beziehungen zu den gemäßigten Kräften in den Volksfronten zu knüpfen und auszubauen. Sie kapitulierten einfach und überließen den Separatisten das Feld. Das Gleiche galt im April 1989 für Tiflis: Damals hatte die örtliche Parteiführung es vorgezogen, anstelle eines Dialogs und praktischer Arbeit mit den Menschen eine Massenkundgebung durch den Einsatz von Panzern aufzulösen, der hinter dem Rücken der obersten Führung des Landes heimlich von örtlichen Organen und einigen »entsprechenden Instanzen in Moskau« genehmigt worden war. Eine derartige »Politik« hatte zur Folge, dass es in der Region Transkaukasus nach den Worten Eduard Schewardnadses zunehmend schwerfiel, einen Sekretär des ZK von einem überzeugten Nationalisten zu unterscheiden.

Russlands Unabhängigkeitserklärung löste eine Kettenreaktion aus. Die Obersten Sowjets von Usbekistan, Moldawien, der Ukraine, Weißrussland, Turkmenien, Armenien, Tadschikistan, Kasachstan und Kirgisien erklärten gleichfalls die Unabhängigkeit ihrer Republiken. Derweil versprach Jelzin lauthals der Bevölkerung Russlands eine Erhöhung des Lebensstandards. »Das russische Wirtschaftsprogramm umfasst 500 Tage und verspricht im Unterschied zum Unionsprogramm nicht eine Erhöhung der Preise, sondern des Lebensstandards. Wenn wir unser Programm nicht innerhalb von zwei, drei Jahren verwirklichen, dann wird das Volk einfach zu den Mistgabeln greifen und den Unfähigen den Garaus machen.« Mit diesen populistischen Erklärungen fuhr Jelzin im Sommer 1990 durchs Land. Als ich 1996 an den russischen Präsidentschaftswahlen teilnahm, fragten mich die Menschen: »Warum hat Jelzin sein Versprechen nicht wahr gemacht, sich unter die Eisenbahn zu legen, sollte er seine Verpflichtungen gegenüber dem russischen Volk nicht einhalten?« Meine Antwort war kurz: »Das hängt wahrscheinlich damit zusammen, dass die Eisenbahnen nur mit großen Unterbrechungen fahren.« Die Menschen durchschauten längst alles.

Anfang Herbst 1990 wandte sich Jelzin, nachdem er überall mit dem Versprechen eines russischen Wirtschaftswunders gegen das »Unionszentrum« Stimmung gemacht hatte, auf einmal mit dem Angebot an mich, die Leitung der Russischen Föderation und der Union sollten bei der Durchführung der radikalen Marktreform zusammenarbeiten. Allerdings ohne die Regierung Ryschkow. In

Wirklichkeit konnte das 500-Tage-Programm, das er als Weg zu einem russischen Wirtschaftswunder anpries, gar nicht ohne Beteiligung der Macht- und Verwaltungsstrukturen der Union umgesetzt werden. Es war nämlich von den Verfassern ursprünglich als Programm für die Union konzipiert worden. Die konstruktiven Vorschläge und die Dynamik des Programms imponierten mir. Aber ich war gegen die in ihm angelegte Konfrontation mit der Unionsregierung. Unter der Führung des Wirtschaftsexperten Leonid Abalkin arbeitete sie an einem eigenen Programm, und ich fand, man könne doch auf der Grundlage beider Programme zu einem Kompromiss kommen. Nach einem fünfstündigen Gespräch antwortete Jelzin: »Lassen Sie uns zusammen entschieden und endgültig eine gemeinsame Politik machen. Wir können keine Konfrontation brauchen.« Na prima, kann man dazu nur sagen.

Mitte Oktober hatten wir zusammen mit den bekannten Wirtschaftswissenschaftlern Schatalin, dem noch ganz jungen Jawlinskij und anderen eine Kompromisslösung erarbeitet: »Grundlagen für den Übergang zum Markt«. Nach Einschätzung von Experten beruhte dieser Kompromiss auf einem »absolut professionellen, wirtschaftlichen Ansatz«. Doch völlig unerwartet reagierte Jelzin auf dieses Papier äußerst negativ. Auf der Sitzung des Obersten Sowjets Russlands am 16. Oktober erklärte er, es handele sich um einen neuen Angriff auf die russische Souveränität, und forderte ultimativ, entweder seine Bedingungen anzunehmen, die den Rücktritt der Ryschkow-Regierung beinhalteten, oder die Macht, die staatlichen Schlüsselposten, das Eigentum und sogar die Streitkräfte aufzuteilen. Er drohte Massendemonstrationen und Unruhen an. In den Unionsrepubliken fand Jelzins Vorgehen keine Billigung und erst recht keine Unterstützung, es machte sie eher hellhörig.

Auf diese Weise wurde die geplante durchgreifende Wirtschaftsreform zum Spielball der Politik Jelzins und der radikalsten Anhänger der Bewegung »Demokratisches Russland«. Diese hatte in ihrem Gründungsdokument unzweideutig erklärt, sollte der Oberste Sowjet und der Präsident der UdSSR die Souveränität Russlands verletzen, so werde sie den Austritt der Russischen Föderation aus der UdSSR betreiben und das Unionseigentum auf russischem Territorium nationalisieren.

Die skandalöse Erklärung Jelzins vom 16. Oktober, die sogar so erfahrene europäische Politiker wie Mitterrand erschreckte, zeigte, dass die Radikaldemokraten ganz andere Dinge umtrieben als die Wirtschaftsreform; nach dem Motto: Wenn Gorbatschow die ultimative Forderung nach dem Rücktritt der Ryschkow-Regierung nicht annimmt, verletzt er die Souveränität Russlands. Die Antwort darauf war der »Krieg der Gesetze« der Russischen Föderation gegen die UdSSR. Am 24. Januar 1991 verabschiedete der Oberste Sowjet der Russischen Föderation das Gesetz »Über die Geltung der Gesetze der UdSSR auf dem Territorium der Russischen Föderation«, mit dem nicht nur der Vorrang der russischen Gesetze verkündet, sondern Bürgern und Amtspersonen, die nicht von der Russischen Föderation ratifizierte Unionsgesetze ausführen, sogar eine Strafe angedroht wurde.

Der Haushaltsbeschluss der Russischen Föderation für das Jahr 1991 war ein Schlag für den Haushaltsplan der UdSSR. Die russische Führung kürzte ihre Zahlungen an die Union eigenmächtig um 100 Milliarden Rubel. Dadurch verringerten sich die Möglichkeiten, die anderen Republiken zu unterstützen. Da sie auf diese Gelder angewiesen waren, verringerten die Republiken die Lieferungen ihrer Produkte an die Union. Der akute Mangel an Baumwolle und Baumwollprodukten spitzte sich zu. Die russischen Behörden hoben die Großhandelspreise für Fleisch, Erdöl und Erdölprodukte einseitig an. All dies geschah im Namen der populistischen Losungen, den Lebensstandard der Russen dem des Westens möglichst schnell anzunähern. In Wirklichkeit hatte die Erschütterung der Wirtschaftsverbindungen genau das gegenteilige Ergebnis.

Der Krieg um Gesetze, Hoheitsrechte und Haushalte, angezettelt von der Führung der Russischen Föderation, griff auf andere Republiken über. Die Grundlagen der Verfassung, die öffentliche Sicherheit, das ganze System der wirtschaftlichen Verbindungen waren in

Frage gestellt. Dabei verlief die Diskussion des Dokuments »Grundlagen für den Übergang zum Markt« im Unionsparlament recht konstruktiv. Trotz der schwer angeschlagenen Autorität der Regierung wurde das Dokument auf Unionsebene verabschiedet.

Einmal gelang es mir, die Spannungen zwischen Jelzin und mir zu lockern, indem ich die gemeinsame Verantwortung für das Schicksal des Landes herausstrich. Aber schon bald wurde ich von einer ganz anderen Seite unter Druck gesetzt. Der Auftritt der Konservativen, deren Interessen die Gruppe »Sojus« (Union) im Parlament vertrat, deckte sich ganz mit den Vorstellungen der extrem »linken« Opposition. Auf dem 4. Kongress der Volksdeputierten am Ende des Jahres forderten viele aus ihren Reihen bereits, die Frage meiner Entbindung von den Amtspflichten in die Tagesordnung aufzunehmen. Für den Antrag stimmten »Verärgerte« aus beiden Lagern, aber es kamen nur 400 Stimmen zusammen. Jelzin, Popow und Stankewitsch stimmten dagegen.

Der Kongress billigte meinen Vorschlag für eine Korrektur der Verfassung, der die Einrichtung eines Ministerkabinetts statt des Ministerrats und eine Reihe anderer angesichts der Krise notwendiger Maßnahmen zur Stärkung der Exekutive vorsah. Da die Diskussionen und Konflikte um die Integrität des Landes, das Schicksal der Union und den neuen Unionsvertrag anhielten, schlug ich vor, zu diesem Punkt das Volk zu befragen. Der Kongress nahm meinen Vorschlag auf und beschloss, für die UdSSR ein Referendum zur Frage des Erhalts der Union als erneuerter Föderation gleichberechtigter souveräner Staaten durchzuführen.

Das Jahr 1991 begann ohne Haushaltsbeschluss. Die russische Administration hatte ihn unmöglich gemacht. Die Produktionsziffern sanken weiter (um 5 Prozent im Vergleich zum ersten Quartal von 1990). Die Arbeit des Ministerkabinetts unter der Leitung von Valentin Pawlow[42] wurde durch lokalpatriotische Tendenzen in den

---

42 Valentin Pawlow, vorher Finanzminister, wurde im Januar 1991 zum neuen Leiter des Ministerkabinetts ernannt, da Ryschkow im Dezember 1990 schwer erkrankt war.

Unionsrepubliken und vor allem durch die russischen Behörden behindert. Es kam auch zu Fehlern der neuen Unionsregierung. Einige durch eine Reform der Einzelhandelspreise zustande gekommene positive Ergebnisse der Unionsbetriebe wurden durch den Verlust der Finanzhebel der Union, die an die Republiken übergegangen waren, zunichtegemacht. Die unverhältnismäßige Erhöhung der Gehälter durch die Republiken verstärkte die Inflation. Trotzdem waren die Geldreformen der Union keine »Schocktherapie«, sondern ließen der Mehrheit der Bevölkerung ein Minimum an sozialen Garantien. Doch die Radikalen von »rechts« und »links« setzten ihren Machtkampf fort.

Ein schwerer Schlag waren die Ereignisse in Vilnius in der Nacht vom 12. auf den 13. Januar. Die Situation in der litauischen Hauptstadt hatte sich zugespitzt. Um einen Ausweg aus der Krise zu finden, wurden die Vorsitzenden des Obersten Sowjets Weißrusslands und Armeniens sowie ein Berater des Präsidenten der UdSSR nach Vilnius geschickt. Doch am Vorabend ihrer Ankunft wurde, angeblich auf Befehl des Chefs der Garnison, das Fernsehzentrum, das von einer Vielzahl von Anhängern der Unabhängigkeit Litauens umstellt war, durch Truppen gestürmt. Vierzehn Menschen starben, es gab viele Verwundete. Das tragische Blutvergießen, schon an sich traurig genug, wurde zu politischen Zwecken ausgeschlachtet. Ich verhinderte eine Eskalation, indem ich auf die Einführung einer Präsidialverwaltung in Litauen verzichtete. Außerdem betonte ich die Illegitimität des Machtwechsels auf nicht verfassungsgemäßem Weg und durch Anwendung von Gewalt.

Währenddessen war Jelzin nach Talinn geflogen, um sich mit den Führern des Baltikums zu treffen, die den Vorfall in Vilnius in einem Schreiben an die UNO als »Aggression der Sowjetunion gegen Litauen« eingestuft hatten. Er wandte sich an die stationierten Soldaten mit der Aufforderung, Zurückhaltung zu üben und Ruhe zu bewahren, und erklärte provokativ: »Ohne eine *russische Armee* werden wir wohl die Souveränität nicht verteidigen können.« Diese weitgehende Erklärung, die eine Spaltung der Streitkräfte androhte, wurde von mir im Obersten Sowjet der Union scharf verurteilt.

In Moskau und einigen anderen Städten fanden Demonstrationen mit Zigtausend Menschen statt. Sie forderten den Rücktritt des Unionspräsidenten, der für die Tragödie in Vilnius verantwortlich gemacht wurde. Anführer dieser Demonstrationen waren die Führer des »Demokratischen Russland«. Im Februar 1991 trat Jelzin im Fernsehen mit einer direkten Kriegserklärung an mich auf:»Ich distanziere mich von der Position und Politik des Präsidenten und fordere seinen sofortigen Rücktritt.«

Sinn und Zweck der Aktion lagen auf der Hand: der Zentralregierung und Perestrojka ihren führenden Kopf rauben und so viele wie möglich, die Unionsrepubliken und an erster Stelle Russland, gegen den Präsidenten aufhetzen. In dieser Atmosphäre könnte eine Destabilisierung eintreten, die den Radikalen jeglicher Couleur sehr zupasskäme. Jede Maßnahme der Unionsregierung mit dem Ziel, die Ruhe und Ordnung zu wahren, würde man als Anschlag auf die Demokratie und Souveränität anprangern, als drohende Gefahr einer Diktatur. Ich weiß noch, dass sich Nasarbajew damals überaus abschätzig über die Angriffe Jelzins ausließ:»Die Krise ist ohnehin schon schwer genug, und er spitzt sie noch zu.« Diese Angriffe wurden von den weitsichtigsten Mitgliedern von »Demokratisches Russland«, denen es gelang, bei der ganzen Versammlungseuphorie einen kühlen Kopf zu bewahren, nicht geteilt, sondern verurteilt.[43]

Je näher der 17. März, der Tag des Unionsreferendums, rückte, desto mehr verschärften sich die Auftritte gegen die Union und mich vonseiten der Opposition Jelzins. Anfang März begannen wieder vom »Demokratischen Russland« unterstützte politische Streiks in den Bergwerken mehrerer Regionen mit der Forderung

---

43 In einem seiner Auftritte merkte Viktor Schejnis dazu an, wenn Jelzins Forderungen im Frühjahr 1991, Gorbatschow abzusetzen, realisiert worden wären, hätten die Putschisten im August höchstwahrscheinlich Erfolg gehabt.

nach dem Rücktritt der Unionsregierung. Wieder wurde der Wirtschaft des ganzen Landes enormer Schaden zugefügt, besonders betroffen waren Metallurgie und Landwirtschaft. In den ersten Monaten des Jahres 1991 standen fünf Koksbatterien und zwanzig Hochöfen still.

Auf dem Manege-Platz in Moskau fanden Massendemonstrationen gegen mich statt. Ähnliches geschah in anderen Städten Russlands, wo die Bürger aufgerufen wurden, bei dem Referendum ihre Stimme gegen den Erhalt der Sowjetunion abzugeben. Unaufhörlich wurden auf Flugblättern, Plakaten und in Radiosendungen die Appelle wiederholt, nicht an dem Referendum teilzunehmen oder mit »Nein« zu stimmen. Aber die neue Welle der politischen Streiks der Bergleute erreichte nicht das Ausmaß, auf das ihre Organisatoren spekuliert hatten.

Es gelang der Opposition nicht, das Referendum platzen zu lassen oder eine Mehrheit von Stimmen gegen die Union zu mobilisieren. Im Gegenteil: Die absolute Mehrheit der Bevölkerung der Russischen Föderation, der Ukraine und der anderen an dem Referendum beteiligten Republiken sprach sich für den Erhalt und eine Erneuerung der Union aus. Die Ergebnisse des Referendums waren nicht nur ein großer moralischer und politischer Erfolg des sowjetischen Präsidenten, sondern auch Ausdruck des Volkswillens, die Integrität der Union in erneuerter Form zu erhalten.

Diesen Erfolg, den ich trotz der wachsenden Wirtschaftskrise und des drohenden Zerfalls des Landes errungen hatte, nutzte ich aus und schlug den Führern der Republiken Russland, Ukraine, Weißrussland, Usbekistan, Kasachstan, Aserbaidschan, Kirgisien, Turkmenien und Tadschikistan ein vertrauliches Treffen vor, um ein gemeinsames Programm konkreter konstruktiver Schritte zu erarbeiten.

Das auf meine Initiative zustande gekommene Treffen wurde bekannt als »9+1-Treffen in Nowo-Ogarjow«. Auch Jelzin nahm teil, weil er sich davon zu diesem Zeitpunkt gute Voraussetzungen für seine Kandidatur bei den bevorstehenden Präsidentenwahlen in Russland versprach. In Nowo-Ogarjowo verabschiedeten wir die

Demonstration auf dem Manege-Platz, März 1991

»Gemeinsame Erklärung dringender Maßnahmen zur Stabilisierung der Lage im Land und zur Überwindung der Krise«. Mit diesem Dokument einigten wir uns auf den schnellstmöglichen Abschluss eines Unionsvertrages als wichtigstes Stabilisierungsinstrument.

Das Treffen von Nowo-Ogarjowo hatte überdies maßgeblich Anteil daran, dass der Angriff auf den Generalsekretär scheiterte, den Parteifunktionäre damals vorbereiteten. Auch wenn sie formell die Beschlüsse des 28. Parteitags gebilligt hatten, hielten sie doch an ihrer Absicht fest, Gorbatschow und den ganzen Perestrojka-Flügel in der Parteiführung auszuschalten. Die entscheidende Auseinandersetzung spielte sich im April auf der Plenartagung des ZK ab.

Unter dem Deckmantel der Vorbereitung auf den 50. Jahrestag des Kriegsbeginns vereinbarten in Smolensk die Ersten und Zweiten Sekretäre der Stadtkomitees von Moskau, Leningrad, Kiew, Minsk, Brest, Kertsch, Murmansk, Nowosibirsk, Odessa, Sewastopol und Tula die Entfernung Gorbatschows vom Posten des Generalsekretärs. Mit diesen Zielen griffen sie von neuem die Idee auf, einen außerordentlichen Parteitag einzuberufen, eine Idee der Führung der russischen kommunistischen Partei. Die Plenartagung des ZK sollte, genau wie der 28. Parteitag und die Versammlung der russischen Partei, zu einem Tribunal über die Perestrojka und Gorbatschow umfunktioniert werden. Mit einem drohenden, geradezu frechen Tonfall traten die Ersten Sekretäre der ukrainischen und weißrussischen Zentralkomitees und der Moskauer und Leningrader Stadtkomitees sowie eine ganze Reihe anderer Parteifunktionäre auf. Sie forderten die Ausrufung des Notstands.

Daraufhin erklärte ich meinen Rücktritt vom Posten des Generalsekretärs und verließ den Saal. Mit dieser Wendung hatte niemand gerechnet. Über 70 ZK-Mitglieder verfassten spontan eine Erklärung zur Unterstützung des Generalsekretärs und forderten nun ihrerseits die Einberufung eines außerordentlichen Parteitags. Nach dreistündigen Beratungen wandte sich das Politbüro mit der Bitte an mich, der Streichung meines Rücktrittsangebots aus den Debatten zuzustimmen. Nasarbajew und andere ZK-Mitglieder mit einem klaren Kopf erteilten dem Angriff auf den Generalsekretär eine scharfe Abfuhr.

In meinem Schlusswort sagte ich, dass ein Streit in der Partei einem Tanz auf dem Vulkan gleichkäme. Ein prinzipieller Dialog über Fragen zur Theorie und Politik der Partei stehe jedoch im Zuge der Diskussion um ein neues Parteiprogramm für den 29. Parteitag bevor. Am Ende verabschiedete das Zentralkomitee eine einigermaßen ausgewogene Resolution.

Das Abkommen von Nowo-Ogarjowo half der Regierung von Pawlow, zusammen mit der Führung der Republiken ein abgestimmtes Antikrisen-Programm auszuarbeiten, an dessen Umsetzung teilzunehmen auch die baltischen Republiken Interesse bekundeten. Ich unterschrieb dieses Programm am 5. Juni. Es wurde unter dem Titel »Programm für ein gemeinsames Vorgehen des Ministerkabinetts der UdSSR und der Regierungen der souveränen Republiken zur Überwindung der Wirtschaftskrise durch den Übergang zum Markt« veröffentlicht. Schon im folgenden Monat wurde mit der Umsetzung begonnen.

Ein Jahr nach der Unabhängigkeitserklärung Russlands, in der es hieß, Russland bleibe Mitglied einer erneuerten Union, am 12. Juni 1991, fanden die Präsidentschaftswahlen in Russland statt. Mit 40 Prozent erhielt Jelzin mit Abstand die meisten Stimmen. Die übrigen Kandidaten (Ryschkow, Bakatin, Schirinowskij, Makaschow) bekamen deutlich weniger Stimmen. Die von der KPdSU unterstützten Kandidaten verloren in allen größeren Städten, also ausgerechnet dort, wo der Anteil der Arbeiterklasse und der Intelligenzija am höchsten ist. Es war ein Fiasko für die russische kommunistische Partei unter ihrem Vorsitzenden Poloskow und all jener im Politbüro, die sie lenkten.

Da Jelzin legal und demokratisch zum Präsidenten der Russischen Föderation gewählt worden war, erkannte ich die Wahl an und besprach mit ihm, wie die Unterzeichnung des neuen Unionsvertrages vor sich gehen sollte. Der Text war endlich ausgehandelt, wir setzten den 20. August als Termin für die Unterzeichnung fest.

Übrigens billigte die Plenartagung des ZK der KPdSU im Juli das Projekt eines neuen Programms, nach dem sich die Kommunistische Partei in eine parlamentarische Partei sozialdemokratischer Orientierung verwandeln sollte.

Mitte des Jahres 1991 herrschte ein relatives politisches Gleichgewicht zwischen dem Unionszentrum und der Führung der meisten Unionsrepubliken. Natürlich war dieses Gleichgewicht äußerst labil, schon allein, weil die ökonomischen Grundlagen geschwächt waren. Doch das sich abzeichnende prinzipielle Übereinkommen im Rahmen des »9+1-Treffens« hatte den Weg für weitere Bemühungen auf der Basis dieses neuen Kompromisses geöffnet. Es gab erneut Anzeichen für eine Mitarbeit seitens der Litauischen, Lettischen und Estnischen Republik. Perspektiven für einen Fortschritt in den wichtigsten Richtungen taten sich auf.

Auf diesem Hintergrund traf ich mich am 30. Juli, bevor ich meinen Urlaub in Foros auf der Krim antrat, wo ich mich auf die unmittelbare Vorbereitung der Unterzeichnung des Unionsvertrages konzentrieren wollte, mit Jelzin und Nasarbajew. In einem vertraulichen Gespräch stimmten wir die bevorstehenden und nach der Unterzeichnung des Unionsvertrags möglichen gemeinsamen Schritte ab. Wir einigten uns auf Wahlen des Unionspräsidenten, auf mögliche Umbesetzungen im Ministerkabinett und auf eine Änderung im Status dieses Gremiums.

Der Augustputsch von 1991

Die auf den 20. August 1991 angesetzte Unterzeichnung des neuen Unionsvertrages konnte und sollte ein historisches Ereignis für unser Land sein. Sie sollte der Gesellschaft und der Welt signalisieren, dass die Mehrheit der neun Unionsrepubliken und das Unionszentrum bereit waren, die Lage in unserem Land durch gemeinsame Anstrengungen zu stabilisieren. Es sollten rechtliche Grundlagen für den Erhalt der Integrität des Unionsstaates geschaffen werden, um ihn durch Entwicklung föderativer Beziehungen demokratisch zu erneuern. Der Vertrag sollte die Gleichwertigkeit der Interessen von Zentrum und Republiken festschreiben und Raum für demokratische Reformen lassen. In einem Telefongespräch vom 14. August beklagte sich Jelzin bei mir über den wachsenden Druck, den das »Demokratische Russland« auf ihn ausübe. Meine Antwort war kurz: »Du wirst für den Erhalt, ich für die Zerstörung des Reichs kritisiert. Dann sind wir auf dem richtigen Weg.«

Doch drei Tage später sah ich mich mit anderen Gegnern des neuen Vertrags konfrontiert. Eine Gruppe höchster Staats- und Parteifunktionäre hatte ein »Notstandskomitee« gebildet. Sie schnitten mich in meiner Datscha in Foros von allen Außenverbindungen ab, um mich, meine Familie und meine Mitarbeiter zu isolieren, und forderten ultimativ von mir, den Notstand auszurufen und meine Vollmachten als Präsident entweder Vizepräsident Janajew zu übertragen oder zurückzutreten. Ich wies alle diese Forderungen kategorisch von mir und erklärte ihnen, ein Notstandskomitee könne nur mit Wissen des Kongresses der Volksdeputierten oder des Obersten Sowjets eingerichtet werden. Sie sollten sich also dahin wenden. Alles andere sei ein krimineller Akt, für den sie zur Verantwortung gezogen werden würden. Abschließend belegte ich meine ungebetenen Besucher mit den übelsten russischen Flüchen. Ich dachte, ehrlich gesagt, meine scharfe Ablehnung könne die Verschwörer ernüchtern und ihre Absichten ändern.

Ohne das Einverständnis zu einer ihrer Forderungen erhalten zu haben, zogen sich die Gesandten der Verschwörer nach meiner entschiedenen Absage zurück, etwas verwirrt, wie mir schien. Aber von ihren weitreichenden Plänen zeugte die Tatsache, dass die Verbindungen nach außen abgeschnitten blieben, der Zugang zur Datscha noch weiter erschwert und die Isolierung verstärkt wurde. Das ließ darauf schließen, dass sie vorhatten, den Präsidenten zu verhaften und die Macht zu übernehmen.

Der Anlass für den Putsch war frei erfunden: Eine schwere Erkrankung hindere den Präsidenten der UdSSR, seinen Verpflichtungen nachzukommen. Medizinische Dokumente zum Beweis würden nachgereicht. Man kann sich unschwer ausmalen, mit welchen Mitteln die »kompetenten Organe«, die die Macht an sich gerissen hatten, dies »beweisen« konnten. Wie sich zeigte, wurden »Nachweise« für die schwere Erkrankung des Präsidenten der UdSSR, für seine Unfähigkeit, seinen Verpflichtungen nachzukommen, eilig und nachdrücklich auf persönliche Anweisung des KGB-Vorsitzenden von den Ärzten verlangt, allerdings ohne Erfolg. Zur Ehre unserer Ärzte: Kein einziger hat sich damals dem Druck gebeugt. Die Erklärung des Notstandskomitees war eindeutig ungesetzlich.

Die Tage und Nächte mit Hunderten von Panzern auf den Plätzen und Straßen Moskaus waren der Augenblick der Wahrheit für die Bürger, für die neuen demokratischen Institutionen und für die ganze Perestrojka. Der Putsch war ein Schlag gegen die Perestrojka als Prozess, dessen Ziel eine friedliche, gewaltlose Erneuerung im Sinne einer Demokratisierung von Staat und Gesellschaft war. Die Entfremdung der Macht vom Volk sollte überwunden werden. Deshalb war der Putsch ein ungeheurer Rückschritt in die Zeit vor der

Ankunft in Foros, August 1991

Perestrojka, als Kommandos von oben, Diktate und die Autorität der Angst die Beziehungen zwischen Staat und Gesellschaft regelten.

Die Menschen ließen sich von dem Betrug nicht lange täuschen. Weder in Moskau noch in Leningrad noch in anderen Städten oder Republiken kam es zu massiver Unterstützung der Putschisten. Im Gegenteil: In Moskau traten Hunderttausende Bürger gegen sie auf. Der Sowjet von Moskau und der Oberste Sowjet Russlands hielten sich wacker. Jelzin, dem die Putschisten nach dem Scheitern ihrer Forderungen an den Präsidenten der UdSSR die Mitarbeit vorschlugen, wandte sich öffentlich gegen die Putschisten.

Meine Weigerung, mit den Verschwörern gemeinsame Sache zu machen, nahm ihnen jeglichen Anschein der Legitimität, brachte ihre ursprünglichen Pläne durcheinander und verwirrte sie. Als sie dann noch auf den massiven Protest in Moskau und die Weigerung einer Reihe hoher Vertreter des Militärs stießen, das Weiße Haus zu stürmen, wackelte das Notstandskomitee und brach zusammen. Die

489

Moskau in den Tagen des Putsches, August 1991

Perestrojka und die Demokratie hatten scheinbar voll gesiegt. Aber der Putsch untergrub die Autorität der Macht- und Verwaltungsorgane der Union. Und in vieler Hinsicht untergrub er auch die Position des Unionspräsidenten, schon aus dem einfachen Grund, weil die Hauptverschwörer, die sich über Verfassung, Gesetz und demokratische Regeln hinweggesetzt hatten, höhere Staats- und Parteifunktionäre aus dem Umkreis des Präsidenten waren. Darunter Lukjanow, der Vorsitzende des Obersten Sowjets der UdSSR.

Für die mit solcher Mühe eingeleitete Wende zu gegenseitigem Verständnis, für die sich anbahnende Zusammenarbeit auf der Grundlage föderativer Beziehungen zwischen dem sich erneuernden Unionszentrum und den zu souveränen Staaten gewordenen Unionsrepubliken war das ein schwerer Schlag. Schon in den Putschtagen erklärte eine Reihe von Ländern ihre Unabhängigkeit von der Sowjetunion: Estland, Lettland, die Ukraine, Weißrussland, Moldawien, Aserbaidschain, Kirgisien und Usbekistan. Damit hatte sich das Kräfteverhältnis im Land verändert. Ja, eigentlich handelte es sich nun um ein anderes Land. Das sagte ich auch bei meiner Rückkehr aus Foros, als ich selbst schon in vielem ein anderer war ...

Der Verrat durch Menschen, die ich gut zu kennen glaubte und die hinter meinem Rücken einen Putsch vorbereitet und ausgeführt hatten, erschütterte mich sehr. Das Problem war nicht nur, dass sie mein Vertrauen nicht verdient, mich betrogen und verraten hatten; das Problem war, dass ich mich selbst getäuscht und ihre menschlichen, moralischen und politischen Qualitäten deutlich überschätzt hatte. Auf dem Höhepunkt der Perestrojka, als sich gerade neue Perspektiven eröffneten, verrieten meine »Protegés« zynisch die demokratischen Ziele und Ideale, derentwegen die historische Erneuerung unseres Landes in Angriff genommen worden war. Und sie zogen diesen Idealen Gewalt, Einschüchterung und Betrug vor – ganz zu schweigen von ihren verbrecherischen Rechtsverstößen.

Ein schwerer Schlag war auch das Verhalten eines Teils der ZK-Sekretäre, die nicht gegen die Verschwörer aufgetreten waren oder sie sogar unterstützt hatten. Nur ein paar Genossen waren die Ausnahme. Unter diesen Umständen entschied ich mich schweren Herzens, die Verpflichtungen als Generalsekretär des ZK der KPdSU niederzulegen, und empfahl dem ZK der KPdSU, sich für aufgelöst zu erklären. Dabei bin ich entschieden dagegen, Millionen von Parteimitgliedern wegen der Sünden und Untaten der fundamentalistischen Parteibürokratie schuldig zu sprechen, sowie gegen die Versuche, die gesamte Geschichte und Tätigkeit der KPdSU zu verleumden. Das Problem war, dass die Nähe zur Macht die Kader zu bürokratisch hatte werden lassen; sie hatten die negativen Eigenschaften des überlebten Kommandosystems zu sehr verinnerlicht. Die Ereignisse vor und während des Putsches bestärkten mich in dieser Einschätzung.

Hervorheben muss ich dagegen Jelzins Haltung, der den offenen Kampf gegen das Notstandskomitee aufnahm. Ein Sieg der Putschisten hätte das Land weit zurückgeworfen und zu schwer vorsehbaren negativen Folgen geführt. Die Kehrseite der Medaille dabei ist nur, dass Jelzin nicht rechtzeitig anhielt und seinen Kampf dann

Rückkehr aus dem »Urlaub«, 22. August 1991

gegen den Unionsstaat richtete, in dem er die Hauptgefahr für Russlands Souveränität sah.

An den Tagen des Putsches und unmittelbar danach, als ich bereits aus Foros zurückgekehrt war, unterschrieb Jelzin alle möglichen verfassungswidrigen Erlasse, mit denen er die Unionsorgane den Organen der russischen Republik unterstellte. Vertreter der Russischen Föderation wurden in die Unionsinstitutionen geschickt, um deren Anordnungen zu kontrollieren, zu ändern oder aufzuheben. Mit einem Erlass billigte ich das Verhalten des russischen Präsidenten während des Putsches, verbat mir aber weitere Übergriffe Jelzins in der genannten Richtung; denn sie verstärkten nur die separatistischen Neigungen in den Republiken, die die Betriebe und Institutionen der Union auf ihrem Territorium schnellstens »privatisieren« wollten.

Leider hörte Jelzin aber nicht auf, die Zerstörung der Sowjetunion zu betreiben.

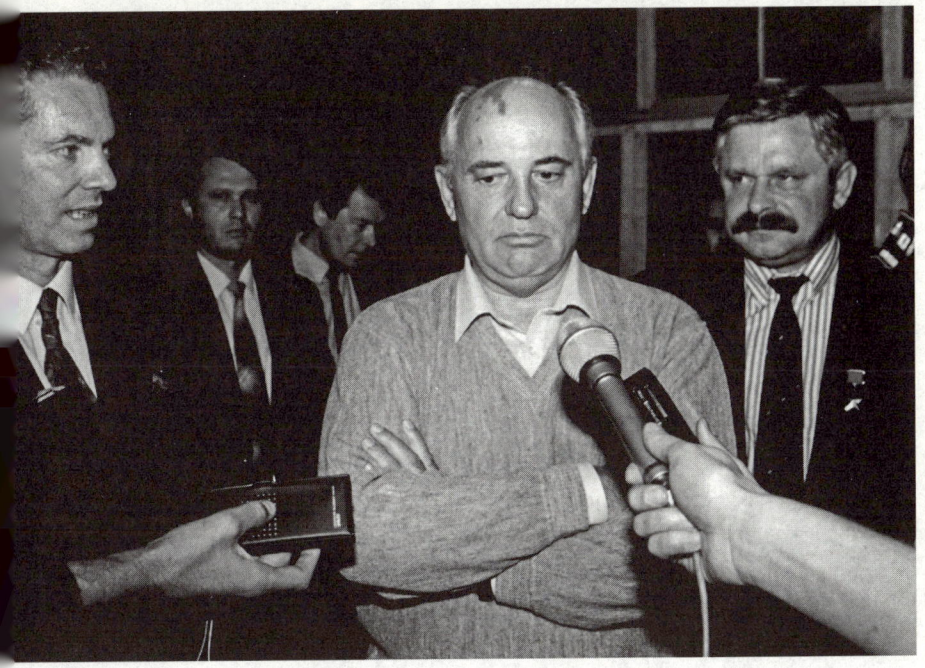

Das erste Interview nach der Rückkehr aus Foros, 22. August 1991

Geheimoperation zur Auflösung der Union

Als Jelzin mich Ende Dezember 1991 von seiner bevorstehenden Reise nach Minsk informierte, verschwieg er die Hauptsache: Die Präsidenten Russlands und der Ukraine und der Vorsitzende des weißrussischen Parlaments Schuschkewitsch hatten vor, im Geheimen Dokumente zu unterzeichnen, die die rechtlichen und politischen Grundlagen der Sowjetunion aufkündigen und unter dem Deckmantel der Schaffung der Gemeinschaft Unabhängiger Staaten die Auflösung der Sowjetunion proklamieren sollten.

Das Treffen fand in der Belowescher Regierungsresidenz Wiskuli in der Nähe der polnischen Grenze unter strengster Geheimhaltung und spezieller Bewachung statt. »Wir haben hart gearbeitet, aber in guter Stimmung, die Spannung wuchs mit jeder Minute«, erzählte Jelzin später. (Wie er die Stimmung zu heben pflegte, ist ja bekannt.) Den russischen Präsidenten berieten Burbulis, Gajdar, Kosyrew und

Schachraj. Sie arbeiteten die ganze Nacht durch, »denn es war klar, dass die Vereinbarung an Ort und Stelle unterschrieben werden musste«, gab Jelzin zu.

Aber warum an einem Ort, in einem Forst, der schwer erreichbar war für die Presse, das Fernsehen, Vertreter der Öffentlichkeit und des diplomatischen Corps? Weil ihnen klar war, dass sie etwas taten, das die Öffentlichkeit scheute und ihr nur als vollendete Tatsache vorgesetzt werden konnte. Am 8. Dezember unterschrieben Jelzin, Krawtschuk und Schuschkewitsch als Staatsoberhäupter der drei Staaten Russische Föderation, Ukraine und Weißrussland die Vereinbarung über die Gemeinschaft Unabhängiger Staaten.

In den Dokumenten hieß es, »die Verhandlungen über die Unterzeichnung eines neuen Unionsvertrages stecken in einer Sackgasse, der Austritt aus der UdSSR und die Unabhängigkeit der Staaten ist eine reale Tatsache«. Dabei waren erst zwei Wochen seit dem 25. November vergangen, an dem die Führer von sieben Unionsrepubliken das Projekt des Unionsvertrags an die Parlamente weitergeleitet hatten, wie ein von ihnen unterzeichnetes offizielles Communiqué belegt. Und wenn die Verhandlungen wirklich in einer Sackgasse steckten, warum wurde das nicht im Staatsrat der UdSSR in Moskau vorgebracht, wo all diese Verhandlungen stattfanden, und zwar auf der Grundlage und in Übereinstimmung mit den Vereinbarungen von Nowo-Ogarjowo? Die Antwort liegt auf der Hand: Weil die Verhandlungspartner der anderen Republiken, allen voran die von Kasachstan, bis zuletzt in Moskau für einen »konföderativen Unionsstaat« eingetreten waren.

Entgegen der Behauptung der Verschwörer von Belowesch waren nicht alle Republiken aus der Union ausgetreten. Die Mehrheit der Unionsrepubliken hatte nichts dergleichen erklärt. Wie kommt die »Troika« in ihrem Alleingang zu dieser Behauptung, und wer hat sie dazu ermächtigt? Darauf gibt es keine Antwort, und schon gar nicht eine, die dem Recht standhielte. Die von den Republiken nach dem Putsch erklärte Unabhängigkeit schloss weder rechtlich noch faktisch die Möglichkeit und Zweckmäßigkeit aus, sich freiwillig an der

Union zu beteiligen und einen konföderativen Unionsstaat zu schaffen. Im Gegenteil: Die Schaffung eines solchen Staates war von objektivem Nutzen und entsprach dem Willen der absoluten Mehrheit der Bevölkerung.

Die Vereinbarung von Belowesch behauptet:»Als völkerrechtliches Subjekt und geopolitische Realität existiert die UdSSR nicht mehr.« Und das, obwohl sich die Völker der UdSSR bei dem Referendum vom 17. März 1991 für den Erhalt der Union ausgesprochen hatten. Was dort eilends und heimlich inszeniert wurde, kam einer verschwörerischen Sezierung – um einen medizinischen Ausdruck zu gebrauchen – eines lebendigen, wenn auch massiv traumatisierten Subjekts gleich, einer Zerstückelung seines Körpers. Hauptakteur bei dieser Operation war der russische Präsident.

»Ohne Russland hätte es die Vereinbarung von Belowesch nicht gegeben, ohne Russland wäre die Union nicht auseinandergebrochen« – so äußerte sich später der Präsident Kasachstans Nasarbajew.[44] Und Jawlinskij, den Jelzin nicht ohne Grund gegen Gajdar eintauschte, urteilt:»Jelzin und sein Kreis hatten klare politische Ziele, die für sie Priorität hatten und die sie unbedingt erreichen wollten. Vor allem den schnellen (binnen eines einzigen Tages vollzogenen) nicht nur politischen, sondern auch wirtschaftlichen Zerfall der Union, die Abschaffung aller möglichen wirtschaftlichen Koordinationsorgane, inklusive der für die Finanz-, Kredit- und Geldsphäre und die allseitige Loslösung Russlands von allen Republiken, inklusive derjenigen, die das gar nicht wollten wie Weißrussland und Kasachstan ...«[45]

Die Auftraggeber für dieses Programm waren Jelzin und der radikale Flügel seiner Partei»Demokratisches Russland«, die von der utopischen Allmacht eines freien Marktes in Russland überzeugt waren. In dieselbe Richtung ging schon das bereits 1990 vom»Demokratischen Russland« formulierte Ziel eines»Übergangs von der jetzigen Führung der UdSSR mit Gorbatschow an der Spitze«

44 *Nesawisimaja gaseta*, 6. Mai 1992
45 *Literaturnaja gaseta*, 1992

zu »Parallelstrukturen«, die die Unionsführung »zurückdrängen« und die Grundlage für eine zukünftige Staatengemeinschaft bilden sollten.

Es ist deshalb nicht verwunderlich, dass Krawtschuk nach seinem eigenen Bekenntnis[46] »das Dokument noch schnell am Abend unterschrieb, ohne Diskussionen und Rücksprachen«. Es habe an der Überzeugung gefehlt, dass »die Menschen unsere Entscheidung richtig finden und als legitim ansehen«. Damit trifft Krawtschuk den Nagel auf den Kopf. Unter dem Gesichtspunkt der Legitimität sind die Vereinbarung von Belowesch, der ganze Vorgang und die konspirativen Umstände völlig indiskutabel. Machtdrang, politische und persönliche Interessen hatten hier eindeutig die Oberhand über rechtliche Zweifel gewonnen.

Warum diese Eile?

Eine Fernsehsendung, die anlässlich des fünften Jahrestags des Zerfalls der UdSSR ausgestrahlt wurde, ist mir noch lebhaft in Erinnerung. Unter anderen nahmen Schachnasarow, Schuschkewitsch und Burbulis daran teil. Der Moderator fragte Burbulis: »Das Projekt der GUS hatte also nicht lange Bestand?« Dies bestätigte der Gefragte. »Und was hätte ihre Stelle einnehmen können?«, hakte der Moderator nach. Darauf Burbulis: »Vermutlich doch eine sanfte Gorbatschow'sche Union.« Burbulis drehte und wand sich förmlich, versuchte abzulenken. All die Jahre über hatte er Jelzin angespornt und selbst auf den Zerfall der Union hingearbeitet.

Man hätte die Union erneuern und erhalten können. Daran habe ich bis zum Schluss festgehalten. Das ängstigte die Gegner der Union. Im November 1991 war Schewardnadse auf den Posten des Außenministers der UdSSR zurückgekehrt. Für die Unionsrepubliken und die Welt war das ein Signal, dass der Präsident der UdSSR wieder eine

46 *Rabotschaja gaseta*, 11. Dezember 1991

aktive Außenpolitik betreiben will. Diese Besetzung sollte die einseitige prowestliche außenpolitische Linie des russischen Außenministeriums von Kosyrew mäßigen und ausgleichen. Mit einem Wort, trotz der lautstarken Behauptungen der Gegner, die Union existiere nicht mehr, fuhr ich weiter hartnäckig fort, Steinchen für Steinchen zu sammeln, und kämpfte »bis zur letzten Patrone« für die Union.

In dieser Situation beschloss die Jelzin'sche Führung, ihre separatistischen Pläne und die Auflösung der Union zu forcieren. Obwohl die »Führer« der drei Republiken in Belowesch erklärt hatten, die Union bestehe nicht mehr, und dies allen voran dem Präsidenten der Vereinigten Staaten mitgeteilt hatten, fürchteten sie das Treffen mit dem Unionspräsidenten, das zuvor für den 9. Dezember im Kreml angesetzt war. Krawtschuk und Schuschkewitsch trauten sich nicht. Jelzin vergewisserte sich vorher bei mir, dass ihm nichts passieren werde.

Was sollte der Präsident der für inexistent erklärten Union tun? Jelzin und seine Kumpanen für das gegen die Verfassung verstoßende Vorgehen verhaften? Es ging gar nicht darum, dass der Präsident nicht mehr die volle Kontrolle über die Sicherheitsorgane und die Armee hatte. Wenn ich beschlossen hätte, mich auf einen Teil dieser militärischen Einrichtungen zu stützen, hätte das unausweichlich zu einem akuten politischen Konflikt geführt, der mit Blutvergießen und weitgehenden Konsequenzen hätte einhergehen können. Das konnte ich nicht machen, ohne mich selbst zu verleugnen. Aber die Union »aufgeben«, solange ich noch eine Möglichkeit sah, sie zu retten, wollte ich nicht. Darum kämpfte ich um ihren Erhalt.

Am 9. Dezember erklärte ich, es sei notwendig, sowohl das Projekt einer Union souveräner Staaten als auch die Vereinbarung von Belowesch in allen Obersten Sowjets der Republiken zu diskutieren. Da die Vereinbarung eine andere Form des Staatswesens vorschlage, was in die Zuständigkeit des Kongresses der Volksdeputierten der UdSSR falle, erklärte ich, der Kongress müsse einberufen werden, und schloss auch die Möglichkeit eines Volksentscheids zu dieser Frage nicht aus. Auf diese Erklärung hin blockierten die Führungen der Obersten Sowjets der Russischen Föderation und Belorusslands die Einberufung des Kongresses der Volksdeputierten der UdSSR, indem sie ihre Vertreter aus diesem Gremium abberiefen. Die Prüfung des Unionsvertrags in den Parlamenten der Republiken platzte.

Die russische Führung wollte um jeden Preis eine Billigung der Vereinbarung von Belowesch durch eine klare Mehrheit ihres Parlaments erreichen. Für dieses Vorhaben spannte Chasbulatow sogar Sjuganow ein. Der politische, psychologische und sonstige Druck auf die Volksdeputierten der Russischen Föderation, darunter auch auf die Mitglieder der russischen kommunistischen Partei, die die Vereinbarung von Belowesch negativ beurteilten oder schwankten, hatte Erfolg. Von den 201 Deputierten stimmten 188 für die Vereinbarung von Belowesch, dagegen sechs – sieben Deputierte enthielten sich.[47] Gegen die Auflösung der Union stimmten lediglich Baburin, Isakow, Konstantinow, Poloskow, Lysow und Nikolaj Pawlow.

Die Diskussion und Entscheidung über dieses für das Land weitreichende Problem im Obersten Sowjet Russlands war von einer hektischen ultrapatriotischen Atmosphäre gekennzeichnet. Jelzin und die anderen Verfasser der Vereinbarung versicherten, wenn sich Russland erst vom Unionszentrum befreit habe, könne es gerechtere und zuverlässigere Verbindungen mit den anderen Republiken aufbauen. Alle Zweifel und Fragen einer Reihe Deputierter wurden vom Tisch gefegt. Die Abstimmungsergebnisse wurden mit Standing Ovations aufgenommen.

Keine zwei Jahre später, im Oktober 1993, wird Jelzin denselben Sowjet auseinanderjagen, indem er ihn von Panzern beschießen ließ – die Auflösung der verfassungsgebenden Versammlung durch die Bolschewiki anno 1918 war dagegen geradezu harmlos. Bis heute ist übrigens nicht klar, wie viele Menschen dabei umkamen. Man ließ sie schnell in Containern wegschaffen und begrub sie irgendwo. Jel-

---

47 Die Vereinbarung von Belowesch (auch bekannt unter dem Namen »Minsker Abkommen«) wurde vom Obersten Sowjet der Russischen Föderation am 12. Dezember 1991 ratifiziert.

zin fürchtete, er müsse sich dafür verantworten und schlug einen Kuhhandel vor: Wenn der ganze tragische Vorfall mit dem Beschuss des Parlaments nicht weiter untersucht werde, erlasse er eine Amnestie für die Putschisten von 1991, denen gerade vom Obersten Gericht der Prozess gemacht wurde. Ein Kuhhandel par excellence.

Und was jetzt? Ich glaube nach wie vor, dass eine qualitativ neue Union Unabhängiger Staaten eine Chance hat, aber bis dahin ist es noch weit. Die Schaffung einer Zollunion zwischen Russland, Kasachstan, Weißrussland und anderen ist jedenfalls ein Schritt in die richtige Richtung.

Am 23. Dezember 1991 übergab ich Jelzin in Gegenwart von Jakowlew die Präsidialunterlagen. Wir einigten uns darauf, dass der Unionsapparat am 30. Dezember seine Tätigkeit einstellt.

In diese Übergangsphase fiel folgende Episode: Bereits im Jahr 1990 hatten sowjetische Wissenschaftler und Archivare, die einer gemeinsamen sowjetisch-polnischen Kommission zur Untersuchung der sogenannten »weißen Flecke« in den Beziehungen zwischen der Sowjetunion und Polen angehörten, Dokumente von Geleittruppen des NKWD entdeckt, die indirekt, aber eindeutig die unmittelbare Verantwortung Berijas, Merkulows und ihrer Helfershelfer für die Verbrechen in Katyn belegten.

Am 13. April 1990 gab ich während des Staatsbesuchs des polnischen Präsidenten Wojziech Jaruzelski in Moskau eine öffentliche Erklärung ab über die von sowjetischen Historikern entdeckten Listen und anderen Archivmaterialien über Kriegsgefangene und Lagerinsassen in der UdSSR. Darin waren die Namen polnischer Bürger enthalten, die in den Jahren 1939/40 in den Lagern des NKWD interniert waren. In einer offiziellen Verlautbarung der TASS vom 13. April 1990 brachte die sowjetische Seite ihr tiefes Bedauern über die tragischen Vorfälle zum Ausdruck und erklärte: »Die Tragödie von Katyn zählt zu den schwersten Verbrechen des Stalinismus.« Damals wurde von der Obersten Militärstaatsanwaltschaft unter der Nummer 159 eine strafrechtliche Untersuchung eingeleitet. Nach meinem Abtritt als Präsident der Union war es Jelzins Aufgabe,

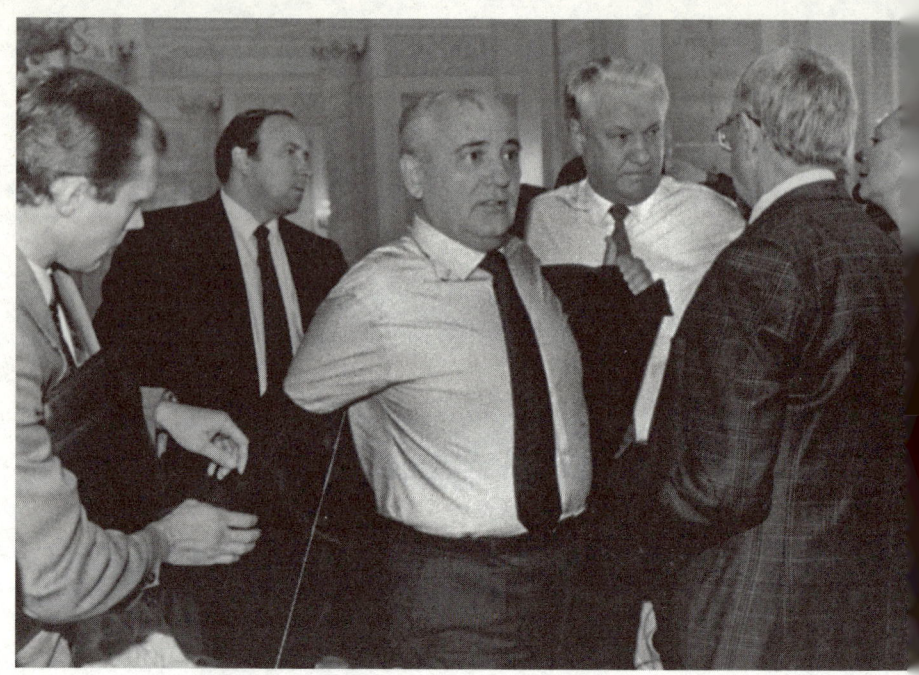

Mit Jelzin, Korschakow und Jakowlew im Kreml; Dezember 1991

die Akte an die polnischen Behörden zu übergeben. Warum er dies erst mit einer Verzögerung von fast einem Jahr tat und überdies erklärte, die Dokumente seien erst unlängst entdeckt worden, sei dahingestellt.

Ein anderer Punkt, den ich erwähnen will, betrifft Jelzins fälschliche Behauptung, ich hätte im Arbeitsgespräch mit ihm eine »Riesenliste an Ansprüchen« auf Privilegien vorgelegt und einen besonderen Status der Immunität gefordert. Natürlich wurden bei dem Treffen Fragen berührt, die den Status des Unionspräsidenten nach der Niederlegung seiner Amtsverpflichtungen betrafen. Darunter auch die Frage meiner Bewachung als Träger von Staatsgeheimnissen. Völlig aus dem Zusammenhang gerissen, erklärte Jelzin daraufhin drohend, eine Immunität des Präsidenten nach dem Rücktritt käme gar nicht in Frage, »wenn Sie sich wegen irgendetwas schuldig fühlen, dann geben Sie das lieber zu, solange Sie noch Präsident sind«.

Auch ohne Immunitätsgarantie habe ich nunmehr gut 20 Jahre überstanden. Im Laufe dieser Jahre habe ich die verschiedensten Vorfälle erlebt: von der brüsken Forderung, binnen 24 Stunden die Wohnung und Datscha des Präsidenten zu räumen, bis hin zu Ausreiseverboten (leider auch zu dem Begräbnis meines Freundes Willy Brandt), von der Inszenierung eines Prozesses gegen die KPdSU und Gorbatschow nach dem Muster der Nürnberger Prozesse bis hin zur niederträchtigen Blockade durch Truppen und Verunglimpfung der Gorbatschow-Stiftung, dem Verbot öffentlicher Auftritte und der Veröffentlichung meiner Bücher. Ganz zu schweigen von der auf umgerechnet zwei Dollar geschrumpften Pension und unzähligen, mehr oder weniger heftigen Beschimpfungen seitens der alt-neuen russischen Nomenklatura und ihres »Führers«.

So sah die »Belowescher Zivilisation«, auf deren Ebene das Land herabsank, in der Wirklichkeit aus. Und da schreibt Jelzin doch allen Ernstes in seinen Memoiren:»Wir wollten den Präzedenzfall eines offenen, ungezwungenen und ruhigen Lebens für ein ehemaliges Staatsoberhaupt schaffen, und das haben wir auch getan, zum ersten Mal in der russischen Geschichte, trotz allem.« Was für ein »Präzedenzfall«, was für eine Innovation? Das ist die reinste Demagogie.

In den letzten Tagen vor meinem Auszug aus dem Kreml telefonierte ich mit Kohl, Mitterrand, Major, Bush, Mulroney und meinen anderen politischen Partnern. Sie fragten mich nach meiner Meinung, meiner Einschätzung und meinen Prognosen für die Zukunft. Obwohl ich nach wie vor der Meinung war, dass die Ereignisse sich nicht in der Richtung entwickelten, die ich für richtig hielt, versicherte ich meinen Gesprächspartnern, ich werde alle Möglichkeiten ausschöpfen, um mich für die Lebensfähigkeit und Effizienz der Gemeinschaft einzusetzen. Das Schlimmste, so warnte ich, sei ein Fortschreiten der Desintegration. Das gelte es zu verhindern. Deshalb unterstrich ich die Notwendigkeit, dass der Westen die Gemeinschaft und besonders Russland unterstütze. Ich betonte die Aktualität der Finanz- und Lebensmittelhilfe.

Die Gesprächspartner fragten nach meinen Plänen im Anschluss an den Kreml. Ich versicherte ihnen, dass ich mich nicht im Wald verstecken, mich nicht aus der Politik und dem öffentlichen Leben zurückziehen werde. Im Rahmen meiner Möglichkeiten wolle ich auch unter den neuen Bedingungen die demokratischen Reformen, die von der Perestrojka eingeleitet worden seien, unterstützen.

Ich gebe zu: Die Aufmerksamkeit, Zusicherungen und guten Wünsche meiner alten Bekannten und Partner hoben meine nicht sonderlich gute Stimmung ein bisschen. Die Sorge um das Werk, das meine Gesinnungsgenossen und ich begonnen hatten, verließ mich nicht. Diese Sorge wurde nur durch die Überzeugung gemildert, dass ich alles getan hatte und weiter zu tun bereit war, was in meinen Kräften und Möglichkeiten stand, um das Land, die Gesellschaft und das Leben meiner Mitbürger zu erneuern.

Als ich über den Inhalt meiner öffentlichen Abschiedsrede nachdachte, setzte ich mich über Ratschläge hinweg, die Gründer der Gemeinschaft Unabhängiger Staaten (GUS) ungeschoren zu lassen. Ich wollte den Gang und das Resultat der Ereignisse wirklichkeitsgetreu darstellen, das heißt, die Gefahr des Zerfalls des Staatswesens aufzeigen und die Notwendigkeit betonen, die Errungenschaften zu bewahren, die wir in den Jahren der Perestrojka erreicht hatten. Als ich am 25. Dezember mit der Erklärung zur Niederlegung meines Präsidentenamts auftrat, stand ich zu meiner Ablehnung der Aufteilung des Landes und erklärte, ich werde alles tun, was in meinen Möglichkeiten steht, damit das Abkommen von Alma-Ata[48] zu einem wirklichen Konsens in der Gesellschaft führe und durch Reformen einen Ausweg aus der Krise weise.

Das Vierteljahrhundert, das nun seit Beginn der Perestrojka vergangen ist, gibt mir alles Recht zu erklären: Auch heute noch bin ich

---

48 Mit dem Abkommen von Alma-Ata gründeten elf Staaten der ehemaligen Sowjetunion am 21. Dezember 1991 förmlich den Staatenbund »Gemeinschaft unabhängiger Staaten« (GUS). Ursprünglich gehörten ihm Armenien, Aserbaidschan, Weißrussland, Kasachstan, Kirgisien, Moldawien, Russland, Tadschikistan, Turkmenistan, die Ukraine und Usbekistan an. (Anm. d. Übers.)

Fernsehansprache anlässlich der Niederlegung des Präsidentenamtes am 25. Dezember 1991

von der historischen Richtigkeit der demokratischen Reformen, die wir im Frühjahr 1985 einleiteten, überzeugt. Die Jahre, die seitdem vergangen sind, bestätigen nicht nur die historische Richtigkeit, sondern auch die wachsende Aktualität einer demokratischen Erneuerung unseres Landes. Genauso wie die Aktualität meiner Erklärung an die Mitbürger vom 25. Dezember 1991: »Es ist lebenswichtig, die demokratischen Errungenschaften der Perestrojka zu bewahren. Von diesen Errungenschaften dürfen wir uns unter keinerlei Umständen und Vorwänden abwenden. Andernfalls sind alle Hoffnungen auf eine bessere Zukunft zunichte.«

Die demokratischen Errungenschaften der Perestrojka, die dem Augustputsch standgehalten hatten, waren danach neuen Prüfungen seitens eines Regimes persönlicher Macht ausgesetzt. Dieses Regime hatte sich unter dem Deckmantel demokratischer Losungen mit Un-

503

terstützung der Radikaldemokraten der alten und neuen russischen Nomenklatura und faktischer Duldung der liberalen »Führer« des »Demokratischen Russland« etabliert. Alle wichtigen Entscheidungen, die die vitalen Interessen des Volkes betrafen, wurden hinter seinem Rücken und auf seine Kosten getroffen. So die »Schocktherapie« und die überstürzte Privatisierung, die die absolute Mehrheit der Bevölkerung in Armut stürzte und eine enorme soziale Polarisierung zur Folge hatte; bis heute sind die tiefen Spuren dieser Maßnahmen in der russischen Gesellschaft nicht zu übersehen. So wurde mit dem ersten frei gewählten russischen Parlament Schluss gemacht, das im Oktober 1993 auf Befehl Jelzins niedergeschossen wurde. So wurde der Tschetschenienkrieg begonnen, der in ein langes und äußerst blutiges Gemetzel mit schmerzlichen Folgen bis heute ausartete. So verwandelten sich die Präsidentschaftswahlen von 1996 durch den Kauf der Wähler, unrechtmäßige Ausgaben in Höhe von vielen Millionen Dollar und grobe Fälschungen in eine reine Show.

Zur Macht gekommen und sich um jeden Preis an sie klammernd, verwandelten sich die Radikaldemokraten in Radikalliberale, die Demokratie und soziale Verantwortung vergessen hatten. Als Folge davon gerieten schon allein die Begriffe »Demokratie« und »Reformen« im Volk in Misskredit. Darin sehe ich nicht so sehr die Hauptschuld der »Elite« der neunziger Jahre als vielmehr ein großes Unglück unserer Gesellschaft bis in unsere Tage.

Davon zeugen auch die hartnäckigen Modernisierungsaufrufe des ehemaligen russischen Präsidenten Medwedew. Ohne einen neuen Durchbruch der Aktivität der Bürger kann eine Modernisierung – wenn damit der Staat und die Gesellschaft und nicht einfach technische Neuerungen in einzelnen Produktionszweigen gemeint sind – nicht gelingen. Akteur einer sozialen Modernisierung kann nur der Bürger mit seinen Rechten und Pflichten sein. Die Befreiung des Menschen, seine Verwandlung aus einem »Schräubchen« in einen aktiven Teilnehmer an sozialpolitischen Prozessen, der seine eigene Wahl treffen, Einfluss auf sein persönliches und politisches Schicksal, auf den Gang der Dinge in seiner Umgebung und seinem Land nehmen kann, das war das Ziel der Perestrojka. Und in vielem ist es auch erreicht worden; jedenfalls hat sich im Lauf dieser nicht einmal sieben Jahre der Perestrojka viel bewegt. Die Hauptsache, die sie gebracht hat, ist der gewaltige Aufbruch zu aktiver gesellschaftlicher, politischer und staatsbürgerlicher Aktivität einer Masse neuer Leute aller Altersgruppen, ganzer Generationen und besonders der Jugend. In den Perestrojka-Jahren ist die Zivilgesellschaft in Russland gleichsam aufgewacht und gewachsen. Gerade die *Bürger* wollten den Rückfall ihres Landes in die Vor-Perestrojka-Zeit nicht und ließen ihn nicht zu. Aber nachdem sie die Putschisten abgewehrt hatten, durchschauten die Bürger Russlands nicht rechtzeitig, in welche politische Falle sie von den blauäugigen Demagogen und in verschleierten Intrigen geschulten Anführern der Nomenklatura gelockt wurden. »Ein entschlossener Führer« und Siegesgewissheit, das stellte sich als unvereinbar mit der Demokratie heraus und war ihr von Anfang an fremd.

Im Kampf für die Perestrojka haben meine Mitstreiter und ich eine Reihe von Fehlern gemacht, auf die ich schon eingegangen bin. Und obwohl viele meiner Opponenten der Meinung waren und sind, weder die KPdSU noch die UdSSR sei zu reformieren gewesen, bin ich nach wie vor anderer Meinung. Vieles hätte man früher, schneller und, wie jetzt ersichtlich, härter anpacken können und müssen. Ein strategischer Fehler der Perestrojka war die Unterschätzung der schweren Finanz- und Wirtschaftskrise, in die das Land rutschte. Die Wende zu einer sozialen Markwirtschaft hätte man eher und resoluter beginnen müssen. Noch in den Jahren 1990/91 hätte man den Zusammenbruch des Konsumgütermarktes aufhalten und verhindern können, wenn man dafür die nötigen Mittel bereitgestellt und die militärischen Ausgaben stärker gekürzt hätte.

Es drängt sich die Frage auf: Warum haben die Anführer der Perestrojka nicht alles »früher, schneller und härter« angepackt? Wer und was hinderte sie daran?

Der von der Perestrojka eingeleitete Prozess der grundlegenden Erneuerung eines so riesigen und vielschichtigen Landes, wie es die Sowjetunion war, hätte für eine erfolgreiche Entwicklung sehr viel mehr Zeit erfordert als die knapp sieben Jahre, die der Perestrojka vergönnt waren, bevor sie auf halbem Weg abgebrochen wurde. Die Gegner der Perestrojka, obwohl gegensätzlicher sozialer Orientierung, handelten parallel und synchron. Die einen bremsten und sabotierten die Erneuerung; die anderen forderten eine Beschleunigung, hetzten und brachten die Unionsstrukturen ins Wanken. Unter dem Vorwand des Kampfes gegen die Konservativen brachen sie dem Unionszentrum das Rückgrat und »erledigten« es. 1991 erlebte die Perestrojka und mit ihr das ganze Unionsstaatswesen zwei gewaltige Verschwörungen: den Putsch vom August und die Vereinbarung von Belowesch im Dezember. Das waren im Grunde genommen zwei Staatsstreiche, die trotz aller Unterschiede ihrer Anführer eine große Ähnlichkeit haben:

Erstens: Der eine wie der andere war eine Verschwörung und wurde geheim, hinter dem Rücken des Volkes vorbereitet.

Zweitens: Der eine wie der andere verstieß aufs Gröbste gegen die Verfassungen der Union und der Republiken.

Drittens: Der eine wie der andere beruhte auf Lug und Trug.

Viertens: Der eine wie der andere richtete sich gegen Gorbatschow, führte aber zur Zerstörung des Staates (der eine faktisch, der andere ganz zielgerichtet).

Aber die wichtigste Ähnlichkeit dieser beiden Staatsstreiche bestand darin, dass dahinter in Wirklichkeit die Interessen der Nomenklatura standen. Im einen Fall der Teil der Nomenklatura, der seine Macht und Privilegien zu verlieren fürchtete; im anderen Fall der Teil, der unter der neuen Führung der Republiken seine Verfügungsgewalt über das Eigentum, das als »Unions«-, »Volks«- oder »Staats«-Eigentum firmierte, anmelden und »legalisieren« wollte.

Der erste Staatsstreich scheiterte, weil er rechtzeitig von der Öffentlichkeit als Rückfall in die Jahre vor der Perestrojka erkannt wurde. Der zweite Staatsstreich hatte Erfolg, weil er sich derselben demokratischen Losungen wie die Perestrojka bediente und eine schnelle Überwindung der Krise und Weiterentwicklung der Demokratie versprach. Mit anderen Worten: Die alte Nomenklatura hatte es nicht geschafft, das Volk zu betrügen, der neuen Nomenklatura um Jelzin aber gelang das anfangs.

Schnell zeigten sich aber auch wichtige Unterschiede. Während die Putschisten vom August sich nicht trauten, auf das russische Parlament im Weißen Haus zu schießen, hatte Jelzin im Oktober 1993 keinerlei Skrupel, das zu tun. Dabei spielte eine »Nuance«, über die man bis heute nicht spricht, eine wichtige und bezeichnende Rolle. Jelzins Entschiedenheit hatte nicht zuletzt damit zu tun, dass er sich vorher der Zustimmung und Unterstützung führender Persönlichkeiten etlicher westlicher Länder vergewissert hatte, die ihm dieses Vorgehen sehr schnell »verziehen« oder einfach nicht bemerkt haben wollten.

Die Perestrojka in der heutigen Welt

Ich möchte noch auf ein anderes Thema eingehen, nämlich den Kampf um die Perestrojka im Westen. Selbstverständlich wurde das Schicksal unseres Landes und der Perestrojka in erster Linie innerhalb der Sowjetunion entschieden und hing vor allem vom innenpolitischen Kräfteverhältnis unserer Gesellschaft, unserer Wirtschaft, von den Proportionen der innenpolitischen Kräfte ab. Das lässt sich nicht bestreiten. Aber die Sowjetunion existierte nicht in einem Vakuum – vieles hing von der internationalen Lage ab; von unseren Beziehungen zu den Nachbarländern und den Großmächten, von unserer Stellung in der Welt überhaupt. Da die Perestrojka akut notwendige Erneuerungen einer der beiden Supermächte anstrebte, betraf sie die ganze Weltgemeinschaft. Diese verfolgte aufmerksam die mit der Perestrojka eingeleiteten sozialpolitischen Prozesse. Anfangs hielt man die Perestrojka im Westen für eine reine Propagandakampagne, auch in den Vereinigten Staaten.

Im Oktober 1987 geriet Boris Jelzin als auffälligster und spektakulärster Widersacher der Führung unter Gorbatschow in den Fokus amerikanischer Experten. Als Jelzin im September 1989 in die USA reiste, empfing der Nationale Sicherheitsberater des Präsidenten, General Brent Scowcroft, ihn in einem Zimmer im Weißen Haus, in dem auf einmal George Bush für eine Viertelstunde auftauchte. Jelzin machte damals keinen großen Eindruck auf ihn.

Wie aus später bekannt gewordenen Veröffentlichungen ersichtlich, versuchten eine Reihe hochgestellter Mitarbeiter der CIA und der Verteidigungsminister Cheney persönlich, ab Beginn des Jahres 1990 den amerikanischen Präsidenten davon zu überzeugen, sich von dem »monozentristischen« Gorbatschow abzuwenden und Jelzin zu unterstützen. Das Argument dafür war, die politischen Pläne Jelzins, nämlich Aufteilung und Auflösung der Sowjetunion und Einführung eines nicht vom Staat begrenzten freien Marktes in Russland, entsprächen den nationalen Interessen der USA eher als die politische Linie Gorbatschows, der den staatlichen Sozialismus nur abschwächen und zu einer »regulierten« Marktwirtschaft übergehen wolle.[49] Gates schreibt: »Die CIA war ein klarer Anhänger Jelzins, sie unterstützte ihn nicht nur verbal, sondern auch durch eine Reihe von Bewertungen, die seine Popularität innerhalb und außerhalb Russlands hervorhoben, seine Initiative im Bereich der Reformen und seine Behandlung der Nationalitätenfrage.«[50] Laut anderen, in den postsowjetischen Jahren veröffentlichten Bekenntnissen amerikanischer »Experten« setzte sich der Geheimdienst so massiv für Jelzin ein, dass General Scowcroft sogar von einem »Jelzin-Fanclub innerhalb der CIA« sprach.

Der konservativste Teil des amerikanischen Establishments und seine Vertreter um Bush sowie schließlich auch der amerikanische Präsident selbst setzten auf Jelzin, da dessen Ziele, die Union zu zerstückeln und aufzulösen, im Interesse der amerikanischen Führung waren. Offenbar fand diese, ein geschwächtes Russland unter Jelzin sei eher in ihrem Interesse als die Perspektive einer erneuerten

---

49 s. Robert M. Gates, *From the Shadows: The Ultimate Insider's Story of Five Presidents and How They Won the Cold War*, New York 1996, S. 496
50 ebd., S. 503

Union, für die sich Gorbatschow einsetzte. Das entsprach zweifellos viel mehr der traditionellen amerikanischen Strategie von der Position der Stärke, die nur »Sieg oder Niederlage« kennt. Nicht zufällig spielten Interessenvertreter des militärisch-industriellen Komplexes, des Nachrichtendienstes und der Ölmonopole eine so aktive Rolle bei der Gestaltung Amerikas Beziehungen zur Sowjetunion und zu Jelzins Linie, diese zu zerstören. Das gilt insbesondere für Cheney, Rumsfeld und Gates.

Auch die Interpretation des Endes des Kalten Krieges als Sieg der USA und Sieg des Westens über den Osten und die Sowjetunion stammt wohl aus diesen Kreisen. Aber war dieses ganz pragmatische Kalkül dieser Kreise die einzig mögliche, rationale und auch weitsichtige Lösung für die Perspektive der amerikanischen Führung in der nach dem Ende des Kalten Krieges veränderten Welt? Die Jahre nach der Zerstörung der Sowjetunion haben gezeigt, dass die USA, die sich als alleiniger Sieger im Kalten Krieg fühlten, begannen, sich auf der internationalen Bühne nach dem zweifelhaften Prinzip aufzuführen: »Die Sieger werden nicht vor Gericht gestellt.« Doch gerade das hat die amerikanischen Positionen in der Welt nicht gestärkt, im Gegenteil.

Fast überall wuchsen die antiamerikanischen Stimmungen, bis der Terrorismus das Herz der USA erreichte. Der beispiellose terroristische Überfall vom 11. September 2001 löste in der gesamten zivilisierten Welt eine Welle des Mitgefühls und der Sympathie mit den Amerikanern aus. Aber der von den USA begonnene Irakkrieg mit seinen groben Verstößen gegen das Völkerrecht und der Missachtung der UNO hat die amerikanische Führung selbst unter ihren Bündnispartnern alles andere als gestärkt. Auch die amerikanische Politik gegenüber Jelzins Russland hat die Autorität der USA nicht gehoben.

In den Jahren von Jelzins Präsidentschaft taten die Führer der USA so, als bemerkten sie nichts: weder den Beschuss des Parlaments noch die Ungeheuerlichkeiten der »Schocktherapie« und der kriminellen Privatisierung, an deren Durchführung sich übrigens amerikanische Berater beteiligten, noch die Mängel des Oligarchensystems mit der Ausplünderung des Landes. Der Westen unterstützte vereint den radikalliberalen Kurs Jelzins und setzte sich in internationalen Angelegenheiten über Russland und sein Ansehen hinweg. Man denke nur an die Bombardierung Belgrads trotz der Proteste Moskaus!

Über die seltsamen Ausfälle des russischen Präsidenten wurde gelacht, man klopfte ihm nachsichtig auf die Schulter und feierte ihn als »echten russischen Demokraten«. Da braucht man sich nicht zu wundern, dass dieser zynische Umgang mit Russland in weiten Kreisen der russischen Bevölkerung Achtung und Vertrauen gegenüber den westlichen demokratischen Standards untergrub. Und es ist nicht verwunderlich, dass in den Jahren der Jelzin-Regierung die antiamerikanischen Stimmungen wuchsen.

Das durch die Zerstörung der Union geschwächte Russland Jelzins erwies sich als unfähig, die konstruktive Rolle, die die Sowjetunion in den Perestrojka-Jahren auf internationaler Ebene gespielt hatte, weiterzuführen. So wurden die durch die Beendigung des Kalten Krieges geschaffenen Möglichkeiten, die Weltgemeinschaft zu einer neuen Weltordnung, zu einer stabileren, gerechteren und humaneren Welt zu führen, wie Papst Johannes Paul II. einmal sagte, auf lange Zeit verpasst.

Jahrelang nicht genutzt wurden auch die mit der Perestrojka entstandenen günstigen Bedingungen für den Aufbau eines großen Europa, eines gemeinsamen europäischen Hauses und die Entwicklung europäischer Prozesse.

Die globale Finanzkrise der letzten Jahre zeigt die Notwendigkeit, dass die Weltgemeinschaft auf den in den Perestrojka-Jahren eingeleiteten und unlöslich mit dieser Zeit verbundenen Weg zu tiefgreifenden konstruktiven Veränderungen der zwischenstaatlichen Beziehungen zurückkehrt.

Das Bedürfnis nach einem neuen Kapitel der Zivilisation auf globaler und nationalstaatlicher Ebene wird sich in der Welt sicherlich Bahn brechen. Ansätze dazu sind schon jetzt vorhanden. Das wird eine »neue Modernisierung« sein. Ihr Ziel ist nicht einfach die Rückkehr zu den Zeiten und der Ordnung vor der Krise; ihr Ziel ist der Übergang zu einem neuen Entwicklungsmodell der Welt. Und im Zusammenhang damit, davon bin ich überzeugt, könnte es von Interesse und Nutzen sein, sich die Erfahrung der Perestrojka in all ihren Aspekten noch einmal anzusehen.

Versuch einer Bilanz

Man sollte die Perestrojka nicht danach beurteilen, was sie nicht erreicht hat, sondern nach dem Ausmaß der Kehrtwendung, die sie für die jahrhundertelange Geschichte Russlands und in der Folge für die ganze Welt bedeutet hat. Die Perestrojka war eine Antwort auf die Bedürfnisse der sowjetischen Gesellschaft. Gleichzeitig griff sie aber auch Probleme auf, die sich im letzten Viertel des vergangenen Jahrhunderts weltweit stellten. Die Perestrojka steuerte unser Land in den Hauptstrom des Weltgeschehens zurück. Sie generierte einen Resonanzeffekt, förderte zukunftsweisende Tendenzen in unserer Welt.

In diesem Sinn gehört die Perestrojka zur »dritten Welle demokratischer Revolutionen«, die Mitte der siebziger Jahre durch Europa zog (Griechenland, Spanien, Portugal) und im folgenden Jahrzehnt auf die gesamte westliche Welt übergriff. Die Perestrojka nahm diese Bewegung auf und leitete sie zurück nach Europa, in den Osten des europäischen Kontinents, der bis dahin durch den »Eisernen Vorhang« von Europa abgeschnitten war.

In den achtziger und neunziger Jahren standen fast alle Länder vor der Notwendigkeit, sich den Herausforderungen der Globalisierung zu stellen.

Jedes Volk hat das Recht auf eine freie Wahl im Sinne seiner Geschichte, seiner Kultur, seiner Mentalität und seiner Möglichkeiten. Daraus ergibt sich eine Vielfalt von Entwicklungsvarianten. Die Freiheit der Wahl darf für niemanden begrenzt werden. Das war der Beginn meines »Revisionismus«: Ich bin der Meinung, dass demokratische Lösungen nicht ohne freie Wahl und Pluralismus gefunden werden können. Was die Gegner und Kritiker der Perestrojka heute auch sagen mögen, es war eine wundervolle Zeit. Wir entdeckten einen Weg, der uns weiterführte; taten, was getan werden musste: schafften die Freiheit, Glasnost, politischen Pluralismus, Demokratie. Wir haben den Menschen frei gemacht. Wir haben die Bedingungen für bürgerliche Freiheit, Gewissens-, Meinungs- und Redefreiheit geschaffen, die den Menschen die Wahl lassen.

Die Perestrojka hat das Monopol der Partei und Ideologie abgeschafft. Sie hat mit der Stalin-Ära, den politischen und ideologischen Repressionen Schluss gemacht. Hunderttausende von Menschen, die unschuldig verurteilt worden waren, wurden rehabilitiert. Wir haben die Zensur verboten, die Versammlungs- und Demonstrationsfreiheit hergestellt, das Recht zur Gründung politischer Organisationen und Parteien geschaffen, die Möglichkeit der Wahl alternativer Kandidaten eröffnet. Es entstanden wirklich repräsentative Machtorgane, und es wurden die ersten Schritte zur Gewaltenteilung unternommen. Im Land entstand ein System, das offen war für den Parlamentarismus.

Zum ersten Mal gab es die Möglichkeit, frei ins Ausland zu reisen und die Führung und Machthaber unseres Landes öffentlich zu kritisieren. Selbst wenn nicht alle Rechte und Freiheiten ohne Einbuße verwirklicht waren, war die von der Perestrojka initiierte Bewegung in dieser Richtung unumkehrbar.

Die ökonomische Logik der Perestrojka lief auf einen kontinuierlichen Abbau des administrativen Kommandosystems der Wirtschaft und die Einführung von Elementen der Marktwirtschaft hinaus. Der Aufbau verschiedenartiger Wirtschaftsformen begann, die Gleichberechtigung aller Eigentumsformen wurde hergestellt, Unternehmertum und Pachtsysteme bildeten sich, Aktiengesellschaften wurden gegründet, und die Privatisierung nahm ihren Anfang. Im Rahmen der Bodenreform regenerierte sich die Bauernschaft, und es zeigten sich echte Farmer. Millionen Hektar Land wurden den Dorfbewohnern und Städtern übergeben.

Die Versuche einer demokratischen Reform des multinationalen Staates, die Transformation des überzentralisierten Einheitsstaats in eine echte Föderation führten zum geplanten Abschluss des neuen Unionsvertrags. Darin war die Anerkennung der realen Souveränität einer jeden Republik verankert, wobei an dem für alle notwendigen gemeinsamen wirtschaftlichen, sozialen, rechtlichen Raum, einer gemeinsamen Verteidigung und Außenpolitik festgehalten werden sollte.

Die Umgestaltungen im Innern des Landes führten notwendig zu einer Wende in der Außenpolitik. Der neue Perestrojka-Kurs brachte einen Verzicht auf den früheren Konfrontationskurs mit sich, auf die Aufteilung der Welt in »wir« und »die anderen« und auf den Versuch, anderen die eigene Lebensweise aufzudrängen. Er erlaubte ein Umdenken über die wichtigsten Faktoren für die Sicherheit unseres Landes und die Wege, sie zu erreichen, und setzte so einen breiten Dialog über die neuen Prinzipien der Weltordnung in Gang. Trotz aller inneren und internationalen Schwierigkeiten hat die Außenpolitik der Perestrojka, die von den Ideen eines neuen Denkens inspiriert war, unstreitig positive Ergebnisse gebracht – das wichtigste ist das Ende des Kalten Krieges. Damit endete eine lange, potenziell lebensgefährliche Phase der Weltgeschichte, da die gesamte Menschheit unter der ständigen Drohung einer atomaren Katastrophe lebte.

Die Beziehungen mit Staaten des Ostens wie des Westens haben sich normalisiert, wodurch es möglich wurde, unsere militärischen Ausgaben stark zu reduzieren und einen Teil der freigewordenen Gelder in die zivile Produktion zu stecken. Der leidenschaftliche Wunsch der Menschen, die noch das Kriegsjahr 1941 erlebt haben, nie wieder einen solchen Krieg zuzulassen, hat sich endlich erfüllt.

Der Übergang zu dieser neuen Gesellschaft ist ohne Blutvergießen vonstattengegangen. Es ist gelungen, einen Bürgerkrieg zu vermeiden. Wir sind mit den Reformen so weit gekommen, dass es kein Zurück gab. Bis heute wundern sich viele darüber, wie das in diesem großen und schwierigen Land überhaupt möglich war.

Das ist die Bilanz der Perestrojka, aus der ersichtlich ist, dass sie keineswegs gescheitert ist. Mit dem Abstand von 20 Jahren fällt es leicht, darüber nachzudenken, was im Laufe der Perestrojka nicht richtig gemacht wurde, welche Fehler wir begingen und wo sich widrige Umstände auf verhängnisvolle Weise potenzierten.

Das dramatische Paradox der Perestrojka ist eng mit dem Vermächtnis verknüpft, das uns in die Wiege gelegt wurde: Veränderungen zu wagen war mit einem hohen Risiko verbunden, aber auf sie zu verzichten wäre für ein Land in dem damaligen Zustand noch riskanter gewesen. Im Rückblick erkennen wir klarer die wesentlichen Ursachen, die eine Reform der sowjetischen Gesellschaft erschwerten. Im Verlauf der Demokratisierung gewannen die Widersprüche, die sich in den 70 Jahren der Sowjet-Ära angesammelt hatten, rasch an Kraft. Skrupellose Ideologen und verantwortungslose Politiker machten sie sich geschickt zunutze.

Es wäre aber auch nicht richtig, das dramatische Finale der Perestrojka ausschließlich objektiven Gründen, tragischen Zufällen, der russischen Besonderheit und den Spezifika der sowjetischen Vergangenheit zuzuschreiben. Es gab auch Fehler bei der Führung, auch wenn sie unter starkem Zeitdruck stand und dem Kreuzfeuer der Konservativen, Radikalen und Nationalisten ausgesetzt war, die schließlich eine Einheitsfront bilden sollten, um die zentrale Macht zu stürzen.

Wir haben die klare Unterstützung des Volkes am Anfang nicht voll ausgenutzt. Ich weiß nicht, ob eine Staatsmacht je eine so offensichtliche vehemente Unterstützung gefunden hat. Doch wir verloren sie zusehends. Wir haben die Zeit verpasst, um die Probleme der Preisfestsetzung und des Marktes zu lösen. Man hätte das Konsumwarenangebot ausbauen, die Rüstungsindustrie mutiger und konsequenter auf die Herstellung von Konsumwaren für das Volk umstellen müssen. Dann wären die Leute nicht aus dem Konzept zu bringen gewesen. Wir haben die Reformierung der Union und die Umgestaltung der KPdSU in eine demokratische Partei modernen Zuschnitts zu spät in Angriff genommen. Das sind die beiden größten Fehler.

Die UdSSR war ein »Parteistaat«, in dem die KPdSU und staatliche Institutionen untrennbar miteinander verflochten waren. Eine Schwächung der Partei zog deshalb automatisch eine Schwächung des Staatswesens nach sich. Die Partei wurde wiederum von der Nomenklatura verkörpert, aber ausgerechnet diese hatte bekanntlich für Reformer nichts übrig. Sie setzte sie für gewöhnlich ab und unterdrückte sämtliche Tendenzen, die Veränderungen hätten mit sich bringen können. Die Tragik bestand jedoch darin, dass wir uns mit dem »Staat KPdSU« – dem Erbe einer vergangenen und überholten historischen Epoche – nicht vorwärtsbewegen, nicht entwickeln konnten; ihn sofort abzulehnen hätte jedoch bedeutet, das Land einer großen Gefahr auszusetzen, weil die Nomenklatura damals noch auf allen Führungs- und Verwaltungsebenen das Sagen hatte.

Ein Ausweg aus diesem grundlegenden Widerspruch wäre eine von der Parteiführung angestoßene Reform der KPdSU gewesen. Erst auf der Plenartagung im Juli 1991 wurde ein außerordentlicher Parteitag anberaumt, um die KPdSU zu reformieren. Im November sollte das neue Programm einer sozialdemokratischen Partei zur Diskussion stehen. Doch der Augustputsch und die Vereinbarung von Belowesch vereitelten diesen Plan ebenso wie den des neuen Unionsvertrags. Die starke konservative Strömung im Politbüro und in den oberen Etagen der Partei generell führte dazu, dass wir nicht selten dringende Lösungen zu spät in Angriff nahmen.

Und ein Letztes. Das historische Verdienst der Reformer der Perestrojka-Zeit liegt darin, dass sie längst fällige radikale Reformen vornahmen, und zwar auf demokratischem Weg. Sie bewegten sich Schritt für Schritt im Rahmen der damaligen Möglichkeiten vorwärts und erweiterten sukzessiv die Grenzen der Freiheit, das Ausmaß und die Tiefe der Veränderungen. Im Verlauf der Perestrojka gelang es, die Gesellschaft qualitativ zu verändern, ihr eine demokratische Dimension zu geben. Das Eingeständnis der einen oder anderen Fehler hebt die grundlegenden Verdienste der Perestrojka nicht auf.

Die Perestrojka war als Alternative zu den beiden historischen Extremen konzipiert: dem egoistischen, auf Privatbesitz schwörenden Kapitalismus auf der einen Seite und dem stalinistischen Totalitarismus auf der anderen. Zugleich war sie eine ebenso spontane wie zielstrebige Bewegung, um die positiven Aspekte des Sozialismus und Kapitalismus miteinander zu verschmelzen. Für sich genommen war die Perestrojka eine historische Leistung: Immerhin befreite sich die sowjetische Gesellschaft aus eigener Kraft vom totalitären System und bereitete auch anderen Ländern und Völkern den Weg hin zu Freiheit und Demokratie.

Bei allen unterschiedlichen Bewertungen der Perestrojka genießen unsere Landsleute noch heute, wenn auch unbewusst, deren Errungenschaften, in erster Linie auf dem Feld der bürgerlichen und politischen Rechte und Freiheiten. Über 70 Prozent der Russen vertreten mehr oder weniger dezidiert grundlegende demokratische Werte, die auf die Perestrojka zurückgehen. Die außenpolitischen Verbesserungen aus jener Ära können ebenfalls nicht hoch genug veranschlagt werden. Der Unterschied zwischen der Zeit vor und nach der Perestrojka zeigt sich am deutlichsten auf internationaler Ebene.

Die Menschheit ist mit der Bürde ungelöster Probleme der Vergangenheit in das 21. Jahrhundert eingetreten und dabei mit neuen, globalen Herausforderungen konfrontiert. Um sie zu bewältigen, brauchen wir eine wahrhaft demokratische Weltordnung. Die durch die Perestrojka geschaffenen Voraussetzungen und eröffneten Perspektiven sind nicht nur »Zukunftsmusik«, sondern ein dauerhafter Faktor. Sie verhindern ein Abgleiten der Welt in eine neue Konfrontation und rufen das Beispiel einer realen Zusammenarbeit zur Lösung schwierigster internationaler Probleme in Erinnerung.

Epilog

Das Schicksal hat es so gefügt, dass mir eine Aufgabe zugefallen ist, die einem Einzelnen äußerst selten zufällt. Doch man kann das Schicksal freigebig nennen, dass es mir diese seltene Chance gewährte. Auch wenn ich alle Schwierigkeiten hätte voraussehen können, hätte ich mich nicht von meinem Grundsatz abbringen lassen: dem Versuch, sollte ich an die Spitze der Macht kommen, das Land, das ich vorfinde, zu verändern. Ich finde diesen Grundsatz auch heute richtig. Ich stehe auf dem Standpunkt, den ich verteidigt habe und verteidigen werde: Es gibt in der Geschichte immer verschiedene Möglichkeiten, es gibt Alternativen. Eigentlich besteht die Geschichte der Menschen und der Gesellschaft nur aus Entscheidungen, die getroffen werden.

Die sozialpolitischen Werte, an die ich geglaubt habe und weiterhin glaube, sind: Freiheit, Gleichheit, Gerechtigkeit und Solidarität. Diese Werte hielten viele Generationen von Menschen hoch, die für die Befreiung und Würde der Menschen kämpften. Unter dem Zeichen dieser Werte kamen die großen Massenbewegungen auf. Ich bin jedenfalls überzeugt davon, dass eine Gesellschaft ohne den Wert der Freiheit, ohne die Idee der Gerechtigkeit in Politik und Leben, ohne Solidarität und ohne allgemeinverbindliche moralische Normen nur totalitär oder autoritär sein kann.

Mir tut es noch heute leid, dass ich das Schiff, an dessen Steuer ich stehen durfte, nicht in ruhige Gewässer habe lenken können, dass es nicht gelungen ist, die Reformierung des Landes zu Ende zu führen und die Perestrojka im Rahmen meiner Absichten zu halten. Das betrübt mich, denn meine Verantwortung für die Sowjetunion wie für die Weltpolitik war groß.

Wenn man davon ausgeht, wie es das Schicksal gefügt hat, das mich nicht einfach zu einem Beteiligten eines der größten Wendepunkte der Geschichte gemacht hat, sondern auch zu einem Menschen, der den Erneuerungsprozess initiiert und vorangebracht hat, dann kann man sagen: Ich hatte Glück. Ich habe an die Türen der Geschichte geklopft, und sie taten sich auf, auch für die, für die ich mich eingesetzt habe.

Ich habe die Macht nicht um der Macht willen angestrebt und nicht versucht, um jeden Preis meinen Willen aufzuoktroyieren. Als ich Generalsekretär geworden war, musste ich die Voraussetzungen und Folgen meiner Schritte abwägen und die Meinung der anderen Mitglieder der Führung berücksichtigen. Als ich den höchsten Posten eingenommen hatte, musste ich mehrmals auf die Frage antworten, wie ich mich fühlen würde, wenn ich diesen Posten verlassen müsste, weil man mich nicht wiedergewählt hätte. Während meiner Japan-Reise wurde mir diese Frage in einem Fernsehgespräch ganz direkt gestellt. Ich habe damals geantwortet, das sei eine natürliche Folge der Demokratie und ich würde die Ablösung auf dem Wege einer demokratischen Wahl als eine der Errungenschaften meiner eigenen Politik sehen.

In einem Gespräch mit meinem Freund Tschingis Aitmatow sagte ich einmal: Ich habe meine Wahl getroffen – und werde nicht davon abweichen, egal, was es mich kostet. Und so habe ich auch gehandelt.

Personenverzeichnis und Register

A

Abalkin, Leonid Iwanowitsch (geb.
1930): Wirtschaftsexperte, Mitglied der
Akademie der Wissenschaften (AN) der
UdSSR (1987); von 1986 bis 1989 und
von 1991 bis 2005 Direktor des Wirt-
schaftsinstituts der ÀN UdSSR/Russi-
schen ÀN, von 1989 bis 1991 stellvertretender Vorsitzender des Ministerrats
der UdSSR, Vorsitzender der staatlichen
Kommission zur Wirtschaftsreform. Im
Jahr 1991 war er Berater des Präsidenten
der UdSSR. **478**

Abdullin, Asam Chammatowitsch
(geb. 1930): Baschkirischer Dramatiker,
Schriftsteller und Publizist. **258**

Abuladse, Tengis Jewgenjewitsch
(1924–1994): Russischer und georgischer Filmregisseur, Volkskünstler der
UdSSR. **385**

Achromejew, Sergej Fjodorowitsch
(1923–1991): Marschall der Sowjetunion, von 1984 bis 1988 Generalstabs-
chef der Streitkräfte der UdSSR und
erster stellvertretender Verteidigungsminister der UdSSR; seit März 1990
Berater des Präsidenten der UdSSR. Im
August 1991 unterstützte er die Gründung des Notstandskomitees. **411, 413**

Achundow, Weli Jusuf ogly
(1916–1986): Von 1959 bis 1969 Erster
Sekretär des ZK der aserbaidschanischen kommunistischen Partei. **126**

Afanasjew, Jurij Nikolajewitsch (geb.
1934): Ehemaliger Rektor des Moskauer
Instituts für Geschichte und Archivwesen
(seit 1991 die Russische staatliche geis-
teswissenschaftliche Fakultät). Von 1989
bis 1991 war er Volksdeputierter der
UdSSR, Mitvorsitzender der Interregionalen Gruppe der Deputierten. **448, 474**

Aitmatow, Tschingis Torekulowitsch
(1928–2008): Kirgisischer Volksschrift-
steller; von 1988 bis 1990 Chefredakteur
der Zeitschrift *Inostrannaja Literatura*.
Aitmatow war von 1990 bis 1994 Botschafter der UdSSR und der Russischen
Föderation in Luxemburg, danach Botschafter Kirgisiens in den Benelux-
Ländern. **414, 520**

**Alexandrow-Agentow (Alexandrow),
Andrej Michajlowitsch** (1918–1993):
Assistent der Generalsekretäre der
ZK der KPdSU Leonid Breschnew, Jurij
Andropow und Michail Gorbatschow
(bis Februar 1986). **281, 319**

Alexandrowa, Lija: Kommilitonin
Gorbatschows an der Juristischen
Fakultät der MGU. **73**

Alexejew, Michail Wasiljewitsch
(1857–1918): General, ein Führer der
weißen Bewegung im Bürgerkrieg, der
eine Freiwilligenarmee leitete. **28**

Alexejewskij, Jewgenij Jewgenjewitsch (1906–1979): Von 1965 bis 1979 Minister für Bodenmelioration und Wasserwirtschaft der UdSSR. **165f.**

Alijew, Gejdar Alijewitsch (Alirsa ogly) (1923–2003): Von 1982 bis 1987 Politbüromitglied des ZK der KPdSU, Erster stellvertretender Vorsitzender des Ministerrats der UdSSR. Ab Oktober 1993 war Alijew Präsident Aserbaidschans. **288f., 293, 328**

Andrejewa, Nina Alexandrowna (geb. 1938): Ehemalige Mitarbeiterin des Leningrader Lensowjet-Technologieinstituts (LTI); Autorin des Artikels »Ich kann meine Prinzipien nicht aufgeben« in der Zeitung Sowjetskaja Rossija vom 13. März 1988. **440, 444, 446, 457**

Andropow, Jurij Wladimirowitsch (1914–1984): Von 1967 bis 1982 KGB-Vorsitzender; seit November 1982 Generalsekretär des ZK der KPdSU, gleichzeitig ab Juni 1983 Vorsitzender des Präsidiums des Obersten Sowjets der UdSSR. **8f., 110, 184–186, 188, 223–225, 227f., 232f., 240, 253–255, 259f., 266–270, 274, 277–295, 297f., 300f., 304–314, 344–346, 358f., 362f., 375**

Andropowa, Tatjana Filippowna (1917–1991): Ehefrau Jurij Andropows. **185, 311**

Arbatow, Georgij Arkadjewitsch (1923–2010): Akademiemitglied, von 1967 bis 1995 Direktor des Instituts für USA- und Kanadastudien der Akademie der Wissenschaften. Er war von 1976 an Kandidat, ab 1981 ZK-Mitglied der KPdSU. Von 1974 bis 1989 war Arbatow Abgeordneter des Obersten Sowjets der UdSSR und wurde 1989 zum Volksdeputierten gewählt. **281, 341**

Astafjew, Viktor Petrowitsch (1924–2001): Russischer Schriftsteller, von 1989 bis 1991 Volksdeputierter der UdSSR für den Schriftstellerverband. **384**

B

Baburin, Sergej Nikolajewitsch (geb. 1959): Von 1990 bis 1993 Deputierter des Obersten Sowjets der RSFSR/RF. **499**

Bajbakow, Nikolaj Konstantinowitsch (1911–2008): Sowjetisches Regierungsmitglied, Akademiemitglied; von 1965 bis 1985 stellvertretender Vorsitzender des Ministerrats der UdSSR, Vorsitzender der Planungskommission Gosplan der UdSSR. **248, 255, 309, 372**

Bakatin, Wadim Viktorowitsch (geb. 1937): 1977 bis 1983 Sekretär des Gebietskomitees Kemerowo der KPdSU; seit 1985 Erster Sekretär des Gebietskomitees Kirow. In den Jahren 1987/88 war er erster Sekretär des Gebietskomitees Kemerowo. Von 1988 bis 1990 war Bakatin Außenminister der UdSSR, seit 1990 Mitglied des Präsidialrats der UdSSR, im Jahr 1991 Mitglied des Sicherheitsrats des Präsidenten der UdSSR. Er kandidierte im Juni 1991 für das Amt des Präsidenten der RSFSR und war Ende des Jahres 1991 KGB-Vorsitzender der UdSSR. **486**

Baklanow, Grigorij Jakowlewitsch (1923–2009): Russischer, sowjetischer Schriftsteller; von 1981 bis 1993 Chefredakteur der Zeitschrift Snamja. **448**

Barakow, Innokentij Iwanowitsch: Leiter der Landwirtschaftsverwaltung des Bezirks Georgijewskij in der Region Stawropol. **149**

Bek, Alexander Alfredowitsch (1902/03–1972): Russischer, sowjetischer Schriftsteller. **385**

Belinskij, Wissarion Grigorjewitsch (1811–1848): Russischer Literaturkritiker, revolutionärer Demokrat, materialistischer Philosoph. **48**

Beljajew, Nikolaj Iljitsch (1903–1966): Von Januar bis Juni 1960 Erster Sekretär des Regionskomitees Stawropol der KPdSU. **71**

Beljajew: Schriftsteller, Freund Gorbatschows an der Moskauer Staatsuniversität (MGU) in den fünfziger Jahren. **122**

Below, Wasilij Iwanowitsch (geb. 1932): Russischer, sowjetischer Schriftsteller; von 1989 bis 1991 Volksdeputierter der UdSSR. **384**

Berdjajew, Nikolaj Alexandrowitsch (1874–1948): Russischer Religionsphilosoph. Er wurde 1922 aus Russland ausgewiesen. **386**

Berija, Lawrentij Pawlowitsch (1899–1953): Seit 1921 in führenden Positionen in der Geheimpolizei Tscheka/GPU und Parteiorganen der Transkaukasischen Republik. Von 1938 bis 1946 war er Volkskommissar, ab 1953 Minister für innere Angelegenheiten der UdSSR; seit 1946 Politbüromitglied. Berija war einer der Hauptvollstrecker von Stalins Terrorregime. **500**

Berlinguer, Enrico (1922–1984): Seit 1972 Generalsekretär der Italienischen Kommunistischen Partei (KPI). **319f.**

Berlioz, Hector Louis (1803–1869): Französischer Komponist und Dirigent. **235**

Bessmertnych, Alexander Alexandrowitsch (geb. 1933): Im System des Außenministeriums der UdSSR tätig: Ressortleiter, stellvertretender Minister, Botschafter in den USA. Von Januar bis August 1991 war er Außenminister der UdSSR. Er ist Vorsitzender der außenpolitischen Assoziation Russlands. **406f.**

Bikkenin, Nail Barijewitsch (1931–2007): Philosoph und Journalist; von 1987 an Chefredakteur der Zeitschrift *Kommunist* (seit 1991 der Zeitschrift *Swobodnaja Mysl*). **318**

Birjukowa, Alexandra Pawlowna (1929–2008): Von 1963 bis 1968 Chefingenieurin des Moskauer Baumwollkombinats »Trechgornaja Manufaktura«. Sie war von 1986 bis 1988 ZK-Sekretärin der KPdSU; in den Jahren 1988 bis 1990 stellvertretende Vorsitzende des Ministerrats der UdSSR. Seit Ende 1991 arbeitete sie im Kombinat »Trechgornaja Manufaktura« (Chefingenieurin der Marketingabteilung, danach Leiterin der außenwirtschaftlichen Abteilung des Kombinats). **375**

Blinow, Viktor: Freund Michail Gorbatschows während der Tätigkeit im Komsomol. **74**

Blix, Hans (geb. 1928): Von Oktober 1978 bis September 1979 schwedischer Außenminister; von 1981 bis 1997 Direktor der Internationalen Atomenergiebehörde (IAEA). Im Mai 1986 reiste er auf Einladung der Regierung der UdSSR in die Gegend des Atomkraftwerks Tschernobyl. **389**

Boldin, Walerij Iwanowitsch (1935–2006): Seit 1981 Mitglied des ZK-Apparats der KPdSU. In den Jahren 1990/91 war er Mitglied des Präsidialrats der UdSSR, Leiter des Stabs des Präsidenten der UdSSR. Im August 1991 war Boldin maßgeblich am Putsch beteiligt und Mitglied des Notstandskomitees. **318, 428**

Bondarenko, Iwan Afanasjewitsch (1926–2009): Von 1966 bis 1984 Erster Sekretär des Gebietskomitees Rostow der KPdSU. **225**

Bondarew, Jurij Wasiljewitsch (geb. 1924): Russischer, sowjetischer Schriftsteller, Essayist. **448**

Borisow, Igor Anatoljewitsch (geb. 1938): Doktor der Medizin, Professor, verdienter Arzt der RSFSR, Leibarzt Michail Gorbatschows. **348**

Borowikowa, Natalja (geb. 1932): Kommilitonin Gorbatschows an der Juristischen Fakultät der MGU (später bekannte Wirtschaftsexpertin Rimaschewskaja, Natalja Michajlowna). **73**

Bosenko, Nikolaj Wasiljewitsch (geb. 1918): Von 1961 bis 1968 Zweiter Sekretär des Regionskomitees Stawropol der KPdSU, 1968 bis 1973 Vorsitzender des Exekutivkomitees des Regionssowjets; 1989 bis 1991 Volksdeputierter der UdSSR. Er war Vorsitzender des Komitees des Obersten Sowjets der UdSSR für Anliegen der Veteranen und Invaliden. **136, 164**

Bowin, Alexander Jewgenjewitsch (1930–2004): Von 1972 bis 1991 und von 1997 bis 2000 politischer Kommentator der Zeitung *Iswestija*; von 1991 bis 1997 Botschafter der UdSSR bzw. Russischen Föderation in Israel. **281**

Brandt, Willy (eigentlich: **Herbert Ernst Karl Frahm**) (1913–1992): Von 1969 bis 1974 Bundeskanzler der Bundesrepublik Deutschland; von 1964 bis 1987 Vorsitzender der Sozialdemokratischen Partei Deutschlands, seit 1976 Vorsitzender der Sozialistischen Internationale. Im Jahr 1971 wurde Brandt der Friedensnobelpreis verliehen. **457, 501**

Breschnew, Leonid Iljitsch (1906–1982): Seit 1964 Erster Sekretär, später Generalsekretär des ZK der KPdSU, gleichzeitig seit 1977 Vorsitzender des Präsidiums des Obersten Sowjets der UdSSR. **8 f., 113, 136 f., 145, 149, 154 f., 162 f., 165 f., 168 f., 171, 176 f., 194 f., 219, 222, 224–227, 232 f., 236, 238–243, 246, 252–255, 257, 259–261, 263, 266 f., 269–277, 279–289, 292 f., 297, 305, 310, 329, 344, 358, 372, 374–377, 384**

Breschnewa, Viktoria Petrowna (1907–1995): Leonid Breschnews Frau. **274**

Bucharin, Nikolaj Iwanowitsch (1888–1938): Bolschewik, Mitarbeiter Wladimir Lenins, in den zwanziger Jahren Politbüromitglied des ZK der WKP (b); Mitglied des Exekutivkomitees der Komintern. Von 1934 bis 1937 war er Chefredakteur der Zeitung *Iswestija*. Ende der zwanziger Jahre stellte er sich gegen Stalins Linie, außergewöhnliche Maßnahmen bei der Durchführung der Kollektivierung und Industrialisierung anzuwenden. Bucharin fiel dem Terror zum Opfer (er wurde erschossen); posthum wurde er rehabilitiert. **431**

Büchner, Thomas: Professor der Universitätsklinik Münster. **210**

Budjonnyj, Semjon Michajlowitsch (1883–1973): Teilnehmer des Ersten Weltkriegs, des Bürgerkriegs und des Zweiten Weltkriegs, Marschall der UdSSR. Von 1938 bis 1973 gehörte er dem Präsidium des Obersten Sowjets der UdSSR an. **28**

Budyka, Alexander und Lida: Freunde von Michail und Raissa Gorbatschow. Alexander Dmitrijewitsch Budyka (1927–1991) war seit 1965 Leiter der landwirtschaftlichen Abteilung des Regionskomitees Stawropol der KPdSU, ab 1980 stellvertretender Leiter der landwirtschaftlichen Abteilung im ZK der KPdSU, von 1987 bis 1989 Minister für Getreideprodukte der UdSSR. **140, 154**

Bufalini, Paolo (geb. 1915): Führungsmitglied der Italienischen Kommunistischen Partei. **321**

Bugajew, Boris Pawlowitsch (1923–2007): Marschall der Luftfahrt der UdSSR, von 1970 bis 1987 Minister für zivile Luftfahrt der UdSSR. **407**

Bulawin, Kondratij Afanasjewitsch (um 1660–1708): Donkosake, Anführer eines Volksaufstands im Dongebiet, in der linksufrigen und Sloboda-Ukraine und an der mittleren Wolga (1707–1708). **27**

Bulganin, Nikolaj Alexandrowitsch (1895–1975): Von 1955 bis 1958 Vorsitzender des Ministerrats der UdSSR. **121**

Bunin, Iwan Alexejewitsch (1870–1953): Russischer Schriftsteller, Literaturnobelpreisträger. Seit 1920 lebte er in der Emigration. **386**

Burbulis, Gennadij Eduardowitsch (geb. 1945): Kandidat der Philosophie, Dozent. Im Jahr 1989 wurde er zum Volksdeputierten der UdSSR gewählt. 1990/91 war er bevollmächtigter Vertreter des Vorsitzenden des Obersten Sowjets der RSFSR Boris Jelzin, in den Jahren 1991/92 russischer Staatssekretär und Erster stellvertretender Ministerpräsident der Russischen Föderation. **355, 493, 496**

Burmistrow, Fjodor Petrowitsch (geb. 1917): Von 1968 bis 1975 Erster Sekretär des Gebietskomitees Karatschai-Tscherkessien der KPdSU (zuvor Zweiter Sekretär des Regionskomitees Stawropol). **148**

Bush, George Herbert Walker (geb. 1924): 41. Präsident der USA (1989–1993). Von 1976 bis 1977 war er Direktor der CIA, von 1981 bis 1989 Vizepräsident der USA. **343, 501, 508**

C

Cervetti, Gianni (geb. 1933): Führungsmitglied der Italienischen Kommunistischen Partei KPI. **321**

Chasbulatow, Ruslan Imranowitsch (geb. 1942): In den Jahren 1991 und 1992 Vorsitzender des Obersten Sowjets Russlands. **355, 498**

Cheney, Richard (»Dick«) (geb. 1941): Von 1989 bis 1993 US-Verteidigungsminister und von 2001 bis 2008 Vizepräsident der USA. **508**

Chiaromonte, Gerardo (1924–1993): Funktionär der Italienischen Kommunistischen Partei, Teilnehmer des antifaschistischen Widerstands und führendes Mitglied der KPI. Von 1972 bis 1986 war er Chefredakteur der Wochenzeitung *Rinascità* und von 1986 bis 1988 Chefredakteur der Zeitung *Unità*, des Zentralorgans der KPI. **321**

Chmelnizkij, Bogdan (Sinowij) Michajlowitsch (um 1595–1657): Ukrainischer Hetman, Führer des Befreiungskrieges des ukrainischen Volkes von 1648 bis 1654 gegen das Joch der polnischen Schlachta. Er verkündete am 8. Januar 1654 in Perejaslawl die Vereinigung der Ukraine mit Russland. **253**

Chruschtschow, Nikita Sergejewitsch (1894–1971): Seit 1939 Politbüromitglied der WKP (b). Von 1953 bis 1964 war er Erster Sekretär des ZK der KPdSU, von 1958 bis 1964 gleichzeitig Vorsitzender des Ministerrats der UdSSR. Chruschtschow kritisierte auf dem 20. und 22. Parteitag scharf den Personenkult Josef Stalins. Im Jahr 1964 wurde er von allen wichtigen Funktionen abgesetzt. **69, 109f., 113, 120f., 125–128, 132, 134f., 140, 150, 192, 238, 253, 275, 310, 376, 382, 384**

Churchill, Winston Leonard Spencer (1874–1965): Von 1940 bis 1945 und von 1951 bis 1955 britischer Premierminister. Im Zweiten Weltkrieg hatte er maßgeblich Anteil an der Gründung einer Anti-Hitler-Koalition mit den USA und der UdSSR. **461, 464**

Cicero, Marcus Tullius (106–43 v. Chr.): Römischer Politiker, Redner, Philosoph. **63**

Clinton, Bill (William Jefferson) (geb. 1946): 42. Präsident der USA (1993–2001). **208**

Cossutta, Armando (geb. 1926): In den achtziger Jahren ZK-Mitglied der Italienischen Kommunistischen Partei. **321**

523

D

Degtjarjow, Wladimir Iwanowitsch
(1920–1993): In den Jahren 1963 bis
1967 Erster Sekretär des Gebietskomitees Donezk der KPdSU, Politbüromitglied der Kommunistischen
Partei der Ukraine. **182f.**

Demitschew, Pjotr Nilowitsch
(1918–2010): Von 1961 bis 1989 ZK-Mitglied der KPdSU. In den Jahren 1974 bis
1986 war er Kultusminister der UdSSR
und von 1964 bis 1988 Kandidat für das
Politbüros der KPdSU. Von 1986 bis 1988
war Demitschew Erster stellvertretender
Vorsitzender des Präsidiums des Obersten Sowjets der UdSSR. **240, 450**

Deng Xiaoping (1904–1997): Führender
Teilnehmer der Chinesischen Revolution.
Von 1956 bis 1966 war er Generalsekretär des ZK der Kommunistischen Partei
Chinas (KPCh). 1966 und 1976 wurde er
von allen Posten entfernt, später rehabilitiert. In den Jahren 1982 bis 1987 war
Deng Vorsitzender des Ständigen Aus-
schusses der Partei; von 1983 bis 1990
Vorsitzender des Militärrats des ZK. Er
war der Initiator des marktwirtschaft-
lichen Reformkurses in China. **361**

Denikin, Anton Iwanowitsch
(1872–1947): General, einer der Organisatoren der weißen Armeen im Bürgerkrieg. Ab April 1918 war er Befehlshaber,
seit Oktober Oberbefehlshaber einer
Freiwilligenarmee, von Januar 1919 an
Oberbefehlshaber der »Streitkräfte Südrusslands«. Er lebte von 1920 an im Exil.
28

Dobroskokin, Grigorij: Sekretär der
Kolchose im Komsomol »Kommunistitscheskij Majak« in Stawropol. **108**

Dobrynin, Anatolij Fjodorowitsch
(1919–2010): Von 1962 bis 1986 Botschafter der UdSSR in den USA, von 1986
bis 1988 ZK-Sekretär, Leiter der Internationalen Abteilung im ZK der KPdSU. In

den Jahren 1988 bis 1991 war er Berater
des Vorsitzenden des Präsidiums des
Obersten Sowjets, des Vorsitzenden des
Obersten Sowjets und des Präsidenten
der UdSSR. **326, 375, 413, 424**

Dolgich, Wladimir Iwanowitsch (geb.
1924): Seit 1969 Erster Sekretär des
Regionskomitees Krasnojarsk der
KPdSU, seit 1972 ZK-Sekretär, von 1976
bis 1984 gleichzeitig Leiter der Abteilung
für Schwerindustrie und Energie im ZK
der KPdSU. Von 1982 bis 1988 war er
Kandidat für das Politbüro der KPdSU.
Dolgich ist Vorsitzender des Rats der
Veteranen in Moskau. **290–292, 315,
340, 372, 450**

Dostojewskij, Fjodor Michajlowitsch
(1821–1881): Russischer Schriftsteller.
48

Dubček, Alexander (1921–1992): Von
Januar 1968 bis April 1969 Erster Sekre-
tär der Kommunistischen Partei der
Tschechoslowakei (KPČ). Er zählt zu den
Initiatoren und führenden Mitgliedern des
Reformprozesses »Prager Frühling«.
Dubček war von 1969 bis Dezember
1989 Vorsitzender der Bundesversamm-
lung der Tschechoslowakei. **200**

Dudinzew, Wladimir Dmitrijewitsch
(1918–1998): Russischer sowjetischer
Schriftsteller. **385**

E

Einstein, Albert (1879–1955): Theoretischer Physiker, Gründervater der modernen Physik, Nobelpreisträger. **399**

F

Falin, Valentin Michajlowitsch (geb.
1926): Seit 1952 im Apparat des Außenministeriums tätig. In den Jahren 1971 bis
1978 war er Botschafter der UdSSR in
der Bundesrepublik Deutschland, ab 1988
Leiter der Internationalen Abteilung im ZK

der KPdSU. In den Jahren 1990 und 1991 war er ZK-Sekretär der KPdSU, Vorsitzender der ZK-Kommission zu Problemen der internationalen Politik. **375**

Fedortschuk, Witalij Wasiljewitsch (1918–2008): General der Armee, im Jahr 1982 Vorsitzender des KGB und von 1982 bis 1986 Innenminister der UdSSR. **254f., 287, 292**

Florenskij, Pawel Alexandrowitsch (1882–1937/1943): Russischer Religionsphilosoph, Mathematiker, Ingenieur. **386**

Florentjew, Leonid Jakowlewitsch (1911–2003): Seit 1956 Erster Sekretär des Gebietskomitees Kostroma der KPdSU, in den Jahren 1965 bis 1983 Landwirtschaftsminister der RSFSR. **222**

Frolow, Iwan Timofejewitsch (1929–1999): Von 1956 bis 1979 für die Zeitschriften *Woprosy filosofii* und *Problemy mira i sozialisma* tätig. In den Jahren 1980 bis 1986 war er Vorsitzender des Wissenschaftlichen Rats im Präsidium der Akademie der Wissenschaften der UdSSR zu Philosophischen und Sozialen Problemen der Wissenschaft und Technik. 1986 und 1987 war Frolow Chefredakteur der Zeitschrift *Kommunist*, von 1987 an Berater des Generalsekretärs des ZK der KPdSU und seit Oktober 1989 Chefredakteur der Zeitung *Prawda*, von Dezember bis Juli 1990 gleichzeitig ZK-Sekretär. In den Jahren 1990 und 1991 gehörte er dem Politbüro der KPdSU an. **424**

Frumkin, Moisej Iljitsch (1878–1938): Mitglied der WKP (b) aus der Zeit vor der Oktoberrevolution. Stalin beschuldigte ihn der Rechtsabweichung. **69**

G

Gajdar, Jegor Timurowitsch (1956–2009): In den Jahren 1991/92 Minister für Wirtschaft und Finanzen der RSFSR und RF; von Juni bis Dezember 1992 übte er kommissarisch das Amt des Ministerpräsidenten der Russischen Föderation aus. **356, 493, 496**

Gale, Robert Peter (geb. 1945): Amerikanischer Arzt, Aktivist. Im Jahr 1986 arbeitete er in der Organisation zur medizinischen Versorgung sowjetischer Bürger mit, die unter den Folgen des Unfalls im Atomkraftwerk Tschernobyl litten. **389**

Galilei, Galileo (1564–1642): Italienischer Gelehrter, einer der Begründer der exakten Naturwissenschaften. **464**

Gamsachurdija, Swiad Konstantinowitsch (1939–1993): In den Jahren 1990/91 Vorsitzender des Obersten Sowjets der Georgischen Sowjetrepublik; 1991 und 1992 georgischer Präsident (wurde infolge einer Revolution gestürzt). **83**

Gandhi, Indira (1917–1984): In den Jahren 1966 bis 1977 und seit 1980 indische Premierministerin, im Jahr 1984 zugleich indische Außenministerin. Sie starb an den Folgen eines Attentats. **415**

Gandhi, Rajiv (1944–1991): Sohn Indira Gandhis. Von 1984 bis 1989 war er Premierminister und von 1984 bis 1988 (mit Unterbrechungen) Außenminister Indiens. Er kam durch ein Attentat ums Leben. **93, 415f., 455, 457**

Garbusow, Wasilij Fjodorowitsch (1911–1985): Von 1960 bis 1985 Finanzminister der UdSSR. **255f., 309**

Gates, Robert M. (geb. 1943): Von 1986 bis 1989 Erster Vizedirektor der CIA, von 1986 bis 1991 Berater des US-Präsidenten und Außenministers in Fragen der nationalen Sicherheit. Von 1991 bis 1993 war er Direktor der Central Intelligence Agency (CIA) und von Dezember 2006 bis Juli 2011 Verteidigungsminister der USA. **508f.**

Gelman, Alexander Isaakowitsch (geb. 1933): Dramatiker, von 1989 bis 1991 Volksdeputierter der UdSSR für den Verband der Filmkünstler. **448**

Girenko, Andrej Nikolajewitsch (geb. 1936): Seit 1975 im Parteiapparat tätig. Von 1987 bis 1989 war er Erster Sekretär des Gebietskomitees Krim der Ukraine, von 1989 bis 1991 ZK-Mitglied, ZK-Sekretär der KPdSU und Volksdeputierter der UdSSR. **375**

Gogol, Nikolaj Wasiljewitsch (1809–1852): Russischer Schriftsteller. **48, 266**

Golubjewa, Valentina Nikolajewna (geb. 1949): Weberin im Kammgarnkombinat Iwanowsk, von 1987 bis 2002 Generaldirektorin der »Großen Iwanower Manufaktur«. **397**

Gontschar, Oles (Alexander Terentjewitsch) (1918–1995): Ukrainischer, sowjetischer Schriftsteller, Essayist, Publizist. **292**

González Márques, Felipe (geb. 1942): Von Dezember 1982 bis Mai 1996 spanischer Regierungschef, seit 1974 Generalsekretär der spanischen Sozialistischen Arbeiterpartei. **416**

Gopkalo, Pantelej Jefimowitsch: Großvater Michail Gorbatschows. **30–32, 34, 38, 40, 49, 52, 77, 90f., 202**

Gopkalo, Wasilisa Lukjanowna: Großmutter Michail Gorbatschows mütterlicherseits. **30, 32, 34, 38, 40, 90, 202**

Gorbatschow, Alexander Sergejewitsch (1947–2001): Bruder Michail Gorbatschows. **50, 98**

Gorbatschow, Alexej Moisejewitsch: Bruder des Großvaters von Michail Gorbatschow väterlicherseits. **29**

Gorbatschow, Andrej Moisejewitsch: Großvater von Michail Gorbatschow väterlicherseits. **29–32, 40–42, 77, 202**

Gorbatschow, Grigorij Moisejewitsch: Bruder des Großvaters von Michail Gorbatschow väterlicherseits. **29**

Gorbatschow, Moisej: Urgroßvater von Michail Gorbatschow. **29**

Gorbatschow, Sergej Andrejewitsch (1909–1976): Vater Michail Gorbatschows. **30f., 35f., 37f., 42–45, 47–50, 52–57, 78, 90f., 123, 202f., 214**

Gorbatschowa (geb. Gopkalo), Maria Pantelejewna (1911–1995): Mutter Michail Gorbatschows. **30f., 33, 37f., 40–43, 50, 53f., 57, 89–91, 95f., 118f., 123, 202f., 214, 231, 303**

Gorbatschowa, Alexandra Andrejewna: Schwester des Vaters von Michail Gorbatschow. **34**

Gorbatschowa, Raissa Maximowna (1932–1999): Ehefrau Michail Gorbatschows. Als erste Frau eines sowjetischen Staatschefs beendete sie das Trauerspiel der »unsichtbaren Kreml-Frauen« und wählte für sich die Rolle der »First Lady der UdSSR«. Sie zählte zu den Organisatoren des sowjetischen Kulturfonds. **7, 11–13, 15–17, 53, 60, 76, 78–96, 98f., 102–104, 106, 114f., 117–120, 123–125, 128, 133, 139f., 144, 148, 151–155, 157, 180f., 185, 193, 202, 204, 207–218, 229–235, 246, 302f., 311, 323–325, 327, 336, 344–348, 368, 373, 385, 412, 416f.**

Gorbatschowa, Stepanida: Mutter des Vaters von Michail Gorbatschow. **30, 42f., 202**

Gorbatschowa, Xenia Anatoljewna (geb. 1980): Enkelin Michail Gorbatschows. Im Jahr 2003 schloss sie die Fakultät für Internationale Journalistik an dem Moskauer Staatsinstitut für Internationale Beziehungen (MGIMO-U) ab. **11, 15, 302f., 333, 344f.**

Goworuchin; Stanislaw Sergejewitsch (geb. 1936): Filmregisseur, Drehbuchautor, Schauspieler. **212**

Gramow, Marat Wladimirowitsch (1927–1998): Landsmann und Freund Michail Gorbatschows bei der Arbeit im Komsomol. **225f.**

Grischin, Viktor Wasiljewitsch (1914–1992): Von 1952 bis 1986 ZK-Mitglied, von 1971 bis 1986 Politbüromitglied der KPdSU. Von 1967 bis 1985 war er außerdem Erster Sekretär des Moskauer Stadtkomitees der KPdSU. **191, 239f., 268, 272, 293, 314, 329, 331, 333–335, 339**

Gromyko, Andrej Andrejewitsch (1909–1989): Von 1957 bis 1985 Außenminister der UdSSR, 1983 bis 1985 gleichzeitig Erster stellvertretender Vorsitzender des Ministerrats der UdSSR. In den Jahren 1985 bis 1988 war er Vorsitzender des Präsidiums des Obersten Sowjets. Gromyko gehörte von 1973 bis 1988 dem Politbüro des ZK der KPdSU an. **232, 240, 246, 253f., 274, 285, 312, 314, 326, 329, 333–335, 338, 341f., 376, 394, 441f.**

H

Havel, Václav (1936–2011): Tschechischer Schriftsteller, Dramatiker, Bürgerrechtler, letzter Präsident der Tschechoslowakei (1989–1992) und erster Präsident der Tschechischen Republik (1993–2003). **383**

Herzen, Alexander Iwanowitsch (1812–1870): Russischer Revolutionär, Schriftsteller, Philosoph. Seit 1847 lebte er im Exil. Herzen arbeitete die Theorie eines »russischen Sozialismus« aus und wurde zu einem der Gründerväter der Narodniki-Bewegung. Im Jahr 1853 gründete er in London die *Freie Russische Presse* und gab die Zeitung *Kolokol* (»Die Glocke«) heraus. Er starb in Paris. **26**

Honecker, Erich (1912–1994): Von 1976 bis 1989 Vorsitzender des Staatsrats der DDR und Generalsekretär des ZK der SED. Er wurde im Oktober 1989 aller Partei- und Regierungsämter enthoben und im Dezember aus der Partei ausgeschlossen. Honecker starb in Chile. **198**

Husák, Gustáv (1913–1991): Führendes Mitglied der slowakischen Widerstandsbewegung gegen die deutsche Besatzung. Von 1971 bis 1987 war er Generalsekretär des ZK der Tschechoslowakischen Kommunistischen Partei, von 1975 bis 1989 Präsident der Tschechoslowakei. **184**

I

Iljumschinow, Kirsan Nikolajewitsch (* 1962), 1993 bis 2010 Oberhaupt der Republik Kalmückien, seit 1995 Präsident des Weltschachbundes FIDE (Fédération Internationale des Échecs). **111f.**

Isakow, Wladimir Borisowitsch (geb. 1950): Von 1990 bis 1993 Deputierter des Obersten Sowjets der RSFSR/RF. **499**

Iwan IV. Wasiljewitsch, »der Schreckliche« (1530–1584): Großfürst von »ganz Russland« (seit 1533), erster russischer Zar (seit 1547). **23**

Iwaschko, Wladimir Antonowitsch (1932–1994): Seit 1973 Abteilungsleiter, Sekretär des Gebietskomitees Charkow der KPdSU, ZK-Sekretär der kommunistischen Partei der Ukraine, in den Jahren 1987 und 1988 Erster Sekretär des Gebietskomitees Dnjepropetrowsk. 1989 und 1990 war er ZK-Sekretär der Ukrainischen Kommunistischen Partei und 1990/91 stellvertretender Generalsekretär des ZK der KPdSU. **375**

J

Jadow, Wladimir Alexandrowitsch
(geb. 1929): Führender russischer Soziologe, von 1988 bis 2000 Direktor des
soziologischen Instituts der RAN. **140**

Jakowlew, Alexander Nikolajewitsch
(1923–2005): Seit 1953 im ZK-Apparat
der KPdSU tätig. Von 1973 bis 1983 war
er Botschafter der UdSSR in Kanada,
von 1983 bis 1985 Direktor des Instituts
für Weltwirtschaft und Internationale
Beziehungen (IMEMO) der AN UdSSR. In
den Jahren 1985 und 1986 war er Abteilungsleiter im ZK der KPdSU und von
1987 bis Januar 1991 Politbüromitglied
der KPdSU. **298, 300, 318, 322, 324,
375, 413, 422, 424, 428, 441–443,
499f.**

Janajew, Gennadij Iwanowitsch
(1937–2010): Von 1986 an Sekretär des
Zentralrats der Gewerkschaften, ab 1989
Stellvertreter, im April und Mai 1990 Vorsitzender des WZSPS. Von Juli 1990 bis
Januar 1991 war er Politbüromitglied und
ZK-Sekretär der KPdSU, von Dezember
1990 bis August 1991 Vizepräsident der
UdSSR. Er nahm aktiv am Augustputsch
von 1991 teil (erklärte sich zum Präsidenten der UdSSR). **488**

Janschin, Michail Michajlowitsch
(1902–1976): Schauspieler, Regisseur,
Volkskünstler der UdSSR. **78**

Jaruzelski, Wojciech (geb. 1923): General, von 1968 bis 1983 Verteidigungsminister der Volksrepublik Polen. Von 1981
bis 1989 war er Erster Sekretär des ZK
der Polnischen Vereinigten Arbeiterpartei,
in den Jahren 1981 bis 1985 zugleich
Vorsitzender des Ministerrats, von 1985
bis 1989 Vorsitzender des Staatsrats der
VR Polen. Von Juli 1989 bis Dezember
1990 war er Präsident der Republik
Polen. **499**

Jasow, Dmitrij Timofejewitsch (geb.
1923): Marschall der Sowjetunion. Seit
1979 war er Befehlshaber der zentralen
Gruppe der Streitkräfte, von 1987 bis
1991 Verteidigungsminister der UdSSR.
Im August 1991 gehörte er dem Notstandskomitee an. **43, 423, 439,
443**

Jawlinskij, Grigorij Alexejewitsch (geb.
1952): Sowjetischer und russischer Politiker, Gründer der Partei »Jabloko« und bis
zum Jahr 2008 ihr Vorsitzender. 1991 war
er stellvertretender Vorsitzender des
Komitees zur Lenkung der Volkswirtschaft
der UdSSR. **495**

Jefremow, Leonid Nikolajewitsch
(1912–2007): Von 1964 bis 1970
Erster Sekretär des Regionskomitees
Stawropol der KPdSU (Michail Gorbatschows Vorgänger auf diesem Posten),
seit 1970 Erster stellvertretender
Vorsitzender des Staatskomitees der
UdSSR für Wissenschaft und Technik.
**8, 69, 134–137, 145, 148–151,
184**

Jeltschenko, Jurij Nikiforowitsch
(geb. 1929): Von 1960 bis 1968 Erster
Sekretär des Komsomol der Ukraine. **125**

Jelzin, Boris Nikolajewitsch
(1931–2007): Seit 1976 Erster Sekretär
des Gebietskomitees Swerdlowsk, seit
April 1985 Abteilungsleiter im ZK der
KPdSU, von Juli 1985 bis Februar 1986
ZK-Sekretär. Im Dezember 1985 wurde er
Erster Sekretär des Moskauer Stadtkomitees der KPdSU und Kandidat für das
Politbüro des ZK. 1989 wurde Jelzin zum
Volksdeputierten der UdSSR gewählt und
war in den Jahren 1990 und 1991 Vorsitzender des Obersten Sowjets der RSFSR.
Von 1991 bis 1999 war er Präsident der
Russischen Föderation. **10, 348, 350,
354–357, 372, 375, 395, 431,
433–437, 448f., 469, 474–484,
486–488, 490, 492–494, 496–501,
504, 507–510**

Jermak Timofejewitsch (? – 1585): Ataman der Kosaken. Er führte um 1581 den Aufbruch nach Sibirien an und legte damit den Grundstein für die Eroberung dieser Region durch den russischen Staat. **27**

Jesenin, Sergej Alexandrowitsch (1895–1925): Russischer Dichter. **48**

Johannes Paul II. (1920–2005): Seit 1978 Papst der römisch-katholischen Kirche. **511**

Juschkow, Serafim Wladimirowitsch: Professor der MGU. **66**

K

Kapitonow, Iwan Wasiljewitsch (1915–2002): Seit 1941 in Moskau politisch in der Partei und im Sowjet tätig. Von 1959 bis 1964 war er Erster Sekretär des Gebietskomitees Iwanowsk der KPdSU, von 1964 bis 1983 Abteilungsleiter im ZK. Von 1986 bis 1988 leitete er die Zentrale Revisionskommission der KPdSU. **162, 284f.**

Karagesjan, Karen Karowitsch (geb. 1935): Stellvertretender Leiter der Abteilung für internationale Beziehungen und Pressearbeit in der Gorbatschow-Stiftung, internationaler Journalist. **208**

Karlow, Wladimir Alexejewitsch (1914–1994): Von 1976 bis 1986 Leiter der landwirtschaftlichen Abteilung im ZK der KPdSU. **169, 262**

Kasanez, Iwan Pawlowitsch (geb. 1918): Seit 1953 im Parteiapparat tätig, von 1965 bis 1985 Minister für Eisenmetallurgie der UdSSR. **280**

Kasatschok, Maria Petrowna: In den fünfziger Jahren Dozentin am Lehrstuhl für Geschichte der KPdSU an der MGU. **68**

Katajew, Witalij Leonidowitsch (1932–2007): In den achtziger Jahren stellvertretender Leiter der Abteilung für Verteidigung im ZK der KPdSU, in den Jahren 1990 und 1991 stellvertretender Leiter der Abteilung für Fragen der Verteidigung und Staatssicherheit beim Präsidenten der UdSSR. Er war Mitglied der behördenübergreifenden Arbeitsgruppe. **414**

Katharina II. **(russisch: Jekaterina Alexejewna)** (1729–1796): Russische Zarin ab dem Jahr 1762. **23f.**

Kerenskij, Alexander Fjodorowitsch (1881–1970): Russischer Politiker, Sozialrevolutionär. Von Juli bis Oktober 1917 war er Vorsitzender der Provisorischen Regierung und als Kriegsminister Oberbefehlshaber. **31**

Kirilenko, Andrej Pawlowitsch (1906–1990): In den Jahren 1947 bis 1962 Erster Sekretär der Gebietskomitees Nikolajew, Dnjepropetrowsk und Swerdlowsk der KPdSU, von 1962 bis 1982 Politbüromitglied, von 1966 bis 1982 ZK-Sekretär der KPdSU. **134, 137, 162, 224, 232, 234, 237, 240, 266, 269, 287f.**

Kisljuk, Michail Borisowitsch (geb. 1951): In den Jahren 1989 bis 1991 ein Führer der Bewegung der Bergarbeiter im Kusbas, von 1991 bis 1997 Chef der Verwaltung des Gebiets Kemerowo. **349**

Klimow, Oleg Anatoljewitsch (geb. 1953): Offizier der Leibwache des Präsidenten der UdSSR. **209**

Kniga, Wasilij Iwanowitsch (1883–1961): General, Held des Bürgerkriegs, Veteran des Ersten Weltkriegs und des Großen Vaterländischen Kriegs. **29**

Kobson, Josif Dawydowitsch (geb. 1937): Sowjetischer und russischer Sänger, Stimmlehrer am staatlichen, musikpädagogischen Institut zu Ehren Gnesinys. **212f.**

529

Kohl, Helmut (geb. 1930): Von 1982 bis 1998 Bundeskanzler der Bundesrepublik Deutschland und von 1973 bis 1998 Vorsitzender der Christlich-Demokratischen Union. **343, 346, 453, 457, 501**

Koltschanow, Rudolf: Kommilitone Gorbatschows an der Juristischen Fakultät der MGU. **72**

Konstantinow, Ilja Wladimirowitsch (geb. 1956): Von 1990 bis 1993 Deputierter im Obersten Sowjet der RSFSR/RF. **499**

Kornijenko, Georgij Markowitsch (1925–2006): Diplomat; seit 1977 Erster stellvertretender Außenminister der UdSSR, in den Jahren 1986 bis 1988 Erster stellvertretender Leiter der Internationalen Abteilung im ZK der KPdSU. **312, 406f.**

Kornilow, Lawr Georgijewitsch (1870–1918): General; im Juli und August 1917 Oberbefehlshaber der Armee. Ende August 1917 führte er einen konterrevolutionären Putschversuch an und zählte zu den Organisatoren einer weißen Freiwilligenarmee. **28**

Korschakow, Alexander Wasiljewitsch (geb. 1950): Chef des Sicherheitsdienstes des russischen Präsidenten Boris Jelzin. **355, 500**

Koslowskij, Iwan Semjonowitsch (1900–1993): Russischer und ukrainischer Sänger, Volkskünstler der UdSSR. **78**

Kosmodemjanskaja, Soja Anatoljewna (»Tanja«) (1923–1941): Partisanenkämpferin des Großen Vaterländischen Krieges, Spionin, Heldin der Sowjetunion (1942, posthum). **37**

Kosygin, Alexej Nikolajewitsch (1904–1980): In den Jahren 1964 bis 1980 Vorsitzender des Ministerrats der UdSSR, von 1948 bis 1952 und von 1960 bis 1980 Mitglied des Politbüros (Präsidiums) des ZK der KPdSU. **8, 137, 146, 150, 174, 177, 184, 186, 188–191, 193, 227, 232, 239f., 242f., 275, 288, 344**

Kosyrew, Andrej Wladimirowitsch (geb. 1951): Von 1990 bis 1996 Außenminister der Russischen Föderation. **493, 497**

Kowalenko, Alexander Wlasowitsch (1909–1987): In den Jahren 1964 bis 1980 Erster Sekretär des Gebietskomitees Orenburg der KPdSU. **176f.**

Krasnow, Pjotr Nikolajewitsch (1869–1947): General, einer der Hauptorganisatoren der weißen Bewegung im Bürgerkrieg. Im Jahr 1918 war er Ataman der Truppen am Don und Kommandeur einer Kosakenarmee. **28**

Krawtschuk, Leonid Makarowitsch (geb. 1934): Seit 1989 Sekretär, von Juni bis September 1990 Zweiter Sekretär des ZK der Kommunistischen Partei der Ukraine. Von Juli 1990 an war er Vorsitzender des Obersten Sowjets der Ukrainischen Sowjetrepublik und von 1991 bis 1994 erster Präsident der Ukraine. **494, 496f.**

Krim-Girej: Khan der Krim aus dem Geschlecht der Girejew. **217**

Krutschina, Nikolaj Jefimowitsch (1928–1991): In den Jahren 1983 bis 1991 Geschäftsführer des ZK der KPdSU. **286**

Kulakow, Fjodor Dawydowitsch (1918–1978): Seit 1941 politisch tätig im Komsomol, den Sowjets und der Partei. Von 1960 bis 1964 war er Erster Sekretär des Regionskomitees Stawropol der KPdSU, ab 1964 Abteilungsleiter und ab 1965 ZK-Sekretär der KPdSU. Von 1971 an gehörte er dem Politbüro des ZK der KPdSU an. **8, 122f., 129–134, 145, 155, 162–165, 167–170, 176, 184, 192–194, 219–221, 223f., 226**

Kulidschanow, Lew Alexandrowitsch
(1924–2002): Sowjetischer Filmregisseur, Volkskünstler der UdSSR. **381**

Kulitschenko, Leonid Sergejewitsch
(1913–1990): Von 1965 bis 1984 Erster Sekretär des Gebietskomitees von Wolgograd der KPdSU. **176**

Kunajew, Dinmuchamed Achmedowitsch (1912–1993): Von 1964 bis 1986 Erster Sekretär des ZK der Kommunistischen Partei Kasachstans. In den Jahren 1971 bis 1987 gehörte er dem Politbüro des ZK der KPdSU an. **239, 253, 272, 339, 422**

Kusnezow, Alexej Alexandrowitsch
(1905–1950): Seit 1938 Zweiter, ab 1945 Erster Sekretär des Leningrader Gebiets- und Stadtkomitees der KPdSU. In den Jahren 1941 bis 1944 zählte er zu den Organisatoren der Verteidigung der Stadt. Im Jahr 1950 fiel Kusnezow dem Terror zum Opfer und wurde erschossen, posthum rehabilitiert. **188**

Kusnezow, Wasilij Wasiljewitsch
(1901–1990): In den Jahren 1977 bis 1986 Erster Stellvertreter des Vorsitzenden des Präsidiums des Obersten Sowjets der UdSSR und Kandidat für das Politbüro des ZK der KPdSU. **333**

L

Laptew, Pawel Pawlowitsch: Mitarbeiter Jurij Andropows. **309**

Larionow, Alexej Nikolajewitsch
(1907–1960): In den Jahren 1948 bis 1960 Erster Sekretär des Gebietskomitees Rjasan der KPdSU. Er war Urheber des Schwindels, der unter dem Namen »Wunder von Rjasan« bekannt wurde. Nachdem der Betrug aufgeflogen war, nahm er sich das Leben. **121f.**

Larionow, Pawel Andrejewitsch: Sekretär des Komsomol im Kreis Krasnogwardejskoje in der Region Stawropol. **155**

Larionowa, Maria Sergejewna: Direktorin der Mittelschule im Dorf Krasnogwardejskoje in der Region Stawropol, die Michail Gorbatschow abschloss. **155**

Lebedew, Iwan Kononowitsch
(1907–1972): Von 1956 bis 1960 Erster Sekretär des Regionskomitees Stawropol der KPdSU. **121f.**

Lemeschew, Sergej Jakowlewitsch
(1902–1977): Opernsänger, Volkskünstler der UdSSR. **78**

Lenin, Wladimir Iljitsch (1870–1924): Theoretiker und Führer der Russischen Sozialdemokratischen Arbeiterpartei, Gründer der Fraktion der Bolschewiki (1903). Im Jahr 1917 kehrte er aus dem Exil nach Russland zurück und führte die Bolschewiki in der Oktoberrevolution an. Ab 1922 war er durch Schlaganfälle stark geschwächt. **28, 68f., 200, 254, 277, 295–297, 354, 358f., 363, 426f.**

Leonow, Pawel Artjomowitsch
(1918–1992): In den Jahren 1960 bis 1978 Erster Sekretär des Gebietskomitees Sachalin der KPdSU, ab 1978 Erster Sekretär des Gebietskomitees Kalininsk. **176**

Lermontow, Michail Jurjewitsch
(1814–1841): Russischer Dichter. **26, 48**

Lewada, Jurij Alexandrowitsch
(1930–2006): Russischer Soziologe und Politologe, Gründer und Direktor des Zentrums für Meinungsforschung (»Lewada-Zentrum«). **82f.**

Lewinson, Alexej Georgijewitsch (geb. 1944): Soziologe, Leiter der Abteilung für soziokulturelle Forschungen im »Lewada-Zentrum«. **10, 464**

Liberman, Wladimir: Frontsoldat, Kommilitone Gorbatschows an der Juristischen Fakultät der MGU. **70, 72, 79, 83**

Ligatschow, Jegor Kusmitsch (geb. 1920): Seit 1949 politisch in der Partei und in den Sowjets tätig. Von 1965 bis 1983 war er Erster Sekretär des Gebietskomitees Tomsk der KPdSU, seit 1983 Abteilungsleiter, dann ZK-Sekretär der KPdSU. Ligatschow war von 1985 bis 1990 Politbüromitglied. Ab Dezember 1999 war er Deputierter der dritten Staatsduma der Russischen Föderation. **199, 285, 293, 309, 315f., 328–330, 333, 336–338, 340, 368, 375, 387, 394, 410, 424, 431, 434f., 438f., 442–444**

Ligatschowa, Sinaida Iwanowna: Ehefrau Jegor Ligatschows. **434**

Lisitschkin, Gennadij Stepanowitsch: Doktor der Wirtschaftswissenschaften, Publizist, Mitarbeiter des Instituts für Internationale Ökonomische und Politische Probleme der Russischen Akademie der Wissenschaften. **149**

Ljachow, Wladimir Afanasjewitsch (geb. 1941): Kosmonaut, zweimaliger »Held der Sowjetunion«. **242**

Ljakischewa, Nina Tichonowna (1931–2000): Studentin der Philosophischen Fakultät der MGU, Freundin Raissa Gorbatschowas. **82, 232**

Lukjanow, Anatolij Iwanowitsch (geb. 1930): Von 1961 bis 1983 im Apparat des Präsidiums des Obersten Sowjets der UdSSR tätig, seit 1983 im ZK-Apparat der KPdSU. Vom März 1989 an war er Erster Stellvertreter und ab März 1990 bis zum 26. August 1991 Vorsitzender des Präsidiums des Obersten Sowjets der UdSSR. **375, 428, 443, 490**

Luschkow, Jurij Michajlowitsch (geb. 1936): Russischer Politiker, von 1992 bis 2010 Bürgermeister von Moskau. **212f.**

Lyschin, Nikolaj Michajlowitsch (geb. 1914): Von 1961 bis 1968 Erster Sekretär des Gebietskomitees von Karatschai-Tscherkessien der KPdSU. **147f.**

Lysow, Pawel Alexandrowitsch (geb. 1959): Von 1990 bis 1993 Deputierter des Obersten Sowjets der RSFSR/RF. **499**

M

Majakowskij, Wladimir Wladimirowitsch (1893–1930): Sowjetischer Dichter. **48**

Major, John (geb. 1943): In den Jahren 1990 bis 1997 britischer Premierminister. **501**

Makaschow, Albert Michajlowitsch (geb. 1938): Generaloberst, Oppositionspolitiker; aktiv an den bewaffneten Auseinandersetzungen in Moskau Anfang Oktober 1993 beteiligt. **486**

Malenkow, Georgij Maximilianowitsch (1902–1988): Sowjetischer Parteifunktionär und Politiker, in den Jahren 1953 bis 1955 Vorsitzender des Minsterrats der UdSSR. **69**

Malzew, Terentij Semjonowitsch (1895–1994): Innovativer Agronom aus dem Gebiet Kurgan, Ehrenakademie-Mitglied der Lenin-Allunionslandwirtschaftsakademie (russisch abgekürzt: WASChNIL). **169**

Mamardaschwili, Merab Konstantinowitsch (1930–1990): Sowjetischer Philosoph, von 1968 bis 1974 stellvertretender Chefredakteur der Zeitschrift *Woprosy filosofii*. **82f.**

Marcou, Lilly (geb. 1936): Französische Historikerin. **432**

Marezkaja, Vera Petrowna (1906–1978): Schauspielerin, Volkskünstlerin der UdSSR. **74, 78**

Marx, Karl (1818–1883): Deutscher Philosoph, Nationalökonom und Gesellschaftstheoretiker; zusammen mit Friedrich Engels einflussreichster Theoretiker des Sozialismus und Kommunismus. **68, 325**

Masljukow, Jurij Dmitrijewitsch (geb. 1937): Seit 1985 stellvertretender, von 1988 bis 1990 Erster stellvertretender Vorsitzender des Ministerrats der UdSSR, Vorsitzender der Planungskommission Gosplan (1988–1991). In den Jahren 1989 und 1990 war er Politbüromitglied der KPdSU sowie 1991 Mitglied des Präsidialrats. **443**

Masurow, Kirill Trofimowitsch (1914–1989): Führer der Partisanenbewegung im Großen Vaterländischen Krieg. Von 1956 bis 1965 war er Erster Sekretär der Kommunistischen Partei Weißrusslands, von 1965 bis 1978 Mitglied des Politbüros (Präsidiums) des ZK der KPdSU und Erster stellvertretender Vorsitzender des Ministerrats der UdSSR. **174**

Medunow, Sergej Fjodorowitsch (1915–1999): Von 1973 bis 1982 Erster Sekretär des Regionskomitees Krasnodar der KPdSU. **176, 196, 225, 269**

Medwedew, Dmitrij Anatoljewitsch (geb. 1965): Von 2008 bis 2012 Präsident Russlands; seit Mai 2012 Ministerpräsident der Russischen Föderation und Vorsitzender der Partei Einiges Russland. **504**

Medwedew, Wadim Andrejewitsch (geb. 1929): Korrespondierendes Mitglied der Russischen Akademie der Wissenschaften. In den Jahren 1986 bis 1990 war er ZK-Sekretär, von 1988 bis 1990 Politbüromitglied der KPdSU. Im Jahr 1991 war Medwedew der oberste Berater des Präsidenten der UdSSR. **284, 318, 361, 375, 424, 443**

Merkulow, Wsewolod Nikolajewitsch (1895–1953): Volkskommissar (Minister) für Staatssicherheit der UdSSR in den Jahren 1941 und 1943 bis 1946, von 1950 bis 1953 Minister für Staatskontrolle der UdSSR. Im Zuge des Prozesses gegen Berija 1953 verhaftet und erschossen. **500**

Mikojan, Anastas Iwanowitsch (1895–1978): Sowjetischer Politiker und Parteifunktionär, in den Jahren 1964/65 Vorsitzender des Präsidiums des Obersten Sowjets der UdSSR. **69, 135**

Minucci, Adalberto (geb. 1932): Funktionär der Italienischen Kommunistischen Partei, Führungsmitglied der KPI. **321**

Mironenko, Viktor Iwanowitsch (geb. 1953): Seit 1977 in der Komsomol-Arbeit in der Ukraine tätig, von 1986 bis 1991 Erster Sekretär des ZK des Allunions-Komsomol-Verbandes. **103f.**

Mironow, Wasilij Petrowitsch (1925–1988): In den Jahren 1982 bis 1988 Erster Sekretär des Gebietskomitees Donezk der Kommunistischen Partei der Ukraine. **320**

Mitterrand, François (1916–1996): In den Jahren 1981 bis 1995 französischer Staatspräsident, Erster Sekretär der Französischen Sozialistischen Partei von 1971 bis 1981. **343, 400, 453, 457, 479, 501**

Mlynář, Zdeněk (1930–1997): Student aus der Tschechoslowakei, Kommilitone und Freund Gorbatschows an der MGU. Er nahm an den Ereignissen um den »Prager Frühling« teil. **72**

Molotow, Wjatscheslaw Michajlowitsch (1890–1986): Sowjetischer Parteifunktionär und Politiker, in den Jahren 1930 bis 1941 Vorsitzender des Rats der Volkskommissare der UdSSR, von 1939 bis 1949 Volkskommissar (ab 1946 Minister) sowie von 1953 bis 1956 Minister für Auswärtige Angelegenheiten der UdSSR. **35, 69**

Mordwinow, Nikolaj Dmitrijewitsch (1901–1966): Schauspieler, Volkskünstler der UdSSR. **78**

Morgun, Fjodor Trofimowitsch (1924–2008): In den Jahren 1973 bis 1988 Erster Sekretär des Gebietskomitees Poltawa der Ukrainischen Kommunistischen Partei. **225**

Mulroney, Martin Brian (geb. 1939): Von 1984 bis 1993 der 18. Premierminister Kanadas; von 1983 bis 1993 Vorsitzender der Progressiv-Konservativen Partei. **501**

Murachowskij, Wsewolod Serafimowitsch (geb. 1926): Von 1975 bis 1978 Erster Sekretär des Gebietskomitees Karatschai-Tscherkessien und von 1978 bis 1985 Erster Sekretär des Regionskomitees Stawropol der KPdSU. In den Jahren 1985 bis 1989 war er Erster stellvertretender Vorsitzender des Ministerrats der UdSSR – Vorsitzender des staatlichen Landwirtschaftskomitees (Gosagroprom) der UdSSR. **227f.**

Muratow, Dmitrij Andrejewitsch (geb. 1961): Gründer der Zeitung *Nowaja gaseta*, Chefredakteur des Verlagshauses »Nowaja gaseta«. **182**

Murtasajew, Akram Kajumowitsch (geb. 1951): Journalist, arbeitete für die *Komsomolskaja prawda*, die *Prawda*, danach für die *Nowaja gaseta* und andere Publikationen. **181**

Murtasajew, Kajum Murtasajewitsch (1926–1982): In den Jahren 1965 bis 1977 Erster Sekretär des Gebietskomitees Buchara der Usbekischen Kommunistischen Partei. **181**

N

Nabokov, Vladimir Vladimirowitsch (1899–1977): Russisch-amerikanischer Schriftsteller. **386**

Najdjonow, Viktor Wasiljewitsch (1931–1987): Von 1977 bis 1981 stellvertretender Generalstaatsanwalt der UdSSR, leitete die Ermittlungen in der »Sache Krasnodar«. **196**

Nakasone, Jasuhiro (geb. 1918): In den Jahren 1982 bis 1987 japanischer Ministerpräsident. **343**

Nasarbajew, Nursultan Abischewitsch (geb. 1940): Seit 1973 in der Partei tätig. Seit 1979 ZK-Sekretär der Kommunistischen Partei Kasachstans, von 1984 an Vorsitzender des Ministerrats und in den Jahren 1989 bis 1991 Erster Sekretär des ZK der KP Kasachstan. Von Februar 1990 an war er Vorsitzender des Obersten Sowjets, seit April 1991 Präsident der Kasachischen Sowjetrepublik. Seit Dezember 1991 ist er Präsident der Republik Kasachstan. **482, 485f., 495**

Nehru, Jawaharlal (1889–1964): Indischer Premierminister und Außenminister seit dem Jahr 1947, ein Führer des indischen Nationalkongresses. Er ging als »Gründer des neuen Indiens« in die Geschichte ein. **92f., 415**

Nekrassow, Ignat Fjodorowitsch (um 1660–1737): Donkosake, Mitkämpfer Bulawins, Teilnehmer des Aufstands von 1707 bis 1709. **27**

Nesmejanow, Alexander Nikolajewitsch (1899–1980): Herausragender sowjetischer Chemiker, von 1948 bis 1951 Rektor der Moskauer Staatsuniversität (MGU), von 1951 bis 1961 Vorsitzender der Akademie der Wissenschaften der UdSSR. **77**

Nikonow, Alexander Alexandrowitsch (1918–1995): Wirtschaftsexperte, Mitglied der Russischen Akademie der Wissenschaften und der Landwirtschaftsakademie. In den Jahren 1984 bis 1992 war er Vorsitzender der WASChNIL und von 1985 bis 1989 stellvertretender Vorsitzender von Gosagroprom der UdSSR. **166**

Nikonow, Viktor Petrowitsch (1929–1993): Von 1979 bis 1983 Vorsitzender der Allunionsvereinigung für Agrarchemie, stellvertretender Landwirtschaftsminister der UdSSR und von 1983 bis 1985 Landwirtschaftsminister der RSFSR. In den Jahren 1976 bis 1990 war

Nikonow ZK-Mitglied, von 1985 bis 1989 ZK-Sekretär und von 1987 bis 1989 Politbüromitglied der KPdSU. **375, 422, 443**

Noschikow, Jurij Abramowitsch (1934–2010): Gouverneur des Gebiets Irkutsk von 1991 bis 1997. **349**

Nowikow, Ignatij Trofimowitsch (1906/07–1993): In den Jahren 1958 bis 1962 Minister für den Bau von Stromkraftwerken, im Jahr 1962 Minister für Energie und Stromversorgung der UdSSR

und von 1962 bis 1983 stellvertretender Vorsitzender des Ministerrats der UdSSR und Vorsitzender der Baukommission Gosstroja. **280, 286f.**

O

Obama, Barack (geb. 1961): 44. Präsident der USA (seit 2009). **464**

Obuchowa, Nadeschda Andrejewna (1886–1961): Opernsängerin, Volkskünstlerin der UdSSR. **78**

Odojewskij, Alexander Iwanowitsch (1802–1839): Russischer Dichter, Dekabrist. **25f.**

Ogarjow, Nikolaj Platonowitsch (1813–1877): Russischer Revolutionär, Dichter, Publizist, Freund und Mitarbeiter Alexander Herzens. **26**

Ordschonikidse, Grigorij Konstantinowitsch (Sergo) (1886–1937): Sowjetischer Politiker und Staatsfunktionär, Teilnehmer an der Oktoberrevolution. Von 1926 an war er Vorsitzender der Zentralen Kontrollkommission (ZKK) der WKP (b) und Volkskommissar für Arbeiter- und Bauerninspektion (RKI), gleichzeitig stellvertretender Vorsitzender des Rats der Volkskommissare und des Rats für Arbeit und Verteidigung (STO) der UdSSR. Von 1926 an war Ordschonikidse Kandidat, ab 1930 Mitglied des Politbüros des ZK der WKP (b), ab 1930 Vorsitzender des

Obersten Volkswirtschaftsrats und von 1932 an Volkskommissar für Schwerindustrie der UdSSR. **39, 230**

Osipow, Gennadij Wasiljewitsch (geb. 1929): Sowjetischer und russischer Soziologe, Mitglied der Russischen Akademie der Wissenschaften (1991). **140**

P

Pajetta, Giancarlo (1911–1990): Funktionär der Italienischen Kommunistischen Partei, Teilnehmer am antifaschistischen Widerstand, seit 1945 Mitglied des ZK und der Führung der KPI. **320–322**

Pastuchow, Boris Nikolajewitsch (geb. 1933): Seit 1964 Sekretär, von 1977 bis 1982 Erster Sekretär des ZK des Komsomol, von 1982 bis 1986 Vorsitzender des Staatskomitees für Verlagswesen, graphische Gestaltung und Buchhandel. **199**

Pawlow, Georgij Sergejewitsch (1910–1991): Von 1965 bis 1983 Geschäftsführer des ZK der KPdSU. **285f.**

Pawlow, Nikolaj Alexandrowitsch (geb. 1951): In den Jahren 1990 bis 1993 Deputierter des Obersten Sowjets der RSFSR/RF. **499**

Pawlow, Valentin Sergejewitsch (1937–2003): Seit 1986 Vorsitzender des Staatskomitees der UdSSR für die Preisentwicklung; ab 1989 Finanzminister der UdSSR. Von Januar bis August 1991 war er Ministerpräsident und Vorsitzender des Staatsrats zur Wirtschaftsreform. Im August 1991 gehörte er dem Notstandskomitee an. **480, 486**

Pawlowskij, Iwan Grigorjewitsch (1922–2007): Seit 1972 stellvertretender, von 1977 bis 1982 Kommunikationsminister der UdSSR. **280**

Pecchioli, Ugo (geb. 1925): Funktionär der Italienischen Kommunistischen Partei, Führungsmitglied der KPI. **321**

Pelsche, Arwid Janowitsch
(1899–1983): Sowjetischer Partei- und Staatsfunktionär, Teilnehmer der Oktoberrevolution und des Bürgerkriegs. Von 1959 bis 1966 war er Erster Sekretär der Lettischen Kommunistischen Partei, seit 1966 Vorsitzender des Komitees zur Parteikontrolle im ZK der KPdSU. Seit 1966 gehörte er überdies dem Politbüro der KPdSU an. **240, 344**

Pertini, Alessandro (1896–1990): Von 1978 bis 1985 italienischer Präsident, führende Persönlichkeit der italienischen sozialistischen Partei. Er beteiligte sich in den Jahren des Faschismus aktiv am Widerstand. **321f.**

Pestow, Walerij Borisowitsch (geb. 1951): Offizier des Sicherheitsdienstes des Präsidenten der UdSSR. **209**

Peter I., der Große (1672–1725): Russischer Zar seit dem Jahr 1682 (seit 1689 eigenständig), von 1721 an erster russischer Imperator. **176**

Petrowskij, Iwan Georgijewitsch
(1901–1973): Sowjetischer Mathematiker, Mitglied der AN der UdSSR, von 1951 bis 1973 Rektor der Moskauer Staatsuniversität (MGU). **77**

Petuchow, Wasilij Nikolajewitsch
(1916–2003): In den fünfziger Jahren Staatsanwalt der Region Stawropol. Er beteiligte sich an den Bemühungen, die Opfer unrechtmäßiger politischer Repressionen im Nordkaukasus zu rehabilitieren. **104**

Pljatt, Rostislaw Janowitsch
(1908–1989): Theater- und Filmschauspieler, Volkskünstler der UdSSR. **78**

Podgornyj, Nikolaj Viktorowitsch
(1903–1983): In den Jahren 1957 bis 1963 Erster Sekretär des ZK der Ukrainischen Kommunistischen Partei, 1963 bis 1965 ZK-Sekretär der KPdSU und von 1965 bis 1977 Vorsitzender des Präsi-

diums des Obersten Sowjets der UdSSR. **177, 239**

Pokutnij, Nikolaj Feodosjewitsch (geb. 1946): Doktor der Medizin, Professor, verdienter Arzt der RSFSR, Leibarzt Gorbatschows. **348**

Poleschajew, Leonid Konstantinowitsch (geb. 1940): Seit 1991 Gouverneur des Gebiets Omsk. **350**

Poloskow, Iwan Kusmitsch (geb. 1935): In den Jahren 1975/78, 1980 bis 1983 und 1984/85 im ZK-Apparat der KPdSU tätig. Seit 1985 war er Erster Sekretär des Regionskomitees Krasnodar der KPdSU, von Juni 1990 bis Juli 1991 Erster Sekretär der Kommunistischen Partei der RSFSR. **397, 499**

Poloskow, Sergej Alexandrowitsch (geb. 1959): Von 1990 bis 1993 Deputierter des Obersten Sowjets der RSFSR/RF. **499**

Poltoranin, Michail Nikiforowitsch (geb. 1939): In den Jahren 1986 bis 1988 Chefredakteur der Zeitung *Moskowskaja prawda*, seit 1988 politischer Kommentator der Nachrichtenagentur *Nowosti*. Im Jahr 1989 war er Deputierter beim ersten Kongress der Volksdeputierten der UdSSR. Von Juli 1990 bis November 1992 russischer Minister für Druck- und Nachrichtenwesen, gleichzeitig im Jahr 1990 stellvertretender Regierungschef der Russischen Föderation. **355, 437**

Pompidou, George (1911–1974): Von 1962 bis 1968 Ministerpräsident, von 1969 bis 1974 Staatspräsident Frankreichs. **238**

Ponomarjow, Boris Nikolajewitsch
(1905–1995): Seit 1952 Leiter der Internationalen Abteilung im ZK der KPdSU, gleichzeitig seit 1961 ZK-Sekretär, von 1972 bis 1986 Kandidat für das Politbüro der KPdSU. Von 1956 bis 1989 war er ZK-Mitglied und gehörte der Akademie der Wissenschaften an. **240, 319, 340**

Popow, Gawriil Charitonowitsch (geb. 1936): Von 1978 bis 1988 Dekan der Wirtschaftswissenschaftlichen Fakultät der MGU und von 1988 bis 1991 Chefredakteur der Zeitschrift *Woprossy ekonomiki*. Im Jahr 1989 wurde er zum Volksdeputierten der UdSSR gewählt, im Jahr 1990 zum Deputierten des Moskauer Stadtsowjets, anschließend zum Vorsitzenden. Popow war 1991 und 1992 Bürgermeister von Moskau. **474, 480**

Popow, W. I. 324

Pösner, Wladimir Wladimirowitsch (geb. 1934): Russischer Journalist und Moderator. **99**

Pribytkow, Viktor Wasiljewitsch: In den Jahren 1984 und 1985 Berater des Generalsekretärs des ZK der KPdSU Konstantin Tschernenko. **333**

Prokofjew, Jurij Anatoljewitsch (geb. 1939): In den Jahren 1984 bis 1993 Deputierter des Moskauer Stadtsowjets. Seit 1985 war er Abteilungsleiter im Moskauer Stadtkomitee der KPdSU, von 1986 bis 1988 Sekretär des Moskauer Exekutivkomitees und 1988 bis 1991 Zweiter, dann Erster Sekretär des Moskauer Stadtkomitees der KPdSU. Prokofjew gehörte 1990 und 1991 dem Politbüro an. **333**

Pugatschow, Jemeljan Iwanowitsch (1740/42–1775): Donkosake, Anführer des Bauernaufstands 1773 bis 1775. **27**

Puschkin, Alexander Sergejewitsch (1799–1837): Russischer Dichter. **25, 48**

Putin, Wladimir Wladimirowitsch (geb. 1952): Vom 16. August 1999 bis zum 7. Mai 2000 Ministerpräsident der Russischen Föderation, von 2000 bis 2008 russischer Präsident, von Mai 2008 bis 2012 Ministerpräsident. Im Mai 2012 wurde er wiederum zum Präsidenten gewählt. **348, 357**

Q

Qian Qichen (geb. 1928): Von 1988 bis 1998 Außenminister der Volksrepublik China. **457**

R

Rákosi, Mátjás (1892–1971): In den Jahren 1945 bis 1948 Generalsekretär des ZK der Ungarischen Kommunistischen Partei, von 1948 bis 1956 an der Spitze des ZK der Ungarischen Arbeiterpartei und von 1952 bis 1953 Vorsitzender des Ministerrats der Volksrepublik Ungarn. Im Zusammenhang mit den Ereignissen von 1956 wurde er aller führenden Funktionen enthoben und im Jahr 1962 aus der Partei ausgeschlossen. **110**

Raschidow, Scharaf Raschidowitsch (1917–1983): Politischer Funktionär und Schriftsteller. Seit 1943 war er journalistisch und politisch in der Partei aktiv. Von 1950 bis 1959 war er Vorsitzender des Präsidiums des Obersten Sowjets der Usbekischen Sowjetrepublik, von 1959 bis 1983 Erster Sekretär des ZK der Usbekischen Kommunistischen Partei. Raschidow war von 1961 bis 1983 Kandidat für das Politbüro (Präsidium) des ZK der KPdSU. **126, 180f., 239, 272**

Rasin, Stepan Timofejewitsch (um 1630–1671): Donkosake, Ataman, Anführer eines Bauernaufstands 1670/71. **27**

Rasputin, Valentin Grigorjewitsch (geb. 1937): Russischer Schriftsteller. In den Jahren 1989 bis 1991 war er Volksdeputierter der UdSSR. **384**

Rasumowskij, Georgij Petrowitsch (geb. 1936): Seit 1961 in der Parteiarbeit aktiv. Von 1981 bis 1983 war er Leiter der Geschäftsführung beim Ministerrat der UdSSR, seit 1983 Erster Sekretär des Regionskomitees Krasnodar der KPdSU, von 1985 bis 1990 Abteilungsleiter im

ZK und seit 1986 ZK-Sekretär. Von 1990 bis 1992 war er Generalkonsul der UdSSR in Shanghai (VR China). **375, 428, 443**

Reagan, Ronald Wilson (1911–2004): 40. Präsident der USA (1981–1989). **402–405, 407–412, 415, 417, 453, 455, 457**

Rjumin, Walerij Viktorowitsch (geb. 1939): Kosmonaut, zweimal »Held der Sowjetunion«. **242**

Romanow, Grigorij Wasiljewitsch (1923–2008): Von 1970 bis 1983 Erster Sekretär des Leningrader Gebietskomitees der KPdSU, von 1976 bis 1985 Politbüromitglied und von 1983 bis 1985 ZK-Sekretär der KPdSU. **289f., 339**

Roosevelt, Franklin Delano (1882–1945): 32. Präsident der USA (von 1933 bis 1945). Im Jahr 1933 normalisierte die Regierung Roosevelt die diplomatischen Beziehungen zur UdSSR, und im Zweiten Weltkrieg trug Roosevelt maßgeblich zur Gründung der Anti-Hitler-Koalition bei. **464**

Rosanowa, Maria Wasiljewna (geb. 1929): Literatin, Literaturkritikerin, Frau Andrej Sinjawskijs. **351**

Rosow, Viktor Sergejewitsch (1913–2004): Russischer sowjetischer Dramatiker, Drehbuchautor. **258**

Rubbi, Antonio (geb. 1932): Führungsmitglied der Italienischen Kommunistischen Partei. Seit 1976 war er Abgeordneter im Parlament und gehörte im Jahr 1990 dem Komitee für Auswärtige Angelegenheiten in der Abgeordnetenkammer an. Er ist Mitglied der parlamentarischen Versammlung des Europarats. **321f.**

Rudenko, Illarion Anisimowitsch: Leiter des Lehrstuhls des pädagogischen Instituts in Stawropol. **116f.**

Rumsfeld, Donald (geb. 1932): Amerikanischer Politiker, US-Verteidigungsminister von 1975 bis 1977 und von 2001 bis 2006. **509**

Rusinowa, Lija: Studentin der Philosophischen Fakultät der MGU, Kommilitonin Raissa Gorbatschowas. **82f.**

Rust, Mathias: Neunzehnjähriger Deutscher aus der Bundesrepublik, der mit einem einmotorigen Sportflugzeug vom Typ Cessna-172 die Grenze überflog und am 28. Mai 1987 in Moskau auf dem Roten Platz landete. **423**

Rybakow, Anatolij Naumowitsch (1911–1998): Russischer, sowjetischer Schriftsteller, Autor des Romans *Die Kinder des Arbat.* **385**

Ryschkow, Nikolaj Iwanowitsch (geb. 1929): In den Jahren 1982 bis 1985 ZK-Sekretär, von 1985 bis 1990 Politbüromitglied der KPdSU. Von 1985 bis 1991 war er Vorsitzender des Ministerrats der UdSSR. Ryschkow war Deputierter der zweiten (1995 bis 1999) und dritten (ab Dezember 1999) Staatsduma der Russischen Föderation. **282, 291–294, 308, 315f., 337, 375, 387, 390, 393f., 410, 420f., 423f., 431, 439, 443, 469, 477–479, 486**

S

Sacharow, Andrej Dmitrijewitsch (1921–1989): Sowjetischer theoretischer Physiker, Akademiemitglied, dreimal »Held der Sozialistischen Arbeit«, Friedensnobelpreisträger. Er war maßgeblich am Bau der sowjetischen Wasserstoffbombe beteiligt und kämpfte für Bürgerrechte. Nach einem öffentlichen Auftritt im Januar 1980, bei dem er den Einmarsch sowjetischer Truppen in Afghanistan verurteilte, wurde er nach Gorki verbannt. Im Jahr 1986 wurde er aus der Verbannung entlassen und 1989 zum Volksdeputierten der UdSSR gewählt. **71, 473**

Sadykow, F. B.: Dozent am Lehrstuhl für Philosophie des Landwirtschaftlichen Instituts von Stawropol. **150**

Sagladin, Wadim Walentinowitsch (1927–2006): Journalist der internationalen Politik; seit 1964 Mitglied des ZK-Apparats der KPdSU. Von 1967 bis 1988 war Sagladin stellvertretender, später Erster stellvertretender Leiter der Internationalen Abteilung im ZK. Seit 1990 fungierte er als Berater des Präsidenten der UdSSR, seit 1992 als Berater des Vorsitzenden der Gorbatschow-Stiftung. **319f.**

Sajkow, Lew Nikolajewitsch (1923–2002): Seit 1981 ZK-Mitglied der KPdSU, seit 1985 ZK-Sekretär, von 1986 bis 1990 Politbüromitglied der KPdSU. In den Jahren 1989 bis 1990 war er Erster Sekretär des Moskauer Stadtkomitees der KPdSU. **368, 402, 414, 443**

Sajzew, Sawatej (»Großvater Sawka«): Bauer des Dorfes Priwolnoje (bei Stawropol). **40f.**

Saketti, Alexander Oliverjewitsch: Lehrer an der Juristischen Fakultät der MGU, Latinist. **63**

Salygin, Sergej (1913–2000): Schriftsteller, Akademiker. Von 1986 bis 1997 arbeitete er als Chefredakteur der Zeitschrift *Nowy Mir*. **384**

Samjatin, Leonid Mitrofanowitsch (geb. 1922): Seit 1946 im diplomatischen Dienst tätig. Von 1970 bis 1978 war er Generaldirektor der Nachrichtenagentur TASS beim Ministerrat der UdSSR, von 1978 bis 1982 Leiter der außenpolitischen Propagandaabteilung und von 1982 bis 1986 Leiter der Abteilung für internationale Information im ZK der KPdSU. Von 1986 bis 1991 war Samjatin Botschafter der UdSSR in Großbritannien. **322, 324**

Sarezkij, Anatolij 81, 84

Saweljew, Viktor Sergejewitsch (geb. 1928): Berühmter russischer Chirurg, Mitglied der Medizinischen Akademie der Wissenschaften (1991) und der Russischen Akademie der Wissenschaften (1997). **303**

Schabunin, Iwan Petrowitsch (1935–2006): Von 1991 bis 1997 Leiter der Verwaltung des Gebiets Wolgograd. **349**

Schachnasarow, Georgij Chosrojewitsch (1924–2001): Korrespondierendes Mitglied der AN UdSSR. In den Jahren 1964 bis 1988 war er Berater, stellvertretender Leiter der Internationalen Abteilung im ZK der KPdSU, von 1988 bis 1991 Berater des Generalsekretärs des ZK der KPdSU, im Jahr 1991 des Präsidenten der UdSSR. 1990 und 1991 war er Volksdeputierter der UdSSR. **361, 497**

Schachraj, Sergej Michajlowitsch (geb. 1956): In den Jahren 1987 bis 1990 Leiter des Laboratoriums für Informatik und Kybernetik der MGU, von 1990 bis 1992 Volksdeputierter der RSFSR. **494**

Schapko, Walerij Makarowitsch (1924–2010): Frontsoldat, Kommilitone Gorbatschows an der Juristischen Fakultät der MGU. **65, 72, 75**

Schaposchnikow, Jewgenij Iwanowitsch (geb. 1942): Sowjetischer Verteidigungsminister (1991), Luftwaffen-Marschall. **65, 72, 75**

Schatalin, Stanislaw Sergejewitsch (1934–1997): Akademiemitglied. Seit Dezember 1989 war er Mitglied der Staatskommission für Wirtschaftsreform und leitete im Jahr 1990 eine Arbeitsgruppe, die ein einheitliches Unionsprogramm für den Übergang zur Marktwirtschaft ausarbeiten sollte (»500 Tage«). **478**

Schatrow, Michail Filippowitsch (echter Familienname: Marschak, 1932–2010): Sowjetischer und russischer Dramatiker, Drehbuchautor. **258**

Schejnis, Viktor Leonidowitsch (geb. 1931): Russischer Politiker, Wirtschaftsexperte, Politologe, seit 1977 wissenschaftlicher Mitarbeiter des Instituts für Weltwirtschaft und Internationale Beziehungen IMEMO der Russischen Akademie der Wissenschaften. In den Jahren 1990 bis 1992 Volksdeputierter der RSFSR. **482**

Schelest, Pjotr Jefimowitsch (1908–1996): In den Jahren 1963 bis 1972 Erster Sekretär des ZK der Ukrainischen Kommunistischen Partei, von 1964 bis 1973 Mitglied des Politbüros (Präsidiums) des ZK der KPdSU und von 1972 bis 1973 stellvertretender Vorsitzender des Ministerrats der UdSSR. **182, 253, 291**

Schewardnadse, Eduard Amwrosijewitsch (geb. 1928): In den Jahren 1968 bis 1972 Innenminister der Georgischen Sowjetrepublik, von 1972 bis 1985 Erster Sekretär des ZK der Kommunistischen Partei Georgiens. Von 1985 bis 1991 war er Außenminister der UdSSR und gleichzeitig Politbüromitglied der KPdSU. Von März bis November 1992 war er Vorsitzender des georgischen Staatsrates, von 1992 bis 1995 Vorsitzender des georgischen Parlaments und von 1995 bis 2003 Präsident Georgiens. **245f., 340, 375, 381, 385, 394f., 401, 409f., 413, 424, 443, 477, 496**

Schewtschenko, Taras Grigorjewitsch (1814–1861): Ukrainischer Dichter, Künstler, revolutionärer Demokrat, Begründer der modernen ukrainischen Literatur und der nationalen Literatursprache. **128**

Schibajew, Alexej Iwanowitsch (1915–1991): Von 1959 bis 1976 Erster Sekretär des Gebietskomitees Saratow

der KPdSU und von 1976 bis 1982 Vorsitzender des Zentralrats der Gewerkschaften. **170, 176**

Schirinowskij, Wladimir Wolfowitsch (geb. 1946): Politischer Aktivist, Führer der Liberaldemokratischen Partei Russlands. **350, 486**

Schiwkow, Todor (1911–1998): Von 1981 bis 1989 Generalsekretär des ZK der Bulgarischen Kommunistischen Partei (BKP), von 1971 bis 1989 zugleich Vorsitzender des Staatsrats der Volksrepublik Bulgarien. **291**

Schkuro, Andrej Grigorjewitsch (1887–1947): Aktiver Teilnehmer an der weißen Bewegung im Bürgerkrieg, im Jahr 1919 Kommandeur des Kavalleriekorps der »Streitkräfte Südrusslands«. **28**

Schröder, Gerhard (geb. 1944): Von 1998 bis 2005 Bundeskanzler der Bundesrepublik. **208**

Schtschepetow (Schtschepotew), Andrej Fjodorowitsch: Botschafter Iwans des Schrecklichen. **23**

Schtscherbizkij, Wladimir Wasiljewitsch (1918–1990): Seit 1946 in der Parteiarbeit tätig. Von 1971 bis 1989 war er Politbüromitglied der KPdSU, zugleich von 1972 bis 1989 Erster Sekretär des ZK der Ukrainischen Kommunistischen Partei. **182, 239, 253, 263, 272, 287, 290–293, 341, 387**

Schtscholokow, Nikolaj Anisimowitsch (1910–1984): In den Jahren 1965 und 1966 Zweiter Sekretär des ZK der Moldawischen Kommunistischen Partei, seit 1966 Innenminister der UdSSR. Im Dezember 1982 wurde er seines Amtes enthoben, nahm sich das Leben. **194–196, 287**

Schulew, Dimitr (geb. 1925): Von 1971 bis 1990 ZK-Mitglied der Bulgarischen Kommunistischen Partei, von 1972 bis 1986 Botschafter Bulgariens in der UdSSR. **199**

Schumilin, Boris Tichonowitsch
(1922–2003): In den Jahren 1966 bis
1983 stellvertretender Innenminister der
UdSSR. **196**

**Schuschkewitsch, Stanislaw Stanis-
lawowitsch** (geb. 1934): Sowjetischer
und weißrussischer Politiker. In den Jahren 1991 bis 1994 war er Vorsitzender
des Obersten Sowjets Weißrusslands und
1991 ein Initiator und Teilnehmer an dem
Treffen im Nationalpark Beloweschskaja
Puschtscha (Wiskuli), auf dem die Auflösung der UdSSR beschlossen wurde.
494, 497

Scowcroft, Brent (geb. 1925): In den
Jahren 1975 bis 1977 Berater des US-
Präsidenten (in den Administrationen
Nixon und Ford) in Fragen der nationalen
Sicherheit. Von 1977 bis 1983 war er
Direktor der National Bank of Washington,
von 1983 bis 1984 Vorsitzender der
Kommission zu strategischen Waffen
(MX-Kommission). Unter George Bush
senior war er von 1989 bis 1993 Natio-
naler Sicherheitsberater. **508**

Semjonowa, Galina Wladimirowna
(geb. 1937): Journalistin, in den Jahren
1990 und 1991 Politbüromitglied der
KPdSU. Sie war zuständig für Familie,
Frauen und Bevölkerungspolitik. Von
1989 bis 1991 war sie Volksdeputierte
der UdSSR. **375**

Shultz, George Pratt (geb. 1920): Von
Juli 1982 bis Januar 1989 US-Außenminis-
ter unter Präsident Reagan. **343, 406f.,
410, 412f.**

Silajew, Iwan Stepanowitsch (geb.
1930): In den Jahren 1980 und 1981 Minister für Werkzeugmaschinenbau der
UdSSR und von 1981 bis 1985 Minister
für Flugzeugindustrie. Von 1985 bis 1990
war er stellvertretender Vorsitzender des
Ministerrats der UdSSR, von 1990 bis
1991 Vorsitzender des Ministerrats der
RSFSR und von 1991 bis 1994 Vertreter

Russlands bei der Europäischen Gemeinschaft in Brüssel. **355**

Simjanin, Michail Wasiljewitsch
(1914–1995): In den Jahren des Großen
Vaterländischen Krieges Teilnehmer
der Partisanenbewegung in Weißrussland. Von 1947 bis 1953 war er Sekretär,
Zweiter, dann Erster Sekretär des ZK
der Kommunistischen Partei Weißrusslands. Von 1965 bis 1976 war Simjanin
Chefredakteur der Zeitung *Prawda*, von
1976 bis 1987 ZK-Sekretär der KPdSU.
282f., 305f., 315, 317f., 333, 368

Sinjawskij, Andrej Donatowitsch
(1925–1997): Literaturwissenschaftler,
Schriftsteller, Literaturkritiker (Pseudo-
nym: »Abram Terz«). **351**

Sjuganow, Gennadij Andrejewitsch
(geb. 1944): Russischer politischer
Aktivist, Führer der Kommunistischen Partei der Russischen Föderation (KPRF).
352f., 498

Slavík, Václav: Funktionär der Tschechoslowakischen Kommunistischen Partei,
aktiv am Prager Frühling beteiligt. **200**

Sljunkow, Nikolaj Nikitowitsch (geb.
1929): Von 1974 bis 1983 stellvertretender Vorsitzender der Planungskommission Gosplan der UdSSR. Ab Januar 1983
war er Erster Sekretär des ZK der Kommunistischen Partei Weißrusslands, von
1987 bis 1990 ZK-Sekretär und Politbüromitglied der KPdSU. **375, 422, 443**

Smirnow, Georgij Lukitsch
(1922–1999): Mitglied der Russischen
Akademie der Wissenschaften (RAN). Seit
1957 war er im ZK-Apparat der KPdSU
tätig, seit 1962 Redaktionsmitglied der
Zeitschrift *Kommunist* und seit 1969
stellvertretender Leiter der Propagandaabteilung im ZK der KPdSU. Von 1983
bis 1985 war Smirnow Direktor des Philosophischen Instituts der AN UdSSR und
von 1985 bis 1987 Berater des Generalsekretärs der KPdSU. **428**

Sobtschak, Anatolij Alexandrowitsch
(1937–2000): Von 1982 bis 1989 Leiter
eines Lehrstuhls der Juristischen Fakultät
der Leningrader Staatsuniversität. In den
Jahren 1989 bis 1991 war er Volksdeputierter der UdSSR, Mitglied des Obersten
Sowjets der UdSSR. Er gehörte dem politischen Beraterstab beim Präsidenten der
UdSSR an. Von Juni 1991 bis Juni 1996
war er Bürgermeister von Leningrad/
St. Petersburg. **349, 357**

Sogojan, Friedrich Mkrtitschewitsch
(geb. 1936): Bildhauer, Schöpfer des
Grabsteins auf dem Grab Raissa Gorbatschowas. **11**

Sokolow, Sergej Leonidowitsch (geb.
1911): Marschall der Sowjetunion, von
Dezember 1984 bis Mai 1987 Verteidigungsminister der UdSSR. **422**

Sokolowa, Nelli: Freundin Raissa Gorbatschowas. **154**

Solomenzew, Michail Sergejewitsch
(1913–2008): In den Jahren 1971 bis
1983 Vorsitzender des Ministerrats der
RSFSR und von 1983 bis 1988 Vorsitzender des Komitees für Parteikontrolle im
ZK, Politbüromitglied der KPdSU. **170,
173, 240, 290, 309, 326, 338, 428,
439, 441, 443, 450**

Solotopup, Nikolaj: Sekretär des Kreiskomitees des Komsomol im Kreis
Apollonowskij in der Region Stawropol.
107f.

Solotuchin, Grigorij Sergejewitsch
(1911–1998): In den Jahren 1966 bis
1973 Erster Sekretär des Regionskomitees Krasnodar, seit 1973 Versorgungs-
minister der UdSSR. **176**

Solschenizyn, Alexander Isajewitsch
(1918–2008): Literaturnobelpreisträger
(1970). Im Februar 1974 wurde er verhaftet und wenig später in die Bundesrepublik Deutschland ausgewiesen.
Solschenizyn zog im Jahr 1976 in die

USA und kehrte im Mai 1994 nach Russland zurück. **24, 382f.**

Spiridonow, Boris: Sekretär des Parteikomitees an der Juristischen Fakultät der
MGU während Gorbatschows Studienzeit.
71

**Stalin (Dschugaschwili), Josef Wissa-
rionowitsch** (1879–1953): Ab 1922
Generalsekretär des ZK der KPdSU, von
1941 bis 1945 Oberbefehlshaber, ab
1946 Vorsitzender des Ministerrats. Er
setzte mit grausamen Maßnahmen die
Kollektivierung der Landwirtschaft durch
und organisierte in den dreißiger Jahren
ein Terrorregime, dem ein großer Teil der
Gesellschaft sowie der Partei- und Militär-
führung zum Opfer fielen. **39, 65, 67,
69–72, 77, 110f., 113, 126, 128,
137, 188, 192, 198, 204, 232, 237,
310, 384, 426f., 432f., 440, 444**

Stankewitsch, Sergej Borisowitsch
(geb. 1954): Wissenschaftlicher Mitarbeiter des Instituts für Allgemeine Geschichte der Akademie der Wissenschaften der UdSSR. Im Jahr 1989 war er
Deputierter des ersten Kongresses der
Volksdeputierten der UdSSR, von 1990
bis 1992 Erster stellvertretender Vorsitzender des Moskauer Stadtsowjets und
von 1991 bis 1992 Erster stellvertreten-
deä Bürgermeister von Moskau. **480**

Stukalin, Boris, Iwanowitsch
(1923–2004): Seit 1963 Vorsitzender
des Staatskomitees des Ministerrats der
RSFSR für Verlagswesen, seit 1965
Stellvertreter, dann Erster Stellvertreter
des Chefredakteurs der Zeitung *Prawda*.
Von 1970 bis 1982 leitete Stukalin das
Staatskomitee der UdSSR für Verlagswesen, Graphik und Buchhandel und war
von 1982 bis 1985 Leiter der Propagandaabteilung im ZK der KPdSU. **283**

Sulejmenow, Olschas Omarowitsch
(geb. 1936): Kasachischer Dichter, Erster
Sekretär der Leitung des Schriftstellerver-

bands von Kasachstan. Im Jahr 1989 war er Deputierter im ersten Kongress der Volksdeputierten der UdSSR und Mitglied des Komitees des Obersten Sowjets der UdSSR für Gesetzgebung. **384**

Suslow, Michail Andrejewitsch (1902–1982): In den Jahren 1952/53 und seit 1955 Mitglied des Politbüros (Präsidiums) des ZK der KPdSU. Er hatte in ideologischen Fragen das Sagen. **137, 162, 173, 186, 223, 232f., 237f., 240, 244, 252–254, 260, 266, 269, 344**

Swerew, Arsenij Grigorjewitsch (1900–1969): In den Jahren 1938 bis 1960 Volkskommissar (Minister) für Finanzen der UdSSR, von 1939 bis 1961 ZK-Mitglied der KPdSU. **68**

Sysujew, Oleg Nikolajewitsch (geb. 1953): Von 1992 bis 1997 Bürgermeister von Saratow. **349**

T

Talysin, Nikolaj Wladimirowitsch (1929–1991): In den Jahren 1965 bis 1975 stellvertretender Minister und von 1975 bis 1980 Minister für Nachrichtenwesen. Von 1980 bis 1985 war er stellvertretender Vorsitzender des Ministerrats der UdSSR, ständiger Vertreter der UdSSR im RGW und von 1985 bis 1988 stellvertretender Vorsitzender des Ministerrats und zugleich Vorsitzender der Planungsbehörde Gosplan. Von 1985 bis 1989 war er Kandidat für das Politbüro des ZK der KPdSU. **375**

Tarawerdijew, Leonid: Kommilitone Gorbatschows an der Juristischen Fakultät der MGU. **73**

Tereschtschenko, Nikolaj: Vorsitzender einer Kolchose im Kreis Neftekumsk bei Stawropol. **167f., 170**

Thatcher, Dennis: Ehemann Margaret Thatchers (starb im Jahr 2003). **323–324**

Thatcher, Margaret (geb. 1925): Führerin der Konservativen Partei, in den Jahren 1979 bis 1990 britische Premierministerin. **313, 323–325, 343**

Tichonow, Nikolaj Alexandrowitsch (1905–1997): Sowjetischer Staats- und Parteifunktionär. Von 1965 an war er Stellvertreter, von 1976 bis 1980 Erster Stellvertreter und von 1980 bis 1985 Vorsitzender des Ministerrats der UdSSR. Von 1979 bis 1985 gehörte er dem Politbüro des ZK der KPdSU an. **240, 255, 259–263, 274, 290, 292f., 307–309, 312–315, 317, 326, 328f., 334, 337–339**

Titarenko, Alexandra Petrowna (1913–1995): Mutter Raissa Gorbatschowas. **95f., 98**

Titarenko, Jewgenij Maximowitsch (geb. 1935): Bruder Raissa Gorbatschowas. **15, 96, 98, 303**

Titarenko, Ljudmila Maximowna (geb. 1938): Schwester Raissa Gorbatschowas. **12, 15, 96**

Titarenko, Maria Petrowna: Schwester der Mutter Raissa Gorbatschowas. **95**

Titarenko, Maxim Andrejewitsch (1907–1986): Vater Raissa Gorbatschowas. **95f.**

Tjaschelnikow, Jewgenij Michajlowitsch (geb. 1928): Seit 1964 im Komsomol und in der Partei tätig. Von 1968 bis 1977 war er Erster Sekretär und führendes Mitglied des ZK des Komsomol-Verbandes, seit 1971 ZK-Mitglied der KPdSU und von 1977 bis 1982 Leiter der Propagandaabteilung im ZK. Von 1983 bis 1990 war er Botschafter der UdSSR in Rumänien. **283**

Tolstoj, Lew Nikolajewitsch (1828–1910): Russischer Dichter. **48**

Topilin, Jurij: Frontsoldat, Kommilitone Gorbatschows an der Juristischen Fakultät der MGU. **72, 79–81, 83**

Trapesnikow, Sergej Pawlowitsch
(1912–1984): In den Jahren 1965 bis
1984 Leiter der Abteilung für Wissenschaft und Aufklärung im ZK der KPdSU.
283f.

Trudeau, Pierre Eliott (1919–2000):
Von 1968 bis 1979 kanadischer Premierminister. **298, 301**

Truman, Harry (1884–1972): 33. Präsident der USA (1945–1953). **198**

Tschasow, Jewgenij Iwanowitsch (geb.
1929): Akademiemitglied. In den Jahren
1967 bis 1987 war er stellvertretender
Gesundheitsminister der UdSSR, Leiter
der 4. Hauptverwaltung im Gesundheitsministerium, von 1987 bis 1990
Gesundheitsminister der UdSSR. Gleichzeitig leitete Tschasow von 1976 das
kardiologische Forschungszentrum.
334f., 437

Tschatschin, Wladimir Petrowitsch:
Stellvertretender Leiter der Landwirtschaftsabteilung in der Region Stawropol,
verdienter Agronom Russlands. **130**

Tschebrikow, Viktor Michajlowitsch
(1923–1999): General der Armee. Von
1982 bis 1988 war er KGB-Vorsitzender
der UdSSR und von 1985 bis 1989 Politbüromitglied der KPdSU. **254, 287,
293, 309, 337f., 340, 375, 428, 439,
441, 443**

Tschernenko, Konstantin Ustinowitsch
(1911–1985): Unter Breschnew Leiter
der allgemeinen Abteilung im ZK der
KPdSU, Politbüromitglied. Von 1984 an
bis zu seinem Tod war er Generalsekretär
des ZK der KPdSU und gleichzeitig Vorsitzender des Präsidiums des Obersten
Sowjets der UdSSR. **9, 225f., 230,
240, 252–254, 259–261, 266f., 271,
273f., 277–279, 282f., 286, 290,
293, 305–307, 311–319, 326,
328–331, 333–335, 337, 341, 343f.,
375, 448**

Tschernjajew, Anatolij Sergejewitsch
(geb. 1921): Seit dem Jahr 1961 in der
Internationalen Abteilung im ZK der
KPdSU tätig. Von 1986 bis 1991 war er
außenpolitischer Berater des Generalsekretärs des ZK der KPdSU, anschließend des Präsidenten der UdSSR. Seit
1992 hat er eine beratende Funktion in
der Gorbatschow-Stiftung. **361, 413,
424, 441, 443**

Tschernomyrdin, Viktor Stepanowitsch (1938–2010): In den Jahren 1985
bis 1989 Minister der Gasindustrie der
UdSSR. Von 1990 bis 1992 leitete er den
Konzern Gasprom und war von 1992 bis
1998 Regierungschef der Russischen
Föderation. **372**

Tschikin, Valentin Wasiljewitsch (geb.
1932): Journalist, arbeitete in den Verlagen der Zeitungen *Moskowskij komsomolez* und *Komsomolskaja prawda*. In
den Jahren 1971 bis 1984 war er Erster
Stellvertreter, ab 1986 Chefredakteur der
Zeitung *Sowjetskaja Rossija*. **442, 445**

Tschuchno, Andrej Wasiljewitsch:
Vorsitzender der Kolchose »Kommunistitscheskij majak« (Kommunistischer Leuchtturm) im Kreis Georgijewsk der Region
Stawropol, einer der fortschrittlichsten
Betriebe im Nordkaukasus. **107f.**

Tulejew, Aman Gumirowitsch (geb.
1944): In den Jahren 1997 bis 2001 Leiter der Verwaltung, seit 2001 Gouverneur
des Gebiets Kemerowo. **349**

Turgenjew, Iwan Sergejewitsch
(1818–1883): Russischer Schriftsteller.
48

U

Ulbricht, Walter (1893–1973): Funktionär der deutschen und internationalen
kommunistischen Bewegung, ein Gründer
und Führer der SED. Seit dem Jahr
1949 Mitglied des Politbüros des ZK

der SED und seit 1960 Vorsitzender des Staatsrats der DDR. **198**

Uljanow, Michail Alexandrowitsch (1927–2007): Herausragender Theater- und Filmschauspieler, Volkskünstler der UdSSR. In den Jahren 1986 bis 1991 war er Vorsitzender des Verbands der Theaterschaffenden der RSFSR und von 1991 bis 1996 Vorsitzender des Verbands der Theaterschaffenden Russlands. Uljanow war von 1989 bis 1991 Volksdeputierter der UdSSR. **397**

Ustinow, Dmitrij Fjodorowitsch (1908–1984): Marschall der Sowjetunion. In den Jahren 1941 bis 1953 war er Volkskommissar bzw. Minister für Rüstung, seit dem Jahr 1976 Verteidigungsminister der UdSSR. Er gehörte ab 1976 dem Politbüro des ZK der KPdSU an. **232, 240, 246, 254, 257f., 267, 274, 290, 311–317, 326, 337, 344**

W

Warschawskij, Michail und Inna: Freunde der Familie Gorbatschow in Stawropol. **140**

Wasiljew, Iwan Afanasjewitsch (1924–1994): Russischer Schriftsteller, Journalist. **384**

Wasiljew, Nikolaj Fjodorowitsch (geb. 1916): Von 1971 bis 1979 Erster stellvertretender Vorsitzender des Ministerrats der RSFSR. **173**

Welichow, Jewgenij Pawlowitsch (geb. 1935): Akademiker, Physiker. Seit 1975 leitete er das thermonukleare Programm und war 1986 maßgeblich an der Beseitigung der Folgen des Unfalls im Atomkraftwerk Tschernobyl beteiligt. Seit 1988 leitet er das Kurtschatow-Institut für Kernforschung (heute RNZ »Kurtschatowskij-Institut«). **322**

Weretennikow, Nikolaj: Sekretär eines Kreiskomitees im Bezirk Nowo-Alexejew der Region Stawropol. **109**

Whelan, Eugene (geb. 1924): Kanadischer Politiker, von 1972 bis 1979 und von 1981 bis 1984 kanadischer Landwirtschaftsminister. **297, 299f.**

Wilson, Thomas Woodrow (1856–1924): Von 1913 bis 1921 der 28. Präsident der Vereinigten Staaten. 1919 erhielt er den Friedensnobelpreis. **464**

Wirganskaja, Anastasia Anatoljewna (geb. 1987): Enkelin Michail Gorbatschows. Im Jahr 2008 schloss sie die Fakultät für Internationale Journalistik der MGIMO (U) ab, arbeitet heute als Korrespondentin für internationale Politik. **11, 15, 345**

Wirganskaja, Irina Michajlowna (geb. 1957): Tochter Michail Sergejewitschs und Raissa Maximownas; Vizepräsidentin der Gorbatschow-Stiftung; Vorsitzende des »Clubs der Raissa Maximowna«, Kandidatin der Medizin, Managerin. **11–13, 15, 31, 53, 88f., 91, 118–120, 123–125, 140, 144, 154, 157f., 204, 208, 211, 214, 217f., 230f., 234, 302f., 348**

Wirganskij, Anatolij Olegowitsch (geb. 1957): Doktor der Medizin, Professor, erster Ehemann von Irina Wirganskaja. **204, 230f., 234, 303, 348**

Wisbor, Jurij Josifowitsch (1934–1984): Dichter, Barde, Filmschauspieler, Komponist und Interpret vieler Lieder. **185, 311**

Wlasow, Alexander Wladimirowitsch (geb. 1932): Seit 1961 im Parteiapparat tätig. Von 1975 bis 1984 war er Erster Sekretär des Gebietskomitees Tschetscheno-Inguschsk, von 1984 bis 1986 Erster Sekretär des Gebietskomitees Rostow der KPdSU. In den Jahren 1986 bis

1988 war er Innenminister der UdSSR, von 1988 bis 1990 Vorsitzender des Ministerrats der RFSR. **314**

Wolskij, Arkadij Iwanowitsch
(1932–2006): Von 1983 bis 1985 Mitarbeiter des Generalsekretärs des ZK der KPdSU Jurij Andropow, danach Konstantin Tschernenkos. In den Jahren 1985 bis 1988 arbeitete er als Leiter der ZK-Abteilung für Maschinenbau und war im Jahr 1991 stellvertretender Leiter des Komitees zur operativen Leitung der Landwirtschaft der UdSSR. **309**

Worotnikow, Witalij Iwanowitsch (geb. 1926): Seit 1971 Erster Sekretär des Gebietskomitees Woronesch der KPdSU; 1979 bis 1982 Botschafter der UdSSR in der Republik Kuba. In den Jahren 1982/83 war er Erster Sekretär des Regionskomitees Krasnodar der KPdSU und von 1983 bis 1988 Vorsitzender des Ministerrats der RSFSR. Worotnikow gehörte von 1983 bis 1990 dem Politbüro des ZK der KPdSU an und war von 1988 bis 1990 Vorsitzender des Präsidiums des Obersten Sowjets der RSFSR. **290, 293, 309, 339, 375, 394, 441 f.**

Wosnesenskij, Andrej Andrejewitsch
(1933–2010): Russischer Dichter, Schriftsteller, Künstler, Architekt. Er war Ehrenmitglied der Russischen Akademie für Bildung (1993) und Vizepräsident des russischen PEN-Zentrums. **235**

Wosnesenskij, Nikolaj Alexejewitsch
(1903–1950): Von 1938 bis 1941 und 1942 bis 1949 Vorsitzender der Planungskommission Gosplan der UdSSR. Gleichzeitig war er von 1939 bis 1941 und 1946 bis 1949 stellvertretender Vorsitzender des Rats der Volkskommissare (ab 1946 Ministerrat). In den Jahren des Großen Vaterländischen Krieges war er Mitglied des Staatskomitees für Verteidigung. Seit 1947 gehörte er dem Politbüro des ZK der KPdSU an und fiel im Jahr 1950 dem Terror zum Opfer (er wurde erschossen). Wosnesenskij wurde posthum rehabilitiert. **188**

Wysozkij, Wladimir Semjonowitsch
(1938–1980): Russischer Dichter, Schauspieler, Komponist und Sänger. **185**

Bildnachweis

Die im Buch verwendeten Fotos stammen aus dem Privatarchiv von Michail Gorbatschow.

N. Adamowitsch, 369

I. Adonew, 190

W. Christoforow, 449

S. Lwin, 460 f.

A. Palma, 321, 422

A. Trukhachew, 14